MARTINA CARONI

Privat- und Familienleben
zwischen Menschenrecht und Migration

Schriften zum Europäischen Recht

Herausgegeben von
Siegfried Magiera und Detlef Merten

Band 58

Privat- und Familienleben zwischen Menschenrecht und Migration

Eine Untersuchung zu Bedeutung, Rechtsprechung und Möglichkeiten von Art. 8 EMRK im Ausländerrecht

Von

Martina Caroni

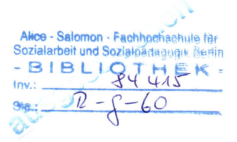

Duncker & Humblot · Berlin

Die Deutsche Bibliothek – CIP-Einheitsaufnahme

Caroni, Martina:
Privat- und Familienleben zwischen Menschenrecht und Migration :
eine Untersuchung zu Bedeutung, Rechtsprechung und Möglichkeiten
von Art. 8 EMRK im Ausländerrecht / von Martina Caroni. – Berlin :
Duncker und Humblot, 1999
  (Schriften zum europäischen Recht ; Bd. 58)
  Zugl.: Bern, Univ., Diss., 1998
  ISBN 3-428-09708-4

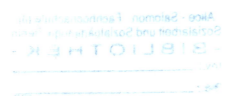

Alle Rechte vorbehalten
© 1999 Duncker & Humblot GmbH, Berlin
Fotoprint: Berliner Buchdruckerei Union GmbH, Berlin
Printed in Germany

ISSN 0937-6305
ISBN 3-428-09708-4

Gedruckt auf alterungsbeständigem (säurefreiem) Papier
entsprechend ISO 9706 ♾

a Karin e Pio

L'hospitalité a ses lois. Elles ne sont pas écrites, mais font partie des valeurs et des principes d'une civilisation. Elles impliquent tantôt des droits, tantôt des devoirs.

Certains peuples sont plus hospitaliers que d'autres: généralement ceux restés plus près de la terre et qui vivent dans les grands espaces, même pauvres. Les pays industrialisés, obéissant à une rationalité froide, ont dû désapprendre l'hospitalité. Le temps est précieux; l'espace, limité. Il y règne un manque de disponibilité, c'est-à-dire de générosité et de liberté, car tout est calculé, tout est mesuré. Les portes se ferment. Les cœurs aussi. Reste l'individu dans son intimité, un univers où le repli sur soi cultive l'égoïsme et la solitude.

Les sociétés européennes se sont enrichies. Leur niveau de vie moyen est trois à quatre fois plus élevé qu'il y a un *demi-siècle*. Elles ont assuré au citoyen confort et privilèges, le développement économique s'est poursuivi; à présent l'individu vit un malaise; il pressent la fin d'une époque et aussi d'un mode de vie. Il se sent menacé et bientôt abandonné face à la mutation du monde. Il voit la prospérité lentement s'estomper, une prospérité acquise grâce aux colonies et à l'exploitation sans scrupules des richesses du Tiers-Monde. La période est alors favorable au repli et à la peur; elle met l'individu dans une position défensive, et provoque chez lui des sentiments de rejet quasi instinctif de l'étranger. Ce n'est pas le moment de lui demander d'être ouvert et accueillant.

Tahar Ben Jelloun, Hospitalité française, 1984

Vorwort

Die vorliegende Arbeit wurde im Juni 1998 von der Rechts- und Wirtschaftswissenschaftlichen Fakultät der Universität Bern als Dissertation angenommen. Literatur und Fallmaterial sind bis April 1998 berücksichtigt worden. Seither ergangenen Entscheide und erschienenen Publikationen konnte nur noch vereinzelt in den Anmerkungen Rechnung getragen werden.

Mein Dank gilt vorab Herrn Prof. Dr. Walter Kälin, der die Arbeit angeregt, ihre Entstehung betreut und durch zahlreiche wertvolle Hinweise bereichert hat. Herrn Prof. Dr. Andreas Kley danke ich für die rasche Erstellung des Zweitgutachtens.

Von unschätzbarem Wert während der Arbeiten an der Dissertation war sowohl das berufliche als auch das persönliche Umfeld. In diesem Sinne möchte ich für die Vielzahl inhaltlicher und formeller Anregungen, die angeregten Diskussionen über zum Teil abstrus anmutende Fragen und die tatkräftige praktische Unterstützung insbesondere Andreas Rieder, Victor Soloveytchik und Franz Zeller danken. Danken möchte ich aber auch allen anderen Personen, die in vielfältiger Weise zum Gelingen der Arbeit beigetragen haben.

Ferner sei den Herausgebern der „Schriften zum Europäischen Recht" für die Aufnahme der Arbeit in diese Reihe gedankt.

Noch ein Hinweis zur - für den deutschen und österreichischen Leser vielleicht ungewohnten - Schreibweise. In Übereinstimmung mit den schweizerischen Gepflogenheiten wurde auf „ß" verzichtet und statt dessen „ss" geschrieben.

Zuletzt sei betont, dass sämtliche im Text verwendete Personenbezeichnungen sich immer auf Personen beider Geschlechter beziehen.

Bern, im Januar 1999

Martina Caroni

Inhaltsübersicht

Einleitung.. 1

1. Teil: Die Achtung des Privat- und Familienlebens als Menschenrecht 5

1. Kapitel: Das Recht auf Achtung des Privat- und Familienlebens in Art. 8 EMRK.. 5
2. Kapitel: Weitere Privat- und Familienleben schützende menschenrechtliche Bestimmungen 60

2. Teil: Familiennachzug und aufenthaltsbeendende Massnahmen im Ausländerrecht.. 87

3. Kapitel: Nachzug und aufenthaltsbeendende Massnahmen im schweizerischen Ausländerrecht.. 87
4. Kapitel: Nachzug und aufenthaltsbeendende Massnahmen im österreichischen Ausländerrecht 125
5. Kapitel: Nachzug und aufenthaltsbeendende Massnahmen im französischen Ausländerrecht 145

3. Teil: Artikel 8 EMRK in der ausländerrechtlichen Rechtsprechung innerstaatlicher und internationaler Instanzen 170

6. Kapitel: Familienleben i.S. von Art. 8 EMRK und weitere Eintretensvoraussetzungen 171
7. Kapitel: Das Vorliegen eines Eingriffes in das Privat- und Familienleben... 210
8. Kapitel: Die Rechtfertigung eines Eingriffes bzw. die Prüfung einer positiven Verpflichtung 328
9. Kapitel: Zusammenfassung und Würdigung 427

4. Teil:	**Effektiver und wirksamer Schutz des Privat- und Familienlebens im Ausländerrecht - eine Utopie?**	435
10. Kapitel:	Gesichtspunkte eines effektiven Schutzes des Privat- und Familienlebens in einer Einwanderungsgesellschaft	436
11. Kapitel:	Effektiver und wirksamer Schutz des Privat- und Familienlebens in einer Einwanderungsgesellschaft - keine Utopie	468

Schlussbetrachtung	493
Materialien	495
Literaturverzeichnis	496
Stichwortverzeichnis	515

Inhaltsverzeichnis

Einleitung 1

Erster Teil
Die Achtung des Privat- und Familienlebens als Menschenrecht   5

Erstes Kapitel
**Das Recht auf Achtung des Privat- und
Familienlebens in Art. 8 EMRK**   5

A. Der Begriff der „Achtung" des Privat- und Familienlebens........................ 7
   I. Achtung des Privat- und Familienlebens als Abwehrrecht................... 7
   II. Achtung des Privat- und Familienlebens als positive Verpflichtung 8
   III. Konzeptionelle Unterschiede zwischen negativen und positiven Verpflichtungen und ihre Folgen.. 9
B. Vorgehen der Konventionsorgane bei der Prüfung einer Beeinträchtigung des Privat- und Familienlebens 11
C. Schutzbereich des Rechtes auf Achtung des Privatlebens 13
D. Schutzbereich des Rechtes auf Achtung des Familienlebens: Der Begriff des Familienlebens.. 21
   I. Als Familienleben i.S. von Art. 8 Abs. 1 EMRK geschützte Beziehungen... 26
      1. Eheliche und nichteheliche Beziehungen 26
         a) Beziehung unter Ehegatten.. 26
         b) Nichteheliche Lebensgemeinschaft 27
         c) Beabsichtigte eheliche Gemeinschaft 28
      2. Beziehung zwischen Eltern und Kindern 29
         a) Beziehung zwischen Eltern und minderjährigen Kindern 29
         b) Beziehung zwischen Adoptiveltern und Adoptivkindern........... 32
         c) Beziehung zwischen Pflegeeltern und Pflegekindern 32
         d) Beziehung zwischen Stiefeltern und Stiefkindern 33
         e) Beziehung zwischen Eltern und erwachsenen Kindern............. 33
      3. Weitere familiäre Beziehungen 34
      4. Vom Schutzbereich des Familienlebens nicht erfasste Beziehungen   35

	II. Inhalt des Rechtes auf Achtung des Familienlebens - das Vorliegen eines Eingriffs	36
E.	Die Rechtfertigung eines Eingriffes in das Privat- und Familienleben nach Art. 8 Abs. 2 EMRK	38
	I. Das Erfordernis der gesetzlichen Grundlage	39
	II. Das Erfordernis des zulässigen Zwecks	42
	III. Die Notwendigkeit eines Eingriffes in einer demokratischen Gesellschaft	46
	1. Dringendes soziales Bedürfnis	47
	2. Die Verhältnismässigkeit des Eingriffs	48
	3. Die Bedeutung des Verweises auf eine demokratische Gesellschaft.	49
	IV. Zulässigkeit immanenter Schranken?	51
F.	Die Prüfung des Vorliegens einer positiven Verpflichtung	52
G.	Geltung und Bedeutung des Rechtes auf Achtung des Privat- und Familienlebens im Ausländerrecht	53

Zweites Kapitel
Weitere Privat- und Familienleben schützende menschenrechtliche Bestimmungen 60

A.	Der Internationale Pakt über bürgerliche und politische Rechte	61
	I. Der Schutz der Privatsphäre in Art. 17 Pakt II	62
	1. Die Rechtsprechung des Menschenrechtsausschusses zu Art. 17 Pakt II im Rahmen des Familiennachzuges	65
	2. Die Rechtsprechung des Menschenrechtsausschusses zu Art. 17 Pakt II bei aufenthaltsbeendenden Massnahmen	66
	II. Das Verbot willkürlicher Ausweisungen aus dem „eigenen Land" in Art. 12 Abs. 4 Pakt II	67
B.	Das Übereinkommen über die Rechte des Kindes	73
	I. Die Familienzusammenführung - Art. 10 KRK	74
	II. Der Schutz der Privatsphäre - Art. 16 KRK	77
C.	Die Europäische Sozialcharta	79
D.	Die Internationale Konvention zum Schutze der Rechte aller Wanderarbeitnehmer und ihrer Familienangehörigen	81
E.	Die Europäische Konvention über die rechtliche Stellung von Wanderarbeitnehmern	83
F.	Exkurs: Nachzug im Rahmen der Europäischen Union	84

Zweiter Teil
Familiennachzug und aufenthaltsbeendende Massnahmen im Ausländerrecht 87

Drittes Kapitel
Nachzug und aufenthaltsbeendende Massnahmen im schweizerischen Ausländerrecht 87

A. Die Regelung des Familiennachzuges im schweizerischen Ausländerrecht... 90
   I. Rechtsanspruch auf Familiennachzug 91
      1. Der Anspruch auf Familiennachzug für Niedergelassene nach Art. 17 Abs. 2 ANAG 91
      2. Der Anspruch ausländischer Ehepartner von Schweizer Bürgern aus Art. 7 Abs. 1 ANAG 95
      3. Der Anspruch von Schweizer Bürgern auf Nachzug ihrer Kinder ausländischer Staatsangehörigkeit 95
      4. Der Anspruch aus Art. 8 EMRK 96
      5. Familiennachzug für Flüchtlinge, denen Asyl gewährt wurde 98
   II. Bewilligung des Nachzuges als Ermessensentscheid 98
      1. Der Familiennachzug für Personen mit Aufenthaltsbewilligung 99
      2. Aufenthalt minderjähriger ausländischer Kinder während eines Adoptionspflegeverhältnisses 103
      3. Familiennachzug für vorläufig aufgenommene Ausländerinnen und Ausländer 105
      4. Familiennachzug vorläufig aufgenommener Flüchtlinge 106
   III. Ausschluss des Familiennachzuges 106
      1. Die Ausschlussbestimmung in Art. 38 Abs. 2 BVO 106
      2. Familiennachzug während des Asylverfahrens 107
   IV. Ansprüche auf Familiennachzug aus bilateralen Abkommen 107
      1. Das Abkommen zwischen der Schweiz und Italien über die Auswanderung italienischer Arbeitskräfte nach der Schweiz vom 10. August 1964 107
      2. Die Vereinbarung zwischen der Schweiz und Liechtenstein von 1963 108
      3. Ansprüche auf Familiennachzug aus Niederlassungsverträgen? 109
B. Aufenthaltsbeendende Massnahmen und deren Auswirkungen auf das Familienleben 110
   I. Der Widerruf der Aufenthalts- und Niederlassungsbewilligung 111
   II. Die Ausweisung 113
      1. Die fremdenpolizeiliche Ausweisung nach Art. 10 ANAG 113
      2. Die strafrechtliche Landesverweisung nach Art. 55 StGB 116
      3. Die politische Ausweisung nach Art. 70 BV 118
   III. Die Wegweisung 119

XVI   Inhaltsverzeichnis

    IV. Die Heimschaffung 119
    V. Einreisesperre und Einreisebeschränkung 120
    VI. Völkerrechtliche Schranken des Vollzugs einer Aus- oder Wegweisung 121
C. Fazit 122

Viertes Kapitel
Nachzug und aufenthaltsbeendende
Massnahmen im österreichischen Ausländerrecht   125

A. Die Regelung des Familiennachzuges im österreichischen Fremdenrecht 127
    I. Rechtsanspruch auf Familiennachzug 127
        1. Rechtsansprüche auf Familiennachzug nach dem Aufenthaltsgesetz 1992 sowie dem Fremdengesetz 1992 127
        2. Rechtsansprüche auf Familiennachzug nach dem Fremdengesetz 1997 129
            a) Grundsatz: Familiennachzug für Angehörige auf Dauer niedergelassener Ausländerinnen und Ausländer 129
            b) Rechtsanspruch auf Erteilung einer Niederlassungsbewilligung für Familienangehörige von Bürgern eines EWR-Staates 131
            c) Rechtsanspruch auf Erteilung einer Niederlassungsbewilligung an nahe Verwandte österreichischer Staatsangehöriger 132
            d) Aufenthaltsrecht für Familienangehörige von Flüchtlingen, denen Asyl gewährt wurde 132
    II. Bewilligung des Nachzuges als Ermessensentscheid 133
        1. Die Bestimmungen des Fremdengesetzes 1992 bzw. des Aufenthaltsgesetzes 1992 133
        2. Die Bestimmungen des Fremdengesetzes 1997 134
            a) Von den speziellen Nachzugsbestimmungen nicht erfasste Verwandte von in Österreich lebenden Familienangehörigen 134
            b) Familienangehörige von Fremden mit befristeter Aufenthaltsberechtigung 135
    III. Ausgeschlossener Familiennachzug 136
B. Aufenthaltsbeendende Massnahmen und deren Auswirkungen auf das Familienleben 136
    I. Die Bestimmungen des Fremdengesetzes 1992 137
        1. Die Ausweisung 137
        2. Das Aufenthaltsverbot 137
    II. Die Bestimmungen des Fremdengesetzes 1997 138
        1. Die Ausweisung 138
            a) Ausweisung von Fremden ohne Aufenthaltstitel 138
            b) Ausweisung von Fremden mit Aufenthaltstiteln 139

2. Das Aufenthaltsverbot ... 141
3. Der Schutz des Privat- und Familienlebens bei Ausweisungen und Verfügung von Aufenthaltsverboten ... 142
C. Fazit ... 142

Fünftes Kapitel
Nachzug und aufenthaltsbeendende Massnahmen im französischen Ausländerrecht   145

A. Die Regelung des Familiennachzuges im französischen Ausländerrecht ... 148
  I. Nachzug von Familienangehörigen in Frankreich wohnhafter Ausländerinnen und Ausländer ... 150
  II. Besondere Bestimmungen über den Familiennachzug aufgrund bilateraler Staatsverträge ... 154
  III. Familiennachzug für Angehörige von EU/EWR-Staaten ... 154
  IV. Rechtsanspruch von ausländischen Ehepartnern französischer Staatsangehöriger auf Erteilung eines Aufenthaltstitels ... 155
  V. Rechtsanspruch von ausländischen Eltern minderjähriger Kinder französischer Staatsangehörigkeit auf Erteilung eines Aufenthaltstitels ... 156
  VI. Rechtsanspruch von ausländischen Kindern französischer Staatsangehöriger auf Erteilung eines Aufenthaltstitels ... 157
  VII. Rechtsanspruch auf Erteilung eines Aufenthaltstitels zum Schutz der persönlichen Beziehungen in Frankreich ... 158
  VIII. Die Erteilung eines Aufenthaltstitels an anerkannte Flüchtlinge und deren Familienangehörige ... 158
  IX. Die Erteilung eines Aufenthaltstitels an Staatenlose und deren Familienangehörige ... 159
  X. Kein Familiennachzug für Asylsuchende während eines hängigen Asylverfahrens ... 159
B. Aufenthaltsbeendende Massnahmen und deren Auswirkungen auf das Familienleben ... 159
  I. Die Nichterneuerung und der Widerruf der carte de séjour temporaire . 160
  II. Der Widerruf der carte de résident ... 161
  III. Die Wegweisung («reconduite à la frontière») ... 161
  IV. Die Ausweisung («expulsion») ... 162
  V. Das Aufenthaltsverbot («interdiction du territoire») ... 166
C. Fazit ... 167

Dritter Teil
Artikel 8 EMRK in der ausländerrechtlichen Rechtsprechung innerstaatlicher und internationaler Instanzen — 170

Sechstes Kapitel
Familienleben i.S. von Art. 8 EMRK und weitere Eintretensvoraussetzungen — 171

A. Die Rechtsprechung der Konventionsorgane 171
   I. Die allgemeinen Grundsätze des Bestehens von Familienleben 171
   II. Massgeblicher Zeitpunkt für das Bestehen von Familienleben............... 173
   III. Insbesondere im Ausland geschlossene Ehen... 173
   IV. Insbesondere Familienleben von Angehörigen der zweiten Generation 177
   V. Geltendmachung des Anspruchs auf Achtung des Privatlebens in ausländerrechtlichen Fällen.. 178
B. Die Rechtsprechung des Schweizerischen Bundesgerichtes 179
   I. Der Kreis der „nahen Verwandten"... 184
   II. Das Bestehen einer tatsächlich gelebten und intakten familiären Beziehung.. 187
   III. Die Voraussetzung des „gefestigten Anwesenheitsrechtes" der in der Schweiz lebenden Familienangehörigen 188
   IV. Ausschluss der Berufung auf Art. 8 EMRK bei Rechtsmissbrauch?...... 190
      1. Rechtsmissbrauch durch die sich auf Art. 8 EMRK berufende Person... 190
      2. Rechtsmissbräuchliche Berufung auf Art. 8 EMRK durch das während der Scheinehe geborene Kind?.. 192
   V. Würdigung der bundesgerichtlichen Praxis im Lichte der Rechtsprechung der Konventionsorgane 192
C. Die Rechtsprechung der österreichischen Gerichtshöfe des öffentlichen Rechtes 198
   I. Relevantes Privat- und Familienleben... 198
   II. Einschränkung der Geltendmachung: Kein Beschwerderecht der indirekt betroffenen Familienangehörigen 200
   III. Einschränkung der Geltendmachung: Faktischer Ausschluss einer Berufung auf Privat- und Familienleben in gewissen Konstellationen 201
D. Die Rechtsprechung des französischen Conseil d'État 203
   I. Die Geltendmachung von Art. 8 EMRK in ausländerrechtlichen Fällen 204
   II. Relevantes Privat- und Familienleben... 204
E. Würdigung... 207

Siebentes Kapitel
**Das Vorliegen eines Eingriffes in
das Privat- und Familienleben** 210

A. Voraussetzungen des Vorliegens eines Eingriffes 210
    I. Der Ansatz der Europäischen Kommission für Menschenrechte: Die Unzumutbarkeit bzw. Unmöglichkeit der Ausreise als Eingriffsvoraussetzung - „elsewhere approach" und „connections approach" 210
    II. Der Ansatz des Europäischen Gerichtshofes für Menschenrechte 213
    III. Der Ansatz des Schweizerischen Bundesgerichtes 213
        1. Die ersten Entscheide 214
        2. Die Präzisierung der Rechtsprechung 215
        3. Bedeutung der Zumutbarkeitsfrage und Prüfungsmassstab 216
        4. Die Prüfung der Zumutbarkeit der Ausreise 218
            a) Zumutbarkeit bzw. Unzumutbarkeit der Ausreise „ohne weiteres" feststellbar 218
            b) Vorgezogene Güterabwägung zur Feststellung der Zumutbarkeit bzw. Unzumutbarkeit der Ausreise 221
    IV. Die Rechtsprechung der österreichischen Gerichtshöfe des öffentlichen Rechtes 222
    V. Die Rechtsprechung des französischen Conseil d'État 223
    VI. Würdigung 224
B. Nachzugsfälle 227
    I. Nachzug von Ehegatten 227
        1. Die Rechtsprechung der Europäischen Kommission für Menschenrechte 228
        2. Die Rechtsprechung des Europäischen Gerichtshofes für Menschenrechte 230
        3. Die Rechtsprechung des Schweizerischen Bundesgerichtes 231
        4. Die Rechtsprechung des österreichischen Verfassungsgerichtshofes 232
        5. Die Rechtsprechung des französischen Conseil d'État 233
    II. Nachzug minderjähriger Kinder 234
        1. Die Rechtsprechung der Europäischen Kommission für Menschenrechte 234
        2. Die Rechtsprechung des Europäischen Gerichtshofes für Menschenrechte 237
        3. Die Rechtsprechung des Schweizerischen Bundesgerichtes 239
            a) Nachzug eines Kindes zu seinen in der Schweiz lebenden Eltern 239
            b) Nachzug eines Kindes zu seinem in der Schweiz lebenden Elternteil 241
            c) Nachzug minderjähriger Adoptivkinder 243
        4. Die Rechtsprechung der österreichischen Gerichtshöfe des öffentlichen Rechtes sowie des französischen Conseil d'État 244

III. Weitere Nachzugssituationen.. 245
  1. Die Rechtsprechung der Europäischen Kommission für Menschenrechte.. 245
    a) Nachzug im Ausland lebender Elternteile minderjähriger Kinder 245
    b) Nachzug erwachsender Kinder bzw. der Eltern erwachsener Kinder.. 246
    c) Weitere Nachzugskonstellationen 247
  2. Die Rechtsprechung des Schweizerischen Bundesgerichtes............ 248
    a) Nachzug erwachsener Kinder bzw. von Eltern oder Elternteilen erwachsener Kinder.. 248
    b) Nachzug weiterer Familienangehöriger....................................... 249
  3. Die Rechtsprechung des österreichischen Verfassungsgerichtshofes 249
  4. Die Rechtsprechung des französischen Conseil d'État..................... 250
C. Beeinträchtigung der Beziehung zwischen Ehegatten durch aufenthaltsbeendende Massnahmen... 251
  I. Aufenthaltsbeendende Massnahmen gegen ausländische Ehegatten von Staatsangehörigen... 252
    1. Die Rechtsprechung der Europäischen Kommission für Menschenrechte.. 252
    2. Die Rechtsprechung des Europäischen Gerichtshofes für Menschenrechte.. 256
    3. Die Rechtsprechung des Schweizerischen Bundesgerichtes............ 256
    4. Die Rechtsprechung des österreichischen Verwaltungsgerichtshofes 258
    5. Die Rechtsprechung des französischen Conseil d'État..................... 258
  II. Aufenthaltsbeendende Massnahmen gegen Ehegatten aufenthaltsberechtigter Ausländerinnen und Ausländer... 260
    1. Die Rechtsprechung der Europäischen Kommission für Menschenrechte.. 260
    2. Die Rechtsprechung des Schweizerischen Bundesgerichtes............ 265
    3. Die Rechtsprechung des österreichischen Verwaltungsgerichtshofes 267
    4. Die Rechtsprechung des französischen Conseil d'État..................... 268
D. Beeinträchtigung der Beziehung zwischen Eltern und minderjährigen Kindern durch aufenthaltsbeendende Massnahmen... 268
  I. Aufenthaltsbeendende Massnahmen gegen die Eltern oder den sorgeberechtigten Elternteil 269
    1. Die Rechtsprechung der Europäischen Kommission für Menschenrechte.. 269
    2. Die Rechtsprechung des Schweizerischen Bundesgerichtes............ 276
    3. Die Rechtsprechung des österreichischen Verfassungsgerichtshofes 277
    4. Die Rechtsprechung des französischen Conseil d'État..................... 278
  II. Aufenthaltsbeendende Massnahmen gegen den nicht sorgeberechtigten Elternteil... 280
    1. Die Rechtsprechung der Konventionsorgane.................................... 281

Inhaltsverzeichnis XXI

	2. Die Rechtsprechung des Schweizerischen Bundesgerichtes	284
	3. Die Rechtsprechung des französischen Conseil d'État	286
III.	Aufenthaltsbeendende Massnahmen gegen minderjährige Kinder	287

E. Aufenthaltsbeendende Massnahmen gegen Angehörige der zweiten Generation........ 288
    I. Die Rechtsprechung der Konventionsorgane 288
    II. Die Rechtsprechung des Schweizerischen Bundesgerichtes........ 293
    III. Die Rechtsprechung des österreichischen Verwaltungsgerichtshofes.... 294
    IV. Die Rechtsprechung des französischen Conseil d'État........ 295

F. Weitere Fälle der Beeinträchtigung von Privat- oder Familienleben durch aufenthaltsbeendende Massnahmen........ 296
    I. Aufenthaltsbeendende Massnahmen gegen langjährig in einem Staat wohnhaft gewesene Fremde - Eingriff in das Privatleben?........ 297
        1. Die Rechtsprechung der Europäischen Kommission für Menschenrechte........ 298
            a) Darstellung der Praxis........ 298
                aa) Familienangehörige im betreffenden Land........ 298
                bb) Keine weiteren Familienangehörigen im betreffenden Land 301
            b) Analyse der Rechtsprechung........ 301
        2. Die Praxis des Europäischen Gerichtshofes für Menschenrechte...... 303
        3. Die Rechtsprechung des Schweizerischen Bundesgerichtes........ 305
        4. Die Rechtsprechung der österreichischen Gerichtshöfe des öffentlichen Rechtes........ 306
        5. Die Rechtsprechung des französischen Conseil d'État........ 308
    II. Aufenthaltsbeendende Massnahmen gegen Partner einer gleichgeschlechtlichen Lebensgemeinschaft........ 309
        1. Die Rechtsprechung der Europäischen Kommission für Menschenrechte........ 309
        2. Die Rechtsprechung des Schweizerischen Bundesgerichtes........ 312
        3. Die Rechtsprechung der österreichischen Gerichtshöfe des öffentlichen Rechtes........ 313
        4. Die Rechtsprechung des französischen Conseil d'État........ 313
    III. Aufenthaltsbeendende Massnahmen gegen Partner einer nichtehelichen Lebensgemeinschaft 314
        1. Die Rechtsprechung der Europäischen Kommission für Menschenrechte........ 314
        2. Die Rechtsprechung des Schweizerischen Bundesgerichtes........ 316
        3. Die Rechtsprechung des österreichischen Verwaltungsgerichtshofes 318
        4. Die Rechtsprechung des französischen Conseil d'État........ 318
    IV. Aufenthaltsbeendende Massnahmen gegen eine ganze Familie........ 319
        1. Die Rechtsprechung der Europäischen Kommission für Menschenrechte........ 319
        2. Die Rechtsprechung des Schweizerischen Bundesgerichtes........ 320

                    3. Die Rechtsprechung des französischen Conseil d'État 322
            V.   Aufenthaltsbeendende Massnahmen gegen weitere Familienangehörige 322
                    1. Die Rechtsprechung der Europäischen Kommission für Menschenrechte 323
                    2. Die Rechtsprechung der österreichischen Gerichtshöfe des öffentlichen Rechtes 323
                    3. Die Rechtsprechung des französischen Conseil d'État 324
            VI. Vollstreckung aufenthaltsbeendender Massnahmen gegen einzelne Familienangehörige 324

Achtes Kapitel
Die Rechtfertigung eines Eingriffes bzw.
die Prüfung einer positiven Verpflichtung   328

A. Elemente der Rechtfertigung eines Eingriffes in das Privat- und Familienleben nach Art. 8 Abs. 2 EMRK 328
    I.   Das Erfordernis einer gesetzlichen Grundlage für den Eingriff 329
            1. Die Rechtsprechung der Konventionsorgane 329
            2. Die Rechtsprechung des Schweizerischen Bundesgerichtes 329
            3. Die Rechtsprechung des österreichischen Verfassungsgerichtshofes 330
            4. Die Rechtsprechung des französischen Conseil d'État 334
    II. Das Erfordernis des zulässigen Zweckes der Massnahme 334
            1. Die Rechtsprechung der Konventionsorgane 334
                    a) Eingriffsmassnahmen gegen straffällig gewordene Ausländerinnen und Ausländer 334
                    b) Eingriffsmassnahmen gegen andere Ausländerinnen und Ausländer 335
            2. Die Rechtsprechung des Schweizerischen Bundesgerichtes 336
            3. Die Rechtsprechung der österreichischen Gerichtshöfe des öffentlichen Rechtes 337
            4. Die Rechtsprechung des französischen Conseil d'État 338
    III. Das Erfordernis der Notwendigkeit des Eingriffes in einer demokratischen Gesellschaft - Aspekte der Verhältnismässigkeitsprüfung 338
            1. Die Rechtsprechung der Konventionsorgane 339
                    a) Die Schwere des Eingriffes in das Recht auf Achtung des Familienlebens 339
                            aa) Familiäre Umstände der Beschwerdeführer 339
                            bb) Persönliche Umstände der Beschwerdeführer 343
                            cc) Weitere relevante Aspekte 347
                    b) Die Interessen des Staates 349

Inhaltsverzeichnis

aa)	Interessen des Staates bei Eingriffen zum Schutze der öffentlichen Ruhe und Ordnung etc. gegen straffällig gewordene Fremde	349
bb)	Interessen des Staates bei ausländerrechtlichen Delikten	353
cc)	Interessen des Staates in den übrigen Fällen	354

2. Die Rechtsprechung des Schweizerischen Bundesgerichtes 356
   a) Die Bestimmung der Schwere des Eingriffes in das Familienleben 356
      aa) Familiäre Umstände der direkt betroffenen Ausländerinnen und Ausländer 357
      bb) Persönliche Umstände der direkt betroffenen Ausländerinnen und Ausländer 358
      cc) Weitere relevante Aspekte 359
   b) Die Gewichtung der öffentlichen Interessen 361
      aa) Gewicht des öffentlichen Interesses bei straffällig gewordenen Ausländerinnen und Ausländern 361
      bb) Gewicht des öffentlichen Interesses in den übrigen Fällen... 364

3. Die Rechtsprechung der österreichischen Gerichtshöfe des öffentlichen Rechtes 365
   a) Die Bestimmung der Schwere des Eingriffes in das Familienleben 366
   b) Die Bestimmung der Schwere eines Eingriffes in das Privatleben 367
   c) Die Gewichtung der öffentlichen Interessen 368

4. Die Rechtsprechung des französischen Conseil d'État 369
   a) Die Bestimmung der Schwere des Eingriffes in das Privat- und Familienleben 370
   b) Die Gewichtung des öffentlichen Interesses 371

B. Die Prüfung des Bestehens einer positiven Verpflichtung 371
  I. Die Schwere der Beeinträchtigung der privaten Interessen am Schutz des Familienlebens 373
    1. Familiäre Umstände der Beschwerdeführer 373
    2. Persönliche Umstände der Beschwerdeführer 374
    3. Weitere relevante Aspekte 375
  II. Die staatlichen Interessen 377

C. Prüfung der Verhältnismässigkeit einer ausländerrechtlichen Massnahme in einzelnen Fallkonstellationen 378
  I. Nachzug von Ehegatten 378
    1. Die Rechtsprechung der Konventionsorgane 378
    2. Die Rechtsprechung des Schweizerischen Bundesgerichtes 380
    3. Die Rechtsprechung des österreichischen Verfassungsgerichtshofes 381
    4. Die Rechtsprechung des französischen Conseil d'État 381
  II. Nachzug minderjähriger Kinder 382

	1. Die Rechtsprechung der Konventionsorgane	382
	2. Die Rechtsprechung des Schweizerischen Bundesgerichtes	386
III.	Weitere Nachzugskonstellationen	389
	1. Die Rechtsprechung der Europäischen Kommission für Menschenrechte	389
	2. Die Rechtsprechung des Schweizerischen Bundesgerichtes	390
	3. Die Rechtsprechung des französischen Conseil d'État	391
IV.	Aufenthaltsbeendende Massnahmen gegen Ehegatten	392
	1. Die Rechtsprechung der Europäischen Kommission für Menschenrechte	392
	2. Die Rechtsprechung des Schweizerischen Bundesgerichtes	394
	3. Die Rechtsprechung des österreichischen Verwaltungsgerichtshofes	398
	4. Die Rechtsprechung des französischen Conseil d'État	399
V.	Aufenthaltsbeendende Massnahmen gegen Eltern bzw. den sorgeberechtigten Elternteil minderjähriger Kinder	402
	1. Die Rechtsprechung der Europäischen Kommission für Menschenrechte	402
	2. Die Rechtsprechung des Schweizerischen Bundesgerichtes	403
	3. Die Rechtsprechung des österreichischen Verfassungsgerichtshofes	403
	4. Die Rechtsprechung des französischen Conseil d'État	404
VI.	Aufenthaltsbeendende Massnahmen gegen einen nicht sorgeberechtigten Elternteil	405
	1. Die Rechtsprechung der Konventionsorgane	405
	2. Die Rechtsprechung des Schweizerischen Bundesgerichtes	406
VII.	Aufenthaltsbeendende Massnahmen gegen Angehörige der zweiten Generation	408
	1. Die Rechtsprechung der Konventionsorgane	409
	2. Die Rechtsprechung des Schweizerischen Bundesgerichtes	415
	3. Die Rechtsprechung des österreichischen Verwaltungsgerichtshofes	417
	4. Die Rechtsprechung des französischen Conseil d'État	418
VIII.	Aufenthaltsbeendende Massnahmen gegen langjährig in einem Land ansässig gewesene Fremde	420
	1. Die Rechtsprechung der Konventionsorgane	420
	2. Die Rechtsprechung des österreichischen Verwaltungsgerichtshofes	422
IX.	Aufenthaltsbeendende Massnahmen gegen Partner einer nichtehelichen Lebensgemeinschaft	423
	1. Die Rechtsprechung der Europäischen Kommission für Menschenrechte	423
	2. Die Rechtsprechung des österreichischen Verwaltungsgerichtshofes	424
	3. Die Rechtsprechung des französischen Conseil d'État	425

Neuntes Kapitel
Zusammenfassung und Würdigung 427

A. Zusammenfassung der Rechtsprechung 427
B. Würdigung der Rechtsprechung 429

Vierter Teil
Effektiver und wirksamer Schutz des Privat- und Familienlebens im Ausländerrecht - eine Utopie? 435

Zehntes Kapitel
Gesichtspunkte eines effektiven Schutzes des Privat- und Familienlebens in einer Einwanderungsgesellschaft 436

A. Die Ausgangslage 436
B. Gesellschaftspolitische Entwicklungen und ihre Bedeutung für einen effektiven Schutz des Privat- und Familienlebens in einer Einwanderungsgesellschaft 438
    I. Die Notwendigkeit einer konsequent verfolgten und aktiven Integrationspolitik 439
    II. Die Notwendigkeit einer an der gesellschaftlichen Realität orientierten Politik 441
    III. Dennoch: Der Staat als Garant von Ruhe und Ordnung 442
C. Rechtliche Entwicklung und ihre Bedeutung für einen effektiven Schutz des Privat- und Familienlebens in einer Einwanderungsgesellschaft 444
D. Methodische Aspekte eines effektiven und wirksamen Schutzes des Privat- und Familienlebens 445
    I. Sachgerechte Zuordnung des Sachverhaltes 446
    II. Positive Verpflichtungen als „Eingriff" i.S. von Art. 8 Abs. 2 EMRK.. 447
    III. Das Vorliegen eines Eingriffes 450
    IV. Das Recht auf Achtung des Familienlebens - ein Individualrecht mit kollektivem Aspekt - Auswirkungen auf die Güterabwägung 450
        1. Gesichtspunkte der Interessenabwägung 453
        2. Folgerungen für die Prüfung der Verhältnismässigkeit ausländerrechtlicher Eingriffe in das Familienleben 454
E. Synthese: Umrisse eines sachgerechten Prüfungsprogrammes und Leitideen der Entscheidfindung 454
    I. Prüfungsprogramm 455
        1. Ist ein Schutzbereich von Art. 8 EMRK betroffen? 455

		2. Liegt ein Eingriff in den betroffenen Schutzbereich vor?	456
		3. Ist der Eingriff gerechtfertigt?	457
		4. Das Diskriminierungsverbot von Art. 14 EMRK	458
	II.	Leitideen der Entscheidfindung	458
F.	Exkurs: Weitere für den Schutz des Privat- und Familienlebens relevante Konventionsgarantien		459
	I.	Das Recht auf Eheschliessung und Gründung einer Familie in Art. 12 EMRK	459
	II.	Das Diskriminierungsverbot in Art. 14 EMRK	461

Elftes Kapitel
Effektiver und wirksamer Schutz des Privat- und Familienlebens in einer Einwanderungsgesellschaft - keine Utopie 468

A.	Einzelne Fallkonstellationen		468
	I.	Beeinträchtigung der Beziehung zwischen Ehegatten	468
	II.	Beeinträchtigung der Beziehung zwischen Eltern und minderjährigen Kindern	469
		1. Nachzug minderjähriger Kinder zu ihren Eltern bzw. zu einem Elternteil	470
		2. Aufenthaltsbeendende Massnahmen gegen die Eltern oder den sorgeberechtigten Elternteil	471
		3. Aufenthaltsbeendende Massnahmen gegen den nicht sorgeberechtigten Elternteil	473
		4. Aufenthaltsbeendende Massnahmen gegen minderjährige Kinder	474
		5. Einreise bzw. Nachzug im Ausland lebender Eltern/Elternteile zu ihren minderjährigen Kindern	475
	III.	Aufenthaltsbeendende Massnahmen gegen Angehörige der zweiten Generation	476
	IV.	Beeinträchtigung nichtehelicher Partnerschaften durch ausländerrechtliche Massnahmen	480
	V.	Beeinträchtigung gleichgeschlechtlicher Partnerschaften durch ausländerrechtliche Massnahmen	481
	VI.	Aufenthaltsbeendende Massnahmen gegen langjährig in einem Land wohnhaft gewesene Fremde	482
	VII.	Aufenthaltsbeendende Massnahmen gegen alle Familienangehörige	483
	VIII.	Ausländerrechtliche Beeinträchtigung der Beziehung zwischen weiteren Familienangehörigen	484
B.	Folgerungen für die innerstaatliche Rechtsprechung in Einwanderungs- und Ausweisungsfragen		485
	I.	Schweiz	486

1. Die Geltendmachung von Art. 8 EMRK: Verzicht auf die Eintretensvoraussetzung des gefestigten Anwesenheitsrechtes 487
2. Auch der Teilgehalt des Privatlebens vermag u.U. einen Anspruch auf Schutz einzuräumen 488
3. Das Vorliegen eines Eingriffes in das Familienleben: Verzicht auf die Zumutbarkeitsprüfung als zusätzliche Eingriffsvoraussetzung ... 489
4. Die Rechtfertigungsprüfung: Umfassende Interessen- und Verhältnismässigkeitsprüfung unter Berücksichtigung der eingetretenen gesellschaftlichen Veränderungen 490
5. Der Dualismus zwischen fremdenpolizeilicher und strafrechtlicher Landesverweisung 491
II. Österreich und Frankreich 491

Schlussbetrachtung 493

Materialien 495

Literaturverzeichnis 496

Stichwortverzeichnis 515

Abkürzungsverzeichnis

a.a.O.	=	am angegebenen Ort
AB	=	Allgemeine Bemerkung des Ausschusses für Menschenrechte zum Pakt II
ABl.	=	Amtsblatt der Europäischen Gemeinschaften
Abs.	=	Absatz
AEMR	=	Allgemeine Erklärung der Menschenrechte vom 10. Dezember 1948
AJDA	=	L'Actualité juridique - Droit administratif
AJP/PJA	=	Aktuelle Juristische Praxis / Pratique Juridique Actuelle
AMRK	=	Amerikanische Menschenrechtskonvention vom 22. November 1969
ANAG	=	Bundesgesetz über Aufenthalt und Niederlassung der Ausländer vom 26. März 1931, SR 142.20 (Schweiz)
ANAV	=	Vollziehungsverordnung zum Bundesgesetz über Aufenthalt und Niederlassung der Ausländer vom 1. März 1949, SR 142.201 (Schweiz)
Anm.	=	Anmerkung
AöR	=	Archiv des öffentlichen Rechts
ARK	=	Schweizerische Asylrekurskommission
Art.	=	Artikel
AS	=	Amtliche Sammlung des Bundesrechts (Schweiz)
ASYL	=	Schweizerische Zeitschrift für Asylrecht und -praxis
AsylG	=	Asylgesetz vom 5. Oktober 1979, SR 142.31 (Schweiz)
AsylV 1	=	Asylverordnung 1 über Verfahrensfragen vom 22. Mai 1991, SR 142.311 (Schweiz)
AufG 1992	=	Bundesgesetz, mit dem der Aufenthalt von Fremden in Österreich geregelt wird, BGBl 1992/466
B	=	Beschwerde
BBl	=	Schweizerisches Bundesblatt
betr.	=	betreffend
BFA	=	Bundesamt für Ausländerfragen (Schweiz)

BFF	=	Bundesamt für Flüchtlinge (Schweiz)
BGBl	=	Bundesgesetzblatt für die Republik Österreich
BGE	=	Entscheidungen des schweizerischen Bundesgerichtes (einschliesslich Entscheidungen des eidgenössichen Versicherungsgerichtes)
BGerE	=	Bundesgerichtsentscheid (Schweiz)
BlgNR	=	Beilagen zu den stenographischen Protokollen des Nationalrates (Österreich; mit Nummer, Gesetzgebungsperiode und Seite (z.B. 686 BlgNR 20.GP, 3))
BSG	=	Bernische Systematische Gesetzessammlung
BüG	=	Bundesgesetz über Erwerb und Verlust des Schweizer Bürgerrechts (Bürgerrechtsgesetz) vom 29. September 1952, SR 141.0
BVerwGE	=	Entscheidungen des Bundesverwaltungsgerichts (Deutschland)
B-VG	=	Bundes-Verfassungsgesetz (Österreich)
BV	=	Bundesverfassung der Schweizerischen Eidgenossenschaft vom 29. Mai 1874, SR 101
BVO	=	Verordnung über die Begrenzung der Zahl der Ausländer vom 6. Oktober 1986, SR 823.21 (Schweiz)
bzw.	=	beziehungsweise
CD	=	Collection of Decisions of the European Commission of Human Rights (bis 1974)
CE	=	Conseil d'État (Frankreich)
CEDH	=	Convention Européenne de sauvegarde des Droits de l'Homme et des Libertés fondamentales
CP	=	Code pénal (Frankreich)
D., chron.	=	Recueil «Dalloz Sirey», Chroniques
D., IR	=	Recueil «Dalloz Sirey», Informations rapides
D., jur.	=	Recueil «Dalloz Sirey», Jurisprudence
D., Somm.	=	Recueil «Dalloz Sirey», Sommaires commentés
d.h.	=	das heisst
Diss.	=	Dissertation
Doc.	=	Dokument
DöV	=	Die öffentliche Verwaltung
DR	=	Decisions and Reports of the European Commission of Human Rights (seit 1974)
Dr. adm.	=	Revue „Droit administratif"

E.	=	Erwägung
Ed./éd.	=	Editor(s)/éditeur(s)
EGMR	=	Europäischer Gerichtshof für Menschenrechte
EGV	=	Vertrag zur Gründung der Europäischen Gemeinschaften vom 25. März 1957
EJPD	=	Eidgenössisches Justiz- und Polizeidepartement
EKA	=	Eidgenössische Ausländerkommission
EKMR	=	Europäische Kommission für Menschenrechte
EMARK	=	Entscheidungen und Mitteilungen der Schweizerischen Asylrekurskommission (ARK)
EMRK	=	Europäische Konvention zum Schutz der Menschenrechte und Grundfreiheiten vom 4. November 1950, SR 0.101
ESC	=	Europäische Sozialcharta vom 18. Oktober 1961
et al.	=	und andere
etc.	=	et cetera
ETS	=	European Treaty Series (offizielle Vertragssammlung des Europarates)
EU	=	Europäische Union
EuGH	=	Gerichtshof der Europäischen Gemeinschaften
EuGRZ	=	Europäische Grundrechte-Zeitschrift
EUV	=	Vertrag über die Europäische Union (Maastricht-Vertrag) vom 7. Februar 1992
evtl.	=	eventuell
EWR	=	Europäischer Wirtschaftsraum
f.	=	folgend
FamRZ	=	Zeitschrift für das gesamte Familienrecht
ff.	=	fortfolgend
FrG 1992	=	Bundesgesetz über die Einreise und den Aufenthalt von Fremden, BGBl 1992/838 (Österreich)
FrG 1997	=	Bundesgesetz über die Einreise, den Aufenthalt und die Niederlassung von Fremden, BGBl I 1997/75 (Österreich)
FrPolG	=	Fremdenpolizeigesetz, BGBl 1954/75 (Österreich)
HRLJ	=	Human Rights Law Journal
HRQ	=	Human Rights Quarterly
Hrsg.	=	Herausgeber

IACtHR	=	Inter-American Court of Human Rights
ICJ	=	International Court of Justice
ICLQ	=	International and Comparative Law Quarterly
idF	=	in der Fassung
IGH	=	Internationaler Gerichtshof
IJRL	=	International Journal of Refugee Law
InfAuslR	=	Informationsbrief Ausländerrecht
IPRG	=	Bundesgesetz über das Internationale Privatrecht vom 18. Dezember 1987, SR 291 (Schweiz)
i.S.	=	im Sinne
JB	=	Jahresbericht
JCP, éd. G	=	Juris-Classeur périodique (Semaine Juridique), édition générale
J.D.I.	=	Journal de droit international
JRP	=	Journal für Rechtspolitik
Jura	=	Zeitschrift „Juristische Ausbildung"
KB	=	Bericht gemäss Art. 31 EMRK der Europäischen Kommission für Menschenrechte
KE	=	Zulässigkeitsentscheid der Europäischen Kommission für Menschenrechte
KRK	=	Übereinkommen über die Rechte des Kindes vom 20. November 1989 (Kinderrechtskonvention), SR 0.107
lit.	=	lit(t)era
M	=	Mitteilung
m.a.W.	=	mit anderen Worten
m.E.	=	meines Erachtens
MRK	=	Europäische Menschenrechtskonvention
m.w.H.	=	mit weiteren Hinweisen
NF	=	Neue Folge
No.	=	numéro
NQHR	=	Netherlands Quarterly of Human Rights
Nr.	=	Nummer
OFPRA	=	Office Français de Protection des Réfugiés et Apatrides
OG	=	Bundesgesetz über die Organisation der Bundesrechtspflege (Bundesrechtspflegegesetz) vom 16. Dezember 1943, SR 173.110 (Schweiz)

Ord. 1945	=	Ordonnance n° 45-2658 (modifiée) du 2 novembre 1945 relative aux conditions d'entrée et de séjour des étrangers en France
ÖZöRV	=	Österreichische Zeitschrift für öffentliches Recht und Völkerrecht
Pakt I	=	Internationaler Pakt über wirtschaftliche, soziale und kulturelle Rechte vom 16. Dezember 1966, SR 0.103.1
Pakt II	=	Internationaler Pakt über bürgerliche und politische Rechte vom 16. Dezember 1966, SR 0.103.2
Pra	=	Die Praxis des Bundesgerichtes
RDAF	=	Revue de droit administratif et de droit fiscal (Revue genevoise de droit public)
Rec. CE	=	Recueil des décisions du Conseil d'État (Lebon)
RFDA	=	Revue française de droit administratif
Rs	=	Rechtssache
RSN	=	Recueil systématique de la législation neuchâteloise
RTDH	=	Revue trimestrielle des droits de l'homme
RUDH	=	Revue universelle des droits de l'homme
Rz.	=	Randziffer
SD	=	Selected Decisions under the Optional Protocol (Pakt II)
SEG	=	Sammlung Eidgenössischer Gesetze
SJIR	=	Schweizerisches Jahrbuch für Internationales Recht (bis 1990)
SJZ	=	Schweizerische Juristenzeitung
Slg	=	Sammlung der Rechtsprechung des Gerichtshofes der Europäischen Gemeinschaften
SR	=	Systematische Sammlung des Bundesrechts (Schweiz)
StGB	=	Schweizerisches Strafgesetzbuch vom 21. Dezember 1937
TA	=	Tribunal administratif
tab.	=	tables
u.a.	=	unter anderem
UN	=	United Nations (Vereinte Nationen)
UNTS	=	United Nations Treaty Series
u.U.	=	unter Umständen
VfGH	=	Österreichischer Verfassungsgerichtshof
VfSlg	=	Amtliche Sammlung der Erkenntnisse und Beschlüsse des österreichischen Verfassungsgerichtshofes
vgl.	=	vergleiche

Abkürzungsverzeichnis

VPB	=	Verwaltungspraxis der Bundesbehörden (Schweiz)
VRK	=	Wiener Konvention über das Recht der Verträge vom 23. Mai 1969, SR 0.111
VwGH	=	Österreichischer Verwaltungsgerichtshof
WAK	=	Internationale Konvention zum Schutze der Rechte aller Wanderarbeitnehmer vom 18. Dezember 1990
YBECHR	=	Yearbook of the European Convention on Human Rights
ZaöRV	=	Zeitschrift für ausländisches öffentliches Recht und Völkerrecht
z.B.	=	zum Beispiel
ZBJV	=	Zeitschrift des Bernischen Juristenvereins
ZBl	=	Schweizerisches Zentralblatt für Staats- und Verwaltungsrecht
ZfV	=	Zeitschrift für Verwaltung
ZGB	=	Schweizerisches Zivilgesetzbuch vom 10. Dezember 1907, SR 210
ZGRG	=	Zeitschrift für Gesetzgebung und Rechtsprechung in Graubünden
Ziff.	=	Ziffer
ZRP	=	Zeitschrift für Rechtspolitik
ZSR	=	Zeitschrift für Schweizerisches Recht
ZVW	=	Zeitschrift für Vormundschaftswesen

Einleitung

Seit dem Inkrafttreten der Europäischen Konvention zum Schutze der Menschenrechte und Grundfreiheiten (EMRK) vor rund 45 Jahren am 3. September 1953 erlangte das durch Art. 8 EMRK garantierte Recht auf Achtung des Privat- und Familienlebens - nicht zuletzt auch dank evolutiver Auslegung dieser Garantie durch die Konventionsorgane - eine für zahlreiche Rechtsbereiche zentrale und prägende Bedeutung. Dies gilt namentlich auch für das Ausländerrecht. So garantiert die EMRK zwar kein Recht auf Einreise und Aufenthalt in einen bestimmten Staat, doch hat die Europäische Kommission für Menschenrechte seit den Anfängen ihrer Rechtsprechung betont, dass die durch Art. 8 EMRK garantierten Rechte in ausländerrechtlichen Fragen zu berücksichtigen seien, wenn durch eine fremdenrechtliche Massnahme Familienangehörige getrennt oder am Zusammenleben gehindert werden.

Dies hat dazu geführt, dass im Laufe der Zeit auch in den Konventionsstaaten das Bewusstsein der zentralen Bedeutung von Art. 8 EMRK im Ausländerrecht gewachsen ist. Auf die mit der Ratifikation der EMRK verbundene Verpflichtung zur Achtung des Privat- und Familienlebens in ausländerrechtlichen Belangen haben die Vertragsstaaten indes - konform mit dem Völkerrecht - unterschiedlich reagiert, etwa durch Art. 8 EMRK-konforme Auslegung der innerstaatlichen fremdenrechtlichen Bestimmungen oder durch Ableitung eines Anwesenheitsrechtes für bestimmte Personengruppen direkt aus Art. 8 EMRK. Den Verpflichtungen aus Art. 8 EMRK wurde auch im Zuge von Revisionen innerstaatlicher Fremdengesetze Rechnung getragen. In diesem Sinne wird in den Erläuterungen zur Regierungsvorlage über ein neues österreichisches Fremdengesetz als inhaltlicher Schwerpunkt der Revision unter anderem die „Gewährleistung des Rechts auf Familienleben nach Art. 8 EMRK (Familiennachzug) für Neuzuwanderer"[1] angeführt.

Auch in zahlreichen fremdenrechtlichen Entscheidungen staatlicher Höchstgerichte wird die Vereinbarkeit einer ausländerrechtlich begründeten Massnahme mit dem Recht auf Achtung des Privat- und Familienlebens ge-

---

[1] Erläuterungen, in: *Jelinek/Szymanski*, 10.

prüft. Neben Rückgriffen auf die Rechtsprechung von Kommission und Gerichtshof entwickelten die innerstaatlichen Gerichte dabei auch eigene Ansätze. In dieser Situation sind Divergenzen zwischen der Judikatur der verschiedenen innerstaatlichen Höchstgerichte unvermeidlich. Hinzu kommt, dass die Rechtsprechung der Strassburger Organe alles andere als einheitlich und auch nicht immer logisch nachvollziehbar ist. Dies bedeutet nicht nur für die direkt betroffenen Personen ein erhebliches Mass an Rechtsunsicherheit. Das weitgehende Fehlen klarer Rechtsprechungslinien sowie die einzelfallorientierte Entscheidpraxis der Konventionsorgane birgt auch für die einzelnen Vertragsstaaten einen bedeutenden Unsicherheitsfaktor in sich, ist doch der Umfang der aus Art. 8 EMRK fliessenden Verpflichtungen im Fremdenrecht weithin unbestimmt. Zutreffend hat Richter Martens in bezug auf die Praxis des Europäischen Gerichtshofes für Menschenrechte denn auch von einer Lotterie für die innerstaatlichen Behörden gesprochen[2].

Mit der Ratifikation der EMRK haben sich die Vertragsstaaten verpflichtet, die in der Konvention und ihren Zusatzprotokollen niedergelegten Grundrechte und Freiheiten allen ihrer Hoheitsgewalt unterstehenden Personen einzuräumen und zu garantieren. Die effektive Durchsetzung der eingeräumten Rechte obliegt daher in erster Linie und primär den Staaten. Dem Verfahren vor den Konventionsorganen kommt lediglich subsidiärer Charakter zu. Die Rechtsprechung von Kommission und Gerichtshof stellt somit nur die Spitze der von verschiedenen administrativen oder gerichtlichen Instanzen unter dem Aspekt von Art. 8 EMRK beurteilten ausländerrechtlichen Fälle dar. In einem Gebiet, das wie das Ausländerrecht sehr stark von den gesellschaftlichen und politischen Ansichten und Tendenzen beeinflusst wird, ist es daher unabdingbar, die Rechtsprechung der Strassburger Organe nicht isoliert, sondern vielmehr vor dem Hintergrund der Praxis innerstaatlicher Höchstgerichte zu betrachten. Aus diesem Grunde soll in der vorliegenden Arbeit zusätzlich zur Rechtsprechung von Kommission und Gerichtshof die Praxis des schweizerischen Bundesgerichtes, der österreichischen Gerichtshöfe des öffentlichen Rechtes sowie des französischen Conseil d'État dargestellt und analysiert werden. Der Entscheid, gerade die schweizerische, österreichische und französische Rechtsprechung zu untersuchen, beruht auf verschiedenen Überlegungen. Einerseits ist *Frankreich* ein *traditionelles Einwanderungsland* und es ist daher zu erwarten, dass sich dieser Umstand sowohl im innerstaatlichen Ausländerrecht als auch in der höchstgerichtlichen

---

[2] Dissenting opinion von Richter Martens im Urteil des EGMR im Fall *Boughanemi gegen Frankreich*, Reports 1996-II, 593 ff., 613.

Rechtsprechung widerspiegelt. Dagegen sind zwar weder Österreich noch die Schweiz traditionelle Einwanderungsländer; beide Staaten sahen sich in jüngerer Zeit aber in gleicher Weise einem stark erhöhten Migrationsdruck ausgesetzt. Während jedoch *Österreich*, dessen bisheriges Fremdengesetz erst seit 1993 galt, auf den 1. Januar 1998 ein *neues Fremdengesetz* (FrG 1997) in Kraft gesetzt hat, um den veränderten Umständen soweit als möglich Rechnung zu tragen, gilt in der *Schweiz* weiterhin das *1931* erlassene, teilweise abgeänderte und durch zahlreiche Verordnungen ergänzte *Bundesgesetz über Aufenthalt und Niederlassung der Ausländer* (ANAG). Dieser doch sehr unterschiedliche Charakter der innerstaatlichen Gesetzesgrundlagen kann nicht ohne Auswirkungen auf die innerstaatliche Rechtsprechung zu Art. 8 EMRK bleiben. Während dem in Art. 8 EMRK verankerten Anspruch auf Achtung des Privat- und Familienlebens in Österreich vornehmlich die Rolle einer Leitlinie zur Auslegung und Anwendung der innerstaatlichen Bestimmungen zukommt, hat das schweizerische Bundesgericht aus dieser Norm für bestimmte Gruppen von Personen ein eigentliches Aufenthaltsrecht abgeleitet. Zusammenfassend kann daher davon ausgegangen werden, dass sich zwar in allen drei untersuchten Ländern die gleichen oder zumindest ähnlichen Probleme und Fragen stellen, deren Lösung jedoch - beruhend auf den jeweiligen gesellschaftlichen, politischen und rechtlichen Gegebenheiten - unterschiedliche Formen annimmt.

Zur Uneinheitlichkeit und fehlenden Kongruenz der Rechtsprechung der Strassburger Organe kommt der unterschiedliche Umgang mit Art. 8 EMRK auf innerstaatlicher Ebene. Die Praxis klafft teilweise derart auseinander, dass der Ausgang konkreter Fälle nicht nur im horizontalen Vergleich der einzelnen Staaten diametral entgegengesetzt sein kann. Vielmehr bestehen auch im vertikalen Vergleich zahlreiche Fälle sich widersprechender Entscheide.

Ziel vorliegender Studie ist deshalb der Vorschlag, diese unbefriedigende und der Rechtssicherheit abträgliche Situation durch die Schaffung eines einheitlichen Systems zu beheben. Dazu soll, nach allgemeinen Ausführungen zum in Art. 8 EMRK verankerten Anspruch auf Achtung des Privat- und Familienlebens (1. Teil), in einem nächsten Schritt ein Überblick darüber gegeben werden, in welchem Masse familienspezifischen Anliegen im schweizerischen, österreichischen und französischen Ausländerrecht Beachtung geschenkt wird (2. Teil). Im dritten Teil wird sodann die Rechtsprechung der Konventionsorgane sowie die Judikatur des schweizerischen Bundesgerichtes, der österreichischen Gerichtshöfe des öffentlichen Rechtes und des französischen Conseil d'État zu Art. 8 EMRK in fremdenrechtlichen Fällen einer eingehenden Untersuchung und Analyse unterzogen. Die Erkenntnis, dass diese Rechtsprechungen weit davon entfernt sind, einheitlich oder auch nur kompatibel zu sein, leitet in den vierten und letzten Teil über, in dem der Versuch gewagt werden soll, Leitlinien für eine dogmatisch-methodisch kohärente, den verschiedenen Interessen und Konstellationen gerechter werdende und die Möglichkeiten von Art. 8 EMRK ausschöpfende Entscheidfindung aufzustellen.

Erster Teil

Die Achtung des Privat- und Familienlebens als Menschenrecht

Im Zentrum vorliegender Studie steht die Garantie von Art. 8 EMRK. Daher wird in einem ersten Kapitel das durch Art. 8 EMRK garantierte Recht auf Achtung des Privat- und Familienlebens eingehend dargestellt, werden zudem die Schutzbereiche von Privat- und Familienleben abzustecken versucht und die Eingriffsvoraussetzungen beleuchtet. Die Ausführungen sind bewusst abstrakt und allgemein gehalten; nur auf diese Weise treten die dogmatischen Ungereimtheiten, die bei der Anwendung von Art. 8 EMRK im Rahmen des Ausländerrechtes bestehen, deutlich erkennbar hervor. In einem weiteren Kapitel wird auf andere menschenrechtliche Bestimmungen, die das Privat- und Familienleben schützen, hingewiesen und die Praxis - soweit vorhanden - der entsprechenden Durchsetzungsorgane beleuchtet.

Erstes Kapitel

Das Recht auf Achtung des Privat- und Familienlebens in Art. 8 EMRK

Art. 8 EMRK schützt das Privat- und Familienleben, die Wohnung sowie den Briefverkehr. Die Gewährleistung ist indes, im Gegensatz beispielsweise zum Verbot der Folter, unmenschlicher Behandlung oder Strafe, nicht absolut; unter bestimmten Voraussetzungen ist es staatlichen Behörden vielmehr gestattet, ohne Konventionsverletzung die Ausübung der eingeräumten Freiheiten zu beschränken. Art. 8 EMRK lautet[1]:

---

[1] Die französische Fassung lautet: „1. Toute personne a droit au respect de sa vie privée et familiale, de son domicile et de sa correspondance. 2. Il ne peut y avoir ingérence d'une autorité publique dans l'exercice de ce droit que pour autant que cette ingérence est prévue par la loi et qu'elle constitue une mesure qui, dans une société démocratique, est nécessaire à la sécurité nationale, à la sûreté publique, au bien-être économique du pays, à la défense de l'ordre et à la prévention des infractions pénales, à la protection de la santé ou de la morale, ou à la protection des droits et libertés d'autrui"; in seiner eng-

„1. Jedermann hat Anspruch auf Achtung seines Privat- und Familienlebens, seiner Wohnung und seines Briefverkehrs.

2. Der Eingriff einer öffentlichen Behörde in die Ausübung dieses Rechts ist nur statthaft, insoweit dieser Eingriff gesetzlich vorgesehen ist und eine Massnahme darstellt, die in einer demokratischen Gesellschaft für die nationale Sicherheit, die öffentliche Ruhe und Ordnung, das wirtschaftliche Wohl des Landes, die Verteidigung der Ordnung und zur Verhinderung von strafbaren Handlungen, zum Schutz der Gesundheit und der Moral oder zum Schutz der Rechte und Freiheiten anderer notwendig ist."

Art. 8 Abs. 1 EMRK verpflichtet somit die Vertragsstaaten u.a., das Privat- und Familienleben aller ihrer Jurisdiktion unterworfenen Personen zu achten. Er lässt jedoch zahlreiche Fragen, wie z. B. nach Inhalt und Wesen des geschützten Privat- und Familienlebens unbeantwortet: Wird nur die innerste Intimsphäre geschützt oder ist der Schutzbereich dieser Gewährleistungen weiter zu fassen? Kommt diesen Rechten in sämtlichen Vertragsstaaten der EMRK die gleiche Bedeutung zu oder hängt beispielsweise der Schutz des Familienlebens von der vorherrschenden Familienstruktur eines jeden Staates ab?

Der folgende Abschnitt soll dazu dienen, einen Überblick über Tragweite und Schutzbereich des Rechtes auf Achtung von Privat- und Familienleben, den Charakter der staatlichen Verpflichtungen sowie die Schranken der Rechtsausübung zu geben.

---

lischen Version lautet der Text von Art. 8 EMRK: „1. Everyone has the right to respect for his private and family life, his home and his correspondence. 2. There shall be no interference by a public authority with the exercise of this right except such as is in accordance with the law and is necessary in a democratic society in the interests of national security, public safety or the economic well-being of the country, for the prevention of disorder or crime, for the protection of health or morals, or for the protection of the rights and freedoms of others"; sowohl der französische als auch der englische Wortlaut sind authentische Versionen (Art. 59 letzter Abs. EMRK). Konflikte zwischen den beiden Fassungen werden auf der Basis von Art. 33 der Wiener Konvention über das Recht der Verträge vom 23. Mai 1969 (VRK) gelöst, wonach - falls sich der Konflikt nicht nach den allgemeinen Auslegungsgrundsätzen beheben lässt - diejenige Bedeutung anzunehmen ist, welche „die Texte unter Berücksichtigung des Ziels und Zweckes des Vertrags am besten miteinander in Einklang bringt"; *Villiger*, Handbuch, Rz. 155; *Velu/Ergec*, 55 f.; *Jacobs/White*, 34 f.; EGMR, *Delcourt gegen Belgien*, Serie A, Nr. 12, Ziff. 25.

A. Der Begriff der „Achtung" des Privat- und Familienlebens

Nach Art. 8 Abs. 1 EMRK hat „jedermann Anspruch auf Achtung seines Privat- und Familienlebens". Garantiert wird somit nicht ein *Recht* auf Privat- und Familienleben, sondern ein solches auf *Achtung* des Privat- und Familienlebens. In Lehre und Praxis ist heute anerkannt, dass die Achtung des Privat- und Familienlebens den Staaten nicht lediglich die Verpflichtung auferlegt, von Eingriffen in das Privat- und Familienleben abzusehen, sondern ihnen darüber hinaus auch gewisse positive Verpflichtungen überbindet.

I. Achtung des Privat- und Familienlebens als Abwehrrecht

Der Anspruch auf Achtung des Privat- und Familienlebens stellt in erster Linie und zunächst ein *Abwehrrecht* im Sinne des klassischen, defensiven Grundrechtsverständnisses dar[2]. Danach gewähren die Individualrechte dem Individuum eine Freiheitssphäre, die im Prinzip gegen jeglichen staatlichen Eingriff geschützt ist[3]. Die Vertragsstaaten unterliegen folglich einer *negativen Verpflichtung*, grundsätzlich nicht in das Privat- und Familienleben der ihrer Hoheitsgewalt unterworfenen Individuen einzugreifen. Eine Beeinträchtigung des Privat- und Familienlebens durch eine staatliche Behörde ist nur dann konventionskonform, wenn die in Art. 8 Abs. 2 EMRK verankerten Voraussetzungen eines zulässigen Eingriffes - das Vorhandensein einer gesetzlichen Grundlage sowie die Notwendigkeit des Eingriffs, um in einer demokratischen Gesellschaft einen der zulässigen Zwecke zu erreichen - erfüllt sind.

---

[2] Der primär abwehrrechtliche Charakter der meisten in der EMRK garantierten Rechte wird auch von den Strassburger Organen anerkannt. In diesem Sinne hat beispielsweise der EGMR im Fall *Mathieu-Mohin und Clerfayt gegen Belgien*, Serie A, Nr. 113, Ziff. 50, festgestellt, dass Art. 3 des 1. Zusatzprotokolls zur EMRK im Gegensatz zu den übrigen Konventionsrechten eine nicht in erster Linie abwehrrechtliche Garantie enthalte: „(...) the primary obligation in the field concerned is not one of abstention or non-interference, as with the majority of the civil and political rights, but one of adoption by the State of positive measures (...)"; *Harris/O'Boyle/Warbrick*, 302; *Wildhaber/Breitenmoser*, Rz. 73; *Brötel*, Familienleben, 69; *J.P. Müller*, Elemente, 8; *J.P. Müller*, Einleitung, Rz. 21; *Sudre*, Obligations positives, 364; *Malinverni*, Fonction, 540.

[3] *J.P. Müller*, Elemente, 8; *Saladin*, Grundrechte, 292; *Sudre*, Obligations positives, 363.

II. Achtung des Privat- und Familienlebens als positive Verpflichtung

Das klassische, defensive Grundrechtsverständnis lässt keinen Raum für die Ableitung von Ansprüchen auf positives staatliches Handeln[4]. Ein solches rein abwehrrechtliche Verständnis des Begriffes „Achtung" im Sinne einer negativen Verpflichtung käme jedoch den Zielen der EMRK, namentlich der Gewährleistung eines effektiven Rechtsschutzes, nur ungenügend nach[5]. Bereits früh haben die Strassburger Organe deshalb anerkannt, dass dem Begriff „Achtung" auch gewisse positive Verpflichtungen inhärent[6] sein können. In diesem Sinne hat der Gerichtshof beispielsweise im Entscheid *Marckx gegen Belgien* ausgeführt:

> „As the Court stated in the „Belgian Linguistic" case, the object of the Article is „essentially" that of protecting the individual against arbitrary interference by the public authorities (...). Nevertheless, it does not merely compel the State to abstain from such interference: in addition to this primarily negative undertaking, there may be positive obligations inherent in an effective „respect" for family life."[7]

Das Recht auf Achtung des Privat- und Familienlebens kann somit nicht nur durch „aktive" Eingriffe beeinträchtigt werden, sondern vielmehr auch durch „passive Eingriffe" im Sinne der Unterlassung, Massnahmen zum Schutze dieser Rechtspositionen zu ergreifen[8]. Die Konventionsorgane gehen

---

[4] *Saladin*, Grundrechte, 293; *Malinverni*, Fonction, 539.

[5] *Sudre*, Obligations positives, 365 und 370; *Malinverni*, Fonction, 548; bereits im Entscheid *Airey gegen Irland* hat der EGMR festgehalten, die EMRK bezwecke „to guarantee not rights that are theoretical or illusory but rights that are practical and effective", Serie A, Nr. 32, Ziff. 24; die durch die EMRK garantierten Rechte und Freiheiten sind daher so auszulegen, dass sie auch tatsächlich wahrgenommen werden können bzw. geschützt sind und nicht nur theoretisch bestehen. Dies kann beispielsweise auch die Anerkennung einer positiven Verpflichtung der Staaten zum Schutze eines Rechtes oder die tendenziell weite Auslegung der Konventionsgarantien bzw. restriktive Auslegung der Schrankenbestimmungen bedeuten; *Cohen-Jonathan*, Convention, 196; *Jacot-Guillarmod*, Règles, 41; *Jacobs/White*, 35; *Harris/O'Boyle/Warbrick*, 15; *Malinverni*, Interprète, 411.

[6] Die Feststellung, dass positive Verpflichtungen gewissen in der EMRK niedergelegten Garantien inhärent sind, ist insofern bedeutsam, als dadurch klargestellt wird, dass die Konventionsorgane die Garantien nicht extensiv ausgelegt und damit neue Verpflichtungen eingeführt, sondern diese durch eine dynamische und evolutive Auslegung aus dem Wortlaut abgeleitet haben; *Sudre*, Obligations positives, 369.

[7] EGMR, *Marckx gegen Belgien*, Serie A, Nr. 31, Ziff. 31.

[8] *Sudre*, Obligations positives, 369.

A. Der Begriff der „Achtung"

somit von einem konstitutiven[9] bzw. objektiv-rechtlichen[10] Verständnis der in der EMRK garantierten Rechte und Freiheiten aus.

Das allfällige Bestehen sowie der Umfang positiver Verpflichtungen der Vertragsstaaten, zur Achtung des Privat- und Familienlebens aktiv tätig zu werden, kann nicht in abstrakter und genereller Weise bestimmt werden. Bestand und Tragweite dieser Verpflichtung sind vielmehr in jedem Einzelfall gesondert zu prüfen[11]. Da die Behörden der Vertragsstaaten jedoch weitaus besser in der Lage als die Konventionsorgane sind, die in ihrem Land zur Achtung des Privat- und Familienlebens notwendigen positiven Massnahmen zu bestimmen, kommt ihnen bei der Festlegung und Ausgestaltung der zu ergreifenden Massnahmen ein gewisser Beurteilungsspielraum zu[12].

III. Konzeptionelle Unterschiede zwischen negativen und positiven Verpflichtungen und ihre Folgen

Wie soeben dargestellt, kann das Privat- oder Familienleben auf zwei unterschiedliche Arten durch staatliche Behörden beeinträchtigt werden: durch ein aktives Tun der Behörden oder durch die Unterlassung einer Handlung, welche das Privat- oder Familienleben schützen bzw. bewahren würde. Diesen beiden unterschiedlichen Situationen liegt die Unterscheidung in negative und positive Verpflichtungen der Vertragsstaaten zugrunde. Der negative Verpflichtungsaspekt zielt darauf ab, Beeinträchtigungen des Rechts durch eine staatliche Handlung zu verhindern; der positive Verpflichtungsaspekt gebietet demgegenüber den Vertragsstaaten, zum Schutze des Rechtes tätig zu werden.

---

[9] Vgl. zum Begriff *J.P. Müller*, Elemente, 8 f. sowie *Saladin*, Grundrechte, 295.

[10] Zum objektiv-rechtlichen Grundrechtsverständnis z. B. *Ernst-Wolfgang Böckenförde*, Grundrechte als Grundsatznormen, Der Staat 1990, 1 ff.

[11] So z. B. EGMR, *Abdulaziz, Cabales und Balkandali gegen Vereinigtes Königreich*, Serie A, Nr. 94, Ziff. 67: „(...) although the essential object of Article 8 is to protect the individual against arbitrary interference by the public authorities, there may in addition be positive obligations inherent in an effective „respect" for family life. However, especially as far as those positive obligations are concerned, the notion of „respect" is not clear-cut: having regard to the diversity of the practices followed and the situations obtaining in the Contracting States, the notion's requirements will vary considerably from case to case"; *Harris/O'Boyle/Warbrick*, 284.

[12] *Harris/O'Boyle/Warbrick*, 321 f.; *Wildhaber/Breitenmoser*, Rz. 74; *Velu/Ergec*, 534; *Sudre*, Obligations positives, 375; *Brötel*, Familienleben, 70.

Nach Art. 8 Abs. 2 EMRK sind „*Eingriffe*" in die durch Abs. 1 geschützten Rechte unter den dort aufgeführten Voraussetzungen zulässig. Bis heute ist in Lehre und Rechtsprechung weitgehend unbestritten, dass Eingriffe im Sinne von Art. 8 Abs. 2 EMRK lediglich die aufgrund eines aktiven staatlichen Tätigwerdens entstandenen Beeinträchtigungen der garantierten Rechte darstellen[13]. Steht fest, dass Privat- oder Familienleben im Sinne von Art. 8 EMRK vorliegt, so prüfen die Konventionsorgane zunächst das Vorliegen eines Eingriffes in diese Rechte und wenden sich dann, sollte das Vorliegen eines Eingriffes bejaht werden, der Frage nach seiner Zulässigkeit aufgrund der Voraussetzungen von Art. 8 Abs. 2 EMRK zu.

Dem Recht auf Achtung des Privat- und Familienlebens können indes auch gewisse positive Verpflichtungen inhärent sein. Ob eine solche positive Verpflichtung der Vertragsstaaten besteht, ist für jeden Einzelfall gesondert zu bestimmen. Prüfungsprogramm ist daher grundsätzlich die Frage, ob im vorliegenden Einzelfall dem Staat eine positive Verpflichtung oblag, zur effektiven und tatsächlichen Achtung des Privat- und Familienlebens Massnahmen zu ergreifen. Führt diese Prüfung zur Bejahung der Frage nach dem Bestehen einer Verpflichtung zur Ergreifung einer positiven Massnahme, dann liegt in dieser Feststellung bereits eine Verletzung des Rechts auf Achtung des Privat- und Familienlebens begründet[14].

Konzeptionell unterscheiden sich die beiden Aspekte der „Achtung" daher durch ihr *Prüfungsprogramm und -ziel*. Während bei der Prüfung eines Eingriffes im Sinne von Art. 8 Abs. 2 EMRK zunächst das Vorliegen eines Eingriffes in das Privat- oder Familienleben und erst in einem zweiten Schritt die Rechtfertigung dieses Eingriffes untersucht wird, erschöpft sich die Prüfung des Bestehens einer positiven Verpflichtung darin, zu untersuchen, ob die Behörden des betreffenden Vertragsstaates im konkreten Einzelfall verpflichtet gewesen wären, zum Schutze des Privat- oder Familienlebens tätig zu werden. Bei der Prüfung einer negativen Verpflichtung wird daher zunächst die *Beeinträchtigung einer geschützten Rechtsposition* untersucht und erst danach werden die vom Staat zur *Rechtfertigung des Eingriffes* vorgebrachten Gründe gegen die privaten Interessen abgewogen. Demgegenüber steht im Zentrum der Prüfung des Bestehens einer positiven Verpflichtung die Frage nach dem *Inhalt bzw. der Tragweite des Rechts auf Achtung des Privat- oder Familienlebens im konkreten Fall*, d.h. es muss untersucht werden, ob aufgrund der betroffenen privaten Interessen am Privat- und Famili-

---

[13] *Velu/Ergec*, 534; *Sudre*, Obligations positives, 376; *Palm-Risse*, 249 f.; *Wildhaber/Breitenmoser*, Rz. 55; aus der Praxis der Konventionsorgane vgl. etwa den Entscheid des EGMR im Fall *Marckx gegen Belgien*, Serie A, Nr. 31, Ziff. 31 in fine.

[14] *Palm-Risse*, 249 f.

enleben die staatlichen Interessen im Einzelfall zurückzutreten haben oder nicht. Die vom Vertragsstaat vorgebrachten Gründe für die Untätigkeit sowie der den Staaten eingeräumte Beurteilungsspielraum spielen somit schon bei der Frage des Schutzbereiches eine bedeutende Rolle. Die Stellung der betroffenen Personen ist daher im Zusammenhang mit der Prüfung einer positiven Verpflichtung wesentlich schwächer, da die entgegenstehenden staatlichen Interessen bereits bei der Frage, ob überhaupt ein Anspruch auf Schutz des Privat- und Familienlebens besteht, einbezogen werden und nicht in erst einem Zeitpunkt, in dem bereits feststeht, dass in die geschützten Positionen eingegriffen worden ist[15].

In Anbetracht der Tatsache, dass der Rechtsprechung der Strassburger Organe bislang immer noch keine klaren Kriterien zur Abgrenzung zwischen negativen und positiven Verpflichtungen entnommen werden können[16], wäre es wünschenswert und letztlich auch nur konsequent, wenn negative und positive Verpflichtungen der Staaten gleichgestellt und nach demselben Programm geprüft würden. In diesem Sinne müssten sowohl die aktive Beeinträchtigung als auch die Untätigkeit als „Eingriff" im Sinne von Art. 8 Abs. 2 EMRK betrachtet werden und den dort aufgeführten Rechtfertigungsvoraussetzungen unterliegen[17].

B. Vorgehen der Konventionsorgane bei der Prüfung einer Beeinträchtigung des Privat- und Familienlebens

Kommission und Gerichtshof haben im Laufe ihrer Rechtsprechung ein mehrstufiges Schema zur Beurteilung von Beschwerden entwickelt, in denen eine Verletzung des Rechtes auf Achtung des Privat- oder Familienlebens

---

[15] *Harris/O'Boyle/Warbrick*, 322.

[16] Vielmehr stellt der Gerichtshof diesbezüglich in konstanter Praxis fest, dass „the boundaries between the State's positive and negative obligations (...) do not lend themselves to precise definition", EGMR, *Stjerna gegen Finnland*, Serie A, Nr. 299-B, Ziff. 38; EGMR, *Ahmut gegen die Niederlande*, Reports 1996-VI, 2017 ff., Ziff. 63. Aufgrund dieses Fehlens eindeutiger Kriterien haftet den vom Gerichtshof getroffenen Entscheidungen zugunsten einer positiven oder negativen Verpflichtung teilweise, wie *Sudre* treffend bemerkt und belegt, der Makel einer gewissen Willkür an, Obligations positives, 381; ähnlich *Palm-Risse*, 251 f.

[17] Vgl. in diesem Sinne die concurring opinion von Richter Wildhaber im Fall *Stjerna gegen Finnland*, Serie A, Nr. 299-B; ferner auch *Sudre*, Obligations positives, 381 f.; *Wildhaber/Breitenmoser*, 55 ff.; *Wildhaber*, Rechtsprechung, 380 f.; *Breitenmoser*, Rechtsprechung, 545; *Palm-Risse*, 252.

geltend gemacht wurde[18]. Da die Anrufung des Rechtes auf Achtung des Privat- und Familienlebens das Bestehen einer von der EMRK geschützten Beziehung voraussetzt[19], ist zunächst zu klären, ob der Schutzbereich der in Art. 8 Abs. 1 EMRK gewährten Rechte überhaupt betroffen ist. Ist dies der Fall, prüfen die Konventionsorgane in einem zweiten Schritt, ob die Beeinträchtigung des Privat- oder Familienlebens im konkreten Einzelfall einen Eingriff in das betreffende Recht darstellt; eine dritte Prüfungsphase wendet sich schliesslich der Frage zu, ob dieser Eingriff den Rechtfertigungskriterien von Art. 8 Abs. 2 EMRK genügt und somit zulässig ist. Alternativ wird nach der Feststellung, dass der Schutzbereich des Privat- oder Familienlebens tangiert ist, die Frage geprüft, ob die Achtung dieser Rechtsgüter dem betreffenden Vertragsstaat in casu die Ergreifung einer positiven Massnahme auferlegt. Schematisch lässt sich das Prüfungsvorgehen daher wie folgt darstellen:

1. Fällt der zu beurteilende Lebenssachverhalt in den *Schutzbereich* des Privat- oder Familienlebens, d.h. wird durch die staatliche Massnahme ein Lebenssachverhalt beeinträchtigt, der durch Art. 8 Abs. 1 EMRK geschützt wird?

2. Ist der zu prüfende Fall unter dem Aspekt des Vorliegens eines *Eingriffes* oder im Lichte eines möglichen Bestehens einer *positiven Verpflichtung* zu prüfen? Diese Frage wird in der Rechtsprechung in der Regel zwar nicht ausdrücklich untersucht[20], ist jedoch für den Fortgang der Prüfung von ausschlaggebender Bedeutung.

3. Falls der Fall unter dem Aspekt eines *Eingriffes* zu prüfen ist, sind folgende weitere Schritte zu untersuchen:

    (1) Stellt die Beeinträchtigung des Privat- oder Familienlebens in casu einen *Eingriff* in die geschützte Rechtsposition dar?

    (2) Ist der Eingriff nach den in Art. 8 Abs. 2 EMRK niedergelegten Voraussetzungen gerechtfertigt, d.h. ist die staatliche Massnahme gesetzlich vorgesehen, verfolgt sie einen zulässigen Zweck und ist sie zur Erreichung dieses Zweckes in einer demokratischen Gesellschaft notwendig?

---

[18] *Harris/O'Boyle/Warbrick*, 301 und 304: *Wildhaber/Breitenmoser*, Rz. 2; *Connelly*, 570; *Carlier*, 455 ff.; *Anderfuhren-Wayne*, 354; *Dollé*, 17.

[19] „Respect for family life presupposes the existence of a family unit", *Cohn-Johnathan*, Respect, 434; *Brötel*, Familienleben, 47.

[20] Siehe aber das Urteil *Ahmut gegen die Niederlande*, Reports 1996-VI, 2017 ff., Ziff. 61 ff., in dem der EGMR ausdrücklich untersucht hat, ob der Sachverhalt unter dem Aspekt eines Eingriffs oder aber einer positiven Verpflichtung zu beurteilen sei.

Ist der zu untersuchende Sachverhalt demgegenüber unter dem Aspekt des möglichen Bestehens einer *positiven Verpflichtung* zu prüfen, so umfasst dieser Prüfungsschritt folgende Frage:

Verpflichtet die Achtung des Privat- und Familienlebens den betreffenden Vertragsstaat im konkreten Einzelfall und angesichts der sich gegenüberstehenden Interessen zu positiven Massnahmen zum Schutze dieser Rechtsgüter?

C. Schutzbereich des Rechtes auf Achtung des Privatlebens

Art. 8 EMRK schützt vier zentrale Aspekte der Privatsphäre: das Privatleben, das Familienleben, die Wohnung sowie den Briefverkehr. Unschwer ist erkennbar, dass der Schutzbereich dieser Bestimmung sehr weit ist. Während gewisse Lebenssachverhalte leicht einem einzigen Schutzbereich zugeordnet werden können, überschneiden sich die Schutzbereiche in anderen Situationen[21]. Derartige Schnittstellen bestehen auch gerade im Bereich des Schutzes zwischenmenschlicher und familiärer Beziehungen. Die Notwendigkeit einer genauen Abgrenzung der einzelnen Schutzbereiche ist - entgegen der z. B. von van Dijk/van Hoof geäusserten Ansicht, eine klare Abgrenzung sei nicht notwendig, da sich die Beschwerdeführerinnen und Beschwerdeführer auf die Bestimmung als Ganzes berufen könnten[22] - gerade in ausländerrechtlichen Fällen von grösster Bedeutung, ist doch der durch das Recht auf Achtung des Privatlebens eingeräumte Schutz in diesem Bereich wesentlich geringer[23].

Da das Recht auf Achtung des Privatlebens eine Vielzahl verschiedenster Lebenssachverhalte erfasst, kann dessen Schutzbereich nicht genau umrissen werden[24]. In diesem Sinne bestimmen denn auch die Strassburger Organe den

---

[21] Siehe aus der Rechtsprechung des EGMR beispielsweise das Urteil *Mentes et al. gegen die Türkei*, Reports 1997-VIII, 2689 ff., Ziff. 73, in welchem der Gerichtshof die Zerstörung eines Hauses durch die türkische Armee als besonders schwerwiegende Verletzung des Privat- und Familienlebens sowie der Wohnung erachtete; ferner *Frowein/Peukert*, 338; *Harris/O'Boyle/Warbrick*, 303; *Brötel*, Familienleben, 45.

[22] *van Dijk/van Hoof*, 489.

[23] Vgl. hierzu beispielsweise die Rechtsprechung der EKMR bei aufenthaltsbeendenden Massnahmen gegen Partner einer gleichgeschlechtlichen Lebensgemeinschaft, hinten 311 ff., bzw. des schweizerischen Bundesgerichtes zur Konventionskonformität aufenthaltsbeendender Massnahmen gegen langjährig in der Schweiz wohnhaft gewesene Fremde, hinten 306 ff.

[24] *Meulders-Klein*, Vie privée, 770; *Duffy*, 191 f.; *Velu/Ergec*, 536.

Schutzbereich des Privatlebens in *kasuistischer Weise*²⁵. Bereits in einer frühen Entscheidung hat die Kommission jedoch die äusseren Grenzen des Schutzbereiches des Privatlebens abgesteckt. Danach erfasst das Privatleben nicht nur das Recht eines jeden Menschen auf Schutz seiner Intimsphäre:

> „For numerous anglo-saxon and French authors the right to respect for „private life" is the right to privacy, the right to live, as far as one wishes, protected from publicity (...).
>
> In the opinion of the Commission, however, the right to respect for private life does not end there. It comprises also, to a certain degree, the right to establish and to develop relationships with other human beings, especially in the emotional field for the development and fulfilment of one's own personality."²⁶

Das Recht auf Achtung des Privatlebens soll somit einen Freiraum sichern, in welchem sich die Persönlichkeit des Einzelnen entwickeln und entfalten kann²⁷. Dieser Freiraum erfasst jedoch nicht nur den innersten Kreis der Privatsphäre; geschützt werden auch Handlungen, welche sich ausserhalb dieses innersten Kreises manifestieren. In diesem Sinne hat die Kommission ausgeführt, der Umstand

> „that an activity of an individual occurs in a public place or is not intended to be kept secret does not necessarily make such an activity a matter outside the notion of private life (...). Whether such an activity falls within the concept of private life or not must be judged on the basis of the nature of the activity itself."²⁸

---

²⁵ „According to the Court's case-law, the notion of «private life» is a broad one and is not susceptible to exhaustive definition", EGMR, *Raninen gegen Finnland*, Reports 1997-VIII, 2804 ff., Ziff. 63; EGMR, *Costello-Roberts gegen Vereinigtes Königreich*, Serie A, Nr. 247-C, Ziff. 36; EGMR, *Niemietz gegen Deutschland*, Serie A, Nr. 251-B, Ziff. 29; B 8707/79, *X. gegen Belgien*, DR 18, 255; *Haefliger*, 201; *Wildhaber/Breitenmoser*, Rz. 96 ff.; *Breitenmoser*, Privatsphäre, 37 f.

²⁶ B 6825/74, *X. gegen Island*, DR 5, 87; siehe auch die Ausführungen des EGMR im Urteil *Niemietz gegen Deutschland*, Serie A, Nr. 251-B, Ziff. 29: „The Court does not consider it possible or necessary to attempt an exhaustive definition of the notion or „private life". However, it would be too restrictive to limit the notion to an „inner circle" in which the individual may live his own personal life as he chooses and to exclude therefrom entirely the outside world not encompassed within that circle. Respect for private life must also comprise to a certain degree the right to establish and develop relationships with other human beings".

²⁷ B 6959/75, *Brüggemann und Scheuten gegen Bundesrepublik Deutschland*, DR 10, 115: „The right to respect for private life is of such a scope as to secure to the individual a sphere within which he can freely pursue the development and fulfilment of his personality"; *Frowein/Peukert*, 339; *Haefliger*, 201; *Velu/Ergec*, 536 f.; *Breitenmoser*, Privatsphäre, 43 ff.

²⁸ B 28802/95, *Tsavachidis gegen Griechenland*, KB vom 28.10.1997, Ziff. 47.

C. Schutzbereich des Privatlebens 15

Die Grenze des geschützten Privatlebens ist daher für jeden Einzelfall unter Berücksichtigung der *Art der Tätigkeit* sowie der sonstigen *Umstände* gesondert zu prüfen. Damit scheint die Kommission ihren bisherigen Ansatz, wonach die Grenze des durch Art. 8 EMRK eingeräumten Freiraumes das öffentliche Leben bzw. die Öffentlichkeit darstellte, da der Schutz des Privatlebens dort endet, wo der Einzelne in Kontakt mit dem öffentlichen Leben oder anderen geschützten Interessen tritt[29], zu modifizieren[30].

In der Folge soll im Sinne eines Überblicks kurz dargestellt werden, welche Lebenssachverhalte bisher von Kommission und Gerichtshof als in den Schutzbereich des Privatlebens fallend betrachtet worden sind.

Freie Verfügung über den eigenen Körper: Das Recht auf Achtung des Privatlebens schützt zunächst die Verfügung über den eigenen Körper. Erfasst werden dadurch unbestrittenermassen die *körperliche und psychische Integrität*[31]. Beeinträchtigungen der körperlichen und psychischen Integrität stellen jedoch nicht in jedem Fall einen Eingriff in das Privatleben dar; vielmehr müssen diese Beeinträchtigungen eine gewisse Mindestschwere aufweisen, um als Eingriff zu gelten[32]. Als Eingriff ist

---

[29] B 6959/75, *Brüggemann und Scheuten gegen Bundesrepublik Deutschland*, DR 10, 115: „(...) the claim to respect for private life is automatically reduced to the extent that the individual himself brings his private life into contact with public life or into close connection with other protected interests"; *Breitenmoser*, Privatsphäre, 38 f.; *Frowein/Peukert*, 339; *Haefliger*, 202; *Velu/Ergec*, 536.

[30] In diesem Sinne führt die Kommission in ihrem Art. 31-Bericht zu B 28802/95, *Tsavachidis gegen Griechenland*, Ziff. 47, aus, dass „while Article 8 para. 1 of the Convention might not protect public appearances of well-known figures which are intended to attract attention, the right to respect for private life would be interfered with if State agents were to follow the personal activities which an individual conducts in the open, record them and/or keep all relevant information".

[31] „(...) the facts underlying the application to the Commission concern a matter of „private life", a concept which covers the physical an moral integrity of the person, including her sexual life", EGMR, *X. und Y. gegen die Niederlande*, Serie A, Nr. 91, Ziff. 22; B 15299/89 und 15300/89, *Chrysostomos und Papachrysostomou gegen die Türkei*, KB, DR 86-A, 4.

[32] „The Commission considers that an arrest may affect the physical integrity, and thus the private life, of the arrested person. However, not every act or measure which may be said to affect adversely the physical or moral integrity of a person necessarily gives rise to an interference with the right to respect for private life.", B 15299/89 und 15300/89, *Chrysostomos und Papachrysostomou gegen die Türkei*, KB, DR 86-A, 32; EGMR, *Costello-Roberts gegen Vereinigtes Königreich*, Serie A, Nr. 247-C, Ziff. 36; B 8707/79, *X. gegen Belgien*, DR 18, 255; *Harris/O'Boyle/Warbrick*, 306; demgegenüber stellt jede obligatorische medizinische Behandlung, so leicht sie auch sein mag, einen Eingriff in das Privatleben dar; B 17667/91, *Jehl-Doberer gegen die Schweiz*, unpublizierter KE vom 1.9.1993 betr. Fluorierung des Trinkwassers (Eingriffsfrage offengelas-

1. Kap.: Achtung des Privat- und Familienlebens in Art. 8 EMRK

beispielsweise die Verpflichtung, sich einer medizinischen Behandlung zu unterziehen[33], eine obligatorische Impfung[34], die Anordnung einer Blutentnahme zur Feststellung der Vaterschaft[35] sowie möglicherweise eine Festnahme[36] zu werten. Demgegenüber bedeutet für die Kommission die Gurtentragpflicht keine als Eingriff anzusehende Beeinträchtigung der Verfügungsfreiheit über den eigenen Körper[37]. Die Verfügungsfreiheit über den eigenen Körper schützt ferner auch die *sexuelle Integrität*[38]. In den Schutzbereich fallen insbesondere auch Geschlechtsänderungen, wobei in diesem Zusammenhang noch unklar ist, inwieweit Art. 8 EMRK den Staaten eine generelle positive Verpflichtung auferlegt, eine erfolgte Geschlechtsänderung anzuerkennen[39].

---

sen); B 22398/93, *R. et al. gegen die Schweiz*, unpublizierter KE vom 5.4.1995 betr. obligatorische Schulzahnpflege.

[33] B 8518/79, *X. gegen die Bundesrepublik Deutschland*, DR 20, 193, betr. eine medizinische Behandlung, über deren Durchführung nur der Vormund und nicht auch der Beschwerdeführer selber entscheiden konnte.

[34] 26536/95, *Boffa et al. gegen San Marino*, unpublizierter KE vom 15.1.1998.

[35] B 8278/78, *X. gegen Österreich*, DR 18, 154, in der die Kommission ausführt, dass „a compulsory medical intervention, even if it is of minor importance, must be considered as an interference with this right".

[36] EGMR, *Raninen gegen Finnland*, Reports 1997-VIII, 2804 ff., Ziff. 63; ferner B 15299/89 und 15300/89, *Chrysostomos und Papachrysostomou gegen die Türkei*, KB, DR 86-A, 4.

[37] B 8707/79, *X. gegen Belgien*, DR 18, 255.

[38] EGMR, *X. und Y. gegen die Niederlande*, Serie A, Nr. 91, Ziff. 22.

[39] In den Urteilen *Rees gegen Vereinigtes Königreich*, Serie A, Nr. 106 sowie *Cossey gegen Vereinigtes Königreich*, Serie A, Nr. 184, verneinte der EGMR eine Verletzung von Art. 8 EMRK; demgegenüber befand er im Fall *B. gegen Frankreich*, Serie A, Nr. 232-C, dass Frankreich durch seine Weigerung, zumindest auf Dokumenten wie Pass oder Führerschein die Geschlechtsänderung anzuerkennen, eine ihm obliegende positive Verpflichtung nicht erfüllt und somit Art. 8 EMRK verletzt habe; vgl. hierzu auch *Villiger*, Handbuch, Rz. 546; *Frowein/Peukert*, 343; *Gomien/Harris/Zwaak*, 233; *Jacobs/White*, 192 ff.; *Velu/Ergec*, 544 f.; in zwei 1997 veröffentlichten Berichten hat die Kommission schliesslich ausgeführt, dass die Weigerung der britischen Behörden, die Geschlechtsänderung im Geburtsregister einzutragen, die Nichtachtung einer positiven Verpflichtung darstelle, B 22985/93, *Sheffield gegen Vereinigtes Königreich*, KB vom 21.1.1997; B 23390/94, *Horsham gegen Vereinigtes Königreich*, KB vom 21.1.1997; der EGMR befand in seinem bei Fertigstellung des Manuskriptes noch nicht in der amtlichen Sammlung publizierten Urteil vom 30. Juli 1998 indes, dass dem Staat keine positive Verpflichtung oblag, auf rechtlicher Ebene das geänderte Geschlecht der Beschwerdeführerinnen anzuerkennen.

C. Schutzbereich des Privatlebens

Schutz der Ehre, der Würde sowie des Namens eines Individuums: Obwohl die EMRK die *Ehre* und *Würde* einer Person nicht ausdrücklich schützt[40], können Beeinträchtigungen dieser Rechtsgüter in gewissen Fällen durchaus in den Schutzbereich des Privatlebens fallen. Dies ist zumindest dann der Fall, wenn nicht das „öffentliche Leben" eines Individuums, sondern dessen „privates Leben" tangiert wird[41]. Nach der Praxis der Konventionsorgane erfasst der Schutzbereich des Privatlebens - obwohl die EMRK im Vergleich zu anderen Menschenrechtsverträgen auch diesbezüglich keine explizite Garantie enthält - ferner auch Vor- und Familiennamen[42], stellen diese doch ein wesentliches Mittel zur persönlichen Identifikation dar[43].

Nachforschungs-, Untersuchungs- und Überwachungsmassnahmen: Behördliche oder polizeiliche Nachforschungs-, Untersuchungs- oder Überwachungsmassnahmen stellen grundsätzlich ebenfalls Beeinträchtigungen des Rechts auf Achtung des Privatlebens dar. In diesem Sinne hat die Kommission beispielsweise entschieden, dass eine Volkszählung, in deren Rahmen Geschlecht, Zivilstand, Geburtsort sowie weitere persönliche Details anzugeben waren, einen Eingriff in das Privatleben darstelle[44]. Dies gilt ebenso für eine Durchsuchung von Zellen Gefangener[45] oder jede Art von Überwachung der Privatsphäre einer Person durch technische Mittel, beispielsweise eine telefonische Überwachung[46].

---

[40] *Breitenmoser*, Privatsphäre, 52; *Velu/Ergec*, 538.

[41] *Velu/Ergec*, 538; *Breitenmoser*, Privatsphäre, 54; *Villiger*, Handbuch, Rz. 547; *Frowein/Peukert*, 340.

[42] „Unlike some other international instruments, such as the International Covenant on Civil and Political Rights (Article 24 § 2), the Convention on the Rights of the Child of 20 November 1989 (Articles 7 and 8) or the American Convention on Human Rights (Article 18), Article 8 of the Convention does not contain any explicit provisions on names", EGMR, *Burghartz gegen die Schweiz*, Serie A, Nr. 280-B, Ziff. 24; B 22940/93, *Fornaciarini et al. gegen die Schweiz*, KE vom 12.4.1996, VPB 1996, Nr. 124.

[43] „The Court notes that Article 8 does not contain any explicit reference to names. Nonetheless, since it constitutes a means of personal identification and a link to a family, an individual's name does concern his or her private and family life.", EGMR, *Stjerna gegen Finnland*, Serie A, Nr. 299-B, Ziff. 37; siehe ebenfalls *Burghartz gegen die Schweiz*, Serie A, Nr. 280-B, Ziff. 24 sowie *Guillot gegen Frankreich*, Reports 1996-V, 1539 ff., Ziff. 21; aus der Kommissionspraxis beispielsweise B 28319/95, *Rogl gegen Deutschland*, DR 85-A, 153, in der die Kommission befand, dass die Entscheidung der deutschen Behören, die Änderung des Familiennamens der Tochter des Beschwerdeführers, dessen geschiedene Ehefrau erneut geheiratet hatte, einen Eingriff in das Privatleben des Vaters darstelle; *Villiger*, Handbuch, Rz. 547; *Jacobs/White*, 179 f.

[44] B 9702/82, *X. gegen Vereinigtes Königreich*, DR 30, 239.

[45] B 8317/78, *McFeeley gegen Vereinigtes Königreich*, DR 20, 44.

[46] EGMR, *Halford gegen Vereinigtes Königreich*, Reports 1997-III, 1004 ff., wo in Ziff. 44 ausgeführt wird, dass der Schutz sowohl Gespräche von privaten als auch von

Datenschutz: Die Speicherung personenbezogener Daten, deren Verwendung sowie die Einsicht in die gespeicherten Daten berührt, wie der Gerichtshof im Fall *Leander gegen Schweden* ausdrücklich bejaht hat, ebenfalls den Schutzbereich des Privatlebens[47]. Auch im Fall *Gaskin gegen Vereinigtes Königreich* befand der Gerichtshof, dass die Weigerung der britischen Behörden, dem Beschwerdeführer Einsicht in die Akten über seine Jugendzeit in öffentlicher Pflege zu gewähren, in den Schutzbereich des Privatlebens falle, betonte jedoch gleichzeitig, dass dieser Schluss „without expressing any opinion on whether general rights of access to personal data and information may be derived from Article 8 § 1 of the Convention" erfolge[48].

Schutz vor Immissionen, Umweltschutz: Im Urteil *Lopez Ostra gegen Spanien* hat der Gerichtshof ausgeführt, dass „severe environmental pollution may affect individuals' well-being and prevent them from enjoying their homes in a such way as to affect their private and family life adversely, without, however, seriously endangering their health"[49]. In den Schutzbereich des Privatlebens fallen jedoch nicht nur Beeinträchtigungen des Wohlbefindens durch Umweltverschmutzungen, sondern auch durch Immissionen, hervorgerufen beispielsweise durch Lärmimmissionen eines Flughafens[50] oder giftige Immissionen einer chemischen Fabrik[51]. Ob Umweltbeeinträchtigungen oder Immissionen jedoch tatsächlich einen Eingriff in das Privatleben darstellen, hänge von den Umständen jedes Einzelfalles ab. In diesem Sinne hat der Gerichtshof in den Fällen *Lopez Ostra gegen Spanien* sowie *Guerra et al. gegen Italien* eine Verletzung von Art. 8 EMRK bejaht, demgegenüber im Urteil *Powell und*

Geschäftsanschlüssen erfasse; ferner statt vieler EGMR, *Kopp gegen die Schweiz*, Reports 1998-II, 524 ff., Ziff. 50; EGMR, *Lüdi gegen die Schweiz*, Serie A, Nr. 238, Ziff. 39; *Malone gegen Vereinigtes Königreich*, Serie A, Nr. 82, Ziff. 64; *Klass und andere gegen Bundesrepublik Deutschland*, Serie A, Nr. 28, Ziff. 41 f.; *Villiger*, Handbuch, Rz. 552 ff.; *Jacobs/White*, 206 ff.; *Gomien/Harris/Zwaak*, 234 f.; *Frowein/Peukert*, 340.

[47] EGMR, *Leander gegen Schweden*, Serie A, Nr. 116, Ziff. 48: „It is uncontested that the secret police-register contained information relating to Mr. Leander's private life. Both the storing and the release of such information, which were coupled with a refusal to allow Mr. Leander an opportunity to refute it, amounted to an interference with his right to respect for private life as guaranteed by Article 8 § 1"; vgl. ferner den KB in B 28802/95, *Tsavachidis gegen Griechenland*, KB vom 28.19.1997, Ziff. 42.

[48] EGMR, *Gaskin gegen Vereinigtes Königreich*, Serie A, Nr. 160, Ziff. 37; siehe ferner *Gomien/Harris/Zwaak*, 237 ff.; *Jacobs/White*, 209; *Harris/O'Boyle/Warbrick*, 309 ff.; *Villiger*, Handbuch, Rz. 555 ff.; *Frowein/Peukert*, 344; *van Dijk/van Hoof*, 492 f.; *Velu/Ergec*, 546 f.

[49] EGMR, *Lopez Ostra gegen Spanien*, Serie A, Nr. 303-C, Ziff. 51.

[50] Siehe hierzu EGMR, *Powell und Rayner gegen Vereinigtes Königreich*, Serie A, Nr. 172; zwei Anwohner des Flughafens London-Heathrow hatten geltend gemacht, dass die durch den Flugverkehr hervorgerufene Lärmbelastung einen Eingriff in ihr Privatleben darstelle, der nicht gerechtfertigt sei; vgl. ferner *Harris/O'Boyle/Warbrick*, 308; *Villiger*, Handbuch, Rz. 551.

[51] EGMR, *Guerra et al. gegen Italien*, Reports 1998-I, 210 ff.

C. Schutzbereich des Privatlebens

Rayner gegen Vereinigtes Königreich ausgeführt, dass die Beschwerdeführer keinen „arguable claim" in bezug auf Art. 8 EMRK hätten.

Schutz zwischenmenschlicher Beziehungen: Wie die Kommission bereits früh festgestellt hat, garantiert das Recht auf Achtung des Privatlebens in gewisser Hinsicht auch „the right to establish and to develop relationships with *other human beings*, especially in the emotional field for the development and fulfilment of one's own personality"[52]. Ein Jahr später umriss die Kommission in ihrem Art. 31-Bericht im *Fall Brüggemann und Scheuten gegen die Bundesrepublik Deutschland* diesen Aspekt des Schutzbereichs wie folgt:

„The right to respect for private life is of such a scope as to secure to the individual a sphere within he can freely pursue the development and fulfilment of his personality. To this effect, he must also have the possibility of establishing relationships of various kinds, including sexual, with other persons. In principle, therefore, whenever the State sets up rules for the behaviour of the individual within this sphere, it interferes with the respect for private life and such interference must be justified in the light of para. (2) of Art. 8."[53]

Eingeschränkt wird dies jedoch insoweit, als der Einzelne sein Privatleben in Kontakt mit dem öffentlichen Leben oder in die Nähe anderer geschützter Interessen bringt[54]. In den Schutzbereich des Privatlebens fallen somit beispielsweise, soweit diese nicht Familienleben darstellen[55], *nichteheliche Lebensgemeinschaften*[56] oder die Beziehung zwischen *Verlobten*[57]. Ferner schützt das Recht auf Achtung des Privatlebens auch sexuelle Beziehungen[58], einschliesslich *gleichgeschlechtlicher Beziehun-*

---

[52] B 6825/74, *X. gegen Island*, DR 5, 87, eigene Hervorhebung; in dieser Beschwerdesache, welche das generelle Hundehaltungsverbot in der isländischen Stadt Reykjavik betraf, führte die Kommission aus, das Halten eines Hundes falle nicht in den Schutzbereich des Privatlebens; diese Haltung wurde von der Kommission in B 23269/94, *von Arx-Derungs gegen die Schweiz*, unpublizierter KE vom 28.6.1995, bestätigt; *Breitenmoser*, Privatsphäre, 41 und 57.

[53] B 6959/75, *Brüggemann und Scheuten gegen Bundesrepublik Deutschland*, DR 10, 115.

[54] Vgl. vorne 15.

[55] Siehe dazu hinten 27 f.

[56] B 7289/75 und 7349/76, *X. und Y. gegen die Schweiz*, DR 9, 57.

[57] B 15817/89, *Wakefield gegen Vereinigtes Königreich*, DR 66, 251.

[58] Im Entscheid *Laskey, Jaggard und Brown gegen Vereinigtes Königreich*, Reports 1997-I, 120 ff., hatte der EGMR zu beurteilen, ob eine Strafverfolgung und Bestrafung wegen sado-masochistischer Praktiken mit dem in Art. 8 EMRK gewährten Recht auf Achtung der Privatsphäre vereinbar sei. In Ziff. 36 führte er aus, dass „not every sexual activity carried out behind closed doors necessarily falls within the scope of Article 8. In the present case, the applicants were involved in consensual sado-masochistic activities for purposes of sexual gratification. There can be no doubt that sexual orientation and activity concern an intimate aspect of private life (...). However, a considerable

gen[59]. Demgegenüber hat die Kommission zunächst offengelassen, ob die das soziale und gesellschaftliche Umfeld einer Person ausmachenden Beziehungen mit Bekannten oder Freunden ebenfalls in den Schutzbereich des Privatlebens fallen[60]. Eine tendenzielle Bejahung des Schutzes dieser Beziehungen scheint sich jedoch in der jüngsten Zeit zumindest in gewissen Situationen abzuzeichnen. In diesem Sinne prüfen Kommission und Gerichtshof bei aufenthaltsbeendenden Massnahmen gegen Angehörige der zweiten Generation nicht mehr nur den Aspekt des Familienlebens, sondern auch den Gesichtspunkt eines kombinierten Schutzbereiches von Familien- und Privatleben[61]. Freilich wird der Schutz sozialer Kontakte als positive Verpflichtung nicht so weit gefasst, dass etwa ein Staat das Hindernis eines fehlenden behinderten-

---

number of people were involved, in the activities in question, which included, inter alia, the recruitment of new „members", the provision of several specially-equipped „chambers", and the shooting of many video-tapes which were distributed among the „members". It may thus be open to question whether the sexual activities of the applicants fell entirely within the notion of „private life" in the particular circumstances of the case". Der Gerichtshof schliesst somit nicht aus, dass nicht nur gewerbsmässige Prostitution (vgl. B 11680/85, *F. gegen die Schweiz*, DR 55, 181: „The Commission considers that sexual relations which, as here, resulted from a wish for remuneration and were engaged in professionally amounted to prostitution and do not belong to the sphere of private life protected by Article 8 para. 1 of the Convention"), sondern auch nach aussen in Erscheinung tretendes sexuelles Verhalten vom Schutzbereich des Rechtes auf Achtung des Privatlebens ausgenommen sein könnte; siehe hierzu auch *Frowein/Peukert*, 339 f.

[59] EGMR, *Dudgeon gegen Vereinigtes Königreich*, Serie A, Nr. 45, Ziff. 41; *Norris gegen Irland*, Serie A, Nr. 142, Ziff. 38; B 9369/81, *X. und Y. gegen Vereinigtes Königreich*, DR 32, 220; B 11716/85, *S. gegen Vereinigtes Königreich*, DR 47, 274; B 16106/90, *B. gegen Vereinigtes Königreich*, DR 64, 278; B 28318/95, *Röösli gegen Deutschland*, DR 85-A, 149; siehe ferner *Harris/O'Boyle/Warbrick*, 311 f.; *Jacobs/White*, 190 ff.; *Velu/Ergec*, 544; *Gomien/Harris/Zwaak*, 232 f.; *Villiger*, Handbuch, Rz. 549; *Frowein/Peukert*, 340.

[60] „As far as the applicant's private life is concerned, it is true that she has been in the Federal Republic of Germany continuously for over eleven years, during which time she and her children have established the network of friends and acquaintances which would be expected after a prolonged period spent in one area. The question before the Commission is therefore whether the relationships established by an individual's social intercourse over a given period constitute „private life" within the meaning of Article 8 (1) of the Convention", B 9478/81, *X. gegen die Bundesrepublik Deutschland*, DR 27, 243.

[61] In diesem Sinne hat beispielsweise die Kommission in B 25408/94, *Zehar gegen Frankreich*, KB vom 15.5.1996, ausgeführt: „Ainsi, le requérant a toutes ses attaches familiales et sociales en France. Dans ces conditions, elle estime que la mesure d'expulsion est de nature a compromettre la poursuite de sa vie privée et familiale au sens de l'article 8 de la Convention (...)"; siehe ferner hinten 290.

gerechten Zugangs an von privaten Gesellschaften verwaltete Strände wettzumachen hätte[62].

D. Schutzbereich des Rechtes auf Achtung des Familienlebens: Der Begriff des Familienlebens

Art. 8 Abs. 1 EMRK räumt zwar jedermann das Recht auf Achtung seines Familienlebens ein, doch wird der Begriff des „Familienlebens" durch die Konvention nicht näher umschrieben oder erläutert. Vielmehr wird der Schutzbereich des Familienlebens, d.h. der Kreis der geschützten Personen bzw. der Umfang der in den Schutzbereich fallenden familiären Beziehungen, durch die Konventionsorgane *autonom* ausgelegt[63]. Dies erscheint durchaus sachgerecht, denn eine präzise und den zahlreichen unterschiedlichen Erscheinungsformen des Familienlebens gerecht werdende Definition des Begriffes „Familienleben" zu geben, ist weder möglich noch erstrebenswert[64]: „Familie" und „Familienleben" sind stark kulturell, wirtschaftlich, ge-

---

[62] EGMR, *Botta gegen Italien*, Reports 1998-I, 412 ff., Ziff. 35.

[63] *Fahrenhorst*, 95; *Palm-Risse*, 195; *Breitenmoser*, Privatsphäre, 107; *Velu/Ergec*, 549; *Brötel*, Familienleben, 47; *Harris/O'Boyle/Warbrick*, 303; *van Dijk/van Hoof*, 504; *O'Donnell*, 144. Autonome Auslegung bedeutet, dass die im Wortlaut der EMRK und ihren Protokollen enthaltenen offenen Rechtsbegriffe von den Strassburger Organen losgelöst von der Bedeutung, welche ihnen im innerstaatlichen Recht zukommt, mithin autonom, ausgelegt werden. Diesen Rechtsbegriffen wird eine „europäische", für sämtliche Konventionsstaaten gültige, von den nationalen Rechten zwar beeinflusste, aber in ihrem Resultat unabhängige und eigenständige Tragweite und Bedeutung verliehen. Die autonome Auslegung der offenen Rechtsbegriffe der EMRK stellt somit einerseits ein Mittel zur Erreichung eines der Ziele der Konvention, nämlich der Schaffung eines *europäischen Mindeststandards* der Grundrechte dar. Wäre es den Vertragsstaaten überlassen, die in der EMRK verwendenten offenen Rechtsbegriffe aufgrund ihres nationalen Verständnisses auszufüllen, so hätte dies zur Folge, dass dadurch gewisse Rechtsbereiche nachträglich der Kontrolle durch die Konventionsorgane entzogen werden könnten. Andererseits stellt die autonome Auslegung auch Ausfluss der *evolutiven Interpretationsmethode* dar, denn nur mittels autonomer Bestimmung der Tragweite der Garantien ist es möglich, diese im Lichte der jeweils aktuellen sozialen und gesellschaftlichen Umstände zu interpretieren; siehe hierzu *Kastanas*, 343 ff.; *Wildhaber/Breitenmoser*, Rz. 21; *Sudre*, Droit international, 342; *Frowein/Peukert*, 5 f.; *Kälin*, Integration, 533; *Cohen-Jonathan*, 195; *Evrigenis*, 194 f.; *Bernhardt*, Interpretation, 67; *Malinverni*, Interprète, 413; *Matscher*, Interpretation, 73; *Jacot-Guillarmod*, 50; *Rolland*, 283; *Reindl*, 102.

[64] *Drzemczewski*, Respect, 10; *Villiger*, Expulsion, 658.

sellschaftlich und religiös geprägte Begriffe[65], welche von Land zu Land, evtl. gar innerhalb eines Landes selber, stark variieren[66]. Da sich ferner auch die Familienstrukturen im Laufe der Zeit verändern, stellt der Begriff des „Familienlebens" von Art. 8 Abs. 1 EMRK eines der Paradebeispiele für die Notwendigkeit und Wünschbarkeit einer *evolutiven Auslegung* dar[67]. Dem

---

[65] *Velu/Ergec*, 549.

[66] Vgl. in diesem Sinne auch die AB 19 [39] des Menschenrechtsausschusses zu Artikel 23 Pakt II, in der in Ziff. 2 ausgeführt wird: „Der Ausschuss weist darauf hin, dass sich der Begriff der Familie in verschiedener Hinsicht von einem Staat zum anderen und sogar von einer Region zur anderen innerhalb des gleichen Staates unterscheiden kann, so dass es nicht möglich ist, ihn einheitlich zu definieren", zitiert nach *Kälin/Malinverni/Nowak*, 386.

[67] *Harris/O'Boyle/Warbrick*, 312; *Sudre*, Contrôle, 263. Seit der Ausarbeitung der EMRK im Jahre 1950 sind knapp fünfzig Jahre vergangen, in denen auf sozialer, politischer und gesellschaftlicher Ebene ein enormer Wandel stattgefunden hat. Mittels *evolutiver Auslegung* wird die zeitgemässe Bedeutung unbestimmter, im Text der Konvention enthaltener Begriffe festgestellt und die EMRK so in gewisser Hinsicht den aktuellen Bedürfnissen angepasst (*Mahoney*, Judicial activism, 61 f.; *Sudre*, Droit international, 343: „(...) la cour réalise de manière prétorienne l'adaptation de la Convention au changement social"); in diesem Sinne hat der Gerichtshof bereits im Fall *Tyrer gegen Vereinigtes Königreich* festgehalten, dass die Europäische Menschenrechtskonvention ein „lebendiges Instrument" darstelle, welches im Lichte der gegenwärtigen Umstände auszulegen sei (EGMR, *Tyrer gegen Vereinigtes Königreich*, Serie A, Nr. 26, Ziff. 31); als „living instrument" sind die Bestimmungen der EMRK und ihrer Zusatzprotokolle jeweils vor dem Hintergrund der aktuellen, einem dauernden Wandel unterworfenen rechtlichen und gesellschaftlichen Umstände zu interpretieren; im Fall *Marckx gegen Belgien* hat der Gerichtshof die Bedeutung des gesellschaftlichen, sozialen und rechtlichen Wandels für die Auslegung der Bestimmungen der EMRK denn auch ausdrücklich betont: „It is true that, at the time when the Convention (...) was drafted, it was regarded as permissible and normal in many European countries to draw a distinction in this area between the „illegitimate" and the „legitimate" family. However, the Court recalls that this Convention must be interpreted in the light of present-day conditions (...). In the instant case, the Court cannot but be struck by the fact that the domestic law of the great majority of the member States of the Council of Europe has evolved and is continuing to evolve, in company with the relevant international instruments, towards full juridical recognition of the maxim „mater semper certa est" (EGMR, *Marckx gegen Belgien*, Serie A, Nr. 31, Ziff. 41). Es ist zwar unvermeidlich, dass evolutive Auslegung einerseits Rechtsfortbildung im Sinne eines *Judicial Activism* darstellt. Dies entspricht jedoch nicht nur der Berücksichtigung des steten Wandels des gesellschaftlichen, sozialen und rechtlichen Umfeldes, sondern ist vielmehr auch ein notwendiges Mittel zur „Wahrung und *Fortentwicklung der Menschenrechte*", einem der Ziele des Europarates (Art. 1 lit. b der Satzung des Europarates vom 5.5.1949); andererseits kann nicht bestritten werden, dass evolutive Auslegung in einem gewissen Masse auch Rechts*schöpfung* und nicht nur Rechts*fortbildung* bedeutet; der Fortbildung und Ausweitung der in der Konvention

D. Schutzbereich des Familienlebens

Wandel der sozialen und gesellschaftlichen Umstände Rechnung tragend, haben die Konventionsorgane daher beispielsweise auch die nichteheliche Familie dem Schutz von Art. 8 EMRK unterstellt[68]. Der Schutz des Familienlebens darf ferner nicht auf Familien im traditionellen europäischen Sinn beschränkt werden; auch aussereuropäische Familienmodelle werden vielmehr vom Schutzbereich von Art. 8 Abs. 1 EMRK erfasst[69]. In treffender Weise haben Wildhaber/Breitenmoser deshalb von der *Variabilität* des Familienbegriffes gesprochen[70].

Gerichtshof und Kommission gehen im Rahmen von Art. 8 Abs. 1 EMRK von einem weiten Familienbegriff aus[71]. Dieser geht insbesondere, wie Richter O'Donoghue in seiner teilweise abweichenden Meinung in *Marckx gegen Belgien* zutreffend festgestellt hat, weiter als der in Art. 12 EMRK verwendete Familienbegriff[72]. Erfasst wird nicht nur die Beziehung zwischen

---

gewährten Garantien mittels evolutiver Auslegung sind jedoch auch Grenzen gesetzt. Evolutive Auslegung ist nur im Rahmen des *Wortlautes* der EMRK möglich; die Ableitung neuer, im Wortlaut nicht enthaltener Rechte und Garantien mittels evolutiver Auslegung ist ausgeschlossen, denn die Einräumung neuer Gewährleistungen fällt in die ausschliessliche Kompetenz der Vertragsstaaten. Evolutive Auslegung darf auch nicht zu einer Vorwegnahme rechtlicher oder gesellschaftlicher Entwicklungen führen, welche erst in einigen wenigen Europaratsstaaten eingetreten sind. Leitidee evolutiver Auslegung der in der EMRK garantierten Rechte stellt somit dar, wie *Brötel* (Familienleben, 42 f.) zutreffend ausgeführt hat, „nicht den Inhalt einer Norm von sich aus weiterzuentwickeln, sondern vielmehr Änderungen nachzuvollziehen, die der Inhalt einer Norm seinerseits durchgemacht hat". Eine diese Grenze überschreitende Auslegung würde Rechtsetzung darstellen und in die Zuständigkeit der Vertragsstaaten und nicht der Durchsetzungsorgane fallen; *Mahoney*, Judicial activism, 65 f.; *Harris/O'Boyle/Warbrick*, 8 ff.

[68] *Frowein/Peukert*, 346 f.; *Palm-Risse*, 198 f.; *Cohen-Jonathan*, 434; vgl. ferner EGMR, *Marckx gegen Belgien*, Serie A, Nr. 31, Ziff. 41 (zitiert vorne 22 Anm. 67).

[69] *Harris/O'Boyle/Warbrick*, 313 f.; *Palm-Risse*, 200; *van Dijk/van Hoof*, 504; siehe auch B 2991/66, *Khan gegen Vereinigtes Königreich*, CD 24, 116; B 19628/92, *Bibi gegen Vereinigtes Königreich*, unpublizierter KE vom 29.6.1992.

[70] *Wildhaber/Breitenmoser*, Rz. 340; ähnlich auch *Velu/Ergec*, 549 („la «vie familiale» est affectée d'une relativité qui défie toute définition précise"); *Meulders-Klein*, Internationalisation, 204 („La notion de «vie familiale» (...) est une notion floue au contenu indéterminé"); *Coussirat-Coustère*, Notion, 46 („plasticité").

[71] *Haefliger*, 207; *Brötel*, Familienleben, 59; *Palm-Risse*, 210; *Corouge*, 320.

[72] Richter O'Donoghue führte in seiner teilweise abweichenden Meinung aus, dass es für ihn lediglich notwendig sei „to point to the word „everyone" at the beginning of Article 8, and to the absence of any idea of obligation to marry in Article 12, to show the wider meaning to be given to „family" in Article 8, in contrast to that term as used in

minderjährigen Kindern und Eltern sowie unter Ehegatten, die sog. *Kernfamilie*. Familienleben schliesst - wenn eine genügend nahe, echte und tatsächlich gelebte Beziehung besteht - vielmehr auch „at least the ties between near relatives, for instance those between grandparents and grandchildren", das heisst das *erweiterte Familienleben* mit ein, denn „such relations may play a considerable part in family life"[73]. Geschützt wird ferner nicht de jure bestehendes, sondern tatsächlich gelebtes, *de facto bestehendes Familienleben*[74]. Familiäre Beziehungen fallen daher nur dann in den Schutzbereich des Rechts auf Achtung des Familienlebens, wenn *eine genügend nahe, echte und tatsächliche Beziehung* («sufficiently close and genuine factual tie») zwischen den Familienmitgliedern besteht[75]. Die Notwendigkeit des Bestehens einer tatsächlichen Beziehung gilt für sämtliche familiären Beziehungen, die Anforderungen an ihren Nachweis hängen jedoch von der Natur der angerufenen familiären Beziehung ab. Für der Kernfamilie angehörende familiäre Beziehungen wird das Bestehen einer solchen effektiven und tatsächlichen Beziehung *vermutet* und im Normalfall nicht näher geprüft[76]. Damit Beziehungen des erweiterten Familienlebens solche im Sinne von Art. 8 Abs. 1 EMRK darstellen, muss dagegen die Effektivität des Familienlebens aufgrund tatsächlich bestehender, echter Beziehungen *dargelegt* werden kön-

---

Article 12", EGMR, *Marckx gegen Belgien*, Serie A, Nr. 31; siehe auch *Frowein/Peukert*, 424; *Jacobs/White*, 177.

[73] EGMR, *Marckx gegen Belgien*, Serie A, Nr. 32, Ziff. 45; siehe auch EKMR, *Boyle gegen Vereinigtes Königreich*, Serie A, Nr. 282-B, KB Ziff. 43.

[74] B 5302/71, *X. und Y. gegen Vereinigtes Königreich*, CD 44, 47: „(...) in the Commission's view the „de jure unity" of the family is, of itself, irrelevant to a consideration of the issue under Article 8. The Article concerns not „de jure" but „de facto" family life (...)"; EGMR, *Keegan gegen Irland*, Serie A, Nr. 290, Ziff. 44: „The Court recalls that the notion of the „family" in this provision is not confined solely to marriage-based relationships and may encompass other *de facto* „family" ties where the parties are living together outside marriage"; siehe auch *van Dijk/van Hoof*, 504; *Velu/Ergec*, 550 f.; *Gomien/Harris/Zwaak*, 240; *Drzemczewski*, Respect, 10; *Cohn-Jonathan*, Respect, 434; *Jacobs/White*, 175 f.; *Harris/O'Boyle/Warbrick*, 313; *Pillitu*, 801; *Jacot-Guillarmod*, Liens familiaux, 80; *Russo*, 316; *Breitenmoser*, Privatsphäre, 108; *Braconnier*, 528; *Anderfuhren-Wayne*, 357; *Julien-Laferrière*, Vie familiale, 291.

[75] *van Dijk/van Hoof*, 506; *Villiger*, Expulsion, 658; *Villiger*, Handbuch, Rz. 558; *Cohen-Jonathan*, Respect, 435; *Drzemczewski*, Respect, 10; *Velu/Ergec*, 549 f.; *Wildhaber/Breitenmoser*, Rz. 343; *Sudre*, Contrôle, 263; *O'Donnell*, 138; *Julien-Laferrière*, Vie familiale, 293; *Breitenmoser*, Privatsphäre, 109 f.

[76] *van Dijk/van Hoof*, 506 f.; *Harris/O'Boyle/Warbrick*, 313 ff.; *Anderfuhren-Wayne*, 356 f.; *Coussirat-Coustère*, Notion, 49 f.; *O'Donnell*, 138.

D. Schutzbereich des Familienlebens

nen[77], die über die normalen, gefühlsmässigen familiären Bande hinausgehen[78].

Ob familiäre Beziehungen des erweiterten Familienlebens in den Schutzbereich von Art. 8 Abs. 1 EMRK fallen, hängt von den besonderen Umständen des jeweiligen Einzelfalles ab[79]. Wie die Strassburger Organe in konstanter Rechtsprechung ausführen, können verschiedene Tatsachen auf das Bestehen eines Familienlebens hindeuten. Im Vordergrund steht sicherlich das *Zusammenleben in einem gemeinsamen Haushalt*, doch stellt dieser Umstand nur einen Faktor neben anderen dar und bedeutet nicht eine conditio sine qua non für das Bestehen von Familienleben[80]. Weitere mögliche Gesichtspunkte sind eine *finanzielle Abhängigkeit*[81], speziell *enge und tatsächlich gelebte Bande*[82], *regelmässige Kontakte*[83] oder die *Übernahme der Verantwortung für eine minderjährige Person*[84].

---

[77] *van Dijk/van Hoof*, 507; *Coussirat-Coustère*, Notion, 50; *Frowein/Peukert*, 348; *Wildhaber/Breitenmoser*, Rz. 389; *Storey*, 330; *O'Donnell*, 138.

[78] „(...) other relationships (...) would not necessarily acquire the protection of Article 8 of the Convention without evidence of further elements of dependency, involving more thant the normal, emotional ties", B 10375/83, *S. und S. gegen Vereinigtes Königreich*, DR 40, 198.

[79] „(...) the Commission must consider whether a sufficient link exists between the relatives concerned as to give rise to the protection of „family life" within the meaning of Article 8 of the Convention. Generally, this involves married couples, on the one hand, and, on the other, cohabiting dependents such as parents, spouses and their dependent, minor children. Whether it extends to other relationships depends on the circumstances of the particular case"; B 36223/97, *K. und K. gegen die Schweiz*, unpublizierter KE vom 2.7.1997.

[80] „(...) cohabitation is however not a prerequisite for the maintenance of family ties which are to fall within the scope of the concept of „family life". Cohabitation is a factor amongst many others, albeit often an important one, to be taken into account when considering the existence or otherwise of family ties", EKMR, *Boyle gegen Vereinigtes Königreich*, Serie A, Nr. 282-B, KB Ziff. 43; siehe auch B 12402/86, *Price gegen Vereinigtes Königreich*, DR 55, 224.

[81] *Russo*, 316; *Dollé*, 18; *Villiger*, Expulsion, 658.

[82] EGMR, *Boyle gegen Vereinigtes Königreich*, Serie A, Nr. 282-B, KB Ziff. 44.

[83] B 14501/89, *A. und A. gegen die Niederlande*, DR 72, 118, „In the present case the Commission notes that although the second applicant did not live with his father from 1979 to 1987, he had frequent contacts with him, as the first applicant used to visit his first wife and children in Morocco almost each year during six weeks and provided for their maintenance".

[84] B 8924/80, *X. gegen die Schweiz*, DR 24, 183.

I. Als Familienleben i.S. von Art. 8 Abs. 1 EMRK geschützte Beziehungen

1. Eheliche und nichteheliche Beziehungen

a) Beziehung unter Ehegatten

Die Beziehung zwischen Ehegatten fällt, sofern die Ehe auf einer rechtmässigen und echten Eheschliessung («lawful and genuine marriage»[85]) beruht, unbestrittenermassen in den Schutzbereich des Familienlebens im Sinne von Art. 8 Abs. 1 EMRK[86]. Familienleben besteht auch dann, wenn die Ehe zwar geschlossen, das Familienleben aber noch nicht vollständig begründet worden ist[87]. So hat die Kommission, in Anlehnung an die Ausführungen des Gerichtshofes im Entscheid *Abdulaziz, Cabales und Balkandali gegen Vereinigtes Königreich*[88], ausgeführt:

> „Article 8 of the Convention presupposes the existence of a family life and at least includes the relationship that arises from a lawful and genuine marriage although family life may not have been fully established."[89]

Eheliche Beziehungen gehören zum Kernbereich geschützten Familienlebens[90]; dies gilt auch für rechtsgültig im Ausland geschlossene Ehen[91]. Beste-

---

[85] EGMR, *Abdulaziz, Cabales und Balkandali gegen Vereinigtes Königreich*, Serie A, Nr. 94, Ziff. 62.

[86] *Wildhaber/Breitenmoser*, Rz. 349; *Coussirat-Coustère*, Notion, 49 f.; *Palm-Risse*, 196; *Harris/O'Boyle/Warbrick*, 313 f.; *Villiger*, Handbuch, Rz. 559; vgl. auch B 8166, *X. und Y. gegen die Schweiz*, DR 13, 241, in welcher unumwunden festgestellt wird, dass „the applicants are married and have thus already founded a family. They consequently enjoy the right to respect of their family life as guaranteed by Article 8 of the Convention".

[87] In diesem Sinne hat die Kommission das Vorliegen von Familienleben auch zwischen Ehegatten bejaht, welche wegen der Inhaftierung eines der Ehegatten noch nie zusammengelebt hatten; vgl. beispielsweise B 25342/94, *Raidl gegen Österreich*, DR 82, 134.

[88] „Whatever (...) the word „family" may mean, it must at any rate include the relationship that arises from a lawful and genuine marriage (...)"; EGMR, *Abdulaziz, Cabales und Balkandali gegen Vereinigtes Königreich*, Serie A, Nr. 94, Ziff. 62; *van Dijk/van Hoof*, 517.

[89] B 19628/92, *Bibi gegen Vereinigtes Königreich*, unpublizierter KE vom 29.6.1992.

[90] *Palm-Risse*, 201; *Anderfuhren-Wayne*, 356; *Coussirat-Coustère*, Notion, 49.

[91] In *Abdulaziz, Cabales und Balkandali* hatte sich der Gerichtshof mit der Frage der Gültigkeit einer auf den Philippinen geschlossenen Ehe, welche von den britischen Behörden als nach philippinischem Recht ungültig bezeichnet wurde, zu befassen. In Ziff.

D. Schutzbereich des Familienlebens

hen keine Indizien für das Vorliegen einer Scheinehe, so prüfen die Konventionsorgane grundsätzlich das Bestehen weiterer Anknüpfungspunkte für tatsächliches Familienleben im Sinne von Artikel 8 EMRK nicht[92]. Damit die Beziehung getrennt lebender, aber nicht geschiedener Ehegatten in den Schutzbereich des Familienlebens fällt, muss jedoch eine tatsächliche Beziehung zwischen den Ehegatten nachgewiesen werden[93].

b) Nichteheliche Lebensgemeinschaft

Nichteheliche Lebensgemeinschaften werden (noch) nicht als dem Kreis der Kernfamilie zugehörig betrachtet. Die Rechtsprechung der Kommission hat jedoch ausdrücklich festgehalten, dass „extra-marital relationships may constitute «family life»"[94], für einen Schutz dieser Lebensgemeinschaften als Familienleben indes weitere Anknüpfungspunkte, wie zum Beispiel das Zusammenleben in einem gemeinsamen Haushalt, gemeinsame Kinder etc. vorliegen müssen[95]. In einem jüngst ergangenen Entscheid hat der Gerichtshof

---

63 des Urteils führte der EGMR aus: „The Court does not consider that it has to resolve the difference of opinion that has arisen concerning the effect of Philippine law. Mr. and Mrs. Cabales had gone through a ceremony of marriage (...) and the evidence before the Court confirms that they believed themselves to be married and that they genuinely wished to cohabit and lead a normal family life. And indeed they subsequently did so. In the circumstances, the committed relationship thus established was sufficient to attract the application of Article 8", EGMR, *Abdulaziz, Cabales und Balkandali gegen Vereinigtes Königreich*, Serie A, Nr. 94; vgl. hierzu auch *Palm-Risse*, 197, sowie *Harris/O'Boyle/Warbrick*, 313 f.

[92] *Wildhaber/Breitenmoser*, Rz. 349; *Palm-Risse*, 196; Scheinehen werden durch Art. 8 EMRK nicht geschützt; *Cvetic*, 649; *Coussirat-Coustère*, 49 f.

[93] „Dans ces circonstances, la Commission estime qu'en dépit du fait que le lien du mariage existe encore formellement, la relation alléguée entre la requérante et son époux est insuffisamment fondée en fait pour relever de l'article 8 par. 1 de la Convention", B 28952/95, *Vargi gegen die Schweiz*, unpublizierter KE vom 28.2.1996.

[94] B 7289/75 und 7349/76, *X. und Y. gegen die Schweiz*, DR 9, 74; vgl. auch EGMR, *Johnston et. al. gegen Irland*, Serie A, Nr. 112, Ziff. 55 („In the present case, it is clear that the applicants, the first and second of whom have lived together for some fifteen years, constitute a «family» for the purposes of Article 8. They are thus entitled to its protection, notwithstanding the fact that their relationship exists outside marriage") sowie *Keegan gegen Irland*, Serie A, Nr. 290, Ziff. 44.

[95] „In any case the Court recalls that the notion of «family life» in Article 8 is not confined solely to marriage-based relationships and may encompass other *de facto* «family ties» where parties are living together outside marriage. Although, as a rule, living together may be a requirement for such a relationship, exceptionally other factors may also serve to demonstrate that a relationship has sufficient constancy to create *de*

ferner anerkannt, dass eine nichteheliche Lebensgemeinschaft, bei welcher einer der Partner transsexuell ist und sich einer Geschlechtsumwandlung unterzogen hat, ebenfalls Familienleben im Sinne von Art. 8 Abs. 1 EMRK darstellen kann, wenn genügend Anknüpfungspunkte bestehen[96].

c) Beabsichtigte eheliche Gemeinschaft

Bereits im Entscheid *Abdulaziz, Cabales und Balkandali gegen Vereinigtes Königreich* hatte der Gerichtshof festgestellt, dass Art. 8 EMRK zwar das Bestehen einer Familie voraussetze, daraus jedoch nicht gefolgert werden könne, dass erst beabsichtigtes Familienleben vom Schutzbereich ausgenommen sei[97]. Die Kommissionsentscheidung im Fall *Wakefield gegen Vereinigtes Königreich* weist in dieselbe Richtung. Hier hatte die Kommission zu entscheiden, ob die Beziehung zwischen Verlobten, die sich lediglich einmal persönlich getroffen und sonst nur brieflich miteinander Kontakt gehabt hatten, Familienleben im Sinne von Art. 8 Abs. 1 darstelle. In ihrer Unzulässigkeitsentscheidung führte die Kommission aus, dass

---

facto «family ties»; such is the case here, as since 1987 four children have been born to Mrs Kroon and Mr Zerrouk", EGMR, *Kroon et al. gegen die Niederlande*, Serie A, Nr. 297-C, Ziff. 30; siehe ferner B 8823/79, *Mizera gegen Schweden*, unpublizierter KE vom 12.3.1980; B 25946/94 und 25947/94, *Sim und Ungson gegen Finnland*, unpublizierter KE vom 28.6.1995; *Wildhaber/Breitenmoser*, Rz. 386; *Palm-Risse*, 198; *Villiger*, Handbuch, Rz. 559; *Coussirat-Coustère*, Notion, 50; *Harris/O'Boyle/Warbrick*, 314; *van Dijk/van Hoof*, 505; *Pillitu*, 801; *Brötel*, Familienleben, 55; *Drzemczewski*, Respect, 12; *Braconnier*, 528.

[96] EGMR, *X., Y. und Z. gegen Vereinigtes Königreich*, Reports 1997-II, 619 ff.; X., der männliche Partner der Lebensgemeinschaft war als Frau zur Welt gekommen und hatte sich 1980 einer Geschlechtsumwandlung unterzogen. Seit 1979 lebt er mit seiner Lebenspartnerin in einer stabilen Beziehung. Dem Paar wurden durch heterologe Insemination zwei Kinder geboren. In bezug auf das Bestehen von Familienleben führte der Gerichtshof aus: „In the present case, the Court notes that X is a transsexual who has undergone gender reassignment surgery. He has lived with Y, to all appearances as her male partner, since 1979. The couple applied jointly for, and were granted, treatment by AID to allow Y to have a child. X was involved throughout that process and has acted as Z's „father" in every respect since the birth. In these circumstances, the Court considers that de facto family ties link the three applicants" (a.a.O., Ziff. 37).

[97] EGMR, *Abdulaziz, Cabales und Balkandali gegen Vereinigtes Königreich*, Serie A, Nr. 94, Ziff. 62; siehe auch B 14112/88, *Khanam gegen Vereinigtes Königreich*, DR 59, 265; ferner - obwohl es dort um die Frage des Schutzes des zukünftigen Familienlebens zwischen Vater und Kind ging - B 22920/93, *M.B. gegen Vereinigtes Königreich*, DR 77-A, 108.

„(...) the relationship between the applicant and his fiancée cannot be said to amount to the kind of family life protected by Article 8 of the Convention. For such family life to arise more substantial ties than the one meeting and correspondence in this case must exist."[98]

Bestehen somit neben der Absicht der Begründung von Familienleben weitere Anknüpfungspunkte einer tatsächlich gelebten Beziehung, so kann durchaus auch eine erst beabsichtigte eheliche Gemeinschaft als Familienleben im Sinne von Art. 8 Abs. 1 EMRK anerkannt werden kann[99]. Dies ist nicht zuletzt deshalb konsequent, da nicht ersichtlich ist, weshalb beabsichtigte eheliche Beziehungen nicht wie nichteheliche Lebensgemeinschaften u.U. Familienleben i.S. von Art. 8 EMRK darstellen können.

2. Beziehung zwischen Eltern und Kindern

a) Beziehung zwischen Eltern und minderjährigen Kindern

Zwischen minderjährigen Kindern und ihren Eltern besteht *ipso iure* und unabhängig davon, ob die Eltern verheiratet sind oder nicht, Familienleben im Sinne von Art. 8 Abs. 1 EMRK[100]:

„The Court recalls that the notion of the „family" in this provision is not confined solely to marriage-based relationships and may encompass other de facto „family" ties where the parties are living together outside of marriage. A child born out of such a relationship is *ipso iure* part of that „family" unit from the moment of his birth and by the very fact of it. There thus exists between the child and his parents a bond amounting to family life even if at the time of his or her birth the parents are no longer co-habiting or if their relationship has then ended."[101]

Dieses ipso iure bestehende Familienleben kann nur bei Vorliegen ausserordentlicher Umstände aufgehoben werden[102]. Keine solch ausserordentli-

---

[98] B 15817/89, *Wakefield gegen Vereinigtes Königreich*, DR 66, 255.

[99] *Harris/O'Boyle/Warbrick*, 314; *van Dijk/van Hoof*, 517; *Villiger*, Handbuch, Rz. 559; *Lawson/Schermers*, 174.

[100] *Wildhaber/Breitenmoser*, Rz. 352; *van Dijk/van Hoof*, 504 f.; *Villiger*, Handbuch, Rz. 560; *Harris/O'Boyle/Warbrick*, 315; *Jacobs/White*, 175; *Palm-Risse*, 202 f.; *Coussirat-Coustère*, Notion, 50; *Sudre*, Droit international, 220; *Braconnier*, 528.

[101] EGMR, *Keegan gegen Irland*, Serie A, Nr. 290, Ziff. 44.

[102] *van Dijk/van Hoof*, 505; *Palm-Risse*, 203; aus der Rechtsprechung vgl. etwa EGMR, *Ahmut gegen die Niederlande*, Reports 1996-VI, 2017 ff., Ziff. 60: „(...) there exists between him and his parents a bond amounting to „family life", which subsequent events cannot break save in exceptional circumstances"; EGMR, *Gül gegen die Schweiz*,

chen Umstände stellen die Inhaftierung oder Ausweisung eines Elternteils[103], die Unterbringung des Kindes bei nahen Verwandten im Nachbarland[104], die Emigration der Eltern ins Ausland[105], die Scheidung bzw. Trennung der Eltern[106] oder die Eingehung einer zweiten, bigamistischen Ehe[107] dar. Die familiäre Beziehung im Sinne von Art. 8 Abs. 1 EMRK besteht zwischen minderjährigen Kindern und ihren Eltern vielmehr auch in diesen Situationen ungebrochen fort.

Familienleben zwischen minderjährigen Kindern und ihren Eltern besteht grundsätzlich auch dann, wenn die Eltern bei Geburt des Kindes nicht mehr zusammenleben[108] oder überhaupt nie einen gemeinsamen Haushalt geführt haben[109]. Für die Anerkennung von Familienleben zwischen einem minderjährigen Kind und seinem „nichtehelichen" Vater verlangt die Rechtspre-

---

Reports 1996-I, 159 ff., Ziff. 32; B 24484/94, *Söderbäck gegen Schweden*, KB vom 22.10.1997, Ziff. 35.

[103] EGMR, *C. gegen Belgien*, Reports 1996-III, 915 ff., Ziff. 25.

[104] EGMR, *C. gegen Belgien*, Reports 1996-III, 915 ff., Ziff. 25; vgl. aber B 36223/97, *K. und K. gegen die Schweiz*, unpublizierter KE vom 2.7.1997, in dem die Kommission zwar nicht ausdrücklich sagt, dass kein Familienleben zwischen einem Vater und seinem Sohn, der von Geburt an bei seiner Grossmutter gelebt habe, bestehe, aber doch ausführt, dass die Beziehungen zu seiner Pflegefamilie wesentlich enger seien, als diejenigen zu seiner natürlichen Familie in der Schweiz.

[105] EGMR, *Ahmut gegen die Niederlande*, Reports 1996-VI, 2017 ff., Ziff. 60; EGMR, *Gül gegen die Schweiz*, Reports 1996-I, 159 ff., Ziff. 33; vgl. aber den fragwürdigen Entscheid der Kommission in B 23701/94, *Biçilir und Biçilir gegen die Schweiz*, KE vom 22.2.1995, VPB 1995, Nr. 140, in dem die Kommission ausführt, dass zwischen einem minderjährigen Kind und seinem Vater keine genügend engen Beziehungen mehr bestünden, da der Vater drei Jahre zuvor aus der Türkei in die Schweiz ausgewandert sei.

[106] Siehe z. B. B 12246/86, *Irlen gegen Bundesrepublik Deutschland*, DR 53, 228: „The Commission recalls that the family life of the parents with their children does not cease following the divorce of a married couple".

[107] Vgl. hierzu B 2991/66, *Alam und Khan gegen Vereinigtes Königreich*, CD 24, 116; B 14501/89, *A. und A. gegen die Niederlande*, DR 72, 118 sowie B 24968/94, *Lamrabti gegen die Niederlande*, unpublizierter KE vom 18.5.1995; in allen drei Fällen bejahte die Kommission das Bestehen von Familienleben zwischen den Kindern und ihrem Vater, der eine bigamistische Ehe eingegangen war; während in der gegen Grossbritannien gerichteten Beschwerde das Kind der zweiten (bigamistischen) Ehe entstammte, betreffen die beiden gegen die Niederlande gerichteten Beschwerden Kinder aus der ersten Ehe.

[108] EGMR, *Keegan gegen Irland*, Serie A, Nr. 290, Ziff. 44.

[109] EGMR, *Kroon et al. gegen die Niederlande*, Serie A, Nr. 297-C, Ziff. 30; B 24484/94, *Söderbäck gegen Schweden*, KB vom 22.10.1997, Ziff. 35 f.

D. Schutzbereich des Familienlebens

chung der Strassburger Organe jedoch das Bestehen einer tatsächlich gelebten Beziehung, beispielsweise im Sinne regelmässiger, sich über eine gewisse Zeit erstreckende Kontakte[110]. Die diesbezüglich geltenden Grundsätze hat die Kommission in ihrem Art. 31-Bericht im Fall *Keegan gegen Irland* eingehend dargelegt:

> „The Commission recalls that the existence or not of a „family life" falling within the scope of Article 8 of the Convention will depend on a number of factors, of which cohabitation is only one, and on the circumstances in the particular case. The application of this principle has been found by the Commission to extend equally to the relationship between natural fathers and their children born out of wedlock. Further, the Commission considers that Article 8 cannot be interpreted as only protecting „family life" which has already been established but, where the circumstances warrant it, must extend to the potential relationship which may develop between a natural father and a child born out of wedlock. Relevant factors in this regard include the nature of the relationship between the natural parents and the demonstrable interest in and commitment by the natural father to the child both before and after birth."[111]

In Anwendung dieser Grundsätze hat die Kommission das Bestehen von Familienleben zwischen einem Samenspender und seinem Kind verneint, obwohl dieser während der ersten sieben Lebensmonate das Kind regelmässig gehütet hatte, der Kontakt danach jedoch auf Wunsch der Eltern abgebrochen wurde[112]. Demgegenüber hat sie in einem Fall, in dem der Vater, der nie mit der Mutter des Kindes zusammengelebt hatte, seine Tochter nur einige Male getroffen hatte und der Kontakt danach zeitweise u.a. wegen privater Probleme des Vaters abgebrochen war, das Fortbestehen von Familienleben zwischen Vater und Tochter bejaht[113]. Kein Familienleben besteht indes zwischen Vater und Kind, wenn der Vater das Kind nie gesehen und die ausserehreliche Beziehung zur Mutter nur kurze Zeit gedauert hat[114]. Nicht durch das Recht auf Achtung des Familienlebens geschützt ist ferner die Beziehung zwischen einem Kind und der gleichgeschlechtlichen Lebenspartnerin seiner Mutter[115]. Demgegenüber besteht Familienleben zwischen dem so-

---

[110] EGMR, *Kroon et al. gegen die Niederlande*, Serie A, Nr. 297-C, Ziff. 30; *Harris/O'Boyle/Warbrick*, 314; *Coussirat-Coustère*, Notion, 50 f.; *Wildhaber/Breitenmoser*, Rz. 366 ff.

[111] EKMR, *Keegan gegen Irland*, Serie A, Nr. 290, KB Ziff. 48.

[112] B 16944/90, *M. gegen die Niederlande*, DR 74, 120.

[113] B 24484/94, *Söderbäck gegen Schweden*, KB vom 22.10.1997, Ziff. 36.

[114] B 22920/93, *M.B. gegen Vereinigtes Königreich*, DR 77-A, 108; siehe auch *Wildhaber/Breitenmoser*, Rz. 369; *Harris/O'Boyle/Warbrick*, 314.

[115] B 15666/89, *Kerkhoven et al. gegen die Niederlande*, unpublizierter KE vom 19.5.1992.

zialen Vater, einem in einer nichtehelichen Gemeinschaft lebenden Frau-zu-Mann-Transsexuellen, und dem Kind seiner langjährigen Lebenspartnerin[116].

b) Beziehung zwischen Adoptiveltern und Adoptivkindern

Die Beziehung zwischen Adoptiveltern und Adoptivkindern stellt ebenfalls Familienleben im Sinne von Art. 8 Abs. 1 EMRK dar[117]. Dies ist folgerichtig, denn durch die Adoption tritt das adoptierte Kind mit vollen Rechten in die neue Familie ein und verliert jegliche rechtliche Beziehung zu seiner ursprünglichen Familie. Führt die Adoption indessen nicht zum tatsächlichen Übergang der elterlichen Gewalt, z. B. weil das Adoptivkind weiterhin bei seinen leiblichen Eltern lebt, so vermag nach Ansicht der Kommission auch eine Adoption grundsätzlich nicht Familienleben i.S. von Art. 8 Abs. 1 EMRK zu begründen[118].

c) Beziehung zwischen Pflegeeltern und Pflegekindern

Die Frage, ob die Beziehung zwischen Pflegekindern und Pflegeeltern ebenfalls Familienleben im Sinne von Art. 8 Abs. 1 EMRK darstellen könne, ist bislang von den Konventionsorganen nicht beantwortet worden[119]. In einer gegen die Schweiz gerichteten Beschwerde hat die Kommission zwar offengelassen, ob das Pflegekindverhältnis Familienleben darstellen könne, jedoch festgestellt, dass diese Beziehung zumindest durch das Recht auf Achtung des Privatlebens geschützt werde[120]. In seiner abweichenden Meinung zum

---

[116] EGMR, *X., Y. und Z. gegen Vereinigtes Königreich*, Reports 1997-II, 619 ff., Ziff. 37.

[117] „(...) relations between an adoptive parent and an adopted child are as a rule the same family relations as protected by Article 8", B 9993/82, *X. gegen Frankreich*, DR 31, 243 f.; ferner B 6482/74, *X. gegen Belgien und die Niederlande*, DR 7, 75; *van Dijk/van Hoof*, 506; *Velu/Ergec*, 551; *Villiger*, Handbuch, Rz. 560; *Wildhaber/Breitenmoser*, Rz. 379; *Breitenmoser*, Privatsphäre, 110; *Palm-Risse*, 205; *Fahrenhorst*, 104; *Brötel*, Familienleben, 51 f.; *Harris/O'Boyle/Warbrick*, 315; *Frowein Peukert*, 348; *Jacot-Guillarmod*, Liens familiaux, 80; *Coussirat-Coustère*, 51; *Brötel*, Familienleben, 52; *O'Donnell*, 146 f.

[118] B 7229/75, *X. und Y. gegen Vereinigtes Königreich*, DR 12, 32; *Velu/Ergec*, 551; vgl. zur Problematik dieser Ansicht hinten 238.

[119] *Wildhaber/Breitenmoser*, Rz. 381 f.; *Palm-Risse*, 205; *Brötel*, Familienleben, 54; *Harris/O'Boyle/Warbrick*, 315; *Jacot-Guillarmod*, Liens familiaux, 81.

[120] B 8257/78, *X. gegen die Schweiz*, DR 13, 248.

D. Schutzbereich des Familienlebens

Kommissionsbericht im Fall *Eriksson gegen Schweden* hat Schermers indes zutreffend festgehalten, dass Familienleben im Sinne von Art. 8 Abs. 1 EMRK auch aufgrund einer tatsächlich bestehenden und echten Beziehung vorliegen könne und folglich auch die Beziehung zwischen Pflegeeltern und Pflegekindern als Familienleben anerkannt werden müsste[121].

d) Beziehung zwischen Stiefeltern und Stiefkindern

Ob zwischen Stiefeltern und Stiefkindern Familienleben i.S. von Art. 8 Abs. 1 EMRK vorliegt, hängt von der Beziehungsintensität ab. Verbindet Kinder und ihre Stiefmutter bzw. ihren Stiefvater eine enge, tatsächlich gelebte und - z. B. durch ein Zusammenleben - intensive Beziehung, muss das Bestehen von Familienleben bejaht werden[122].

e) Beziehung zwischen Eltern und erwachsenen Kindern

Trotz der seit Geburt *ipso iure* bestehenden familiären Beziehung zwischen Eltern und Kindern ordnet die Rechtsprechung der Strassburger Organe die Beziehung zwischen Eltern und ihren erwachsenen Kindern nicht automatisch dem Schutzbereich des Familienlebens im Sinne von Art. 8 Abs. 1 EMRK zu. Vielmehr wird das Bestehen eines *tatsächlichen Familienlebens*

---

[121] „The notion of family life in Article 8 of the Convention does not necessarily require bonds of blood or lawful marriage. The connection in the Article to private life and home rather suggests that the immediate surroundings of a person, the sphere in which he lives, are meant. Also factual circumstances, such as long cohabitation, may create family life. Normally, there will be family life (as of fact) between foster parents and their children. The strength of this family life depends on factual circumstances and, in particular, on the duration and the age of the child and on the relationship between duration and age. Three years of a child of 15 is less than 3 years of a child of 4. In the case at hand the duration is now more than ten years and over 99% of the child's lifetime. There can be no doubt that there is a right the family life of the foster parents that has to be taken into account", EKMR, *Eriksson gegen Schweden*, KB, abweichende Meinung von *Schermers*, Serie A, Nr. 156, Anhang; siehe auch *Brötel*, Familienleben, 53 f.

[122] *Brötel*, Familienleben, 67; vgl. ferner die implizite Bejahung von Familienleben zwischen minderjährigen Kindern und ihrem Stiefvater in B 9867/82, *Moodey gegen Vereinigtes Königreich*, unpublizierter KE vom 7.12.1982: „In the context of the present case this provision required the United Kingdom authorities to respect not only the „family life" relationship of the applicant with his children, but also the „family life" of his former wife with the children and her new husband".

vorausgesetzt, welches sich durch das Vorliegen eines über die normalen, gefühlsmässigen Bindungen hinausgehenden Abhängigkeitsverhältnisses charakterisiert[123]:

„The Commission notes that the two eldest children (...) were already no longer minors (...). In this respect the Commission recalls that relationships between adults - in the present case between a father and his adult sons - do not necessarily enjoy the protection of Article 8 of the Convention without evidence of further elements of dependency, involving more then the normal emotional ties."[124]

Ein solches, Familienleben im Sinne von Art. 8 Abs. 1 EMRK weiterbestehen lassendes oder begründendes, Abhängigkeitsverhältnis liegt beispielsweise bei besonderer Abhängigkeit des erwachsenen Kindes oder der Eltern aufgrund einer körperlichen Behinderung[125] oder aus finanziellen Gründen[126] vor. Besteht kein derartiges besonderes Abhängigkeitsverhältnis und sprechen auch die sonstigen Umstände des Einzelfalls nicht für das Vorliegen einer besonderen Beziehung, steht die Beziehung zwischen Eltern und ihren volljährigen Kindern grundsätzlich nicht unter dem Schutz von Art. 8 EMRK[127].

3. Weitere familiäre Beziehungen

Art. 8 EMRK schützt, wie bereits erwähnt, nicht nur die Kernfamilie, bestehend aus den Beziehungen zwischen Eltern und minderjährigen Kindern sowie unter Ehegatten, sondern erfasst darüber hinaus auch die Beziehung zu

---

[123] *Wildhaber/Breitenmoser*, Rz. 353 f.; *Palm-Risse*, 203 f.; *Velu/Ergec*, 550; *Harris/O'Boyle/Warbrick*, 314; kritisch hierzu *van Dijk/van Hoof*, 507.

[124] B 24968/94, *Lamrabti gegen die Niederlande*, unpublizierter KE vom 18.5.1995; vgl. auch B 9993/82, *X. gegen Frankreich*, DR 31, 241; B 2991/66, *Singh gegen Vereinigtes Königreich*, CD 24, 130 sowie B 10375/83, *S. und S. gegen Vereinigtes Königreich*, DR 40, 196.

[125] Vgl. z. B. den Entscheid des EGMR im Fall *Nasri gegen Frankreich*, Serie A, Nr. 320-B, Ziff. 34, in dem ohne Zögern und ohne nähere Betrachtungen das Bestehen von Familienleben zwischen dem taubstummen Beschwerdeführer und seinen Eltern angenommen wurde; in B 24889/94, *McCullough gegen Vereinigtes Königreich*, unpublizierter KE vom 12.9.1997, hat die Kommission das Bestehen von Familienleben zwischen einem erwachsenen Sohn und dessen betagter und kranker Mutter anerkannt.

[126] B 5269/71, *X. und Y. gegen Vereinigtes Königreich*, CD 39, 104.

[127] Vgl. B 10375/83, *S. und S. gegen Vereinigtes Königreich*, DR 40, 196; B 5269/71, *X. und Y. gegen Vereinigtes Königreich*, CD 39, 104; siehe ferner die Beispiele bei *Wildhaber/Breitenmoser*, Rz. 354; eine Ausnahme von diesem Grundsatz besteht bei Angehörigen der zweiten Generation, siehe hierzu hinten 178 f.

weiteren nahen Familienangehörigen. Damit diese Beziehungen jedoch vom Schutzbereich des Familienlebens erfasst werden, müssen *enge, echte und tatsächlich gelebte familiäre Bande* bestehen. Ob ein solches faktisches Familienleben gegeben ist, bestimmt sich anhand der Umstände des Einzelfalles, wobei die Rechtsprechung auf verschiedene Faktoren abstellt. Ein Zusammenleben der Familienangehörigen ist jedoch nicht conditio sine qua non für das Bestehen von Familienleben, auch eine finanzielle oder psychische Abhängigkeit, regelmässige enge Kontakte etc. können die Effektivität dieser familiären Beziehungen begründen[128].

Die Konventionsorgane haben das Bestehen von Familienleben zwischen nahen Verwandten in Einzelfällen zum Beispiel für die Beziehung zwischen Grosseltern und Enkelkindern[129], Tanten/Onkel und Nichten/Neffen[130] sowie unter Geschwistern[131] bejaht.

4. Vom Schutzbereich des Familienlebens nicht erfasste Beziehungen

Nach ständiger Rechtsprechung der Strassburger Organe[132] fallen *gleichgeschlechtliche Beziehungen*, trotz des gesellschaftlichen und sozialen Wan-

---

[128] *Frowein/Peukert*, 348; *Harris/O'Boyle/Warbrick*, 315; *Jacobs/White*, 176; *Wildhaber/Breitenmoser*, Rz. 388 ff.; *Palm-Risse*, 209 f.; siehe vorne 24.

[129] EGMR, *Marckx gegen Belgien*, Serie A, Nr. 31, Ziff. 45; B 8924/80, *X. gegen die Schweiz*, DR 24, 183; B 12402/86, *Price gegen das Vereinigte Königreich*, DR 55, 224; B 12763/87, *Lawlor gegen Vereinigtes Königreich*, DR 57, 216; EGMR, *Bronda gegen Italien*, bei Fertigstellung des Manuskriptes noch nicht in der amtlichen Sammlung publiziertes Urteil vom 9. Juni 1998, Ziff. 50.

[130] EGMR, *Marckx gegen Belgien*, Serie A, Nr. 31, Ziff. 46; EKMR, *Boyle gegen Vereinigtes Königreich*, Serie A, Nr. 282-B, KB Ziff. 45; B 3110/67, *X. gegen die Bundesrepublik Deutschland*, CD 27, 77.

[131] EGMR, *Olsson gegen Schweden*, Serie A, Nr. 130, Ziff. 81; B 24889/94, *McCullough gegen Vereinigtes Königreich*, unpublizierter KE vom 12.9.1997.

[132] Vgl. zuletzt B 28318/95, *Röösli gegen Deutschland*, DR 85-A, 151: „As regards family life, the Commission recalls that, despite the modern evolution of attitudes towards homosexuality, a stable homosexual relationship between two men does not fall within the scope of the right to respect for family life ensured by Article 8 of the Convention. (...) As regards private life, the Commission has accepted that homosexual or lesbian relationships constitute matters affecting these persons' private lives"; siehe auch B 11716/85, *S. gegen Vereinigtes Königreich*, DR 47, 274 sowie B 9369/81, *X. und Y. gegen Vereinigtes Königreich*, DR 32, 220; vgl. ferner das Urteil des EuGH im Fall *Grant*, in welchem der Gerichtshof in Anlehnung an die Rechtsprechung der Strassburger Organe ausführt, dass „beim gegenwärtigen Stand des Rechts innerhalb der Gemeinschaft die festen Beziehungen zwischen zwei Personen des gleichen Geschlechts

dels in den Europaratsstaaten, noch nicht in den Schutzbereich des Familienlebens, sondern unterliegen vielmehr dem Schutz des Privatlebens[133]. Ebenso wird in der Regel die Beziehung *geschiedener Ehegatten* nicht vom Schutzbereich des Familienlebens erfasst[134].

II. Inhalt des Rechtes auf Achtung des Familienlebens - das Vorliegen eines Eingriffs

Im vorangehenden Abschnitt ist dargestellt worden, welche familiären Beziehungen vom Schutzbereich des Art. 8 EMRK erfasst werden. Damit ist aber noch nichts über die geschützten Aspekte familiärer Beziehungen, d.h. den Inhalt des durch Art. 8 EMRK geschützten Rechtes auf Achtung des Familienlebens gesagt.

Den zentralen Aspekt des Familienlebens stellt zunächst das *Zusammenleben der Familienangehörigen* dar; in diesem Sinne hat der Gerichtshof ausgeführt, dass „the mutual enjoyment by parent and child of each other's company constitutes a fundamental element of family life, even when the relationship between the parents has broken down"[135]. Daraus leitet sich der Anspruch der Familienmitglieder ab, dass der *normalen Entwicklung des Familienlebens und der familiären Beziehungen* keine Hindernisse in den Weg gestellt werden. So hat der Gerichtshof im Fall *Kroon et al. gegen die Niederlande* denn auch ausgeführt, dass „the State must act in a manner calculated to enable that tie [die familiäre Beziehung zwischen Kind und Eltern] to be developed and legal safeguards must be established that render possible as from the moment of birth or as soon as practicable thereafter the child's inte-

---

den Beziehungen zwischen Verheirateten oder den festen nichtehelichen Beziehungen zwischen Personen verschiedenen Geschlechts nicht gleichstellt", Rs C-249/96, *Grant gegen South West Trains Ltd.*, Slg 1998, 621, 648.

[133] *Palm-Risse*, 199 f.; *van Dijk/van Hoof*, 506; *Jacobs/White*, 176; *Harris/O'Boyle/Warbrick*, 317; *Wildhaber/Breitenmoser*, Rz. 342; *Sudre*, Contrôle, 263; *Madureira*, 110; *O'Donnell*, 144; *Drzemczewski*, Respect, 12.

[134] *Palm-Risse*, 200; siehe auch B 5416/72, *X. gegen Österreich*, CD 46, 88.

[135] EGMR, *Keegan gegen Irland*, Serie A, Nr. 290, Ziff. 50; siehe ebenso EGMR, *Olsson gegen Schweden*, Serie A, Nr. 130, Ziff. 59; EGMR, *Eriksson gegen Schweden*, Serie A, Nr. 156, Ziff. 58; EGMR, *Rieme gegen Schweden*, Serie A, Nr. 226-B, Ziff. 54; EGMR, *McMichael gegen Vereinigtes Königreich*, Serie A, Nr. 307-B, Ziff. 86; EGMR, *Johansen gegen Norwegen*, Reports 1996-III, 1001 ff., Ziff. 52; *Duffy*, 195; *Palm-Risse*, 263 und 269; *Harris/O'Boyle/Warbrick*, 316; *Jacobs/White*, 175; *Sudre*, Droit international, 221; *Wildhaber/Breitenmoser*, Rz. 415.

gration in his family"¹³⁶. Die Achtung des Familienlebens garantiert ferner auch dem geschiedenen, nicht sorgeberechtigten Elternteil ein *Recht auf Kontakt und Zugang* zu seinem Kind¹³⁷. Schliesslich bedeutet Achtung des Familienlebens, dass in Fällen, in denen Kinder in staatliche Obhut genommen wurden, ein *Recht auf Vereinigung* der durch diese Massnahme getrennten Familienangehörigen besteht¹³⁸.

Demgegenüber schützt das Recht auf Achtung des Familienlebens nicht die Gründung einer Familie an sich - diese fällt in den Schutzbereich von Art. 12 EMRK¹³⁹ -, sondern grundsätzlich nur bereits bestehendes Familienleben¹⁴⁰. Art. 8 EMRK begründet ferner nach der Rechtsprechung der Konventionsorgane auch kein allgemeines Recht auf Familiennachzug¹⁴¹ oder ein generelles Verbot ausländer- oder strafrechtlicher Massnahmen gegenüber einem ausländischen Familienangehörigen.

Freilich stellt nicht jede Beeinträchtigung des Familienlebens bereits auch einen Eingriff in dieses dar. Vielmehr muss die entsprechende Beeinträchti-

---

[136] EGMR, *Kroon et al. gegen die Niederlande*, Serie A, Nr. 297-C, Ziff. 32; vgl. ferner EGMR, *Keegan gegen Irland*, Serie A, Nr. 290, Ziff. 50; EGMR, *Marckx gegen Belgien*, Serie A, Nr. 31, Ziff. 31; *Palm-Risse*, 269 ff.; *Duffy*, 195.

[137] EKMR, *Hendriks gegen die Niederlande*, DR 29, 14: „On a preliminary point the Commission recalls that, in accordance with its established case-law, the right to respect for family life within the meaning of Article 8 of the Convention includes the right of a divorced parent, who is deprived of custody following the break up of the marriage, to have access to or contact with his child (...)".

[138] Siehe hierzu beispielsweise die Ausführungen des EGMR im Urteil *Hokkanen gegen Finnland*, Serie A, Nr. 299-A, Ziff. 55: „In previous cases dealing with issues relating to the compulsory taking of children into care and the implementation of care measures, the Court has consistently held that Article 8 includes a right for the parent to have measures taken with a view to his or her being reunited with the child and an obligation for the national authorities to take action"; ferner etwa EGMR, *Eriksson gegen Schweden*, Serie A, Nr. 156, Ziff. 71; EGMR, *Andersson gegen Schweden*, Serie A, Nr. 226-A, Ziff. 91; EGMR, *Olsson gegen Schweden*, Serie A, Nr. 250, Ziff. 90.

[139] Siehe hierzu hinten 462.

[140] Zu beachten ist in diesem Zusammenhang jedoch, dass nicht jegliches beabsichtigte Familienleben vom Schutzbereich des Rechtes auf Achtung des Familienlebens ausgenommen ist; EGMR, *Abdulaziz, Cabales und Balkandali gegen Vereinigtes Königreich*, Serie A, Nr. 94, Ziff. 62; siehe ferner auch vorne 26 f.; *Harris/O'Boyle/Warbrick*, 313.

[141] EGMR, *Abdulaziz, Cabales und Balkandali gegen Vereinigtes Königreich*, Serie A, Nr. 94; EGMR, *Gül gegen die Schweiz*, Reports 1996-I, 159 ff.; EGMR, *Ahmut gegen die Niederlande*, Reports 1996-VI, 2017 ff.

gung eine gewisse *Mindestschwere* aufweisen[142]. Ein Eingriff wird jedoch in der Regel immer dann vorliegen, wenn beispielsweise das faktische Zusammenleben der Familienmitglieder nicht möglich ist bzw. verunmöglicht wird[143] oder Kinder durch die Behörden in einem Heim untergebracht und dadurch von ihren Eltern getrennt werden[144]. Ob gesetzliche Regelungen oder staatliche Massnahmen einen Eingriff bedeuten, sollte daher immer aufgrund der besonderen Umstände der betroffenen Familienangehörigen und nicht aufgrund einer vorgezogenen Güterabwägung bestimmt werden[145].

Die Achtung des Familienlebens auferlegt den Staaten ebenso positive Verpflichtungen, wobei Bestand sowie Umfang dieser Verpflichtungen von den Umständen des jeweiligen Falles abhängen. Zudem verfügen die Vertragsstaaten auch in diesem Zusammenhang über einen gewissen Beurteilungsspielraum. Achtung des Familienlebens im Rahmen positiver Verpflichtungen bedeutet jedoch immerhin, dass die Vertragsstaaten grundsätzlich z. B. verpflichtet sind, Massnahmen zur *Ermöglichung eines normalen Familienlebens* bzw. zur *Unterstützung der Entwicklung normaler familiärer Beziehungen*[146] sowie zur *Wiedervereinigung getrennter Familienmitglieder*[147] zu treffen.

E. Die Rechtfertigung eines Eingriffes in das Privat- und Familienleben nach Art. 8 Abs. 2 EMRK

Art. 1 EMRK räumt zwar jedermann einen Anspruch auf Achtung des Privat- und Familienlebens ein, doch werden diese Rechte, da eine Einschränkung ihrer *Ausübung*[148] im Rahmen der in Art. 8 Abs. 2 EMRK genannten

---

[142] *Villiger*, Handbuch, Rz. 558; *Wildhaber/Breitenmoser*, Rz. 61.

[143] *Sudre*, Droit international, 222; *Harris/O'Boyle/Warbrick*, 316; *Velu/Ergec*, 551.

[144] EGMR, *McMichael gegen Vereinigtes Königreich*, Serie A, Nr. 307-B, Ziff. 86; *Harris/O'Boyle/Warbrick*, 316; *Jacobs/White*, 175.

[145] Zutreffend haben *Palm-Risse* und *Duffy* festgestellt, dass das Vorliegen eines Eingriffes dann bejaht werden muss, wenn die Rechtsstellung des Einzelnen aufgehoben oder eingeschränkt, d.h. verschlechtert wird; die Bejahung eines Eingriffes nur dann, wenn kein überwiegendes öffentliches Interesse die bestrittene Massnahme oder Regelung rechtfertigt, ist indessen unzulässig; *Palm-Risse*, 266 ff.; *Duffy*, 201.

[146] EGMR, *Marckx gegen Belgien*, Serie A, Nr. 31, Ziff. 45; *Harris/O'Boyle/Warbrick*, 316; *Sudre*, Droit international, 221.

[147] EGMR, *Andersson gegen Schweden*, Serie A, Nr. 226-A, Ziff. 91.

[148] Eingeschränkt wird nicht das Recht als solches bzw. sein Schutzbereich, sondern lediglich die Ausübung des Rechtes; siehe hierzu *Ganshof van der Meersch*, Restricti-

E. Rechtfertigung nach Art. 8 Abs. 2 EMRK   39

Voraussetzungen zulässig ist, nicht absolut geschützt. Eingriffe in das Privat- und Familienleben sind daher gestattet, insoweit sie *gesetzlich vorgesehen* sind und Massnahmen darstellen, „die *in einer demokratischen Gesellschaft* für die *nationale Sicherheit*, die *öffentliche Ruhe und Ordnung*, das *wirtschaftliche Wohl des Landes*, die *Verteidigung der Ordnung* und zur *Verhinderung von strafbaren Handlungen*, zum *Schutz der Gesundheit* und der *Moral* oder zum *Schutz der Rechte und Freiheiten anderer notwendig*" sind.

Wie der Wortlaut der in der EMRK gewährten Rechte und Garantien, sind auch die Voraussetzungen eines gerechtfertigten Eingriffs auslegungsbedürftig. Im Gegensatz zu den garantierten Rechten und Freiheiten sind die Schrankenbestimmungen jedoch restriktiv und eng auszulegen, da eine weite Auslegung - und in diesem Sinne eine Auslegung zugunsten der Staaten - ist mit den Zielen und dem Zweck der EMRK nur schwerlich vereinbar ist[149].

I. Das Erfordernis der gesetzlichen Grundlage

Behördliche Eingriffe in das Privat- und Familienleben sind nach Art. 8 Abs. 2 EMRK zulässig, wenn der „Eingriff gesetzlich vorgesehen" («in accordance with the law» bzw. «prévue par la loi»), d.h. eine gesetzliche Grundlage für die Massnahme besteht, und diese hinreichend bestimmt und ausreichend zugänglich ist[150].

---

ons, 264 f.; Einschränkungen des Schutzbereiches von Art. 8 EMRK durch immanente Schranken sind nicht zulässig, siehe hierzu hinten 51 f.

[149] *Jacot-Guillarmod*, Interprétation, 49; *Bernhardt*, Anmerkungen, 21; *Wildhaber/ Breitenmoser*, Rz. 30; *Breitenmoser*, Privatsphäre, 83; *Ganshof van der Mersch*, Caractère autonome, 207; *Scheuner*, 916; *Coussirat-Coustère*, Article 8, 326; zögernd *Bernhardt*, Interpretation, 70; *Brötel*, Familienleben, 88; *Ganshof van der Meersch*, Restrictions, 278; *Cohen-Jonathan*, 196; *Drzemczewski*, Respect, 6; aus der Rechtsprechung vgl. beispielsweise EGMR, *Klass und andere gegen Bundesrepublik Deutschland*, Serie A, Nr. 28, Ziff. 42: „The cardinal issue arising under Article 8 in the present case is whether the interference so found is justified by the terms of paragraph 2 of the Article. This paragraph, since it provides for an exception to a right guaranteed by the Convention, is to be *narrowly interpreted*" (eigene Hervorhebung).

[150] Der EGMR hat z. B. im Fall *Kopp gegen die Schweiz*, Reports 1998-II, 524 ff., Ziff. 55. ausgeführt, dass „the expression «in accordance with the law», within the meaning of Article 8 § 2, requires firstly that the impugned measure should have some basis in domestic law; it also refers to the quality of the law in question, requiring that it should be accessible to the person concerned, who must moreover be able to foresee its consequences for him, and compatible with the rule of law". Aus dem Bezug zur Rechtsstaatlichkeit muss gefolgert werden, dass das Erfordernis einer gesetzlichen

Als unbestimmter Rechtsbegriff wird der Ausdruck „Gesetz" durch die Konventionsorgane *autonom* ausgelegt. Nach konstanter Praxis sind nicht nur formelle Gesetze als „Gesetze" i.S. der EMRK zu betrachten, sondern auch materielle Gesetze (z. B. Verordnungen)[151] und ungeschriebenes Recht[152] - letzteres nicht nur in common law-Staaten[153]. Schliesslich kann nicht nur innerstaatliches, sondern auch internationales Recht Eingriffsgrundlage darstellen[154].

Die gesetzliche Grundlage ist *ausreichend zugänglich*, wenn die Betroffenen in der Lage sind, sich angemessen über die in einem bestimmten Fall anwendbaren gesetzlichen Bestimmungen zu orientieren[155]. In kontinentaleuropäischen Rechtssystemen ist diese Voraussetzung meist durch die Publikation der entsprechenden Gesetze in den amtlichen Gesetzessammlungen erfüllt[156]; ungeschriebene Gesetze des common-law Systems sind in der Regel

---

Grundlage für einen Eingriff in die garantierten Rechte dahingehend zu verstehen sei, dass die innerstaatliche Gesetzgebung die garantierten Rechte gegen willkürliche Eingriffe der staatlichen Behörden zu schützen und die Voraussetzungen sowie das Verfahren für einen Eingriff darzulegen hat; vgl. auch EGMR, *Malone gegen Vereinigtes Königreich*, Serie A, Nr. 82, Ziff. 67; B 10439/83 et al., *Julien Mersch et al. gegen Luxemburg*, DR 43, 114.

[151] EGMR, *De Wilde, Ooms und Versyp gegen Belgien*, Serie A, Nr. 12, Ziff. 93; *Villiger*, Handbuch, Rz. 533; *Frowein/Peukert*, 329; *Kastanas*, 31 f.; *Velu/Ergec*, 148; *Coussirat-Coustère*, Article 8, 334.

[152] Statt vieler EGMR, *Sunday Times gegen Vereinigtes Königreich*, Serie A, Nr. 30, Ziff. 47.

[153] EGMR, *Müller et al. gegen die Schweiz*, Serie A, Nr. 133, Ziff. 29; EGMR, *Salabiaku gegen Frankreich*, Serie A, Nr. 141, Ziff. 29; EGMR, *markt intern Verlag GmbH und Klaus Beermann gegen Bundesrepublik Deutschland*, Serie A, Nr. 165, Ziff. 30; EGMR, *Kruslin gegen Frankreich*, Serie A, Nr. 179-A, Ziff. 29; EGMR, *Huvig gegen Frankreich*, Serie A, Nr. 176-B, Ziff. 28; EGMR, *Kopp gegen die Schweiz*, Reports 1998-II, 524 ff., Ziff. 60; *Villiger*, Handbuch, Rz. 533; *Coussirat-Coustère*, Article 8, 334.

[154] *Villiger*, Handbuch, Rz. 533; *Harris/O'Boyle/Warbrick*, 286; *Coussirat-Coustère*, Article 8, 334; EGMR, *Groppera Radio AG gegen die Schweiz*, Serie A, Nr. 173.

[155] „(...) the law must be adequately accessible: the citizen must be able to have an indication that is adequate, in the circumstances, of the legal rules applicable to a given case", EGMR, *Sunday Times gegen Vereinigtes Königreich*, Serie A, Nr. 30, Ziff. 49; *Villiger*, Handbuch, Rz. 534; *van Dijk/van Hoof*, 768; *Harris/O'Boyle/Warbrick*, 287; *Coussirat-Coustère*, Article 8, 335; *Wildhaber/Breitenmoser*, Rz. 556; *Frowein/Peukert*, 330; *Velu/Ergec*, 148.

[156] *Villiger*, Handbuch, Rz. 534; *Wildhaber/Breitenmoser*, Rz. 558; *Kastanas*, 33.

E. Rechtfertigung nach Art. 8 Abs. 2 EMRK

durch Gerichtsentscheide, rechtliche Monographien oder andere Publikationen ausreichend zugänglich[157].

Weiter muss die gesetzliche Grundlage *hinreichend bestimmt* und der Eingriff somit *voraussehbar* sein. Dies ist der Fall, wenn die entsprechenden Bestimmungen genügend präzise formuliert sind und es den Betroffenen ermöglichen, ihr Verhalten danach zu regeln. Es muss den Rechtsunterworfenen möglich sein, „- if need to be with appropriate advice - to forsee, to a degree that is reasonable in the circumstances, the consequences which a given action may entail"[158]. Da es rechtsetzerisch aber unausführbar ist, sämtliche denkbaren Anwendungsfälle einer gesetzlichen Bestimmung vorherzusehen - was, wäre dies möglich, zu einer unerwünschten Aufblähung und Versteifung des Gesetzes führen würde -, ist es notwendig, den staatlichen Behörden einen Ermessensspielraum einzuräumen. In solchen Situationen ist dem Erfordernis der Voraussehbarkeit grundsätzlich Genüge getan, wenn die Richtlinien der Ermessensausübung sowie die entsprechende Praxis der Öffentlichkeit zugänglich sind[159]. Der notwendige Grad der Voraussehbarkeit einer den staatlichen Behörden einen Ermessensspielraum einräumenden gesetzlichen Bestimmung hängt jedoch von dem *Umständen* und der *Schwere des Eingriffs* ab; dies gilt insbesondere in jenen Bereichen, in denen aufgrund der verwendeten Rechtstechnik die Gefahr der Willkür besteht, beispiels-

---

[157] *van Dijk/van Hoof*, 768.

[158] EGMR, *Sunday Times gegen Vereinigtes Königreich*, Serie A, Nr. 30, Ziff. 49; EGMR, *Silver et al. gegen Vereinigtes Königreich*, Serie A, Nr. 61, Ziff. 88; *Frowein/Peukert*, 330; *Wildhaber/Breitenmoser*, Rz. 559 und 569; *Villiger*, Handbuch, Rz. 535; *Velu/Ergec*, 148.

[159] „A law which confers a discretion must indicate the scope of that discretion. However, the Court has already recognised the impossibility of attaining absolute certainty in the framing of laws and the risk that the search for certainty may entail excessive rigidity. (...) It would be scarcely be possible to formulate a law to cover every eventuality. (...) in the present case the operation of the correspondence control system was not merely a question of practice that varied in each individual instance: the Orders and Instructions established a practice which had to be followed save in exceptional circumstances. In these conditions, the Court considers that although those directives did not themselves have the force of law, they may - to the admittedly limited extent to which those concerned were made sufficiently aware of their contents - be taken into account in assessing whether the criterion of forseeability was satisfied in the application of the Rules", EGMR, *Silver et. al. gegen Vereinigtes Königreich*, Serie A, Nr. 61, Ziff. 88; *Villiger*, Handbuch, Rz. 535; *van Dijk/van Hoof*, 769; *Kastanas*, 51 ff.; *Harris/O'Boyle/Warbrick*, 287 f.; *Coussirat-Coustère*, Article 8, 335; *Jacobs/White*, 303; *Wildhaber/Breitenmoser*, Rz. 561 und 565; *Frowein/Peukert*, 330; *Velu/Ergec*, 148.

weise bei der Zuweisung eines Ermessensspielraumes an eine Behörde oder bei Überwachungsmassnahmen[160].

Da die Auslegung und Anwendung innerstaatlicher Gesetze in den Kompetenzbereich der innerstaatlichen Behörden fällt, überprüfen die Strassburger Organe nur in Fällen eines offensichtlichen Fehlers die Feststellungen der innerstaatlichen Behörden, für einen bestimmten Eingriff bestünde eine gesetzliche Grundlage[161].

II. Das Erfordernis des zulässigen Zwecks

Eingriffe in die in Art. 8 Abs. 1 EMRK geschützten Rechtsgüter sind ferner nur zulässig, wenn sie eine Massnahme darstellen, welche für „die nationale Sicherheit, die öffentliche Ruhe und Ordnung, das wirtschaftliche Wohl des Landes, die Verteidigung der Ordnung" sowie „zur Verhinderung von strafbaren Handlungen, zum Schutze der Gesundheit und der Moral oder zum Schutze der Rechte und Freiheiten anderer" notwendig sind. Die Aufzählung der in Art. 8 Abs. 2 EMRK genannten Eingriffszwecke ist abschliessend, die Ableitung weiterer Eingriffszwecke nicht zulässig[162]; insbesondere

---

[160] „The degree of precision required of the „law" in this connection will depend upon the particular subject-matter. Since the implementation in practice of measures of secret surveillance of communications is not open to scrutiny by the individuals concerned or the public at large, it would be contrary to the rule of law for the legal discretion granted to the executive to be expressed in terms of an unfettered power. Consequently, the law must indicate the scope of any such discretion conferred on the competent authorities and the manner of its exercise with sufficient clarity, having regard to the legitimate aim of the measure in question, the give the individual an adequate protection against arbitrary interference", EGMR, *Malone gegen Vereinigtes Königreich*, Serie A, Nr. 82, Ziff. 68; vgl. auch den Entscheid im Fall *Kruslin gegen Frankreich*, Serie A, Nr. 176-A, Ziff. 33, in dem der Gerichtshof ausführt, dass „tapping and other forms of interception of telephone conversation represent a serious interference with private life and must accordingly be based on a „law" that is particularly precise. It is essential, to have clear, detailed rules on the subject, especially as the technology available for use is continually becoming more sophisticated"; diese Haltung wurde durch den EGMR schliesslich auch im Entscheid *Kopp gegen die Schweiz*, Reports 1998-II, 524 ff., Ziff. 72 bestätigt; *Coussirat-Coustère*, Article 8, 335 f.; *Harris/O'Boyle/ Warbrick*, 287 f.; *Villiger*, Handbuch, Rz. 535; *Kastanas*, 54 f.

[161] *van Dijk/van Hoof*, 766; *Villiger*, Handbuch, Rz. 536; *Kastanas*, 45 ff.; *Harris/ O'Boyle/Warbrick*, 15; *Frowein/Peukert*, 332; *Wildhaber/Breitenmoser*, Rz. 553; EGMR, *Kopp gegen die Schweiz*, Reports 1998-II, 524 ff., Ziff. 59.

[162] EGMR, *Golder gegen Vereinigtes Königreich*, Serie A, Nr. 18, Ziff. 44: „The restrictive formula used at paragraph 2 («There shall be no interference ... except such as

E. Rechtfertigung nach Art. 8 Abs. 2 EMRK

kann aus der Aufzählung der zulässigen Eingriffszwecke auch nicht etwa ein Generalvorbehalt des *Allgemeinwohles* abgeleitet werden[163].

Schutz der nationalen Sicherheit («national security»; «sécurité nationale»): Eingriffe in das Privat- und Familienleben, die Wohnung und den Briefverkehr zum Zwecke der nationalen Sicherheit sind nur in aussergewöhnlichen Fällen, nämlich bei Gefährdung der fundamentalen staatlichen Einrichtungen zulässig bzw. notwendig[164]. In diesem Sinne kann z. B. die Telefonüberwachung angeblicher Terroristen[165] oder die Nichtanstellung bei einem staatlichen Museum wegen eines angeblichen Sicherheitsrisikos[166] zum Zwecke der nationalen Sicherheit gerechtfertigt sein.

Schutz der öffentlichen Ruhe und Ordnung («public safety»; «sûreté publique»): Die öffentliche Ruhe und Ordnung ist in der bisherigen Rechtsprechung v.a. bei Beschränkungen des Privat- und Familienlebens sowie des Briefverkehrs im Rahmen des Strafvollzuges als Eingriffszweck angerufen und von den Strassburger Organen anerkannt worden. So bejahte die Kommission z. B., dass eine Pflicht zum Tragen von Gefängniskleidern für den Schutz der öffentlichen Ruhe und Ordnung notwendig sein kann[167].

Schutz des wirtschaftlichen Wohles des Landes («economic well-being of the country»; «bien-être économique du pays»): Die Strassburger Organe haben in einer Vielzahl verschiedenartigster Fälle den Entscheid der innerstaatlichen Behörden, in die durch Art. 8 Abs. 1 EMRK garantierten Rechte aus Gründen des wirtschaftlichen Wohles des Landes einzugreifen, gestützt. Zum Schutze des wirtschaftlichen Wohles des Landes kann beispielsweise die Ausweisung einer Einzelperson aus einer allein bewohnten Fünfzimmerwohnung in Zeiten grosser Wohnungsknappheit[168] oder der Betrieb eines verkehrsreichen Flughafens in einem dicht besiedelten Gebiet[169] notwendig sein.

Verhinderung von strafbaren Handlungen («prevention of crime»; «prévention des infractions pénales»): Dieses Ziel deckt einzig die Verhinderung, nicht auch die

---

...») leaves no room for the concept of implied limitations"; *Wildhaber/Breitenmoser*, Rz. 595; *Jacobs/White*, 304; *Frowein/Peukert*, 333; *Hoffmann-Remy*, 32; *Kastanas*, 72.

[163] *Hoffmann-Remy*, 32; *Kastanas*, 73.

[164] *Wildhaber/Breitenmoser*, Rz. 598; *Nowak*, Limitations, 407.

[165] EGMR, *Klass et. al. gegen Bundesrepublik Deutschland*, Serie A, Nr. 28, Ziff. 46.

[166] EGMR, *Leander gegen Schweden*, Serie A, Nr. 116, Ziff. 49.

[167] B 8317/78, *McFeeley et. al. gegen. Vereinigtes Königreich*, DR 20, 44; m.w.H. *Velu/Ergec*, 561 f.; *Wildhaber/Breitenmoser*, Rz. 603; *Nowak*, Limitations, 407.

[168] B 9327/81, *X. gegen die Niederlande*, DR 32, 187.

[169] EGMR, *Powell and Rayner gegen Vereinigtes Königreich*, Serie A, Nr. 172, Ziff. 42; m.w.H. *Velu/Ergec*, 562 f.; *Wildhaber/Breitenmoser*, Rz. 604 ff.

Bestrafung bereits begangener strafbarer Handlungen[170]. Neben dem Bereich der Strafverfolgung können jedoch Eingriffe in das Privat- und Familienleben sowie den Briefverkehr auch im Rahmen des Strafvollzuges notwendig sein, wenn diese der Verhinderung weiterer Straftaten dienen. Als zulässige Eingriffe zum Zweck der Verhinderung strafbarer Handlungen wurden in der Rechtsprechung u.a. das Abhören von Telefonanschlüssen einer verdächtigen Person[171] oder das Unleserlichmachen von Teilen eines Briefes eines Untersuchungshäftlings an einen anderen Untersuchungshäftling[172] bezeichnet.

Verteidigung der Ordnung («prevention of disorder»; «défense de l'ordre»): Der Verteidigung der Ordnung dienen Eingriffe in die durch Art. 8 Abs. 1 EMRK geschützten Rechtspositionen, welche notwendig sind, damit unmittelbar drohende, ernsthafte Gefahren durch eine staatliche Tätigkeit abgewehrt werden können[173]. Das in Art. 8 Abs. 2 EMRK enthaltene Ziel der Verteidigung der Ordnung deckt sich indes nicht mit dem allgemeinen und weit gefassten Ordnungsvorbehalt des *ordre public*, sondern ist vielmehr restriktiv zu verstehen[174].

Schutz der Gesundheit und Moral («protection of health and morals»; «protection de la santé ou la morale»): Der Schutz der Gesundheit und Moral dient nicht nur zur Legitimation von Eingriffen zum Schutze von Gesundheit und Moral der *Gesellschaft*, sondern vielmehr auch zum Schutz der Gesundheit und Moral des *Einzelnen*[175]. In diesem Sinne lassen sich unter Berufung auf den Schutz der Gesundheit und Moral beispielsweise sowohl Eingriffe in das Privat- und Familienleben durch eine obligatorische schulzahnärztliche Behandlung[176], die Fluorierung des Trinkwassers[177], eine Beschränkung des Besuchsrecht zwischen einer Mutter und ihrem sich in öffentlicher Obhut befindlichen Sohn[178] oder die Erteilung der Nachzugsbewilligung

---

[170] *Velu/Ergec*, 563; *Wildhaber/Breitenmoser*, Rz. 620.

[171] EGMR, *Lüdi gegen die Schweiz*, Serie A, Nr. 238, Ziff. 39.

[172] EGMR, *Pfeiffer und Plankl gegen Österreich*, Serie A, Nr. 227, Ziff. 44; m.w.H. aus der Rechtsprechung *Velu/Ergec*, 563 ff.; *Wildhaber/Breitenmoser*, Rz. 620 ff.

[173] *Wildhaber/Breitenmoser*, Rz. 610.

[174] *Wildhaber/Breitenmoser*, Rz. 615; *Engel*, Ordnungsvorbehalt, 44 ff.; *Berka*, Gesetzesvorbehalt, 85 f.

[175] *Velu/Ergec*, 566 f.; *Wildhaber/Breitenmoser*, Rz. 632; *Fahrenhorst*, 123; *Brötel*, Familienleben, 88.

[176] B 22398/93, *R. et al. gegen die Schweiz*, unpublizierter KE vom 5.4.1995.

[177] B 17667/91, *Jehl-Doberer gegen die Schweiz*, unpublizierter KE vom 1.9.1993.

[178] EGMR, *Andersson gegen Schweden*, Serie A, Nr. 226-A, Ziff. 86 f.; m.w.H. *Velu/Ergec*, 566 ff.; *Wildhaber/Breitenmoser*, Rz. 628 ff.

E. Rechtfertigung nach Art. 8 Abs. 2 EMRK

nur an eine der beiden Ehefrauen eines in polygamer Ehe lebenden Mannes[179] rechtfertigen.

Schutz der Rechte und Freiheiten anderer («protection of the rights and freedoms of others»; «protection des droits et libertés d'autrui»): Eine schrankenlose Ausübung der in Art. 8 Abs. 1 EMRK garantierten Rechte ist schon aufgrund der Tatsache, dass die Rechtsträger in einem gesellschaftlichen Gefüge mit zahlreichen zwischenmenschlichen Beziehungen leben, nicht möglich[180]. Die Sphäre ungehinderter und daher vor Eingriffen geschützter Rechtsausübung des Einzelnen findet ihre Schranken somit an den Rechten und Freiheiten anderer Personen[181]. Die „Rechte und Freiheiten" umfassen zumindest die in der EMRK und ihren Zusatzprotokollen niedergelegten Garantien, wobei auch ein Eingriff zum Schutze desselben Rechtes einer anderen Person zulässig ist[182]. Es kann daher notwendig sein, konkurrierende Rechte gegeneinander abwägen zu müssen[183]. Schliesslich erfasst der Begriff der „anderen" auch die Angehörigen der eigenen Familie[184]. Typische Fälle, in denen der Schutz der Rechte und Freiheiten anderer als Eingriffszweck angeführt wird, sind einerseits Sachverhalte, in denen es um die Preisgabe von im Vertrauen auf deren Geheimhaltung gelieferte Informationen[185], andererseits um die Trennung von Eltern und Kindern und deren Unterstellung unter öffentliche Obhut geht[186].

---

[179] B 19628/92, *Bibi gegen Vereinigtes Königreich*, unpublizierter KE vom 19. Juni 1992.

[180] *Wildhaber/Breitenmoser*, Rz. 650.

[181] Zu beachten ist jedoch, dass in diesen Situationen nicht der Schutzbereich des Rechtes, sondern vielmehr die ungehinderte Ausübung des Rechtes beschränkt wird; *Wildhaber/Breitenmoser*, Rz. 651.

[182] Vgl. hierzu die Ausführungen des EGMR im Fall *Hokkanen gegen Finnland*, Serie A, Nr. 299-A, Ziff. 58, welcher die Nichtdurchsetzung des Besuchsrechtes eines Vaters betraf, dessen Tochter bei ihren Grosseltern lebt: „Whilst national authorities must do their utmost to facilitate such co-operation, any obligation to apply coercion in this area must be limited since the interests as well as the rights and freedoms of all concerned must be taken into account, and more particularly the best interests of the child and his or her rights under Article 8 of the Convention"; *Brötel*, Familienleben, 90 m.w.H; *Breitenmoser*, Privatsphäre, 81 f.

[183] *Breitenmoser*, Privatsphäre, 81.

[184] Von Bedeutung sind in diesem Zusammenhang insbesondere die Interessen der Kinder; siehe hierzu beispielsweise die Entscheide des Gerichtshofes *Olsson gegen Schweden*, Serie A, Nr. 250; *Hokkanen gegen Finnland*, Serie A, Nr. 299-A sowie *Johansen gegen Norwegen*, Reports 1996-III, 979 ff.; *Brötel*, Familienleben, 90 f.

[185] Einen für diese Situationen charakteristischen Fall hatte der EGMR in seinem Urteil *Gaskin gegen Vereinigtes Königreich* zu beurteilen, in dem die Interessen des Beschwerdeführers auf Einsicht in die von den Behörden über seine Kindheit und Jugend gesammelten Daten den Interessen Privater gegenüberstanden, die im Vertrauen auf Geheimhaltung Informationen geliefert hatten; EGMR, *Gaskin gegen Vereinigtes König-*

Ob ein Eingriff in das Privat- oder Familienleben durch einen zulässigen Zweck gerechtfertigt erscheint, ist nur zu prüfen, wenn bereits festgestellt wurde, dass der Eingriff auf einer gesetzlichen Grundlage beruhte[187]. Geprüft wird im Einzelnen, ob die von der eingreifenden staatlichen Behörde verfolgten Ziele mit den in Art. 8 Abs. 2 EMRK aufgezählten Eingriffszwecken vereinbar sind[188].

III. Die Notwendigkeit eines Eingriffes in einer demokratischen Gesellschaft

Zur Rechtfertigung behördlicher Eingriffe in das Privat- und Familienleben müssen diese schliesslich *in einer demokratischen Gesellschaft notwendig* sein. Die Voraussetzung der Notwendigkeit des Eingriffes verankert ein „*Übermassverbot*" als materielle Schranke in dem Sinne, dass nur dann die Rechtsausübung eingeschränkt werden darf, wenn dies im Einzelfall auch tatsächlich notwendig ist[189]. In der Rechtsprechung der Strassburger Organe stellt diese dritte Voraussetzung die wichtigste und bedeutsamste Rechtfertigungsvoraussetzung dar[190]. Eingriffe sind nach übereinstimmender Lehre und Rechtsprechung dann notwendig, wenn sie sowohl einem *dringenden sozialen Bedürfnis* («pressing social need»; «besoin social impérieux») entsprechen, als auch in bezug auf den angestrebten Zweck *verhältnismässig* («proportionate to the legitimate aim»; «proportionnée au but légitime poursuivi») erscheinen[191].

---

reich, Serie A, Nr. 160; M.w.H. zur Rechtsprechung *Wildhaber/Breitenmoser*, Rz. 652 ff.; *Velu/Ergec*, 570.

[186] Siehe hierzu die vorne in Anm. 184 genannten Entscheide.

[187] EGMR, *Malone gegen Vereinigtes Königreich*, Serie A, Nr. 82, Ziff. 82; EGMR, *Kruslin gegen Frankreich*, Serie A, Nr. 176-A, Ziff. 37; EGMR, *Huvig gegen Frankreich*, Serie A, Nr. 176-B, Ziff. 36.

[188] „L'opération consiste à rapprocher les buts légaux de l'auteur de l'ingérence - et non ceux reconstruits *a posteriori* par l'État défendeur devant les organes européens de contrôle - de ceux inscrits dans la disposition conventionnelle applicable pour établir si ceux-là cadrent avec ceux-ci", *Coussirat-Coustère*, Article 8, 336; *Cohen-Jonathan*, Convention, 550; vgl. auch EGMR, *Sunday Times gegen Vereinigtes Königreich*, Serie A, Nr. 30, Ziff. 57.

[189] *Berka*, Gesetzesvorbehalt, 89; *Wildhaber/Breitenmoser*, Rz. 660; *Frowein/ Peukert*, 336.

[190] *Jacobs*, 30.

[191] *Engel*, Schranken, 262 f.; *Frowein/Peukert*, 334 ff.; *Jacobs/White*, 306 f.; *Breitenmoser*, Privatsphäre, 82. Der EGMR hat in seinem Urteil im Fall *Silver et al. gegen*

E. Rechtfertigung nach Art. 8 Abs. 2 EMRK

1. Dringendes soziales Bedürfnis

Staatliche Eingriffe in die Ausübung der in Art. 8 Abs. 1 EMRK garantierten Rechte sind nur dann in einer demokratischen Gesellschaft notwendig, wenn sie einem dringenden sozialen Bedürfnis entsprechen. Dies impliziert einerseits, dass die gesetzlich vorgesehene Massnahme zur Erreichung des beabsichtigten Zieles *geeignet* ist[192]. Die Eignung einer Massnahme bestimmt sich nach objektiven Kriterien und hängt auch nicht von ihrem späteren Erfolg oder Misserfolg ab[193]. Ferner muss die Massnahme zur Erreichung des angestrebten Zieles *erforderlich* sein, d.h. bei der entsprechenden Massnahme muss es sich um das mildeste Mittel zur Erreichung des legitimen Zweckes handeln[194].

Vereinigtes Königreich, Serie A, Nr. 61, Ziff. 97, einige allgemeine Grundsätze zum Aspekt der Notwendigkeit eines Eingriffes in einer demokratischen Gesellschaft aufgeführt: „On a number of occasions, the Court has stated its understanding of the phrase «necessary in a democratic society», the nature of its functions in the examination of issues turning on that phrase and the manner in which it will perform those functions. It suffices here to summarise certain principles: a) the adjective «necessary» is not synonymous with «indispensable», neither has it the flexibility of such expressions as «admissible», «ordinary», «useful», «reasonable» or «desirable»; b) the Contracting States enjoy a certain but not unlimited margin of appreciation in the matter of the imposition of restrictions, but it is for the Court to give the final ruling on whether they are compatible with the Convention; c) the phrase «necessary in a democratic society» means that, to be compatible with the Convention, the interference must, inter alia, correspond to a «pressing social need» and be «proportionate to the legitimate aim pursued»; d) those paragraphs of Articles of the Convention which provide for an exception to a right guaranteed are to be narrowly interpreted".

[192] *Engel*, Schranken, 263; *Wildhaber/Breitenmoser*, Rz. 715 ff.; *Nowak*, Limitations, 408; *Hoffmann-Remy*, 36; *Breitenmoser*, Privatsphäre, 82.

[193] Siehe hierzu die abweichende Meinung von Richter *Mosler* im Urteil *Handyside gegen Vereinigtes Königreich*, Serie A, Nr. 24, Ziff. 2 der abweichenden Meinung, in der er ausführt: „What is „necessary" is not the same as what is indispensable. Such a definition would be too narrow (...). On the other hand, it is beyond question that the measure must be appropriate for achieving the aim. However, a measure cannot be regarded as inappropriate, and hence not „necessary", just because it proves ineffectual by not achieving its aim. A measure likely to be effectual under normal conditions cannot be deprived of its legal basis after the event by failure to attain the success which it might have had in more favourable circumstances"; vgl. auch *Berka*, Gesetzesvorbehalt, 89 f.; *Wildhaber/Breitenmoser*, Rz. 715.

[194] *Velu/Ergec*, 152; *Wildhaber/Breitenmoser*, Rz. 717 ff.; *Berka*, Gesetzesvorbehalt, 89; *Coussirat-Coustère*, Article 8, 338; *Hoffmann-Remy*, 36; *Breitenmoser*, Privatsphäre, 82; *Arai*, 45.

2. Die Verhältnismässigkeit des Eingriffs

Die Notwendigkeit einer Eingriffsmassnahme setzt nicht nur voraus, dass diese einem dringenden sozialen Bedürfnis entspricht, d.h. geeignet und erforderlich ist, sondern verlangt ferner auch, dass der Eingriff in einem angemessenen Verhältnis zum verfolgten Ziel steht. Die Prüfung der Verhältnismässigkeit bedingt eine Abwägung der sich gegenüberstehenden privaten und öffentlichen Interessen. Im Rahmen dieser Güterabwägung räumen die Konventionsorgane den Vertragsstaaten jedoch einen gewissen Beurteilungsspielraum ein, dessen Umfang von der im Einzelfall zu beurteilenden Einschränkung abhängt[195]. Bei der Wahrnehmung dieses Beurteilungsspielraumes sind die innerstaatlichen Behörden jedoch nicht völlig frei, denn Kommission und Gerichtshof unterziehen die Ausübung des Ermessens einer *europäischen Aufsicht*. Im Rahmen dieser Aufsicht obliegt es den Konventionsorganen zu überprüfen, ob ein Eingriff mit dem spezifischen Recht vereinbar ist, d.h. die Aufsicht erstreckt sich sowohl auf das Ziel der entsprechenden Massnahme als auch auf deren Notwendigkeit in einer demokratischen Gesellschaft und erfasst nicht nur die gesetzliche Grundlage, sondern auch die das Gesetz anwendende, vor den Konventionsorganen angefochtene innerstaatliche Entscheidung[196]. Der Entscheid der innerstaatlichen Behörden darf indes nicht isoliert geprüft werden, sondern ist vielmehr im Lichte der gesamten Umstände zu betrachten. Nur so ist es möglich, zu prüfen, ob die von den innerstaatlichen Behörden angeführten Gründe sachbezogen und ausreichend («relevant and sufficient»; «pertinents et suffisants») sind, um den Eingriff zu rechtfertigen[197]. Der Aufsicht der Konventionsorgane entzo-

---

[195] *Mahoney*, Judicial activism, 79; *Mahoney*, Diversity, 5 f.; *Wildhaber/Breitenmoser*, Rz. 679; *Harris/O'Boyle/Warbrick*, 291; *Brems*, 256; *Arai*, 42; *Ovey*, 10; *Fabre-Alibert*, 479 ff.

[196] Der EGMR hat in *Handyside gegen Vereinigtes Königreich*, Serie A, Nr. 24, diesbezüglich denn auch ausgeführt: "(49) Nevertheless, Article 10 § 2 does not give the Contracting States an unlimited power of appreciation. The Court, which, with the Commission, is responsible for the observance of those States' engagements, is empowered to give the final ruling on whether a „restriction" or „penalty" is reconcilable with freedom of expression as protected by Article 10. The domestic margin of appreciation thus goes hand in hand with a European supervision. Such supervision concerns both the aim of the measure challenged and its „necessity"; it covers not only the basic legislation but also the decision applying it, even one given by an independent court. (...) (50). It follows from this that it is in no way the Court's task to take the place of the competent national courts but rather to review (...) the decisions they delivered in the exercise of their power of appreciation"; *Coussirat-Coustère*, Article 8, 340.

[197] Siehe dazu EGMR, *Handyside gegen Vereinigtes Königreich*, Serie A, Nr. 24, Ziff. 50: "(...) the Court supervision would generally prove illusory if it did no more

gen sind jedoch die Art und Weise, d.h. die Mittel, mit denen die Konventionsstaaten die Ziele der EMRK auf innerstaatlicher Ebene durchsetzen[198].

Eine eindeutige Bestimmung des Umfanges des den Vertragsstaaten eingeräumten Beurteilungsspielraumes ist nicht möglich, da die garantierten Rechte unterschiedlich sind und jeder Einzelfall zudem seine besonderen Charakteristika und Eigenheiten aufweist. Die Weite des Beurteilungsspielraumes bemisst sich vielmehr nach den Umständen und Hintergründen des zu beurteilenden Sachverhaltes, seinem Gegenstand sowie den dem Eingriff zugrundeliegenden Zielen[199]. In diesem Zusammenhang sind insbesondere die Schwere des Eingriffs in das Recht, die Bedeutung des Rechtes, dessen ungehinderte Ausübung eingeschränkt wird, das mit dem Eingriff verfolgte Ziel sowie die persönlichen Umstände der Betroffenen zu beachten[200].

3. Die Bedeutung des Verweises auf eine demokratische Gesellschaft

Eingriffe in die Ausübung der durch Art. 8 Abs. 1 EMRK garantierten Rechte müssen nicht nur notwendig sein, sie müssen vielmehr *in einer demokratischen Gesellschaft* notwendig sein. Der Wortlaut von Art. 8 Abs. 2 EMRK schweigt sich indessen darüber aus, welche Elemente eine demokratische Gesellschaft ausmachen oder für eine solche charakteristisch sind.

Der Verweis auf die demokratische Gesellschaft bildet zunächst das *Leitbild* für die im Rahmen von Art. 8 Abs. 2 EMRK *legitimen Ziele*. Die zulässigen Eingriffszwecke stellen in diesem Sinne die Gemeinschaftswerte bzw. Gemeinschaftsinteressen einer demokratischen Gesellschaft dar und schliessen somit deren unbeschränkte oder weite Auslegung aus[201].

Primär handelt es sich jedoch bei der Voraussetzung, dass ein Eingriff in einer demokratischen Gesellschaft notwendig sein muss, um einen im Rah-

---

than examine these decisions in isolation; it must view them in the light of the case as a whole, including the publication in question and the arguments and evidence adduces by the applicant in the domestic legal system and then at the international level. The Court must decide, on the basis of the different data available to it, whether the reasons given by the national authorities to justify the actual measures of „interference" they take are relevant and sufficient (...)"; *Wildhaber/Breitenmoser*, Rz. 671.

[198] *Wildhaber/Breitenmoser*, Rz. 707.
[199] *Mahoney*, Judicial activism, 79; *Wildhaber/Breitenmoser*, Rz. 679; EGMR, *Rasmussen gegen Dänemark*, Serie A, Nr. 87, Ziff. 40; hierzu eingehend *Arai* sowie *Ovey*.
[200] Siehe dazu ausführlich *Wildhaber/Breitenmoser*, Rz. 680 ff. sowie *Harris/O'Boyle/Warbrick*, 293 ff.
[201] *Berka*, Gesetzesvorbehalt, 91.

men der Güterabwägung bedeutsamen *Wertmassstab*[202]. Als charakteristische Elemente einer demokratischen Gesellschaft haben die Strassburger Organe die *Toleranz*, den *Pluralismus* sowie die *Offenheit* bezeichnet[203]. Der Begriff der demokratischen Gesellschaft verweist somit nicht auf eine bestimmte Staatsform, sondern vielmehr auf die Existenz gewisser *inhaltlicher Grundwerte einer Gesellschaft*[204]. Eine derart verstandene demokratische Gesellschaft zeichnet sich u.a. durch Toleranz gegenüber Minderheitsanliegen, Offenheit gegenüber kritischen oder gar schockierenden Anschauungen, sowie die Anerkennung eines gesellschaftlichen Pluralismus aus[205]. Im Rahmen der Güterabwägung nach Art. 8 Abs. 2 EMRK sind somit u.a. die Interessen eines Individuums oder einer Minderheit nicht automatisch denjenigen der Mehrheit unterzuordnen, sondern es ist eine Abwägung vorzunehmen, welche „ensures the fair and proper treatment of minorities and avoids any abuse of a dominant position"[206].

---

[202] *Engel*, Schranken, 264; *Wildhaber/Breitenmoser*, Rz. 723 ff.; *Breitenmoser*, Privatsphäre, 82.

[203] „Such are the demands of that pluralism, tolerance and broadmindedness without which there is no «democratic society»", EGMR, *Handyside gegen Vereinigtes Königreich*, Serie A, Nr. 24, Ziff. 49; *Jacobs/White*, 307; *Breitenmoser*, Privatsphäre, 82; *Fabre-Alibert*, 469 ff.

[204] *Engel*, Schranken, 264 ff.; *Breitenmoser*, Privatsphäre, 82. In diesem Sinne hat der EGMR in seinem Urteil *United Communist Party of Turkey et al. gegen die Türkei*, Reports 1998-I, 1 ff., Ziff. 45, ausgeführt: „Democracy is without doubt a fundamental feature of the European public order. That is apparent, firstly, from the Preamble, which establishes a very clear connection between the Convention and democracy by stating that the maintenance and further realisation of human rights and fundamental freedoms are best ensured on the one hand by an effective political democracy and on the other by a common understanding and observance of human rights. The Preamble goes on to affirm that the European countries have a common heritage of political traditions, ideals, freedom and the rule of law. The court has observed that in that common heritage are to be found the underlying values of the Convention; it has pointed out several times that the Convention was designed to maintain and promote the ideals and values of a democratic society".

[205] EGMR, *Handyside gegen Vereinigtes Königreich*, Serie A, Nr. 24, Ziff. 49; *Engel*, Schranken, 266 f.; *Jacobs/White*, 307; *Velu/Ergec*, 151; *Harris/O'Boyle/Warbrick*, 294.

[206] EGMR, *Young, James und Webster gegen Vereinigtes Königreich*, Serie A, Nr. 44, Ziff. 63.

E. Rechtfertigung nach Art. 8 Abs. 2 EMRK

IV. Zulässigkeit immanenter Schranken?

In ihrer älteren Rechtsprechung ist die Kommission, namentlich bei der Einschränkung der Rechte von Strafgefangenen, von Bestand und Zulässigkeit immanenter Schranken ausgegangen. Immanente Schranken stellen nach dieser Theorie nicht zusätzliche Gründe für die Einschränkung der Konventionsgarantien dar, sondern sind vielmehr entweder dem Schutzbereich des betreffenden Rechtes oder der persönlichen Situation der Rechtsträger inhärente Schranken. Liegt eine derartige immanente Schranke vor, stellt die Beschränkung der Ausübung keinen Eingriff in den Schutzbereich des betreffenden Rechtes dar und eine Prüfung der Rechtfertigung (bei Rechten und Freiheiten, welche eine Rechtfertigungsmöglichkeit vorsehen) kann entfallen[207].

In *Golder gegen Vereinigtes Königreich* lehnte der Gerichtshof das Konzept der immanenten Schranken für Bestimmungen, die ausdrückliche Schrankenbestimmungen enthalten, mit dem Hinweis ab, die restriktive Formulierung der Einschränkungsvoraussetzung lasse keinen Spielraum für immanente Schranken zu[208]. Andererseits unterliegen Rechte und Freiheiten, die keine ausdrücklichen Schrankenbestimmungen aufweisen, ihrer Natur nach jedoch nicht absolut gelten, durchaus gewissen immanenten Schranken. In diesem Sinne hat der Gerichtshof etwa in bezug auf Art. 6 Abs. 1 EMRK festgestellt, dass „as this is a right which the Convention sets forth without, in the narrower sense of the term, defining, there is room, apart from the bounds delimiting the very content of any right, for limitations permitted by implications"[209].

Die Annahme immanenter Schranken bei Rechten und Freiheiten, deren Ausübung ausdrücklich gewissen Einschränkungen unterworfen werden kann, ist daher nicht zulässig. Ebensowenig können bei absolut geltenden Rechten und Freiheiten immanente Schranken anerkannt werden. Der Ableitung immanenter Schranken ist indes in bezug auf nicht absolut geltende Rechte, die aber auch nicht besonderen Einschränkungsvoraussetzungen unterworfen sind, zulässig[210].

---

[207] *van Dijk/van Hoof*, 763; *Fahrenhorst*, 114; *Velu/Ergec*, 153; *Merrills*, 88 ff.; *Wildhaber/Breitenmoser*, Rz. 579; *Kastanas*, 72 f.

[208] EGMR, *Golder gegen Vereinigtes Königreich*, Serie A, Nr. 18, Ziff. 44.

[209] EGMR, *Golder gegen Vereinigtes Königreich*, Serie A, Nr. 18, Ziff. 38; EGMR, *Mathieu-Mohin und Clerfayt gegen Frankreich*, Serie A, Nr. 113, Ziff. 52.

[210] *Velu/Ergec*, 155; *van Dijk/van Hoof*, 764; *Fahrenhorst*, 114 ff.; *Duffy*, 203 f.; *Wildhaber/Breitenmoser*, Rz. 580; *Kastanas*, 75 f.

F. Die Prüfung des Vorliegens einer positiven Verpflichtung

Im Gegensatz zur Prüfung der Rechtfertigung eines aktiven Eingriffes, bei der zunächst das Vorliegen eines Eingriffes in den Schutzbereich und erst in einem zweiten Schritt die Rechtfertigung des Eingriffs untersucht wird, umfasst die Prüfung des Bestehens einer positiven Verpflichtung lediglich eine einzige Phase. Trotz dieser konzeptionellen Unterscheidung werden jedoch auch im Rahmen der Prüfung des Bestehens einer positiven Verpflichtung Elemente der Rechtfertigungsprüfung übernommen[211]. So stellen sowohl das Prinzip des den Konventionsstaaten eingeräumten Beurteilungsspielraumes als auch der Grundsatz der Verhältnismässigkeit zentrale Aspekte dieser Prüfung dar. In diesem Sinne hat der Gerichtshof im Entscheid *Lopez Ostra gegen Spanien* ausgeführt:

> „Whether the question is analysed in terms of a positive duty on the State - to take reasonable and appropriate measures to secure the applicant's rights under paragraph 1 of Article 8 -, as the applicant wishes in her case, or in terms of an „interference by a public authority" to be justified in accordance with paragraph 2, the applicable principles are broadly similar. In both contexts regard must be had to the fair balance that has to be struck between the competing interest of the individual and of the community as a whole, and in any case the State enjoys a certain margin of appreciation. Furthermore, even in relation to the positive obligations flowing from the first paragraph of Article 8, in striking the required balance the aims mentioned in the second paragraph may be of a certain relevance."[212]

Ob in einem Einzelfall eine positive Verpflichtung besteht, bestimmt sich somit aufgrund einer *Verhältnismässigkeitsprüfung*, d.h. aufgrund einer Abwägung der sich gegenüberstehenden Interessen[213]. Konkret ist zu prüfen, ob die durch das staatliche „Unterlassen" bewirkte Beeinträchtigung des Privat- und Familienlebens vor dem Hintergrund der besonderen Umstände des jeweiligen Einzelfalles[214] in einem vernünftigen Verhältnis zu den staatlichen Interessen und den dahinterstehenden Zwecken steht[215]. Im Rahmen dieser

---

[211] *Villiger*, Handbuch, Rz. 532.

[212] EGMR, *Lopez Ostra gegen Spanien*, Serie A, Nr. 303-C, Ziff. 51.

[213] Im Gegensatz jedoch zur Interessenabwägung unter Art. 8 Abs. 2 EMRK - welche die Zulässigkeit eines Eingriffes in eine Rechtsposition untersucht, von der bereits feststeht, dass sie sich im Schutzbereich des Privat- oder Familienlebens befindet - geht es bei der Güterabwägung im Rahmen der Prüfung einer positiven Verpflichtung um die Bestimmung des Inhalts des Rechtes auf Achtung des Privat- und Familienlebens; *Harris/O'Boyle/Warbrick*, 322; vgl. zu den konzeptionellen Unterschieden vorne 9 ff.

[214] Siehe etwa EGMR, *Ahmut gegen die Niederlande*, Reports 1996-VI, 2017 ff., Ziff. 68.

[215] *Sudre*, Obligations positives, 379.

G. Geltung und Bedeutung im Ausländerrecht

Prüfung kommt den in Art. 8 Abs. 2 EMRK aufgezählten zulässigen Eingriffszwecken ebenfalls eine gewisse Bedeutung zu[216]. Wie bei der Rechtfertigungsprüfung von Art. 8 Abs. 2 EMRK wird den Vertragsstaaten schliesslich auch in diesem Zusammenhang ein je nach betroffener Garantie, verfolgtem staatlichen Ziel etc., grösserer oder kleinerer *Beurteilungsspielraum* eingeräumt[217].

Führt diese Prüfung zum Resultat, dass im konkreten Einzelfall keine positive Verpflichtung bestand, so ist die Untätigkeit des Vertragsstaates mit Art. 8 EMRK vereinbar; kommen die Strassburger Organe jedoch zum Schluss, dass aufgrund der Umstände des Falles und der sich gegenüberstehenden Interessen dem betreffenden Vertragsstaat eine Schutzpflicht oblag, stellt die Untätigkeit der staatlichen Behörden eine Verletzung von Art. 8 EMRK dar[218].

G. Geltung und Bedeutung des Rechtes auf Achtung des Privat- und Familienlebens im Ausländerrecht

Art. 8 EMRK garantiert das Recht auf Achtung des Privat- und Familienlebens, welches nach Art. 1 EMRK allen der Jurisdiktion eines Konventionsstaates unterstehenden Personen zu gewährleisten ist, und zwar unabhängig von ihrer Staatsangehörigkeit oder ihrem Aufenthaltsort; der persönliche Geltungsbereich von Art. 8 EMRK erfasst daher auch Ausländerinnen und Ausländer[219].

---

[216] Die Konventionsorgane nehmen bei positiven Verpflichtungen meist nicht ausdrücklich auf eines der soeben aufgezählten Ziele Bezug, sondern sprechen ganz allgemein von einem öffentlichen Interesse (*general* oder *public interest*). Dennoch finden sich in einzelnen Urteilen des EGMR deutlichere Verweise auf die vom betreffenden Staat verfolgten Zwecke; siehe etwa EGMR, *López Ostra gegen Spanien*, Serie A, Nr. 303-C, Ziff. 58 (wirtschaftliches Wohl); EGMR, *Gaskin gegen Vereinigtes Königreich*, Serie A, Nr. 160, Ziff. 49 (Schutz der Rechte Dritter).

[217] *Sudre*, Obligations positives, 377; *Ovey*, 10.

[218] *Connelly*, 572.

[219] Der persönliche Geltungsbereich der Konventionsrechte bestimmt sich einzig aufgrund der Herrschaftsgewalt eines Vertragsstaates über eine Person; auch nicht auf dem Gebietes eines Konventionsstaates lebende Personen können daher Träger von Rechten und Freiheiten der EMRK sein, sofern der betreffende Staat „puisse exercer un certain pouvoir sur l'intéressé", *Carrillo-Salcedo*, 135; vgl. statt vieler *Velu/Ergec*, 67 f.; *Frowein/Peukert*, 18 f.; *Jacobs/White*, 350; *Drzemczewski*, Aliens, 351; *Cholewinski*, Migrant Workers, 210.

In einem gewissen Spannungsverhältnis zu dieser Feststellung steht nun aber die Tatsache, dass die Regelung der Einreise, des Aufenthaltes sowie der Ausreise von Fremden grundsätzlich zum *domaine réservé*, d.h. zu demjenigen Bereich gehört, der den Staaten kraft ihrer Souveränität zur freien Regelung zusteht[220]. Werden Ausländerinnen und Ausländer durch restriktive Einreisebestimmungen bzw. durch aufenthaltsbeendende Massnahmen in ihrem Privat- und Familienleben beeinträchtigt, kollidieren daher zwei antagonistische Prinzipien: einerseits haben die betroffenen Personen einen Anspruch auf Achtung ihres Privat- und Familienlebens, andererseits räumt das Prinzip der Souveränität den Staaten das Recht ein, Einreise, Aufenthalt und Ausreise von Ausländerinnen und Ausländern selbständig zu regeln.

Der Umfang des einem Staat kraft seiner Souveränität zukommenden Bereiches des *domaine réservé* bestimmt sich aufgrund des Völkerrechtes[221] und kann daher, unterliegt dieses doch einem ständigen Wandel und einer fortschreitenden Entwicklung, nicht endgültig und ein für allemal umrissen werden[222]. Vielmehr bestimmen sich die in die ausschliessliche Zuständigkeit der Staaten fallenden Bereiche aufgrund der dem jeweiligen Staat obliegenden völkerrechtlichen Verpflichtungen, denn mit der Ratifikation eines völkerrechtlichen Vertrages stimmt ein Staat auch der Einschränkung gewisser ihm kraft seiner Souveränität zukommenden Befugnisse zu[223]. Bereiche, die nicht von völkerrechtlichen Verpflichtungen beschränkt werden, stehen weiterhin in der alleinigen Zuständigkeit des betreffenden Staates[224].

---

[220] *Brownlie*, 519 f.; *Fourlanos*, 55 f.; *Eriksson*, 70 f.; *Verdross/Simma*, 799; *Trechsel*, Landesbericht, 247; *de Salvia*, 14; *Lawson/Schermers*, 174; *Mock*, Mesures de police, 95; vgl. ferner beispielsweise die Ausführungen von Richter *Read* in seiner abweichenden Meinung im Fall *Nottebohm*: „When an alien comes to the frontier, seeking admission, either as a settler or on a visit, the State has an unfettered right to refuse admission", ICJ Reports 1955, 46; ebenso EGMR, *Vilvarajah et al. gegen Vereinigtes Königreich*, Serie A, Nr. 215, Ziff. 102: „(...) the Contracting States have the right, as a matter of well-established international law (...) to control the entry, residence and expulsion of aliens".

[221] *Wildhaber*, Sovereignty, 441; *Brownlie*, 291; *Nguyen Quoc/Daillier/Pellet*, 425.

[222] *Fourlanos*, 58; *Brownlie*, 291; *Nguyen Quoc/Daillier/Pellet*, 425 ff.

[223] Insofern stellt die durch die Ratifikation erfolgte Einschränkung des domaine réservé nicht eine Verletzung der staatlichen Souveränität, sondern vielmehr einen Ausfluss derselben dar; „Treaty obligations do not derogate from the formal sovereignty of the states parties. Nor do they hamper, except in special cases, material sovereignty. Auto-limitations are emanations from, not violations of, sovereignty", *Wildhaber*, Sovereignty, 442; *Siegenthaler*, 204; *Pellonpää*, 11.

[224] Die Feststellung, dass eine bestimmte Frage dem domaine réservé angehört, befreit jedoch die Vertragsstaaten nicht per se von der Beachtung der ihnen obliegenden

G. Geltung und Bedeutung im Ausländerrecht

Trotz stetem Wandel des Völkerrechts und dem Abschluss zahlreicher menschenrechtlicher Verträge besteht bis heute noch kein allgemeiner völkerrechtlicher Anspruch auf Einreise, Aufenthalt und Verbleib in einem bestimmten Staat. Insofern gehört dieser Bereich daher grundsätzlich immer noch zum *domaine réservé* der Staaten. Daraus kann nun jedoch nicht gefolgert werden, dass die Staaten in sämtlichen die Einwanderung, den Aufenthalt oder die Aufenthaltsbeendigung betreffenden Fragen ein völlig freies Ermessen zur Rechtsetzung und Rechtsanwendung besässen:

„Nevertheless, nothing hinders a partial internationalization of the ingress of aliens (...). Ingress of aliens is not a human right *per se*, but under certain circumstances the two notions may be intertwined. (...) At this stage of the argument it is evident that ingress of aliens is within domestic jurisdiction, but not exclusively. Thus, (...) we should submit, to use the phraseology of Article 2 (7) of the Charter, that while ingress of aliens is *essentially* within domestic jurisdiction, certain aspects of it are now regulated by international law."[225]

Ausgangspunkt für die Lösung des Konfliktes zwischen dem Recht auf Achtung des Privat- und Familienlebens einerseits und dem Recht der Staaten, die Einreise, den Aufenthalt und die Ausreise von Ausländern zu regeln

---

völkerrechtlichen Verpflichtungen. Ob sich die Staaten im Einzelfall auf die Zugehörigkeit des betreffenden Fragenkomplexes zum domaine réservé berufen können oder nicht, hängt vielmehr, wie Brownlie treffend ausgeführt hat, vom entsprechenden Sachverhalt und den sich stellenden Rechtsfragen ab. In gewissen Situationen ist es somit durchaus möglich, dass die Staaten in der freien Ausübung des ihnen aufgrund der Zugehörigkeit des entsprechenden Sachverhaltes zum domaine réservé eigentlich zustehenden freien Regelungsermessen durch Völkerrecht eingeschränkt werden: „The general position is that the „reserved domain" is the domain of state activities where the jurisdiction of the state is not bound by international law; the extent of this domain depends on international law and varies according to its development. It is widely accepted that no subject is irrevocably fixed within the reserved domain, but some jurists have assumed that a list of topics presently recognized as within the reserved domain can be drawn up, including categories such as nationality and immigration. This approach is misleading, since everything depends on the precise facts and legal issues arising therefrom. (...) Thus, in particular contexts, international law may place restrictions on the „internal" territorial competence of states as a consequence of treaty obligations (...)", *Brownlie*, 291 f.; siehe ferner auch die Ausführungen bei *Nguyen Quoc/Daillier/Pellet*, 425 f.; die Aussage, wonach ein bestimmter Bereich generell bar jeglicher völkerrechtlichen Einflüsse sein kann, ist somit in dieser Absolutheit nicht zutreffend. Entscheidend ist vielmehr, ob die einer konkreten Sachfrage zugrundeliegenden Lebenssachverhalte oder Rechtsfragen nicht bereits durch völkerrechtliche Bestimmungen geregelt oder zumindest betroffen werden. Ist dies der Fall, so sind die Staaten an die entsprechenden völkerrechtlichen Pflichten gebunden, auch wenn der Sachbereich grundsätzlich dem domaine réservé angehört.

[225] *Fourlanos*, 57 f.; ähnlich *Pellonpää*, 12 ff.

andererseits, ist die Feststellung, dass weder die EMRK noch eines ihrer Zusatzprotokolle Fremden zwar das Recht einräumt, in einen bestimmten Staat einzureisen, sich dort niederzulassen und nicht ausgewiesen bzw. ausgeschafft zu werden[226]. Durch die Ratifikation der EMRK haben sich die Konventionsstaaten indes verpflichtet, allen Personen die darin garantierten Rechte und Freiheiten zu gewähren. Mit diesem Spannungsverhältnis sah sich die Kommission bereits in ihren Anfängen konfrontiert und in einem 1959 gefällten Entscheid führte sie diesbezüglich aus:

„Whereas under general international law a State has the right, in virtue of its sovereignty, to control the entry and exit of foreigners into and out of its territory; and whereas it is true that a right or freedom to enter the territory of States, Members of the Council of Europe, is not, as such, included among the rights and freedoms guaranteed in Section I of the Convention; whereas, however, a State which signs and ratifies the European Convention of Human Rights and Fundamental Freedoms must be understood as agreeing to restrict the free exercise of its rights under general international law, including its right to control the entry and exit of foreigners, to the extent and within the limits of the obligations which it has accepted under that Convention; and whereas the question that is raised in the present case is whether by the exercise of its right under general international law to refuse an entry permit to the Applicant the Swedish Government has deprived him of rights which are guaranteed to him in Section I of the Convention, namely, his (...) right to respect for his private and family life."[227]

Obwohl die Staaten aufgrund ihrer Souveränität grundsätzlich befugt sind, Einreise, Aufenthalt sowie Verbleib von Fremden auf ihrem Territorium frei zu regeln, wird dieser Freiraum im Umfang der von ihnen eingegangenen

---

[226] *Eriksson*, 80; *Harris/O'Boyle/Warbrick*, 331; *O'Donnell*, 143; *Mock*, Mesures de police, 96; *Wurzburger*, 282; *Madureira*, 108; *Cvetic*, 647; *Villiger*, Handbuch, Rz. 564; *Villiger*, Expulsion, 657; *Thürer*, Familientrennung, 596; *Lawson/Schermers*, 261; *Cholewinski*, Hidden Agenda, 288 ff.; aus der Praxis der Konventionsorgane beispielsweise EKMR, *Abdulaziz, Cabales und Balkandali gegen Vereinigtes Königreich*, Serie A, Nr. 94, KB, Ziff. 94. Bei der Ausarbeitung des 4. Zusatzprotokolls war ursprünglich beabsichtigt worden, eine Bestimmung einzufügen, wonach rechtmässig auf dem Gebiet eines Staates befindliche Ausländerinnen und Ausländer nur bei Gefährdung der Sicherheit des Staates oder bei Verstössen gegen die öffentliche Ordnung oder die guten Sitten ausgewiesen werden könnten; aufgrund der aussichtslos erscheinenden Zustimmung zu einer derartigen Regelung wurde dieser Aspekt fallengelassen und in Art. 4 des 4. Zusatzprotokolls lediglich das Verbot von Kollektivausweisungen aufgenommen. Die ebenfalls beabsichtigte Einräumung gewisser Verfahrensgarantien im Ausweisungsverfahren wurde später in Art. 1 des 7. Zusatzprotokolls aufgenommen; im Gegensatz zu Art. 4 4. Zusatzprotokoll stellt Art. 1 7. Zusatzprotokoll jedoch kein materielles Verbot der Ausweisung dar; *Lochak*, Article 4, 1057; *Harris/O'Boyle/Warbrick*, 565.

[227] B 434/58, *X. gegen Schweden*, YBECHR 2, 372; B 15901/89, *D. O. gegen die Schweiz*, KE vom 1.4.1992, VPB 56, Nr. 60.

völkerrechtlichen Verpflichtungen relativiert[228]. Beeinträchtigt eine ausländerrechtliche Massnahme das Privat- oder Familienleben von Ausländerinnen und Ausländern, so setzt Art. 8 EMRK der den Staaten in diesem Bereich grundsätzlich zustehenden Regelungsfreiheit gewisse Schranken, indem den Staaten die Verpflichtung zukommt, *die sich aus dem Völkerrecht ergebenden Grundsätze bei der Ausübung der ihnen zustehenden Rechte zu beachten*[229]. Dem Umstand, dass die Regelung der Einreise, des Aufenthaltes sowie des Verbleibes von Ausländern auf dem Territorium eines Staates grundsätzlich in den Bereich des *domaine réservé* fällt, tragen die Konventionsorgane jedoch insofern Rechnung, als sie den Vertragsstaaten bei der Beurteilung der Notwendigkeit einer das Privat- oder Familienleben beeinträchtigenden ausländerrechtlichen Massnahme einen *relativ weiten Beurteilungsspielraum* einräumen[230].

Obliegt den Vertragsstaaten dabei eine positive oder negative Verpflichtung zum Schutz des Familienlebens? Ein Blick auf die Rechtsprechung der Konventionsorgane verdeutlicht, dass in der Mehrzahl der Fälle die Beeinträchtigung des Privat- und Familienlebens durch ausländerrechtliche Massnahmen unter dem Gesichtspunkt eines Eingriffes geprüft und somit als negative Verpflichtung erachtet wurde. Nur eine geringe Anzahl Beschwerden wurde bisher unter dem Gesichtspunkt einer möglichen positiven Verpflichtung der Vertragsstaaten untersucht[231].

---

[228] „The right of a foreigner to enter or remain in the territory of a High Contracting Party is not guaranteed, as such, by the Convention. However, in adhering to the Convention, the Contracting Parties agreed to restrict the free exercise of their powers under general international law, including the aforementioned power, to the extent and within the limits of the obligations which they assumed under this treaty", EKMR, *Abdulaziz, Cabales und Balkandali gegen Vereinigtes Königreich*, Serie A, Nr. 94, KB Ziff. 94.

[229] *Sudre*, Droit international, 263 f.; *Sudre*, Contrôle, 262.

[230] „In the field of immigration Contracting States enjoy a wide margin of appreciation in determining the steps to be taken to ensure compliance with the Convention with due regard to the needs and resources of the community and of individuals", B 23159/94, *Dreshaj gegen Finnland*, DR 77-A, 131; ebenso EGMR, *Abdulaziz, Cabales und Balkandali gegen Vereinigtes Königreich*, Serie A, Nr. 94, Ziff. 67; B 23634/94, *Tanko gegen Finnland*, DR 77-A, 133; *Sudre*, Contrôle, 264; *Mock*, Convention européenne, 545; *O'Donnell*, 143; *Cholewinski*, Hidden Agenda, 295; *Davy*, 254; *Villiger*, Handbuch, Rz. 567; *Brems*, 276 und 298; *Arai*, 58; *Fabre-Alibert*, 480.

[231] Interessant ist in diesem Zusammenhang auch, dass der EGMR wesentlich häufiger einen Fall auf eine positive Verpflichtung hin geprüft hat als die EKMR. So hat der Gerichtshof beispielsweise in den Fällen *Abdulaziz, Cabales und Balkandali gegen Vereinigtes Königreich*, *Gül gegen die Schweiz* sowie *Ahmut gegen die Niederlande* eine positive Verpflichtung der betreffenden Staaten geprüft, Massnahmen zum Schutz des

1. Kap.: Achtung des Privat- und Familienlebens in Art. 8 EMRK

Im Fall *Ahmut gegen die Niederlande*, der den Nachzug eines minderjährigen Kindes zu seinem in den Niederlanden lebenden Vater betraf, hat der Gerichtshof erstmals ausdrücklich zur Frage Stellung bezogen, ob eine negative oder positive Verpflichtung geprüft werden müsse und ausgeführt, dass

„the (...) case hinges on the question whether the Netherlands Government was under a duty to allow Souffiane to reside with his father in the Netherlands, thus enabling the applicants to maintain and develop family life in its territory. For this reason the Court will view the case as one involving an allegation of failure on the part of the respondent State to comply with a positive obligation"[232].

Ausschlaggebend für die Entscheidung des Gerichtshofes, den Fall unter dem Aspekt einer positiven Verpflichtung zu prüfen, scheint die Tatsache gewesen zu sein, dass die Beschwerde die *erstmalige Erteilung einer Anwesenheitsbewilligung* betraf. Eine Durchsicht der in jüngerer Zeit ergangenen Kommissionsentscheide und Urteile des Gerichtshofes bestätigt, dass diejenigen Beschwerden, die unter dem Aspekt des möglichen Bestehens einer *positiven Verpflichtung* geprüft wurden, in der Regel die erstmalige Erteilung eines Anwesenheitstitels an Ausländerinnen und Ausländer betrafen, die entweder *noch nie* in den betreffenden Staat *eingereist* waren oder sich dort *illegal* aufgehalten haben[233]. Demgegenüber wurden Beschwerden wegen

---

Familienlebens zu ergreifen; demgegenüber hatte die Kommission in den Fällen *Gül* und *Ahmut* eine traditionelle Eingriffsprüfung vorgenommen und in *Abdulaziz, Cabales und Balkandali* auf eine Prüfung der Beschwerde nur unter dem Aspekt von Art. 8 EMRK verzichtet. Erst in jüngerer Zeit prüfte die Kommission ebenfalls einige ausländerrechtliche Sachverhalte betreffende Beschwerden auf eine mögliche positive Verpflichtung hin: B 23159/94, *Dreshaj gegen Finnland*, DR 77-A, 126; B 26609/95, *Onyegbule gegen Österreich*, unpublizierter KE vom 16.10.1995; B 23938/94, *Sorabjee gegen Vereinigtes Königreich*, unpublizierter KE vom 23.10.1995; B 24865/94, *Jaramillo gegen Vereinigtes Königreich*, unpublizierter KE vom 23.10.1995; B 25297/94, *P. et al. gegen Vereinigtes Königreich*, unpublizierter KE vom 16.1.1996; B 26985/95, *Poku et al. gegen Vereinigtes Königreich*, unpublizierter KE vom 15.5.1996; B 28627/95, *Dabhi und Dabhi gegen Vereinigtes Königreich*, unpublizierter KE vom 17.1.1997.

[232] EGMR, *Ahmut gegen die Niederlande*, Reports 1996-VI, 2017 ff., Ziff. 63.

[233] Im Fall *Abdulaziz, Cabales und Balkandali gegen Vereinigtes Königreich* waren Abdulaziz und Balkandali zwar mit einem Besucher- bzw. Studentenvisum eingereist, blieben jedoch auch nach dessen Ablauf und Nichtverlängerung in Grossbritannien. Cabales war die Einreise zunächst überhaupt nicht gestattet worden. Ebenso hielt sich beispielsweise die Mutter der Beschwerdeführerin in B 23938/94, *Sorabjee gegen Vereinigtes Königreich*, unpublizierter KE vom 23.10.1995, illegal in Grossbritannien auf; vgl. ferner auch den Entscheid des EGMR im Fall *Gül gegen die Schweiz*, Reports 1996-I, 159 ff., welcher die erstmalige Erteilung einer Aufenthaltsbewilligung an den in der Türkei lebenden minderjährigen Sohn betraf. Unter dem Gesichtspunkt des mögli-

G. Geltung und Bedeutung im Ausländerrecht

Nichterteilung bzw. Nichtverlängerung einer Anwesenheitsbewilligung an ausländische Familienangehörige, die sich bereits *legal* im betreffenden Konventionsstaat aufhielten, als *Eingriff* in das Familienleben betrachtet[234]. Zu dieser Kategorie gehören insbesondere auch diejenigen Fälle, in denen die um Erteilung einer Anwesenheitsbewilligung ersuchenden Ausländerinnen und Ausländer während der Hängigkeit eines Asylgesuches[235] oder der Verbüssung einer Freiheitsstrafe[236] eine durch Art. 8 EMRK geschützte familiäre Beziehung im betreffenden Konventionsstaat begründet haben. Hervorzuheben ist jedoch, dass die Kommission diese Unterscheidung freilich nicht durchgängig trifft, unterzieht sie doch namentlich Beschwerden gegen die Nichtbewilligung des Nachzuges minderjähriger Kinder oder Ehegatten einer Eingriffsprüfung[237].

Die Konventionsorgane messen somit dem Begriff des Eingriffes eine enge - vom klassischen defensiven Grundrechtsverständnis geprägte -, rein abwehrrechtliche Bedeutung bei. Nur wenn ausländerrechtliche Massnahmen bereits im Inland bestehendes Privat- und Familienleben beeinträchtigen - so bei aufenthaltsbeendende Massnahmen -, stellt sich die Frage nach der Verletzung einer negativen Verpflichtung der Vertragsstaaten, d.h. eines Eingriffes. Schutzpflichten i.S. der Einräumung der Möglichkeit, das Familienleben im Inland zu begründen oder wiederaufzunehmen - typischerweise handelt es sich hier um Nachzugskonstellationen - werden durch dieses enge Eingriffsverständnis nicht erfasst. Eine weite, vom objektiv-rechtlichen Grundrechtsverständnis geleitete Auslegung des Eingriffsbegriffes würde demgegenüber sowohl negative als auch positive Verpflichtungen erfassen und die zahlreichen mit dieser Unterscheidung verbundenen Probleme abschwächen[238].

---

chen Bestehens einer positiven Verpflichtung werden ferner von Kommission und Gerichtshof schliesslich auch diejenigen Fälle geprüft, in denen eine Trennung von Familienangehörigen darauf zurückzuführen ist, dass einige Familienmitglieder untergetaucht sind, um sich einer Ausschaffung zu entziehen, der Rest der Familie jedoch ausgeschafft wurde; vgl. B 23159/94, *Dreshaj gegen Finnland*, DR 77-A, 126; EGMR, *Cruz Varas gegen Schweden*, Serie A, Nr. 201.

[234] Vgl. aus der jüngeren Kommissionspraxis beispielsweise B 34295/96, *V.K. gegen die Schweiz*, unpublizierter KE vom 26.2.1997 betr. Nichtverlängerung der Aufenthaltsbewilligung nach der Scheidung.

[235] B 32025/96, *Kareem gegen Schweden*, DR 87-A, 173.

[236] B 25037/94, *Marhan gegen die Schweiz*, unpublizierter KE vom 17.5.1995.

[237] Vgl. hinten 235 ff. bzw. 229 ff.

[238] Siehe hierzu vorne 9 f. sowie hinten 450 ff.

Zweites Kapitel

Weitere Privat- und Familienleben schützende menschenrechtliche Bestimmungen

Trotz der überragenden Bedeutung, der Art. 8 EMRK auf europäischer Ebene für den Schutz des Privat- und Familienlebens im Rahmen des Ausländerrechtes zukommt, darf nicht übersehen werden, dass noch weitere Menschenrechtskonventionen den Vertragsstaaten - das Ausländerrecht betreffende - Verpflichtungen zum Schutze des Privat- und Familienlebens auferlegen und dadurch den *domaine réservé* der Staaten zu beschränken vermögen. Diese weiteren menschenrechtlichen Gewährleistungen sollen in der Folge kurz dargestellt werden[1].

---

[1] Von diesen menschenrechtlichen Garantien zugunsten des Privat- und Familienlebens sind einerseits das flüchtlingsrechtliche Abschiebungsverbot in Art. 33 des Abkommens über die Rechtsstellung von Flüchtlingen vom 28. Juli 1951 (Flüchtlingskonvention, SR 0.142.30; zum *Non-Refoulement Prinzip* siehe *Walter Kälin*, Das Prinzip des Non-Refoulement, Bern 1982; *Kälin*, Asylverfahren, 211 ff.; *Achermann/Hausammann*, 176 f.; *Wisard*, 381 ff.; *Guy S. Goodwin-Gill*, The Refugee in International Law, 2. Auflage, Oxford 1996, 117 ff.) und andererseits die menschenrechtlichen Verbote der Abschiebung bei drohender Folter, unmenschlicher oder erniedrigender Behandlung oder Strafe zu unterscheiden:

Aus Art. 3 EMRK leiten Kommission und Gerichtshof in konstanter Rechtsprechung (vgl. z. B. EGMR, *Chahal gegen Vereinigtes Königreich*, Reports 1996-V, 1831 ff.; EGMR, *Ahmed gegen Österreich*, Reports 1996-VI, 2195; *H.L.R. gegen Frankreich*, Reports 1997-III, 745 ff.; *D. gegen Vereinigtes Königreich*, Reports 1997-III, 777 ff.) ein Verbot unmenschlicher Abschiebung ab; die Verfügung der Ausweisung oder Wegweisung ist zwar als solche nicht konventionswidrig, doch kann sie dann unter Art. 3 EMRK fallen, wenn ernsthafte Gründe für die Annahme bestehen, dass die ausgewiesenen Fremden im betreffenden Staat einer Art. 3 EMRK verletzenden Handlung unterworfen würden; die Verantwortung der Konventionsstaaten liegt in diesen Fällen nicht in der Tatsache begründet, dass der Empfangsstaat die Betroffenen möglicherweise foltern oder unmenschlicher Behandlung aussetzen würde, sondern vielmehr darin, dass die Ausweisung oder Wegweisung selber eine unmenschliche Behandlung darstellt, wenn der betreffende Konventionsstaat durch den Vollzug der Entfernungsmassnahme die Betroffenen zwingt, in ein Land auszureisen, in dem das tatsächliche Risiko besteht, dass ihre Menschenrechte schwer verletzt würden; siehe hierzu *Kälin*,

A. Der Internationale Pakt über bürgerliche und politische Rechte

Der am 16. Dezember 1966 von der Generalversammlung der Vereinten Nationen verabschiedete Internationale Pakt über bürgerliche und politische Rechte (Pakt II) enthält einzelne Bestimmungen, die für das Ausländerrecht von Bedeutung sind. So garantiert beispielsweise Art. 13 Pakt II Ausländerinnen und Ausländern, die sich rechtmässig auf dem Hoheitsgebiet eines Staates aufhalten, gewisse minimale Garantien im Ausweisungsverfahren[2] oder Art. 7 Pakt II verbietet die Abschiebung bei drohender Folter oder unmenschlicher Behandlung oder Strafe[3]. Doch auch der in Art. 17 Pakt II verankerte Schutz der Privatsphäre oder das Verbot willkürlicher Ausweisungen aus dem eigenen Land von Art. 12 Abs. 4 Pakt II auferlegen in bestimmten

---

Rückschiebung, 3; *Kälin*, Asylverfahren, 232 ff.; *Achermann/Hausammann*, 179 ff.; *Wisard*, 414 ff.

In Analogie zur Rechtsprechung der Strassburger Organe leitet der Menschenrechtsausschuss aus Art. 7 Pakt II ebenfalls ein Verbot unmenschlicher Abschiebungen ab; vgl. hierzu die Entscheide des Menschenrechtsausschusses in den Fällen *Ng gegen Canada* (M 469/1991; HRLJ 1994, 149 ff.), *Kindler gegen Canada* (M 470/1991; HRLJ 1993, 307 ff.) sowie *Cox gegen Canada* (M 539/1993; HRLJ 1994, 410 ff.); ferner AB 20 [44], Ziff. 9, wonach „nach Ansicht des Ausschusses (...) die Vertragsstaaten Einzelpersonen nicht der Gefahr der Folter oder der grausamen, unmenschlichen oder erniedrigenden Behandlung aussetzen [dürfen], indem sie diese mittels einer Auslieferungs-, Auweisungs- oder Ausschaffungsmassnahme in ein anderes Land zurückschicken", zitiert nach *Kälin/Malinverni/Nowak*, 366; vgl. ferner *Achermann/Caroni/Kälin*, 165 ff.; *Nowak*, Commentary, 136 f.; *Margaret de Merieux*, Extradition as the Violation of Human Rights - The Jurisprudence of the International Covenant on Civil and Political Rights, NQHR 1996, 23 ff., 29 ff.

Ein ausdrückliches Abschiebungsverbot ist schliesslich in Art. 3 Folterkonvention (Übereinkommen vom 10. Dezember 1984 gegen Folter und andere grausame, unmenschliche oder erniedrigende Behandlung oder Strafe) verankert; vor Abschiebung geschützt werden durch die Folterkonvention nur Personen, die Gefahr laufen, Folter i.S. von Art. 1 Abs. 1 Folterkonvention ausgesetzt zu werden, d.h. es besteht kein Schutz vor nichtstaatlicher Folter oder nichtstaatlicher grausamer, unmenschlicher oder erniedrigender Behandlung oder Strafe; siehe aus der Praxis des UN-Folterkomitees z. B. M 13/1993, *Mutombo gegen die Schweiz*, VPB 60 (1996), Nr. 131; M 21/1995, *Alan gegen die Schweiz*, RUDH 1997, 56 ff. oder VPB 60 (1996), Nr. 132, sowie M 43/1996, *Tala gegen Schweden*, JB 1997, 56; *Alleweldt*, 93 ff.; *Wisard*, 423; *Raess*, 138.

[2] Fremde, die sich rechtmässig auf dem Territorium eines Staates aufhalten, können nur aufgrund einer nachprüfbaren, rechtmässig ergangenen Entscheidung, in deren Rahmen die Betroffenen gegen ihre Ausweisung sprechende Gründe vorbringen konnten, ausgewiesen werden; vgl. hierzu *Boeles*, 118 ff.; ferner *Nowak*, Commentary, 222 ff.; *Achermann/Caroni/Kälin*, 181 ff.

[3] Vgl. hierzu vorne 60 Anm. 1.

I. Der Schutz der Privatsphäre in Art. 17 Pakt II

Art. 8 EMRK ähnlich statuiert Art. 17 des internationalen Paktes über bürgerliche und politische Rechte (Pakt II) u.a. den Schutz des Privatlebens und der Familie:

„¹Niemand darf willkürlichen oder rechtswidrigen Eingriffen in sein Privatleben, seine Familie, seine Wohnung und seinen Schriftverkehr oder rechtswidrigen Beeinträchtigungen seiner Ehre und seines Rufs ausgesetzt werden.

²Jedermann hat Anspruch auf rechtlichen Schutz gegen solche Eingriffe oder Beeinträchtigungen."

Im Unterschied zu Art. 8 EMRK, welcher explizit die Schranken statuiert, beschränkt sich Art. 17 Pakt II indes darauf, festzustellen, dass *willkürliche* oder *rechtswidrige* Eingriffe in die geschützten Rechtspositionen unzulässig sind und jedermann Anspruch auf rechtlichen Schutz gegen solche Beeinträchtigungen hat. Zu diesen Begriffen hat der Menschenrechtsausschuss in seiner Allgemeinen Bemerkung 16 [32] ausgeführt, die Schranke der *Rechtswidrigkeit* bedeute, dass „Eingriffe (...) nur aufgrund eines Gesetzes erfolgen [dürfen], welches (...) mit den Bestimmungen, Zwecken und Zielen des Paktes vereinbar"[4] ist und „detailliert die genauen Voraussetzungen [nennt], unter welchen (...) Eingriffe erlaubt sind"[5]. Eingriffe in die Privatsphäre nach einem diesen Voraussetzungen genügenden innerstaatlichen Gesetz sind daher nicht rechtswidrig[6]. Demgegenüber soll, wie der Menschenrechtsausschuss weiter ausführt, „mit der Einführung des Begriffs der *Willkür* (...) gewährleistet werden, dass auch ein vom Gesetz vorgesehener Eingriff mit den Bestimmungen, Zwecken und Zielen des Paktes übereinstimmen und in jedem Fall angesichts der besonderen Umstände sinnvoll sein muss"[7]. Willkür im Sinne von Art. 17 Pakt II liegt daher vor, wenn der Eingriff oder die Be-

---

[4] AB 16 [32], Ziff. 3, zitiert nach *Kälin/Malinverni/Nowak*, 378.

[5] AB 16 [23], Ziff. 8, zitiert nach *Kälin/Malinverni/Nowak*, 379.

[6] *Nowak*, Commentary, 292; *Pellonpää*, 133.

[7] AB 16 [32], Ziff. 4, zitiert nach *Kälin/Malinverni/Nowak*, 378, eigene Hervorhebung.

A. Internationaler Pakt über bürgerliche und politische Rechte 63

schränkung, obwohl gesetzlich vorgesehen, mit den Zielen des Paktes nicht vereinbar oder als Ganzes gesehen unverhältnismässig ist[8].

Wie die Strassburger Organe hat auch der Menschenrechtsausschuss auf eine Umschreibung des Begriffes „*Familie*" verzichtet und in seinen Allgemeinen Bemerkungen ausgeführt, der Familienbegriff des Paktes sei im Lichte der gesellschaftlichen Umstände des betreffenden Vertragsstaates auszulegen und zu bestimmen, wobei grundsätzlich einer weiten Auslegung der Vorzug zu geben ist:

„Bezüglich des Ausdrucks «Familie» verlangen die Ziele des Paktes, dass dieser Begriff im Hinblick auf Art. 17 im weiten Sinne ausgelegt wird, so dass er alle Personen umfasst, welche nach dem Verständnis der Gesellschaftsordnung im betreffenden Vertragsstaat eine Familie bilden. (...)"[9]

„Der Ausschuss weist darauf hin, dass sich der Begriff der Familie in verschiedener Hinsicht von einem Staat zum anderen und sogar von einer Region zur anderen innerhalb eines Staates unterscheiden kann, so dass es nicht möglich ist, ihn einheitlich zu definieren. Immerhin unterstreicht der Ausschuss, dass dort, wo Gesetzgebung und Praxis eines Staates eine Personengruppe als Familie betrachtet, diese Gegenstand des in Art. 23 vorgesehenen Schutzes sein muss."[10]

Der Begriff der Familie bestimmt sich somit vor dem Hintergrund der gesellschaftlichen, kulturellen, rechtlichen und religiösen Gegebenheiten des jeweiligen Staates[11]. In den Schutzbereich fallen nicht nur eheliche Lebensgemeinschaften, sondern vielmehr auch nichteheliche Partnerschaften sowie weitere, über die Kernfamilie hinausgehende familiäre Beziehungen. Wie auch in der Praxis der EMRK-Organe setzt jedoch der Bestand einer Familie das Vorliegen gewisser naher und tatsächlicher Beziehungen zwischen den einzelnen Familienmitgliedern voraus. Somit hat auch der Menschenrechts-

---

[8] *Pellonpää*, 133 f.; *Achermann/Caroni/Kälin*, 201; *Palm-Risse*, 359; *Nowak*, Commentary, 292; *Clark/Aiken/Jackman/Matas*, 433 f.; der Willkürbegriff des Paktes weicht damit beispielsweise stark von jenem des Art. 4 BV ab; nach ständiger bundesgerichtlicher Rechtsprechung liegt Willkür vor, wenn ein Entscheid offensichtlich unhaltbar ist, eine Norm oder einen unumstrittenen Rechtsgrundsatz krass verletzt oder in stossender Weise dem Gerechtigkeitsgedanken zuwiderläuft; vgl. aus der Praxis z. B. BGE 119 Ia 433, E. 4, 439; BGE 118 Ib 129, E. 2, 130 ; *J.P. Müller*, Grundrechte, 239; *G. Müller*, Art. 4 BV, Rz. 48 ff.; *Aubert*, Rz. 1831 ff.

[9] AB 16 [32], Ziff. 5, zitiert nach *Kälin/Malinverni/Nowak*, 378.

[10] AB 19 [39], Ziff. 2, zitiert nach *Kälin/Malinverni/Nowak*, 386 f.

[11] *Nowak*, Commentary, 299 und 405; *Palm-Risse*, 225 f.; *Achermann/Caroni/Kälin*, 202; *Pellonpää*, 132; *Scheer*, 12 f.

ausschuss für einen flexiblen, nicht genau umrissenen und inhaltlich nicht eindeutig bestimmten Familienbegriff optiert[12].

Zur Relevanz von Art. 17 Pakt II im Zusammenhang mit ausländerrechtlichen Massnahmen hat der Menschenrechtsausschuss bereits im Fall der *Maurizischen Frauen* ausgeführt, dass „der Ausschluss einer Person aus einem Land, wo nahe Angehörige seiner Familie wohnen, zu einem Eingriff im Sinne des Art. 17" führe[13]. Diese Überlegung wurde in der Allgemeinen Bemerkung 15 [27] wieder aufgenommen und ausgeführt, dass sich Beeinträchtigungen des Familienlebens v.a. auch im Bereich der Einreise, des Aufenthalts und der Ausweisung von Ausländerinnen und Ausländern ergeben können:

„Der Pakt gewährt Ausländern kein Recht, in das Hoheitsgebiet eines Staates einzureisen oder sich darin aufzuhalten. Grundsätzlich ist es Sache des Staates, zu entscheiden, wen er zu seinem Hoheitsgebiet zulässt. In gewissen Situationen kann sich jedoch ein Ausländer auch bezüglich Einreise und Aufenthalt auf den Schutz des Paktes berufen: Dies trifft zum Beispiel zu, wenn Fragen hinsichtlich (...) der Achtung des Familienlebens auftauchen."[14]

Die Praxis des Menschenrechtsausschusses zu diesem Problembereich ist bislang spärlich geblieben; auch in der Rechtsprechung des schweizerischen Bundesgerichtes ist Art. 17 Pakt II in ausländerrechtlichen Fällen erst selten geprüft worden, wobei zu beachten ist, dass das Bundesgericht dieser Be-

---

[12] Siehe hierzu auch den Entscheid in M 417/1990, *Balaguer Santacana gegen Spanien*, JB 1994, 101 ff., Ziff. 10.2, in dem der Menschenrechtsausschuss ausführt: „(...) the term „family" must be understood broadly; (...) the concept refers not solely to the family home during marriage or cohabitation, but also to the relations in general between parents and child. Some minimal requirements for the existence of a family are however necessary, such as life together, economic ties, a regular and intense relationship, etc."; ferner M 68/1980, *A.S. gegen Kanada*, SD I, 27 f., wo der Menschenrechtsausschuss die Anwendung von Art. 17 Pakt II ausschloss, da zwischen den Familienangehörigen praktisch keine Beziehungen bestanden; in M 538/1993, *Stewart gegen Kanada*, CCPR/C/56/D/538/1993, sowie M 558/1993, *Canepa gegen Kanada*, CCPR/C/59/D/558/1993, hat der Menschenrechtsausschuss schliesslich das Bestehen eines Eingriffes in das Familienleben bejaht; die Fälle betrafen Ausweisungen im Alter von sieben bzw. fünf Jahren nach Kanada eingereister ausländischer Staatsangehörigen; *Nowak*, Commentary, 300 und 405; *Achermann/Caroni/Kälin*, 202; *van Bueren*, Family, 736.

[13] M 35/1978, *Aumeeruddy-Cziffra und 19 andere maurizische Frauen gegen Mauritius*, deutsche Übersetzung in EuGRZ 1981, 391 ff., 392.

[14] AB 15 [27], Ziff. 5, zitiert nach *Kälin/Malinverni/Nowak*, 344.

stimmung in ausländerrechtlichen Fällen keine über Art. 8 EMRK hinausgehende, eigenständige Bedeutung einräumt[15].

1. Die Rechtsprechung des Menschenrechtsausschusses zu Art. 17 Pakt II im Rahmen des Familiennachzuges

Im Fall der *Maurizischen Frauen* hielt der Ausschuss eine Benachteiligung der Frauen im *Immigration and Deportation Act* von Mauritius für diskriminierend und daher paktwidrig, weil ausländische Ehefrauen maurizischer Männer von Gesetzes wegen ein unbeschränktes Aufenthaltsrecht hatten, nicht aber die ausländischen Partner maurizischer Frauen. Obwohl der Pakt – wie auch die EMRK – kein Recht auf Einreise garantiert, erblickte der Ausschuss in dieser unterschiedlichen Regelung eine Verletzung des Diskriminierungsverbotes in Verbindung mit Art. 17 Pakt II. Von Bedeutung für die Frage des Familiennachzuges ist insbesondere die Feststellung des Menschenrechtsausschusses, dass der Ausschluss einer Person aus einem Land, in welchem nahe Familienangehörige wohnen, einen Eingriff in das Familienleben darstellt, wobei dies grundsätzlich auch dann gilt,

„wenn einer der Ehegatten Ausländer ist. Ob die Existenz und Anwendung von Einwanderungsgesetzen, welche den Aufenthalt eines Familienmitglieds beeinträchtigen, mit dem Pakt vereinbar ist, hängt davon ab, ob ein solcher Eingriff entweder nach Art. 17 Abs. 1 „willkürlich oder rechtswidrig" ist oder sonst mit den Verpflichtungen aus dem Pakt im Widerspruch steht".[16]

Demgegenüber verneinte der Menschenrechtsausschuss in *Mitteilung 68/1980*[17] das Vorliegen eines Eingriffes und somit die Anwendbarkeit von Art. 17 Pakt II. Die Mitteilung betraf die Weigerung der kanadischen Behörden, der Tochter und dem Enkel (beide polnischer Staatsangehörigkeit) einer kanadischen Bürgerin eine Anwesenheitsbewilligung zu erteilen. In seinem

---

[15] „JR censura una violazione dell'articolo 17 n. 1 Patto ONU II. Tale norma stabilisce che «nessuno può essere sottoposto ad interferenze arbitrarie o illegittime nella sua vita privata, nella sua famiglia, nella sua casa o nella sua corrispondenza, né a illegittime offese al suo onore e alla reputazione». Senoché non vi è alcun motivo di suporre che detto disposto conferisca una protezione più ampia di quella garantita dall'art. 8 CEDU; al contrario, tutto lascia pensare che anche questa norma è volta a proteggere una relazione familiare effettivamente vissuta", unpublizierter BGerE vom 28.5.1997 i.S. J.R. und D., E. 3c ee, (2A.57/1997; 2P.41/1997); unpublizierter BGerE vom 22.10.1997 i.S. N. (2A.356/1997).

[16] M 35/1978, *Aumeeruddy-Czjffra und 19 andere maurizische Frauen gegen Mauritius*, deutsche Übersetzung in EuGRZ 1981, 391 ff., 392.

[17] M 68/1980, *A.S., ihre Tochter und ihr Enkel gegen Kanada*, SD I, 27 f.

Entscheid führte der Ausschuss aus, Art. 17 Pakt II sei nicht anwendbar, da Mutter und Tochter mit Ausnahme einer zweijährigen Periode vor siebzehn Jahren nie zusammen gelebt hätten.

2. Die Rechtsprechung des Menschenrechtsausschusses zu Art. 17 Pakt II bei aufenthaltsbeendenden Massnahmen

Aus- und Wegweisungen können, wie der Menschenrechtsausschuss ausdrücklich festgehalten hat, grundsätzlich Eingriffe in das durch Art. 17 Pakt II statuierte Verbot rechtswidriger und willkürlicher Eingriffe in das Familienleben darstellen. Eingriffe in Privat- und Familienleben durch aufenthaltsbeendende Massnahmen sind daher nur zulässig, wenn sie auf einer gesetzlichen Grundlage beruhen, einen mit dem Pakt zu vereinbarenden Zweck verfolgen und verhältnismässig sind:

„(...) the Committee observes that the author's removal from Canada did interfere with his family life and that this interference was in accordance with Canadian law. The issue for the Committee is to examine whether the interference was arbitrary. (...) arbitrariness within the meaning of article 17 (...) extends to the reasonableness of the interference with the person's right under article 17 and its compatibility with the purposes, aims and objectives of the Covenant. The separation of a person from his family by means of his expulsion could be regarded as an arbitrary interference with the family and as a violation of article 17 if in the circumstances of the case the separation of the author from his family and its effects on him were disproportionate to the objectives of the removal."[18]

Der Menschenrechtsausschuss hat bisher erst in zwei Fällen die Vereinbarkeit einer Ausweisung mit dem Recht auf Achtung des Familienlebens geprüft. Im Fall *Charles E. Stewart gegen Kanada*, der die Ausweisung eines seit seinem siebenten Lebensjahr in Kanada wohnhaften britischen Staatsbürgers betraf, führte er aus, dass die Massnahme zwar in das Familienleben eingreife, der Eingriff jedoch rechtmässig und angesichts der konkreten Umstände verhältnismässig sei[19]. Zum selben Schluss kam der Menschenrechtsausschuss auch im Fall *Giosuè Canepa gegen Kanada*, in dem die Paktkonformität der Ausweisung eines im Alter von fünf Jahren nach Kanada eingewanderten italienischen Staatsangehörigen zu beurteilen war[20].

---

[18] M 558/1993, *Canepa gegen Kanada*, CCPR/C/59/D/558/1993, Ziff. 11.4.
[19] M 539/1993, *Stewart gegen Kanada*, CCPR/C/56/D/538/1993.
[20] M 558/1993, *Canepa gegen Kanada*, CCPR/C/59/D/558/1993.

II. Das Verbot willkürlicher Ausweisungen aus dem „eigenen Land" in Art. 12 Abs. 4 Pakt II

Art. 12 Abs. 4 Pakt II statuiert das Verbot, jemandem willkürlich das Recht zu entziehen, in sein eigenes Land einzureisen[21]. Damit wird implizit und in Übereinstimmung mit der Entstehungsgeschichte dieser Bestimmung, auch ein Verbot willkürlicher Ausweisungen aus dem eigenen Land statuiert[22]. Im Gegensatz zu den entsprechenden Bestimmungen der EMRK[23] sowie der AMRK[24] knüpft Art. 12 Abs. 4 Pakt II - wie im übrigen auch die vergleichbaren Regelungen der Banjul Charta[25] und der Allgemeinen Erklärung der Menschenrechte[26] - für das Verbot der Ausweisung *nicht an die Staatsangehörigkeit*, sondern vielmehr an das *„eigene Land"* an[27]. Der Schutz vor willkürlichen Ausweisungen erfasst somit nicht nur Staatsangehörige, sondern darüber hinaus auch gewisse Gruppen von Fremden, namentlich Ausländerinnen und Ausländer, Flüchtlinge und Staatenlose, die eine sehr starke Bindung zu ihrem Aufenthaltsstaat entwickelt und dort ihre eigentliche Heimat gefunden haben[28]. Diese Auffassung hat der Menschenrechtsaus-

---

[21] „Niemandem darf willkürlich das Recht entzogen werden, in sein eigenes Land einzureisen".

[22] *Nowak*, Commentary, 218 f.; *Achermann/Caroni/Kälin*, 178; *Henckaerts*, 78 ff.; in M 538/1993, *Stewart gegen Kanada*, CCPR/C/56/D/538/1993, sowie M 558/1993, *Canepa gegen Kanada*, CCPR/C/59/D/558/1993, konnte der Ausschuss diese Frage offen lassen, da er zum Schluss kam, dass die Beschwerdeführer nicht geltend machen könnten, Kanada sei ihr eigenes Land. Die Entscheide sind aber dennoch bedeutsam, denn der Ausschuss hat die Ableitung eines Verbots willkürlicher Ausweisungen aus seinem eigenen Land aus Art. 12 Abs. 4 Pakt II zumindest nicht verneint.

[23] Art. 3 Abs. 1 des 4. Zusatzprotokolls zur EMRK bestimmt, dass „niemand (...) aus dem Hoheitsgebiet eines Staates, dessen Staatsangehöriger er ist, durch eine Einzel- oder Kollektivmassnahme ausgewiesen werden" darf.

[24] Art. 22 Abs. 5 AMRK.

[25] Art. 12 Abs. 2 Banjul Charta der Menschenrechte.

[26] Art. 13 Abs. 2 AEMR.

[27] Zum Unterschied dieser beiden Bestimmungen siehe *Pieter van Dijk/Godefridus van Hoof*, Theory and Practice of the European Convention on Human Rights, 2. Auflage, Deventer/Boston 1990, 497; *Velu/Ergec*, 322; Report of the Committee of Experts to the Committee of Ministers on the problems arising from the co-existence of the U.N. Covenants on Human Rights and the European Convention on Human Rights, Council of Europe, Doc H (70) 7, Strasbourg 1970, 34 f.; für die Beschränkung der Garantie der EMRK siehe *Harris/O'Boyle/Warbrick*, 562 f.; *Frowein/Peukert*, 848 f.; *van Dijk/van Hoof*, 671 ff.; *Jacobs/White*, 280 f.; *Lochak*, Article 3, 1055.

[28] *Nowak*, Commentary, 219 f.; *Manfred Nowak*, The Interrelationship between the Covenant on Civil and Political Rights and the European Convention on Human Rights,

schuss in seinen Entscheidungen in den Fällen *Stewart gegen Kanada* sowie *Canepa gegen Kanada* ausdrücklich bestätigt, obwohl er in beiden Fällen die Berufung auf Art. 12 Abs. 2 Pakt II ausschloss.

„12.2. Article 12, paragraph 4, of the Covenant provides: „No one shall be arbitrarily deprived of the right to enter his own country". This article does not refer directly to expulsion or deportation of a person. It may, of course, be argued that the duty of a State party to refrain from deporting persons is a direct function of this provision and that a State party that is under an obligation to allow entry of a person is also prohibited from deporting that person. Given its conclusions regarding article 12, paragraph 4, that will be explained below, the Committee does not have to rule on that argument in the present case. *It will merely assume that if article 12, paragraph 4, were to apply to the author, the State party would be precluded from deporting him.*

12.4 (...) Since the *concept of „his own country"* is not limited to nationality in a formal sense, that is nationality acquired on birth or by conferral, it *embraces, at the very least, an individual who, because of his special ties to or claims in relation to a given country cannot there be considered to be a mere alien.* This would be the case, for example, of nationals of a country who have there been stripped of their nationality in violation of international law and of individuals whose nationality is being denied to them. (...) The language of Article 12, paragraph 4, permits a broader interpretation, moreover, that might embrace other categories of long-term residents, particularly stateless persons arbitrarily deprived of the right to acquire the nationality of the country of such residence.

12.5 The question in the present case is whether a person who enters a given State under that State's *immigration law*, and subject to the conditions of those laws, can regard that State as his own country when he has not acquired its nationality and continues to retain the nationality of his country of origin. The answer could possibly be positive were the country of immigration to place *unreasonable impediments on the acquiring of nationality by new immigrants.* But when, as in the present case, the country of immigration facilitates acquiring its nationality, and the immigrant refrains from doing so, either by choice or by committing acts that will disqualify him from acquiring that nationality, the country of immigration does not become „his own country" within the meaning of article 12, paragraph 4, of the Covenant. In this regard it is to be noted that while in the drafting of article 12, paragraph 4, of the Covenant the term „country of nationality" was rejected, so was the suggestion to refer to the country of one's permanent home."[29]

---

in: Stavroula Vassilouni (Ed.), Aspects of the Protection of Individual and Social Rights, Athens 1995, 131 ff., 157; *Achermann*, 67 f.; *Achermann/Caroni/Kälin*, 179; *Jagerskiold*, 180 f.; *Henckaerts*, 83; *Hannum*, 56 ff.; *Pellonpää*, 137; *Partsch*, Heimat, 189; *Tomuschat*, Heimat, 192.

[29] M 538/1993, *Stewart gegen Kanada*, CCPR/C/56/D/538/1993, Ziff. 12.2 ff., eigene Hervorhebungen.

Die Frage, ob eine Ausländerin oder ein Ausländer sich auf Art. 12 Abs. 4 Pakt II berufen kann, hängt somit nach der Mehrheit der Mitglieder des Menschenrechtsausschusses u.a. auch von der rechtlichen Regelung der *Einbürgerung* im betreffenden Staat ab. In Ländern, die für die Einbürgerung eingewanderter Ausländerinnen und Ausländer keine unverhältnismässig hohen Anforderungen stellen, wird eine Berufung auf den Aufenthaltsstaat als eigenes Land dann unzulässig sein, wenn die betreffende Person auf die Stellung eines Einbürgerungsgesuches verzichtet hat oder aufgrund der Begehung einer Straftat nicht eingebürgert werden kann. Sind die Einbürgerungsbestimmungen jedoch restriktiv und unverhältnismässig hoch, so können sich langjährig im betreffenden Staat ansässige Ausländerinnen und Ausländer durchaus auf Art. 12 Abs. 4 Pakt II berufen und den Aufenthaltsstaat als ihr eigenes Land betrachten.

Diese enge Auslegung des Begriffes des eigenen Landes ist von Mitgliedern des Menschenrechtsausschusses in Sondervoten kritisiert worden. So argumentieren Elizabeth Evatt und Cecilia Medina Quiroga in ihrem Sondervotum zum Entscheid *Stewart gegen Kanada*, dass Art. 12 Abs. 4 Pakt II den Schutz der engen persönlichen und emotionellen Bindungen einer Person zum Land, in dem sie lebt, sowie des in diesem Land geknüpften gesellschaftlichen Beziehungsnetzes, bezwecke:

„In our view, the Committee has taken too narrow a view of article 12, paragraph 4, and has not considered the raison d'être of its formulation. Individuals cannot be deprived of the right to enter „their own country" because it is deemed unacceptable to deprive any person of close contact with his family, or his friends or, put in general terms, with the web of relationships that form his or her social environment. (...) For the rights set forth in article 12, the existence of a formal link to the State is irrelevant; the Covenant is here concerned with the strong personal and emotional links an individual may have with the territory where he lives and with the social circumstances obtaining in it. This is what article 12, paragraph 4, protects.

The object and purpose of the right set forth in article 12, paragraph 4, are reaffirmed by its wording. Nothing in it or in article 12 generally suggests that its application should be restricted in the manner suggested by the Committee. While a person's „own country" would certainly include the country of nationality, there are factors other than nationality which may establish close and enduring connections between a person and a country, connections which may be stronger than those of nationality. After all, a person may have several nationalities, and yet have only the slightest or no actual connections of home and family with one or more of the States in question. The words „his own country" on the face of it invite consideration of such matters as long standing residence, close personal and family ties and intentions to remain (as well as to the absence of such ties elsewhere). Where a person is not a citizen of the country in question, the connections would need to be strong to support a finding that it is his „own country". Nevertheless our view is that it is open to an alien to show that there are such well established links with a State that he or she is entitled to claim the protection of article 12, paragraph 4."[30]

Im konkreten Fall bejahten sie in der Folge, dass der Verfasser der Mitteilung Kanada als sein „eigenes Land" bezeichnen dürfe. Die zentrale Bedeutung, welche der Auslegung des Begriffes des „eigenen Landes" zukommt, hat Prafullachandra Bhagwati in seinem Sondervotum eindrücklich auf den Punkt gebracht und dargelegt, dass die Mehrheitsmeinung Personen schutzlos lasse,

„who have forged close links with a country not only through long residence but having regard to various other factors, who have adopted a country as their own, who have come to regard a country as their home country (...). The question is: are we going to read human rights in a generous and purposive manner or in a narrow and constricted manner? Let us not forget that basically, human rights in the International Covenant are rights of the individual against the State; they are protections against the state and they must therefore be construed broadly and liberally. This backdrop must be kept in mind when we are interpreting article 12, paragraph 4."[31]

Exkurs: Die Bedeutung der Mehrheitsmeinung für die Schweiz

Obwohl der Menschenrechtsausschuss die Chance verpasst hat, den Begriff des „eigenen Landes" in mutiger und zukunftsweisender Art auszulegen, ist die restriktive Interpretation durchaus nicht bedeutungslos. So bejaht er, dass Art. 12 Abs. 4 Pakt II nicht nur Staatsangehörige vor willkürlicher Ausweisung schützt, sondern auch Fremde, die wegen ihrer besonders engen Beziehung zu einem Land nicht eigentlich als „Fremde" bezeichnet werden können[32]. Ob sich neben Staatenlosen auch Migrantinnen und Migranten auf Art. 12 Abs. 4 Pakt II berufen und den Aufenthaltsstaat als ihr eigenes Land betrachten können, hängt u.a. von der rechtlichen Regelung der *Einbürgerung* im betreffenden Staat ab.

Eine Eigenheit der schweizerischen Bürgerrechtsregelung ist, dass Schweizer Bürgerinnen und Bürger über drei verschiedene Bürgerrechte ver-

---

[30] M 538/1993, *Stewart gegen Kanada*, CCPR/C/56/D/538/1993, Individual opinion by *Elizabeth Evatt* and *Cecilia Medina Quiroga*, co-signed by *Francisco José Aguilar Urbina*, Ziff. 5 f.

[31] M 538/1993, *Stewart gegen Kanada*, CCPR/C/56/D/538/1993; Individual opinion by *Prafullachandra Bhagwati*.

[32] Vgl. das Zitat vorne 68.

A. Internationaler Pakt über bürgerliche und politische Rechte

fügen, die indes eine untrennbare Einheit bilden: ein Gemeindebürgerrecht, ein Kantonsbürgerrecht sowie das schweizerische Bürgerrecht[33]. Dieser Eigenart entsprechend ist das schweizerische Einbürgerungssystem *dreistufig*. Art. 44 Abs. 2 BV führt hierzu aus, dass „die Einbürgerung (...) durch die Kantone [erfolgt], nachdem der Bund die Einbürgerungsbewilligung erteilt hat. Der Bund erlässt Mindestvorschriften". Nach Art. 15 des Bürgerrechtsgesetzes[34] können Gesuche um *ordentliche Einbürgerung*[35] erst nach *zwölf Jahren Aufenthalt* in der Schweiz gestellt werden, wobei die Zeit, die im Alter zwischen dem zehnten und zwanzigsten Altersjahr in der Schweiz verbracht wurde, doppelt gerechnet wird. Ferner führt das Bürgerrechtsgesetz die materiellen Voraussetzungen der Erteilung einer eidgenössischen Einbürgerungsbewilligung an. Danach ist vor Bewilligungserteilung zu prüfen, ob die betreffenden Bewerber in die schweizerischen Lebensverhältnisse eingegliedert sind, mit den schweizerischen Lebensgewohnheiten, Sitten und Gebräuchen vertraut erscheinen, die schweizerische Rechtsordnung beachten und nicht die innere oder äussere Sicherheit gefährden[36]. Erteilt das hierfür zuständige Bundesamt für Polizeiwesen die *eidgenössische Einbürgerungsbewilligung* - die indes keinen Anspruch auf Einbürgerung einräumt -, verlagert sich das Einbürgerungsverfahren auf die kantonale und kommunale Ebene. Der eigentliche Einbürgerungsakt erfolgt durch eine kantonale und kommunale Verfügung, wobei die Kantone noch weitere materielle Einbürgerungsvoraussetzungen, wie beispielsweise eine Mindestdauer des kantonalen Wohnsitzes oder die Entrichtung einer Einkaufssumme, aufstellen können[37]. Mit der Einbürgerung in einer Gemeinde und einem Kanton wird auch das schweizerische Bürgerrecht erworben[38].

---

[33] *Aubert*, Rz. 938 f.

[34] Bundesgesetz vom 29. September 1952 über Erwerb und Verlust des Schweizer Bürgerrechts (Bürgerrechtsgesetz, BüG), SR 141.0.

[35] Art. 12 ff. BüG; im Unterschied zur ordentlichen Einbürgerung erfolgt die erleichterte Einbürgerung (Art. 32 ff BüG) direkt durch das EJPD. Im erleichterten Verfahren können unter gewissen Voraussetzungen Ehegatten von Schweizer Bürgerinnen und Bürgern, Ehegatten von Auslandsschweizerinnen und Auslandsschweizern, Personen, die gutgläubig annehmen, Schweizer Bürger zu sein sowie das nichteheliche, ausländische Kind eines schweizerischen Vaters und einer ausländischen Mutter eingebürgert werden; vgl. *Kreis/Kury*, 57 f.; *Grisel*, Rz. 62 ff.; *Aubert*, Rz. 969 ff.

[36] Art. 14 BüG.

[37] Siehe hierzu beispielsweise die in Art. 5 des bernischen Dekretes betreffend Erteilung des Gemeinde- und Kantonsbürgerrechtes und die Entlassung aus demselben (BSG 121.11) aufgestellten Voraussetzungen; danach haben sich Bewerber um das Gemeindebürgerrecht u.a. auch über ihre Fähigkeit, sich und ihre Familie erhalten zu können, sowie über ihr in den letzten zwei Jahren versteuertes Vermögen und Einkommen

2. Kap.: Weitere menschenrechtliche Bestimmungen

Verglichen mit ausländischen Regelungen[39] kann somit ohne Zweifel gesagt werden, dass die schweizerische Bestimmungen äusserst restriktiv sind und sehr hohe Anforderungen an eine Einbürgerung stellen. Daraus folgt,

---

auszuweisen; die Einkaufssummen schwanken von reinen Kanzleigebühren bis zu Beträgen von mehreren zehntausend Franken; siehe hierzu *Achermann*, 67; *Kreis/Kury*, 57; *Grisel*, Rz. 58 ff.; *Aubert*, Rz. 958 ff.

[38] Art. 12 Abs. 1 BüG.

[39] Siehe für einen Überblick über die Einbürgerungsbestimmungen in den Mitgliedsstaaten der EU *Bruno Nascimbene* (Hrsg.), Nationality Laws in the European Union, Milano 1996; ferner die Aufstellung bei *Kreis/Kury*, 63 ff.; Einbürgerungsgesuche können in Frankreich beispielsweise nach einem ordentlichen und ununterbrochenen Aufenthalt von fünf Jahren gestellt werden, wenn die Gesuchstellerin oder der Gesuchsteller volljährig sind, einer Erwerbstätigkeit nachgehen, in Frankreich „assimiliert" sind, d.h. die französische Sprache sprechen und mit den Gebräuchen und Sitten der französischen Gesellschaft vertraut sind; für bestimmte Kategorien von Ausländerinnen und Ausländern wird diese Frist verkürzt oder gar völlig aufgehoben: so können Ehepartner französischer Staatsbürger bereits nach einjähriger Ehedauer um die Verleihung der französischen Staatsbürgerschaft ersuchen; ebenso können u.a. in Frankreich geborene Kinder ausländischer Staatsangehörigkeit, falls sie in Frankreich wohnen und dort seit dem Alter von elf Jahren während fünf Jahren ihren gewöhnlichen Aufenthalt hatten, ab dem 16. Altersjahr die französische Staatsbürgerschaft verlangen; diese Möglichkeit ist indes ausgeschlossen, falls die Betreffenden zwischen 18 und 21 Jahren wegen der Begehung bestimmter Straftaten rechtskräftig verurteilt worden sind; *Paul Lagarde*, in: Nascimbene, a.a.O., 317 ff.; vgl. ferner zu den durch die loi n° 98-170 vom 16. März 1998 geänderten Bestimmungen des französischen Staatsbürgerschaftsrechtes *Hugues Fulchiron*, «Rétablissement du droit du sol» et réforme du droit de la nationalité, J.D.I. 1998, 343 ff.; für die Verleihung der österreichischen Staatsbürgerschaft verlangt das Staatsbürgerschaftsgesetz von 1985 grundsätzlich einen ordentlichen Aufenthalt von mindestens zehn Jahren, *Ulrike Brandl*, in: Nascimbene, a.a.O., 71 ff.; ein Gesuch um ordentliche Einbürgerung kann in Belgien nach einem mindestens fünfjährigen Aufenthalt eingereicht werden, wobei diese Frist für anerkannte Flüchtlinge und Staatenlose auf drei Jahre herabgesetzt ist; ferner erhalten Angehörige der *dritten Generation* automatisch das belgische Bürgerrecht und Angehörige der *zweiten Generation* können durch Erklärung vor dem zwölften Lebensjahr die Staatsbürgerschaft erhalten, wenn sie seit ihrer Geburt in Belgien leben; *Jean-Yves Carlier/Sarah Goffin*, in: Nascimbene, a.a.O., 112 ff.; in Dänemark beträgt die Aufenthaltsfrist sieben Jahre, wobei diese für bestimmte Personengruppen herabgesetzt wird; so können Staatsangehörige der skandinavischen Staaten bereits nach einem zweijährigen Aufenthalt, Flüchtlinge nach sechs Jahren, Ehepartner bzw. Partner registrierter Lebensgemeinschaften dänischer Staatsangehöriger nach drei Jahren ein Einbürgerungsgesuch stellen; *Henrik Zahle*, in: Nascimbene, a.a.O., 191 ff.; die Niederlande setzen als minimalen Aufenthalt eine Frist von fünf Jahren voraus, damit ein Einbürgerungsgesuch gestellt werden kann; in den Niederlanden geborene Ausländerinnen und Ausländer können bis zu ihrem 25. Lebensjahr für die niederländische Staatsangehörigkeit optieren; *Gerard-René de Groot/Carlos Bollen*, in: Nascimbene, a.a.O., 571 ff.

dass im Sinne der vorstehenden Ausführungen, Ausländerinnen und Ausländer, welche seit vielen Jahren in der Schweiz wohnen und hier integriert sind, die Schweiz durchaus als „eigenes Land" bezeichnen und sich auf das Verbot willkürlicher - d.h. unverhältnismässiger[40] - Ausweisung von Art. 12 Abs. 4 Pakt II berufen können[41]. Von grösster Bedeutung ist diese Regelung für *Angehörige der zweiten Einwanderergeneration*, für seit langer Zeit *niedergelassene Ausländerinnen und Ausländer, Flüchtlinge* sowie *staatenlose Personen*[42], insbesondere auch dann, wenn eine Einbürgerung ohne gute Gründe durch die kantonalen oder kommunalen Behörden verweigert wird.

B. Das Übereinkommen über die Rechte des Kindes

Das am 20. November 1989 von der Generalversammlung der Vereinten Nationen verabschiedete Übereinkommen über die Rechte des Kindes (KRK)[43] gewährt Kindern zunächst diejenigen bürgerlichen, politischen, sozialen, wirtschaftlichen und kulturellen *Rechte*, die ihnen bereits aufgrund

---

[40] *Pellonpää*, 139 f.; in ihrem Sondervotum in M 538/1993, *Stewart gegen Kanada*, CCPR/C/56/D/538/1993, haben die Ausschussmitglieder *Evatt, Medina Quiroga* und *Aguilar Urbina* zum Begriff der Willkür ausgeführt: „In another context, the Committee has taken the view that «arbitrary» means unreasonable in the particular circumstances, or contrary to the aims and objectives of the Covenant (...). That approach also appears to be appropriate in the context of article 12, paragraph 4. In the case of citizens, there are likely to be few if any situations when deportations would not be considered arbitrary in the sense outlined. In the case of an alien such as the author, deportation could be considered arbitrary if the grounds relied on to deprive him of his right to enter and remain in the country were, in the circumstances, unreasonable, when weighed against the circumstances which make that country his «own country»"".

[41] In BGE 122 II 433 hatte das Bundesgericht die Zulässigkeit der Ausweisung eines in der Schweiz geborenen und aufgewachsenen, schwer straffällig gewordenen Ausländers u.a. auch in Hinblick auf Art. 12 Abs. 4 Pakt II zu beurteilen. Die Frage, ob sich Ausländerinnen und Ausländer überhaupt auf Art. 12 Abs. 4 Pakt II berufen könnten, hat das Bundesgericht offengelassen, da der Pakt das Recht auf Einreise nicht uneingeschränkt einräume, sondern lediglich willkürliche Ausweisungen verbiete. Da im betreffenden Fall die Ausweisung gesetzlich vorgesehen gewesen und überdies nicht unsachlich oder unverhältnismässig bzw. ungerecht oder stossend sei, erweise sie sich damit nicht als willkürlich im Sinne von Art. 12 Abs. 4 Pakt II.

[42] *Nowak*, Commentary, 220; *Pellonpää*, 139 f.; *Achermann*, 67 f.

[43] Am 30. September 1998 hatten 191 Staaten die KRK ratifiziert.

der bestehenden Menschenrechtsinstrumente zustehen, trägt daneben aber auch dem *besonderen Schutzbedürfnis* von Kindern Rechnung[44].

Grundprinzip und Leitmotiv der KRK ist das *Wohl des Kindes*, das „bei allen Massnahmen, die Kinder betreffen (...), *vorrangig* zu berücksichtigen ist"[45]. Als vorrangig zu berücksichtigendes Prinzip kommt dem Kindeswohl sowohl im Rahmen der Auslegung und Gewährleistung der in der KRK garantierten Rechte und Freiheiten als auch bei der Abwägung kollidierender Rechtsgüter zentrale Bedeutung zu[46]. Das Übereinkommen verzichtet freilich auf eine Umschreibung oder Definition des *Kindeswohles*. Dies ist durchaus sachgerecht, denn die Faktoren, die das Wohl eines Kindes ausmachen, hängen von der jeweiligen Situation und den Umständen ab und können nur für jeden Fall einzeln bestimmt werden[47].

I. Die Familienzusammenführung - Art. 10 KRK

Einen wichtigen Aspekt des Übereinkommens über die Rechte des Kindes stellt der Schutz der Beziehungen zwischen Kindern und ihren Eltern dar. In diesem Sinne bestimmt Art. 9 Abs. 1 KRK, dass Kinder nur aufgrund einer gerichtlich nachprüfbaren Entscheidung gegen den Willen ihrer Eltern von diesen getrennt werden dürfen. Darauf beruhend werden die Vertragsstaaten in Art. 10 Abs. 1 KRK verpflichtet, Aus- oder Einreiseanträge zum Zwecke der Familienzusammenführung „*wohlwollend, human und beschleunigt*" zu bearbeiten:

„Entsprechend der Verpflichtungen der Vertragsstaaten nach Artikel 9 Absatz 1 werden von einem Kind oder seinen Eltern zwecks Familienzusammenführung gestellte Anträge auf Einreise in einen Vertragsstaat oder Ausreise aus einem Vertragsstaat von den Vertragsstaaten wohlwollend, human und beschleunigt bearbeitet. Die Vertragsstaaten stellen ferner sicher, dass die Stellung eines solchen Antrags keine nachteilige Folgen für die Antragsteller und deren Familienangehörige hat."

Da Kinder das Recht haben, regelmässige persönliche Beziehungen und Kontakte zu beiden Elternteilen zu pflegen, obliegt den Vertragsstaaten ferner nach Art. 10 Abs. 2 KRK die Verpflichtung, zu diesem Zweck die Ein-

---

[44] Vgl. zu den Zielsetzungen der KRK *Botschaft Kinderkonvention*, 11 f.

[45] Art. 3 Abs. 1 KRK, eigene Hervorhebung.

[46] Vgl. hierzu *Philip Alston*, The best interest Principle: Towards a Reconciliation of Culture and Human Rights, in: *Philip Alston* (Ed.), The best interest of the Child - reconciling Culture and Human Rights, Oxford 1994, 1 ff., 15 f.; *van Bueren*, Child, 46.

[47] *van Bueren*, Child, 47.

und Ausreise in jedes Land zu gestatten[48]. Die Einheit der Familie wird weiter durch Art. 18 Abs. 1 KRK geschützt; diese Bestimmung verpflichtet die Vertragsstaaten, sich „nach besten Kräften (...) [zu bemühen], die Anerkennung des Grundsatzes sicherzustellen, dass *beide Elternteile gemeinsam* für die Erziehung und Entwicklung des Kindes verantwortlich sind"[49]. Schliesslich sind die Vertragsstaaten nach Art. 22 Abs. 2 KRK verpflichtet mitzuhelfen, um Eltern oder andere Familienangehörige von Kinderflüchtlingen ausfindig zu machen und die Familienzusammenführung zu ermöglichen.

Die KRK enthält somit explizit Bestimmungen betreffend den Familiennachzug; umstritten ist indes, ob diese auch einen *Anspruch* auf Familiennachzug einzuräumen vermögen. In seiner Botschaft betreffend den Beitritt der Schweiz zur KRK hat der schweizerische Bundesrat zunächst dargelegt, dass Art. 10 Abs. 1 KRK „zweifellos (...) weder dem Kind noch den Eltern einen gerichtlich durchsetzbaren Anspruch auf Familienzusammenführung"[50] einräumt; weiter wird aber ausgeführt, dass „die geltende schweizerische Rechtsordnung mit ihrem grundsätzlichen Ausschluss des Familiennachzuges für bestimmte Kategorien von Ausländerinnen und Ausländern den Anforderungen von Art. 10 Abs. 1 des Übereinkommens"[51] heute nicht in allen Teilen voll entspreche[52]. Aus diesem Umstand folgerte der Bundesrat, dass ein Vorbehalt angebracht werden sollte, um dadurch der aktuellen Situation

---

[48] „Ein Kind, dessen Eltern ihren Aufenthalt in verschiedenen Staaten haben, hat das Recht, regelmässige persönliche Beziehungen und unmittelbare Kontakte zu beiden Elternteilen zu pflegen, soweit nicht aussergewöhnliche Umstände vorliegen. Zu diesem Zweck achten die Vertragsstaaten entsprechend ihrer Verpflichtung nach Artikel 9 Absatz 1 das Recht des Kindes und seiner Eltern, aus jedem Land einschliesslich ihres eigenen auszureisen und in ihr eigenes Land einzureisen. (...)"; vgl. hierzu *Sharon Detrick*, «Family Rights» under the United Nations Conventions on the Rights of the Child, in: *Nigel Lowe/Gillian Douglas* (Ed.), Families Across Frontiers, The Hague/Boston/London 1996, 95 ff., 105.

[49] Eigene Hervorhebung.

[50] *Botschaft Kinderkonvention*, 33.

[51] *Botschaft Kinderkonvention*, 36.

[52] Zur Regelung des Familiennachzuges im schweizerischen Ausländerrecht siehe hinten 91 ff.; zur Vereinbarkeit der schweizerischen Nachzugsregelungen mit den Anforderungen der KRK siehe *Christina Hausammann*, Die Konvention über die Rechte des Kindes und ihre Auswirkungen auf die schweizerische Rechtsordnung, Studie im Auftrag des Schweizerischen Komitees für UNICEF, Bern 1991, 47; *Olivier Guillod*, Swiss Law and the United Nations Convention on the Rights of the Child, in: *Michael Freemann* (Ed.), Children's Rights - a comparative Perspective, Aldershot/Brookfield/Singapore/Sydney 1996, 231 f.

Rechnung zu tragen[53]. Diese Ausführungen machen deutlich, dass davon auszugehen ist, Art. 10 Abs. 1 KRK enthalte grundsätzlich einen *Anspruch auf Familiennachzug*, auch wenn dieser nicht als direkt durchsetzbares Recht formuliert ist[54]. Auch das schweizerische Bundesgericht scheint davon auszugehen, wenn es darlegt, dass „aus Art. 9 und 10 des Abkommens (...) weder ein Kind noch dessen Eltern einen gerichtlich durchsetzbaren Anspruch auf Familienzusammenführung abzuleiten" vermögen[55].

Die Frage der direkten Anwendbarkeit der Bestimmungen der KRK ist insbesondere in der französischen Rechtsprechung umstritten[56]: während der *Kassationshof* in 1993 gefällten Entscheiden jeweils ausführte, dass die in der KRK enthaltenen Rechte in ihrer Ganzheit nicht direkt anwendbar seien[57], relativierte der *Conseil d'État* diese starre Haltung und unterscheidet zwischen direkt und nicht direkt anwendbaren Normen[58]. In diesem Sinne anerkennt er beispielsweise Art. 16 KRK self-

---

[53] Das Parlament ist der Auffassung des Bundesrates gefolgt und hat zu Art. 10 Abs. 1 KRK folgenden Vorbehalt beschlossen, der bei der Ratifikation angebracht wurde: „Die schweizerische Gesetzgebung, die bestimmten Kategorien von Ausländerinnen und Ausländern keinen Familiennachzug gewährt, bleibt vorbehalten". Somit können aus der Kinderrechtskonvention keine über die landesrechtlich bestehenden Regelungen hinausgehenden Ansprüche auf Familiennachzug abgeleitet werden; eine vergleichbare Erklärung hat auch die Bundesrepublik Deutschland anlässlich der Hinterlegung der Ratifikationsurkunde angebracht; demgegenüber haben weder Österreich noch Frankreich entsprechende Vorbehalte oder Erklärungen abgegeben.

[54] Einen derartigen Anspruch verneint indes *Scheer*, 26.

[55] BGE 124 II 361, E. 3b, 367; ferner unpublizierter BGerE vom 6.3.1998 i.S. X. und Y. (2A.357/1997). Das deutsche Bundesverwaltungsgericht hat hierzu ausgeführt: „Art. 10 Abs. 1 UN-Kinderkonvention fordert, dass von einem Kind oder seinen Eltern zwecks Familienzusammenführung gestellte Anträge auf Einreise in einen Vertragsstaat wohlwollend, human und beschleunigt bearbeitet werden (...). Offenbleiben kann, ob es sich hierbei um eine reine Staatenverpflichtung oder um innerstaatlich unmittelbar anwendbares Recht handelt. Bereits aus dem Wortlaut der Bestimmung ergibt sich kein Rechtsanspruch auf eine Aufenthaltserlaubnis, sondern allenfalls das Gebot, von einem nach innerstaatlichem Recht gegebenen Ermessen wohlwollend Gebrauch zu machen", BVerwGE 101, 246 f.

[56] Vgl. m.w.H. *Bea Verschraegen*, Die Kinderrechtekonvention, Wien 1996, 45 ff.

[57] Vgl. beispielsweise *C. Byk*, La réception des conventions internationales par le juge français: à l'occasion de la jurisprudence de la Cour de cassation relative à la Convention des Nations Unies sur les droits de l'enfant, J.D.I. 1994, 967 ff.; *Frédérique Granet*, La Convention de New York sur les droits de l'enfant et sa mise en oeuvre en France, in: Jacqueline Rubellin-Devichi/Rainer Frank (Hrsg.), L'enfant et les conventions internationales, Lyon 1996, 95 ff., 107.

[58] Ausführlich zu dieser Frage die Conclusions des Commissaire du Gouvernement Abraham zu CE, *GISTI*, 23.4.1997, D. 1998, jur. 15 ff.

B. Das Übereinkommen über die Rechte des Kindes 77

executing-Charakter zu[59], während die Art. 9[60], 12 und 14[61] sowie 26 und 27[62] KRK lediglich den Staat verpflichteten und nicht direkt anwendbare Rechte enthalten.

II. Der Schutz der Privatsphäre - Art. 16 KRK

In enger Anlehnung an Art. 17 Pakt II bestimmt Art. 16 Art. 1 KRK, dass Kinder keinen willkürlichen oder rechtswidrigen Eingriffen in ihr Privatleben, ihre Familie, ihre Wohnung oder ihren Schriftverkehr oder rechtswidrigen Beeinträchtigungen ihrer Ehre und ihres Rufes ausgesetzt werden dürfen. Da ausser Frage steht, dass die inhaltlich entsprechenden Bestimmungen[63] von Art. 17 Pakt II und Art. 8 EMRK direkt anwendbar sind, muss dies auch für Art. 16 KRK[64] gelten, denn es wäre letztlich sinnlos und unverständlich, wenn Kinder sich zwar direkt auf die Bestimmungen genereller Menschen-

---

[59] CE, *Demirpence*, 10.3.1995, Rec. CE 1995, tab. 830.

[60] CE, *Préfet de la Seine-Maritime c/ M. et Mme Abdelmoula*, 29.7.1994, Rec. CE 1993, tab. 988; der Fall betraf die Wegweisung der Eltern aus Frankreich, obwohl ihre Kinder z.T. dort eingeschult waren; im Entscheid führte der Conseil d'État aus, dass „les stipulations de l'article 9 de la convention relative aux droits de l'enfant (...) créent seulement des obligations entre Etats sans ouvrir de droits aux intéressés, que les époux Abdelmoula ne peuvent donc utilement se prévaloir de cet engagement international pour demander l'annulation des arrêtés ordonnant leur reconduite à la frontière"; vgl. zu diesem Entscheid die conclusions der Commissaire du Gouvernement *Martine Denis-Linton* in AJDA 1994, 841 f.

[61] CE, *Paturel*, 3.7.1996.

[62] CE, *GISTI*, 23.4.1997, D. 1998, jur. 20.

[63] *Dorsch*, 141; *Botschaft Kinderkonvention*, 41; *Alston*, 133.

[64] Die unmittelbare Anwendbarkeit von Art. 16 KRK wurde beispielsweise durch den französischen Conseil d'État ausdrücklich bejaht; CE, *Demirpence*, 10.3.1995, Rec. CE 1995, tab. 830; im Zusammenhang mit der Frage der direkten Anwendbarkeit der Bestimmungen der KRK hat der schweizerische Bundesrat in seiner Botschaft ausgeführt (a.a.O., 20 f): „Sicher sind nicht alle Bestimmungen, die dem Kind «Rechte» einräumen, direkt anwendbar. Das Übereinkommen enthält zahlreiche Normen, deren Wortlaut zuwenig bestimmt ist, um einen gerichtlich durchsetzbaren Anspruch zu begründen. (...) Andere Bestimmungen scheinen durchaus so bestimmt, dass sie ohne weiteres als Grundlage für einen konkreten Entscheid dienen können. Das Übereinkommen hält etwa die klassischen Freiheitsrechte in gleicher Weise fest, wie sie bereits der Pakt über bürgerliche und politische Rechte und die EMRK für alle Menschen verankert. Es wäre kaum folgerichtig, diesen Bestimmungen die direkte Anwendbarkeit zu versagen, während die direkte Anwendbarkeit praktisch gleichlautender Bestimmungen der EMRK in unserer Rechtsordnung nicht in Frage steht"; Vgl. ebenso *Joachim Wolf*, Ratifizierung unter Vorbehalten: Einstieg oder Ausstieg der Bundesrepublik Deutschland aus der UN-Konvention über die Rechte des Kindes?, ZRP 1991, 374 ff., 376.

rechtsinstrumente berufen könnten, die inhaltlich entsprechende Norm der KRK indes nicht ebenfalls self-executing wäre.

Wie die EMRK und der Pakt II gewährt zwar auch die Kinderrechtskonvention kein generelles Recht auf Einreise oder Aufenthalt in einem bestimmten Staat. Falls eine fremdenrechtliche Massnahme indes zu einer Trennung von Eltern und Kindern führt, stellt dies grundsätzlich eine Beeinträchtigung des Familienlebens von Kindern dar und fällt daher in den Schutzbereich von Art. 16 KRK. Ausländerrechtliche Massnahmen sind somit in diesen Konstellationen nur zulässig, soweit sie weder rechtswidrig noch willkürlich sind. Für die Auslegung der Begriffe „rechtswidrig" und „willkürlich" kann auf die Bedeutung dieser Termini im Rahmen von Art. 17 Pakt II zurückgegriffen werden, zeigt doch die Entstehungsgeschichte von Art. 16 KRK, dass diese Bestimmung in Anlehnung an die entsprechende Norm des Paktes II entworfen wurde[65]. Beeinträchtigungen oder Eingriffe in die geschützten Rechtsgüter sind demnach insbesondere dann unzulässig, wenn sie mit den Zielen des Übereinkommens unvereinbar erscheinen, keine gesetzliche Grundlage haben oder als Ganzes gesehen unverhältnismässig und daher willkürlich sind.

Ausländerrechtliche Massnahmen können, wenn dadurch Familienangehörige getrennt werden, einen Eingriff in das Familienleben darstellen und werden diesfalls vom Schutzbereich des Art. 17 Pakt II erfasst. Dies muss ebenso für den in Art. 16 KRK niedergelegten und jedem Kind gewährten Schutz des Familienlebens gelten. Falls fremdenrechtliche Massnahmen daher das Zusammenleben von Eltern und Kindern verhindern oder verunmöglichen, unterliegen die Vertragsstaaten den Verpflichtungen dieser Norm, d.h. Eingriffe sind nur zulässig, wenn sie weder rechtswidrig noch willkürlich sind. Da ausländerrechtlich begründete Eingriffe meist in genügender Weise in der innerstaatlichen Gesetzgebung vorgesehen sind, kommt der Frage, ob eine Beeinträchtigung willkürlich erfolgt ist, ausschlaggebende Bedeutung zu. Die Zulässigkeitsprüfung setzt eine Abwägung der Auswirkungen auf das Familienleben des Kindes gegen die mit der Massnahme verfolgten Zwecke voraus, wobei im Rahmen dieser Verhältnismässigkeitsprüfung - dem Grundprinzip der Kinderrechtskonvention entsprechend - dem *Kindeswohl* besondere Beachtung geschenkt werden muss[66]. In diesem Zu-

---

[65] *Sharon Detrick/Jaap Doek/Nigel Cantwell* (Ed.), The United Nations Convention on the Rights of the Child - A Guide to the „Travaux Préparatoires", Dordrecht/Boston/London 1992, 260 f.; *Dorsch*, 142; *Alston*, 140 ff.; vgl. die Ausführungen vorne 62 f. zur Bedeutung dieser Begriffe im Rahmen von Art. 17 Pakt II.

[66] In diesem Sinne bestimmt u.a. Art. 26 Abs. 3 des am 19.2.1998 von italienischen Senat verabschiedeten neuen Ausländergesetzes, dass „in tutti i procedimenti ammini-

sammenhang ist der vom französischen Conseil d'État gefällte Entscheid *Mlle Cinar*[67] von Bedeutung. Der Fall betraf die Versagung eines Aufenthaltstitels an den vierjährigen, nichtehelichen Sohn einer im Rahmen des Familiennachzuges nach Frankreich eingereisten und dort mit einer *carte de résident* niedergelassenen, ledigen türkischen Staatsangehörigen. Zusätzlich zur Bewilligungsversagung hatte der zuständige Präfekt die Mutter aufgefordert, alle notwendigen Massnahmen zu treffen, um ihren Sohn innerhalb eine Monats in die Türkei zurückzubringen. Der Conseil d'État bejahte zunächst, dass Art. 3 Abs. 1 KRK im Rahmen einer Beschwerde wegen *excès de pouvoir* angerufen werden könne und führte danach aus, dass diese Bestimmung in casu verletzt worden sei, da weder der Vater des Kindes, welcher sich nie um ihn gekümmert und auch nie zu seiner Erziehung beigetragen hatte, noch andere nahe Verwandte den Jungen aufnehmen könnten. Der Entscheid des Präfekten, das Kind zu verpflichten, in die Türkei auszureisen und somit Mutter und Sohn zu trennen, habe daher einen Eingriff in das Kindeswohl dargestellt.

C. Die Europäische Sozialcharta

Die 1961 verabschiedete Europäische Sozialcharta (ESC)[68] bestimmt in Art. 19, der das Recht der Wanderarbeitnehmer und ihrer Familien auf Schutz und Beistand umschreibt, u.a.:

„Um die wirksame Ausübung des Rechtes der Wanderarbeitnehmer und ihrer Familien auf Schutz und Beistand im Hoheitsgebiet jeder anderen Vertragspartei zu gewährleisten, verpflichten sich die Vertragsparteien, (...)

6. soweit möglich, die Zusammenführung eines zur Niederlassung im Hoheitsgebiet berechtigten Wanderarbeitnehmers und seiner Familie zu erleichtern;"

Die Vertragsstaaten der Sozialcharta werden verpflichtet, konkrete Massnahmen zur Erleichterung des Familiennachzuges zu ergreifen. Daraus kann

---

strativi e giurisdizionali finalizzati a dare attuazione al diritto all'unità familiare e riguardanti i minori deve essere preso in considerazione con carattere di priorità il superiore interesse del fanciullo, conformemente a quanto previsto dall'articolo 3, comma 1, della Convenzione sui diritti del fanciullo (...)".

[67] CE, *Mlle Cinar*, 22.9.1997, JCP 1997, éd. G, No. 2352, 374.

[68] ETS Nr. 35; bis 30.9.1998 hatten folgende Staaten die ESC ratifiziert: Belgien, Dänemark, Deutschland, Finnland, Frankreich, Griechenland, Irland, Island, Italien, Luxemburg, Malta, Niederlande, Norwegen, Österreich, Polen, Portugal, Schweden, Slowakei, Spanien, Türkei, Vereinigtes Königreich, Zypern; die Schweiz hat die ESC zwar 1976 unterzeichnet, sie indes bisher nicht ratifiziert.

gefolgert werden, dass Art. 19 Ziff. 6 ESC *keine direkt anwendbare Bestimmung* darstellt[69]. Aufgrund des im Anhang zur ESC ausgeführten persönlichen Geltungsbereiches werden von dieser den Staaten durch die ESC auferlegten Verpflichtung jedoch nur Staatsangehörige von Vertragsstaaten der ESC erfasst[70]. Die Familie i.S. von Art. 19 Ziff. 6 Sozialcharta umfasst zumindest die Kinder bis 21 Jahren sowie die Ehefrau von Wanderarbeitnehmern[71], die zur Niederlassung[72] im Hoheitsgebiet berechtigt sind. Im Anhang zur *revidierten Europäischen Sozialcharta*[73] wird der persönliche Geltungsbereich von Art. 19 Ziff. 6 neu umschrieben; er umfasst nun mindestens die unverheirateten Kinder, solange diese nach dem Recht des Empfangsstaates noch nicht volljährig sind, sowie den Ehepartner[74] von Wanderarbeitnehmerinnen und Wanderarbeitnehmern[75].

---

[69] *Zuleeg*, 55 f.; *Jault-Seseke*, 26; *Harris*, 176; *Cholewinski*, Migrant Workers, 344. Die Bestimmung von Art. 19 Ziff. 6 ESC ist von Dänemark, Island und Malta nicht anerkannt worden. Im Bericht der Kommission des Nationalrates für soziale Sicherheit und Gesundheit vom 17. November 1995 zur Frage der Ratifikation der ESC durch die Schweiz wird ausgeführt, dass die Schweiz Art. 19 Ziff. 6 ohne Massnahmen zur Erleichterung der Familienzusammenführung nicht annehmen könnte, *Bericht Sozialcharta*, 767 f.

[70] *Zuleeg*, 60; *Samuel*, 395; *Jault-Seseke*, 26; *Dictionnaire „Regroupement familial"*, Rz. 15; *Madureira*, 122; *Scheer*, 81; *Cholewinski*, Migrant Workers, 215.

[71] Der Familienbegriff dieser Bestimmung umfasst nur die Ehefrauen und Kinder unter 21 Jahren von Wanderarbeitnehmern; von Wanderarbeitnehmerinnen werden demgegenüber nur die noch nicht 21 Jahre alten Kinder erfasst, nicht auch ihre Ehegatten; *Samuel*, 414 f.; *Cholewinski*, Migrant Workers, 337; *Boucaud*, 55.

[72] Diese Wortwahl impliziert, dass nur diejenigen Angehörigen von Vertragsstaaten, welche zum dauernden Aufenthalt berechtigt sind, ihre Familien nachziehen lassen können; *Scheer*, 85; *Plender*, 247; *Harris*, 175 f.; *Cholewinski*, Migrant Workers, 345. Die Praxis scheint aber grosszügiger zu sein, denn sonst hätte für die nationalrätliche Kommission kaum Grund bestanden, die Annahme von Art. 19 Ziff. 6 durch die Schweiz als nicht möglich zu bezeichnen.

[73] Die revidierte Europäische Sozialcharta (ETS Nr. 163) wurde am 3.5.1996 verabschiedet und bis 30.9.1998 von Albanien, Belgien, Bulgarien, Dänemark, Estland, Finnland, Frankreich, Griechenland, Italien, Litauen, Luxemburg, Portugal, Rumänien, Slowenien, Schweden, Vereinigtes Königreich und Zypern unterzeichnet; als erster und bisher (Stand 30.9.1998) einziger Staat hat Schweden die revidierte ESC am 29.5.1998 ratifiziert.

[74] Im Gegensatz zur bisherigen Fassung spricht der Wortlaut dieser Bestimmung nunmehr von „spouse" und nicht mehr von „wife"; vgl. *Gomien/Harris/Zwaak*, 407; *Boucaud*, 88.

[75] Vgl. zur Praxis des Sachverständigenausschusses gemäss Art. 24 ESC zu Art. 19 Ziff. 6 ESC *Boucaud*, 55 ff. sowie *Samuel*, 414.

D. Die Internationale Konvention zum Schutze der Rechte aller Wanderarbeitnehmer und ihrer Familienangehörigen

Am 18. Dezember 1990 verabschiedete die Generalversammlung der Vereinten Nationen die Internationale Konvention zum Schutze der Rechte aller Wanderarbeitnehmer und ihrer Familienangehörigen (WAK)[76], welche jedoch bisher erst von 9 Staaten ratifiziert worden und daher noch nicht in Kraft getreten ist[77]. Ihre Ausarbeitung erfolgte vor dem Hintergrund, dass die ausdrückliche Anerkennung und Gewährleistung grundlegender Rechte und Freiheiten von Wanderarbeitnehmern und ihren Familienangehörigen in der heutigen Zeit, in der ausländische Arbeitnehmerinnen und Arbeitnehmer aufgrund wirtschaftlicher, sozialer und rechtlicher Gegebenheiten zunehmend unter Druck geraten, eine absolute Notwendigkeit darstellt. Zwar gelten die in den übrigen Menschenrechtsverträgen verbürgten Rechte und Freiheiten auch für Wanderarbeitnehmerinnen und Wanderarbeitnehmer, doch vermögen sie deren spezifische Probleme nicht befriedigend und umfassend zu lösen[78]. In diesem Sinne führt die Präambel der Wanderarbeitnehmerkonvention aus, die Konvention sei verabschiedet worden

„- in Hinblick auf die Bedeutung und den Umfang des Phänomens der Wanderung, bei dem es um Millionen von Menschen geht und von dem eine grosse Anzahl von Staaten der internationalen Gemeinschaft betroffen ist, (...)

- in der Überzeugung, dass die Rechte der Wanderarbeitnehmer und ihrer Familienangehörigen nicht überall ausreichende Anerkennung gefunden haben und daher einen entsprechenden völkerrechtlichen Schutz benötigen,

- unter Berücksichtigung der Tatsache, dass die Wanderung für die Familienangehörigen der Wanderarbeitnehmer sowie für die Wanderarbeitnehmer selbst, *besonders wegen der Trennung der Familien*, häufig schwerwiegende Probleme mit sich bringt, (...)"[79]

---

[76] International Convention on the Protection of the Rights of All Migrant Workers and Members of their Families, UN Doc. A/RES/45/158.

[77] Folgende Staaten hatten bis am 30.9.1998 die WAK ratifiziert: Aegypten, Bosnien-Herzegowina, Kap Verde, Kolumbien, Marokko, Philippinen, Seychellen, Sri Lanka, Uganda; zusätzlich hatten Chile und Mexiko die WAK zwar unterzeichnet, aber noch nicht ratifiziert. Nach Art. 87 WAK tritt die Konvention drei Monate nach Hinterlegung der zwanzigsten Ratifikationsurkunde in Kraft; vgl. zu den Problemen und Hindernissen der Ratifikation der Wanderarbeitnehmerkonvention den Artikel von *Hune/Niessen*, Difficulties and Problems, 396 ff.

[78] Vgl. hierzu ausführlich *Hune/Niessen*, Convention, 130 ff.; *Niessen*, 324; *Dipla*, 35 ff.; *Cholewinski*, Migrant Workers, 138 ff.

[79] Eigene Hervorhebung; deutsche Übersetzung in VN 1991, 176 ff.

Die Wanderarbeitnehmerkonvention garantiert Migrantinnen und Migranten zahlreiche spezifische Menschenrechte und schenkt dabei auch den speziellen Bedürfnissen der Familien Beachtung[80]. So garantiert Art. 14 WAK den Schutz der Privatsphäre[81] und Art. 44 WAK anerkennt die Familie als natürliche Kernzelle der Gesellschaft. Zum Familiennachzug führt diese Bestimmung aus:

„2. Die Vertragsstaaten ergreifen die Massnahmen, die sie für geeignet halten und die in ihre Zuständigkeit fallen, um die Zusammenführung der Wanderarbeitnehmer mit ihren Ehegatten oder den Personen, mit denen sie Beziehungen unterhalten, die nach den anzuwendenden Rechtsvorschriften der Ehe vergleichbare Wirkungen haben, sowie mit ihren minderjährigen, unterhaltsberechtigten ledigen Kindern zu erleichtern.

3. Aus humanitären Gründen ziehen die Beschäftigungsstaaten wohlwollend in Erwägung, anderen Familienangehörigen von Wanderarbeitnehmern die gleiche Behandlung zu gewähren wie in Absatz 2 vorgesehen."

Der Wortlaut von Art. 44 WAK lässt keinen Zweifel, dass diese Bestimmung kein Recht auf Familiennachzug einräumt, sondern lediglich die Vertragsstaaten verpflichtet, Massnahmen zur Förderung der Familienzusammenführung zu ergreifen[82]. Ferner regelt Art. 50 WAK, dass nach dem Tod eines Ehegatten oder der Trennung der Ehe Gesuche um Verlängerung der Aufenthaltsbewilligung im Familiennachzug eingereister Familienangehöriger wohlwollend zu behandeln seien[83], und schliesslich hält Art. 56 WAK fest, dass Wanderarbeitnehmer und ihre Familienangehörigen nur bei Bestehen einer entsprechenden gesetzlichen Grundlage sowie unter Beachtung der Verfahrensvorschriften ausgewiesen werden dürfen[84].

Erst in Zukunft wird sich jedoch zeigen, ob und in welchem Masse die in der Wanderarbeitnehmerkonvention gewährleisteten Rechte und Freiheiten, die fast ausschliesslich bereits in anderen Menschenrechtsinstrumenten verankert sind, auch tatsächlich Wanderarbeitnehmerinnen und Wanderarbeit-

---

[80] Für eine einlässliche Darstellung der einzelnen durch die WAK garantierten Rechte und Freiheiten siehe *Cholewinski*, Migrant Workers, 154 ff.

[81] „Wanderarbeitnehmer und ihre Familienangehörigen dürfen keinen willkürlichen oder rechtswidrigen Eingriffen in ihr Privatleben, ihre Familie, ihre Wohnung, ihren Schriftverkehr oder sonstigen Nachrichtenverkehr oder rechtswidrigen Beeinträchtigungen ihrer Ehre und ihres Rufes ausgesetzt werden. Wanderarbeitnehmer und ihre Familienangehörigen haben Anspruch auf gesetzlichen Schutz vor solchen Eingriffen oder Beeinträchtigungen".

[82] *Cholewinski*, Migrant Workers, 172 f.

[83] *Cholewinski*, Migrant Workers, 181 f.

[84] Vgl. hierzu *Cholewinski*, Migrant Workers, 183 f.

nehmern sowie ihren Familien eingeräumt werden. Die Zahl der bisherigen Ratifikationen der WAK stimmt jedoch nicht besonders optimistisch.

E. Die Europäische Konvention über die rechtliche Stellung von Wanderarbeitnehmern

Am 1. Mai 1983 trat die 1977 vom Europarat verabschiedete Europäische Konvention über die rechtliche Stellung von Wanderarbeitnehmern in Kraft, die bisher vom 8 Staaten ratifiziert worden ist[85]. Art. 12 Abs. 1 der Konvention betrifft den Familiennachzug und lautet:

„The spouse of a migrant worker who is lawfully employed in the territory of a Contracting Party and the unmarried children thereof, as long as they are considered to be minors by the relevant law of the receiving State, who are dependent on the migrant worker, are authorised on conditions analogous to those which this Convention applies to the admission of migrant workers and according to the admission procedure prescribed by law or by international agreements to join the migrant worker in the territory of a Contracting Party, provided that the latter has available for the family housing considered as normal for national workers in the region where the migrant worker is employed. Each Contracting Party may make the giving of authorisation conditional upon a waiting period which shall not exceed twelve months."

Der persönliche Geltungsbereich dieser Bestimmung ist indes relativ eingeschränkt. Als Wanderarbeitnehmer im Sinne dieser Konvention gelten zunächst nur Angehörige von Vertragsstaaten, denen von einem anderen Vertragsstaat die Bewilligung erteilt worden ist, eine entschädigte Beschäftigung anzutreten; nicht erfasst werden u.a. Grenzgänger und Saisonarbeitskräfte, auch wenn sie Angehörige eines Vertragsstaates sind[86]. Zum Kreis der Familienangehörigen, die nachgezogen werden können, gehören schliesslich nur die Ehepartner sowie die minderjährigen, unverheirateten und abhängigen Kinder[87].

Neben dem Umstand, dass die nachziehenden Personen eine angemessene Wohnung zur Verfügung haben müssen und eine maximal einjährige Wartefrist zulässig ist, können die Vertragsstaaten den Nachzug zusätzlich von ge-

---

[85] European Convention on the Legal Status of Migrant Workers, ETS Nr. 93; folgende Staaten haben diese Konvention ratifiziert: Frankreich, Italien, Niederlande, Norwegen, Portugal, Schweden, Spanien und die Türkei.
[86] Art. 1 der Konvention; vgl. *Plender*, 252 f.; *Boeles*, 351 f.
[87] *Plender*, 253.

nügend finanziellen Mitteln abhängig machen oder diesen zeitweilig für bestimmte Gebiete ganz ausschliessen[88].

F. Exkurs: Nachzug im Rahmen der Europäischen Union

Nach Art. 8a EGV[89] hat „jeder Unionsbürger das Recht, sich im Hoheitsgebiet der Mitgliedstaaten (...) frei zu bewegen und aufzuhalten". Das EU-Primärrecht enthält indes keine Regelung des Familiennachzuges; derartige Bestimmungen finden sich lediglich auf Ebene des Sekundärrechtes.

Die Nachzugsbestimmungen des Gemeinschaftsrechtes erfassen nur den Nachzug von Familienmitgliedern von Angehörigen von EU- bzw. EWR-Staaten, welche in einem anderen Mitgliedstaat arbeiten und leben. Dabei spielt es jedoch keine Rolle, ob die nachzuziehenden Familienmitglieder Angehörige eines EU- bzw. EWR-Staates oder Drittstaatsangehörige sind[90]. Entscheidend ist einzig, dass das nachziehende Familienmitglied Angehöriger eines EU- oder EWR-Staates ist und in einem anderen EU- bzw. EWR-Staates arbeitet. In Verordnung Nr. 1612/68 vom 15. Oktober 1968 über die Freizügigkeit der Arbeitnehmer innerhalb der Gemeinschaft[91] führt Art. 10 in bezug auf den Familiennachzug aus:

„1. Bei dem Arbeitnehmer, der die Staatsangehörigkeit eines Mitgliedstaates besitzt und im Hoheitsgebiet eines anderen Mitgliedstaates beschäftigt ist, dürfen folgende Personen ungeachtet ihrer Staatsangehörigkeit Wohnung nehmen:

a. sein Ehegatte sowie die Verwandten in absteigender Linie, die noch nicht 21 Jahre alt sind oder denen Unterhalt gewährt wird;

b. seine Verwandten und die Verwandten seines Ehegatten in aufsteigender Linie, denen er Unterhalt gewährt.

2. Die Mitgliedstaaten begünstigen den Zugang aller nicht in Absatz 1 genannten Familienangehörigen, denen der betreffende Arbeitnehmer Unterhalt gewährt oder mit denen er im Herkunftsland in häuslicher Gemeinschaft lebt.

3. Voraussetzung für die Anwendung der Absätze 1 und 2 ist, dass der Arbeitnehmer für seine Familie über eine Wohnung verfügt, die in dem Gebiet, in dem er beschäftigt ist, den für die inländischen Arbeitnehmer geltenden normalen Anforderungen entspricht; diese Bestimmung darf nicht zu Diskriminierungen zwischen

---

[88] Siehe hierzu *Plender*, 255 f. sowie *Cholewinski*, Migrant Workers, 346 f.
[89] Art. 17 EG-Vertrag in der Amsterdamer Fassung.
[90] *Cholewinski*, Migrant Workers, 339; *Stein/Thomsen*, 1801; *Ziekow*, 367.
[91] ABl. Nr. L 257 vom 19.10.1968, 2.

den inländischen Arbeitnehmern und den Arbeitnehmern aus anderen Mitgliedstaaten führen."

Unter der Voraussetzung, dass eine angemessene Wohnung zur Verfügung steht und der Nachzug nicht die öffentliche Sicherheit gefährdet, besteht ein *Rechtsanspruch* auf Nachzug der Ehepartner[92] - nichteheliche Lebenspartnerinnen und Partner werden von Art. 10 Abs. 1 Verordnung Nr. 1612/68 nicht erfasst[93] -, der Nachkommen unter 21 Jahren oder Nachkommen, denen Unterhalt gewährt wird sowie der eigenen Verwandten oder der Verwandten des Ehepartners in aufsteigender Linie, denen Unterhalt gewährt wird. Demgegenüber besteht kein Rechtsanspruch auf Nachzug weiterer Familienangehöriger, doch sind die Mitgliedstaaten gehalten, Einreise und Aufenthalt dieser Personen *zu begünstigen*[94]. Trotz dieser Einschränkung ist der persönliche Geltungsbereich der Nachzugsregelung dennoch wesentlich weiter als in den allgemeinen innerstaatlichen ausländerrechtlichen Nachzugsbestimmungen[95]. Wie der Europäische Gerichtshof ausgeführt hat, sind die Bestimmungen der Verordnung Nr. 1612/68 ferner „im Lichte des in Artikel 8 der Konvention zum Schutze der Menschenrechte und Grundfreiheiten erwähnten Anspruchs auf Achtung des Familienlebens auszulegen. Dieser Anspruch gehört zu den Grundrechten, die nach der in der Präambel der Einheitlichen Europäischen Akte bestätigten Rechtsprechung des Gerichtshofes vom Gemeinschaftsrecht anerkannt werden"[96].

---

[92] EuGH Rs 249/86, *Kommission der Europäischen Gemeinschaften gegen Bundesrepublik Deutschland*, Slg 1989, 1286 ff.; Cholewinski, Migrant Workers, 348. Der Anspruch gilt solange die Ehe formell besteht, ein eheliches Zusammenleben wird nicht vorausgesetzt; vgl. EuGH Rs 267/83, *Diatta gegen Land Berlin*, Slg 1985, 567 ff.; *Scheer*, 104; *Gaudemet-Tallon*, 98; Cholewinski, Migrant Workers, 338; *Stein/Thomsen*, 1803.

[93] EuGH Rs 59/85, *Niederländischer Staat gegen Reed*, Slg 1986, 1283, 1301. Nach Art. 7 Abs. 2 Verordnung Nr. 1612/68 sind die Mitgliedstaaten jedoch verpflichtet, die den eigenen Staatsangehörigen gewährten „sozialen Vergünstigungen" auch den Arbeitnehmern aus anderen Mitgliedsstaaten zu gewähren. Daher schloss der EuGH, dass ein EU-Mitgliedstaat, der seinen eigenen Staatsangehörigen den Nachzug ihrer nichtehelichen Lebenspartnerinnen und Lebenspartner ermöglicht, diese Möglichkeit auch den Staatsangehörigen der anderen Mitgliedstaaten einzuräumen hat, a.a.O., 1303 f.; vgl. hierzu auch *Scheer*, 101 f.; Cholewinski, Migrant Workers, 338; *Stein/Thomsen*, 1802; *Ziekow*, 364.

[94] Cholewinski, Migrant Workers, 348; *Stein/Thomsen*, 1802.

[95] *Kayser*, 237; *Jault-Seseke*, 200; *Scheer*, 101; *Gaudemet-Tallon*, 97 ff.; vgl. hinten 128 ff. in bezug auf Österreich sowie 149 ff. für Frankreich.

[96] EuGH Rs 249/88, *Kommission der Europäischen Gemeinschaften gegen Bundesrepublik Deutschland*, Slg 1989, 1263 ff, 1290.

Von den gemeinschaftsrechtlichen Nachzugsregelungen nicht erfasst wird einerseits der Nachzug von Familienmitgliedern von Staatsangehörigen eines EU-Landes, die in ihrem eigenen Land leben sowie andererseits der Nachzug der Familie von in einem EU-Mitgliedstaat lebenden Drittstaatsangehörigen[97]. Diese Konstellationen unterstehen - noch[98] - der ausschliesslichen Regelung durch das innerstaatliche Ausländerrecht der Mitgliedstaaten.

---

[97] Siehe jedoch die am 1. Juni 1993 von den für Einwanderungsfragen zuständigen Minister der EU-Mitgliedsstaaten verabschiedete Resolution zur Harmonisierung der nationalen Bestimmungen für den Nachzug von Familienangehörigen von Drittstaatsangehörigen, welche rechtmässig in einem EU-Staat wohnen («Resolution on the Harmonization of national policies on family reunification»); vgl. dazu auch *Cholewinski*, Migrant Workers, 350 ff.

[98] Bereits mit Art. K.1 EUV wurde u.a. die Einwanderungspolitik gegenüber Drittstaatsangehörigen als *Angelegenheit von gemeinsamem Interesse* bezeichnet. Mit dem durch den Vertrag von Amsterdam neu in den EGV aufgenommenen Art. 63 EGV über die Asyl- und Einwanderungspolitik ist der Europäische Rat nunmehr u.a. verpflichtet, einwanderungspolitische Massnahmen über „Einreise- und Aufenthaltsvoraussetzungen sowie Normen für die Verfahren zur Erteilung von Visa für einen langfristigen Aufenthalt und Aufenthaltstiteln, einschliesslich solcher zur Familienzusammenführung, durch die Mitgliedstaaten" zu beschliessen.

Zweiter Teil
Familiennachzug und aufenthaltsbeendende Massnahmen im Ausländerrecht

In diesem zweiten Teil sollen die Grundzüge der Nachzugsbestimmungen sowie der verschiedenen Arten aufenthaltsbeendender Massnahmen im schweizerischen, österreichischen und französischen Ausländerrecht dargestellt werden. Dabei soll insbesondere aufgezeigt werden, in welchem Masse die aus Art. 8 EMRK fliessenden Anforderungen bereits ins innerstaatliche Ausländerrecht übernommen worden sind und in welchen Situationen weiterhin Lücken bestehen, die Art. 8 EMRK einen Entfaltungsspielraum einräumen.

Drittes Kapitel
Nachzug und aufenthaltsbeendende Massnahmen im schweizerischen Ausländerrecht

Verfassungsmässige Grundlage des schweizerischen Ausländerrechtes ist *Art. 69^{ter}BV*[1], nach dem der *Bund* zur *Gesetzgebung* über Ein- und Ausreise, Aufenthalt und Niederlassung von Ausländerinnen und Ausländern befugt ist. Der *Vollzug* des Ausländerrechtes kommt indes grundsätzlich den *Kantonen* zu, welche „die Entscheidung über Aufenthalt und Niederlassung (...) nach Massgabe des Bundesrechtes" treffen[2]. Gestützt auf diese Kompetenz-

---

[1] Der Bundesbeschluss vom 18. Dezember 1998 über eine neue Bundesverfassung regelt in Art. 121 die Kompetenzen im Ausländerrecht wie folgt: „1. Die Gesetzgebung über Ein- und Ausreise, den Aufenthalt und die Niederlassung von Ausländerinnen und Ausländern sowie über die Gewährung von Asyl sind Sache des Bundes. 2. Ausländerinnen und Ausländer können aus der Schweiz ausweisen werden, wenn sie die Sicherheit des Landes gefährden"; Dem Bund steht somit weiterhin die Kompetenz zur Gesetzgebung im Ausländerrecht zu; nicht mehr ausdrücklich übernommen wurde die Vollzugskompetenz der Kantone, ergibt sich diese doch bereits aus den gesetzlichen Regelungen; *Botschaft Bundesverfassung*, 335 ff.

[2] Die gesetzliche Ausgestaltung des ausländerrechtlichen Bewilligungsverfahren in Art. 18 ANAG sieht - beruhend auf Art. 69ter Abs. 2 BV - indes eine Verschränkung

norm wurde 1931 das *Bundesgesetz über Aufenthalt und Niederlassung der Ausländer*[3] erlassen, welches, da lediglich als Rahmengesetz konzipiert, durch zahlreiche Verordnungen konkretisiert worden ist[4]. Dieser Umstand hat dazu geführt, dass zentrale Fragen des Ausländerrechtes heute nicht mehr auf Gesetzes-, sondern lediglich auf Verordnungsstufe geregelt sind[5].

Ausländerinnen und Ausländer, die zur Übersiedlung, zur Ausübung einer Erwerbstätigkeit oder zu einem Aufenthalt von über drei Monaten in die Schweiz einreisen, unterliegen nach Art. 1 und Art. 2 Abs. 1 ANAG einer *fremdenpolizeilichen Bewilligungspflicht*. Je nach Aufenthaltszweck und Aufenthaltsdauer sehen das ANAG, die ANAV und die BVO verschiedene

---

kantonaler und Bundeskompetenzen vor, indem dem Bund grundsätzlich ein endgültiges Entscheidrecht gegenüber positiven kantonalen Entscheiden betreffend Bewilligung eines länger dauernden Aufenthaltes sowie der Niederlassung zukommt; vgl. ferner die Ausführungen in BGE 120 Ib 3, E. 3a, 9 f.

[3] ANAG, SR 142.20.

[4] *Ruth* führt hierzu aus, die Konzipierung des ANAG lediglich als Rahmengesetz habe bezweckt, „elastische" Regelungen zu schaffen, welche in Krisenzeiten verschärft und bei einer Abnahme des Einwanderungsdruckes gelockert werden könnten, a.a.O., 17; *Malinverni*, Art. 69ter BV, Rz. 15; *Thürer*, Rechtsstellung, 1353; *Macheret*, 265; *Moser*, 361; *Botschaft Ausländergesetz*, BBl 1978 II 173; die wichtigsten Verordnungen sind die Vollziehungsverordnung zum Bundesgesetz über Aufenthalt und Niederlassung der Ausländer vom 1. März 1949 (ANAV; SR 142.201), die Verordnung über die Zuständigkeit der Fremdenpolizeibehörden vom 20. April 1983 (SR 142.202), die Verordnung über Einreise und Anmeldung der Ausländer vom 10. April 1946 (SR 142.211), die Verordnung über das zentrale Ausländerregister vom 23. November 1994 (ZAR-Verordnung; SR 142.215), die Verordnung über die vorläufige Aufnahme von Ausländern vom 25. November 1987 (VvA; SR 142.281) sowie die Verordnung über die Begrenzung der Zahl der Ausländer vom 6. Oktober 1986 (BVO; SR 823.21). Hinzu kommen noch zahlreiche Verordnungen und Weisungen der Departemente und Bundesämter.

[5] So wurde 1978 in der Botschaft zu einem neuen Ausländergesetz ausgeführt: „Noch mehr als bei den formellrechtlichen Bestimmungen über Ein- und Ausreise, Aufenthalt und Niederlassung der Ausländer wurde nicht ohne Grund auf die Nachteile der geltenden gesetzlichen Regelung hingewiesen, die dem Bundesrat eine weitgehende Befugnis zum Erlass von Bestimmungen über die Rechtsstellung der Ausländer einräumt. Das geltende Gesetz lässt namentlich folgende Fragen offen: Wie lang muss sich der Ausländer in der Schweiz aufhalten, bis ihm die Niederlassungsbewilligung erteilt wird? Unter welchen Voraussetzungen kann er seine Familienangehörigen nachkommen lassen? Wie weit geht die berufliche Freizügigkeit?"; *Botschaft Ausländergesetz*, BBl 1978 II 182; der Versuch, diese unbefriedigende Situation durch den Erlass eines umfassenden, neuen Ausländergesetzes zu beheben, scheiterte jedoch an der Referendumsabstimmung vom 6. Juni 1982; siehe ferner *Malinverni*, Art. 69ter BV, Rz. 16; *Thürer*, Rechtsstellung, 1354 f.; *Moser*, 361 f.

Bewilligungsarten⁶ vor. Ferner statuiert die BVO zur Erreichung eines ausgewogenen Verhältnisses in der Zusammensetzung der Wohnbevölkerung und einer möglichst ausgeglichenen Beschäftigungssituation für die Zulassung erwerbstätiger Ausländerinnen und Ausländer ein *Kontingentierungssystem*⁷.

---

⁶ Die *Niederlassungsbewilligung* nach Art. 6 ANAG berechtigt zu einem unbefristeten und unbedingten Aufenthalt in der Schweiz und verleiht Ausländerinnen und Ausländern eine mit Schweizer Bürgern vergleichbare Rechtsstellung. Sie wird in der Regel nach einem zehnjährigen, ununterbrochenen und ordnungsgemässen Aufenthalt in der Schweiz erteilt; die *Jahresaufenthaltsbewilligung* (Art. 5 ANAG) ist grundsätzlich auf ein Jahr befristet, verlängerbar und kann unter Auflagen erteilt werden; die *Saisonbewilligung* (Art. 16 BVO) ermächtigt zu einem maximal neunmonatigen Aufenthalt pro Kalenderjahr zwecks Ausübung einer Erwerbstätigkeit in einem Saisonbetrieb, während die *Kurzaufenthaltsbewilligung* (Art. 20 BVO) zu einem nicht verlängerbaren, maximal 18-monatigen Aufenthalt in der Schweiz zur Weiterbildung oder Abdeckung des Arbeitskräftebedarfes für kürzere Arbeiten berechtigt; Ausländerinnen und Ausländer, gegen die zwar die Aus- oder Wegweisung verfügt wurde, diese jedoch nicht möglich, nicht zulässig oder nicht zumutbar ist, gewährt das BFF die *vorläufige Aufnahme* (Art. 14a ANAG); siehe zu den verschiedenen Bewilligungsarten *Malinverni*, Art. 69ter BV, Rz. 35 ff.; *Thürer*, Rechtsstellung, 1366 ff.; *Moser*, 396 ff.; *Kottusch*, Niederlassungsbewilligung, 513 ff.; *Auer*, 119 ff.; *Olivier Mach*, L'admission des étrangers en Suisse, RDAF 1982, 162 ff.; *Pierre Moor/Yves Hofstetter*, Les autorisation et décisions de police des étrangers, in: Les étrangers en Suisse - Recueil de travaux publié par la Faculté de droit à l'occasion de l'assemblée de la Société suisse des juristes, à Lausanne, du 1er au 3 octobre 1982, Lausanne 1982, 32 ff.; *Gutzwiller/Baumgartner*, 17 ff.; *Wisard*, 39 ff.

⁷ Dieses sieht, mit gewissen Ausnahmen, kantonale bzw. eidgenössische Höchstzahlen für die verschiedenen Bewilligungstypen vor. Nicht den Höchstzahlen unterstehen Ausländerinnen und Ausländer, die über eine Niederlassungsbewilligung verfügen (Art. 2 BVO) oder bereits eine Jahresaufenthaltsbewilligung besitzen (Art. 12 BVO) sowie Angehörige diplomatischer, konsularischer und ständiger Missionen, Funktionäre internationaler Organisationen etc. (Art. 4 BVO); ausgenommen sind ferner auch die in Art. 13 BVO aufgezählten Kategorien von Ausländerinnen und Ausländern; siehe zum Geltungsbereich der BVO ferner *Kottusch*, Begrenzung, 39 ff.; im Zuge einer Neuorientierung der schweizerischen Ausländer- und Arbeitsmarktpolitik wurden 1991 die in der BVO enthaltenen Grundsätze der erstmaligen Rekrutierung ausländischer Arbeitnehmerinnen und Arbeitnehmer geändert und das sog. *Drei-Kreise-Modell* eingeführt; Bericht des Bundesrates zur Ausländer- und Flüchtlingspolitik, BBl 1991 III 302; nach Art. 8 BVO geniessen danach Angehörige von EU- und EFTA-Staaten (= innerster Kreis) erste Priorität, Angehörige der übrigen traditionellen Rekrutierungsgebiete (= mittlerer Kreis, begrenzte Rekrutierung; als traditionelle Rekrutierungsgebiete gelten die USA, Kanada, Monaco, San Marino, Andorra sowie Vatikanstadt) zweite Priorität. Staatsangehörige von Staaten des äussersten Kreises, d.h. von Staaten, die nicht zu den traditionellen Rekrutierungsgebieten gehören, erhalten fremdenpolizeiliche Anwesenheitsbe-

Grundsätzlich besteht kein Anspruch auf Erteilung einer fremdenpolizeilichen Bewilligung, denn den Fremdenpolizeibehörden steht es zu, „im Rahmen der *gesetzlichen Vorschriften* und der *Verträge* mit dem Ausland, *nach freiem Ermessen* über die Bewilligung von Aufenthalt oder Niederlassung"[8] zu entscheiden; dabei haben sie „bei ihren Entscheidungen die geistigen und wirtschaftlichen Interessen sowie den Grad der Überfremdung des Landes zu berücksichtigen"[9]. Dies bedeutet indes nicht, dass die Behörden völlig freie Hand bei der Erteilung oder Verweigerung fremdenpolizeilicher Bewilligung hätten. Im Rahmen des ihnen eingeräumten freien Ermessens sind sie vielmehr verpflichtet, dieses „wie jedes staatliches Handeln, nicht nach Belieben wahrzunehmen, sondern pflichtgemäss, insbesondere unter Beachtung des Willkürverbots und des Grundsatzes der Verhältnismässigkeit auszuüben"[10]. Eine verfassungskonforme Ermessensausübung setzt somit die Beachtung der verfassungsmässigen Grundsätze, v.a. der Rechtsgleichheit, des Willkürverbots und des Verhältnismässigkeitsprinzips voraus[11].

A. Die Regelung des Familiennachzuges im schweizerischen Ausländerrecht

Das schweizerische Ausländerrecht kennt keine einheitliche Regelung des Familiennachzuges. Entscheidend für das Bestehen eines Nachzugsanspruches sowie dessen Voraussetzungen ist vielmehr die *Bewilligungsart*, über welche die nachziehenden Familienangehörigen verfügen.

---

willigungen grundsätzlich nur in Ausnahmefällen; *Weisungen BFA*, A 314.1; *Raess-Eichenberger/Raess-Eichenberger*, 2/2.4, 1.

[8] Art. 4 ANAG, eigene Hervorhebung; siehe ferner die Ausführungen in Art. 8 Abs. 2 ANAV, wonach das freie Ermessen der Fremdenpolizeibehörden „nicht (...) durch Vorkehren wie Heirat, Liegenschaftserwerb, Wohnungsmiete, Abschluss eines Dienstvertrages, Geschäftsgründung oder -beteiligung usw." beeinträchtigt werden kann; *Malinverni*, Art. 69ter BV, Rz. 57; *Kottusch*, Ermessen, 146 ff.; *Thürer*, Rechtsstellung, 1370 f.; *Moser*, 412; *Auer*, 118; *Ruth*, 19. Der in Art. 4 ANAG den Fremdenpolizeibehörden eingeräumte Spielraum stellt ein *Rechtsfolgeermessen* dar, d.h. die zuständige Behörde kann im Rahmen des ihr eingeräumten Freiraumes entscheiden, ob sie eine fremdenpolizeiliche Bewilligung erteilen will oder nicht; *Häfelin/Müller*, 81 f.; *Rhinow*, 46 f.

[9] Art. 16 Abs. 1 ANAG; nach Art. 8 Abs. 1 ANAV ist ferner bei der Beurteilung von Bewilligungsgesuchen auch die Lage des Arbeitsmarktes zu berücksichtigen.

[10] BGE 122 I 267, E. 3b, 272.

[11] *Thürer*, Rechtsstellung, 1371; *Kottusch*, Ermessen, 168 ff.; *Pfanner*, 94; *Moser*, 374 f.; *Ruth*, 62 f.

A. Familiennachzug

I. Rechtsanspruch auf Familiennachzug

Einen Rechtsanspruch auf Bewilligung des Nachzuges besitzen neben Familienangehörigen in der Schweiz niedergelassener Ausländerinnen und Ausländer auch die ausländischen Ehegatten von Schweizer Bürgerinnen und Bürgern sowie die minderjährigen Kinder ausländischer Staatsangehörigkeit von Schweizer Bürgerinnen und Bürgern.

1. Der Anspruch auf Familiennachzug für Niedergelassene nach Art. 17 Abs. 2 ANAG

Art. 17 Abs. 2 ANAG räumt in der Schweiz niedergelassenen Ausländerinnen und Ausländern das Recht ein, ihre Familie - Ehepartner und minderjährige Kinder - nachzuziehen:

„(...) ist der Ausländer im Besitz der Niederlassungsbewilligung, so hat sein Ehegatte Anspruch auf Erteilung und Verlängerung der Aufenthaltsbewilligung, solange die Ehegatten zusammen wohnen. Nach einem ordnungsgemässen und ununterbrochenen Aufenthalt von fünf Jahren hat der Ehegatte ebenfalls Anspruch auf die Niederlassungsbewilligung. Ledige Kinder unter 18 Jahren haben Anspruch auf Einbezug in die Niederlassungsbewilligung, wenn sie mit ihren Eltern zusammen wohnen. (...)"

Der Familiennachzug bezweckt, das *familiäre Zusammenleben* zu ermöglichen. Aus diesem Grund setzt die Verwirklichung des Anspruchs voraus, dass die Ehegatten sowie die unter 18 Jahre alten Kinder zusammenleben werden[12]. Sind diese Voraussetzungen erfüllt, muss der Familiennachzug bewilligt werden[13], d.h. die Bewilligungserteilung steht nicht mehr im freien Ermessen der Fremdenpolizeibehörden.

Zusammenleben in einem gemeinsamen Haushalt: Voraussetzung für die Bewilligung des Familiennachzuges ist zunächst, dass die in der Schweiz niedergelassenen

---

[12] Die Bestimmung von Art. 17 Abs. 2 ANAG kann nach bundesgerichtlicher Rechtsprechung auch dann angerufen werden, wenn es sich bei der nachzuziehenden Person um ein Adoptivkind handelt, wobei indes vorausgesetzt wird, dass mit der Adoption das bisherige Kindesverhältnis erlischt und das Adoptivkind die Rechtsstellung eines Kindes der Adoptiveltern erhält; unpublizierter BGerE vom 6.12.1996 i.S. D.J. et al. (2A.126/1996); *Wurzburger*, 282.

[13] Art. 8 Abs. 4 ANAV; im Rahmen des Familiennachzuges nach Art. 17 Abs. 2 ANAG eingereiste Kinder werden in die Niederlassungsbewilligung des in der Schweiz lebenden Elternteils einbezogen, der Ehepartner erhält eine Aufenthaltsbewilligung; nach fünfjährigem Aufenthalt besteht ein Rechtsanspruch auf Erteilung einer Niederlassungsbewilligung.

Ausländer und ihre nachzuziehenden Ehegatten und/oder Kinder in einem gemeinsamen Haushalt zusammenleben werden. Der Anspruch auf die Erteilung und Verlängerung der Aufenthaltsbewilligung an den nachgezogenen Ehegatten eines niedergelassenen Ausländers gilt somit nur während der Dauer des ehelichen Zusammenlebens[14].

Altersgrenze von 18 Jahren bei nachzuziehenden Kindern: Anspruch auf Einbezug in die Niederlassungsbewilligung der in der Schweiz niedergelassenen Eltern oder des niedergelassenen Elternteils haben nach Art. 17 Abs. 2 ANAG die minderjährigen, d.h. noch nicht 18-jährigen, ledigen Kinder. Massgeblicher Zeitpunkt ist nach bundesgerichtlicher Praxis das Alter bei Einreichung des Gesuches um Familiennachzug[15]. Wird das Gesuch erst kurz vor Erreichung des 18. Altersjahres eingereicht, so geht das Bundesgericht in stossender, aber konstanter Rechtsprechung davon aus, dass meist nicht das familiäre Zusammenleben, sondern die Verschaffung einer Arbeitsbewilligung bezweckt wird[16] und folgert daraus, dass die Einreichung eines Nachzugsgesuches kurz vor Vollendung des 18. Altersjahres ein Rechtsmissbrauchsindiz darstellt[17].

Vorrangige familiäre Beziehung als besondere Voraussetzung bei getrennt lebenden oder geschiedenen Eltern: Die Nachzugsregelung von Art. 17 Abs. 2 ANAG ist auf die Zusammenführung der Gesamtfamilie zugeschnitten, d.h. auf die Situation, in welcher die Eltern und alle minderjährigen Kinder gemeinsam ihr Familienleben in der Schweiz weiterführen. Leben die Eltern jedoch getrennt oder sind sie geschieden und ist nur ein Elternteil in der Schweiz niedergelassen, so kann es nicht zur Zusammenführung der Gesamtfamilie kommen. Das Bundesgericht folgert daraus, dass es

---

[14] *Kottusch*, Familiennachzug, 346; *Raess-Eichenberger/Raess-Eichenberger*, 3/2.3.1.2, 1; *Wurzburger*, 278.

[15] BGE 118 Ib 153, E. 1b, 156 f.

[16] Siehe z. B. unpublizierter BGerE vom 14.11.1996 i.S. B. und B. (2A.248/1996), E. 2: „Zweck des Familiennachzuges nach Art. 17 Abs. 2 ANAG ist es, das familiäre Zusammenleben zu ermöglichen und rechtlich zu sichern, wobei der Gesetzgeber die Gesamtfamilie im Auge hatte. Dieses Ziel wird verfehlt, wenn der in der Schweiz niedergelassene Ausländer jahrelang von seinem Kind getrennt lebt und dieses erst kurz vor Erreichen des 18. Altersjahres in die Schweiz holt. Eine Ausnahme kann nur gelten, wenn es gute Gründe gibt, aus denen die Familiengemeinschaft in der Schweiz erst nach Jahren hergestellt wird. Solche Gründe müssen aus den Umständen des Einzelfalles hervorgehen"; ebenso BGE 115 Ib 97, E. 3, 101; BGE 119 Ib 81, E. 3a, 88; unpublizierter BGerE vom 22.10.1997 i.S. N. (2A.356/1997); *Kottusch*, Familiennachzug, 346; *Raess-Eichenberger/Raess-Eichenberger*, 3/2.3.1.3, 1; *Wurzburger*, 280 ff.; kritisch zu dieser Praxis *Spescha*, 482.

[17] „Par ailleurs, le fait qu'un enfant vienne en Suisse peut avant ses dix-huit ans, alors qu'il a longtemps vécu séparément de ses parents établis en Suisse, constitue un indice d'abus de droit conféré par l'art. 17 al. LSEE.", unpublizierter BGerE vom 15.8.1996 i.S. Q., E. 2a (2A.3/1996); unpublizierter BGerE vom 3.12.1997 i.S. L. (2A.309/1997); *Wurzburger*, 280.

A. Familiennachzug

in solchen Fällen nicht dem Zweck von Art. 17 Abs. 2 ANAG entspreche, einen bedingungslosen Anspruch auf Nachzug der Kinder anzunehmen und das Bestehen eines Nachzugsrechtes setze in diesen Situationen „vielmehr voraus, dass das Kind zum in der Schweiz lebenden Elternteil die vorrangige familiäre Beziehung"[18] unterhalte. Ob eine solche vorrangige familiäre Beziehung zum in der Schweiz niedergelassenen Elternteil besteht, hängt einerseits von den bisherigen Verhältnissen ab, andererseits muss aber auch nachträglich eingetretenen und künftigen Umständen Rechnung getragen werden[19]. Damit die Beziehung zwischen im Ausland lebenden Kindern und dem in der Schweiz wohnhaften Elternteil als vorrangige familiäre Beziehung bezeichnet werden kann, genügt es nicht, dass zwischen den Betroffenen ein regelmässiger Kontakt besteht; vielmehr verlangt das Bundesgericht, dass der in der Schweiz lebende Elternteil „ait, (...) assumé pleinement son rôle de mère, de manière décisive pour régler l'existence de sa fille jusque dans ses menus événements, au point de reléguer la tante à qui celle-ci avait été confiée au rôle de simple exécutante"[20].

Keine Übertragung der Nachzugsvoraussetzungen von Art. 39 BVO auf den Nachzug von Familienangehörigen niedergelassener Ausländerinnen und Ausländer: Im Gegensatz zu Art. 17 Abs. 2 ANAG macht Art. 39 BVO die Bewilligung des Familiennachzuges durch Ausländerinnen und Ausländer mit Aufenthaltsbewilligung namentlich auch vom Vorliegen einer angemessenen Wohnung sowie genügend finanzieller Mittel abhängig[21]. Zur Frage, ob diese zusätzlichen Voraussetzungen auch für den Nachzug von Familienangehörigen niedergelassener Ausländerinnen und Ausländern gelten, hat das Bundesgericht ausgeführt, dass ein gesetzlich eingeräumtes Recht auf Verordnungsstufe nicht wieder beschnitten werden dürfe[22]. Dennoch stellt sich die Frage, ob der Nachzug von den *finanziellen Mitteln* der niedergelassenen Ausländerinnen und Ausländer abhängig gemacht werden kann. Bedeutsam ist dies insofern, als nach Art. 10 Abs. 1 lit. d ANAG ein Ausländer aus der Schweiz ausgewiesen werden kann, „wenn er oder eine Person, für die er zu sorgen hat, der öffentlichen Wohltätigkeit fortgesetzt und in erheblichem Masse zur Last fällt". Nach Art. 9 Abs. 3 lit. b ANAG erlischt die Niederlassungsbewilligung mit der Ausweisung. Grundsätzlich sieht somit das ANAG selber die Möglichkeit vor, dass niedergelassene Ausländerinnen und Ausländer ausgewiesen werden können, wenn sie für längere Zeit und in beträchtlichem Ausmass von der öffentlichen Fürsorge abhängig sind. Zulässig ist die Ausweisung jedoch nur dann, wenn sie nach den gesamten Umständen angemessen ist[23]. Die Verweigerung des Familiennachzuges wegen fehlender

---

[18] BGE 118 Ib 153, E. 2b, 159.

[19] BGE 118 Ib 153, E. 2b, 159; *Wurzburger*, 280 ff.; *Raess-Eichenberger/Raess-Eichenberger*, 3/2.3.1.3, 3.

[20] Unpublizierter BGerE vom 3.12.1997 i.S. L. (2A.309/1997), E. 3a.

[21] Vgl. hinten 99 ff.

[22] BGE 119 Ib 81, E. 2b, 86; *Wurzburger*, 279; anderer Ansicht *Kottusch*, Familiennachzug, 347 f.

[23] Art. 11 Abs. 3 ANAG.

finanzieller Mittel ist daher nur zulässig, wenn eine konkrete Gefahr fortgesetzter und erheblicher Fürsorgeabhängigkeit besteht[24] und die Nachzugsverweigerung in Anbetracht der Umstände als verhältnismässig erscheint.

Erlöschen des Anspruches: Die in Art. 17 Abs. 2 ANAG eingeräumten Ansprüche auf Nachzug des Ehegatten und der Kinder erlöschen, wenn die Anspruchsberechtigten *gegen die öffentliche Ordnung* verstossen haben[25]. Kein Anspruch auf Nachzug des ausländischen Ehegatten besteht nach bundesgerichtlicher Rechtsprechung in Analogie zu Art. 7 Abs. 1 ANAG in Fällen, in denen die Ehe lediglich zur Umgehung fremdenpolizeilicher Vorschriften eingegangen worden ist[26]. Ebenso besteht kein Anspruch, wenn das Vorhandensein der nachzuziehenden Familienmitglieder im Rahmen des Bewilligungsverfahren des niedergelassenen Ausländers verschwiegen worden ist[27]. Der Anspruch erlischt schliesslich, wenn die Ehegatten nicht mehr zusammenleben, obwohl die Ehe formell noch besteht[28].

---

[24] „Soweit finanzielle Gründe einem Familiennachzug entgegenstehen sollten, ist deshalb vorauszusetzen, dass für die Beteiligten konkret die Gefahr einer fortgesetzten und erheblichen Fürsorgeabhängigkeit im Sinne von Art. 10 Abs. 1 lit. d ANAG besteht und auch die übrigen Voraussetzungen einer Ausweisung oder Heimschaffung erfüllt sind; blosse Bedenken genügen nicht", BGE 119 Ib 81, E. 2d, 87; siehe auch BGE 122 II 1, E. 3c, 8. Bei der Beurteilung der Frage, ob eine Gefahr fortgesetzter und erheblicher Fürsorgeabhängigkeit bestehe, ist von den aktuellen Verhältnissen auszugehen; zu beachten sind jedoch auch die wahrscheinliche Entwicklung auf längere Sicht hinaus sowie die finanziellen Möglichkeiten der übrigen, namentlich auch der nachzuziehenden, Familienmitglieder. Vgl. hierzu insbesondere BGE 122 II 1, E. 3, 8 f., in welchem das Bundesgericht u.a. auch die Verdienstmöglichkeiten des um Erteilung einer fremdenpolizeilichen Bewilligung ersuchenden Ehegattens der Beschwerdeführerin in die Abwägung einbezog; *Wurzburger*, 279.

[25] Der Anspruch aus Art. 17 Abs. 2 ANAG erlischt somit bereits bei einem Verstoss gegen die öffentliche Ordnung und nicht erst bei Vorliegen eines Auslieferungsgrundes, wie dies bei Art. 7 Abs. 2 ANAG der Fall ist.

[26] BGE 121 II 5; *Wurzburger*, 278.

[27] Art. 8 Abs. 4 ANAV; BGE 115 Ib 97, E. 3b, 101 f.; diese Bestimmung bezweckt, „de permettre aux autorités de police des étrangers de prendre en considération, lors de la délivrance d'une autorisation de séjour ou d'établissement, toutes les conséquences prévisibles de celle-ci sur la surpopulation étrangère, à savoir sur le marché du travail", unpublizierter BGerE vom 3.12.1997 i.S. L. (2A.309/1997), E. 3b.

[28] *Kottusch*, Familiennachzug, 346; *Raess-Eichenberger/Raess-Eichenberger*, 3/2.3. 1.2, 1; *Wurzburger*, 278; unpublizierter BGerE vom 28.5.1997 i.S. JR. und D. (2A.57/1997; 2P.41/1997).

A. Familiennachzug

2. Der Anspruch ausländischer Ehepartner von Schweizer Bürgern aus Art. 7 Abs. 1 ANAG

Ausländische Ehepartner von Schweizer Bürgerinnen und Bürgern haben nach Art. 7 Abs. 1 ANAG Anspruch auf Erteilung und Verlängerung der Aufenthaltsbewilligung sowie, nach fünfjährigem ununterbrochenem Aufenthalt, Anspruch auf Erteilung der Niederlassungsbewilligung. Im Gegensatz zur Regelung von Art. 17 Abs. 1 ANAG, welche ausländischen Ehegatten niedergelassener Ausländer einen Anspruch auf fremdenpolizeiliche Bewilligung nur während des ehelichen Zusammenlebens einräumt, besteht der Anspruch aus Art. 7 Abs. 2 ANAG solange die Ehe formell besteht[29]. Der Anspruch erlischt, wenn ein Ausweisungsgrund[30] vorliegt; kein Anspruch besteht nach Art. 7 Abs. 2 ANAG schliesslich dann, wenn die Eheschliessung zum Zwecke der Umgehung fremdenpolizeilicher Vorschriften geschlossen wurde[31] oder die Ableitung eines Anspruches aus Art. 7 Abs. 1 ANAG rechtsmissbräuchlich ist[32].

3. Der Anspruch von Schweizer Bürgern auf Nachzug ihrer Kinder ausländischer Staatsangehörigkeit

Das schweizerische Ausländerrecht enthält keine ausdrückliche Bestimmung betreffend den Nachzug ausländischer Kinder von Schweizer Bürgerinnen und Bürgern, was das Bundesgericht bewogen hat, lapidar festzustellen, der Gesetzgeber scheine „die Notwendigkeit eines Nachzugsrechts für ausländische Kinder von Schweizer Bürgern übersehen zu haben"[33]. In der Folge wandte es die Bestimmungen von Art. 17 Abs. 2 ANAG analog auch auf den Nachzug ausländischer Kinder von Schweizer Bürgerinnen und Bürgern an. Somit besteht ein Nachzugsrecht für ausländische Kinder von Schweizer Bürgern, wenn diese im Zeitpunkt der Gesuchseinreichung noch nicht 18 Jahre alt sind und das familiäre Zusammenleben angestrebt wird.

---

[29] BGE 118 Ib 145, E. 3c, 151; *Raess-Eichenberger/Raess-Eichenberger*, 3/2.3.1.1.1, 1 f.; *Wurzburger*, 272.

[30] Vgl. zu den Ausweisungsgründen Art. 10 Abs. 1 ANAG.

[31] *Raess-Eichenberger/Raess-Eichenberger*, 3/2.3.1.1.1, 3 ff.; *Wurzburger*, 273 ff.

[32] Vgl. m.w.H. auf die unpublizierte bundesgerichtliche Rechtsprechung *Wurzburger*, 276 ff.

[33] BGE 118 Ib 153, E. 1b, 156; unpublizierter BGerE vom 14.6.1995 i.S. R. (2A.366/1994); unpublizierter BGerE vom 3.12.1997 i.S. L. (2A.309/1997); *Wurzburger*, 279; *Spescha*, 481.

4. Der Anspruch aus Art. 8 EMRK

Wie das Bundesgericht erstmals in seinem Entscheid zum Fall *Reneja-Dittli* festgestellt hat, vermag das in Art. 8 EMRK verankerte Recht auf Achtung des Familienlebens unter gewissen Voraussetzungen Ausländerinnen und Ausländern einen *Anspruch auf Erteilung einer fremdenpolizeilichen Bewilligung einzuräumen*, falls eine Bewilligungsversagung die Aufrechterhaltung einer familiären Beziehung verhindern oder stark beeinträchtigen würde:

„Cette disposition [art. 8 CEDH], qui garantit la protection de la vie privée et familiale, peut imposer dans certaines circonstances la délivrance d'une autorisation de séjour lorsque le refus de celle-ci empêche ou rend très difficile le maintien de la vie familiale et entraîne de fait la séparation de la famille."[34]

Falls die um eine fremdenpolizeiliche Bewilligung ersuchenden Personen eine intakte und tatsächlich gelebte familiäre Beziehung zu nahen Verwandten mit Anwesenheitsrecht in der Schweiz haben[35] und eine umfassende Güterabwägung ergibt, dass die öffentlichen Interessen nicht die privaten überwiegen, besteht nach bundesgerichtlicher Praxis aufgrund von Art. 8 EMRK ein Anspruch auf Erteilung bzw. Verlängerung einer fremdenpolizeilichen Bewilligung[36], d.h. das freie Ermessen der Fremdenpolizeibehörde wird insoweit eingeschränkt[37]. Ein Anspruch aus Art. 8 EMRK besteht nach bundesgerichtlicher Rechtsprechung insbesondere in folgenden Konstellationen:

- bei der Eheschliessung von schweizerischen Staatsangehörigen mit Personen aus dem Ausland[38],
- beim Familiennachzug anerkannter Flüchtlinge[39],
- bei der Eheschliessung integrierter Ausländerinnen und Ausländer mit Niederlassungsbewilligung (insbesondere der 2. Generation) mit Personen aus dem Ausland[40],

---

[34] Unpublizierter BGerE vom 3.12.1997 i.S. L. (2A.309/1997), E. 4a.

[35] Siehe zu den Eintretensvoraussetzungen ausführlich hinten 185 ff.

[36] Vgl. hierzu hinten 182 f.

[37] BGE 109 Ib 183, E. 2, 185 ff.; *Koller*, Reneja-Praxis, 514; *Breitenmoser*, Rechtsprechung, 538.

[38] BGE 110 Ib 201.

[39] BGE 122 II 1.

[40] Unpublizierter BGerE vom 20.12.1995 i.S. B.; Anspruch aus Art. 8 EMRK grundsätzlich bejaht, in casu jedoch Nichtverlängerung der Aufenthaltsbewilligung gerechtfertigt.

A. Familiennachzug

- beim weiteren Verbleib ausländischer Ehegatten nach der Scheidung, wenn enge Beziehungen zu den Kindern weiter gelebt werden[41] und

- beim Nachzug von Personen, die wegen Behinderung und ähnlichen Gründen auf die Betreuung durch nahe Angehörige in der Schweiz angewiesen sind[42].

Offenkundig ist, dass diese Rechtsprechung insbesondere für jene Fremden von grösster Bedeutung ist, die aufgrund der ausländerrechtlichen Bestimmungen entweder überhaupt keinen oder keinen selbständigen Anspruch auf Erteilung oder Verlängerung einer Anwesenheitsbewilligung haben: beispielsweise erwachsene Kinder in der Schweiz lebender Eltern bzw. Eltern erwachsener, in der Schweiz lebender Kinder, wenn sie von diesen in besonderem Masse abhängig sind; weitere nahe Familienangehörige, welche durch den Familienbegriff von Art. 8 EMRK erfasst werden (Geschwister, Eltern, Grosseltern etc.); ausländische Elternteile, deren Aufenthaltsbewilligung im Anschluss an eine Scheidung bzw. Trennung vom schweizerischen bzw. ausländischen Ehepartner nicht mehr verlängert wird und die dadurch Gefahr laufen, den Kontakt zu ihrem weiterhin in der Schweiz wohnhaften Kind zu verlieren.

Demgegenüber hat das Bundesgericht die Ableitung von Ansprüchen aus Art. 8 EMRK verneint, wenn die in der Schweiz wohnhaften Familienangehörigen

- selber keinen Anspruch auf Erteilung oder Verlängerung einer Aufenthaltsbewilligung haben[43],

- im Besitz einer Aufenthaltsbewilligung aus humanitären Gründen sind oder

- lediglich vorläufig aufgenommen wurden.

In diesem Zusammenhang ist jedoch ausdrücklich zu betonen, dass sich aus der Praxis der Strassburger Organe kein Hinweis ergibt, wonach diese restriktive Interpretation mit Art. 8 EMRK vereinbar wäre[44]. Es kann im Gegenteil angenommen werden, dass Art. 8 EMRK bei *Flüchtlingen* und anderen Personen, die wegen des Vorliegens von Wegweisungshindernissen *während längerer Zeit nicht in die Heimat zurückkehren werden können*, ein Familienleben ungeachtet der Art des Aufenthaltsrechtes nur in der Schweiz möglich ist und Art. 8 EMRK deshalb Anwendung finden muss.

---

[41] BGE 120 Ib 1.

[42] BGE 115 Ib 1.

[43] Siehe für die Fälle, in denen ein Anspruch auf Erteilung oder Verlängerung einer Aufenthaltsbewilligung besteht hinten 188 Anm 68.

[44] Ausführlich hierzu hinten 192 ff.

5. Familiennachzug für Flüchtlinge, denen Asyl gewährt wurde

In Art. 7 AsylG[45] wird zur Frage der Familienvereinigung ausgeführt:

„[1] Ehegatten von Flüchtlingen und ihren minderjährigen Kindern wird Asyl gewährt, wenn die Familie durch die Flucht getrennt wurde und sich in der Schweiz vereinigen will. (...)

[2] Unter den gleichen Voraussetzungen kann auch einem anderen nahen Angehörigen einer in der Schweiz lebenden Person Asyl gewährt werden, wenn besondere Umstände für eine Wiedervereinigung in der Schweiz sprechen."

Während Ehegatten und minderjährige Kinder von Flüchtlingen aufgrund dieser Bestimmung grundsätzlich einen Anspruch auf Gewährung des Asyls besitzen, steht die Asylgewährung an weitere nahe Angehörige[46] im Ermessen der zuständigen Behörden[47]. Dies gilt nach Art. 3 Abs. 3 AsylG selbst dann, wenn die betreffenden Angehörigen selber nicht Flüchtlinge sind[48]. Ein Rechtsanspruch auf Erteilung eines Aufenthaltstitels an nahe Familienangehörige von Flüchtlingen, denen Asyl gewährt wurde, kann auch ausserhalb des Asylrechtes bestehen. Falls die Familienangehörigen nicht um Einbezug ersuchen bzw. die Asylgewährung von den Asylbehörden verweigert wird, besteht grundsätzlich aufgrund von Art. 8 EMRK ein Anspruch auf Erteilung einer Anwesenheitsbewilligung, denn die Asylgewährung räumt nach Art. 26 AsylG einen Anspruch auf Erteilung einer fremdenpolizeilichen Bewilligung ein, d.h. Flüchtlinge, denen in der Schweiz Asyl gewährt wurde, haben ein *gefestigtes Anwesenheitsrecht* im Sinne der bundesgerichtlichen Praxis[49].

II. Bewilligung des Nachzuges als Ermessensentscheid

Während das schweizerische Ausländerrecht niedergelassenen Ausländerinnen und Ausländern sowie Schweizer Staatsangehörigen einen *Rechtsanspruch* auf Nachzug ihrer Familienangehörigen einräumt, stellt die Bewilligung des Nachzuges von Familienangehörigen, deren in der Schweiz wohn-

---

[45] Asylgesetz vom 5. Oktober 1979, SR 142.31.

[46] Nach Art. 3 AsylV 1 sind „andere nahe Familienangehörige (...) insbesondere dann zu berücksichtigen, wenn sie behindert sind oder aus einem anderen Grund auf die Hilfe einer Person, die in der Schweiz lebt, angewiesen sind".

[47] Urteil der ARK vom 31.3.1993 i.S. D, EMARK 1994, Nr. 7.

[48] *Achermann/Hausammann*, 126 f.; *Kälin*, Asylverfahren, 153 f.; *Kottusch*, Familiennachzug, 349 f.; *Gerber/Métraux*, 83 ff.

[49] BGE 122 II 1, E. 1e, 5; vgl. bereits früher *Zimmermann*, 178 ff.

A. Familiennachzug 99

hafte Verwandte lediglich über eine Aufenthaltsbewilligung verfügen oder bloss vorläufig aufgenommen worden sind, einen *Ermessensentscheid* dar[50].

1. Der Familiennachzug für Personen mit Aufenthaltsbewilligung

Die Art. 38 und 39 BVO legen die Voraussetzungen fest, welche erfüllt sein müssen, damit ein Nachzugsgesuch bewilligt werden *kann*:

„Art. 38 - *Grundsatz*

¹Die kantonale Fremdenpolizeibehörde kann dem Ausländer den Nachzug des Ehegatten und der ledigen Kinder unter 18 Jahren, für die er zu sorgen hat, bewilligen.

²Saisonniers, Kurzaufenthalter, Stagiaires, Studenten und Kurgäste können ihre Familien nicht nachziehen lassen.

Art. 39 - *Voraussetzungen*

¹Dem Ausländer kann der Familiennachzug ohne Wartefrist bewilligt werden, wenn:

a) sein Aufenthalt und gegebenenfalls seine Erwerbstätigkeit gefestigt erscheinen;
b) die Familie zusammen wohnen wird und eine angemessene Wohnung hat;
c) der Ausländer genügend finanzielle Mittel für den Unterhalt seiner Familie hat; und
d) die Betreuung der Kinder, die noch der elterlichen Obhut bedürfen, gesichert ist.

²Eine Wohnung ist angemessen, wenn sie den Anforderungen entspricht, die für Schweizerbürger in der gleichen Gegend gelten."

Sind diese Voraussetzungen erfüllt, *kann* der Nachzug von Familienangehörigen bewilligt werden, doch besteht *kein Rechtsanspruch* auf die Bewilli-

---

[50] Gegen letztinstanzliche kantonale Entscheide betreffend die Verweigerung einer fremdenpolizeilichen Bewilligung ist aufgrund der in Art. 100 Abs. 1 lit. b Ziff. 3 OG enthaltenen Ausnahmeklausel die Verwaltungsgerichtsbeschwerde ans Bundesgericht unzulässig, wenn kein Rechtsanspruch auf Erteilung einer fremdenpolizeilichen Bewilligung besteht. Ebenso entfällt - mangels rechtlich geschützten Interesses - die Legitimation zur staatsrechtlichen Beschwerde. Stellt die Bewilligungserteilung eine Ermessensentscheidung dar, steht kein bundesrechtliches Rechtsmittel offen - abgesehen von der staatsrechtlichen Beschwerde wegen der Verletzung von Verfahrensgarantien im Bewilligungsverfahren; *Koller*, Reneja-Praxis, 513; *Koller*, Verwaltungsgerichtsbeschwerde, 354; *Bolz*, 60; *Kälin*, Staatsrechtliche Beschwerde, 242 ff.; *Kottusch*, Ermessen, 179 f.

gungserteilung[51]. Wird der Familiennachzug bewilligt, erhalten die neu einreisenden Personen dieselbe fremdenpolizeiliche Bewilligung wie die bereits in der Schweiz lebenden Familienmitglieder[52]. Aus dem in Art. 38 Abs. 2 BVO enthaltenen Ausschluss des Familiennachzuges für Saisonniers, Kurzaufenthalter, Stagiaires, Studenten und Kurgäste folgt e contrario, dass nur diejenigen Ausländerinnen und Ausländer, welche über eine *Jahresaufenthaltsbewilligung* verfügen, um Bewilligung des Nachzugs ihrer *Ehegatten* und *minderjährigen Kinder* nachsuchen können[53]. Die Berufung auf Art. 8 EMRK zur Geltendmachung eines Anspruches auf Familiennachzug ist für Ausländerinnen und Ausländer, welche „nur" eine Aufenthaltsbewilligung haben, nach bundesgerichtlicher Rechtsprechung ausgeschlossen[54].

Gefestigter Aufenthalt und gefestigte Erwerbstätigkeit: Nach Art. 39 Abs. 1 lit. a BVO muss der in der Schweiz lebende Ausländer über einen gefestigten Aufenthalt und gegebenenfalls eine gefestigte Erwerbstätigkeit verfügen. Als gefestigt ist der Aufenthalt grundsätzlich dann zu betrachten, wenn die Verlängerung der Aufenthaltsbewilligung nicht gefährdet erscheint[55]. Eine gefestigte Erwerbstätigkeit liegt nach Lehre und Praxis vor, wenn der betreffende Ausländer bzw. die betreffende Ausländerin regelmässig arbeiten und ihre arbeitsvertraglichen Verpflichtungen nicht vernachlässigen. Der Nachzug kann nicht bewilligt werden, wenn der Gesuchsteller über keine Arbeit verfügt oder häufig und unbegründet die Arbeitsstelle wechselt[56].

Gemeinsame und angemessene Wohnung: Wie bereits ausgeführt, bezweckt der Familiennachzug die Zusammenführung der Familie in einem *gemeinsamen Haushalt*. Somit kann der Nachzug nur bewilligt werden, wenn die nachzuziehenden mit dem bereits in der Schweiz weilenden Familienangehörigen zusammen wohnen werden[57]. Der Lebensmittelpunkt des Familienlebens sollte sich künftig in der Schweiz

---

[51] *Traub*, 88 f.; *Kottusch*, Familiennachzug, 332; *Schlegel*, 31.

[52] Art. 9 Abs. 1 ANAV; die durch Familiennachzug erlangte Aufenthaltsbewilligung schliesst nach Art. 9 Abs. 2 ANAV kein Recht auf Erwerbstätigkeit ein; *Traub*, 113.

[53] Die Zulassung von Verwandten in aufsteigender Linie bzw. der Nebenlinie ist nicht möglich; *Kottusch*, Familiennachzug, 333; *Traub*, 91; dieser Ausschluss ist unter dem Blickwinkel des Familienbegriffes von Art. 8 EMRK problematisch, denn es ist es durchaus vorstellbar, dass auch weitere nahe Familienangehörige eine zentrale Rolle im Familienleben einnehmen (Grosseltern bei der Betreuung der Enkel etc.).

[54] Siehe eingehend hierzu hinten 189 ff.

[55] Liegt ein Verstoss gegen die öffentliche Ordnung oder Sicherheit, eine strafrechtliche Verurteilung wegen eines schweren Deliktes oder aber eine grosse Verschuldung vor, so wird in der Praxis der Aufenthalt als nicht gefestigt betrachtet, *Traub*, 93; *Kottusch*, Familiennachzug, 335; *Möhr-Monn*, 134; *Schlegel*, 34.

[56] *Traub*, 93 f.; *Kottusch*, Familiennachzug, 335; *Möhr-Monn*, 134; *Schlegel*, 34.

[57] *Traub*, 94; *Kottusch*, Familiennachzug, 336; *Möhr-Monn*, 34; *Schlegel*, 134.

befinden[58]. Daraus folgt, dass der Nachzug nur der Kinder, einzelner Kinder oder nur des Ehegatten unter Zurücklassung der Kinder in der Regel nicht bewilligt wird[59]. Zur Frage der *Angemessenheit der Wohnung* präzisiert Art. 39 Abs. 2 BVO lediglich, dass diese den Anforderungen zu entsprechen habe, welche in derselben Gegend für Schweizer Bürger gelten. Was dies jedoch genau bedeutet, kann freilich weder der BVO noch beispielsweise den Weisungen des BFA entnommen werden. Die Kantone verlangen, dass über die Wohnung *rechtlich verfügt* werden kann (unbefristeter oder auf längere Dauer abgeschlossener Mietvertrag), die Wohnung den *bau-, feuer- und gesundheitspolizeilichen Vorschriften* entspricht und schliesslich für die Familie *genügend gross* ist[60].

Genügende finanzielle Mittel: Bei der Prüfung der Frage, ob eine Ausländerin oder ein Ausländer über genügend finanzielle Mittel verfügt, um Familienangehörige nachzuziehen, stellt die Praxis meist auf Richtsätze ab, wie sie beispielsweise in den *Richtlinien über die Bemessung der Sozialhilfe* der Schweizerischen Konferenz für öffentliche Fürsorge (SKöF) enthalten sind. Durch das Einkommen muss nicht nur das betreibungsrechtliche Existenzminimum, sondern vielmehr das *soziale Existenzminimum* gesichert sein[61]. Das Einkommen des in der Schweiz ansässigen Familienmitgliedes muss die aufgrund der Richtlinien errechneten Lebenshaltungskosten decken, d.h. es darf nicht auch das künftige, durch die nachzuziehenden Familienmitglieder erzielbare Einkommen eingerechnet werden[62].

Sichergestellte Betreuung der Kinder: Voraussetzung für die Bewilligung des Nachzugs ist schliesslich der Nachweis, dass die Betreuung derjenigen Kinder, die noch der elterlichen Obhut bedürfen, gesichert ist. Diese Aufgabe ist in der Regel von einem der beiden Elternteile wahrzunehmen. Folglich verweigern die Fremdenpolizeibehörden meist den Nachzug, wenn beide Eltern berufstätig sind. Ein Nachzug

---

[58] *Weisungen BFA*, A 542.1.

[59] Die kantonale Praxis weicht in dieser Beziehung jedoch stark voneinander ab; *Traub*, 94 ff.; *Kottusch*, Familiennachzug, 336; *Möhr-Monn*, 34; *Schlegel*, 134.

[60] In der Praxis gehen einzelne Kantone für die Bestimmung der Belegungsdichte der Wohnung z.T. von der Faustregel aus, dass die Zahl der Familienmitglieder weniger eins der Zimmerzahl der Wohnung entsprechen sollte; andere Kantone wenden den Grundsatz an, dass die betreffende Wohnung neben Küche, Wohnzimmer, Badezimmer und Elternzimmer für je zwei Kinder ein Schlafzimmer aufweisen müsse; *Traub*, 97 ff.; *Kottusch*, Familiennachzug, 336; *Möhr-Monn*, 34 f.; *Schlegel*, 135 f.; *Raess-Eichenberger/Raess-Eichenberger*, 3/2.6.2, 3.

[61] Das betreibungsrechtliche Existenzminimum stellt lediglich den *unbedingt notwendigen Lebensbedarf* dar, während das soziale Existenzminimum die wirtschaftliche und persönliche Selbständigkeit durch Teilhabe am Arbeits- und Sozialleben, Stärkung des Selbstbewusstseins und der Förderung der Eigenverantwortung garantieren soll; siehe hierzu die Grundsätze der Richtlinien für die Bemessung der Sozialhilfe der Schweizerischen Konferenz für öffentliche Fürsorge (SKöF).

[62] *Traub*, 103 f.; *Kottusch*, Familiennachzug, 337; *Möhr-Monn*, 35 f.; *Schlegel*, 136 f.; *Raess-Eichenberger/Raess-Eichenberger*, 3/2.6.2, 3.

kann in diesen Fällen nur bewilligt werden, wenn die Betreuung der Kinder durch Drittpersonen sichergestellt ist[63]. Sind die nachzuziehenden Kinder bereits nicht mehr schulpflichtig, so kann die Bewilligung des Nachzugs von der Erfüllung weiterer Bedingungen abhängig gemacht werden[64]. Im Vordergrund steht hier der weitere Schulbesuch oder der Beginn einer Lehre[65].

Widerruf der durch Familiennachzug erlangten Aufenthaltsbewilligung: Nach Art. 5 Abs. 1 ANAG ist es zulässig, Aufenthaltsbewilligungen mit Bedingungen zu verknüpfen. Bei Erteilung einer Aufenthaltsbewilligung im Rahmen des Familiennachzuges stellt der Zweck der Bewilligungserteilung, d.h. die Zusammenführung der Familie, eine derartige Bedingung dar. Fällt dieser Bewilligungszweck weg, *kann* die Aufenthaltsbewilligung widerrufen oder nicht erneuert werden[66].

Humanitäre Aufenthaltsbewilligung nach Art. 13 lit f. BVO: Nach Art. 13 lit. f BVO sind von den Höchstzahlen Ausländerinnen und Ausländer ausgenommen, „wenn ein schwerwiegender persönlicher Härtefall" vorliegt. Hierzu ist erforderlich, dass sich die betroffenen Ausländer in einer persönlichen Notlage befinden und eine Rückkehr in ihre Heimat eine persönliche Härte darstellen würde, m.a.W., dass ihre „Lebens- und Daseinsbedingungen gemessen am durchschnittlichen Schicksal von Ausländern in gesteigertem Masse in Frage gestellt sein müssen"[67]. Ob ein Härtefall vorliegt, beurteilt sich aufgrund der Umstände des Einzelfalles[68]; ein Härtefall setzt jedoch nicht zwingend voraus, dass sich die betreffende Person je hier aufgehalten hat, sofern ihre Anwesenheit in der Schweiz als unabdingbar zur Vermeidung einer bedrohlichen Notlage erscheint; eine bisherige oder eine frühere Anwesenheit in der Schweiz genügt für sich allein nicht zur Annahme eines Härtefalles. Inhaltlich handelt es sich bei der humanitären Aufenthaltsbewilligung um eine ordentliche fremdenpolizeiliche Aufenthaltsbewilligung, d.h. der Nachzug von Familienangehörigen untersteht den Regelungen von Art. 38 f. BVO[69].

---

[63] *Traub*, 107; *Kottusch*, Familiennachzug, 338; *Möhr-Monn*, 36 f.; *Schlegel*, 137 f.; *Raess-Eichenberger/Raess-Eichenberger*, 3/2.6.2, 4.

[64] Art. 5 Abs. 1 ANAG.

[65] Hiefür ist jedoch nach Art. 42 BVO ein positiver Vorentscheid der Arbeitsmarktbehörde notwendig; *Traub*, 107; *Kottusch*, Familiennachzug, 339.

[66] Art. 9 Abs. 2 lit. b ANAG; Art. 4 ANAG; *Kottusch*, Familiennachzug, 355 ff.; *Möhr-Monn*, 39 f.; *Schlegel*, 139.

[67] BGE 119 Ib 33, E. 4c, 43; *Weisungen BFA*, A 34-11; *Wurzburger*, 291.

[68] Siehe zu relevanten Gesichtspunkten die Ausführungen bei *Wurzburger*, 292.

[69] *Gerber/Métraux*, 92 f.

2. Aufenthalt minderjähriger ausländischer Kinder während eines Adoptionspflegeverhältnisses

Nach Art. 75 Abs. 1 IPRG sind „die schweizerischen Gerichte oder Behörden am Wohnsitz der adoptierenden Person oder der adoptierenden Ehegatten (...) zuständig, die Adoption auszusprechen". Ausländische Adoptionen werden in der Schweiz lediglich anerkannt, wenn sie im Wohnsitz- oder Heimatstaat der Adoptierenden ausgesprochen worden sind[70] und im wesentlichen die gleichen Wirkungen wie eine schweizerische Adoption haben[71]. Wird eine ausländische Adoption anerkannt, so gelten für den Aufenthalt der adoptierten Kinder die Familiennachzugsbestimmungen, d.h. falls die Adoptiveltern in der Schweiz niedergelassen sind, haben die Adoptivkinder nach Art. 17 Abs. 2 ANAG einen Rechtsanspruch auf Einbezug in die Niederlassungsbewilligung; verfügen die Adoptiveltern über eine Aufenthaltsbewilligung, gelten die Nachzugsbestimmungen von Art. 38 f. BVO.

Die Adoption ausländischer Kinder durch in der Schweiz lebende Personen untersteht grundsätzlich schweizerischem Recht[72]. Nach Art. 264 ZGB darf eine Adoption erst ausgesprochen werden, wenn die künftigen Adoptiveltern dem Kind während mindestens zwei Jahren Pflege und Erziehung erwiesen haben. Jeder in der Schweiz ausgesprochenen Adoption muss daher zwingend ein mindestens zweijähriges Adoptionspflegeverhältnis vorangehen[73]. Da während dieser Zeit das ausländische Adoptivpflegekind nicht die rechtliche Stellung eines Kindes der Adoptivpflegeeltern hat, besteht keine Möglichkeit aufgrund der Nachzugsbestimmungen von Art. 17 Abs. 2 ANAG oder Art. 38 f. BVO um Erteilung einer fremdenpolizeilichen Bewilligung zu ersuchen. Daher bestimmt Art. 35 BVO, dass „Pflege- und Adoptivkindern (...) Aufenthaltsbewilligungen erteilt werden [können], wenn die zivilrechtlichen Voraussetzungen für die Aufnahme von Pflegekindern oder die Adoption erfüllt sind". Die Gewährung einer Aufenthaltsbewilligung an ausländische Pflegekinder in Hinblick auf eine spätere Adoption setzt deshalb das Vorliegen einer durch die Vormundschaftsbehörde erteilten *Pflege-*

---

[70] Art. 78 Abs. 1 IPRG.

[71] Art. 78 Abs. 2 IPRG. Weicht eine ausländische Adoption in ihren Wirkungen von derjenigen einer Volladoption nach schweizerischem Recht wesentlich ab, so werden ihr lediglich diejenigen Wirkungen zuerkannt, die ihr im Begründungsstaat zukommen; *Ceschi*, 22; *Bernard Dutoit*, Commentaire de la loi fédérale du 18 décembre 1987, Basel/Frankfurt a.M. 1997, 211.

[72] Art. 77 Abs. 1 IPRG.

[73] *Ceschi*, 12; *Hegnauer*, 78 f.

kinderbewilligung[74] voraus[75]. Die endgültig (wenn die Identität des Kindes feststeht) oder vorläufig (wenn die Identität noch nicht feststeht) erteilte Pflegekinderbewilligung ist suspensiv bedingt bis zur Erteilung der fremdenpolizeilichen Bewilligung[76]. Die Vormundschaftsbehörde überweist die Bewilligung zur Aufnahme ausländischer Kinder von Amtes wegen an die Fremdenpolizeibehörde, die über Visumserteilung und Zusicherung der Aufenthaltsbewilligung an das Kind entscheidet[77]. Falls die Adoptionspflegeeltern in der Schweiz wohnhafte Ausländerinnen und Ausländer sind, prüfen die Fremdenpolizeibehörden zusätzlich, ob die Voraussetzungen für den Familiennachzug nach Art. 38 f. BVO erfüllt sind und eine Bestätigung der zuständigen Behörden des Herkunftsstaates der Adoptionspflegeeltern vorliegt, wonach im Fall der Rückkehr der Familie das Adoptivpflegekind ebenfalls dorthin ziehen kann[78]. Art. 35 BVO gewährt jedoch keinen Rechtsanspruch auf Erteilung und Verlängerung einer Aufenthaltsbewilligung[79]; ein derartiger Rechtsanspruch kann nach bundesgerichtlicher Praxis auch nicht aus Art. 8 EMRK abgeleitet werden, denn das Recht auf Achtung des Familienlebens verpflichte die Vertragsstaaten nicht, eine Aufenthaltsbewilligung zu erteilen, um dadurch die Voraussetzungen einer künftigen Adoption herbeizuführen[80].

---

[74] Die Voraussetzungen zur Erteilung einer Pflegekinderbewilligung werden in der Verordnung über die Aufnahme von Pflegekindern vom 19.10.1977 (SR 211.222.338) geregelt. Wird um Erteilung einer Pflegekinderbewilligung in Hinblick auf eine spätere Adoption ersucht, so dürfen nach Art. 5 Abs. 2 PflegekinderVO der Adoption keine gesetzlichen Hindernisse entgegenstehen. Für die Aufnahme ausländischer Kinder zur Adoption enthält Art. 6 PflegekinderVO weitere Voraussetzungen: insbesondere müssen die Pflegeeltern bereit sein, das Kind in seiner Eigenart anzunehmen und es entsprechend seinem Alter mit seinem Herkunftsland vertraut zu machen. M.w.H. *Ceschi*, 140 ff.; *Hegnauer*, 79; *Lücker-Babel*, 50 ff.

[75] Zusätzlich muss bei berufsmässiger Vermittlung eine Bewilligung nach Art. 6 der Verordnung über die Adoptionsvermittlung vom 28.3.1973 (SR 211.221.36) vorliegen; *Weisungen BFA*, 53.2.

[76] Art. 8 Abs. 4 sowie 8a Abs. 4 PflegekinderVO; *Ceschi*, 160.

[77] Art. 8b Abs. 1 und 2 PflegekinderVO; *Ceschi*, 160.

[78] *Weisungen BFA*, A 53-4.

[79] Unpublizierter BGerE vom 22.6.1994 i.S. K. (2A.362/1992); *Weisungen BFA*, A 53-3; *Ceschi*, 160 und 252; *Raess-Eichenberger/Raess-Eichenberger*, 2.5.2.4/2 f.; *Lükker-Babel*, 75.

[80] „Art. 8 EMRK garantiert die Achtung des Familienlebens. Unter gewissen Umständen lässt sich daraus ein Anspruch auf Erteilung der Aufenthaltsbewilligung ableiten; vorausgesetzt ist aber immer, dass eine familiäre Beziehung bereits besteht und tatsächlich gelebt wird. Gleich wie aus Art. 264 ZGB folgt aus Art. 8 EMRK nicht, dass

Mit der Adoption erhält das Kind die rechtliche Stellung eines ehelichen Kindes seiner Adoptiveltern[81]. Für die aufenthaltsrechtliche Situation bedeutet dies, dass, falls die Adoptiveltern das Schweizer Bürgerrecht besitzen, das Adoptivkind dieses ebenfalls erwirbt[82]. Verfügen die Eltern über eine Niederlassungsbewilligung, wird das adoptierte Kind nach Art. 17 Abs. 2 ANAG in diese einbezogen; sind die Eltern in Besitz einer Aufenthaltsbewilligung, erhält das adoptierte Kind weiterhin eine Aufenthaltsbewilligung.

Die Problematik der prekären aufenthaltsrechtlichen Situation, in der sich zur Adoption eingereiste ausländische Kinder befinden, ist besonders dann, wenn die geplante Adoption scheitert, augenfällig. Die Erteilung der Aufenthaltsbewilligung an die Adoptionspflegekinder erfolgt in Hinblick auf eine spätere Adoption. Scheitert diese, entfällt der Aufenthaltszweck und die betroffenen Kinder könnten zur Rückkehr in ihr Herkunftsland verpflichtet werden. In der Praxis wird in derartigen Fällen anscheinend eine Aufenthaltsbewilligung aus humanitären Gründen nach Art. 13 lit. f BVO erteilt[83]. Gerade bei einer gescheiterten Adoption ausländischer Kinder fällt das Fehlen eines innerstaatlichen Anspruches auf Bewilligung der Anwesenheit schwer ins Gewicht: Obwohl ausser Frage steht, dass eine Rückkehr der Kinder in ihr Herkunftsland in den meisten Fällen kaum möglich wäre und gegen ihren Willen ausgeschlossen sein muss, geniessen sie bis zur Erfüllung der zeitlichen Voraussetzungen zur Erteilung einer Niederlassungsbewilligung keinen gesicherten Aufenthaltsstatus in der Schweiz. Ein Rechtsanspruch auf Erteilung eines Aufenthaltstitels könnte m.E. grundsätzlich im in Art. 8 EMRK garantierten Recht auf Achtung des Privatlebens erblickt werden.

3. Familiennachzug für vorläufig aufgenommene Ausländerinnen und Ausländer

Bei vorläufig aufgenommenen Ausländerinnen und Ausländern stellt sich, insbesondere wenn der Aufenthalt in der Schweiz länger dauert, ebenfalls die Frage des Nachzugs der Familienangehörigen. Nach Art. 7 der Verordnung

---

der Staat verpflichtet wäre, eine Aufenthaltsbewilligung zu erteilen, damit die Voraussetzungen für eine spätere Adoption erst geschaffen werden können", unpublizierter BGerE vom 22.6.1994 i.S. K. (2A.362/1992), E. 2d.

[81] Art. 267 Abs. 1 ZGB; *Hegnauer*, 89.

[82] Art. 8 BüG.

[83] Amtl. Bull. Nationalrat 1995, 271 (Ausführungen von Bundesrat Koller zur Motion Brunner betr. Adoption ausländischer Kinder in der Schweiz); *Ceschi*, 253; *Lücker-Babel*, 74 ff.; *Marie-Françoise Lücker-Babel*, Le cas d'échec de l'adoption internationale en Suisse - un point de vue juridique, ZVW 1994, 92.

über die vorläufige Aufnahme von Ausländern[84] kann der Nachzug von Familienangehörigen vorläufig aufgenommener Ausländerinnen und Ausländer unter den Voraussetzungen von Art. 38 f. BVO bewilligt werden, wenn zusätzlich die kantonale Fremdenpolizeibehörde bereit ist, dem vorläufig aufgenommenen Ausländer eine Aufenthaltsbewilligung zu erteilen; das Bundesamt für Flüchtlinge festgestellt hat, dass längerfristig die Wegweisung nicht vollzogen werden kann; weiter das Bundesamt für Ausländerfragen festgestellt hat, dass keine Gründe für die Einschränkung des Anspruchs auf Achtung des Familienleben bestehen und schliesslich auch ein positiver Vorentscheid der kantonalen Arbeitsmarktbehörde vorliegt[85]. Auch vorläufig aufgenommene Fremde können nach bundesgerichtlicher Rechtsprechung Art. 8 EMRK nicht zur Begründung eines Anspruches auf Familiennachzug anrufen[86].

4. Familiennachzug vorläufig aufgenommener Flüchtlinge

Der Nachzug von Familienangehörigen vorläufig aufgenommener Flüchtlinge bestimmt sich nach der soeben dargestellten Regelung des Familiennachzuges für vorläufig aufgenommene Ausländerinnen und Ausländer[87].

III. Ausschluss des Familiennachzuges

1. Die Ausschlussbestimmung in Art. 38 Abs. 2 BVO

Nach Art. 38 Abs. 2 BVO ist der Familiennachzug für *Saisonniers, Kurzaufenthalter, Stagiaires, Studenten* und *Kurgäste* ausgeschlossen, da diese Ausländerinnen und Ausländer sich nach der Vorstellung des Gesetzgebers nur *vorübergehend* in der Schweiz aufhalten[88].

---

[84] Verordnung vom 25. November 1987 über die vorläufige Aufnahme von Ausländern (SR 142.281).

[85] *Kälin*, Asylverfahren, 200; *Achermann/Hausammann*, 403; *Kottusch*, Familiennachzug, 350 ff.; *Raess-Eichenberger/Raess-Eichenberger*, 3/3.6.3/1 f.; *Gerber/Métraux*, 90 ff.; *Hegetschweiler*, 8 ff.

[86] Hinten 191.

[87] Siehe vorne 99 ff.; siehe ferner *Achermann/Hausammann*, 397 f.; *Gerber/Métraux*, 90 ff.; *Hegetschweiler*, 8 ff.

[88] *Kottusch*, Familiennachzug, 334.

A. Familiennachzug

2. Familiennachzug während des Asylverfahrens

Während eines hängigen Asylverfahrens besteht grundsätzlich ebenfalls keine Möglichkeit des Nachzuges von Familienangehörigen[89].

IV. Ansprüche auf Familiennachzug aus bilateralen Abkommen[90]

1. Das Abkommen zwischen der Schweiz und Italien über die Auswanderung italienischer Arbeitskräfte nach der Schweiz vom 10. August 1964

Neben der Einräumung von Ansprüchen auf Verlängerung der Aufenthaltsbewilligung nach fünfjährigem Aufenthalt[91] sowie der Erteilung der Niederlassungsbewilligung nach fünfjährigem ordnungsgemässen Aufenthalt[92] regelt das „Italiener-Abkommen" in Art. 13 den Familiennachzug:

„1. Die schweizerischen Behörden gestatten der Ehefrau und den minderjährigen Kindern eines italienischen Arbeitnehmers den gemeinsamen Wohnsitz mit dem Familienhaupt in der Schweiz, sobald der Aufenthalt und das Anstellungsverhältnis dieses Arbeitnehmers als ausreichend gefestigt und dauerhaft betrachtet werden können.

2. Die Bewilligung wird nur erteilt, wenn dem Arbeitnehmer für seine Familie eine angemessene Wohnung zur Verfügung steht."

Zu betonen ist, dass nach bundesgerichtlicher Rechtsprechung als minderjährig im Sinne dieser Bestimmung - und trotz des Umstandes, dass sowohl in Italien als in der Schweiz das zivile Mündigkeitsalter nunmehr bei 18 Jahren liegt - Kinder bis zur Vollendung des 20. Altersjahres gelten[93].

---

[89] *Gerber/Métraux*, 80 f.; *Achermann/Hausammann*, 376; *Kottusch*, Familiennachzug, 348 f.; *Zimmermann*, 233 ff.; *Reza Shahrdar*, Die Rechtsstellung des Asylsuchenden bis zum Entscheid über die Anerkennung des Flüchtlingsstatus, Zürich 1995, 154 f.

[90] Vgl. vorne 61 ff. zu den Ansprüchen auf Familiennachzug aus multilateralen Staatsverträgen.

[91] Art. 11 Abs. 1 lit. a des Abkommens zwischen der Schweiz und Italien über die Auswanderung italienischer Arbeitskräfte nach der Schweiz vom 10. August 1964, („Italiener-Abkommen"), SR 0.142.114.548.

[92] Art. 10 Abs. 2 des Abkommens i.V. mit Ziff. 1 der Erklärung über die Anwendung des Niederlassungs- und Konsularvertrages vom 22. Juli 1868 zwischen der Schweiz und Italien vom 5. Mai 1934, SR 0.142.114.541.3.

[93] Unpublizierter BGerE vom 27.4.1998 i.S. A. (2A.550/1997).

Ferner können nach Ziff. V des Schlussprotokolls zu diesem Abkommen Saisonarbeitskräfte, die sich während fünf aufeinanderfolgenden Jahren ordnungsgemäss während mindestens 45 Monaten zur Arbeit in der Schweiz aufgehalten haben und denen eine Jahresbewilligung erteilt wurde, grundsätzlich sofort[94] ihre Familien nachkommen lassen. Heute beträgt diese Frist nur noch vier Jahre bei 36 Monate dauerndem Aufenthalt[95].

2. Die Vereinbarung zwischen der Schweiz und Liechtenstein von 1963

Die Vereinbarung zwischen der Schweiz und dem Fürstentum Liechtenstein über die fremdenpolizeiliche Rechtsstellung der beiderseitigen Staatsangehörigen im anderen Vertragsstaat vom 6. November 1963[96] regelt in Art. 3 Abs. 1, dass Schweizerbürger und liechtensteinische Landesbürger im anderen Staat auf Gesuch hin die Aufenthaltsbewilligung - auch zur Ausübung einer Erwerbstätigkeit - erhalten. Im Notenaustausch vom 19. Oktober 1981 über die teilweise Suspendierung von Artikel 3 der schweizerisch-liechtensteinischen Vereinbarung vom 6. November 1963[97] wurde Artikel 3 der Vereinbarung zwar teilweise suspendiert, der Anspruch auf Zulassung mit oder ohne Erwerbstätigkeit allerdings weiterhin für uneingeschränkt geltend erklärt, u.a. wenn „(15) es sich um Ehegatten und die minderjährigen Kinder des im andern Vertragsstaat bereits zugelassenen liechtensteinischen oder schweizerischen Ehegatten handelt". Danach haben also liechtensteinische Bürger mit Anwesenheitsrecht in der Schweiz einen Anspruch darauf, dass der Nachzug der Ehegatten und Kinder sofort bewilligt wird[98].

---

[94] Dies gilt unter Vorbehalt von Art. 13 Abs. 2 des Abkommens; *Kammermann*, 7 f.; *Kottusch*, Familiennachzug, 341 f.

[95] Gestützt auf die Ergebnisse einer Verhandlungsrunde der Gemischten Kommission im Rahmen von Art. 22 des Italiener-Abkommens vom 22. Juni 1972; siehe dazu *Kammermann*, 21 f. sowie *Traub*, 49 f.; diese Vergünstigungen wurden, ohne dass die Schweiz dazu völkerrechtlich verpflichtet gewesen wäre, im Jahre 1967 auf die Arbeitskräfte der übrigen westeuropäischen Staaten ausgedehnt; vgl. BBl 1979 III 610. Dazu auch ausführlich *Kammermann*, 9 ff.

[96] SR 0.142.115.142.

[97] SR 0.142.115.142.1.

[98] *Kammermann*, 32; *Traub*, 50 f.; *Kottusch*, Familiennachzug, 340 f.

A. Familiennachzug

3. Ansprüche auf Familiennachzug aus Niederlassungsverträgen?

Die in der Zeit vor dem Ersten Weltkrieg von der Schweiz mit anderen Staaten abgeschlossenen Niederlassungsverträge enthalten als Ausfluss des damals herrschenden Gedankens der Freizügigkeit weitgehende Gleichbehandlungs- oder Meistbegünstigungsklauseln[99]. Diese Klauseln räumen Ausländern regelmässig Gleichbehandlung mit den Staatsangehörigen in bezug auf Einreise, Aufenthalt, Ausübung einer Erwerbstätigkeit, Steuern etc. ein und enthalten lediglich einen Vorbehalt polizeilicher Ordnungsvorschriften[100]. Nach dem Ersten Weltkrieg wurden diese liberalen Formulierungen aufgegeben. Charakteristisches Merkmal der in der Zwischenkriegszeit abgeschlossenen Niederlassungsverträge ist die Anbringung eines umfassenden Landesrechtsvorbehaltes. Einreise, Aufenthalt und Erwerbstätigkeit von Ausländern stehen nun unter dem Vorbehalt der innerstaatlichen Ausländergesetzgebung[101]. Auch die nach dem Zweiten Weltkrieg abgeschlossenen Niederlassungsverträge enthalten weitreichende Landesrechtsvorbehalte[102].

Ansprüche auf Einreise, Aufenthalt und Familiennachzug könnten somit lediglich aus den vor dem Ersten Weltkrieg abgeschlossenen Niederlassungsverträgen abgeleitet werden. In Lehre und Praxis ist heute aber weitgehend unbestritten, dass aus diesen Verträgen kein Recht auf Einreise, Aufenthalt oder Aufnahme einer Erwerbstätigkeit abgeleitet werden kann. Vielmehr können sich nach herrschender Auffassung heute nur noch diejenigen Ausländerinnen und Ausländer auf die in den Niederlassungsverträgen verbürgte Gleichbehandlung berufen, die bereits eine Niederlassungsbewilligung besitzen. In diesem Sinne hat denn auch das Bundesgericht ausgeführt:

„Die Vertragsstaaten hatten die Absicht, der neuen Lage durch eine Änderung der Verträge Rechnung zu tragen. Eine Vertragsänderung erschien indessen bald einmal nicht mehr unbedingt erforderlich. Die Vertragspartner nahmen nämlich stillschweigend zur Kenntnis, dass die in den meisten Ländern neugeschaffenen landesrechtlichen Fremdenpolizeiordnungen Einreise, Aufenthalt und Erwerbstätigkeit der polizeilichen Bewilligungspflicht unterstellten. Seither standen die Niederlassungsverträge unter diesem stillschweigenden Vorbehalt des nationalen Rechts bezüglich der Festsetzung der Zulassungsbedingungen. Das bedeutet, dass sich nur noch diejenigen Ausländer uneingeschränkt auf die Niederlassungsverträge berufen können, die ge-

---

[99] *Stoffel*, 102 ff.; *Moser*, 337; siehe hierzu und zum Folgenden auch die Ausführungen in BGE 119 IV 65, E. 1, 67 ff.
[100] *Stoffel*, 105 f.; *Moser*, 337.
[101] *Stoffel*, 110; *Moser*, 338.
[102] *Stoffel*, 111 f.

mäss der landesrechtlichen Fremdenpolizeigesetzgebung endgültig zugelassen (niedergelassen) sind."[103]

Zur Frage, ob die vor dem Ersten Weltkrieg verabschiedeten Niederlassungsverträge einen Anspruch auf Familiennachzug einräumen, hat Stoffel die Ansicht vertreten, dass diese Niederlassungsverträge auch heute noch verbieten würden, einem Ausländer zwar die Einreise zu gestatten, andererseits jedoch den Familiennachzug zu versagen, denn dies vertrage „sich nicht mit dem Grundsatz, dass der Ausländer im Gaststaat ein normales Leben nach Massgabe der Rechtsstellung der Inländer soll führen können"[104]. Angesichts der oben dargestellten Beschränkung der Anwendung des in den älteren Niederlassungsverträgen verbürgten Gleichbehandlungsgrundsatzes auf niedergelassene Ausländerinnen und Ausländer in Praxis und Rechtsprechung ist freilich eine erfolgreiche Geltendmachung eines Anspruches auf Familiennachzug für Aufenthalterinnen und Aufenthalter praktisch ausgeschlossen. Der aus den Niederlassungsverträgen ableitbare völkerrechtliche Anspruch auf Familiennachzug für in der Schweiz niedergelassene Ausländerinnen und Ausländer ist auf landesrechtlicher Ebene durch Art. 17 Abs. 2 ANAG erfüllt worden.

B. Aufenthaltsbeendende Massnahmen und deren Auswirkungen auf das Familienleben

Ein Wegfall des Anwesenheitsrechtes von Ausländerinnen und Ausländern kann ebenso wie die Verweigerung oder Einschränkung des Nachzuges Auswirkungen auf das Familien- und Privatleben haben. Es ist daher zu untersuchen, in welchem Masse das schweizerische Ausländerrecht das Privat- und Familienleben betreffende Gesichtspunkte bei einem Wegfall des Anwesenheitsrechtes berücksichtigt bzw., ob und in welchen Situationen der Wegfall des Anwesenheitsrechtes eines Familienangehörigen direkte Auswirkun-

---

[103] BGE 119 IV 65, E. 1b, 68 f.; siehe ferner aus der bundesgerichtlichen Rechtsprechung den unpublizierten BGerE vom 30.3.1995 i.S. P., E. 1b; BGE 110 1b 63, E. 2a, 66; BGE 106 Ib 125, E. 2b, 128; vgl. hierzu auch *Ruth*, 11 f. Ausführlich und kritisch zur Gültigkeit dieser Einschränkung *Stoffel*, 226 ff.; ebenso *Pfanner*, 37 f.; bejahend *Aubert*, Rz. 1035; vgl. auch die Stellungnahme der Direktion für Völkerrecht vom 11.11.1995 zur Frage, ob aufgrund Niederlassungs- und Handelsabkommens zwischen der Schweiz und Albanien vom 10. Juni 1929 (SR 0.142.111.231) ein Anspruch auf Erteilung einer Aufenthaltsbewilligung bestehe, VPB 60 (1996), Nr. 136.

[104] *Stoffel*, 257.

B. Aufenthaltsbeendende Massnahmen

gen auf das Anwesenheitsrecht der übrigen in der Schweiz anwesenden Familienmitglieder hat.

Anwesenheitsrechte können entweder ohne direktes behördliches Zutun *erlöschen* oder aufgrund einer Ausweisung, Wegweisung oder eines Widerrufs *untergehen*. Für die vorliegende Untersuchung steht neben dem Erlöschen der Aufenthaltsbewilligung durch Ablauf der Bewilligungsfrist und deren Nichtverlängerung[105] der Wegfall des Anwesenheitsrechtes durch Ausweisung, Wegweisung oder Widerruf im Vordergrund.

I. Der Widerruf der Aufenthalts- und Niederlassungsbewilligung

Sowohl Aufenthalts- als auch Niederlassungsbewilligung können widerrufen werden, wenn sie „durch falsche Angaben oder wissentliches Verschweigen wesentlicher Tatsachen erschlichen" wurden[106]. *Aufenthaltsbewilligungen* können ferner widerrufen werden, wenn eine mit der Bewilligungserteilung verbundene Bedingung nicht erfüllt wurde, die Bewilligung nur auf Widerruf hin erteilt wurde oder das Verhalten der betroffenen Ausländerinnen oder Ausländer zu schweren Klagen Anlass gegeben hat[107]. Ein Widerruf der *Niederlassungsbewilligung* ist indes neben den Fällen des Erschleichens einer Bewilligung nur bei Nichterbringung der nach Art. 6 Abs. 2 ANAG erforderlichen Sicherheitsleistung zulässig[108]. Der Widerruf einer fremdenpolizeilichen Bewilligung verpflichtet lediglich zur Ausreise, ist indes - im Gegensatz zur Ausweisung - nicht automatisch mit einem Einreiseverbot verbunden[109]. Im Unterschied zur Ausweisung, die nur verfügt werden darf, wenn sie verhältnismässig ist[110], sieht weder das ANAG noch die ANAV eine entsprechende Regelung für den Widerruf einer fremdenpolizeilichen Bewilligung vor. Da eine verfassungskonforme Ermessensausübung jedoch u.a. auch die Beachtung des Verhältnismässigkeitsprinzips verlangt[111], haben die

---

[105] Art. 9 Abs. 1 lit. a ANAG; wie bereits ausgeführt (vorne 90), besteht in der Regel kein Anspruch auf Verlängerung der Aufenthaltsbewilligung und die Verlängerung liegt daher im freien Ermessen der fremdenpolizeilichen Behörden.
[106] Art. 9 Abs. 2 lit. a bzw. Art. 9 Abs. 4 lit. a ANAG.
[107] Art. 9 Abs. 2 lit. b und c ANAG.
[108] Art. 9 Abs. 4 lit. b ANAG.
[109] *Wisard*, 114.
[110] Hinten 113.
[111] Siehe vorne 90.

zuständigen Behörden die Verfügung des Widerrufs von einer Güterabwägung abhängig zu machen[112].

Ob und welche direkten Folgen sich aus dem Widerruf des Aufenthaltstitels für die übrigen in der Schweiz lebenden Familienangehörigen ergeben, hängt grundsätzlich von deren ausländerrechtlichen Status ab. Keine aufenthaltsrechtlichen Auswirkungen hat der Widerruf für Familienangehörige, welche die schweizerische Staatsbürgerschaft besitzen. Ebenso entstehen keine aufenthaltsrechtlichen Folgen für niedergelassene Familienmitglieder, sofern ihre Niederlassungsbewilligung nicht ebenfalls widerrufen wurde oder aus einer widerrufenen Bewilligung abgeleitet worden ist. Der Widerruf hat hingegen direkte Auswirkungen auf die Gültigkeit der fremdenpolizeilichen Bewilligung für im Familiennachzug eingereiste und mit einer „unselbständigen" Aufenthaltsbewilligung in der Schweiz lebende Angehörige bzw. für *in die widerrufene Niederlassungsbewilligung einbezogene minderjährige Kinder*. In diesen Konstellationen wirkt sich der Widerruf direkt oder indirekt auch auf die Aufenthaltstitel der übrigen Familienangehörigen aus; entweder wird auch deren fremdenpolizeiliche Bewilligung widerrufen oder deren Verlängerung wird - wegen Wegfallens des Aufenthaltszweckes, d.h. des Zusammenlebens der Gesamtfamilie - versagt.

Gegen den Widerruf einer Aufenthalts- oder Niederlassungsbewilligung ist die Verwaltungsgerichtsbeschwerde an das Bundesgericht zulässig[113]. Dabei kann, falls die Voraussetzungen einer Anrufung von Art. 8 EMRK vorliegen, auch das Recht auf Achtung des Familienlebens geltend gemacht werden.

---

[112] In diesem Sinne hat das Bundesgericht in BGE 112 Ib 473, E. 4, 478 f. ausgeführt, dass auch im Falle eines Widerrufes einer Niederlassungsbewilligung „die Behörden den besonderen Gegebenheiten eines Falles Rechnung" tragen sollen; vgl. ebenso *Wurzburger* für den Widerruf einer Aufenthaltsbewilligung, a.a.O. 325.

[113] Eine Verwaltungsgerichtsbeschwerde gegen den Widerruf einer Verfügung ist nach Art. 101 lit. d OG nicht zulässig, wenn gegen die Verfügung selber die Beschwerdeerhebung ausgeschlossen ist. Beim Widerruf einer Aufenthalts- oder Niederlassungsbewilligung handelt es sich jedoch nicht um den Widerruf einer Verfügung i.S. von Art. 100 Abs. 1 lit. b Ziff. 3 OG betreffend die Nichterteilung oder Nichtverlängerung einer Anwesenheitsbewilligung. Gegenstand des Verfahrens bildet vielmehr der Widerruf einer Anwesenheitsbewilligung; *Bolz*, 61; *Wurzburger*, 323 ff.; *Kottusch*, Niederlassungsbewilligung, 547 f.; BGE 98 Ib 85, E. 1a, 87 f.

B. Aufenthaltsbeendende Massnahmen   113

II. Die Ausweisung

Die Ausweisung verbindet in einer einzigen Verfügung die Verpflichtung, das Staatsgebiet zu verlassen, und ein Verbot, während der Ausweisungsdauer erneut einzureisen[114]. Ein allfällig noch bestehender Aufenthaltstitel erlischt mit der Ausweisungsverfügung automatisch[115]. Es können drei Arten der Ausweisung unterschieden werden, die fremdenpolizeiliche, die politische und die strafrechtliche Ausweisung.

1. Die fremdenpolizeiliche Ausweisung nach Art. 10 ANAG

Zur Wahrung der öffentlichen Ordnung und Sicherheit[116] können Ausländerinnen und Ausländer für mindestens zwei Jahre[117] des Landes verwiesen werden. Art. 10 Abs. 1 ANAG bestimmt in abschliessender[118] Weise die Gründe, aufgrund derer die Ausweisung verfügt werden darf. Ausländerinnen und Ausländer können ausgewiesen werden, falls

– sie wegen eines Verbrechens oder Vergehens gerichtlich bestraft worden sind;

– ihr Verhalten im allgemeinen und ihre Handlungen darauf schliessen lassen, dass sie nicht gewillt oder fähig sind, sich in die in der Schweiz geltende Ordnung einzufügen: in Art. 16 Abs. 2 ANAV wird präzisiert, dass dies namentlich als begründet erscheinen kann bei „schweren oder wiederholten Verstössen gegen gesetzliche Vorschriften oder behördliche Verfügungen; grober Verletzung allgemeiner Gebote der Sittlichkeit; fortgesetzter böswilliger oder liederlicher Nichterfüllung der öffentlichrechtlichen oder privatrechtlichen Verpflichtungen; sonstiger fortgesetzter Liederlichkeit oder Arbeitsscheu";

– sie infolge Geisteskrankheit die öffentliche Ordnung gefährden; sowie

– sie oder eine Person, für die sie zu sorgen haben, der öffentlichen Wohltätigkeit fortgesetzt und in erheblichem Masse zur Last fallen.

Ob eine Ausweisung bei Vorliegen eines dieser Gründe ausgesprochen werden soll, bestimmt sich aufgrund einer Prüfung ihrer *Verhältnismässigkeit* im Lichte der gesamten Umstände des Einzelfalles[119]. Im Rahmen der

---

[114] *Thürer*, Rechtsstellung, 1381; *Moser*, 433; *Sulger Büel*, 85; *Ruth*, 107.

[115] *Sulger Büel*, 85.

[116] *Thürer*, 1383; *Raess-Eichenberger/Raess-Eichenberger*, 5/3.3.1, 2.

[117] Art. 11 Abs. 1 ANAG.

[118] *Moser*, 435; *Schäppi*, 13; *Raess-Eichenberger/Raess-Eichenberger*, 5/3.3.1, 1; *Wisard*, 107; *Sulger Büel*, 86.

[119] Art. 11 Abs. 3 ANAG.

Verhältnismässigkeitsprüfung sind namentlich der Schwere des *Verschuldens*[120], der *Dauer der Anwesenheit* der betroffenen Person in der Schweiz sowie den der betroffenen *Person* selber und ihrer *Familie* drohenden *Nachteilen* Beachtung zu schenken[121]. Erscheint die Ausweisung im Einzelfall als nicht angemessen, so kann sie auch bloss angedroht werden[122]. In Ausnahmefällen kann die bereits ausgesprochene Ausweisung auch vorübergehend oder ganz aufgehoben werden[123].

Ausweisungen sollen nur dann verfügt werden, wenn sie nach den gesamten Umständen angemessen erscheinen, wobei u.a. auch die Auswirkungen auf die privaten und familiären Beziehungen zu berücksichtigen sind. Davon zu unterscheiden ist jedoch die Frage, welche direkten *Folgen die Ausweisung eines Familienangehörigen auf die übrigen in der Schweiz wohnhaften Familienmitglieder* hat. Handelt es sich bei den weiteren in der Schweiz anwesenden Familienangehörigen um Schweizer Bürgerinnen und Bürger, so ist zunächst die Bestimmung von Art. 45 Abs. 2 BV, wonach Schweizer Staatsangehörige nicht aus der Schweiz ausgewiesen werden dürfen, zu beachten[124]. Eine Ausdehnung der Ausreiseverpflichtung auf die schweizerischen Familienangehörigen ist verfassungsrechtlich unzulässig. Komplexer stellt sich die Lage für ausländische Familienangehörige ausgewiesener Ausländerinnen und Ausländer dar. Auch hier bestimmt Art. 16 Abs. 3 ANAV zwar, dass im Falle einer Ausweisung den Auswirkungen auf das Familienleben Rechnung zu tragen sei. Anderseits führt Art. 16 Abs. 6 ANAV aus:

---

[120] Entscheidend sind in diesem Zusammenhang nicht nur die Natur der begangenen Straftaten oder die Höhe der ausgefällten Strafen; zu berücksichtigen ist vielmehr auch, ob die Betroffenen wiederholt, wenn vielleicht auch nur geringfügig, straffällig geworden sind; in diesem Sinne hat das Bundesgericht ausgeführt, dass „die Straftaten, für welche (...) [der Beschwerdeführer] zur Rechenschaft gezogen werden musste, jeweils für sich genommen, nicht von erheblichem Gewicht [sind]. Doch gibt die Regelmässigkeit, mit welcher der Beschwerdeführer immer wieder straffällig wird, zu schweren Bedenken Anlass", unpublizierter BGerE vom 28.10.1997 i.S. M., E. 3b (2A.22/1997).

[121] Art. 16 Abs. 3 ANAV; *Wurzburger*, 308 f.

[122] Art. 16 Abs. 3 ANAV; vgl. aus der bundesgerichtlichen Praxis den unpublizierten BGerE vom 28.10.1997 i.S. M. (2A.22/1997), in dem zu beurteilen war, ob die Ausweisung eines seit mehr als zehn Jahren ununterbrochen in der Schweiz lebenden italienischen Staatsangehörigen verhältnismässig sei.

[123] Art. 11 Abs. 4 ANAG; *Sulger Büel*, 87 f.; *Ruth*, 112 f.

[124] Vergleichbare Bestimmung findet sich auch in zahlreichen menschenrechtlichen Verträgen, so beispielsweise in Art. 3 Abs. 1 4. Zusatzprotokoll EMRK oder Art. 12 Abs. 4 Pakt II.

"Als ausgewiesen gilt nur, wer in der Verfügung mit Name, Vorname und Geburtsdatum ausdrücklich als ausgewiesen erwähnt wird (Art. 11 Abs. 2 des Gesetzes). Die Verfügung über Kinder unter 18 Jahren soll deren Wohl so weit als möglich Rechnung tragen. In diesem Sinne und unter Vorbehalt abweichender Bestimmungen oder Entscheide über die elterliche Gewalt mag als Regel gelten, dass die Kinder zur Mutter gehören; verlässt sie die Schweiz, so sollen auch die Kinder ausreisen, bleibt sie da, so sollen auch die Kinder hier bleiben dürfen."

Art. 11 Abs. 2 ANAG, welcher vorsah, dass für den Fall, in dem die Ausweisung eines Ehegatten als angemessen erscheine, diese in der Regel auch auf den anderen Ehepartner auszudehnen sei, ist auf den 1. Januar 1992 aufgehoben worden[125]. Nach Art. 16 Abs. 6 ANAV können heute somit nur noch die unter achtzehn Jahre alten Kinder in die Ausweisung des sorgeberechtigten Elternteils einbezogen werden. Aufgrund der Regelung von Art. 45 Abs. 2 BV ist ein Einbezug in die Ausweisung der Mutter bzw. des Vaters jedoch nur auf Kinder ausländischer Staatsangehörigkeit anwendbar[126].

Trotz der Aufhebung der Bestimmung von Art. 11 Abs. 2 ANAG wird in der Praxis, zumindest bei Ausländerinnen und Ausländern, die im Besitze einer Aufenthaltsbewilligung sind und keinen Anspruch auf deren Verlängerung haben, die Beendigung des Aufenthaltes der Gesamtfamilie in der Schweiz im Anschluss an die Ausweisung eines Ehepartners durch die Nichtverlängerung der Aufenthaltsbewilligung erreicht. Da die Erteilung der Aufenthaltsbewilligung befristet erfolgt, liegt es im Ermessen der Fremdenpolizeibehörden die Bewilligungsverlängerung zu verweigern, wenn der Aufenthaltszweck in der Schweiz, das Zusammenleben der Gesamtfamilie, weggefallen ist - sei es aufgrund der Ausweisung eines Familienangehörigen, einer Trennung bzw. Scheidung der Ehegatten oder aufgrund des Todes eines der Ehegatten[127]. Dagegen hat das Vorliegen dieser Gründe keinen Einfluss auf das Anwesenheitsrecht niedergelassener Ausländerinnen und Ausländer, denn die ihnen erteilte Niederlassungsbewilligung ist unbefristet und bedingungsfeindlich. Ein Bewilligungsentzug ist hier nur möglich, wenn sie selber einen Ausweisungsgrund gesetzt haben.

---

[125] AS 1991, 1934; BBl 1987 III 322; siehe zur nunmehr ausser Kraft gesetzten Regelung die Ausführungen bei *Thürer*, Rechtsstellung, 1387 f.; *Moser*, 434; ferner die kritischen Gedanken bei *Thürer*, Familientrennung, 587 f.

[126] Unter dem Aspekt von Art. 8 EMRK hat das Bundesgericht jedoch geurteilt, dass die Ausweisung der ausländischen Mutter eines Kleinkindes schweizerischer Staatsangehörigkeit zulässig ist, da das betreffende Kind noch in einem anpassungsfähigen Alter war; BGE 122 II 289, hinten 277 f.

[127] Siehe hierzu die Ausführungen bei *Schlegel*, 39 f.

Fremdenpolizeiliche Ausweisungen können, da vom Ausnahmekatalog des Art. 100 Abs. 1 lit. b OG nicht erfasst, mittels Verwaltungsgerichtsbeschwerde beim Bundesgericht angefochten werden[128]. Eine Anrufung von Art. 8 EMRK ist dabei zulässig, wenn durch die fremdenpolizeiliche Ausweisung intakte familiäre Beziehungen zu nahen Familienangehörigen mit Anwesenheitsrecht in der Schweiz beeinträchtigt werden[129].

2. Die strafrechtliche Landesverweisung nach Art. 55 StGB

Art. 55 Abs. 1 StGB gestattet es, zu einer Zuchthaus- oder Gefängnisstrafe verurteilte Ausländerinnen und Ausländer als Nebenstrafe für drei bis fünfzehn Jahre, bei einem Rückfall lebenslänglich, des Landes zu verweisen[130]. Obwohl in der Wirkung gleich, unterscheidet sich die strafrechtliche Landesverweisung in ihrer *Zielsetzung* deutlich von der fremdenpolizeilich verfügten Ausweisung:

„Nach der bundesgerichtlichen Rechtsprechung verfolgen strafrechtliche und fremdenpolizeiliche Massnahmen (...) unterschiedliche Zwecke. Bei der Festsetzung der Strafe wie auch bei der Landesverweisung hat der Strafrichter die *persönliche Situation des Verurteilten* sowie seine *Resozialisierungschancen* zu berücksichtigen. Für die Landesverweisung ist namentlich die Frage entscheidend, ob die Schweiz oder das Heimatland die günstigeren Voraussetzungen für eine Wiedereingliederung in die Gesellschaft bietet. Demgegenüber steht für die Fremdenpolizeibehörde das *Interesse der öffentlichen Ordnung und Sicherheit* im Vordergrund. Sie haben eine *umfassende Interessenabwägung* vorzunehmen, woraus sich ein im Vergleich mit den Straf- und Strafvollzugsbehörden strengerer Beurteilungsmassstab ergibt."[131]

---

[128] BGE 114 Ib 1, E. 1a, 2; BGE 122 II 433, unpublizierte E. 1; unpublizierter BGerE vom 3.10.1996 i.S. *O. et al.* (2A.182/996); *Bolz*, 62; *Sulger Büel*, 87; *Aubert*, Nachtrag Rz. 1031.

[129] Siehe zu den Voraussetzungen einer Geltendmachung von Art. 8 EMRK in ausländerrechtlichen Verfahren hinten 183 ff; unpublizierter BGerE vom 3.10.1996 i.S. *O. et al.* (2A.182/996); *Wurzburger*, 283 und 310.

[130] Die strafrechtliche Landesverweisung kann somit nur gegen Ausländerinnen und Ausländer ausgefällt werden, die wegen eines Vergehens oder Verbrechens verurteilt worden sind; bei Übertretungen kann die Ausweisung nach Art. 104 Abs. 2 StGB nur dann als Nebenstrafe ausgesprochen werden, wenn dies das Gesetz ausdrücklich vorsieht; *Stratenwerth*, 207; *Gauthier*, 288 f.; *Strasser*, 248 ff.; *Trechsel*, Kurzkommentar, 244 f.

[131] BGE 120 Ib 129, E. 5b, 132, eigene Hervorhebung; *Wisard*, 105; *Thürer*, Rechtsstellung, 1382; *Gauthier*, 289; *Schäppi*, 14; *Sulger Büel*, 95; *Wurzburger*, 309 f.; *Trechsel*, Kurzkommentar, 244 ff.

B. Aufenthaltsbeendende Massnahmen

Art. 10 Abs. 4 ANAG hält ferner ausdrücklich fest, dass die strafrechtliche Landesverweisung von den ausländerrechtlichen Regelungen unberührt bleibt. Daraus folgt einerseits, dass eine strafrechtliche Landesverweisung nicht das Erlöschen der Aufenthalts- oder Niederlassungsbewilligung nach sich zieht[132]. Andererseits bedeutet dies jedoch auch, dass die Fremdenpolizeibehörden insofern nicht an die richterliche Entscheidfindung gebunden sind, als dass sie eine fremdenpolizeiliche Ausweisung auch dann verfügen können, wenn der Strafrichter ausdrücklich auf die Verhängung einer Landesverweisung verzichtet hat[133]; wurde jedoch durch die Strafverfolgungsbehörden eine unbedingte Landesverweisung ausgesprochen, sind auch die Fremdenpolizeibehörden an diese gebunden und können der betroffenen Person nicht z. B. den Aufenthalt in der Schweiz gestatten[134]. Dieser Dualismus kann in der Praxis zu widersprüchlichen und stossenden Ergebnissen führen[135].

Gegen einen letztinstanzlichen kantonalen Entscheid betreffend die strafrechtliche Landesverweisung ist die Nichtigkeitsbeschwerde an den Kassati-

---

[132] *Wisard*, 145 f.; *Sulger Büel*, 96.

[133] Diese die Rechtssicherheit gefährdende und stossende Tatsache hätte durch Art. 52 Abs. 1 Ausländergesetz verhindert werden sollen; die Bestimmung sah vor, dass keine fremdenpolizeiliche Ausweisung verfügt werden könne, wenn bereits eine strafrechtliche Landesverweisung ausgesprochen oder aber ausdrücklich auf diese Massnahme verzichtet worden war; *Botschaft Ausländergesetz*, BBl 1978 II 225 f.; Text des Ausländergesetzes in BBl 1981 II 568 ff.; *Stratenwerth*, 212; *Moser*, 441; *Aubert*, Rz. 1029.

[134] „(...) Lorsque le juge pénal renonce à ordonner l'expulsion d'un condamné étranger en application de l'art. 55 CP ou l'ordonne en l'assortissant d'un sursis, les autorités de police des étrangers conservent le droit de prononcer l'expulsion administrative à l'encontre dudit étranger; dans ce cas, elles peuvent donc se montrer plus sévères que le juge pénal et décider indépendamment de l'appréciation de celui-ci. Mais inversement, lorsqu'une expulsion judiciaire *ferme* est prononcée en vertu de l'art. 55 CP à l'encontre d'un condamné étranger, les autorités de police des étrangers cantonales ne peuvent pas remettre en cause cette mesure pénale en autorisant, par exemple, l'étranger en question à résider en Suisse. (...) Autrement dit, les autorités de police des étrangers (...) sont liés par une expulsion pénale ferme. Une autorisation de police des étrangers ne peut dès lors pas être octroyée à une personne qui fait l'objet d'une expulsion judiciaire définitive et exécutoire", BGE 124 II 289, E. 3a, 291 f.

[135] Vgl. beispielsweise die beiden in ZBl 1992, 563 ff. publizierten Entscheide; während der Kassationshof des Bundesgerichtes den probeweisen Aufschub der strafrechtlichen Landesverweisung in casu billigte, da Art. 8 EMRK ihrem Vollzug entgegenstand, bejahte knapp zwei Monate später die II. öffentlichrechtliche Abteilung des Bundesgerichtes im selben Fall die Vereinbarkeit der fremdenpolizeilichen Landesverweisung mit Art. 8 EMRK; siehe hierzu auch *Zünd*, 73 ff.

onshof des Bundesgerichtes zulässig[136], wobei der durch Art. 8 EMRK gewährleistete Schutz des Familienlebens grundsätzlich ebenfalls angerufen werden kann[137].

3. Die politische Ausweisung nach Art. 70 BV

Art. 70 BV räumt dem Bund das Recht ein, „Fremde, welche die innere oder äussere Sicherheit der Eidgenossenschaft gefährden, aus dem schweizerischen Gebiete wegzuweisen". Gefährden in der Schweiz anwesende Ausländerinnen und Ausländer die innere oder äussere Sicherheit der Schweiz[138], kann der Bundesrat auf Antrag der Bundesanwaltschaft[139] die Ausweisung

---

[136] Art. 268 ff. Bundesstrafrechtspflegegesetz (SR 312.0); *Bolz*, 62.

[137] BGE 114 Ia 377; unpublizierter BGerE vom 16.1.1996 i.S. N. (6P.129/1995; 6S.725/1995).

[138] Eine Gefährdung der inneren Sicherheit kann durch „Handlungen, welche sich gegen die Staatsautorität und gegen die freiheitliche, demokratische Grundordnung als solche richten oder den inneren Frieden bedrohen, indem sie verschiedene Kreise der Bevölkerung (Konfessions- und Sprachgruppen, Klassen, Rassen) gegeneinander aufhetzen" hervorgerufen werden; demgegenüber wird die „äussere Sicherheit (...) namentlich dann gefährdet, wenn die Schweiz in ihren militärischen Verteidigungsmitteln geschwächt oder in der Erfüllung ihrer völkerrechtlichen Pflichten (insbesondere der Neutralität) behindert wird, oder wenn ihre guten Beziehungen zu einem anderen Staat getrübt werden"; *Moser*, 439; die politische Ausweisung wird heute nur sehr selten verfügt; siehe ferner auch *Malinverni*, Art. 70 BV, Rz. 14 ff.; *Thürer*, Rechtsstellung, 1382 f.; *Schäppi*, 13; *Aubert*, Rz. 1029.

[139] Art. 12 lit. b der Verordnung über die Zuständigkeit der Departemente und der ihnen unterstellten Amtsstellen zur selbstständigen Erledigung von Geschäften (Delegationsverordnung) vom 28. März 1990, SR 172.011. *Thürer*, Rechtsstellung, 1383; *Malinverni*, Art. 70 BV, Rz. 24; *Moser*, 439; *Schäppi*, 13; auch der Bundesbeschluss über eine neue Bundesverfassung sieht in Art. 121 Abs. 2 vor, dass „der Bundesrat (...) Ausländerinnen und Ausländer aus der Schweiz ausweisen [kann], wenn sie die Sicherheit des Landes gefährden"; *Botschaft Bundesverfassung*, 337 f.

Da das Verfahren der politischen Ausweisung nach Art. 70 BV nicht in allen Aspekten mit den in Art. 1 7. Zusatzprotokoll EMRK verankerten Verfahrensgarantien vereinbar ist, hinterlegte die Schweiz anlässlich der Ratifikation des 7. Zusatzprotokolls einen entsprechenden Vorbehalt; vgl. die Ausführungen in der Botschaft über die Genehmigung der Protokolle Nr. 6, 7 und 8 zur Europäischen Menschenrechtskonvention vom 7. Mai 1986, BBl 1986 II 589, 597 ff.; siehe ferner *Villiger*, Handbuch, Rz. 659 ff.

B. Aufenthaltsbeendende Massnahmen

verfügen. Die durch den Bundesrat gestützt auf Art. 70 BV verfügten Ausweisungen sind endgültig und daher nicht anfechtbar[140].

III. Die Wegweisung

Die Wegweisung kann nach Art. 12 ANAG nur gegen Ausländerinnen und Ausländer verfügt werden, die keine fremdenpolizeiliche Bewilligung besitzen - sei es, weil sie illegal eingereist sind oder sie keiner solchen bedürfen, diese abgelaufen, widerrufen oder nicht verlängert worden, bzw. ihnen die Erteilung einer Bewilligung verweigert worden ist[141]. Im Gegensatz zur fremdenpolizeilichen Ausweisung, welche die Ausreiseverpflichtung mit einem Einreiseverbot verbindet, verpflichtet die Wegweisung die betroffenen Ausländerinnen und Ausländer zur Ausreise, ohne ihnen jedoch die erneute Einreise zu untersagen[142]. Auf in der Schweiz rechtmässig lebende Familienangehörige hat die Wegweisung eines Familienmitgliedes keine direkten, den Aufenthaltsstatus betreffende Auswirkungen. Ohne fremdenpolizeiliche Bewilligung in der Schweiz anwesende Familienangehörige werden wohl ebenfalls weggewiesen werden.

Gegen eine förmliche Wegweisungsverfügung ist die Verwaltungsgerichtsbeschwerde ans Bundesgericht ausgeschlossen[143]. Indes kann gegen die Verletzung von Verfahrensbestimmungen oder Bestimmungen der EMRK staatsrechtliche Beschwerde erhoben werden[144].

IV. Die Heimschaffung

Ausländerinnen und Ausländer können aus der Schweiz fremdenpolizeilich ausgewiesen werden, wenn sie selber oder eine Person, für die sie zu

---

[140] Die Verwaltungsgerichtsbeschwerde ist durch Art. 100 Abs. 1 lit. b Ziff. 4 OG ausdrücklich ausgeschlossen; *Bolz*, 62; *Schäppi*, 16; *Botschaft Bundesverfassung*, 338.

[141] *Thürer*, Rechtstellung, 1384; *Kälin*, Zwangsmassnahmen, 850; *Malinverni*, Art. 69ter BV, Rz. 68; *Raess-Eichenberger/Raess-Eichenberger*, 5/3.2, 1; *Sulger Büel*, 88.

[142] Zusätzlich zur Wegweisung kann jedoch das BFA nach Art. 13 ANAG eine Einreisesperre bzw. eine Einreisebeschränkung auferlegen; diesfalls ist die Einreise ohne ausdrückliche Ermächtigung durch das BFA verboten; siehe ferner *Thürer*, Rechtstellung, 1384; *Malinverni*, Art. 69ter BV, Rz. 68; *Raess-Eichenberger/Raess-Eichenberger*, 5/3.2, 1.

[143] Art. 100 Abs. 1 lit. b Ziff. 4 OG; *Bolz*, 62.

[144] *Bolz*, 62.

sorgen haben, der „öffentlichen Wohltätigkeit fortgesetzt und in erheblichem Masse zur Last" fallen[145]. Art. 11 Abs. 3 ANAG betont jedoch, dass bei der Ausweisung aus diesem Grund unnötige Härten vermieden werden sollen und daher auch lediglich die Heimschaffung verfügt werden könne. Diese stellt, nach bundesgerichtlicher Umschreibung, die „Überführung des fürsorgebedürftigen Ausländers von der Fürsorge des Gaststaates in diejenige des Heimatstaates" dar[146]. Wie eine Ausweisung führt sie zum Erlöschen der Aufenthalts- und Niederlassungsbewilligung[147], ist jedoch im Gegensatz zur Ausweisung nicht mit einem Einreiseverbot verbunden[148]. Der entscheidende Unterschied zur Ausweisung liegt in der Tatsache, dass die Heimschaffung nur verfügt werden darf, wenn der Heimatstaat der Überführung seines Staatsangehörigen sowie der Übernahme der Fürsorgekosten zustimmt[149]. Auch bei Vorliegen dieser Garantie kann eine Heimschaffung indes nur angeordnet werden, wenn sie nach den gesamten Umständen als möglich, zumutbar und verhältnismässig erscheint[150]; im Rahmen der Untersuchung der Angemessenheit einer Heimschaffung ist u.a. auch dem Gesichtspunkt der Auswirkungen auf die privaten und familiären Beziehungen Rechnung zu tragen. Ob die Heimschaffung für die weiteren in der Schweiz anwesenden Familienmitglieder aufenthaltsrechtliche Konsequenzen hat, hängt - wie bei der Ausweisung - von deren fremdenpolizeilichem Status ab[151].

Wie gegen die Ausweisung kann auch gegen die Heimschaffung beim Bundesgericht Verwaltungsgerichtsbeschwerde erhoben werden.

V. Einreisesperre und Einreisebeschränkung

Ausländerinnen und Ausländer, gegen die das BFA eine *Einreisesperre* verhängt hat, ist die Einreise in die Schweiz ohne ausdrückliche Ermächtigung durch das BFA untersagt[152]. Nach Art. 13 Abs. 1 ANAG können gegen

---

[145] Art. 10 Abs. 1 lit. c ANAG.

[146] BGE 119 Ib 1, E. 2b, 4; ferner *Thürer*, Rechtsstellung, 1384; *Moser*, 438.

[147] Art. 9 Abs. 1 lit. d ANAG bzw. Art. 9 Abs. 3 lit. b ANAG.

[148] BGE 119 Ib 1, E. 2b, 4; *Moser*, 438; *Wisard*, 113; *Schäppi*, 14; *Sulger Büel*, 93 f.

[149] BGE 119 Ib 1, E. 2b, 5; *Wisard*, 112; *Thürer*, 1384; *Moser*, 438; *Sulger Büel*, 94.

[150] Art. 11 Abs. 3 ANAG i.V. mit Art. 16 Abs. 3 ANAV; BGE 119 Ib 1, E. 2c, 5; *Wisard*, 112.

[151] Vgl. vorne 114 ff.

[152] Das BFA kann somit auf begründetes Gesuch hin die Einreise trotz bestehender Einreisesperre gestatten; *Moser*, 393; *Wisard*, 140; *Sulger Büel*, 79; *Ruth*, 115.

unerwünschte Ausländerinnen und Ausländer[153] sowie - für eine Höchstdauer von drei Jahren - gegen Personen, die sich mehrfache oder grobe Verstösse gegen fremdenpolizeiliche oder andere gesetzliche Bestimmungen zuschulden kommen liessen, Einreisesperren verhängt werden. Wird eine Einreisesperre gegen in der Schweiz anwesenheitsberechtigte Ausländerinnen und Ausländer verfügt, führt sie im Gegensatz zur Ausweisung nicht zum automatischen Erlöschen der fremdenpolizeilichen Bewilligung[154].

Sollen Ausländerinnen und Ausländer lediglich für bestimmte Tätigkeiten nicht ohne ausdrückliche Ermächtigung des BFA einreisen können, so kann gegen sie für höchstens zwei Jahre eine *Einreisebeschränkung* verfügt werden. Eine Einreiseerlaubnis benötigen die betroffenen Ausländerinnen und Ausländer diesfalls nur, wenn sie einreisen, um einer in der betreffenden Verfügung angegebenen Tätigkeit[155] nachzugehen.

Nach Art. 20 Abs. 1 lit. a ANAG können Verfügungen des BFA beim EJPD angefochten werden. Somit ist gegen Einreisesperren und Einreisebeschränkungen die Beschwerde ans EJPD zulässig. Der Entscheid des EJPD ist endgültig, denn eine Verwaltungsgerichtsbeschwerde ist nach Art. 100 Abs. 1 lit. b Ziff. 1 OG nicht zulässig[156].

VI. Völkerrechtliche Schranken des Vollzugs einer Aus- oder Wegweisung

Wie in Art. 14a Abs. 3 ANAG ausdrücklich ausgeführt wird, kann der Vollzug einer Aus- oder Wegweisung dann unzulässig sein, wenn „völkerrechtliche Verpflichtungen der Schweiz einer Weiterreise des Ausländers in seinen Heimat-, Herkunfts- oder einen Drittstaat entgegenstehen". Völkerrechtliche Schranken, welche einer Ausschaffung entgegenstehen können, stellen neben den flüchtlings- und menschenrechtlichen Abschiebungs-

---

[153] Einreisesperren gegen „unerwünschte Ausländer" unterliegen keiner Höchstdauer; als „unerwünscht" gelten Ausländerinnen und Ausländer nach *Moser*, wenn sie eine „Gesinnung bekunden, die nicht jenes loyale Verhalten erwarten lässt, welches Voraussetzung des Gastrechts ist oder wer, namentlich in seinem Vorleben, gezeigt hat, dass er nicht gewillt oder nicht fähig ist, sich in die im Gaststaat geltende Ordnung einzufügen"; a.a.O, 393; siehe ferner *Sulger Büel*, 79 f.

[154] *Moser*, 393; *Wisard*, 139; *Ruth*, 115.

[155] *Moser* gibt als Beispiele die Aufnahme einer Erwerbstätigkeit oder die Teilnahme an einer politischen Versammlung an; a.a.O., 393; *Sulger Büel*, 81.

[156] Nach Art. 20 Abs. 3 ANAG sind Entscheide des EJPD endgültig, wenn die Verwaltungsgerichtsbeschwerde an das Bundesgericht nicht zulässig ist; *Bolz*, 57.

verboten bei drohender Folter, unmenschlicher oder erniedrigender Behandlung oder Strafe[157] insbesondere auch die das Privat- und Familienleben schützenden Bestimmungen der EMRK sowie des Paktes II[158] dar.

C. Fazit

Das Bundesgesetz über den Aufenthalt und die Niederlassung der Ausländer (ANAG) wurde 1931 als Rahmengesetz verabschiedet und seither durch zahlreiche ausländerrechtliche Verordnungen ergänzt, wobei der BVO - der Verordnung über die Begrenzung der Zahl der Ausländer - eine zentrale Bedeutung zukommt. Obwohl sowohl das ANAG selber als auch die verschiedenen Verordnungen im Laufe der Zeit gewisse Änderungen und Anpassungen erfahren haben, kann nicht abgestritten werden, dass der das schweizerische Ausländerrecht ausmachende Normenkomplex heute *lückenhaft* ist[159].

Der Gesetzgeber ist ferner seiner ihm durch Art. 34^{quinquies} BV auferlegten allgemeinen Handlungsmaxime, bei der „Ausübung der ihm zustehenden Befugnisse und im Rahmen der Verfassung die Bedürfnisse der Familie" zu berücksichtigen[160], im Ausländerrecht nur in *unvollkommener* Weise nachgekommen. Zwar enthalten sowohl das ANAG als auch die BVO Bestimmungen über den Familiennachzug und die ANAV sieht vor, dass im Rahmen der Prüfung der Verhältnismässigkeit einer Ausweisung auch die der Familie drohenden Nachteile zu berücksichtigen seien. Dennoch lässt sich nicht übersehen, dass den persönlichen und familiären Umständen und Bedürfnissen

---

[157] Siehe hierzu vorne 60 Anm. 1.

[158] Vgl. vorne 61 ff.

[159] Dies wurde indirekt auch vom Bundesgericht festgestellt, als es in BGE 118 Ib 153 ausführte, der schweizerische Gesetzgeber scheine die Notwendigkeit einer Nachzugsregelung für ausländische Kinder von Schweizer Statsangehörigen *übersehen* zu haben; siehe vorne 95 f.

[160] Die in Art 34^{quinquies} Abs. 1 BV enthaltene Verpflichtung zur Berücksichtigung der Bedürfnisse der Familie stellt kein verfassungsmässiges Recht dar und räumt daher auch kein individuelles, justiziables Recht ein. Da der Bund gestützt auf diese Norm weder eine Gesetzgebungskompetenz noch die Befugnis hat, von der Verfassung und insbesondere den Grundrechten abzuweichen, stellt diese Bestimmung eine *allgemeine Handlungsmaxime* dar, welche die Bundesbehörden verpflichtet, bei sämtlichen Tätigkeiten, somit auch im Rahmen der Rechtsetzung und Rechtsanwendung, die Bedürfnisse und besonderen Ansprüche der Familie soweit als möglich und unter Beachtung der verfassungsmässigen Rechte und Ordnung zu berücksichtigen; *Mahon*, Rz. 24 ff.; *G. Müller*, Verhältnis, 235; *Thürer*, Familientrennung, 592; *Zimmermann*, 97.

C. Fazit

der von ausländerrechtlichen Entscheiden oder Massnahmen Betroffenen im schweizerischen Ausländerrecht nicht in der gebotenen Weise Rechnung getragen wird. So fehlt beispielsweise eine besondere Pflegebedürfnisse oder Abhängigkeiten von Familienangehörigen berücksichtigende Nachzugsregelung oder eine die tatsächlichen Verhältnisse besser widerspiegelnde Bestimmung des Familiennachzuges vorläufig aufgenommener Ausländerinnen und Ausländer. Ebenso wird der besonderen Stellung von in der Schweiz geborenen Angehörigen der zweiten oder dritten Einwanderergeneration nicht genügend Beachtung geschenkt, was zu stossenden Ergebnissen führen kann.

Vor diesem Hintergrund kommt dem durch Art. 8 EMRK gewährleisteten Recht auf Achtung des Privat- und Familienlebens im Rahmen des Ausländerrechtes eine überragende Rolle zu, hat das schweizerische Bundesgericht doch anerkannt, dass in bestimmten Situationen *gestützt auf Art. 8 EMRK ein Anspruch auf Erteilung einer Anwesenheitsbewilligung* bestehen könne. Nahe Familienangehörige von in der Schweiz anwesenheitsberechtigten Personen können danach aus Art. 8 EMRK grundsätzlich einen Anspruch auf Erteilung einer Anwesenheitsbewilligung bzw. auf Verbleib in der Schweiz ableiten, wenn die geltend gemachte familiäre Beziehung tatsächlich gelebt wird. Trotz der restriktiven Haltung des Bundesgerichtes - vorausgesetzt wird ein *Anwesenheitsrecht der in der Schweiz lebenden Familienangehörigen* - hat diese auf Art. 8 EMRK beruhende Rechtsprechung teilweise die Lücken der innerstaatlichen ausländerrechtlichen Ordnung zu füllen vermögen. Diese Rechtsprechung ist insbesondere für jene Ausländerinnen und Ausländer von grösster Bedeutung, denen das schweizerische Ausländerrecht keine Möglichkeit auf Erlangung eines Anwesenheitstitels im Rahmen des Familiennachzuges bzw. der Berücksichtigung familiärer Bindungen einräumt: erwachsene Kinder in der Schweiz lebender Eltern bzw. Eltern erwachsener, in der Schweiz lebender Kinder, wenn sie von diesen in besonderem Masse abhängig sind; weitere nahe Familienangehörige, die durch den Familienbegriff von Art. 8 EMRK erfasst werden (Geschwister, Eltern, Grosseltern etc.); ausländische Elternteile, deren Aufenthaltsbewilligung im Anschluss an eine Scheidung bzw. Trennung vom schweizerischen bzw. ausländischen Ehepartner nicht mehr verlängert wird und die Gefahr laufen, den Kontakt zu ihrem weiterhin in der Schweiz wohnhaften Kind zu verlieren etc.

Überschattet wird diese an sich erfreuliche Entwicklung freilich durch den Umstand, dass die vom Bundesgericht entwickelte restriktive Praxis weiterhin gewisse Kategorien von Fremden vom Anwendungsbereich des Art. 8 EMRK ausschliesst. Ausländerinnen und Ausländer, deren Familienangehörige in der Schweiz kein gefestigtes Anwesenheitsrecht haben, ist eine Berufung auf Art. 8 EMRK von vornherein verschlossen, und dies, obwohl sie sich sehr wohl in der Jurisdiktionsgewalt der schweizerischen Behörden befinden. Es besteht also durchaus noch ein grosser Handlungsbedarf.

Art. 8 EMRK könnte ferner bei aufenthaltsbeendenden Massnahmen gegen eine ganze Familie oder „Teilfamilien" in Situationen der Auflösung einer familiären Beziehungen grosse Bedeutung entfalten. In diesem Sinne könnte insbesondere der Schutzbereich des Privatlebens in Fällen, in denen ein befristeter Aufenthaltstitel im Anschluss an eine Scheidung, Trennung oder den Tod eines Ehegattens nicht verlängert wird, eine grosse und bisher nicht anerkannte Schutzmöglichkeit eröffnen.

Viertes Kapitel

Nachzug und aufenthaltsbeendende Massnahmen im österreichischen Ausländerrecht

Nach Art. 10 Abs. 1 Ziff. 3 B-VG fällt sowohl die Gesetzgebung als auch der Vollzug der „Regelung und Überwachung des Eintrittes in das Bundesgebiet und des Austrittes aus ihm; Ein- und Auswanderungswesen; Passwesen; Abschiebung, Abschaffung, Ausweisung und Auslieferung sowie Durchlieferung" in die Zuständigkeit des Bundes; ebenso kommt dem Bund auch im Rahmen der Fremdenpolizei eine umfassende Kompetenz zu[1]. Gestützt auf diese Kompetenznorm wurde im Jahr 1954 das *Fremdenpolizeigesetz*[2] erlassen, welches in der Folge während rund dreier Jahrzehnte unverändert in Kraft stand[3]. Erst die Aufhebung von § 3 FrPolG durch den österreichischen Verfassungsgerichtshof im Jahre 1985[4] machte die z.T. ungenügende Umsetzung grundrechtlicher Ansprüche bewusst. Vor dem Hintergrund des steigenden Migrationsdruckes wurde nach partiellen Novellen im Dezember 1992 vom Nationalrat ein neues *Fremdengesetz*[5] beschlossen und auf den 1. Januar 1993 in Kraft gesetzt. Parallel dazu trat am 1. Juli 1993 ein *Aufenthaltsgesetz*[6] in Kraft, welches als lex specialis den langfristigen Aufenthalt von Fremden regelte. Probleme in der Praxis sowie die Notwendigkeit der Anpassung der fremdenrechtlichen Bestimmung an das Schengener Übereinkommen führten 1997 zur Ausarbeitung eines neuen *Bundesgesetzes über die Einreise, den Aufenthalt und die Niederlassung von Fremden*[7]; dieses ist am 1. Januar 1998 in Kraft getreten und hat das FrG 1992 und das AufG 1992 ersetzt. Gleichzeitig trat auf denselben Zeitpunkt auch ein neues *Bundesgesetz über die Gewährung von Asyl* in Kraft[8]. Das FrG 1997 führt in einigen

---

[1] Art. 10 Abs. 1 Ziff. 7 B-VG.
[2] FrPolG, BGBl 1954/75.
[3] Vgl. hierzu *Wiederin*, 1 ff.
[4] VfSlg 10737/1985, siehe hierzu ausführlich hinten 331 ff.
[5] FrG 1992, BGBl 1992/838.
[6] AufG 1992, BGBl 1992/466.
[7] Fremdengesetz 1997, FrG 1997, BGBl 1997/75.
[8] Asylgesetz 1997, AsylG 1997, BGBl 1997/76.

Bereichen zu grundlegenden Änderungen des bisherigen fremdenrechtlichen Systems. So wird beispielsweise neu zwischen *Einreisetiteln* und *Aufenthaltstiteln* unterschieden; Aufenthaltstitel berechtigen zum Aufenthalt im Bundesgebiet zu einem bestimmten Zweck und werden entweder als *Aufenthaltserlaubnis*[9] oder als *Niederlassungsbewilligung*[10] erteilt. Angehörige von EU- und EWR-Staaten sowie weitere Fremde, die auf Grund allgemein anerkannter Regeln des Völkerrechtes, eines Staatsvertrages, eines Bundesgesetzes oder eines unmittelbar anwendbaren Rechtsaktes der EU in Österreich *Niederlassungsfreiheit* geniessen, haben einen *Rechtsanspruch* auf Erteilung einer Niederlassungsbewilligung[11].

---

[9] Die *Aufenthaltserlaubnis* dient als Aufenthaltstitel für Drittstaatsangehörige, welche sich entweder nur vorübergehend in Österreich niederlassen wollen (Schüler, Studenten, leitende Angestellte internationaler Konzerne, deren Arbeitsvertrag Rotationen in bezug auf ihren Dienstort vorsieht; § 7 Abs. 4 Ziff. 1 und 2 FrG 1997) oder sich zwar ständig in Österreich aufhalten ohne sich jedoch im Bundesgebiet niederzulassen (Grenzgänger, Pendler, § 7 Abs. 4 Ziff. 4 FrG 1997). Nach § 10 Abs. 4 FrG 1997 kann trotz Vorliegens eines Versagungsgrundes aus *humanitären Gründen* von Amtes wegen eine Aufenthaltserlaubnis erteilt werden; dies ist insbesondere der Fall, wenn stichhaltige Gründe für die Annahme bestehen, dass die betroffenen Fremden im Falle einer Abschiebung, Zurückschiebung oder Zurückweisung Gefahr liefen, einer unmenschlichen Behandlung oder Strafe oder der Todesstrafe unterworfen zu werden bzw. ihr Leben oder ihre Freiheit aus Gründen ihrer Rasse, Religion, Nationalität, Zugehörigkeit zu einer bestimmten sozialen Gruppe oder ihrer politischer Ansichten bedroht wäre (§ 57 Abs. 1 und 2 FrG 1997); eine Aufenthaltserlaubnis aus humanitären Gründen kann Bürgerkriegsflüchtlingen nur für die Dauer von drei Monaten, Opfern sowie Zeugen von Menschenhandel zur Gewährleistung der Strafverfolgung und zur Durchsetzung zivilrechtlicher Ansprüche gegen die Täter für die erforderliche Dauer erteilt werden (§ 10 Abs. 4 FrG 1997).

[10] Drittstaatsangehörige, welche sich auf Dauer in Österreich niederlassen wollen oder in Österreich den Mittelpunkt ihrer Lebensinteressen haben, benötigen eine *Niederlassungsbewilligung*; die Erteilung einer Niederlassungsbewilligung unterliegt grundsätzlich der *Quotenpflicht*. Von der Niederlassungsquote ausgenommen sind nur diejenigen Drittstaatsangehörigen, welche entweder für ausländische Informationsmedien oder als Künstler arbeiten oder in Österreich Niederlassungsfreiheit geniessen (EWR-Bürger; begünstigte Drittstaatsangehörige; Angehörige von Österreichern).

[11] Erläuterungen, in: *Jelinek/Szymanski*, 75.

A. Die Regelung des Familiennachzuges im österreichischen Fremdenrecht

Im Sinne einer Gegenüberstellung sollen in der Folge sowohl die Nachzugsbestimmungen des bis Ende 1997 gültig gewesenen Aufenthalts- bzw. Fremdengesetzes, als auch des auf den 1. Januar 1998 neu in Kraft getretenen Fremdengesetzes 1997 dargestellt werden. Die Beschreibung der früheren gesetzlichen Bestimmungen ist einerseits notwendig, da sämtliche im dritten Teil dargestellten Entscheide der österreichischen Gerichtshöfe des öffentlichen Rechtes noch auf diesen Normen beruhen. Bedeutsamer ist indes, dass andererseits eine Gegenüberstellung der alten und neuen Regelungen verdeutlicht, ob und in welchem Mass der österreichische Gesetzgeber tatsächlich seine Absicht, Art. 8 EMRK auf innerstaatlicher Ebene zu gewährleisten, eingelöst hat.

I. Rechtsanspruch auf Familiennachzug

1. Rechtsansprüche auf Familiennachzug nach dem Aufenthaltsgesetz 1992 sowie dem Fremdengesetz 1992

Familienangehörige österreichischer Staatsangehöriger, bestimmter Ausländerinnen und Ausländer sowie Angehörige von EWR-Bürgerinnen und Bürgern besassen bereits aufgrund der bisherigen Regelung einen Rechtsanspruch auf Erteilung eines Sichtvermerkes bzw. einer Aufenthaltsbewilligung.

Ehepartner und minderjährige Kinder seit mehr als zwei Jahren in Österreich anwesender Ausländerinnen und Ausländer: Ein Rechtsanspruch[12] auf Erteilung einer Aufenthaltsbewilligung im Rahmen der jährlichen Quote[13] bestand nach § 3 AufG 1992 für minderjährige Kinder und Ehegatten seit mehr als zwei Jahren in Österreich lebender Ausländerinnen und Ausländer, die entweder über eine gültige Aufenthaltsbewilligung verfügten, einen vor dem 1. Juli 1993 ausgestellten Sichtvermerk besassen, aufgrund staatsvertraglicher oder bundesgesetzlicher Vorschriften keine Bewilligung benötigen, als Grenzgänger aufgrund eines Staatsvertrages zum vorübergehenden Aufenthalt berechtigt waren oder als Bedienstete ausländischer Informationsmedien bzw. als ausübende Künstler in Österreich lebten[14]. Kein Anspruch be-

---

[12] *Muzak*, 170; *Heger*, 42.

[13] § 3 AufG idF BGBl 1995/351; nach Abs. 3 dieser Bestimmung konnte für den Familiennachzug von Ausländerinnen und Ausländern eine besondere Quote festgelegt werden.

[14] § 3 Abs. 1 Ziff. 2 i.V. mit § 1 Abs. 3 Ziff. 1 bis 5 AufG 1992.

stand demgegenüber für Familienangehörige von Ausländerinnen und Ausländern, die auf Grund des Asylgesetzes zum Aufenthalt in Österreich berechtigt waren[15]. Für den Nachzug kam zur zweijährigen *Wartefrist* zusätzlich eine sechsmonatige *Ehebestandszeit* als Anspruchsvoraussetzung hinzu[16].

Nachzug Familienangehöriger von EWR-Bürgerinnen und EWR-Bürgern: Begünstigte Drittstaatsangehörige, d.h. „Angehörige von EWR-Bürgern, die zwar Fremde, aber nicht EWR-Bürger sind", besassen bereits aufgrund von § 29 FrG 1992 einen Rechtsanspruch auf Erteilung eines österreichischen Sichtvermerkes, wenn durch ihren Aufenthalt nicht die öffentliche Ordnung oder Sicherheit gefährdet wurde[17]. Im Gegensatz zum Anspruch auf Familiennachzug für Angehörige von in Österreich seit mindestens zwei Jahren lebenden Ausländerinnen und Ausländern unterlag die Sichtvermerkserteilung weder einer Quotenbeschränkung[18] noch minimalen Ehebestandzeiten oder Wartefristen. Einen Rechtsanspruch auf Erteilung eines Sichtvermerkes besassen neben den minderjährigen Kindern bis zum vollendeten 20. Altersjahr und den Ehegatten indes auch diejenigen Familienangehörigen in auf- und absteigender Linie, denen Unterhalt gewährt wurde[19]. Diese Privilegierung von Drittstaatsangehörigen galt aufgrund eines Erkenntnisses des österreichischen Verfassungsgerichtshofes auch für nahe Verwandte österreichischer Staatsangehöriger[20].

Ehepartner und minderjährige Kinder österreichischer Staatsangehöriger: Nach § 3 AufG 1992 idF BGBl 1995/351 besassen minderjährige, eheliche oder nichteheliche Kinder sowie Ehegatten österreichischer Staatsangehöriger einen Rechtsanspruch auf Erteilung einer Aufenthaltsbewilligung, wobei für Ehegatten österreichischer Staatsangehöriger zusätzlich eine minimale Ehebestandsfrist von sechs Monaten bestand. Die Erteilung einer Aufenthaltsbewilligung unterlag - im Unterschied zur Erteilung von Sichtvermerken an begünstigte Drittstaatsangehörige nach § 29 FrG 1992 - der jährlichen Kontingentierung, wobei § 2 Abs. 3 Ziff. 4 AufG 1992 eine Aus-

---

[15] § 1 Abs. 3 Ziff. 6 ist in § 3 Abs. 1 Ziff. 2 ausgenommen; Familienangehörige von Flüchtlingen hatten, falls sie nicht in den Geltungsbereich von § 4 AsylG fielen, keinen Rechtsanspruch auf Erteilung einer fremdenrechtlichen Bewilligung.

[16] In der ursprünglichen Fassung dieser Bestimmung betrug die Frist noch ein Jahr; mit der Novelle BGBl 1995/351 wurde diese jedoch auf sechs Monate reduziert.

[17] *Muzak*, 84; *Schmidt/Aigner/Taucher/Petrovic*, 115 f.; *Heger*, 29; *Hickisch/Keplinger*, 362 f.; *Hetfleisch/Petri/Wartha*, 87 f.

[18] *Muzak*, 82.

[19] Hierbei war es gleichgültig, wer den Unterhalt leistete; *Schmidt/Aigner/Taucher/Petrovic*, 115; *Hickisch/Keplinger*, 363; *Heger*, 23; *Muzak*, 84.

[20] „§ 29 FrG ist jedenfalls dahin auszulegen, dass die Aufenthaltsbewilligung von Drittstaatsangehörigen sämtlicher EWR-Bürger, also auch die Aufenthaltsbewilligung von Drittstaatsangehörigen österreichischer Staatsbürger, einheitlichen (begünstigenden) Regelungen unterworfen ist. Allein dies entspricht auch dem aus Art. 8 i.V.m. Art. 14 EMRK fliessenden Gebot, die in der EMRK festgelegten Rechte und Freiheiten ohne Benachteiligung zu gewährleisten", Erkenntnis VfGH vom 17.6.1997, B 592/96.

A. Familiennachzug

nahme auf Verordnungsstufe von der Quotenregelung ermöglichte[21]. Im Vergleich zu nahen Verwandten von EWR-Bürgerinnen und Bürgern waren Angehörige von österreichischen Bürgerinnen und Bürgern im Rahmen des Familiennachzuges benachteiligt[22].

Aufenthaltsrecht für Familienangehörige von Flüchtlingen, denen Asyl gewährt wurde: Nach § 4 AsylG 1991 war auf Antrag die Asylgewährung auch auf die ehelichen und ausserehelichen minderjährigen Kinder und den Ehegatten auszudehnen, sofern sich diese Personen in Österreich aufhielten und die Ehe schon vor der Einreise nach Österreich geschlossen worden war[23].

2. Rechtsansprüche auf Familiennachzug nach dem Fremdengesetz 1997

Als einer der inhaltlichen Schwerpunkte des FrG 1997 wird in den Erläuterungen zur Regierungsvorlage u.a. die „Gewährleistung des Rechtes auf Familienleben nach Art. 8 EMRK (Familiennachzug) für Neuzuwanderer"[24] genannt; tatsächlich finden sich im FrG 1997 einige wichtige Neuerungen in bezug auf den Familiennachzug. Insbesondere entfallen die Bestimmungen über die minimale Ehebestandszeit oder Wartefristen.

a) Grundsatz: Familiennachzug für Angehörige auf Dauer niedergelassener Ausländerinnen und Ausländer

Nach § 20 Abs. 1 FrG 1997 haben Ehegatten und minderjährige Kinder von Ausländerinnen und Ausländern, die auf Dauer in Österreich niedergelassen sind, einen *Rechtsanspruch*[25] auf Erteilung einer Erstniederlassungsbewilligung:

„Ehegatten und minderjährigen unverheirateten Kindern solcher Fremder, die rechtmässig in Österreich auf Dauer niedergelassen sind, ist auf deren Antrag eine Erstniederlassungsbewilligung zu erteilen, sofern sie ein gültiges Reisedokument

---

[21] *Muzak*, 167 f.; *Heger*, 42; zur Kritik an der Quotenpflicht des Nachzuges von Familienmitgliedern österreichischer Staatsangehöriger siehe *Muzak*, 170 ff.

[22] Mit Entscheid vom 17.6.1997 hat der Verfassungsgerichtshof indes ausgeführt, dass die günstigeren Nachzugsbestimmungen für Staatsangehörige von EWR-Staaten auch für Angehörige von österreichischen Staatsbürgerinnen und Staatsbürgern gelten, Erkenntnis VfGH vom 17.6.1997, B 592/96, siehe vorne Anm. 20.

[23] *Muzak*, 246 f.; *Josef Rohrböck*, Das Asylgesetz 1991 - völkerrechtliche, verfassungs- und verfahrensrechtliche Probleme, Wien 1994, 170 ff.

[24] Erläuterungen, in: *Jelinek/Szymanski*, 10; vgl. ferner *Davy*, Familienleben, 250.

[25] Erläuterungen, in: *Jelinek/Szymanski*, 60.

besitzen und kein Versagungsgrund besteht (§§ 10 bis 12). Das Recht, weiterhin niedergelassen zu sein, bleibt Ehegatten erhalten, wenn die Voraussetzungen für den Familiennachzug später als vier Jahre nach der Erteilung der Erstniederlassungsbewilligung wegfallen."

Ob die Erteilung der Niederlassungsbewilligung der *Quotenpflicht*[26] unterliegt, bestimmt sich nach § 19 FrG 1997 einerseits danach, ob die nachzuziehenden Familienmitglieder in Österreich *Niederlassungsfreiheit* geniessen und daher vom Kontingent ausgenommen sind[27], oder ob das *nachziehende Familienmitglied selber nach § 19 Abs. 2 keiner Quotenpflicht* unterliegt und die nachzuziehenden Angehörigen *keiner Erwerbstätigkeit* nachzugehen gedenken[28]. In den Erläuterungen zum in § 20 FrG 1997 verankerten Grundsatz des Familiennachzuges wird u.a. explizit auf das in Art. 8 EMRK enthaltene Recht auf Achtung des Privat- und Familienlebens Bezug genommen und ausgeführt:

„Eine zentrale Frage jedes Fremdenrechtes ist das Verhältnis dieses Normenkomplexes [Familiennachzug] zu Art. 8 EMRK. Die hiebei aufgeworfene Frage lautet, in welchem Masse bei einem Fremden, dem der Aufenthalt gestattet wird, seinen Angehörigen die Möglichkeit der Einreise einzuräumen ist. Hierauf versucht § 20 eine generelle Antwort zu geben, wobei bei Fremden, die auf Dauer in Österreich niedergelassen sind, der Grundsatz des Familiennachzuges gelten soll. Die Regelung wurde entsprechend dem auch vom EGMR betonten Grundsatz (GÜL gegen die Schweiz) getroffen, dass die Erlaubnis zur Begründung einer dauernden Niederlassung die Berechtigung zum Familiennachzug nahelege."[29]

---

[26] Wie bereits das AufG 1992 sieht auch das FrG 1997 ein *Kontingentssystem* für die erstmalige Erteilung von Niederlassungsbewilligungen an sog. *Drittstaatsangehörige* (Staatsangehörige von Staaten, welche nicht dem EWR angehören, § 1 Abs. 10 FrG 1997) vor. In diesem Sinne ist die Bundesregierung nach § 18 Abs. 1 FrG 1997 verpflichtet, jährlich die Anzahl Niederlassungsbewilligungen für Drittstaatsangehörige, die zur Aufnahme einer Erwerbstätigkeit bzw. im Rahmen des Familiennachzuges nach Österreich einzureisen wünschen, festzulegen.

[27] Niederlassungsfreiheit geniessen Angehörige von EWR-Staaten (§ 46 FrG 1997), begünstigte Drittstaatsangehörige (§ 47 FrG 1997) sowie Angehörige von österreichischen Bürgerinnen und Bürgern (§ 49 FrG 1997). Ferner geniessen auch diejenigen Drittstaatsangehörigen Niederlassungsfreiheit, die aufgrund eines völkerrechtlichen Vertrages zwar sichtvermerkspflichtig sind, aber „unter den in diesen Verträgen festgelegten Bedingungen Niederlassungsfreiheit und deshalb einen Rechtsanspruch auf Erteilung eines Aufenthaltstitels haben (zB GATS-Abkommen)", Erläuterungen, in: *Jelinek/Szymanski*, 75.

[28] § 19 Abs. 2 Ziff. 5 FrG 1997.

[29] Erläuterungen, in: *Jelinek/Szymanski*, 60.

A. Familiennachzug

b) Rechtsanspruch auf Erteilung einer Niederlassungsbewilligung für Familienangehörige von Bürgern eines EWR-Staates

Angehörige von EWR-Staaten geniessen grundsätzlich Sichtvermerks- und Niederlassungsfreiheit in Österreich[30]. Ihre Familienangehörigen, welche nicht Staatsbürger eines EWR-Staates, sondern sog. *begünstigte Drittstaatsangehörige*[31] sind, unterliegen zwar der *Sichtvermerkspflicht*, geniessen indes ebenfalls *Niederlassungsfreiheit* und haben daher einen Rechtsanspruch auf Erteilung einer Niederlassungsbewilligung, falls ihr Aufenthalt nicht die öffentliche Ordnung oder Sicherheit gefährdet. Die erstmalige Erteilung einer Niederlassungsbewilligung im Rahmen des Familiennachzuges an begünstigte Drittstaatsangehörige unterliegt nicht der Quotenpflicht[32]. § 47 FrG 1997 lautet:

„1. Angehörige von EWR-Bürgern, die Staatsangehörige eines Drittstaates sind, unterliegen der Sichtvermerkspflicht.

2. Sofern die EWR-Bürger zur Niederlassung berechtigt sind, geniessen begünstigte Drittstaatsangehörige Niederlassungsfreiheit; ihnen ist eine Niederlassungsbewilligung auszustellen, wenn ihr Aufenthalt nicht die öffentliche Ordnung und Sicherheit gefährdet. (...)

3. Begünstigte Drittstaatsangehörige sind folgende Angehörige eines EWR-Bürgers:

a. Ehegatten;
b. Verwandte in absteigender Linie bis zur Vollendung des 21. Lebensjahres, darüber hinaus sofern ihnen Unterhalt gewährt wird;
c. Verwandte und Verwandte des Ehegatten in aufsteigender Linie, sofern ihnen Unterhalt gewährt wird;
d. Begünstigten Drittstaatsangehörigen, die ihren Hauptwohnsitz ununterbrochen seit zehn Jahren im Bundesgebiet hatten, darf die weitere Niederlassungsbewilligung nicht versagt werden; für Ehegatten (...) gilt dies nur, wenn sie mehr als die Hälfte der Zeit mit einem EWR-Bürger verheiratet waren."

Im Unterschied zur Norm von § 20 FrG 1997, welche den Nachzug nur für Ehepartner sowie minderjährige, unverheiratete Kinder von auf Dauer in Österreich niedergelassenen Ausländerinnen und Ausländern vorsieht, können Angehörige von EWR-Staaten auch weitere, nicht der Kernfamilie angehörende Familienmitglieder in auf- oder absteigender Linie nachziehen, sofern ihnen Unterhalt gewährt wird. Ausgeschlossen ist indes der Nachzug von Verwandten der Seitenlinie (Geschwister etc.).

---

[30] § 46 FrG 1997.
[31] Vgl. die Legaldefinition in § 47 Abs. 1 FrG 1997.
[32] § 19 Abs. 2 Ziff. 2 FrG 1997.

c) Rechtsanspruch auf Erteilung einer Niederlassungsbewilligung an nahe Verwandte österreichischer Staatsangehöriger

Nach § 49 FrG 1997 geniessen nahe Verwandte[33] österreichischer Staatsangehöriger *Niederlassungsfreiheit*, d.h. sie haben einen Rechtsanspruch darauf, sich in Österreich niederzulassen[34]. Daraus folgt auch, dass sie nicht der Niederlassungsquote unterstehen[35]. Während die ersten beiden Niederlassungsbewilligungen grundsätzlich jeweils auf ein Jahr befristet sind, besteht auf Antrag indes für

- *Ehegatten* österreichischer Staatsangehöriger, welche seit mindestens *zwei Jahren im gemeinsamen Haushalt im Bundesgebiet* leben sowie

- *minderjährige Kinder* österreichischer Staatsangehöriger, welche mit dem österreichischen Elternteil *im gemeinsamen Haushalt im Bundesgebiet* leben

ein Anspruch auf Erteilung einer unbefristeten Niederlassungsbewilligung. Im Unterschied zur Regelung nach dem AufG 1992 entfällt neu sowohl die Unterstellung unter die Quotenpflicht als auch die minimale Ehebestandsfrist von sechs Monaten.

d) Aufenthaltsrecht für Familienangehörige von Flüchtlingen, denen Asyl gewährt wurde

§ 10 AsylG 1997 berechtigt Ausländerinnen und Ausländer, die Erstreckung des einem nahen Familienangehörigen gewährten Asyls zu beantragen:

„Asylerstreckunganträge (...) frühestens zur selben Zeit wie der der Sache nach damit verbundene Asylantrag eingebracht werden. Sie sind nur für Eltern eines Minderjährigen oder für Ehegatten und minderjährige unverheiratete Kinder zulässig; für Ehegatten überdies nur dann, wenn die Ehe spätestens innerhalb eines Jahres nach der Einreise des Fremden geschlossen wird, der den Asylantrag eingebracht hat."

§ 11 Abs. 1 AsylG 1997 präzisiert, dass die zuständigen Behörden dem Asylerstreckungsantrag stattzugeben haben, wenn dem um Asylerstreckung ersuchenden Fremden die *Fortsetzung eines bestehenden Familienlebens im*

---

[33] Als „Angehörige" gelten nach § 49 Abs. 1 i.V. mit § 47 Abs. 3 FrG 1997 Ehegatten, Kinder bis zum vollendeten 21. Altersjahr sowie Verwandte und Verwandte des Ehegatten in aufsteigender Linie, falls diesen Unterhalt gewährt wird.

[34] Vgl. zum Begriff der Niederlassungsfreiheit § 30 FrG 1997 sowie die Erläuterungen in: *Jelinek/Szymanski*, 75.

[35] § 49 i.V. mit § 19 Abs. 2 Ziff. 4 FrG 1997.

Sinne von Art. 8 EMRK mit dem Angehörigen in einem anderen Staat nicht möglich ist[36]. Verglichen mit der bisherigen Regelung[37] wurde im neuen Asylgesetz der Kreis der gesuchsberechtigten Personen wesentlich erweitert: neben den minderjährigen Kindern sowie den Ehegatten von Flüchtlingen, denen in Österreich Asyl gewährt wurde, können neu auch die Eltern Minderjähriger, die Asyl erhalten haben, einen Erstreckungsantrag stellen[38]. Ferner muss eine Ehe nicht mehr bereits im Zeitpunkt der Einreise bestanden haben, sondern neu können auch Ehegatten, welche spätestens innerhalb eines Jahres nach der Einreise geheiratet haben, noch einen Antrag nach § 10 AsylG 1997 stellen. Erfolgt die Eheschliessung später, so gelten die allgemeinen Regeln über den Nachzug von Angehörigen auf Dauer niedergelassener Ausländerinnen und Ausländer[39].

II. Bewilligung des Nachzuges als Ermessensentscheid

1. Die Bestimmungen des Fremdengesetzes 1992 bzw. des Aufenthaltsgesetzes 1992

Erteilung einer Aufenthaltsbewilligung nach § 3 Abs. 4 AufG 1993 an volljährige Kinder und Eltern bei Härtefällen: § 3 Abs. 2 AufG 1992 sah vor, dass bei Familienangehörigen österreichischer Bürgerinnen und Bürger sowie seit mehr als zwei Jah-

---

[36] Dadurch wird verdeutlicht, dass das Familienleben, im Gegensatz zum formellen Band der Ehe, bereits vor der Asylerstreckung bestanden haben muss. Der Asylerstreckung steht indes nicht entgegen, wenn die Angehörigen durch die Flucht vorübergehend den Kontakt zueinander verloren haben; *Erläuterungen*, 686 BlgNR 20. GP, 21.

[37] Nach § 4 AsylG 1991 waren nur die ehelichen und ausserehelichen minderjährigen Kinder sowie die Ehegatten - falls die Ehe schon vor der Einreise nach Österreich geschlossen worden war - berechtigt, einen Asylerstreckungsantrag zu stellen.

[38] Demgegenüber wird in den Erläuterungen zur Regierungsvorlage (686 BlgNR 20.GP, 21) betont, dass Asylerstreckungsanträge weiterer Angehöriger als unzulässig zurückzuweisen sind. Dieser kategorische Ausschluss erscheint unter dem Aspekt des in Art. 8 EMRK geschützten Familienlebens als äusserst problematisch, schützt Familienleben i.S. von Art. 8 Abs. 1 EMRK doch nicht nur die Kernfamilie, sondern auch das erweiterte Familienleben. In Fällen, in denen eine nach Art. 8 EMRK als Familienleben geschützte Beziehung zwischen Verwandten, welche zwar nicht der Kernfamilie angehören, deren Familienleben aber tatsächlich gelebt wird, eng und intakt ist, z. B. zwischen Onkeln/Tanten und Nichten/Neffen, welche bereits vor der Flucht im gemeinsamen Haushalt gewohnt haben, würde die Nichtbewilligung des Aufenthaltes eine Verletzung von Art. 8 EMRK bedeuten.

[39] Vgl. vorne 131 f.; nach § 1 Abs. 2 AsylG 1997 räumt die Asylgewährung ein dauerndes Einreise- und Aufenthaltsrecht in Österreich ein.

ren in Österreich lebender Ausländerinnen und Ausländer „in besonders berücksichtigungswürdigen Fällen und (...), wenn dies zu Vermeidung einer besonderen Härte geboten ist, eine Bewilligung auch *volljährigen Kindern* und *Eltern* der in Abs. 1 genannten Personen erteilt werden [kann], wenn sie von diesen wirtschaftlich abhängig sind".

Aufenthaltsbewilligungen an weitere Familienangehörige: Sämtliche nicht zum Geltungsbereich von § 3 AufG 1992 gehörende Ausländerinnen und Ausländer wurden durch den restriktiveren § 4 AufG 1992 erfasst. Danach konnte Fremden unter Vorbehalt der Kontingentsverordnung bei Nichtbestehen eines Versagungsgrundes eine Aufenthaltsbewilligung erteilt werden; zentrale Bedeutung im Rahmen der Ausschlussgründe kam insbesondere der Voraussetzung des *gesicherten Lebensunterhaltes* sowie der „für Inländer *ortsüblichen Unterkunft* in Österreich"[40] zu. Bestand kein Versagungsgrund, so lag die Erteilung der Bewilligung im Ermessen der Behörden, wobei diese nach § 7 Abs. 3 FrG 1992 insbesondere den Grund des beabsichtigten Aufenthaltes sowie die persönlichen Verhältnisse und die öffentlichen Interessen zu berücksichtigen hatte.

2. Die Bestimmungen des Fremdengesetzes 1997

a) Von den speziellen Nachzugsbestimmungen nicht erfasste Verwandte von in Österreich lebenden Familienangehörigen

Familienangehörige von Ausländerinnen und Ausländern, die weder dauernd in Österreich niedergelassen noch EWR-Bürgerinnen bzw. EWR-Bürger sind, haben keinen Rechtsanspruch auf Erteilung eines Aufenthaltstitels. Dies gilt ebenso für die vom persönlichen Geltungsbereich der speziellen Nachzugsbestimmungen nicht erfassten nahen Verwandten von in Österreich lebenden Familienangehörigen. Die Erteilung einer fremdenrechtlichen Bewilligung liegt in diesen Fällen nach § 8 FrG 1997 im Ermessen der zuständigen Behörden:

„3. Die Behörde hat bei der Ausübung des in Abs. 1 eingeräumten Ermessens jeweils vom Zweck sowie von der Dauer des geplanten Aufenthaltes des Fremden ausgehend

a) auf seine persönlichen Verhältnisse, insbesondere seine familiären Bindungen, seine finanzielle Situation und die Dauer seines bisherigen Aufenthaltes,

b) auf öffentliche Interessen, insbesondere die sicherheitspolizeilichen und wirtschaftlichen Belange, die Lage und Entwicklung des Arbeitsmarktes und die Volksgesundheit und

c) auf die besonderen Verhältnisse in dem [Bundes]Land des beabsichtigten Aufenthaltes Bedacht zu nehmen.

---

[40] § 5 Abs. 1 AufG 1992; eigene Hervorhebung; siehe hierzu *Muzak*, 173 ff.

4. Ehegatten, die ein gemeinsames Familienleben im Sinne des Art. 8 der Konvention zum Schutze der Menschenrechte und Grundfreiheiten (EMRK), BGBl. Nr. 210/1958, nicht führen, dürfen sich für die Erteilung und Beibehaltung von Aufenthaltstiteln nicht auf die Ehe berufen.

5. Für die Erteilung eines Erstaufenthaltstitels bedarf es des Nachweises eines Rechtsanspruches auf eine für Inländer ortsübliche Unterkunft für den Fremden, der sich hier niederlassen will. Dieser Nachweis ist auch für die Erteilung eines weiteren Aufenthaltstitels erforderlich; er gilt für in Österreich geborene Kinder als erbracht, wenn der Familie die vor der Geburt bewohnte Unterkunft weiterhin zur Verfügung stand."

Vom fehlenden Rechtsanspruch auf Erteilung einer fremdenrechtlichen Bewilligung sind zunächst die nahen Familienangehörigen von Fremden betroffen, die mit einer blossen *Aufenthaltserlaubnis* in Österreich leben. Nach § 7 Abs. 4 Ziff. 3 FrG 1997 kann indes den Ehegatten und minderjährigen, unverheirateten Kindern von *Schülern*, *Studenten* oder *Rotationsarbeitskräften* eine Aufenthaltserlaubnis erteilt werden, sofern sie keiner Erwerbstätigkeit nachgehen. Keine Aufenthaltsbewilligung im Rahmen des Familiennachzuges erhalten jedoch Angehörige von *Saisonarbeitskräften*, die vor Erteilung einer Beschäftigungsbewilligung über keinen österreichischen Aufenthaltstitel verfügten.

Die Bestimmungen von § 8 FrG 1997 gelten auch für Verwandte von in Österreich auf Dauer niedergelassenen Fremden, die nicht Angehörige eines EWR-Staates sind und nicht zur Kernfamilie (Ehepartner, minderjährige Kinder) gehören und daher keinen Rechtsanspruch auf Erteilung eines Aufenthaltstitels nach § 20 FrG 1997 haben.

Schliesslich liegt auch die Erteilung einer Anwesenheitsbewilligung an Verwandte der *Seitenlinien* österreichischer Staatsangehöriger sowie von EWR-Bürgern im Ermessen der zuständigen Behörden.

b) Familienangehörige von Fremden mit
befristeter Aufenthaltsberechtigung

Nach § 15 AsylG 1997 ist Fremden, deren Asylgesuch nicht wegen Vorliegen eines Asylausschlussgrundes[41], sondern aus anderen Gründen abge-

---

[41] Nach § 13 AsylG 1997 ist die Gewährung von Asyl ausgeschlossen, wenn die betreffenden Asylwerber einen Ausschlussgrund nach Art. 1 Abschnitt F der Flüchtlingskonvention verwirklicht haben, aus gewichtigen Gründen eine Gefahr für die Sicherheit der Republik Österreich darstellen oder wegen eines besonders schweren Verbrechens

wiesen worden ist, eine *befristete Aufenthaltsberechtigung* zu erteilen, wenn die Zurückweisung, Zurückschiebung oder Abschiebung unzulässig wäre. Auf Ausländerinnen und Ausländer, welche im Besitz einer befristeten Aufenthaltsberechtigung sind, finden - auch für den Familiennachzug - die Bestimmungen des FrG 1997 Anwendung[42]. In diesem Zusammenhang kann insbesondere § 8 FrG 1997 bedeutsam sein; ersuchen nämlich nahe Familienangehörige vorläufig zum Aufenthalt berechtigter Fremder um Erteilung eines Aufenthaltstitels, so müsste im Rahmen einer EMRK-konformen Ermessensausübung dem Umstand, dass eine Abschiebung in das Heimatland völkerrechtlich unzulässig ist, Rechnung getragen werden. Ist anzunehmen, dass eine Rückkehr noch während einiger Zeit nicht möglich sein wird, müsste wohl, um nicht den durch Art. 8 EMRK geschützten Anspruch auf Achtung des Familienlebes zu verletzen, den nachsuchenden Familienangehörigen ein Aufenthaltstitel erteilt werden.

III. Ausgeschlossener Familiennachzug

Nach § 20 AsylG 1997 finden die Bestimmungen des FrG 1997 Anwendung auf Ausländerinnen und Ausländer, denen Asyl gewährt wurde oder die im Besitze einer befristeten Aufenthaltsberechtigung sind. Demgegenüber gilt das FrG 1997 nicht für Fremde, deren Asylgesuch noch hängig ist und die daher nur über eine *vorläufige Aufenthaltsberechtigung*[43] verfügen. Da das Asylgesetz selber keine Bestimmungen betreffend den Nachzug von Familienangehörigen von Asylwerbern enthält, scheint der Familiennachzug ausgeschlossen.

B. Aufenthaltsbeendende Massnahmen und deren Auswirkungen auf das Familienleben

In einer Vielzahl von Fällen führen aufenthaltsbeendende Massnahmen zu einer Beeinträchtigung des Privat- und Familienlebens der betroffenen Fremden. Daher sollen in der Folge kurz die im österreichischen Fremdenrecht vorgesehenen aufenthaltsbeendenden Massnahmen, der Berücksichtigung privater und familiärer Gesichtspunkte bei ihrer Verhängung sowie den Aus-

---

verurteilt worden sind und wegen dieser Straftat eine Gefahr für die Gemeinschaft bedeuten.

[42] § 20 AsylG 1997.
[43] § 19 AsylG 1997.

B. Aufenthaltsbeendende Massnahmen

wirkungen einer derartigen Massnahme auf die übrigen in Österreich anwesenden Familienangehörigen untersucht werden. Auch in Rahmen aufenthaltsbeendender Massnahmen ist sowohl auf die bis Ende 1997 gültig gewesenen Bestimmungen als auch auf die Regelungen des neuen FrG 1997 einzugehen.

I. Die Bestimmungen des Fremdengesetzes 1992

1. Die Ausweisung

§ 17 FrG 1992 enthielt zwei unterschiedliche Ausweisungstatbestände:

Nach *§ 17 Abs. 1 FrG 1992* waren Fremde *zwingend* auszuweisen, wenn sie sich *nicht rechtmässig* im Bundesgebiet aufhielten[44]. Bedeutete die Ausweisung einen Eingriff in das Privat- oder Familienleben, war diese nur zulässig, wenn die Massnahme „zur Erreichung der in Art. 8 Abs. 2 der Konvention zum Schutze der Menschenrechte und Grundfreiheiten genannten Ziele dringend geboten"[45] war.

Nach *§ 17 Abs. 2 FrG 1992* konnten Fremde im Interesse der öffentlichen Ordnung ausgewiesen werden, wenn sie *innerhalb eines Monates nach der Einreise* einen der in Ziff. 1 bis 6 umschriebenen Tatbestände verwirklicht hatten. Ob im Einzelfall eine Ausweisung zu verfügen war, stand im *Ermessen* der Behörden, wobei in der Ermessensausübung vom Gewicht der Störung der öffentlichen Ordnung auszugehen war; nicht zu berücksichtigen war insbesondere das Vorliegen allfälliger Eingriffe in das Privat- und Familienleben der betroffenen Fremden[46].

Die Ausweisung verpflichtete die betroffenen Ausländerinnen und Ausländer zur unverzüglichen Ausreise.

2. Das Aufenthaltsverbot

Nach § 18 FrG 1992 hatten die zuständigen Behörden gegen Fremde, bei denen aufgrund bestimmter - in Abs. 2 exemplarisch aufgezählter - Tatsachen die Annahme gerechtfertigt war, dass ein weiterer Aufenthalt die öffentliche Ruhe, Ordnung oder Sicherheit gefährden oder anderen, in Art. 8 Abs. 2 EMRK genannten, öffentlichen Interessen zuwiderlaufen würde,

---

[44] *Hickisch/Keplinger*, 116; *Wiederin*, 52; die Rechtmässigkeit des Aufenthaltes wurde durch § 15 FrG 1992 umschrieben.

[45] § 19 FrG 1992; *Wiederin*, 54 f.; *Schmidt/Aigner/Taucher/Petrovic*, 92 f.; *Hickisch/Keplinger*, 116.

[46] *Wiederin*, 106; *Hickisch/Keplinger*, 117 f.; *Schmidt/Aigner/Taucher/Petrovic*, 93.

zwingend ein Aufenthaltsverbot zu verhängen[47]. Aufenthaltsverbote, die zu einem *Eingriff in das Privat- oder Familienleben* der betroffenen Fremden führten, durften jedoch nur erlassen werden, wenn sie zur Erreichung der in Art. 8 Abs. 2 EMRK genannten Ziele *dringend geboten* waren[48]. Selbst wenn das Aufenthaltsverbot als dringend geboten erschien, war dessen Verhängung ausgeschlossen, „wenn seine Auswirkungen auf die Lebenssituation des Fremden und seiner Familie schwerer [wogen] als die nachteiligen Folgen der Abstandnahme von seiner Erlassung"[49]. Im Rahmen dieser Güterabwägung war namentlich der Dauer des Aufenthaltes, der Integration der betroffenen Ausländerinnen oder Ausländer sowie der Intensität der familiären und privaten Bindungen Rechnung zu tragen. Die Verhängung eines Aufenthaltsverbotes war schliesslich ausgeschlossen, wenn den betroffenen Ausländerinnen und Ausländern vor Verwirklichung des massgeblichen Sachverhaltes die österreichisches Staatsbürgerschaft hätte verliehen werden können und sie wegen der Begehung einer Straftat verurteilt worden waren, die mit einer maximal fünfjährigen Freiheitsstrafe bedroht war[50].

II. Die Bestimmungen des Fremdengesetzes 1997

1. Die Ausweisung

a) Ausweisung von Fremden ohne Aufenthaltstitel

Nach § 33 Abs. 1 FrG 1997 *können* Fremde, die sich *nicht rechtmässig* in Österreich aufhalten, ausgewiesen werden; die Wortwahl verdeutlicht, „dass hier nicht von einer unbedingten Rechtspflicht zur Verhängung einer Ausweisung die Rede ist, sondern dass gewichtige Bindungen an die in Art. 8 Abs. 2 EMRK genannten Ziele in Hinblick auf den Schutz des Privat- und Familienlebens im Sinne des § 37 im Spiel sind, so dass die Handhabung dieser Bestimmung im Ermessen der Behörde steht"[51]. Ob ein Aufenthalt in Österreich rechtmässig ist oder nicht, folgt aus § 31 FrG 1997[52]. Im Unter-

---

[47] *Hickisch/Keplinger*, 140.

[48] § 19 Abs. 1 FrG 1992; *Hickisch/Keplinger*, 138, 219 ff.; *Schmidt/Aigner/Taucher/Petrovic*, 96.

[49] § 20 Abs. 1 FrG 1992; *Hickisch/Keplinger*, 269 f.

[50] § 20 Abs. 2 FrG 1992; *Hickisch/Keplinger*, 270 f.; *Schmidt/Aigner/Taucher/Petrovic*, 99.

[51] Erläuterungen, in: *Jelinek/Szymanski*, 80.

[52] Danach ist ein Aufenthalt grundsätzlich dann rechtmässig, wenn Ausländerinnen und Ausländer entweder 1. unter Einhaltung der Bestimmungen über die Ein- und Aus-

schied zur früheren Regelung sind Fremde, die sich nicht rechtmässig in Österreich aufhalten, also nicht mehr zwingend auszuweisen.

Ferner *können* nach § 33 Abs. 2 FrG 1997 Ausländerinnen und Ausländer, die weder über einen Aufenthaltstitel verfügen, noch Sichtvermerks- oder Niederlassungsfreiheit geniessen, aus dem Bundesgebiet gewiesen werden, wenn sie *innerhalb eines Monates* nach der Einreise einen der in Ziff. 1 bis 6 umschriebenen Tatbestände verwirklichen und ihre sofortige Ausreise im Interesse der öffentlichen Ordnung erforderlich ist. Diese Bestimmung ist praktisch wörtlich aus dem FrG 1992 übernommen worden.

b) Ausweisung von Fremden mit Aufenthaltstiteln

In den §§ 34 f. regelt das FrG 1997 die Ausweisung aufenthaltsberechtigter Ausländerinnen und Ausländer und stuft deren Möglichkeit und Zulässigkeit insbesondere nach der bisherigen *Dauer ihres Aufenthaltes* in Österreich ab: Je länger sie sich bereits in Österreich aufgehalten haben, um so weniger Gründe vermögen eine Ausweisung zu rechtfertigen bzw. desto höhere Anforderungen werden an deren Zulässigkeit gestellt.

Der *Grundsatz* findet sich in § 34 Abs. 1 FrG, wonach Fremde ausgewiesen werden können, „wenn nachträglich ein *Versagungsgrund* eintritt oder bekannt wird, der der Erteilung des zuletzt erteilten Aufenthaltstitels entgegengestanden wäre oder der Erteilung eines weiteren Aufenthaltstitels ein Versagungsgrund entgegensteht"[53].

Ein Aufenthaltstitel ist u.a. bei Bestehen eines gültigen Aufenthaltsverbotes, der Aufenthaltstitel zeitlich an ein Reise- oder Durchreisevisum anschliessen würde, die Grenzkontrollen umgangen wurden etc., zu versagen[54]; ferner kann die Bewilligungserteilung z. B. versagt werden, wenn die betroffenen Ausländerinnen und Ausländer über keine genügende Krankenversicherung oder ausreichenden Mittel zur Sicherung des Lebensunterhaltes verfügen, der Aufenthalt zu einer finanziellen Belastung einer Gebietskörperschaft führen oder eine Gefährdung der öffentliche Ruhe, Ordnung oder Sicherheit darstellen würde[55].

---

reise von Fremden (2. Hauptstück FrG 1997) und ohne Umgehung der Grenzkontrollen eingereist sind; 2. aufgrund eines Aufenthaltstitels oder einer Verordnung für Vertriebene zum Aufenthalt berechtigt sind; 3. Inhaber eines von einem Vertragsstaat ausgestellten Aufenthaltstitels sind; oder 4. ihnen nach dem Asylgesetz 1997 eine Aufenthaltsberechtigung zukommt.

[53] § 34 Abs. 1 Ziff. 1 und 2 FrG 1997.
[54] § 10 Abs. 1 FrG 1997.
[55] § 10 Abs. 2 FrG 1997.

Als Sonderbestimmung führt § 34 Abs. 1 Ziff. 3 FrG 1997 aus, dass Ausländerinnen und Ausländer auch dann ausgewiesen werden können, wenn „der Aufenthaltstitel (...) erteilt wurde, weil [der Fremde] sich auf eine Ehe berufen hat, obwohl er ein gemeinsames Familienleben im Sinne von Art. 8 EMRK nicht geführt hat.

Nach § 35 Abs. 1 dürfen Fremde, die *seit mindestens fünf, aber weniger als acht Jahren* in Österreich niedergelassen sind, nicht mangels eigener Mittel, mangels ausreichender Krankenversicherung oder wegen einer möglichen finanziellen Belastung einer Gebietskörperschaft ausgewiesen werden. Ausländerinnen und Ausländer, die sich bereits *seit mindestens acht Jahren* in Österreich aufhalten, können nur dann ausgewiesen werden, wenn sie wegen der Begehung einer strafbaren Handlung rechtskräftig verurteilt worden sind und ihr Aufenthalt die öffentliche Ruhe, Ordnung und Sicherheit gefährdet[56]. Ferner dürfen Fremde, die bereits *seit zehn Jahren* in Österreich niedergelassen sind, nur noch ausgewiesen werden, wenn sie wegen der Begehung bestimmter Delikte zu einer unbedingten Freiheitsstrafe von mehr als einem Jahr verurteilt wurden oder Wiederholungstäter sind[57]. Schliesslich dürfen *Angehörige der zweiten Generation*, d.h. Fremde, die „von klein auf im Inland aufgewachsen und (...) langjährig rechtmässig niedergelassen sind, (...) nicht ausgewiesen werden"[58].

Im *Familiennachzug* eingereiste Ausländerinnen und Ausländer können bis zum Erhalt eines originären Aufenthaltstitels nach vierjähriger Wartezeit ausgewiesen werden, falls die Voraussetzungen für den Familiennachzug - das Zusammenleben in Familiengemeinschaft - nicht mehr vorliegen. Diese Bestimmung ist indes als „Ermessensentscheid gestaltet, da es durchaus möglich sein kann, dass das Familienband vor Ablauf der vierjährigen Wartefrist zur Erlangung eines originären Aufenthaltstitels ohne Zutun des oder der Fremden zerreisst (etwa Tod des Ehepartners oder Scheidung). Es soll aber auch sichergestellt sein, dass Frauen, deren Ehe wegen (...) Gewalt in der Familie vor Ablauf der vier Jahre dauernden Wartefrist endet, ihren Aufenthaltstitel nicht verlieren müssen"[59].

Bürgerinnen und Bürger von EWR-Staaten sowie *begünstigte Drittstaatsangehörige* können nach der Sonderbestimmung von § 48 Abs. 2 FrG 1997

---

[56] § 35 Abs. 2 FrG 1997.

[57] § 35 Abs. 3 FrG 1997.

[58] § 35 Abs. 4 FrG 1997; als Fremde, welche von klein auf an in Österreich niedergelassen sind, bezeichnet die Bestimmung diejenigen Ausländerinnen und Ausländer, welche die Hälfte ihres Lebens im Bundesgebiet verbracht haben und zuletzt mindestens seit drei Jahren in Österreich niedergelassen waren.

[59] Erläuterungen, in: *Jelinek/Szymanski*, 83.

nur dann aus Österreich ausgewiesen werden, wenn sie sich nicht rechtmässig im Bundesgebiet aufhalten.

2. Das Aufenthaltsverbot

Nach § 36 FrG 1997 *kann* ein Aufenthaltsverbot gegen Ausländerinnen und Ausländer erlassen werden, falls ihr Aufenthalt die öffentliche Ruhe, Ordnung und Sicherheit gefährdet bzw. einem anderen in Art. 8 Abs. 2 EMRK genannten Interesse zuwiderläuft. Neben einer abschliessenden Aufzählung derjenigen Verwaltungsübertretungen, welche bei mehrmaliger Begehung die Verhängung eines Aufenthaltsverbotes zu rechtfertigen vermögen, wurde der Wortlaut von § 18 FrG 1992 übernommen; beigefügt wurde indes, dass die Eingehung einer *Scheinehe* unter Leistung eines Vermögensvorteiles neu ebenfalls ein Aufenthaltsverbot zu begründen vermag[60]. Gegen Fremde, die *seit frühester Kindheit* rechtmässig in Österreich leben, darf jedoch kein Aufenthaltsverbot erlassen werden[61]; ferner darf auch gegen diejenigen Ausländerinnen und Ausländer, die vor der Begehung einer die Verhängung eines Aufenthaltsverbotes rechtfertigenden Straftat um *Verleihung der österreichischen Staatsbürgerschaft* hätten nachsuchen können, kein Aufenthaltsverbot verhängt werden, wenn sie zu einer maximal zweijährigen Freiheitsstrafe verurteilt worden sind[62]. Aufenthaltsverbote gegen Bürgerinnen und Bürger von *EWR-Staaten* sowie *begünstigte Drittstaatsangehörige* sind nach § 48 Abs. 1 FrG 1997 nur zulässig, wenn die betroffenen Fremden aufgrund ihres Verhaltens eine Gefahr für die öffentliche Ordnung oder Sicherheit darstellen; nach einem zehnjährigen Aufenthalt in Österreich ist der Erlass eines Aufenthaltsverbotes gegen diese Personen unzulässig. Für Ehegatten von EWR-Bürgern gilt dies jedoch nur, wenn sie mehr als die Hälfte der Zeit mit einem EWR-Bürger verheiratet waren.

---

[60] § 36 Abs. 2 Ziff. 9 FrG 1997; die Berufung auf eine Scheinehe ohne Leistung einer Geldsumme stellt demgegenüber nach § 34 Abs. 1 Ziff. 3 lediglich einen Ausweisungsgrund dar.

[61] § 38 Abs. 1 Ziff. 4 FrG 1997; in den Erläuterungen zur Regierungsvorlage wird präzisiert, dass „von klein auf im Inland aufgewachsene Fremde" diejenigen Ausländerinnen und Ausländer seien, deren Aufenthaltsrecht noch im Kleinkinderalter (2. bis 3. Lebensjahr oder früher) begründet worden ist; siehe Erläuterungen, in: *Jelinek/Szymanski*, 91.

[62] § 38 Abs. 1 Ziff. 3 FrG 1997.

3. Der Schutz des Privat- und Familienlebens bei Ausweisungen und Verfügung von Aufenthaltsverboten

Falls eine Ausweisung nach § 33 Abs. 1 oder § 34 Abs. 1 und 3 FrG 1997 bzw. ein Aufenthaltsverbot einen *Eingriff in das Privat- oder Familienleben* der betroffenen Ausländerinnen und Ausländer darstellt, ist die Verhängung aufenthaltsbeendender Massnahmen nach § 37 Abs. 1 FrG 1997 nur zulässig, wenn sie zur Erreichung der in *Art. 8 Abs. 2 EMRK* genannten Ziele *dringend geboten* sind. Für Ausweisungen nach § 34 Abs. 1 sowie für Aufenthaltsverbote enthält § 37 Abs. 2 FrG 1997 explizite Ermessensdeterminanten; aufenthaltsbeendende Massnahmen dürfen nicht ergriffen werden,

„(...) wenn die Auswirkungen auf die Lebenssituation des Fremden und seiner Familie schwerer wiegen als die nachteiligen Folgen der Abstandnahme von seiner Erlassung. Bei dieser Abwägung ist insbesondere auf folgende Umstände Bedacht zu nehmen:

1. die Dauer des Aufenthaltes und das Ausmass der Integration des Fremden und seiner Familienangehörigen;
2. die Intensität der familiären und sonstigen Bindungen."

Sofern aufenthaltsbeendende Massnahmen daher in das Privat- und Familienleben der betroffenen Fremden eingreifen, dürfen diese Massnahmen nur ergriffen werden, wenn sie im Lichte der Eingriffsziele von Art. 8 Abs. 2 EMRK *dringend geboten* sind[63].

C. Fazit

Auf den 1. Januar 1998 ist in Österreich ein neues, vollständig revidiertes Ausländergesetz, das *Fremdengesetz 1997*, in Kraft getreten. Bereits aus den Erläuterungen zur Regierungsvorlage wird deutlich, dass einer der inhaltlichen Schwerpunkte bei der Ausarbeitung des neuen Gesetzes die Berücksichtigung der aus Art. 8 EMRK fliessenden Verpflichtungen im Rahmen des Familiennachzuges war. Ein Vergleich der alten und neuen Regelungen zeigt, dass dieses Ziel in zahlreichen Bereichen auch tatsächlich verwirklicht

---

[63] Im Rahmen der Interessenabwägung wird daher nicht auf ein unverhältnismässiges Überwiegen der öffentlichen Interessen abgestellt, sondern vielmehr auf ein Dringendgeboten-sein der Massnahme abgestellt; vgl. ferner die Ausführungen des VwGH zum mit § 37 Abs. 1 FrG 1997 identischen § 19 FrG 1992 im Erkenntnis vom 14.4.1994, 93/18/0260, sowie *Hickisch/Keplinger*, 219 f.

worden ist; so entfallen beispielsweise Wartefrist und minimale Ehebestandszeiten beim Nachzug von auf Dauer niedergelassenen Fremden.

Dennoch bestehen weiterhin problematische Regelungen. So können beispielsweise österreichische Staatsangehörige sowie Angehörige von EWR-Staaten neben ihren Ehepartnern und minderjährigen Kindern auch erwachsene Kinder, Eltern und weitere Verwandte nachziehen, sofern sie ihnen Unterhalt gewähren. Diese Möglichkeit bleibt in Österreich auf Dauer niedergelassenen Fremden, die nicht Staatsangehörige eines EWR-Landes sind, versagt. Ob weiteren Verwandten solcher in Österreich lebender Fremder ein Aufenthaltstitel erteilt wird, liegt im Ermessen der Behörden, die immerhin u.a. den Zweck des Aufenthaltes sowie die persönlichen und familiären Bindungen zu Österreich zu berücksichtigen haben[64]. Dies gilt auch für die Erteilung einer Anwesenheitsbewilligung an Verwandte der Seitenlinie von österreichischen Staatsangehörigen oder in Österreich lebenden Fremden. Falls die familiäre Beziehung zu diesen Verwandten des erweiterten Familienlebens intakt ist und tatsächlich gelebt wird, sind die Behörden im Rahmen ihrer Ermessensausübung verpflichtet, den Anforderungen von Art. 8 EMRK Rechnung zu tragen und den Aufenthaltstitel nicht zu versagen.

Überragende Bedeutung kommt Art. 8 EMRK bei aufenthaltsbeendenden Massnahmen zu. Gestützt auf diese Konventionsbestimmung hatte der österreichische Verfassungsgerichtshof Mitte der Achtzigerjahre die damals geltende Norm über die Verhängung eines Aufenthaltsverbotes als verfassungswidrig aufgehoben, da auf gesetzlicher Ebene nicht hinreichend präzise umschrieben war, unter welchen Voraussetzungen ein Eingriff in das Privat- und Familienleben zulässig sei[65]. Diese Rechtsprechung wirkt auch im Fremdengesetz 1997 nach, indem § 37 ausdrücklich gewisse Ermessensdeterminanten für die Beurteilung der Frage aufstellt, ob ein Eingriff in das Privat- oder Familienleben zur Erreichung eines konventionskonformen Zweckes dringend geboten sei. Auf die äusserst restriktive und daher nicht unproblematische Praxis der österreichischen Gerichtshöfe des öffentlichen Rechtes wird im dritten Teil einzugehen sein.

Auch den mit zunehmender Dauer stärker und enger werdenden persönlichen Beziehungen zum Aufenthaltsland Österreich wird nunmehr durch das neue Fremdenrecht Rechnung getragen, indem die Voraussetzungen für Ausweisungen oder Aufenthaltsverbote zunehmen, je länger sich die Betreffenden bereits in Österreich aufgehalten haben. Angehörige der zweiten Gene-

---

[64] § 8 FrG 1997.
[65] Siehe hierzu hinten 331 ff.

ration dürfen schliesslich überhaupt nicht ausgewiesen oder mit einem Aufenthaltsverbot belegt werden. Auch diese Entwicklung ist grundsätzlich zu begrüssen, doch kann das Ziel des Schutzes der persönlichen Beziehungen zu Österreich nur dann effektiv erreicht werden, wenn eine tatsächliche Abwägung der Güter erfolgt und nicht bei gewissen Delikten quasi davon ausgegangen wird, sie würden per se die Schwere des Eingriffes in die privaten Verhältnisse rechtfertigen.

Fünftes Kapitel

Nachzug und aufenthaltsbeendende Massnahmen im französischen Ausländerrecht

Die Verfassung der Fünften Republik von 1958 enthält - im Unterschied zur Schweizerischen Bundesverfassung sowie zum Österreichischen Bundesverfassungsgesetz - keine Bestimmung über das Ausländerrecht. Der Verfassungsrat (*Conseil constitutionnel*) hat indes durch zahlreiche Entscheide die verfassungsmässige Stellung von Ausländerinnen und Ausländern in Frankreich umrissen und dabei auch die grundlegenden Prinzipien des Ausländerrechtes skizziert:

„2. Considérant qu'aucun principe non plus qu'aucune règle de valeur constitutionnelle n'assure aux étrangers des droits de caractère général et absolu d'accès et de séjour sur le territoire national; que les conditions de leur entrée et de leur séjour peuvent être restreintes par des mesures de police administrative conférant à l'autorité publique des pouvoirs étendus et reposant sur des règles spécifiques; que le législateur peut ainsi mettre en oeuvre les objectifs d'intérêt général qu'il s'assigne; que dans ce cadre juridique, les étrangers se trouvent placés dans une situation différente de celle des nationaux; que l'appréciation de la constitutionnalité des dispositions que le législateur estime devoir prendre ne saurait être tiré de la comparaison entre les dispositions de lois successives ou de la conformité de la loi avec les stipulations de conventions internationales mais résulte de la confrontation de celle-ci avec les seules exigences de caractère constitutionnel;

3. Considérant toutefois que si le législateur peut prendre à l'égard des étrangers des dispositions spécifiques, il lui appartient de respecter les libertés et droits fondamentaux de valeur constitutionnelle reconnus à tous ceux qui résident sur le territoire de la République; qui s'ils doivent être conciliés avec la sauvegarde de l'ordre public qui constitue un objectif de valeur constitutionnelle, figurent parmi ces droits et libertés, la liberté individuelle et la sûreté, notamment la liberté d'aller et venir, la liberté du mariage, le droit de mener une vie familiale normale; qu'en outre les étrangers jouissent des droits à la protection sociale, dès lors qu'ils résident de manière stable et régulière sur le territoire français; qu'ils doivent bénéficier de l'exercice de recours assurant la garantie de ces droits et libertés"[1]

---

[1] Décision 93-325 DC, zitiert nach: *Favoreu/Philip*, 819 f.; hierzu ferner *Dictionnaire „ABC"*, Rz. 80 ff.; *Genevois*, 871 ff.

Die Zuständigkeit der Legislative im Bereich des Ausländerrechtes wird aus Art. 34 der Verfassung abgeleitet, wonach die Gesetzgebungskompetenz u.a. auch den Erlass von Regelungen über „les droits civiques et les garanties fondamentales accordées aux citoyens pour l'exercice des libertés publiques" erfasst. Entgegen dem restriktiven Wortlaut - spricht die Bestimmung doch lediglich von den Rechten und Grundfreiheiten der *citoyens*, d.h. der Bürger - ist sie in einen weiten Sinn zu verstehen; so folgt daraus insbesondere auch die Kompetenz des Gesetzgebers, Bestimmungen über die Rechte und Freiheiten von Fremden zu erlassen[2].

Auf gesetzlicher Ebene ist das Ausländerrecht in der 1945 von der provisorischen französischen Regierung erlassenen *Ordonnance No. 45-2658 du 2 novembre 1945 relative aux conditions d'entrée et de séjour des étrangers en France* (Ord. 1945) verankert. Danach benötigen Ausländerinnen und Ausländer über 18 Jahren, die sich länger als drei Monate in Frankreich aufhalten, einen Aufenthaltstitel[3], wobei grundsätzlich zwischen einer *carte de résident* und einer *carte de séjour temporaire* unterschieden wird[4].

Seit ihrer Inkraftsetzung vor über fünfzig Jahren ist die Verordnung indes, da Spiegelbild der Einwanderungspolitik als „enjeu politique crucial"[5], im Gefolge von Regierungs- und Mehrheitswechseln bis Mai 1998 nicht weni-

---

[2] *Dictionnaire „ABC"*, Rz. 84; Décision 93-325 DC, Ziff. 3.

[3] Art. 6 Ord. 1945; aufgrund des bilateralen Abkommens zwischen Frankreich und Algerien benötigen algerische Staatsangehörige bereits ab dem 16. Altersjahr für einen länger als drei Monate dauernden Aufenthalt einen Aufenthaltstitel; *Dictionnaire „Titre de séjour"*, Rz. 19; im Rahmen des Familiennachzuges eingereiste Kinder haben nach Art. 12*bis* bzw. 15 Ziff. 5 Ord. 1945 einen Rechtsanspruch auf Erteilung einer *carte de séjour temporaire* bzw. einer *carte de résident* bei Erreichung des 18. Altersjahres, sofern ein Elternteil einen derartigen Aufenthaltstitel besitzt; *Jault-Seseke*, 280 f.

[4] Die *carte de résident* ist zehn Jahre gültig und wird automatisch verlängert; sie gestattet die freie Berufswahl und -ausübung. Demgegenüber wird die *carte de séjour temporaire* für höchstens ein Jahr erteilt, ist indes ebenfalls verlängerbar. Sie verleiht nicht automatisch das Recht zur Aufnahme einer Erwerbstätigkeit. Algerische Staatsangehörige erhalten aufgrund des franco-algerischen Abkommens entweder ein zehn Jahre gültiges und automatisch verlängerbares *certificat de résidence* ein zwölf Monate gültiges und verlängerbares *certificat de résidence d'un an*. Angehörige von EU-Staaten erhalten eine *carte de séjour "Union européenne"*. Asylsuchende erhalten zunächst eine *autorisation provisoire de séjour*, später (nach Einreichung des Gesuches beim OFPRA und bis zum endgültigen Asylentscheid) einen *récépissé*, während Fremde, welche um die erstmalige Erteilung bzw. Verlängerung der *carte de séjour temporaire* ersuchen, den *récépissé* sofort erhalten. Vgl. hierzu *Dictionnaire „Titre de séjour"*, Rz. 28 ff.

[5] *Weil*, 6; ebenso *Charvin/Sueur*, 341.

ger als 24 Mal geändert worden[6]. Diese stark parteipolitisch motivierten Revisionen der Einwanderungsgesetzgebung haben dazu geführt, dass heute zahlreiche Lücken, Ungereimtheiten und Widersprüche das französische Ausländerrecht charakterisieren, die durch die Problematik der *nicht wegweisbaren Ausländerinnen und Ausländer ohne Aufenthaltstitel* bzw. Protestaktionen wie im August 1996 in der Kirche *Saint-Bernard* ins Bewusst-

---

[6] *Charvin/Sueur*, 342, sprechen treffend von einer „frénésie législative"; siehe ferner *Dominique Turpin*, La loi n° 97-396 du 24 avril 1997 portant diverses dispositions relatives à l'«ajustement» au durcissement, Revue critique de droit international privé 1997, 447 ff., 448, sowie die ausgezeichnete Zusammenstellung der wichtigsten, politisch und gesellschaftspolitisch motivierten Änderungen in *Dictionnaire „ABC"*, Rz. 26 ff.; bekannte und umstrittene Modifikationen sind z. B. die «Loi Bonnet» von 1980, die u.a. die Einreisebestimmungen verschärfte und den Anwendungsbereich der Ausweisung ausdehnte; nach dem Amtsantritt von François Mitterand und der Einsitznahme einer sozialistischen Mehrheit im Parlament wurden mit der «Loi Questiaux» von 1981 zentrale Bestimmungen der «Loi Bonnet» wieder ausser Kraft gesetzt. 1986, während der ersten Cohabitation, wurde mit der ersten «Loi Pasqua» das Ausländerrecht, insbesondere in bezug auf die Einreise und die Ausweisung, erneut verschärft. Der neuerliche Einzug einer sozialistischen Mehrheit in die Nationalversammlung führte zur Ausarbeitung der «Loi Joxe», die insbesondere diejenigen Fremden, die nicht aus Frankreich ausgewiesen werden dürfen, neu umschrieb. Der Wahlsieg der Konservativen 1993 und die folgende zweite Cohabitation brachten eine erneute Verschärfung des Ausländerrechtes. Der vom damaligen Innenminister Charles Pasqua ausgearbeitete Gesetzesvorschlag beruhte auf drei Grundprinzipien: der Bekämpfung der illegalen Einwanderung, der Verteidigung der öffentlichen Ordnung sowie der Entfernung unerwünschter Ausländerinnen und Ausländer. Zahlreiche Bestimmungen dieser zweiten «Loi Pasqua» wurden vom Verfassungsrat in einem denkwürdigen Entscheid vom 12./13. August 1993 für verfassungswidrig erklärt und aufgehoben. 1996 verfasste Innenminister Jean-Louis Debré einen Gesetzesentwurf, der u.a. darauf abzielte, die Bekämpfung der illegalen Einwanderung sowie die Entfernung illegal in Frankreich anwesender Fremder zu verstärken. Obwohl von Staatspräsident Jacques Chirac als ausgeglichen gepriesen, meldete die Nationale Menschenrechtskommission Bedenken gegen den Gesetzesentwurf an. In wohl bislang einmaliger Weise hat der Entwurf einer «Loi Debré» und namentlich die vorgesehene Meldepflicht der Beherbergung von Ausländerinnen und Ausländern zu einer von Künstlern, Schriftstellern, Journalisten, Filmemachern etc. angeführten Protestbewegung geführt. Im Verlaufe der Verhandlungen in der Nationalversammlung und im Senat wurde die «Loi Debré» in gewissen Punkten abgeschwächt und, nachdem der Verfassungsrat zwei Bestimmungen als verfassungwidrig aufgehoben hat, am 24. April 1997 in Kraft gesetzt. Nach dem Wahlsieg der Linken in den Parlamentswahlen von 1997 initiierte der neue Innenminister Chevènement eine abermalige Revision der Ord. 1945, die am 8. April 1998 von der Nationalversammlung verabschiedet und am 11. Mai 1998 in Kraft gesetzt wurde. Zentrale Bestimmungen dieser Revision sind die Ausweitung des Kreises derjenigen Ausländerinnen und Ausländer, die Rechtsanspruch auf Erteilung eines Aufenthaltstitels haben, sowie die Verkürzung der Wartefrist für den Familiennachzug auf ein Jahr.

sein gerückt wurden. In seinem Bericht an den Premierminister hat Patrick Weil denn auch treffend ausgeführt:

„Toutes les modifications ont été présentées à gauche comme à droite comme une annulation de la modification précédente, ce qui n'était jamais le cas en fait. Les approches opposées - «plus de contrôles», d'un côté, «plus de droits», de l'autre -, ne se sont pas annulées l'une l'autre, mais se sont entrelacées, sans considération pour la paralysie qu'elles contribuaient à créer sur le terrain du contrôle et sur le terrain du droit. Et le plus paradoxal est que toutes ces batailles furent organisées dans le cadre d'un discours tenu aussi bien à droite qu'à gauche - l'arrêt de l'immigration ou l'immigration zéro - qui, se refusant à reconnaître les faits, contribuait ainsi à accroître la confusion et la méfiance de nos concitoyens à l'égard de la législation républicaine."[7]

A. Die Regelung des Familiennachzuges im französischen Ausländerrecht

Wie das gesamte französische Ausländerrecht hat auch die Regelung des Familiennachzuges eine bewegte und durch zahlreiche Kurswechsel geprägte Entwicklung durchgemacht[8]. Obwohl er bereits seit langem als gesellschaftliche Realität existierte, wurden erste Bestimmungen über den Familiennachzug erst mit Dekret No. 76-383 vom 29. April 1976 erlassen[9]; die Nachzugsbestimmungen fanden schliesslich erst mit der Verabschiedung der «Loi Pasqua» 1993 Einlass in die Verordnung von 1945[10].

In einer *cause célèbre* erklärte der *Conseil d'État* 1978 das Dekret No. 77-1239 vom 10. November 1977 - welches das Recht auf Familiennachzug stark einschränkte, indem es eine Wartefrist von drei Jahren vorsah, es sei denn die nachziehenden Familienangehörigen verzichteten auf die Ausübung einer Erwerbstätigkeit - für rechtswidrig, da der *allgemeine Rechtsgrundsatz*, ein normales Familienleben führen zu können, auch ordnungsgemäss in Frankreich lebenden Ausländerinnen und Ausländern zustehe[11]. 1993, in sei-

---

[7] *Weil*, 6.

[8] *Kayser* spricht treffend von einer «évolution tourmentée», 235.

[9] *Jault-Seseke*, 37; *Kayser*, 235.

[10] Siehe zur Entwicklung des Familiennachzuges *Dictionnaire „Regroupement familial"*, Rz. 3 ff.; *Turpin*, Réforme, 34; *Labayle*, Vie familiale, 514 f.; *Weil*, 39; *Davy*, 258.

[11] „(...) Es ergibt sich aus den allgemeinen Rechtsgrundsätzen und insbesondere aus der Präambel der Verfassung vom 27. Oktober 1946, auf die sich die Verfassung vom 4. Oktober 1958 bezieht, dass die sich ordnungsgemäss in Frankreich aufhaltenden Aus-

A. Familiennachzug

ner Entscheidung zur Verfassungskonformität der «Loi Pasqua», erachtete der *Conseil Constitutionnel* das Recht, ein normales Familienleben zu führen, seinerseits als *verfassungsmässiges Recht*[12], wobei er sich ausschliesslich auf die Präambel der Verfassung von 1946[13] stützte und Art. 8 EMRK nicht beizog[14]. In Frankreich lebende Ausländerinnen und Ausländer haben daher ein verfassungsmässig garantiertes Recht auf die Führung eines normalen Familienlebens («droit à mener une vie familiale normale»). Die Ausübung dieses Rechtes untersteht indes gewissen, vom Gesetzgeber festzulegenden Schranken zur Sicherung der öffentlichen Ordnung[15]. In diesem Sinne hat der *Conseil Constitutionnel* in der bereits angeführten Entscheidung von 1993 ausgeführt:

> „Considérant qu'il résulte de cette disposition que les étrangers dont la résidence en France est stable et régulière ont, comme les nationaux, le droit de mener une vie familiale normale; que ce droit comporte en particulier la faculté pour ces étrangers de faire venir auprès d'eux leurs conjoints et leurs enfants mineurs sous réserve de restrictions tenant à la sauvegarde de l'ordre public et à la protection de la santé publique lesquelles revêtent le caractère d'objectifs de valeur constitution-

---

länder wie die französischen Staatsangehörigen das Recht haben, ein normales Familienleben zu führen. Dieses Recht schliesst insbesondere die Befugnis der Ausländer mit ein, ihre Ehegatten und ihre minderjährigen Kinder zu sich nachfolgen zu lassen. Der Regierung steht es zwar unter verwaltungsgerichtlicher Nachprüfung und unter dem Vorbehalt der völkerrechtlichen Verpflichtungen Frankreichs zu, die Voraussetzungen für die Ausübung dieses Rechts festzulegen, um dessen Gehalt mit den Notwendigkeiten der öffentlichen Ordnung und des sozialen Schutzes der Ausländer und ihrer Familien in Einklang zu bringen, sie kann aber nicht im Wege einer generellen Massnahme die Aufnahme einer Tätigkeit durch die Familienmitglieder der Ausländer verbieten. Das angefochtene Dekret ist daher rechtswidrig und muss folglich aufgehoben werden", CE, *GISTI et al.*, 8.12.1978, zitiert nach der Übersetzung in EuGRZ 1979, 169; *Jault-Seseke*, 40 ff.; *Genevois*, 879; *Julien-Laferrière*, 291; *Dictionnaire „Regroupement familial"*, Rz. 11; *Kayser*, 236.

[12] „Considérant toutefois que si le législateur peut prendre à l'égard des étrangers des dispositions spécifiques, il lui appartient de respecter les libertés et droits fondamentaux de valeur constitutionnelle reconnus à tous ceux qui résident sur le territoire de la République; que s'ils doivent être conciliés avec la sauvegarde de l'ordre public qui constitue un objectif de valeur constitutionnelle, figurent parmi ces droits et libertés, (...) le droit de mener une vie familiale normale", Décision 93-325 DC, zitiert nach: *Favoreu/Philip*, 820; *Jault-Seseke*, 43 f.; *Genevois*, 879 f.; *Dictionnaire „Regroupement familial"*, Rz. 12.

[13] Abs. 10 der Präambel der Verfassung vom 27. Oktober 1946 proklamiert, dass „la nation assure à l'individu et à la famille les conditions nécessaires à leur developpement".

[14] *Jault-Seseke*, 44.

[15] *Jault-Seseke*, 44 ff.

nelle; qu'il incombe au législateur tout en assurant la conciliation de telles exigences, de respecter ce droit."[16]

Die im Jahre 1993 in die Ord. 1945 eingefügten und 1998 revidierten Bestimmungen über den Familiennachzug betreffen lediglich den Nachzug naher Verwandten in Frankreich wohnhafter Ausländerinnen und Ausländer aus nicht EU- bzw. EWR-Staaten. Die Erteilung von Aufenthaltstiteln an Familienmitglieder französischer Staatsangehöriger oder Angehöriger von EU- oder EWR-Staaten wird durch andere Bestimmungen der Ord. 1945 bzw. durch besondere Dekrete geregelt[17]. Entsprechend unterscheiden sich auch die Voraussetzungen des Nachzuges sowie der Kreis der nachziehbaren Familienangehörigen[18].

I. Nachzug von Familienangehörigen in Frankreich wohnhafter Ausländerinnen und Ausländer

Die Bestimmung von Art. 29 Ord. 1945 räumt Ausländerinnen und Ausländern, die sich seit *mindestens einem Jahr*[19] *rechtmässig* in Frankreich aufhalten, ein Recht auf Nachzug naher Familienangehörigen ein:

„I. Le ressortissant étranger qui séjourne régulièrement en France depuis au moins un an, sous couvert d'un des titres de séjour d'une durée de validité d'au moins un an prévus par la présente ordonnance ou par des conventions internationales, a le droit de se faire rejoindre, au titre du regroupement familial, par son conjoint et

---

[16] Décision 93-325 DC, zitiert nach: *Favoreu/Philip*, 824; vgl. ebenso Décision 97-389 DC: „Considérant (...) qu'aucun principe non plus qu'aucune règle de valeur constitutionnelle n'assure aux étrangers des droits de caractère général et absolu d'accès et de séjour sur le territoire national; qu'il appartient au législateur d'assurer la conciliation entre la sauvegarde de l'ordre public qui constitue un objectif à valeur constitutionnelle et les exigences de la liberté individuelle et du droit à une vie familiale normale; que dès lors le législateur a pu, sans méconnaître aucun droit ni principe de valeur constitutionnelle, subordonner la délivrance de plein droit d'un titre temporaire de séjour à l'absence de menace pour l'ordre public", zitiert nach Revue du Droit Public 1997, 956.

[17] Siehe hierzu hinten 154 f.

[18] Ausführlich hierzu *Kayser*, 237 ff.

[19] Die vormals zweijährige Wartefrist wurde erst mit der Gesetzesnovelle von 1998 auf ein Jahr verkürzt. Maximal einjährige Wartefristen galten - aufgrund von Art. 12 Abs. 1 der Europäischen Konvention über die Rechte von Wanderarbeitnehmern (siehe hierzu vorne 83 f.) - bisher nur für Staatsangehörige von Vertragsstaaten der europäischen Wanderarbeitnehmerkonvention. Für algerische Staatsangehörige entfällt schliesslich aufgrund des franco-algerischen Abkommens von 1968 die Wartefrist; vgl. hierzu *Dictionnaire „Regroupement familial"*, Rz. 30.

les enfants du couple mineurs de dix-huit ans. Le regroupement familial peut également être sollicité pour les enfants mineurs de dix-huit ans du demandeur, et ceux de son conjoint dont, au jour de la demande, la filiation n'est établie qu'à l'égard du demandeur ou de son conjoint ou dont l'autre parent est décédé ou déchu de ses droits parentaux. Le regroupement familial peut également être demandé pour les enfants mineurs de dix-huit ans du demandeur et ceux de son conjoint, qui sont confiés, selon le cas, à l'un ou l'autre de ces derniers, au titre de l'exercice de l'autorité parentale, en vertu d'une décision d'une juridiction étrangère dont la copie devra être produite ainsi que l'autorisation de l'autre parent de laisser le mineur en France.

Le regroupement ne peut être refusé que pour l'un des motifs suivants:

1° Le demandeur ne justifie pas de ressources stables et suffisantes pour subvenir aux besoins de sa famille. Sont prises en compte toutes les ressources du demandeur et de son conjoint indépendamment des prestations familiales. L'insuffisance des ressources ne peut motiver un refus si celles-ci sont supérieures au salaire minimum de croissance;
2° Le demandeur ne dispose ou ne disposera à la date d'arrivée de sa famille en France d'un logement considéré comme normal pour une famille comparable vivant en France.

Peut être exclu du regroupement familial:

1° Un membre de la famille dont la présence en France constituerait une menace pour l'ordre public;
2° Un membre de la famille atteint d'une maladie inscrite au règlement sanitaire international;
3° Un membre de la famille résidant sur le territoire français;

Le regroupement familial est sollicité pour l'ensemble des personnes désignées aux alinéas précédents. Un regroupement partiel peut être autorisé pour des motifs tenant à l'intérêt des enfants.

L'enfant pouvant bénéficier du regroupement familial est celui qui répond à la définition donnée à l'avant-dernier alinéa de l'article 15. (...)

III. Les membres de la famille, entrés régulièrement sur le territoire français au titre du regroupement familial, reçoivent de plein droit un titre de séjour de même nature que celui détenu par la personne qu'ils sont venus rejoindre, dès qu'ils sont astreints à la détention un tel titre.

IV. En cas de rupture de vie commune, le titre de séjour mentionné au III qui a été remis au conjoint d'un étranger peut, pendant l'année suivant sa délivrance, faire l'objet soit d'un refus de renouvellement, s'il s'agit d'une carte de séjour temporaire, soit d'un retrait, s'il s'agit d'une carte de résident. (...)"

Von den Familiennachzugsbestimmungen begünstigt werden die *Ehepartner* sowie die noch nicht 18-jährigen[20] gemeinsamen *Kinder*[21]. Minderjährige Kinder nur eines Ehepartners können nachgezogen werden, wenn dieser das Sorgerecht hat, der andere Elternteil verstorben ist oder ihm das Sorgerecht entzogen wurde. Ausgeschlossen ist nach Art. 30 Ord. 1945 der Nachzug einer weiteren Ehefrau eines in Mehrfachehe lebenden Ausländers. Solange die Mutter noch lebt oder über das Sorgerecht verfügt, ist in diesen Fällen auch der Nachzug ihrer minderjährigen Kinder ausdrücklich ausgeschlossen[22]. Der Nachzug nur einzelner Familienangehöriger ist nicht zulässig, es sei denn ein lediglich partieller Nachzug entspreche dem *Kindeswohl*, z. B. aus schulischen oder gesundheitlichen Gründen[23]. Schliesslich besteht grundsätzlich kein Anspruch auf Nachzug weiterer Verwandter, wie z. B. Eltern, Grosseltern oder Geschwister[24]. Die im Rahmen des Familiennachzuges einreisenden Personen erhalten den gleichen Aufenthaltstitel wie das nachziehende Familienmitglied[25].

---

[20] Ausnahmen von dieser Altersgrenze gelten für Staatsangehörige der Vertragsstaaten der Europäischen Sozialcharta, welche einen Anspruch auf Nachzug ihrer Kinder bis zu deren 21. Altersjahr haben (vgl. vorne 79 f.); Dictionnaire „*Regroupement familial*", Rz. 55.

[21] Vom persönlichen Geltungsbereich erfasst werden, durch Verweis auf Art. 15 Ord. 1945, eheliche und nichteheliche Kinder sowie Adoptivkinder; *Guimezanes*, Réformes, 63; *Jault-Seseke*, 120 ff.

[22] Art. 30 Abs. 1 Ord. 1945 lautet: „Lorsqu'un étranger polygame réside sur le territoire français avec un premier conjoint, le bénéfice du regroupement familial ne peut être accordé à un autre conjoint. Sauf si cet autre conjoint est décédé ou déchu de ses droits parentaux, ses enfants bénéficient pas non plus du regroupement familial". Bis zur Gesetzesänderung von 1993 galten - aufgrund des Entscheides «*Montcho*» des Conseil d'État - die Bestimmungen betreffend den Familiennachzug auch für Mehrfachehen und es bestand ein Recht auf Nachzug weiterer Ehefrauen und ihrer minderjährigen Kinder. In seinem Entscheid zur Verfassungsmässigkeit der neuen Bestimmung von Art. 30 Ord. 1945 hat der Conseil Constitutionnel den Ausschluss des Nachzuges mehr als einer Ehefrau indes für verfassungsmässig erklärt und ausgeführt: „Considérant (...) que les conditions d'une vie familiale normale sont celles qui prévalent en France, pays d'accueil, lesquelles excluent la polygamie; que dès lors les restrictions apportées par la loi au regroupement familial des polygames et les sanctions dont celles-ci sont assorties ne sont pas contraires à la Constitution", Décision 93-325 DC, Ziff. 77, zitiert nach: *Favoreu/Philip*, 825; siehe ferner *Guimezanes*, Réformes, 82 ff.; *Turpin*, Réforme, 36; Dictionnaire „*Polygamie*", Rz. 4 ff.; Dictionnaire „*Regroupement familial*", Rz. 53 und 61; *Jault-Seseke*, 102 ff.

[23] Dictionnaire „*Regroupement familial*", Rz. 65; *Jault-Seseke*, 129 f.

[24] *Jault-Seseke*, 131 ff.; *Julien-Laferrière*, 292.

[25] Art. 29 III Ord. 1945; *Jault-Seseke*, 261.

A. Familiennachzug

Für die Geltendmachung des Rechtsanspruches auf Nachzug von Familienangehörigen wird zunächst vorausgesetzt, dass die nachziehenden Fremden *seit mindestens einem Jahr* rechtmässig in Frankreich leben und über einen *mindestens ein Jahr gültigen Aufenthaltstitel* verfügen.

Keinen Anspruch auf Familiennachzug haben Ausländerinnen und Ausländer, die sich illegal in Frankreich aufhalten oder lediglich über provisorische Aufenthaltstitel oder Bescheinigungen über die Stellung eines Gesuches um Erteilung eines Aufenthaltstitels verfügen. Der von der «Loi Pasqua» beabsichtigte Ausschluss des Familiennachzuges von Studenten wurde durch den Verfassungsrat indes als verfassungswidrig aufgehoben[26].

Weiter wird für das Bestehen eines Rechtsanspruches auf Familiennachzug vorausgesetzt, dass die Antragsteller *genügend Mittel*[27] haben, um die Bedürfnisse ihrer Familien zu decken, sowie über eine *Wohnung* verfügen bzw. im Zeitpunkt der Ankunft ihrer Familien verfügen werden, die für eine in Frankreich lebende Familie in vergleichbarer Situation normal erscheint[28]. Der Familiennachzug kann verweigert werden, wenn die nachzuziehenden Familienmitglieder eine *Gefahr für die öffentliche Ordnung* darstellen, an einer *Krankheit* leiden, welche in den internationalen Gesundheitsvorschriften aufgeführt ist oder *bereits in Frankreich* leben[29]. Schliesslich sieht Art. 29 IV Ord. 1945 vor, dass nach einer Beendigung des familiären Zusammenlebens die im Rahmen des Familiennachzuges gewährten Aufenthaltstitel innert Jahresfrist nach deren erstmaliger Erteilung widerrufen bzw. nicht verlängert werden können.

---

[26] Décision 93-325 DC, Ziff. 74, zitiert nach: *Favoreu/Philip*, 824.

[27] Im Rahmen der Bestimmung des minimalen Betrages, der Ausländerinnen und Ausländern zur Verfügung stehen muss, um einen Rechtsanspruch auf Nachzug ihrer Familienangehörigen geltend machen zu können, wird auf den „SMIC"-Minimallohn (*salaire minimum interprofessionel de croissance mensuel*) abgestellt, wobei Familienzulagen nicht mitberücksichtigt werden; Dictionnaire „*Regroupement familial*", Rz. 35 ff.; *Jault-Seseke*, 162 ff.; *Guimezanes*, Arrêt, 5.

[28] In zwei Rundschreiben haben die zuständigen Ministerien die Anforderungen an die Wohnung präzisiert; neben Ansprüchen an die Ausstattung der Wohnung (Trinkwasser, Toilette, Heizung) ist darin auch die Mindestgrösse in Quadratmetern festgelegt worden. Danach beträgt die Mindestgrösse für einen Zweipersonen-Haushalt 16 m², bei drei Personen 25 m², für vier Personen 34 m² etc. Für acht und mehr Personen ist eine Wohnfläche von 70 m² notwendig; Dictionnaire „*Regroupement familial*", Rz. 33; *Weil*, 41; siehe allgemein zur Voraussetzung einer angemessenen Wohnung *Jault-Seseke*, 165 ff.

[29] Siehe zu diesen Nachzugsverweigerungsgründen Dictionnaire „*Regroupement familial*", Rz. 40 ff.; *Jault-Seseke*, 170 ff.

II. Besondere Bestimmungen über den Familiennachzug aufgrund bilateraler Staatsverträge

Angehörige gewisser Staaten unterstehen aufgrund bilateraler Vereinbarungen günstigeren Bestimmungen. Dies betrifft zunächst und hauptsächlich algerische Staatsangehörige, deren Stellung in bezug auf den Familiennachzug durch die 1968 unterzeichneten franco-algerischen Verträge sowie die nachfolgenden Anpassungen geregelt werden[30]. Mit zahlreichen weiteren afrikanischen Staaten (Kongo, Gabun, Zentralafrikanische Republik, Togo, Mali, Senegal und Mauretanien) bestanden bilaterale Vereinbarungen, die den Familiennachzug ursprünglich wesentlich grosszügiger als die Ord. 1945 regelten. Diese sind jedoch in jüngster Zeit neu ausgehandelt worden, wobei das Nachzugsregime grösstenteils den allgemeinen Regelungen angeglichen wurde[31].

III. Familiennachzug für Angehörige von EU/EWR-Staaten

Die allgemeinen Nachzugsbestimmungen gelten ebenfalls nicht für Angehörige von EU- oder EWR-Staaten. Der Nachzug von Familienangehörigen in Frankreich wohnhafter Bürgerinnen und Bürger aus EU- bzw. EWR-Staaten[32] wird durch *Dekret No. 92-211* vom 11. März 1994 geregelt[33]. Danach können die Ehegatten, Nachkommen bis 21 Jahre sowie diejenigen Nachkommen und Vorfahren, denen Unterhalt gewährt wird, nachgezogen werden; erfasst werden neben den Ehepartnern nicht nur minderjährige Kinder, sondern auch Enkelkinder sowie Eltern, jedoch weder Familienangehörige der Seitenlinie noch Partner einer nichtehelichen Beziehung[34]. Sofern die Anwesenheit der Familienangehörigen die öffentliche Ordnung nicht gefährdet, darf die Erteilung eines Aufenthaltstitels nicht versagt werden[35].

---

[30] *Dictionnaire „Regroupement familial"*, Rz. 18; *Jault-Seseke*, 203 ff.

[31] *Dictionnaire „Regroupement familial"*, Rz. 19; *Jault-Seseke*, 202 f.

[32] Privilegiert werden die nachzuziehenden Familienangehörigen von EU- und EWR-Bürgerinnen und Bürgern unabhängig von ihrer eigenen Staatsangehörigkeit, d.h. auch Drittstaatsangehörige; *Jault-Seseke*, 195 f.

[33] Auch dieses Dekret unterlag bereits verschiedentlich Änderungen, letzmals durch Dekret No. 98-864 vom 23. September 1998.

[34] *Dictionnaire „Regroupement familial"*, Rz. 102 ff.; *Jault-Seseke*, 199.

[35] *Dictionnaire „Ressortissants des États membres de la Communauté européenne"*, Rz. 227; *Jault-Seseke*, 198.

A. Familiennachzug

IV. Rechtsanspruch von ausländischen Ehepartnern französischer Staatsangehöriger auf Erteilung eines Aufenthaltstitels

Nicht durch die spezifischen Bestimmungen betreffend den Familiennachzug, sondern durch die Art. 12*bis* sowie 15 Ord. 1945 wird der Rechtsanspruch auf Erteilung eines Aufenthaltstitels an die ausländischen Ehepartner französischer Staatsangehöriger geregelt, wobei die Art des Aufenthaltstitels von der Rechtmässigkeit der Einreise bzw. des Aufenthaltes abhängt.

Nach Art. 15 Ziff. 1 Ord. 1945 haben ausländische Ehepartner französischer Staatsangehöriger einen Rechtsanspruch auf Erteilung einer *carte de résident*, wenn sie sich *rechtmässig* in Frankreich *aufhalten*, ihre Anwesenheit keine Gefahr für die öffentliche Ordnung darstellt, die Ehe seit mindestens einem Jahr besteht und die eheliche Gemeinschaft weiterhin Bestand hat[36]:

„Sauf si la présence de l'étranger constitue une menace pour l'ordre public, la carte de résident est délivrée de plein droit, sous réserve de la régularité du séjour:

1° A l'étranger marié depuis au moins un an avec un ressortissant de nationalité française, à condition que la communauté de vie entre les époux n'ait pas cessé, que le conjoint ait conservé la nationalité française et, lorsque le mariage a été célébré à l'étranger, qu'il ait été transcrit préalablement sur les registres de l'état civil français."

Rechtmässig eingereiste ausländische Ehegatten französischer Bürgerinnen und Bürger, welche sich jedoch *illegal* in Frankreich aufhalten, haben nach der 1997 neu eingeführten und 1998 revidierten Bestimmung von Art. 12*bis* Ziff. 4 Ord. 1945 demgegenüber Anspruch auf Erteilung einer *carte de séjour temporaire*, wenn die *Einreise rechtmässig* erfolgt ist:

„Sauf si sa présence constitue une menace pour l'ordre public, la carte de séjour temporaire portant la mention «vie privée et familiale» est délivrée de plein droit: (...)

4° A l'étranger, ne vivant pas en état de polygamie, marié avec un ressortissant de nationalité française, à condition que son entrée sur le territoire français ait été régulière, que le conjoint ait conservé la nationalité française et, lorsque le mariage a été célébré à l'étranger, qu'il ait été transcrit préalablement sur les registres de l'état civil français."[37]

---

[36] *Jault-Seseke*, 242 f.

[37] Diese erst 1997 durch die «Loi Debré» eingeführte Bestimmung liess in ihrer ursprünglichen Fassung den Rechtsanspruch auf Erteilung einer Aufenthaltsbewilligung erst nach einer einjährigen Ehebestandszeit sowie bei gelebter ehelicher Gemeinschaft entstehen. 1998 wurden diese zusätzlichen Anspruchsvoraussetzungen gestrichen.

Die Erteilung der *carte de séjour temporaire* führt zu einer Legalisierung des Aufenthaltes in Frankreich und begründet den Anspruch, nach Ablauf eines Jahres eine *carte de résident* zu erhalten, den Fortbestand der Ehe und der ehelichen Gemeinschaft vorausgesetzt. Der Eheschluss mit einem französischen Bürger bzw. einer französischen Bürgerin verschafft dem ausländischen Ehepartner daher zumindest während des ersten Ehejahres keinen Rechtsanspruch auf Erteilung eines Aufenthaltstitels[38] und bewirkt auch nicht die Legalisierung eines illegalen Aufenthaltes[39]. Ebenso sind die ausländischen Ehegatten während des ersten Ehejahres nicht gegen Aus- oder Wegweisungen geschützt[40].

V. Rechtsanspruch von ausländischen Eltern minderjähriger Kinder französischer Staatsangehörigkeit auf Erteilung eines Aufenthaltstitels

Ausländerinnen und Ausländer, die Eltern eines noch nicht 16 Jahre alten Kindes französischer Staatsangehörigkeit sind, haben nach Art. 15 Ziff. 3 Ord. 1945 Anspruch auf Erteilung einer *carte de résident*, unter den Voraussetzungen, dass sie sich legal in Frankreich aufhalten, ihre Anwesenheit nicht eine Gefährdung der öffentlichen Ordnung darstellt und ihnen zumindest teilweise das Sorgerecht zukommt oder sie für den Unterhalt ihres Kindes aufkommen. Im Zuge der Bemühungen zur Legalisierung der „*sans papiers non éloignables*", d.h. derjenigen Ausländerinnen und Ausländer, die zwar über keinen Aufenthaltstitel verfügen, aber dennoch nicht aus Frankreich aus- oder weggewiesen werden können[41], wurde 1997 zudem Art. 12*bis* Ord. 1945 eine Ziffer 5 - nach der Novelle von 1998 nunmehr Ziffer 6 - beigefügt: den ausländischen Eltern minderjähriger Kinder französischer Staatsangehörigkeit wird damit - unabhängig von der Rechtmässigkeit ihrer Einreise oder

---

[38] *Guimezanes*, Arrêt, 3; *Dictionnaire* „*Carte de résident*", Rz. 25 ff.; *Dictionnaire* „*Carte de séjour temporaire*", Rz. 31; *Jault-Seseke*, 244.

[39] Rechtmässig eingereiste, aber illegal in Frankreich anwesende Ehegatten französischer Staatsangehöriger erhalten erst nach einer einjährigen Wartefrist eine *carte de séjour temporaire*. Demgegenüber können illegal eingereiste ausländische Ehepartner ihren Aufenthalt in Frankreich nicht legalisieren; sie können indes, unter der Voraussetzung, dass die Ehe bereits seit mindestens einem Jahr Bestand hat und die eheliche Gemeinschaft fortbesteht, weder aus- noch weggewiesen werden (vgl. hinten 161 ff.); siehe hierzu auch *Nicole Guimezanes*, Commentaire d'une loi dont la mort est annoncée - la loi Debré n° 97-396 du 24 avril 1997 portant diverses dispositions à l'immigration, JCP, Ed. G, I, 1997, 4040, 342 f.; *Weil*, 35 ff.

[40] Art. 25 Ord. 1945; *Turpin*, Réforme, 43 f.; *Guimezanes*, Réformes, 69.

[41] Siehe hinten 161 ff.

ihres Aufenthaltes in Frankreich - ein Anspruch auf Erteilung einer *carte de séjour temporaire* eingeräumt, wenn ihre Anwesenheit in Frankreich keine Gefährdung der öffentlichen Ordnung darstellt und sie entweder ein teilweises Sorgerecht haben oder für den Unterhalt des Kindes[42] aufkommen. Wurde die Vaterschaft erst nach der Geburt anerkannt, so besteht der Anspruch nur, falls der betreffende Elternteil seit der Geburt oder seit mindestens einem Jahr Unterhaltszahlungen leistet[43].

VI. Rechtsanspruch von ausländischen Kindern französischer Staatsangehöriger auf Erteilung eines Aufenthaltstitels

Art. 15 Ziff. 2 Ord. 1945 räumt ferner - die Rechtmässigkeit des Aufenthaltes vorausgesetzt - auch den ausländischen Kindern französischer Staatsangehöriger einen Anspruch auf Erteilung einer *carte de résident* ein, falls sie das 21. Altersjahr noch nicht vollendet haben oder ihnen von den Eltern Unterhalt gewährt wird[44]. Dieser Anspruch erfasst auch die Vorfahren des Kindes sowie die Vorfahren seines Ehepartners, wenn ihnen Unterhalt gewährt wird.

---

[42] Hierzu hat der Conseil Constitutionnel in seiner Entscheidung vom 22.4.1997 ausgeführt: „Considérant (...) que, pour l'application du 5° de l'article 12 *bis*, doit être regardé comme subvenant effectivement aux besoins de son enfant, le père ou la mère qui a pris les mesures nécessaires, compte tenu de ses ressources, pour assurer l'entretien de celui-ci; que toute autre interprétation méconnaîtrait le droit des intéressés à mener une vie familiale normale; que, sous cette réserve, cette disposition doit être regardée comme conforme à la Constitution", décision no. 97-389, zitiert nach Revue du Droit Public 1997, 956 f.

[43] „Sauf si sa présence constitue une menace pour l'ordre public, la carte de séjour temporaire portant la mention «vie privée et familiale» est délivrée de plein droit: (...) 6° A l'étranger ne vivant pas en état de polygamie, qui est père ou mère d'un enfant français de moins de seize ans, résidant en France, à la condition qu'il subvienne effectivement à ses besoins. Lorsque la qualité de père ou de mère d'un enfant postérieure à la naissance, la carte de séjour temporaire n'est délivrée à l'étranger que s'il subvient à ses besoins depuis sa naissance ou depuis au moins un an".

[44] *Dictionnaire „Carte de résident"*, Rz. 32; ein Rechtsanspruch auf Erteilung einer *carte de résident* besteht auch für Adoptivkinder; CE, *Ministre de l'Intérieur c/ Diomande Granier*, 9.6.1995, D. 1995, Somm. 110.

VII. Rechtsanpruch auf Erteilung eines Aufenthaltstitels zum Schutz der persönlichen Beziehungen in Frankreich

Der Kreis der Fremden, die nach Art. 12*bis* Ord. 1945 Anspruch auf Erteilung einer *carte de séjour temporaire* haben, wurde 1998 durch die «Loi Chevènement» um zwei bedeutsame Fälle ausgeweitet.

„Sauf si sa présence constitue une menace pour l'ordre public, la carte de séjour temporaire portant la mention «vie privée et familiale» est délivrée de plein droit:

7° A l'étranger, ne vivant pas en état de polygamie, qui n'entre pas dans les catégories précédentes ou dans celles qui ouvrent droit au regroupement familial dont les liens personnels et familiaux en France sont tels que le refus d'autoriser son séjour porterait à son droit au respect de sa vie privée et familiale une atteinte disproportionnée au regard des motifs du refus;

8° A l'étranger né en France, qui justifie par tout moyen y avoir résidé pendant au moins huit ans de façon continue, et suivi, après l'âge de dix ans, une scolarité d'au moins cinq ans dans un établissement scolaire français, à la condition qu'il fasse sa demande entre l'âge de seize et vingt et un ans."

Danach haben neu einerseits Ausländerinnen und Ausländer, deren persönliche und familiäre Beziehungen in Frankreich derart eng sind, dass eine Bewilligungsversagung einem unverhältnismässigen Eingriff in das Recht auf Achtung des Privat- und Familienlebens gleichkäme, Anspruch auf Erteilung eines Aufenthaltstitels. Ein solcher Anspruch besteht andererseits auch für in Frankreich geborene Fremde zwischen 16 und 21 Jahren, die während mindestens acht Jahren ununterbrochen in Frankreich gewohnt und nach ihrem zehnten Altersjahr während fünf Jahren eine französische Bildungsstätte besucht haben.

VIII. Die Erteilung eines Aufenthaltstitels an anerkannte Flüchtlinge und deren Familienangehörige

Nach Art. 15 Ziff. 10 Ord. 1945 haben anerkannte Flüchtlinge einen Rechtsanspruch auf Erteilung einer *carte de résident*. Dieser Anspruch besteht auch für die Ehegatten sowie die minderjährigen Kinder in Frankreich als Flüchtlinge anerkannter Ausländerinnen und Ausländer, die selber nicht Flüchtlinge sind, sofern die Ehe vor der Anerkennung der Flüchtlingseigenschaft geschlossen worden ist und die Ehegatten tatsächlich zusammenleben. Bei späterem Eheschluss sieht das Gesetz eine einjährige Ehebestandsfrist vor, bevor der Ehepartner Anspruch auf Erteilung einer *carte de résident* hat. Für diese Zeit kann indes, wenn die entsprechenden Voraussetzungen erfüllt sind, den betroffenen Familienangehörigen eine *carte de séjour temporaire* erteilt werden[45].

IX. Die Erteilung eines Aufenthaltstitels an Staatenlose und deren Familienangehörige

Staatenlose Personen haben, sofern sie als Staatenlose vom OFPRA (*office français de protection des réfugies et apatrides*) anerkannt worden sind, nach Art. 12*bis* Ziff. 10 Ord. 1945 einen Rechtsanspruch auf Erteilung einer *carte de séjour temporaire*. Ferner räumt ihnen Art. 15 Ziff. 11 Ord. 1945 nach einem dreijährigen, rechtmässigen Aufenthalt in Frankreich einen Anspruch auf Erteilung der *carte de résident* ein. Diese Bestimmungen gelten auch für den Ehegatten - sofern die eheliche Beziehung gelebt wird - sowie die minderjährigen Kinder; wurde die Ehe indes erst nach der Anerkennung der Staatenlosigkeit geschlossen, setzt der Anspruch des Ehegatten eine mindestens einjährige Ehebestandszeit voraus[46].

X. Kein Familiennachzug für Asylsuchende während eines hängigen Asylverfahrens

Zur Frage, ob Asylsuchende während der Hängigkeit ihres Gesuches das Recht auf die Führung eines normalen Familienlebens geltend machen können, schweigt sich das französische Fremdenrecht aus. Die Frage ist weiterhin ungeklärt, obwohl das Verwaltungsgericht Lyon bereits 1989 entschieden hat, dass die Ehepartner von Asylsuchenden ebenfalls Anspruch auf Erteilung einer *autorisation provisoire de séjour* hätten, um das Recht auf Führung eines normalen Familienlebens zu schützen[47].

B. Aufenthaltsbeendende Massnahmen und deren Auswirkungen auf das Familienleben

Neben der Nichterneuerung oder dem Widerruf der *carte de séjour temporaire* bzw. dem Widerruf der *carte de résident* kennt das französische Ausländerrecht drei spezifische, den Aufenthalt von Ausländerinnen und Ausländern beendende Massnahmen.

---

[45] *Guimezanes*, Arrêt, 4; Dictionnaire „*Carte de résident*", Rz. 43 ff.

[46] Dictionnaire „*Carte de résident*", Rz. 47.

[47] Entscheid des Verwaltungsgerichts Lyon vom 15.11.1989, JCP 1990, éd. G, 371; siehe hierzu ferner *Jault-Seseke*, 237.

I. Die Nichterneuerung und der Widerruf der carte de séjour temporaire

Falls die um Erteilung bzw. Erneuerung einer *carte de séjour temporaire* ersuchenden Fremden zu keiner der in Art. 12*bis* Ord. 1945 genannten Gruppen von Ausländerinnen und Ausländern gehören, die einen Rechtsanspruch auf ihre Erteilung haben, steht diese im Ermessen der Behörden[48]. Im Familiennachzug eingereiste Ausländerinnen und Ausländer erhalten denselben Aufenthaltstitel wie das bereits in Frankreich wohnende Familienmitglied[49], d.h. falls dieses eine *carte de séjour temporaire* besitzt, so unterliegen auch die Aufenthaltstitel der nachgezogenen Familienangehörigen der Erneuerungspflicht. Sind die Voraussetzungen einer Erneuerung der *carte de séjour temporaire* bei den nachziehenden Fremden nicht mehr erfüllt[50], können die zuständigen Behörden der ganzen Familie die Erneuerung der Aufenthaltstitel versagen[51]. Die Erneuerung der im Rahmen des Familiennachzuges erteilten *carte de séjour temporaire* kann nach Art. 29-IV Ord. 1945 ferner versagt werden, wenn das Zusammenleben innert eines Jahres seit der Bewilligungserteilung aufgehoben wurde[52].

Die *carte de séjour temporaire* der im Rahmen des Familiennachzuges eingereisten Ausländerinnen und Ausländer wird ferner widerrufen, wenn der Aufenthaltstitel erteilt wurde, obwohl bereits eine erste Ehefrau sowie deren Kinder in Frankreich leben. Der Widerruf erfasst auch den Aufenthaltstitels des Ausländers, der eine weitere Ehefrau nachgezogen hat[53]. Hingegen wurde die Bestimmung, wonach die *carte de séjour temporaire* des in Frankreich wohnhaften Fremden, der seine Angehörigen unter Umgehung der Bestimmung nachgezogen hat, ebenfalls widerrufen werden konnte, 1998 aufgehoben.

---

[48] *Dictionnaire „Titre de séjour"*, Rz. 49; *Jault-Seseke*, 268.

[49] Art. 29-III Ord. 1945; vorne 152.

[50] Die Erneuerung der *carte de séjour temporaire* setzt voraus, dass die Bedingungen für ihre Erteilung (rechtmässige Einreise und rechtmässiger Aufenthalt, Fehlen einer Gefährdung der öffentlichen Ordnung) weiterhin erfüllt sind; vgl. hierzu *Dictionnaire „Carte de séjour temporaire"*, Rz. 12 ff. und 49 ff.

[51] *Jault-Seseke*, 270.

[52] *Dictionnaire „Carte de séjour temporaire"*, Rz. 53; *Dictionnaire „Titre de séjour"*, Rz. 83.

[53] Art. 30 Abs. 2 Ord. 1945; *Dictionnaire „Titre de séjour"*, Rz. 83.

B. Aufenthaltsbeendende Massnahmen

II. Der Widerruf der carte de résident

Da die *carte de résident* grundsätzlich von Rechts wegen verlängert wird[54], hat der Wegfall der für den Familiennachzug notwendigen Voraussetzungen keinen Einfluss auf ihre Erneuerung[55]; diese kann indes unter gewissen Umständen widerrufen werden. Dies trifft namentlich bei einer Beendigung des Zusammenlebens innert Jahresfrist seit Erteilung des Aufenthaltstitels zu[56]. Die *carte de résident* - sowohl der zweiten Ehefrau als auch des Ehemannes - ist ferner bei einer Mehrfachehe zu widerrufen[57].

III. Die Wegweisung («reconduite à la frontière»)

Nach Art. 22 I Ord. 1945 können die zuständigen Behörden Ausländerinnen und Ausländer aus Frankreich wegweisen, wenn diese *keinen gültigen Aufenthaltstitel (mehr) besitzen*[58] oder wegen der Begehung bestimmter *Straftaten* (Urkundenfälschung, Aufenthalt unter einem falschen Namen etc.[59]) verurteilt worden sind. Die Wegweisung ist freilich unzulässig gegen Fremde, die in Frankreich gewisse persönliche oder familiäre Bindungen haben. In diesem Sinne sieht einerseits Art. 25 Ord. 1945 vor, dass Ausländerinnen und Ausländer, die nicht ausgewiesen werden dürfen, auch nicht weggewiesen werden können.

Nicht aus Frankreich weggewiesen werden können - selbst bei illegalem Aufenthalt - Ausländerinnen und Ausländer, die (1.) das 18. Altersjahr noch nicht vollendet haben, (2.) mindestens seit ihrem 6. Altersjahr ihren gewöhnlichen Wohnsitz in Frankreich haben, (3.) seit mindestens fünfzehn Jahren ihren gewöhnlichen bzw. seit

---

[54] Art. 16 Ord. 1945.

[55] *Jault-Seseke*, 269.

[56] Art. 29-IV Ord. 1945; *Dictionnaire „Carte de résident"*, Rz. 82.

[57] Art. 30 Abs. 2 Ord. 1945; *Dictionnaire „Carte de résident"*, Rz. 84.

[58] Dies ist der Fall, wenn die betroffenen Fremden entweder nicht ordnungsgemäss nach Frankreich eingereist sind, über die Dauer des gültigen Visums hinaus in Frankreich geblieben sind, sich länger als drei Monate ohne einen Aufenthaltstitel in Frankreich aufhalten, oder ein Aufenthaltstitel bzw. seine Verlängerung verweigert wurden und die Ausreise nicht innerhalb eines Monats erfolgte etc.; vgl. Art. 22-I Ziff. 1 bis 4 und 6 bis 7 Ord. 1945.

[59] Vgl. Art. 22-I Ziff. 5 Ord. 1945; die Bedeutung dieser Bestimmung ist indes relativ gering, da bei diesen Delikten in aller Regel ein Aufenthaltsverbot ausgefällt wird, vgl. *Dictionnaire „Reconduite à la frontière"*, Rz. 12.

mindestens zehn Jahren ihren rechtmässigen Wohnsitz in Frankreich haben, (4.) seit mindestens einem Jahr mit einer französischen Bürgerin bzw. einem französischen Bürger verheiratet sind und die Ehegatten tatsächlich zusammenleben, (5.) Vater oder Mutter eines Kindes französischer Staatsangehörigkeit sind und zumindest teilweise die elterliche Gewalt innehaben oder für den Lebensunterhalt aufkommen, (6.) eine mindestens 20%-ige Erwerbsunfähigkeitsrente wegen eines Arbeitsunfalles bzw. einer Berufskrankheit beziehen oder (7.) ihren gewöhnlichen Wohnsitz in Frankreich haben, schwer erkrankt sind und in ihrem Herkunftsland keine geeignete medizinische Hilfe erhalten können.

Andererseits ist in allen übrigen Fällen zu prüfen, ob die Wegweisung angesichts der persönlichen und familiären Bindungen zu Frankreich verhältnismässig und mit Art. 8 EMRK vereinbar ist[60]. Da die Wegweisung eine administrative Massnahme[61] darstellt und - im Gegensatz zur Ausweisung - nicht mit einem Einreiseverbot verbunden ist, können weggewiesene Ausländerinnen und Ausländer erneut ein Gesuch um Bewilligung der Einreise und des Aufenthaltes stellen[62].

IV. Die Ausweisung («expulsion»)

Unter der Voraussetzung, dass ihr Aufenthalt auf dem französischen Territorium eine *ernsthafte Gefährdung der öffentlichen Ordnung* darstellt, können nach Art. 23 Abs. 1 Ord. 1945 Ausländerinnen und Ausländer aus Frankreich ausgewiesen werden[63]. Diese Bestimmung betrifft hauptsächlich Fremde, die wegen strafbarer Handlungen zu einer Freiheitsstrafe verurteilt worden sind. Wie der Conseil d'État indes betont hat, darf nicht automatisch

---

[60] Die Anrufbarkeit von Art. 8 EMRK in diesen Fällen hat der Conseil d'État erstmals im Entscheid *Mme Naima Babas* vom 19.4.1991 bejaht, Recueil CE 1991, 162 f.; siehe hierzu auch Dictionnaire „Reconduite à la frontière", Rz. 74 ff.

[61] *Guimezanes*, Éloignement, 71.

[62] Die Einreise kann nach Art. 5 Ord. 1945 lediglich versagt werden, wenn der Aufenthalt der betreffenden Ausländerinnen und Ausländer eine Gefahr für die öffentliche Ordnung darstellen würde, ein Aufenthaltsverbot gegen sie verhängt wurde oder ein Ausweisungsbeschluss vorliegt.

[63] „Sous réserve des dispositions de l'article 25, l'expulsion peut être prononcée si la présence sur le territoire français d'un étranger constitue une menace grave pour l'ordre public". Art. 23 Ord. 1945 sprach zunächst nur von einer Gefährdung für die öffentliche Ordnung; ab 1981 musste diese Gefahr *ernsthaft* sein. 1986 wurde diese Qualifikation erneut aus dem Wortlaut gestrichen, um schliesslich 1989 wieder eingefügt zu werden; *Turpin*, Réforme, 47.

von einer strafrechtlichen Verurteilung auf das Bestehen einer ernsthaften Gefährdung der öffentliche Ordnung geschlossen werden; vielmehr ist vor der Ausweisung in jedem Einzelfall im Lichte der besonderen Umstände - unter Berücksichtigung einer allfälligen Beeinträchtigung des durch Art. 8 EMRK geschützten Familienlebens[64] - zu prüfen, ob der Aufenthalt in Frankreich eine Gefahr für die öffentliche Ordnung darstellt[65].

Der Ermessensspielraum der zuständigen Behörden wird bei Ausweisungsbeschlüssen durch Art. 25 Ord. 1945 in erheblicher Weise eingeschränkt. Ausgenommen Situationen, in denen die Ausweisung eine zwingende Notwendigkeit für die Staatssicherheit oder die öffentliche Sicherheit darstellt[66], können bestimmte Fremde entweder überhaupt nicht oder nur unter erschwerten Voraussetzungen ausgewiesen werden. Grundsätzlich nicht ausgewiesen werden dürfen Ausländerinnen und Ausländer, die *noch nicht 18 Jahre alt* sind oder spätestens *seit dem 10. Altersjahr ihren gewöhnlichen Aufenthalt*[67] in Frankreich haben. Fremde, die an einer *schweren Krankheit* leiden, dürfen ebenfalls nicht ausgewiesen werden, falls das Fehlen geeigneter medizinischer Behandlung schwerwiegende Folgen hätte und sie im Herkunftsland keine geeignete Behandlung erhalten können. Rechtmässig in Frankreich anwesende Ausländerinnen und Ausländer, die straffällig gewor-

---

[64] Der Conseil d'État hat erstmals 1991 die direkte Anwendbarkeit von Art. 8 EMRK in Ausweisungsfällen bejaht; siehe CE, *Beldjoudi*, 18.1.1991, Recueil CE 1991, 18 f.; CE, *Belgacem*, 19.4.1991, Recueil CE 1991, 152 f.; hierzu hinten 203 f.

[65] „(...) les infractions pénales commises par un étranger ne sauraient, à elles seules, justifier légalement une mesure d'expulsion et (...) ne dispensent en aucun cas l'autorité compétente d'examiner, d'après l'ensemble des circonstances de l'affaire, si la présence de l'intéressé sur le territoire français est de nature à constituer une menace pour l'ordre public", CE, *Ministère de l'Intérieur c/ Dridi*, 21.1.1977, Rec. CE 1977, 38; die Ausweisung stellt daher nicht eine strafrechtliche, sondern vielmehr eine polizeiliche Massnahme dar; *Labayle*, Éloignement, 298 f.; *Guimezanes*, Éloignement, 72; *Dictionnaire „Expulsion"*, Rz. 12; CE, *Ministre de l'Intérieur c/ Elfenzi*, 20.1.1988, Recueil CE 1988, 17; CE, *M'Barki*, 24.1.1994, D. 1994, Somm. 248.

[66] Art. 26 lit. b Ord. 1945.

[67] Der gewöhnliche Aufenthalt muss ununterbrochen, aber nicht unbedingt ordnungsgemäss, d.h. mit den fremdenrechtlichen Bestimmungen vereinbar sein. Ferienaufenthalte im Aus- oder Heimatland unterbrechen den Aufenthalt indes ebensowenig wie beispielsweise die Leistung des Militärdienstes im Heimatland, weil damit nicht der Wille verbunden ist, sich endgültig im Heimatland niederzulassen; *Dictionnaire „Expulsion"*, Rz. 51.

den sind, können grundsätzlich nur ausgewiesen werden, wenn sie zu einer mindestens *einjährigen, unbedingten Freiheitsstrafe* verurteilt worden sind[68].

Unter der Voraussetzung, dass sie nicht wegen der Verübung einer Straftat zu mehr als *fünf Jahren Freiheitsstrafe* verurteilt worden sind[69], dürfen weiter auch folgende Gruppen von Ausländerinnen und Ausländern nicht aus Frankreich ausgewiesen werden:

– Fremde, die seit mindestens fünfzehn Jahren ihren gewöhnlichen Aufenthalt in Frankreich haben oder seit zehn Jahren rechtmässig in Frankreich leben[70];

– Fremde, die seit mindestens einem Jahr mit einer französischen Bürgerin oder einem französischen Bürger verheiratet sind, vorausgesetzt, die eheliche Gemeinschaft besteht fort[71];

– Fremde, die Mutter oder Vater eines Kindes französischer Staatsangehörigkeit sind, vorausgesetzt, dass ihnen zumindest teilweise das Sorgerecht zukommt oder sie für den Lebensunterhalt ihres Kindes aufkommen[72];

– Fremde, die wegen eines Arbeitsunfalles oder einer Berufskrankheit eine französische Rente erhalten, bei einer Erwerbsunfähigkeit von mindestens 20%[73].

Neben diesen besonderen Konstellationen, in denen wegen der persönlichen oder familiären Bindungen zu Frankreich eine Personen nicht oder nur bei Vorliegen besonderer Umstände ausgewiesen werden darf, verhindert auch der von Art. 8 EMRK gewährte Schutz des Privat- und Familienlebens in gewissen Fällen eine Ausweisung. Einerseits, weil der Familienbegriff von

---

[68] Art. 25 Ziff. 7 Ord. 1945; ausgenommen von diesem Schutz sind nach Art. 25 Ord. 1945 jedoch diejenigen Ausländerinnen und Ausländer, die wegen Verstosses gegen die Bestimmungen betreffend die Einreise und den Aufenthalt, des Arbeitsgesetzes oder der Beherbergungsregeln verurteilt worden sind; *Dictionnaire „Expulsion"*, Rz. 56 f.

[69] Entscheidend ist in diesem Zusammenhang nicht die Summe sämtlicher Verurteilungen, sondern vielmehr die Länge der einzelnen Freiheitsstrafen; *Dictionnaire „Expulsion"*, Rz. 58.

[70] Art. 25 Ziff. 3 unterscheidet zwischen gewöhnlichem und rechtmässigem Aufenthalt (*résidence habituelle* und *résidence régulière*); der Aufenthalt ist rechtmässig, wenn er den gesetzlichen Bestimmungen über den Aufenthalt von Fremden in Frankreich entspricht; demgegenüber muss der gewöhnliche Aufenthalt nicht notwendigerweise ordnungsgemäss, aber doch ununterbrochen sein; *Dictionnaire „Expulsion"*, Rz. 51 f.

[71] Art. 25 Ziff. 4 Ord. 1945; *Dictionnaire „Expulsion"*, Rz. 53.

[72] Art. 25 Ziff. 5 Ord. 1945; *Dictionnaire „Expulsion"*, Rz. 54.

[73] Art. 25 Ziff. 6 Ord. 1945; *Dictionnaire „Expulsion"*, Rz. 55.

B. Aufenthaltsbeendende Massnahmen

Art. 8 EMRK bedeutend weiter ist als derjenige von Art. 25 Ord. 1945[74] und die Konventionsbestimmung daher insbesondere in jenen Fällen grosse Bedeutung erlangt, in denen nicht die Beziehung zu Eltern bzw. minderjährigen Kindern, sondern zu anderen nahen Verwandten durch eine Ausweisung beeinträchtigt wird. Andererseits aber auch, weil Art. 8 EMRK der Ausweisung von Angehörigen der zweiten Generation, die weder in ihrem Herkunftsland noch in Frankreich familiäre Beziehungen unterhalten, wegen eines unverhältnismässigen Eingriffes in das Privatleben entgegenstehen kann[75].

Gegen eine Ausweisungsverfügung kann im verwaltungsgerichtlichen Verfahren Beschwerde wegen Ermessensüberschreitung («*excès de pouvoir*») geführt werden[76]. Rechtskräftig ausgewiesene Ausländerinnen und Ausländer können ferner jederzeit und wiederholt um Aufhebung («*abrogation*») der Ausweisung ersuchen, vorausgesetzt, sie halten sich ausserhalb Frankreichs auf oder verbüssen in Frankreich eine Freiheitsstrafe bzw. sind polizeilich einem bestimmten Aufenthaltsort zugewiesen worden[77]. Aufhebungsgesuche, die frühestens fünf Jahre nach der Ausreise aus Frankreich eingereicht werden, dürfen nur nach Einholung einer Stellungnahme der Ausweisungskommission («*commission d'expulsion*», Art. 24 Ord. 1945) abgewiesen werden[78]. Die Gutheissung des Gesuches führt zur Aufhebung *ex nunc* der Ausweisungsverfügung und nicht, wie das eine Ausweisungsverfügung aufhebende gerichtliche Urteil, zu deren Nichtbestehen[79].

---

[74] Zum Familienbegriff von Art. 8 EMRK vorne 26 ff.; Art. 25 Ord. 1945 schützt nur gerade die Beziehungen der sog. Kernfamilie, d.h. unter Ehegatten (wenn einer der Ehepartner französischer Staatsangehöriger ist) sowie zu minderjährigen Kindern; *Dictionnaire „Expulsion"*, Rz. 61; *Labayle*, Éloignement, 309 f.; *Julien-Laferrière*, 292.

[75] In diesem Sinne hat der Conseil d'État im Entscheid *Soudani* die Ausweisung eines seit seiner Geburt in Frankreich lebenden tunesischen Staatsangehörigen wegen qualifizierten Diebstählen als unverhältnismässigen Eingriff in das Privatleben des Beschwerdeführers erachtet; CE, *Soudani*, 19.3.1997, Dr. adm. 1997, No. 169.

[76] *Dictionnaire „Expulsion"*, Rz. 115 ff.

[77] Art. 28*bis* Ord. 1945; *Guimezanes*, Réforme, 71 f.

[78] Art. 23 Abs. 2 Ord. 1945.

[79] *Dictionnaire „Expulsion"*, Rz. 113.

V. Das Aufenthaltsverbot («interdiction du territoire»)

Im Unterschied zur Ausweisung, die grundsätzlich vom Präfekten bzw. vom Polizeipräfekten ausgefällt wird und eine polizeiliche Massnahme[80] darstellt, kommt dem *gerichtlich* verhängten Aufenthaltsverbot[81] der Charakter einer *Nebenstrafe*[82] zu, die bei bestimmten *fremdenrechtlichen*[83] und *strafrechtlichen*[84] Verbrechen und Vergehen verhängt werden kann. Das Aufenthaltsverbot kann nach Art. 131-30 Code pénal (CP) für *höchstens zehn Jahre* oder *endgültig* verhängt werden; für die Begehung fremdenrechtlicher Delikte sieht die Ord. 1945 in der Regel ein maximal *dreijähriges* Aufenthaltsverbot vor[85]. Fremde, die zu Frankreich bestimmte persönliche oder familiäre Beziehungen unterhalten, können zwar ebenfalls mit einem Aufenthaltsverbot belegt werden, doch setzen hierfür sowohl Art. 131-30 CP als auch Art. 21*bis* Ord. 1945 einen besonders begründeten Entscheid («par une décision spécialement motivée au regard de la gravité de l'infraction») voraus[86]. Geschützt werden

– Fremde, die seit mehr als fünfzehn Jahren bzw. seit ihrem zehnten Altersjahr ihren gewöhnlichen Aufenthalt in Frankreich haben,

– ausländische Ehepartner französischer Staatsangehöriger, sofern die eheliche Gemeinschaft noch besteht und der Eheschluss vor der Deliktsbegehung erfolgte,

---

[80] *Dictionnaire „Expulsion"*, Rz. 14; *Guimezanes*, Éloignement, 72; *Labayle*, Éloignement, 298.

[81] Das Aufenthaltsverbot darf nicht mit der «interdiction de séjour», dem Verbot, sich an bestimmten Orten in Frankreich aufzuhalten, verwechselt werden; vgl. zu diesem *Desportes/Le Gunehec*, 602 f.

[82] *Guimezanes*, Éloignement, 71; *Desportes/Le Gunehec*, 600; *Dictionnaire „Interdiction du territoire"*, Rz. 3 und 7.

[83] Art. 19, 21, 27 und 33 Ord. 1945; *Turpin*, Réforme, 16.

[84] Z. B. Verbrechen gegen die Menschlichkeit (Art. 211-1 ff. CP), vorsätzliche Tötung (Art. 221-1 ff. CP), Folter und Gewaltanwendung (Art. 221-1 ff. CP), Vergewaltigung (Art. 222-23 ff. CP) sowie Betäubungsmitteldelikte (Art. 222-34 ff. CP); vgl. die vollständige Liste bei *Desportes/Le Gunehec*, 600 f. sowie *Dictionnaire „Interdiction du territoire"*, Rz. 25 ff.; ferner *Turpin*, Réforme, 17.

[85] Einzig Art. 27 Ord. 1945 sieht die Möglichkeit eines maximal zehnjährigen Aufenthaltsverbotes bei der Umgehung eines Ausweisungsbeschlusses oder eines bestehenden Aufenthaltsverbotes vor.

[86] Vgl. hierzu *Turpin*, Réforme, 17 f.; *Guimezanes*, Réformes, 70; *Desportes/Le Gunehec*, 601; *Guimezanes*, Arrêt, 11.

- ausländische Elternteile französischer Kinder, wenn ihnen zumindest teilweise das Sorgerecht zukommt oder sie für den Lebensunterhalt ihres Kindes aufkommen,
- Fremde, die wegen eines Arbeitsunfalles oder einer Berufskrankheit eine französische Rente erhalten, bei einer Erwerbsunfähigkeit von mindestens 20% sowie
- verurteilte Fremde, ihren gewöhnlichen Aufenthalt in Frankreich haben und medizinischer Betreuung bedürfen, wenn diese in ihrem Heimatland nicht möglich ist und dies schwerwiegende gesundheitliche Folgen hätte.

Während Art. die Verhängung eines Aufenthaltsverbotes gegen Fremde, die zu Frankreich gewisse persönliche oder familiäre Beziehungen unterhalten, gänzlich ausschliesst[87], sieht für diese Personengruppen vor, dass Aufenthaltsverbote zwar ausgesprochen werden können, jedoch eines besonders begründeten Entscheides bedürfen.

Mit einem Aufenthaltsverbot belegte Fremde können, sofern sie sich im Ausland aufhalten oder im Strafvollzug befinden und das Aufenthaltsverbot als Nebenstrafe verhängt worden ist, nach Art. 132-21 CP um die Aufhebung des Aufenthaltsverbotes nachsuchen[88]. Das Gesuch kann indes frühestens nach Ablauf einer Frist von sechs Monaten seit der rechtskräftigen Verhängung des Aufenthaltsverbotes gestellt werden[89].

C. Fazit

Art. 8 EMRK kommt in der ausländerrechtlichen Rechtsprechung Frankreichs vorwiegend im Rahmen aufenthaltsbeendender Massnahmen eine grosse Bedeutung zu. Diese Entwicklung setzte allerdings erst ein, nachdem der Conseil d'État zu Beginn der Neunziger Jahre die Anrufbarkeit des in der EMRK verankerten Rechtes auf Achtung des Privat- und Familienlebens in

---

[87] Aufenthaltsverbote dürfen danach nicht gegen Ausländerinnen und Ausländer ergriffen werden, die seit ihrem zehnten Altersjahr ihren gewöhnlichen Aufenthalt in Frankreich haben, seit mehr als fünfzehn Jahren rechtmässig in Frankreich wohnen, seit mehr als sechs Monaten mit französischen Staatsangehörigen verheiratet sind, sofern die eheliche Gemeinschaft noch besteht und der Eheschluss zeitlich vor der Straftatbegehung erfolgt ist, oder Eltern französischer Kinder sind, wenn ihnen zumindest teilweise das Sorgerecht zukommt oder sie für den Lebensunterhalt der Kinder aufkommen.

[88] *Desportes/Le Gunehec*, 789; *Dictionnaire „Interdiction du territoire"*, Rz. 23 f.

[89] Art. 702-1 Abs. 3 Code de procédure pénale; *Dictionnaire „Interdiction du territoire"*, Rz. 24.

Abkehr von seiner bisherigen Praxis für zulässig erklärt hatte[90]. Heute ist unbestritten, dass bei sämtlichen aufenthaltsbeendenden Massnahmen den Anforderungen von Art. 8 EMRK Rechnung zu tragen ist, falls der Schutzbereich dieser Bestimmung betroffen wird.

Die Ord. 1945 schützt die persönlichen und familiären Bindungen, die aufgrund eines langjährigen Aufenthaltes und/oder wegen in Frankreich lebenden Familienangehörigen zum Land geknüpft wurden, indem die Aus- oder Wegweisung gewisser Gruppen von Fremden nur unter erhöhten Voraussetzungen bzw. überhaupt nicht zulässig ist. Diese Bestimmungen unterliegen freilich, wie auch die Nachzugsregelungen, in besonderer Weise den durch politischen Mehrheitswechsel hervorgerufenen häufigen Gesetzesrevisionen. In diesem Bereich kommt daher Art. 8 EMRK als „Konstante im Hintergrund" eine grosse Bedeutung zu.

Der Familiennachzug wird - ausser für Angehörige von EU- und EWR-Staaten - durch die Ord. 1945 auf die Ehegatten und die noch nicht 18-jährigen Kinder beschränkt, eine Zulassung von weiteren Verwandten in auf- oder absteigender Linie bzw. der Seitenlinie ist ausgeschlossen. Diese Familienangehörigen müssen um die Erteilung einer *carte de séjour temporaire* ersuchen, deren Erteilung im Ermessen der Behörden steht. In diesen Situationen ist, falls die betroffenen Familienmitglieder eine in den Schutzbereich von Art. 8 EMRK fallende familiäre Beziehung geltend machen können, den Anforderungen der Konvention Rechnung zu tragen.

Obwohl das französische Ausländerrecht sowohl im Rahmen der Einreise als auch von aufenthaltsbeendenden Massnahmen familiären und privaten Beziehungen in bzw. zu Frankreich Beachtung schenkt, bestehen ungelöste Widersprüche und Lücken in den ausländerrechtlichen Bestimmungen, welche direkt das Privat- und Familienleben beeinträchtigen: So zum Beispiel in der Problematik der „*étrangers non éloignables*", die zwar aufgrund familiärer oder persönlicher Bindungen zu Frankreich nicht aus- oder weggewiesen werden können, andererseits aber auch keine Möglichkeit haben, jemals einen Aufenthaltstitel zu erlangen und so ihre Anwesenheit in Frankreich zu regulieren[91]. Oder die fehlende Verpflichtung, bei der Erteilung von Aufenthaltstiteln den familiären und privaten Beziehungen Rechnung zu tragen

---

[90] Siehe hierzu hinten 203 f.

[91] Z. B. können illegal nach Frankreich eingereiste Ehepartner von französischen Staatsangehörigen nach einjähriger Ehedauer nicht aus- oder weggewiesen werden, haben andererseits aber auch keine Möglichkeit, einen Aufenthaltstitel zu erhalten; vorne 156 f.

C. Fazit

(dies wäre insbesondere bedeutsam für den „Nachzug" von Familienangehörigen, die nicht der Kernfamilie angehören oder die während langer Zeit in Frankreich gelebt haben und sich dort nach einem Aufenthalt in ihrem „Herkunftsland" erneut niederlassen wollen). In all diesen Situationen könnte Art. 8 EMRK überragende Bedeutung erlangen[92]!

---

[92] Vgl. auch *Weil*, 49 ff., der die Schaffung eines neuen Aufenthaltszweckes „vie privée et familiale" für derartige Situationen vorschlug. Durch die «Loi Chevènement» wurde diesem Anliegen z.T. Rechnung getragen: die aufgrund von Art. 12*bis* Ord. 1945 erteilte Aufenthaltsbewilligung trägt neu den Vermerk «vie privée et familiale» und wird u.a. auch Fremden erteilt, die nicht von den Nachzugskonstellationen erfasst, aber dennoch enge persönliche oder familiäre Bindungen zu Frankreich aufweisen; vgl. hierzu vorne 158.

Dritter Teil

Artikel 8 EMRK in der ausländerrechtlichen Rechtsprechung innerstaatlicher und internationaler Instanzen

Die grosse Bedeutung, die dem in Art. 8 EMRK garantierten Recht auf Achtung des Privat- und Familienlebens im Rahmen des Ausländerrechtes zukommt, findet nicht zuletzt in der äusserst umfang- und facettenreichen innerstaatlichen und internationalen Rechtsprechung ihren Niederschlag. Eine Vielzahl von Situationen, in denen fremdenrechtliche Massnahmen das Privat- und Familienleben beeinträchtigten, ist bereits beurteilt worden. Dabei ist es unvermeidlich, dass sich die Praxis der verschiedenen Gerichte teilweise gegenseitig beeinflusst, andererseits aber auch - obwohl auf derselben normativen Bestimmung beruhend - in gewissen, häufig nicht unwesentlichen Aspekten unterscheidet.

Aus diesem Grunde soll nun die Rechtsprechung der Konventionsorgane sowie des Schweizerischen Bundesgerichtes, der österreichischen Gerichtshöfe des öffentlichen Rechtes und des französischen Conseil d'État dargestellt und analysiert werden. Dabei soll versucht werden, die den Entscheiden der verschiedenen Instanzen zugrundeliegenden Argumente zu identifizieren und einer kritischen Würdigung zu unterziehen. Da das von den Strassburger Organen entwickelte Prüfungsschema[1] - zumindest in seinen groben Zügen - auch von den innerstaatlichen Behörden übernommen wurde, wird im Folgenden auf dieses zurückgegriffen. Daher soll zunächst die Rechtsprechung zum Bestehen von Familienleben bzw. weiterer Eintretensvoraussetzungen untersucht werden (6. Kapitel). Im 7. Kapitel wird die Eingriffsfrage näher geprüft, während die Rechtfertigung eines Eingriffes und insbesondere die Verhältnismässigkeitsprüfung im Mittelpunkt des 8. Kapitels stehen.

---

[1] Siehe vorne 11 ff.

Sechstes Kapitel

Familienleben i.S. von Art. 8 EMRK und weitere Eintretensvoraussetzungen

Obwohl Art. 1 EMRK die Vertragsstaaten verpflichtet, die in der EMRK und ihren Zusatzprotokollen niedergelegten Menschenrechte und Grundfreiheiten „allen ihrer Jurisdiktion unterstehenden Personen" zu gewähren und ferner Art. 13 EMRK bestimmt, dass bei Verletzung einer Konventionsgarantie eine wirksame Beschwerde bei einer nationalen Instanz möglich sein muss, unterliegt auf innerstaatlicher Ebene die Geltendmachung des Anspruches auf Achtung des Privat- und Familienlebens in ausländerrechtlichen Fällen gewissen Einschränkungen. Diese bestehen indes weniger in einer restriktiven Interpretation der Begriffe „Privatleben" bzw. „Familienleben", als vielmehr in einer Beschränkung der Möglichkeit, Art. 8 EMRK überhaupt anzurufen.

A. Die Rechtsprechung der Konventionsorgane

Die Geltendmachung des Anspruches auf Achtung des Privat- und Familienlebens setzt per definitionem das Bestehen von Privat- bzw. Familienleben i.S. von Art. 8 Abs. 1 EMRK voraus.

I. Die allgemeinen Grundsätze des Bestehens von Familienleben

Der Familienbegriff in Art. 8 EMRK wird von den Strassburger Organen in autonomer Auslegung weit interpretiert. Geschützt werden nicht nur die familiären Beziehungen der *Kernfamilie*, sondern darüber hinaus u.U. auch Beziehungen des *erweiterten Familienlebens*[1]. Notwendig ist indes, dass es sich um tatsächlich gelebtes, *de facto bestehendes* Familienleben handelt, d.h. dass zwischen den Familienangehörigen eine *genügend nahe, echte und tatsächlich gelebte Beziehung* besteht.

---

[1] Vgl. ausführlich zum Begriff des Familienlebens vorne 21 ff.

Liegt Familienleben i.S. von Art. 8 Abs. 1 EMRK vor, können sich nach ständiger Rechtsprechung der Konventionsorgane alle von einer staatlichen Massnahme direkt oder indirekt betroffenen Familienangehörigen auf diese Bestimmung berufen und geltend machen, ihr Recht auf Achtung des Familienlebens sei verletzt worden[2]; dies gilt ohne Einschränkungen auch für fremdenrechtlich motivierte Beeinträchtigungen des Familienlebens[3]. Die Opfereigenschaft wird dabei auch dann bejaht, wenn die betreffende ausländerrechtliche Massnahme noch nicht vollzogen worden ist[4].

---

[2] Nach Art. 34 EMRK kann jede natürliche Person, nichtstaatliche Organisation oder Personenvereinigung, welche ihre durch die Konvention garantierten Rechte durch eine staatliche Handlung als verletzt erachtet, eine Individualbeschwerde einreichen. Gewisse Konventionsrechte schränken zwar wegen ihres persönlichen Geltungsbereiches die Aktivlegitimation ein (z. B. Art. 16 EMRK), doch trifft dies nicht auf Art. 8 EMRK zu.

[3] Siehe aus der Rechtsprechung z. B. B 2535/65, *X. gegen Bundesrepublik Deutschland*, CD 17, 28 (Beschwerde der Ehefrau gegen die Ausweisung ihres Gatten); B 19628/92, *Bibi gegen Vereinigtes Königreich*, unpublizierter KE vom 19.6.1992 (Beschwerde der Tochter gegen die Versagung einer Einreisebewilligung an die Mutter); B 23938/94, *Sorabjee gegen Vereinigtes Königreich*, unpublizierter KE vom 23.10.1995 (Beschwerde der Tochter gegen die Ausweisung der Mutter); EGMR, *Abdulaziz, Cabales und Balkandali gegen Vereinigtes Königreich*, Serie A, Nr. 94 (Beschwerde der Ehefrauen gegen die Versagung einer Einreise- bzw. Aufenthaltsbewilligung an ihre Ehegatten).

[4] Obwohl die Konventionsorgane die Opfereigenschaft nur für eingetretene, aktuelle Verletzungen von Konventionsgarantien bejahen, anerkennen sie diese in bestimmten Konstellationen auch bei Beschwerdeführern, die potentielle Opfer einer Beeinträchtigung ihrer durch die EMRK garantierten Rechte sind. In diesem Sinne hat der EGMR im Fall *Soering gegen Vereinigtes Königreich*, Serie A, Nr. 161, Ziff. 90, ausgeführt, dass „it is not normally for the Convention institutions to pronounce on the existence or otherwise of potential violations of the Convention. However, where an applicant claims that a decision to extradite him would, if implemented, be contrary to Article 3 by reason of its foreseeable consequences in the requesting country, a departure from this principle is necessary, in view of the serious and irreparable nature of the alleged suffering risked, in order to ensure the effectiveness of the safeguard provided by that Article". Wie der EGMR in seinen Entscheiden *Beldjoudi gegen Frankreich* und *Nasri gegen Frankreich* implizit anerkannt hat, entsteht die Opfereigenschaft bei das Privat- und Familienleben beeinträchtigenden ausländerrechtlichen Massnahmen ebenfalls bereits dann, wenn die entsprechende Verfügung zwar rechtskräftig ist, aber noch nicht vollzogen wurde.

A. Konventionsorgane

II. Massgeblicher Zeitpunkt für das Bestehen von Familienleben

Massgeblicher Zeitpunkt für die Beurteilung, ob Familienleben besteht, ist in ausländerrechtlichen Belangen der Zeitpunkt, in dem die im entsprechenden Verfahren gerügte fremdenrechtliche *Massnahme rechtskräftig geworden* oder *vollzogen* worden ist. Später erst begründetes Familienleben wird für die Prüfung, ob eine ausländerrechtliche Massnahme einen Eingriff in das Familienleben darstellt, nicht berücksichtigt[5].

Im Fall *Boughanemi* richtete sich die Beschwerde gegen die Ausweisungsverfügung; massgeblicher Zeitpunkt für die Frage, ob von Familienleben i.S. von Art. 8 Abs. 1 EMRK vorlag, war daher der Zeitpunkt dieser Verfügung und der kurze Zeit später erfolgte Vollzug der Ausweisung; im Fall *El Boujaïdi* stand die Konventionskonformität eines strafrechtlichen Aufenthaltsverbotes in Frage; hier stellte der Gerichtshof auf den Zeitpunkt der Rechtskraft des Aufenthaltsverbotes ab. Der Fall *Dalia* betraf schliesslich den ablehnenden Entscheid eines Gesuches um Aufhebung des 1985 verhängten Aufenthaltsverbotes. Da das Verfahren nicht die Verfügung des Aufenthaltsverbotes, sondern vielmehr das Verfahren um dessen Aufhebung betraf, erachtete der Gerichtshof den Zeitpunkt des rechtskräftigen Entscheides betr. Nichtaufhebung des Aufenthaltsverbotes als massgeblich und nicht den Zeitpunkt seiner Verfügung.

III. Insbesondere im Ausland geschlossene Ehen

Besonders in ausländerrechtlichen Fällen kann sich die Frage nach der Rechtmässigkeit und Echtheit eines im Ausland erfolgten Eheschlusses stellen. Grundsätzlich ist davon auszugehen, dass Eheschliessungen, die mit den Gesetzen desjenigen Staates vereinbar sind, in dem sie geschlossen wurden, eine gültige Eheschliessung und somit Familienleben i.S. von Art. 8 EMRK darstellen.

Im Fall *Abdulaziz, Cabales und Balkandali gegen Vereinigtes Königreich* hatte die britische Regierung in ihrer Vernehmlassung vor dem Gerichtshof geltend gemacht, dass sich die Beschwerdeführer nicht auf das Recht auf Achtung des Familienlebens berufen könnten, da diese Bestimmung lediglich bereits bestehendes, nicht erst beabsichtigtes Familienleben schütze. Der Gerichtshof verwarf dieses Argument. Er führte aus, Art. 8 EMRK setze zwar grundsätzlich das Bestehen von Familienleben voraus; dies bedeute indes nicht, dass jegliches beabsichtigte Familienleben ausserhalb seines Schutzbereiches stehe. Vielmehr erfasse der Begriff des Familienle-

---

[5] EGMR, *Bouchelkia gegen Frankreich*, Reports 1997-I, 47 ff., Ziff. 41; EGMR, *El Boujaïdi gegen Frankreich*, Reports 1997-VI, 1980 ff., Ziff. 33; EGMR, *Boujlifa gegen Frankreich*, Reports 1997-VI, 2250 ff., Ziff. 36; EGMR, *Dalia gegen Frankreich*, Reports 1998-I, 76 ff., Ziff. 45.

bens auf jeden Fall diejenigen *Beziehungen, die auf einer rechtmässigen und gültigen Eheschliessung* beruhten[6].

Das Recht auf Achtung des Familienlebens schützt daher sämtliche im Herkunftsland rechtmässig geschlossene und anerkannte Ehen, seien es religiöse, traditionelle oder zivile. Für die Anerkennung ist nicht die Vereinbarkeit mit dem innerstaatlichen Recht eines Konventionsstaates entscheidend, sondern vielmehr der Umstand, dass die Ehe im Staat, in dem sie geschlossen wurde, rechtmässig ist.

Trotz der grundsätzlichen Anerkennung rechtmässig im Ausland geschlossener Ehen können sich in gewissen Situationen bei ausländerrechtlichen Fällen dennoch Probleme bei der Geltendmachung von Art. 8 EMRK ergeben. So beispielsweise in bezug auf *Mehrfachehen*, die in einigen islamischen Staaten rechtlich zulässig sind[7]. Unbestritten ist, dass es den Konventionsstaaten ohne Verletzung von Art. 12 EMRK[8] zusteht, in ihrer nationalen Gesetzgebung die Mehrfachehe, da gegen den ordre public verstossend, zu verbieten[9]. Davon ist jedoch die Frage zu unterscheiden, ob die Behörden eines Konventionsstaates, unter Berufung auf die Unvereinbarkeit mit der nationalen Gesetzgebung, einer im Ausland geschlossenen polygamen Ehe die Anerkennung als Familienleben i.S. von Art. 8 EMRK versagen dürfen.

Konsequenterweise müsste eine mehrfache Eheschliessung, die mit den rechtlichen Bestimmungen des Staates vereinbar ist, in dem die zweite bzw. weiteren Eheschliessungen erfolgt sind, als Familienleben i.S. von Art. 8 EMRK anerkannt werden[10]. Eine andere Frage ist indes, ob einem Vertragsstaat daraus nun beispielsweise auch die Verpflichtung erwächst, die Einreise

---

[6] EGMR, *Abdulaziz, Cabales und Balkanadli gegen Vereinigtes Königreich*, Serie A, Nr. 94, Ziff. 63; vgl. vorne 26 f.

[7] Vgl. die Übersicht bei *Jault-Seseke*, 101; *Sami Aldeeb*, Musulmans en terre européenne, conflit entre foi et droit, AJP 1996, 42 ff., 48; *Lynn D. Wardle*, International Marriage Recognition: A World Dilemma, in: Nigel Lowe/Gillian Douglas (Ed.), Families Across Frontiers, The Hague/Boston/London 1996, 75 ff., 76. Formen der Mehrfachehe existieren indes nicht nur in islamischen Staaten, vgl. hierzu die Ausführungen von *Bron B. Ingoldsby*, Marital Structure, in: Bron B. Ingoldsby/Suzanna Smith, Families in Multicultural Perspective, New York/London 1995, 117 ff.

[8] Art. 12 EMRK bestimmt, dass „mit Erreichung des heiratsfähigen Alters (...) Männer und Frauen gemäss den einschlägigen nationalen Gesetzen das Recht [haben], eine Ehe einzugehen und eine Familie zu gründen"; siehe hierzu hinten 463 ff.

[9] *van Dijk/van Hoof*, 604; *Frowein/Peukert*, 422; *Palm-Risse*, 159 f.; *Coussirat-Coustère*, Notion, 56 f.

[10] So auch *van Dijk/van Hoof*, 504; *Palm-Risse*, 305; zögernd *Carlier*, 456.

A. Konventionsorgane

und den Aufenthalt aller Ehefrauen zu gestatten[11]. In diesem Sinne hat die Kommission, zwar in bezug auf den Nachzug eines minderjährigen Kindes einer polygamen Beziehung, ausgeführt, dass „when considering immigration on the basis of family ties, a Contracting State cannot be required under the Convention to give full recognition to polygamous marriages which are in conflict with their own legal order"[12]. Falls ein Staat bei Mehrfachehen den Nachzug auf eine Ehefrau sowie ihre Kinder beschränkt, wird eine Beschwerde wegen der Nichtzulassung der weiteren Ehefrauen und ihrer Kinder in der Regel an der Zulässigkeit des die Verweigerung motivierenden öffentlichen Zweckes scheitern. In diesem Sinne hat die Kommission denn auch zur Versagung einer Einreisebewilligung für eine Mutter, deren Tochter mit ihrem Vater und dessen weiterer Ehefrau in Grossbritannien lebte, ausgeführt, der legitime Zweck Bewilligungsversagung bestehe im Schutz der „Christian based monogamous culture dominant in that country (...) such an aim is legitimate and falls within the scope of the protection of morals or the rights and freedoms of others"[13].

Ungeklärt ist bisher, ob der Grundsatz der Anerkennung im Ausland rechtmässig geschlossener Ehen als Familienleben i.S. von Art. 8 Abs. 1 EMRK auch im Ausland *registrierte gleichgeschlechtliche Partnerschaften* erfasst. In konstanter Rechtsprechung führen die Konventionsorgane zwar aus, dass gleichgeschlechtliche Partnerschaften nicht in den Schutzbereich des Familienlebens, sondern vielmehr in jenen des Privatlebens fallen[14]. Fragwürdig erscheint diese Praxis jedoch in jenen Fällen, in denen das Hei-

---

[11] Siehe z. B. die 1993 neu eingefügten Art. 15*bis* und 30 der Verordnung vom 2. November 1945 über die Einreise und den Aufenthalt von Ausländern in Frankreich, die den Nachzug und Aufenthalt in Frankreich nur einer Ehefrau und ihren Kindern gestattet; *Dictionnaire «Polygamie»*, 1397 ff.

[12] B 14501/89, *A. und A. gegen die Niederlande*, DR 72, 123. In diesem Fall hatte die Kommission die Verweigerung des Nachzugs eines minderjährigen Kindes zu seinem in den Niederlanden mit dessen zweiter Ehefrau lebenden Vater zu beurteilen. In bezug auf Artikel 8 EMRK bejahte die Kommission zwar das Vorliegen eines Eingriffes in das Familienleben zwischen Vater und Sohn, befand jedoch, dass dieser nach Art. 8 Abs. 2 EMRK gerechtfertigt sei. Zur Frage, ob die von den Niederlanden getroffene Regelung betreffend Nachzug von Kindern aus polygamen Ehen, wonach nur einer Ehefrau und ihren Kindern der Nachzug gestattet wird, eine Diskriminierung aufgrund der Geburt darstelle und daher mit Art. 14 i.V. mit Art. 8 EMRK unvereinbar sei, bejahte die Kommission das Bestehen einer objektiven und sachlichen Rechtfertigung für die Ungleichbehandlung.

[13] B 19628/92, *Bibi gegen Vereinigtes Königreich*, unpublizierter KE vom 29. Juni 1992; vgl. zur entsprechenden britischen Regelung *Scheer*, 370 ff.

[14] Siehe vorne 36.

matrecht die Registrierung gleichgeschlechtlicher Partnerschaften anerkennt und diesen Beziehungen die Rechtswirkungen eines Eheschlusses verleiht. So kommen beispielsweise nach § 3 des dänischen Gesetzes über registrierte Partnerschaften einer registrierten gleichgeschlechtlichen Partnerschaft dieselben Rechtswirkungen zu wie einer Eheschliessung[15]; § 4 Abs. 4 dieses Gesetzes bestimmt zwar, dass Bestimmungen internationaler Verträge keine Anwendung auf registrierte Partnerschaften finden. M.E. kann daraus indes nur abgeleitet werden, dass Staaten nicht verpflichtet sind, dänischen Staatsangehörigen auf ihrem Territorium die Registrierung gleichgeschlechtlicher Partnerschaften zu ermöglichen. Davon ist jedoch die Frage zu unterscheiden, ob die Behörden eines Konventionsstaates unter Berufung auf die Unvereinbarkeit mit ihrer Gesetzgebung einer im Ausland registrierten gleichgeschlechtlichen Partnerschaft die Anerkennung als Familienleben i.S. von Art. 8 EMRK versagen dürfen. In Analogie zur Polygamie sollte eine gleichgeschlechtliche Lebensgemeinschaft daher, wenn sie rechtsgültig registriert wurde und ihr nach dem massgeblichen Recht dieselben Rechtswirkungen wie einer Eheschliessung zukommen, grundsätzlich als Familienleben anerkannt werden[16]. Die Weigerung eines Staates, Partnerinnen oder Partnern registrierter gleichgeschlechtlicher Beziehungen die Einreise zu gestatten bzw. diese auszuweisen oder auszuschaffen, müsste daher als rechtfertigungsbedürftiger Eingriff in das Familienleben angesehen werden.

---

[15] „Die Partnerschaftsregistrierung hat, abgesehen von den in § 4 angeführten Ausnahmen, dieselben Rechtswirkungen wie die Eingehung einer Ehe", zitiert nach *Andreas Wacke*, Die Registrierung homosexueller Parternschaften in Dänemark, FamRZ 1990, 348; vgl. hierzu auch *Linda Nielsen*, Family Rights and the „Registered Partnership" in Denmark, International Journal of Law and the Family 1990, 297 ff.

[16] *Hans Ulrich Jessurun d'Oliveira*, Lesbians and Gays and the Freedom of Movement of Persons, in: Kees Waaldijk/Andrew Clapham (Ed.), Homosexuality: A European Community Issue, Essays on Lesbian and Gay Rights in European Law and Policy, Dordrecht/Boston/London 1993, 310. Vgl. ferner *Siehr*, 313. In BGE 119 II 264 hat das Bundesgericht demgegenüber ausgeführt, dass die Anerkennung und Registrierung nach Art. 45 IPRG von im Ausland geschlossenen Verbindungen zweier Personen gleichen Geschlechts gegen den schweizerischen ordre public verstossen würde (a.a.O., E. 3c, 266 f.). Dazu ist zu bemerken, dass der erwähnte BGerE nicht die Anerkennung einer in Dänemark registrierten gleichgeschlechtlichen Partnerschaft betraf, sondern vielmehr einen durch Täuschung erschlichenen „normalen" Eheschluss (die Braut hatte sich einer Geschlechtsumwandlung unterzogen und ihren geänderten Personenstand noch nicht eintragen lassen). Auch wenn Art. 45 IPRG der Anerkennung einer registrierten gleichgeschlechtlichen Partnerschaft als Ehe in der Schweiz entgegensteht, sind dieser Beziehung diejenigen Wirkungen zuzuerkennen, welche ihnen nach dem Recht, nach dem die Verbindung rechtmässig eingegangen wurde, zukommen; siehe ebenso *Siehr*, 313 sowie *Ivo Schwander*, Bemerkungen zu BGE 119 II 264, AJP 1993, 1265 ff.

A. Konventionsorgane 177

IV. Insbesondere Familienleben von Angehörigen der zweiten Generation

Die besondere Stellung, die in der Rechtsprechung der Strassburger Organe Fälle aufenthaltsbeendender Massnahmen gegen Angehörige der zweiten Generation, d.h. in einem Staat geborene oder seit frühester Kindheit dort lebende Ausländerinnen und Ausländer einnehmen, wird bereits bei der Frage des Bestehens von Familienleben i.S. von Art. 8 Abs. 1 EMRK deutlich. Während zwischen Eltern und erwachsenen Kindern im Normalfall Familienleben nur bei Vorliegen eines über die normalen, gefühlsmässigen Bindungen hinausgehenden Abhängigkeitsverhältnisses besteht[17], bejahen die Konventionsorgane in konstanter Rechtsprechung bei Angehörigen der zweiten Generation, dass zwischen diesen und ihren Eltern sowie ihren Geschwistern Familienleben besteht, ohne dass ein besonderes Abhängigkeitsverhältnis vorliegen müsste[18]. Seit dem Entscheid *Moustaquim gegen Belgien*, in dem die Beziehung zwischen dem Beschwerdeführer und seinen in Belgien lebenden Eltern und Geschwistern als Familienleben im Sinne von Art. 8 Abs. 1 EMRK betrachtet wurde, obwohl der Beschwerdeführer bereits erwachsen war und ihn offensichtlich „nur" die normalen gefühlsmässigen Beziehungen mit seinen Eltern und Geschwistern verbanden[19], bejahen die Konventionsorgane bei aufenthaltsbeendenden Massnahmen gegen Angehörige der zweiten Generation das Bestehen von Familienleben zwischen ihnen und ihren Eltern[20]. Bezeichnend ist in dieser Hinsicht das Urteil *Bouchelkia gegen Frankreich*. Der als Zweijähriger nach Frankreich gekommene Beschwerdeführer wurde im Anschluss an eine fünfjährige Freiheitsstrafe ausgeschafft, war später jedoch illegal nach Frankreich zurückgekehrt. Der Gerichtshof führte zunächst aus, massgebend für das Bestehen von Familienle-

---

[17] Siehe vorne 34 f.

[18] *Cholewinski*, Hidden Agenda, 295.

[19] Vgl. in diesem Sinne auch die abweichende Meinung der Richter *Bindschedler-Robert* und *Valticos* im Fall *Moustaquim gegen Belgien*, Serie A, Nr. 193.

[20] Siehe statt vieler z. B. EKMR, *Djeroud gegen Frankreich*, KB, Serie A, Nr. 191-B, Ziff. 55; EKMR, *Lamguindaz gegen Vereinigtes Königreich*, KB, Serie A, Nr. 258-C, Ziff. 38; B 24233/94, *F. gegen Frankreich*, unpublizierter KE vom 18.10.1995; B 26234/95, *Marsou gegen Belgien*, unpublizierter KE vom 28.2.1996; EGMR, *Moustaquim gegen Belgien*, Serie A, Nr. 193, Ziff. 36; EGMR, *Nasri gegen Frankreich*, Serie A, Nr. 320-B, Ziff. 34; EGMR, *Bouchelkia gegen Frankreich*, Reports 1997-I, 47, Ziff. 41; EGMR, *Mehemi gegen Frankreich*, Reports 1997-VI, 1959 ff., Ziff. 27; die Frage eines Eingriffes in das Privat- und Familienleben hat die Kommission, soweit ersichtlich, einzig in drei Fällen offengelassen: B 25713/94, *El Bejjati gegen Belgien*, unpublizierter KE vom 28.6.1995; B 27269/95, *Doymus gegen die Schweiz*, unpublizierter KE vom 28.6.1995; B 27675/95, *Timocin gegen die Schweiz*, unpublizierter KE vom 28.6.1995.

ben sei der Zeitpunkt des Vollzugs der Ausschaffung und daher könne das nach der illegalen Rückkehr neu begründete Familienleben - der Beschwerdeführer hatte die Vaterschaft eines Kindes anerkannt und in der Folge dessen Mutter geheiratet - nicht in Betracht fallen; im massgeblichen Zeitpunkt habe der (erwachsene) Beschwerdeführer vielmehr immer noch im Kreise seiner elterlichen Familie gelebt. Ohne weiter zu zögern schloss der Gerichtshof dennoch, dass die Ausschaffung des Beschwerdeführers nicht nur einen Eingriff in dessen Privat-, sondern auch Familienleben dargestellt habe[21]!

Von den Strassburger Organen ist der *Begriff* der *„Angehörigen der zweiten Generation"* freilich bisher noch nicht genau umrissen oder definiert worden. Der Rechtsprechung kann jedoch entnommen werden, dass der erhöhte Schutz vor aufenthaltsbeendenden Massnahmen nur diejenigen Ausländerinnen und Ausländer erfasst, die im betreffende Staat *geboren wurden oder zumindest seit frühester Kindheit dort leben*, deren nächste Verwandte (Eltern und/oder Geschwister) ebenfalls in diesem Staat ansässig sind, welche die Landessprache sprechen, im betreffenden Staat die Schulen besucht haben etc.[22].

V. Geltendmachung des Anspruchs auf Achtung des Privatlebens in ausländerrechtlichen Fällen

Beziehungen, die nach der Rechtsprechung der Konventionsorgane (noch) nicht als Familienleben anerkannt werden, - beispielsweise gleichgeschlechtliche Partnerschaften -, können durch ausländerrechtliche Massnahmen eben-

---

[21] EGMR, *Bouchelkia gegen Frankreich*, Reports 1997-I, 47 ff., Ziff. 41.

[22] In diesem Sinne hat der Gerichtshof im Fall *C. gegen Belgien* ausgeführt, dass der Beschwerdeführer erst im Alter von 11 Jahren nach Belgien eingereist sei und sich deshalb in einer anderen Situation befände, als Ausländerinnen und Ausländer, welche im betreffenden Staat geboren worden oder in jungen Jahren eingereist seien; EGMR, *C. gegen Belgien*, Reports 1996-III, 915 ff., Ziff. 34; vgl. ferner den KB im Fall *Dalia gegen Frankreich*, Reports 1998-I, 96 ff., Ziff. 56. *Lawson/Schermers* haben die Gruppe der Angehörigen der zweiten Generation wie folgt skizziert: „It may safely be assumed that children who immigrated at an age younger than six become second-generation immigrants after a period of some then years and that children who immigrated at an age above 16 or who stayed in the country for only a few years do not belong to this category. For those in between several factual circumstances, such as the language spoken at home and the frequency and length of visits to the country of origin, may be of decisive importance", *Lawson/Schermers*, 384; vgl. ferner *Cholewinski*, Hidden Agenda, 288.

falls beeinträchtigt werden. Zwar hatte die Kommission die Geltendmachung des Anspruchs auf Achtung des Privatlebens in ausländerrechtlichen Fällen grundsätzlich bejaht, tat sich in der Praxis z.T. aber relativ schwer mit der Anerkennung des Vorliegens eines Eingriffes in das Privatleben durch eine fremdenrechtliche Massnahme[23].

B. Die Rechtsprechung des Schweizerischen Bundesgerichtes

Die Schweiz folgt in bezug auf die *innerstaatliche Geltung* eines völkerrechtlichen Vertrages der Theorie des *Monismus*, wonach völkerrechtliche Verträge automatisch und transformationslos mit ihrer Ratifikation zu einem Teil des schweizerischen Landesrechtes werden[24]. Die materiellen Garantien der EMRK - d.h. die Art. 2 bis 12 sowie 14 bis 18 EMRK[25] - sind ferner unbestrittenermassen *self-executing*, d.h. unmittelbar anwendbar[26]. Damit ist indes noch nichts über den *Rang* gesagt, welcher der EMRK in der schweizeri-

---

[23] Siehe hinten 298 ff.

[24] *J.P. Müller*, Elemente, 173; *Villiger*, Handbuch, Rz. 45; *Haefliger*, 30 f.; *Kälin*, Geltungsgrund, 54 f.; Verhältnis zwischen Völkerrecht und Landesrecht, 403 f. Nach der dualistischen Theorie stellen Landesrecht und Völkerrecht zwei getrennte Rechtsgebiete dar; mit der Ratifikation eines völkerrechtlichen Vertrages entfalten die entsprechenden Bestimmungen noch keine landesrechtliche Wirkung; diese müssen vielmehr zunächst ins Landesrecht transformiert werden; vgl. hierzu *Haefliger*, 30; *Villiger*, Handbuch, Rz. 43.

[25] Art. 13 EMRK, der das Recht auf eine wirksame Beschwerde bei einer innerstaatlichen Instanz statuiert, besitzt keine unmittelbare Anwendbarkeit, mit Ausnahme besonders gelagerter Fälle; vgl. hierzu *J.P. Müller*, Anwendung, 384; m.w.H. *Haefliger*, 32.

[26] Für die EMRK-Garantien: *Haefliger*, 31 f.; *J.P. Müller*, Anwendung, 384; *Wildhaber*, Erfahrungen, 336 ff.; *Villiger*, Handbuch, Rz. 51 f.; *Cagianut*, 49 f. Gleiches gilt auch für die materiellen Garantien des Paktes II sowie für einzelne Bestimmungen der KRK. Für die Garantien von Pakt II vgl. *Botschaft UNO-Pakte*, 1202 f.; *Giorgio Malinverni*, Les Pactes dans l'ordre juridique suisse, in: Walter Kälin/Giorgio Malinverni/Manfred Nowak, Die Schweiz und die UNO-Menschenrechtspakte, 2. stark erweiterte Auflage, Basel/Frankfurt a.M./Bruxelles 1997, 71 ff., 72; *Claude Rouiller*, Le Pacte international relatif aux droits civils et politiques, ZSR 133 (NF) 111 1992/I, 107 ff., 119; *Erika Schläppi*, Bundesbeschluss betreffend den internationalen Pakt über wirtschaftliche, soziale und kulturelle Rechte sowie Bundesbeschluss betreffend den internationalen Pakt über bürgerliche und politische Rechte vom 13. Dezember 1991: Beitritt der Schweiz zu den beiden Menschenrechtspakten, AJP 1992, 894 ff., 895; BGE 120 Ia 1, E. 5c, 12. Für die Garantien der KRK vgl. *Botschaft Kinderkonvention*, 20 f.

schen Rechtsordnung zukommt[27]. Es ist dabei vom Grundsatz des Vorranges völkerrechtlicher Bestimmungen vor innerstaatlichem Recht auszugehen[28]. Zumindest bei menschenrechtlichen Verträgen, in deren Rahmen sich die Vertragsstaaten verpflichten, den ihrer Jurisdiktion unterworfenen Personen bestimmte Rechte und Freiheiten zu gewähren und nicht lediglich gegenseitige Vorteile austauschen[29], haben entgegenstehende Bundesgesetze - frühere

---

[27] Es handelt sich bei dieser Frage um ein rein landesrechtliches Problem, denn das Völkerrecht verpflichtet die Staaten lediglich, ihre völkerrechtlichen Verpflichtungen zu erfüllen; wie dieser Verpflichtung auf innerstaatlicher Ebene nachgekommen wird, entzieht sich dem Völkerrecht; *Kimminich*, 242 f.; *Verdross/Simma*, 416 sowie 856 f.; *Nguyen Quoc/Daillier/Pellet*, 227; *Brownlie*, 35 f.; *Kälin*, Geltungsgrund, 51 f.; *Dahm/Delbrück/Wolfrum*, 101 ff.; *Aubert*, Nachtrag Rz. 1326.

[28] Verhältnis zwischen Völkerrecht und Landesrecht, 399 ff.; *Kälin*, Geltungsgrund, 64. Während in der schweizerischen Lehre und Praxis unbestritten ist, dass Völkerrecht Verfassungsrecht, früheren Bundesgesetzen, Verordnungsrecht sowie kantonalem Recht vorgeht (*Kälin*, Geltungsgrund, 45; *Haefliger*, 34; *Villiger*, Handbuch, Rz. 47; *Roš*, 152: vgl. ferner auch die Zusammenstellung der Bundesgerichtspraxis in Verhältnis zwischen Völkerrecht und Landesrecht, 405 ff.), trat das Bundesgericht in Einzelfällen, wenn nämlich der Bundesgesetzgeber die Verletzung der staatsvertraglichen Bestimmungen bewusst in Kauf genommen hatte, für den Vorrang späterer Bundesgesetze vor entgegenstehenden, früheren Staatsverträgen ein (Fall *Schubert*, BGE 99 Ib 39; siehe ebenso BGE 112 II 1, E. 8, 13). In einem kürzlich ergangenen Entscheid hat das Bundesgericht jedoch wiederum ausgeführt: „Le fait que l'art. 37 EIMP soit entré en vigueur en 1983, soit postérieurement à l'entrée en vigueur pour la Suisse de la Convention (1967) et de l'accord bilatéral (1977) n'y change rien: le principe de la primauté du droit international sur le droit interne découle de la nature même de la règle internationale, hiérarchiquement supérieure à toute règle interne, de sorte que l'argument tiré de la lex posterior est inapplicable" (BGE 122 II 485, E. 3. a, 487).

[29] Zum besonderen Charakter menschenrechtlicher Verträge vgl. *Rudolf Bernhard*, Thoughts on the interpretation of human-rights treaties, in: Franz Matscher/Herbert Petzold (Hrsg.), Protecting Human Rights: The European Dimension, Studies in honour of Gérard J. Wiarda, Köln/Berlin/Bonn/München 1988, 65 ff.; *E.W. Vierdag*, Some Remarks about Special Features of Human Rights Treaties, Netherlands Yearbook of International Law 25 (1994), 119 ff. *Malinverni*, Interprète, 405; vgl. schliesslich die Ausführungen der EKMR in der Staatenbeschwerde *Österreich gegen Italien*, B 788/60, YBECHR 4, 138 f: „(...) it clearly appears (...) that the purpose of the High Contracting Parties in concluding the Convention was not to concede to each other reciprocal rights and obligations in pursuance of their individual national interest but to realise the aims and ideals of the Council of Europe (...) therefore, in becoming a Party to the Convention, a State undertakes, vis à vis the other High Contracting Parties, to secure the rights and freedoms defined in Section I to every person within its jurisdiction (...) it follows that the obligations undertaken by the High Contracting Parties in the Convention are essentially of an objective character, being designed rather to protect the fundamental rights of individual human beings from infringement by any of the High Contracting

B. Schweizerisches Bundesgericht 181

und spätere - ausnahmslos zurückzutreten[30]. Menschenrechtlichen Staatsverträgen kommt daher eine Art „*Übergesetzesrang*" zu[31].

Das schweizerische Bundesgericht hat erstmals Mitte der Achtzigerjahre - im Entscheid *Reneja-Dittli* - die Konventionskonformität der Versagung einer fremdenpolizeilichen Bewilligung geprüft. Der Fall betraf die Nichterneuerung der Aufenthaltsbewilligung des ausländischen Ehegatten einer Schweizer Bürgerin. Dem Entscheid in der Sache[32] war ein Prozessentscheid[33] vorangegangen, in dem das Bundesgericht sich in grundsätzlicher Weise zur Zulässigkeit der Verwaltungsgerichtsbeschwerde gegen die Versagung fremdenpolizeilicher Bewilligungen äusserte. In seinem Beschluss führte das Bundesgericht aus, angesichts des in Art. 8 Abs. 1 EMRK garantierten Rechtes auf Achtung des Familienlebens und entgegen seiner früheren Praxis könne nicht mehr gesagt werden, dass „das durch die Menschenrechtskonvention geschützte Familienglied, welches von seiner übrigen Familie getrennt würde, wenn seine Aufenthaltsbewilligung nicht erneuert würde, (...) über keinen bundesrechtlichen Anspruch auf Anwesenheit in der Schweiz"[34] verfüge. In gewissen Konstellationen besteht daher ein direkt aus Art. 8 EMRK abgeleiteter Anspruch auf Bewilligung der Einreise und des Aufenthaltes[35].

Dieser Entscheid ist insofern von grösster Bedeutung, als Art. 100 Abs. 1 lit. b Ziff. 3 OG im Fremdenpolizeirecht die Verwaltungsgerichtsbeschwerde u.a. gegen „die Erteilung oder Verweigerung von Bewilligungen, auf die das Bundesrecht keinen Anspruch einräumt" ausschliesst. Aus Art. 4 ANAG, der die Bewilligung von Aufenthalt und Niederlassung in das freie Ermessen der zuständigen Behörden stellt, folgt, dass grundsätzlich kein Rechtsanspruch auf Erteilung eines Aufenthaltstitels besteht und die Verwaltungsgerichtsbeschwerde daher in der Regel unzulässig ist[36].

Parties than to create subjective and reciprocal rights for the High Contracting Parties themselves".

[30] *J.P. Müller*, Anwendung, 379.

[31] *Wildhaber*, Erfahrungen, 329 ff.; *J.P. Müller*, Elemente, 177; *Trechsel*, Landesbericht, 242; *Haefliger*, 34; *Aubert*, Nachtrag Rz. 1777 und Rz. 1326; m.w.H. *J.P. Müller*, Einleitung, Rz. 209 ff.; für Gesetzesrang treten *Roš*, 154 f., sowie *Cagianut*, 49, und *Siegenthaler*, 219 f. ein; siehe m.w.H. auch *Villiger*, Handbuch, Rz. 36.

[32] BGE 110 Ib 201.

[33] BGE 109 Ib 183.

[34] BGE 109 Ib 183, E. 2b, 187.

[35] *Wurzburger*, 282; *Zimmermann*, 93 und 100; *Mock*, Mesures de police, 104; *Grant*, 270.

[36] *Koller*, Reneja-Praxis, 513; *Koller*, Verwaltungsgerichtsbeschwerde, 354; *Bolz*, 60; *Zimmerli/Kälin/Kiener*, 82; *Rhinow/Koller/Kiss*, 280; *Kölz/Häner*, 224 f.

Rechtsansprüche auf Erteilung einer fremdenpolizeilichen Bewilligung sieht das Bundesrecht lediglich für Ehepartner und minderjährige Kinder von schweizerischen Staatsangehörigen bzw. niedergelassener Ausländerinnen und Ausländern vor[37]. Neben diesen bundesrechtlichen Ansprüchen können Rechtsansprüche jedoch auch aus völkerrechtlichen Verträgen abgeleitet werden. Im Zentrum stand hier, bis zum Entscheid *Reneja-Dittli*, das „Italienerabkommen"[38] sowie die in bilateralen Verträgen verankerten Ansprüche auf Erteilung der Niederlassungsbewilligung nach fünf- bzw. zehnjährigem Aufenthalt in der Schweiz[39]. Mit der Anerkennung, dass Art. 8 EMRK in Fällen, in denen die Versagung einer Anwesenheitsbewilligung zur Trennung von Familienangehörigen führen würde, grundsätzlich einen Anspruch auf Anwesenheit in der Schweiz einräumt, wird die Anzahl Sachverhalte, in denen die Verwaltungsgerichtsbeschwerde gegen eine Bewilligungsverweigerung möglich ist, wesentlich erhöht.

Damit im Rahmen ausländerrechtlicher Massnahmen die Geltendmachung von Art. 8 EMRK zulässig ist, müssen nach bundesgerichtlicher Rechtsprechung allerdings kumulativ drei *Voraussetzungen* erfüllt sein[40]. Es muss

– eine tatsächlich gelebte und intakte Beziehung

– zu nahen Verwandten bestehen, die über ein

– gefestigtes Anwesenheitsrecht in der Schweiz verfügen.

Sind diese Voraussetzungen erfüllt, können sich nicht nur die von einer ausländerrechtlichen Massnahme direkt, sondern auch die von der Verfügung indirekt betroffenen Familienangehörigen auf Art. 8 EMRK berufen[41].

Massgeblicher Zeitpunkt für die Sachverhaltsfeststellung ist grundsätzlich der *Sachverhalt im Zeitpunkt des Entscheides*, es sei denn, eine *richterliche Behörde* i.S. von Art. 105 Abs. 2 OG habe als *Vorinstanz* entschieden; in diesen Fällen ist das Bundesgericht an die Sachverhaltsfeststellung der Vor-

---

[37] Vorne 92 ff.

[38] Vorne 108 f.

[39] Hinten 189 Anm. 69.

[40] *Koller*, Verwaltungsgerichtsbeschwerde, 355 ff.; *Koller*, Reneja-Praxis, 515 f.; *Breitenmoser*, Rechtsprechung, 538; *Wurzburger*, 283 ff.; *Kölz/Häner*, 225; *Thürer*, Familientrennung, 598; *Grant*, 271 ff.

[41] „Ist das durch Art. 8 EMRK geschützte Familienleben durch einen staatlichen Eingriff betroffen, so müssen sich alle Familienmitglieder auf die Menschenrechtskonvention berufen können. (...) Diese Personen müssen berechtigt sein, sich im Rahmen «einer wirksamen Beschwerde bei einer nationalen Instanz» (Art. 13 EMRK) gegen staatliche Eingriffe in ihr Familienleben wehren zu können", BGE 109 Ib 183, E. 2a, 186; siehe ferner beispielsweise BGE 115 Ib 97; BGE 116 Ib 353; BGE 118 Ib 153; BGE 119 Ib 81; *Breitenmoser*, Rechtsprechung, 538.

instanz gebunden, wenn diese nicht „den Sachverhalt (...) offensichtlich unrichtig, unvollständig oder unter Verletzung wesentlicher Verfahrensbestimmungen festgestellt" hat[42].

Zu beachten ist schliesslich, dass, selbst wenn Art. 8 EMRK in einem bestimmten Fall ein Anwesenheitsrecht in der Schweiz einräumt, kein Anspruch auf eine bestimmte Art fremdenpolizeilicher Bewilligung besteht. „Entscheidend ist einzig, dass der Ausländer faktisch die Möglichkeit hat, sein Verhältnis zu einem hier lebenden Familienangehörigen in angemessener Weise zu pflegen, wozu jede Anwesenheitsberechtigung, welche dies zulässt, genügt"[43].

---

[42] Nach Art. 105 Abs. 1 OG kann das Bundesgericht die Sachverhaltsfeststellung von Amtes wegen überprüfen; daher ist es im Verwaltungsgerichtsbeschwerdeverfahren vor Bundesgericht grundsätzlich zulässig, sowohl neue rechtliche Begründungen als auch neue tatsächliche Vorbringen und neue Beweismittel vorzulegen; BGE 113 Ib 327, E. 2b, 331; *Rhinow/Koller/Kiss*, 293; *Kölz/Häner*, 238; *Zimmerli/Kälin/Kiener*, 99 f. Daraus folgt, dass für die Beurteilung durch das Bundesgericht grundsätzlich der Sachverhalt im Zeitpunkt des Entscheides massgeblich ist. Auch im Rahmen des Fremdenpolizeirechtes führt das Bundesgericht in konstanter Praxis aus, dass es „in formeller wie auch materieller Hinsicht grundsätzlich auf die aktuellen tatsächlichen und rechtlichen Unmstände ab[stellt]. Eine Ausnahme gilt namentlich, wenn eine richterliche Behörde als Vorinstanz entschieden hat" (BGE 122 II 1, E. 1b. 4; siehe ebenso BGE 123 II 49; BGE 120 Ib 257; BGE 118 Ib 145). In derartigen Fällen ist das Bundesgericht an die korrekte Sachverhaltsfeststellung der Vorinstanz gebunden. Nachträglich eingetretene Änderungen des Sachverhaltes, wie beispielsweise die Geburt eines Kindes, die Eheschliessung etc., können diesfalls nur mittels eines Wiedererwägungsgesuches vor der erstinstanzlich verfügenden Behörde geltendgemacht werden (BGE 121 II 97, E. 1c, 99 f.; *Kölz/Häner*, 238; *Rhinow/Koller/Kiss*, 294). Im Sinne einer Ausnahme stellt das Bundesgericht indes bei einem aufgrund von Art. 17 Abs. 2 ANAG gestellten Gesuch um Nachzug minderjähriger Kinder auf das Alter der nachzuziehenden Kinder bei *Gesuchseinreichung* ab (BGE 118 Ib 153); diese Ausnahme gilt indessen nicht für einen aufgrund von Art. 8 EMRK geltend gemachten Anspruch auf Nachzug minderjähriger Kinder (BGE 120 Ib 257).

[43] BGE 122 II 385, E. 1b, 389; siehe ebenso den unpublizierten BGerE vom 15. Mai 1997 i.S. B. (2P.94/1997), welcher die Nichterteilung einer Jahresaufenthaltsbewilligung an eine Ausländerin betraf, die vorläufig aufgenommen worden war und deren vorläufige Aufnahme in der Folge auch regelmässig verlängert wurde: „Nachdem sich die Beschwerdeführerin aufgrund der vorläufigen Aufnahme weiterhin hier aufhalten darf und die Verweigerung der Jahresaufenthaltsbewilligung sie somit nicht zur Ausreise aus der Schweiz zwingt, ist Art. 8 EMRK indessen von vornherein nicht betroffen. Aus dieser staatsvertraglichen Bestimmung lässt sich nämlich kein Anspruch auf eine bestimmte Kategorie von Aufenthaltsbewilligung ableiten, wenn im übrigen der Schutz des Familienlebens nicht in Frage gestellt ist"; nicht zutreffend ist daher das von *Wurzburger* vorgebrachte Argument, eine Berufung auf Art. 8 EMRK sei bei einer

I. Der Kreis der „nahen Verwandten"

Im Fall *Reneja-Dittli* hat das Bundesgericht ausdrücklich betont, dass der durch Art. 8 EMRK eingeräumte Schutz nicht überdehnt werden dürfe; vielmehr sei der Schutz auf die „Familie im engen Sinn, also auf die Ehegatten und ihre minderjährigen Kinder"[44] zu beschränken. Nahe Verwandte stellten daher zunächst die der *Kernfamilie* angehörenden Personen dar, d.h. Familienleben i.S. von Art. 8 EMRK bestand nur zwischen *Ehegatten*, zwischen *Eltern und ihren minderjährigen Kindern* sowie zwischen den getrennt lebenden oder geschiedenen, *nicht sorgeberechtigten Elternteilen und ihren minderjährigen Kindern*[45].

Analog zur Bestimmung von Art. 17 Abs. 2 ANAG gilt auch im Rahmen von Art. 8 EMRK, dass zur Abgrenzung zwischen minderjährigen und volljährigen Kindern auf die *Altersgrenze von 18 Jahren* abzustellen ist. Dieses Alter stellt nach Ansicht des Bundesgerichtes eine „Richtschnur für die Selbständigkeit eines Jugendlichen"[46] dar, ausgenommen natürlich diejenigen Fälle, in denen ein besonderes Abhängigkeitsverhältnis vorliegt.

In Anlehnung an die Praxis der Strassburger Organe, wonach Art. 8 EMRK auch Beziehungen des erweiterten Familienlebens erfassen könne, sah sich das Bundesgericht im Entscheid *Dora Nasti* gezwungen, den Schutzbereich des Familienlebens zu erweitern. Eine schützenswerte familiäre Beziehung kann danach grundsätzlich auch zwischen Eltern und ihren erwachsenen Kindern oder zwischen weiteren Familienangehörigen - beispielsweise Geschwistern[47] oder Halbgeschwistern[48] - bestehen. Im Rahmen ausländerrechtlicher Massnahmen relevantes und schützenswertes Familienleben liegt in diesen Konstellationen nach bundesgerichtlicher Praxis indes nur vor, wenn zwischen den betroffenen Ausländerinnen oder Ausländern und ihren in der Schweiz lebenden Familienangehörigen ein *Abhängigkeitsverhältnis* besteht:

---

vorläufigen Aufnahme deshalb undenkbar, weil dadurch eine Aufenthaltsbewilligung eingeräumt würde; a.a.O., 286.

[44] BGE 109 Ib 183, E. 2a, 186.

[45] BGE 115 Ib 97; BGE 118 Ib 153; BGE 120 Ib 1; BGE 120 Ib 22; *Koller*, Verwaltungsgerichtsbeschwerde, 355 f.; *Koller*, Reneja-Praxis, 515 f.; *Breitenmoser*, Rechtsprechung, 541; *Mock*, Mesures de police, 100 f.; *Mock*, Convention européenne, 542 f.; *Thürer*, Familientrennung, 598 sowie 602 betr. die Unvereinbarkeit dieser Beschränkung mit der Praxis der Strassburger Organe; *Wurzburger*, 284; *Grant*, 271 f.

[46] BGE 120 Ib 257, E. 1e, 262; *Wurzburger*, 284.

[47] Unpublizierter BGerE vom 13.5.1996 i.S. P. (2A.156/1996).

[48] BGE 120 Ib 257.

„Das Bundesgericht hat als familiäre Beziehung, welche gestützt auf Art. 8 EMRK einen Anspruch auf fremdenpolizeiliche Bewilligung verschaffen könnte, vor allem die Beziehung zwischen Ehegatten sowie zwischen Eltern und minderjährigen Kindern anerkannt, die im gemeinsamen Haushalt leben. Geht es um Personen, die nicht der eigentlichen Kernfamilie zuzurechnen sind, gelten besondere Anforderungen. Eine schützenswerte familiäre Beziehung setzt diesfalls voraus, dass der um die fremdenpolizeiliche Bewilligung ersuchende Ausländer in einer so engen Beziehung zu den hier Anwesenheitsberechtigten steht, dass von einem eigentlichen Abhängigkeitsverhältnis gesprochen werden muss. Liegt dagegen kein derartiges Verhältnis vor, ist Art. 8 EMRK durch die Verweigerung einer Bewilligung zum vornherein nicht betroffen; auf die Verwaltungsgerichtsbeschwerde kann daher in einem solchen Fall mangels eines Anspruchs auf die Bewilligung nicht eingetreten werden."[49]

Nichteheliche Beziehungen oder die Beziehung zwischen *Verlobten* stehen demgegenüber in der Regel, d.h. wenn keine besonderen Umstände wie beispielsweise ein Zusammenleben, gemeinsame Kinder oder eine beabsichtigte Heirat vorliegen, nicht unter dem Schutz von Art. 8 EMRK[50]. Ebenso können

---

[49] Unpublizierter BGerE vom 18.7.1997 i.S. K. et al. (2A.92/1997), E. 2. Ein *Abhängigkeitsverhältnis* kann sich nach bundesgerichtlicher Praxis (vgl. beispielsweise BGE 120 Ib 257, E. 1e, 261) insbesondere aus besonderen Betreuungs- oder Pflegebedürfnissen, beispielsweise bei körperlichen oder geistigen Behinderungen oder bei schweren Krankheiten, ergeben und besteht diesfalls unabhängig vom Alter der betroffenen Person. In diesem Sinne hat das Bundesgericht ausgeführt, dass „pour qu'un étranger de plus de dix-huit ans puisse se prévaloir de l'art. 8 CEDH et obtenir une autorisation de séjour, il faut qu'il soit affecté d'un handicap physique ou mental grave qui rende indispensable l'assistance de proches parents résidant en Suisse" (unpublizierter Entscheid vom 27.8.1997 i.S. K. und M., 2A.128/1997, E. 1c bb). Liegen keine derartigen besonderen Umstände vor, so bestimmt sich die Frage der Abhängigkeit in der Regel nach dem Alter und Entwicklungsstand der betreffenden Person. In der Praxis hat das Bundesgericht das Bestehen eines Abhängigkeitsverhältnisses bejaht im Falle einer gehörlosen, erwachsenen Frau (BGE 115 Ib 1), demgegenüber beispielsweise verneint bei einer 63-jährigen Frau, die in ihrer Heimat keine Angehörigen mehr hat (unpublizierter BGerE vom 29.10.1996 i.S. I. und I., 2A.353/1996), bei einem knapp 19-jährigen Halbbruder, der ebenfalls keine Angehörigen mehr auf den Philippinen hat (BGE 120 Ib 257), sowie in der Regel bei erwachsenen Kindern (unpublizierter BGerE vom 9.10.1996 i.S. S., 2A.347/1995; unpublizierter BGerE vom 10.6.1996 i.S. M., 2A.90/1996; unpublizierter BGerE vom 18.7.1997 i.S. K. et al., 2A.92/1997; unpublizierter BGerE vom 27.8.1997 i.S. K. und M., 2A.128/1997), auch wenn diese beispielsweise finanziell weiterhin von ihren Eltern abhängig sind (unpublizierter BGerE vom 24.10.1995 i.S. M., 2A.362/1994); *Wurzburger*, 284; *Breitenmoser*, Rechtsprechung, 541; *Koller*, Verwaltungsgerichtsbeschwerde, 356; *Grant*, 272.

[50] „En principe, sous réserve de circonstances particulières telles que le mariage sérieusement voulu et imminent, les fiançailles ou le concubinage ne permettent pas d'invoquer le respect de la vie privée et familiale garanti par l'art. 8 CEDH pour

sich *getrennt lebende*[51] oder *geschiedene*[52] sowie *überlebende Ehegatten*[53] nicht mehr auf Art. 8 EMRK berufen, um daraus einen Anspruch auf Erteilung einer Anwesenheitsbewilligung abzuleiten. Ferner fallen *gleichgeschlechtliche Partnerschaften* generell nicht in den Schutzbereich des Rechtes auf Achtung des Familienlebens[54]. Noch unklar ist, ob eine Berufung auf das Recht auf Achtung des Familienlebens in bezug auf die Beziehung zwischen Lebenspartnern und den einer früheren Verbindung ihrer Partner entstammenden Kindern nach bundesgerichtlicher Rechtsprechung möglich ist[55]. Ebenso ist bisher ungeklärt, ob beim Nachzug minderjähriger Kinder in die Schweiz sich auch die Stiefmutter bzw. der Stiefvater auf Art. 8 EMRK berufen können[56].

---

s'opposer à un éventuel départ du pays"; unpublizierter BGerE vom 7.2.1996 i.S. M. (2A.469/1995); *Wurzburger*, 284 f.; demgegenüber hat das Bundesgericht in BGE 122 II 485, in der in der amtlichen Sammlung unpublizierten, aber in RUDH 1997, 438 f abgedruckten Erw. 3e ausgeführt: „Relèvent de la vie familiale, au sens de cette disposition, tant la relation du recourant avec sa fille - du seul fait des liens de sang -, que la relation du recourant avec sa compagne et la fille de celle-ci, en raison de la communauté de vie étroite qu'entretiennent ces quatre personnes; la notion de «vie familiale», telle que visée par l'art. 8 CEDH, ne se borne pas aux seules relations fondées sur le mariage. Elle peut englober d'autres «liens familiaux de fait» lorsque les personnes cohabitent en dehors du mariage".

[51] BGE 118 Ib 145; unpublizierter BGerE vom 9.5.1997 i.S. M. (2A.3/1997).

[52] BGE 118 Ib 145.

[53] BGE 120 Ib 16.

[54] BGerE vom 22.5.1992 i.S. R. und S., publiziert in EuGRZ 1993, 562; vgl. hierzu hinten 316 f.

[55] In BGE 122 II 385 hatte das Bundesgericht diese Frage noch offen gelassen; in BGE 122 II 485 hat es demgegenüber ausgeführt, dass „la relation du recourant avec sa compagne et la fille de celle-ci, en raison de la communauté de vie étroite qu'entretiennent ces quatre personnes" durch das in Art. 8 EMRK garantierte Recht auf Achtung des Familienlebens geschützt werde (in der amtlichen Sammlung nicht publizierte Erwägung 3e, publiziert in RUDH 1997, 438); demgegenüber wurde im unpublizierten BGerE vom 6.5.1997 i.S. T. (2A.2/1997) ausgeführt, dass „quant aux bonnes relations entre le recourant et la fille de son épouse (lesquels n'ont aucun lien de parenté), elles ne sont pas visées par l'art. 8 CEDH".

[56] Das Bundesgericht hat diese Frage in sämtlichen entsprechenden Fällen offen gelassen; BGE 122 II 385; unpublizierter BGerE vom 18.7.1997 i.S. H. et al. (2A.505/1996).

II. Das Bestehen einer tatsächlich gelebten und intakten familiären Beziehung

In *BGE 109 Ib 183* hat das Bundesgericht zur Eintretensvoraussetzung der zwischen den Familienangehörigen tatsächlich gelebten und intakten Beziehung ausgeführt, dass „dieser Sachverhalt (...) anhand von objektiv überprüfbaren Umständen" nachgewiesen werden müsse[57]. Eine tatsächlich gelebte und intakte Beziehung liegt danach zunächst meist dann vor, wenn die Familienangehörigen zusammen wohnen. Doch stellt das Zusammenleben nicht eine *conditio sine qua non* dar. Vielmehr kann eine familiäre Bindung auch dadurch gelebt werden, dass die betreffenden Verwandten beispielsweise regelmässigen telefonischen oder brieflichen *Kontakt* pflegen, sich regelmässig *Besuche* abstatten oder *Unterhaltszahlungen* leisten[58]. Eine eheliche Beziehung ist indes nicht mehr intakt, wenn Ehegatten getrennt leben, obwohl sie formell noch verheiratet sind[59]. Leben die Ehegatten zwar nicht zusammen, beruht dieser Umstand indes z. B. gerade auf der Tatsache, dass einer der Ehegatten keinen Aufenthaltstitel erhalten hat[60] oder sich im Strafvollzug befindet[61], so darf daraus nicht auf das Fehlen einer intakten familiären Beziehung geschlossen werden. Schliesslich hat das Bundesgericht das Bestehen einer intakten und tatsächlich gelebten familiären Beziehung zwischen einem Vater und seiner bisher im Ausland lebenden, nichtehelichen Tochter verneint, da bis zur Einreise der Tochter in die Schweiz praktisch kein gegenseitiger Kontakt bestanden und der Vater nur gelegentlich zum Unterhalt seiner Tochter beigetragen hatte[62].

---

[57] BGE 109 Ib 183, E. 2a, 186.

[58] BGE 115 Ib 97; BGE 116 Ib 353; BGE 118 Ib 153; BGE 120 Ib 1; BGE 120 Ib 22; unpublizierter BGerE vom 17.1.1995 i.S. D. (2A.238/1994); unpublizierter BGerE vom 6.5.1997 i.S. T. (2A.2/1997); *Wurzburger*, 285; *Mock*, Mesures de police, 101; *Koller*, Reneja-Praxis, 516; *Grant*, 271 f.

[59] BGE 118 Ib 145, E. 4b, 152; unpublizierter BGerE vom 11.4.1997 i.S. T. (2A.442/1996); unpublizierter BGerE vom 9.5.1997 i.S. M. (2A.3/1997); unpublizierter BGerE vom 28.5.1997 i.S. JR. und D. (2A.57/1997; 2P.41/1997); *Koller*, Verwaltungsgerichtsbeschwerde, 357.

[60] BGE 116 Ib 353, E. 1c, 355.

[61] Unpublizierter BGerE vom 16.1.1996 i.S. N. (6P.129/1995; 6S.725/1995).

[62] Unpublizierter BGerE vom 22.10.1997 i.S. N. (2A.356/1997).

III. Die Voraussetzung des „gefestigten Anwesenheitsrechtes" der in der Schweiz lebenden Familienangehörigen

Die Ableitung eines formellen Anspruches aus Art. 8 EMRK auf Regelung der Anwesenheit setzt nach bundesgerichtlicher Praxis schliesslich voraus, dass die in der Schweiz wohnhaften Familienangehörigen über ein *gefestigtes Anwesenheitsrecht* verfügen. Während das Bundesgericht in seinen ersten diesbezüglichen Entscheiden lediglich verlangte, die in der Schweiz wohnhaften Familienangehörigen müssten über *ein Anwesenheitsrecht* in der Schweiz verfügen[63], präzisierte es in der Folge seine Praxis in *restriktiver Weise* dahingehend, dass es sich um ein *gefestigtes Anwesenheitsrecht* handeln müsse[64], da „wer selber keinen Anspruch auf längere Anwesenheit hat, (...) einen solchen Anspruch auf längere Anwesenheit auch nicht einer Drittperson zu verschaffen"[65] vermag. Solchermassen gefestigte Anwesenheitsrechte stellen nach nunmehr konstanter Rechtsprechung des Bundesgerichtes zunächst die durch die *schweizerische Staatsangehörigkeit* oder die *Niederlassungsbewilligung*[66] verbrieften Anwesenheitsrechte dar[67]. Die *Aufenthaltsbewilligung* gilt nur dann als gefestigtes Anwesenheitsrecht, wenn ein *Rechtsanspruch* auf ihre Erteilung und Verlängerung besteht[68] oder wenn die

---

[63] BGE 109 Ib 183; BGE 111 Ib 1; BGE 115 Ib 1; BGE 115 Ib 97; BGE 116 Ib 353; BGerE vom 26.6.1992, publiziert in EuGRZ 1993, 565; BGE 118 Ib 153.

[64] So beispielsweise im BGerE vom 20.1.1993, publiziert in EuGRZ 1993, 571: „Insofern verschafft (...) Art. 8 EMRK unter Umständen einen Anspruch auf Erteilung einer Aufenthaltsbewilligung. Voraussetzung ist aber nach feststehender Praxis, dass der hier weilende Ehegatte selber über ein *gefestigtes Anwesenheitsrecht* in der Schweiz hat: erforderlich ist regelmässig, dass er das Schweizer Bürgerrecht oder eine Niederlassungsbewilligung hat. (...) Abgesehen von (...) speziellen Fällen genügt nämlich die Aufenthaltsbewilligung des Ehegatten nicht, dem Zuzugswilligen einen Anspruch auf die nachgesuchte fremdenpolizeiliche Bewilligung zu verschaffen, wie das Bundesgericht *in zahlreichen unveröffentlichten Urteilen* [!] festgehalten hat", a.a.O., E. 2a und 2b, 572, eigene Hervorhebung; siehe ebenso BGerE vom 6.4.1993, publiziert in EuGRZ 1993, 573.

[65] BGE 119 Ib 91, E. 1c, 94.

[66] Die Niederlassungsbewilligung stellt ein gefestigtes Anwesenheitsrecht dar, da sie unbefristet ist und niedergelassene Ausländerinnen und Ausländer grundsätzlich nur bei schweren Verstössen gegen die öffentliche Ordnung ausgewiesen werden können; vgl. vorne 90 Anm. 6.

[67] *Koller*, Verwaltungsgerichtsbeschwerde, 356 f.; *Koller*, Reneja-Praxis, 516; *Mock*, Mesures de police, 104 f.; *Mock*, Convention européenne, 543; *Breitenmoser*, Rechtsprechung, 539; *Wurzburger*, 285 ff.; *Grant*, 273.

[68] Siehe die Zusammenfassung dieser Grundsätze beispielsweise in BGE 122 II 1, E. 1e, 5; ein derartiger *Anspruch auf Erteilung und Verlängerung einer Aufenthaltsbewilli-

B. Schweizerisches Bundesgericht 189

betreffenden Familienangehörigen aufgrund einer innerstaatlichen oder völkerrechtlichen Bestimmung *Anspruch auf Erteilung der Niederlassungsbewilligung* haben und sie die *zeitlichen* sowie *materiellen Voraussetzungen* der Bewilligungserteilung *erfüllen*[69]. Besteht kein derartiger Rechtsanspruch, so

---

gung besteht aufgrund von: Art. 7 Abs. 1 ANAG für ausländische Ehepartner von Schweizer Staatsangehörigen; Art. 17 Abs. 2 ANAG für ausländische Ehepartner niedergelassener Ausländerinnen und Ausländer; Art. 4 i.V. mit Art. 26 AsylG für Flüchtlinge, denen in der Schweiz Asyl gewährt wurde (BGE 122 II 1; unpublizierter BGerE vom 18.1.1996 i.S. C., 2A.253/1995 u. 2A.418/1995; unpublizierter BGerE vom 18.1.1996 i.S. A., 2A.417/1995; unpublizierter BGerE vom 25.5.1998 i.S. A. et al., 2P.67/1998); Art. 11 Abs. 1 lit. a des „Italiener-Abkommens": italienische Staatsangehörige haben nach einem fünfjährigen Aufenthalt in der Schweiz Anspruch auf Verlängerung ihrer Aufenthaltsbewilligung; Art. 3 Abs. 3 der Vereinbarung zwischen der Schweiz und Liechtenstein i.V. mit Ziff. 3 des Notenaustausches über die teilweise Suspendierung von Art. 3 der Vereinbarung zwischen der Schweiz und Liechtenstein: Staatsangehörige des Fürstentums Liechtenstein haben zwar in der Regel keinen Anspruch auf Erteilung der Aufenthaltsbewilligung (ausser im Rahmen des Familiennachzuges), jedoch einen solchen auf Verlängerung der Aufenthaltsbewilligung; Art. 16 Abs. 1 EFTA-Übereinkommen für Ausländerinnen und Ausländer aus Mitgliedstaaten der EFTA, die Kaderpositionen besetzen oder für den Aufbau eines Unternehmens aufgrund ihrer Qualifikation unerlässlich sind (Übereinkommen zur Errichtung der Europäischen Freihandelsassoziation vom 4. Januar 1960, EFTA-Übereinkommen; SR 0.632.31); Art. 16 Abs. 1 EFTA-Übereinkommen ist nach BGE 116 Ib 299, E. 1c, 302 f., self-executing; vgl. ferner Malinverni, BV-Kommentar, Rz. 62a.

[69] *Unpublizierter BGerE vom 18.1.1996 i.S. C. (2A.253/1995; 2A.418/1995) sowie unpublizierter BGerE vom 26.2.1997 i.S. A. und. G. (2A.484/1996); einen Rechtsanspruch auf Erteilung der Niederlassungsbewilligung haben: nach Art. 7 Abs. 1 ANAG ausländische Ehepartner von Schweizer Staatsangehörigen nach einem fünfjährigen Aufenthalt; nach Art. 17 Abs. 2 ANAG ausländische Ehepartner niedergelassener Ausländerinnen und Ausländer nach einem fünfjährigen Aufenthalt; nach Art. 28 AsylG Flüchtlinge, denen Asyl gewährt wurde nach einem fünfjährigen Aufenthalt sowie aufgrund bilateraler Niederlassungsvereinbarungen Staatsangehörige von Belgien (Briefwechsel vom 30. März 1935 zwischen der Schweiz und Belgien über die Niederlassungsbewilligung für Angehörige beider Staaten, die seit fünf Jahren unterbrochen im anderen Staat wohnen, SR 0.142.111.723), Dänemark (Briefwechsel vom 6. September 1962 zwischen der Schweiz und Dänemark über die fremdenpolizeiliche Behandlung der beiderseitigen Staatsangehörigen, SR 0.142.113.141.1), Deutschland (Niederschrift zwischen der Schweiz und der Bundesrepublik Deutschland vom 19. Dezember 1953, geändert durch Notenaustausch vom 30. April 1991, SR 0.142.111.364), Frankreich (unpubliziert), Liechtenstein (Vereinbarung zwischen der Schweiz und dem Fürstentum Liechtenstein über die fremdenpolizeiliche Rechtsstellung der beiderseitigen Staatsangehörigen im anderen Vertragsstaat vom 6. November 1963, S. 0.142.115.142), Griechenland (Briefwechsel vom 12. März 1992 zwischen der Schweiz und Griechenland über die administrative Stellung der Staatsangehörigen aus einem der beiden Länder im anderen nach einem ordnungsgemässen und unterbrochenen Aufenthalt von*

genügt die Aufenthaltsbewilligung nach bundesgerichtlicher Rechtsprechung nicht den Anforderungen an ein „gefestigtes" Anwesenheitsrecht[70]. Ebenso ist eine Berufung auf Art. 8 EMRK dann ausgeschlossen, wenn die in der Schweiz weilenden Familienangehörigen eine andere Art fremdenpolizeilicher Bewilligung (beispielsweise Kurzaufenthaltsbewilligung, Saisonbewilligung, vorläufige Aufnahme, humanitäre Aufenthaltsbewilligung etc.) besitzen oder sich illegal in der Schweiz aufhalten[71].

Das Erfordernis eines gefestigten Anwesenheitsrechtes der in der Schweiz wohnhaften Familienangehörigen wird vom Bundesgericht auch in jenen Situationen vorausgesetzt, in denen die von einer ausländerrechtlichen Massnahme betroffene Person selber zwar ein gefestigtes Anwesenheitsrecht besitzt, ihre in der Schweiz wohnhaften Familienangehörigen indes nur über ein aus diesem abgeleitetes, im Sinne der bundesgerichtlichen Praxis daher nicht gefestigten Anwesenheitsrecht verfügen. In diesen Situationen ist die Anrufung von Art. 8 EMRK Rechtsprechung ebenfalls ausgeschlossen[72].

IV. Ausschluss der Berufung auf Art. 8 EMRK bei Rechtsmissbrauch?

1. Rechtsmissbrauch durch die sich auf Art. 8 EMRK berufende Person

Nach Art. 7 Abs. 2 ANAG erlischt der Anspruch auf Erteilung einer Aufenthaltsbewilligung an den ausländischen Ehepartner von Schweizer Staats-

---

fünf Jahren, SR 0.142.113.722), *Italien* (Erklärung über die Anwendung des Niederlassungs- und Konsularvertrages vom 22. Juli 1868 zwischen der Schweiz und Italien, abgegeben am 5. Mai 1934, SR 0.142.114.541.3), *Niederlande* (Notenwechsel vom 16. Februar 1935 zwischen der Schweiz und den Niederlanden über die Niederlassungsbewilligung für Angehörige der beiden Staaten, die seit fünf Jahren ununterbrochen im anderen Staat wohnen, SR 0.142.116.364), *Österreich* (Notenwechsel vom 18. September 1997), *Portugal* (Briefwechsel vom 12. April 1990 zwischen der Schweiz und Portugal über die administrative Stellung der Staatsangehörigen aus einem der beiden Länder im andern nach einer ordnungsgemässen und ununterbrochenen Aufenthaltsdauer von fünf Jahren, SR 0.142.116.546) und *Spanien* (Briefwechsel vom 9. August/31. Oktober 1989 zwischen der Schweiz und Spanien über die administrative Stellung der Staatsangehörigen aus einem der beiden Länder im andern nach einer ordnungsgemässen und ununterbrochenen Aufenthaltsdauer von fünf Jahren, SR 0.142.113.328.1) nach einem *fünfjährigen* Aufenthalt; hierzu ferner *Kottusch*, Niederlassungsbewilligung, 521 ff.

[70] *Wurzburger*, 286; *Spescha*, 480.

[71] Unpublizierter BGerE vom 18.8.1994 i.S. A. (2A.69/1993).

[72] Unpublizierter BGerE vom 10.3.1997 i.S. M. (2A.516/1996).

angehörigen, wenn „die Ehe eingegangen worden ist, um die Vorschriften über Aufenthalt und Niederlassung von Ausländern und namentlich jene über die Begrenzung der Zahl der Ausländer zu umgehen", d.h. wenn eine *Scheinehe*[73] vorliegt oder die Berufung auf diese Bestimmungen *rechtsmissbräuchlich*[74] erscheint. Dies gilt nach bundesgerichtlicher Praxis, obwohl Art. 17 Abs. 2 ANAG keine entsprechende ausdrückliche Regelung enthält, analog auch für Scheinehen zwischen niedergelassenen Fremden und ihren aus dem Ausland zugezogenen Ehepartnern[75]. In diesen Situationen ist nach bundesgerichtlicher Praxis eine Berufung auf Art. 8 EMRK und die Geltendmachung eines aus dieser Bestimmung abgeleiteten Anwesenheitsanspruches rechtsmissbräuchlich und daher unzulässig[76]. Eine Anrufung von Art. 8 EMRK würde das Bundesgericht wohl ferner auch deshalb zurückweisen, weil in diesen Konstellationen in der Regel keine intakte und tatsächlich gelebte eheliche Beziehungen besteht.

---

[73] Das Vorliegen einer *Scheinehe* entzieht sich dem direkten Beweis und kann nur aufgrund von *Indizien* nachgewiesen werden (vgl. hierzu *Peter Kottusch*, Scheinehen aus fremdenpolizeilicher Sicht, ZBl 84 (1983), 425 ff., 432 f.). Derartige Indizien lassen sich nach bundesgerichtlicher Praxis etwa darin erkennen, dass der Eheschluss trotz drohender Wegweisung oder nach einer Landesverweisung erfolgte, die Ehegatten sich nur kurze Zeit vor der Heirat kannten, eine Wohngemeinschaft gar nie aufgenommen worden ist, für den Eheschluss eine Geldleistung vereinbart wurde, ein grosser Altersunterschied zwischen den Ehegatten besteht, eine Tätigkeit in der Prostitution ausgeübt wird etc. (BGE 123 II 49; BGE 122 II 289; BGE 121 II 97). Damit jedoch in einem konkreten Einzelfall das Vorliegen einer Scheinehe beurteilt werden kann, müssen sämtliche Umstände beachtet werden. Schliesslich genügt es für den Rechtsmissbrauchstatbestand nicht, dass „le mariage [ait été] contracté dans le but de permettre au conjoint étranger de séjourner régulièrement en Suisse; encore faut-il que la communauté conjugale n'ait pas été réellement voulue" (BGE 121 II 97, E. 3b, 102). Die Motive für die Eheschliessung sind daher unbeachtlich, wenn die Eheschliessung und die eheliche Gemeinschaft von den Ehegatten tatsächlich gewollt waren.

[74] *Rechtsmissbrauch* kann im Rahmen von Art. 7 Abs. 2 sowie 17 Abs. 2 ANAG auch dann gegeben sein, wenn zwar keine Scheinehe vorliegt, die *Berufung auf die Ehe jedoch dem einzigen Zweck des Erhalts bzw. Verlängerung einer Aufenthaltsbewilligung dient*: „il y a abus de droit lorsque le conjoint étranger invoque un mariage n'existant plus que formellement dans le seul but d'obtenir une autorisation de séjour", BGE 121 II 97, E. 4a, 104.

[75] BGE 121 II 5.

[76] BGE 122 II 289, E. 3a, 296 f.; *Wurzburger*, 288; *Mock*, Mesures de police, 106.

2. Rechtsmissbräuchliche Berufung auf Art. 8 EMRK durch das während der Scheinehe geborene Kind?

Ob der Rechtsmissbrauch auch auf das während einer Scheinehe geborene Kind durchschlägt und diesem eine Berufung auf Art. 8 EMRK verunmöglicht, weil derjenige Elternteil, der zur Erlangung eines Aufenthaltstitels eine Scheinehe eingegangen ist, auf diesem Umweg versuchen könnte, doch noch eine Aufenthaltsbewilligung zu erhalten, hat das Bundesgericht bisher offen gelassen. Im einzigen bisher beurteilten Fall hatten die kantonalen Behörden in Zweifel gezogen, dass es sich um das gemeinsame Kind der Ehegatten handelte. Da der Tochter die Ausreise ohnehin hatte zugemutet werden können, wäre nach Ansicht des Bundesgerichtes aber auch ein allfälliger Eingriff in das Familienleben gerechtfertigt gewesen[77]. Bestehen indes keine Zweifel, dass ein Kind das gemeinsame Kind der Ehegatten sei, so muss diesem die Berufung auf Art. 8 EMRK möglich sein. In dieser Situation kann zudem wohl auch kaum mehr von einer Scheinehe gesprochen werden.

V. Würdigung der bundesgerichtlichen Praxis im Lichte der Rechtsprechung der Konventionsorgane

Eine Berufung auf Art. 8 EMRK ist nach bundesgerichtlicher Rechtsprechung[78] u.a. nur möglich, wenn das Aufenthaltsrecht der in der Schweiz ansässigen Familienangehörigen besonderen Anforderungen entspricht: Gefordert wird ein *gefestigter Aufenthalt* in der Schweiz. Demgegenüber gehen die Strassburger Organe davon aus, dass eine Anrufung von Art. 8 EMRK das Bestehen von Familienleben voraussetze, ohne jedoch die Art des Aufenthaltsrechtes der Familienangehörigen im betreffenden Konventionsstaat weiter zu qualifizieren. In B 11945/86 hat die Kommission zwar ausgeführt,

---

[77] BGE 122 II 289; *Wurzburger*, 288.

[78] Die vom Bundesgericht für die Anrufung von Art. 8 EMRK in ausländerrechtlichen Fällen aufgestellten Anforderungen sind von weiteren Bundesbehörden sowie kantonalen Gerichten übernommen worden. Siehe beispielsweise den Entscheid des EJPD vom 9.7.1992, VPB 57 (1993), Nr. 14 sowie die Entscheide der Schweizerischen Asylrekurskommission vom 30.9.1994 i.S. C., EMARK 1995, Nr. 12 bzw. vom 6.11.1995 i.S. J., EMARK 1995, Nr. 24. Ob der Schweizerische Bundesrat tatsächlich vom Erfordernis des gefestigten Anwesenheitsrechtes absieht, kann m.E. aufgrund des - soweit ersichtlich - einzigen publizierten Entscheides (Entscheid des Bundesrates vom 18.9.1989, VPB 54 (1990), Nr. 19) nicht abschliessend beurteilt werden, besass die Gattin des mit einer Einreisesperre belegten Ausländers die schweizerische Staatsangehörigkeit und somit ein gefestigtes Anwesenheitsrecht; vgl. zum Ganzen auch *Grant*, 280 f.

dass „the second applicant had been granted only a tourist visa of limited duration when entering the Federal Republic of Germany and that the first applicant had also only a residence permit of limited duration. Under these circumstances it appears doubtful whether the applicants can claim a right under Article 8 to reside in the Federal Republic of Germany"[79]; da die Beschwerdeführer jedoch den innerstaatlichen Instanzenzug nicht erschöpft hatten, konnte die Kommission diese Frage offen lassen. In einer gegen die Schweiz gerichteten Beschwerde hat die Kommission indes die Anwendbarkeit von Art. 8 EMRK bejaht, da zwischen dem Vater, der ausgewiesen werden sollte, und seinem in der Schweiz mit einer Jahresaufenthaltsbewilligung wohnhaften Sohn Familienleben bestand[80]. Bedeutsam ist in diesem Zusammenhang schliesslich der Fall *Gül*.

Die Fremdenpolizei des Kantons Basel-Land hatte den mit einer Aufenthaltsbewilligung aus humanitären Gründen in der Schweiz lebenden Ehegatten Gül den Nachzug ihres minderjährigen Sohnes Ersin verweigert. Eine gegen diesen Entscheid beim *Bundesgericht* erhobene Verwaltungsgerichtsbeschwerde, die eine Verletzung von Art. 8 EMRK rügte, wurde zurückgewiesen, da die Eltern über kein gefestigtes Aufenthaltsrecht i.S. der bundesgerichtlichen Praxis verfügten; in ihrem Art. 31-Bericht bejahte die *Kommission* indes das Vorliegen eines Eingriffes und erachtete diesen in der Folge als unverhältnismässig. Der *Gerichtshof* seinerseits prüfte den Fall unter dem Aspekt einer positiven Verpflichtung; im Rahmen der Güterabwägung legte er u.a. dar, dass die Eltern Gül in der Schweiz kein ständiges, sondern nur ein widerrufbares Aufenthaltsrecht besitzen.

Obwohl der Europäische Gerichtshof für Menschenrechte das Bestehen einer positiven Verpflichtung der Schweiz im Fall *Gül* letztlich verneinte, ist dieser Entscheid insofern von Bedeutung, als er die restriktive Praxis des Bundesgerichtes in bezug auf den Charakter des Anwesenheitsrechtes doch sehr in Frage stellt. Fern einer Stützung der bundesgerichtlichen Haltung hat der Gerichtshof die relative Unsicherheit einer Aufenthaltsbewilligung aus humanitären Gründen im Rahmen der Güterabwägung lediglich als einen Aspekt unter mehreren in Betracht gezogen. Unerheblich für die Frage der Vereinbarkeit der restriktiven Praxis des Bundesgerichtes mit der Konventionspraxis ist, ob in casu eine Verletzung von Art. 8 EMRK vorgelegen hat oder nicht. Entscheidend ist einzig der Umstand, dass die *Konventionsorgane eine umfassende Güterabwägung nicht unter Hinweis auf das unsichere Auf-*

---

[79] B 11945/86, *Ugurlukoc gegen Bundesrepublik Deutschland*, DR 51, 189.
[80] B 34295/96, *K. gegen die Schweiz*, unpublizierter KE vom 26. Februar 1997; aus dem Kommissionsentscheid geht hervor, dass das Bundesgericht die Verwaltungsgerichtsbeschwerde des Vaters am 14.5.1996 für unzulässig erklärt hatte, da der Sohn kein gefestigtes Anwesenheitsrecht in der Schweiz besass und eine Berufung auf Art. 8 EMRK daher ausgeschlossen sei.

enthaltsrecht ausschliessen, wie dies in der bundesgerichtlichen Rechtsprechung der Fall ist. In diesem Sinne läuft das Vorgehen des Bundesgerichtes der Strassburger Praxis eindeutig zuwider. Die restriktive bundesgerichtliche Auslegung ist daher nicht mit der Praxis der Konventionsorgane vereinbar; eine Anrufung von Art. 8 EMRK muss immer dann möglich sein, wenn die im betreffenden Konventionsstaat wohnhaften Familienangehörigen über ein *Anwesenheitsrecht*[81] verfügen und Familienleben i.S. von Art. 8 Abs. 1 EMRK gegeben ist. Die Art des Anwesenheitsrechtes - befristet oder unbefristet etc. - sowie die Dauer des Aufenthaltes werden erst im Rahmen der Prüfung des Vorliegens eines Eingriffes oder der Güterabwägung bzw. der Frage nach dem Vorliegen einer positiven Verpflichtung bedeutsam.

Unzutreffend ist in diesem Zusammenhang auch das von Wurzburger zur Rechtfertigung der restriktiven bundesgerichtlichen Praxis vorgebrachte Argument, dass bei „ungesicherten" Aufenthaltstiteln in der Mehrzahl der Fälle die Erteilung einer fremdenpolizeilichen Bewilligung abzulehnen wäre, selbst wenn eine Güterabwägung nach Art. 8 Abs. 2 EMRK vorgenommen würde[82]. Gerade bei Ausländerinnen und Ausländern, die aus humanitären Gründen vorläufig aufgenommen worden sind oder bei Flüchtlingen, denen zwar kein Asyl gewährt wurde, die aber wegen eines Wegweisungshindernisses während längerer Zeit nicht in ihre Heimat zurückkehren können, überwiegt nach gewisser Zeit das private Interesse am Zusammenleben mit den engsten Familienangehörigen und lässt die öffentlichen Interessen an der Durchsetzung einer restriktiven Einwanderungspolitik in den Hintergrund treten. Die grosse Zahl der Fälle, in denen durch die restriktive Praxis des Bundesgerichtes nahe Familienangehörige am Zusammenleben gehindert werden, sowie der Charakter der beeinträchtigten Interessen lassen jegliche Schematisierung (i.S. des Nichteintretens bei nicht gefestigten Aufenthaltsrechten) als unzulässig erscheinen.

Die vom Bundesgericht auf die im Schrifttum geäusserte Kritik an seiner restriktiven Haltung vorgebrachten Argumente[83] vermögen jedoch auch im Lichte des schweizerischen Rechtes kaum zu überzeugen. Ausländerinnen und Ausländern, die „nicht mit der Erneuerung ihrer befristeten fremdenpolizeilichen Bewilligung rechnen können", negiert das Bundesgericht das Recht, mit ihren Familienangehörigen in der Schweiz zu wohnen. Diese Sichtweise impliziert, dass befristete Anwesenheitsbewilligungen von den zuständigen Behörden nach Belieben erteilt, versagt, verlängert oder nicht verlängert werden können. Zutreffend ist zwar, dass nach Art. 4 ANAG die Fremdenpolizeibehörden nach *freiem Ermessen* über die Erteilung und Verlängerung von Bewilligungen entscheiden können. Dies bedeutet jedoch

---

[81] Siehe ebenso *Mock*, Mesures de police, 102; *Wisard*, 426; *Villiger*, Handbuch, Rz. 565; *Mock*, Convention européenne, 543 und 548 f.

[82] *Wurzburger*, 286 f.

[83] BGE 119 Ib 91, E. 1c, 94.

nicht, dass die Behörden bei der Bewilligungserteilung völlig freie Hand hätten; sie sind vielmehr verpflichtet, ihr Ermessen unter Beachtung der verfassungsmässigen Grundsätze, insbesondere des *Verhältnismässigkeitsprinzips*, auszuüben[84]. Der Grundsatz der Verhältnismässigkeit setzt das Bestehen eines angemessenen Verhältnisses zwischen dem angestrebten Zweck und dem zur Erreichung ergriffenen Mittel voraus. Auf die Verlängerung fremdenpolizeilicher Bewilligungen angewendet heisst dies, dass die Nichtverlängerung einer Bewilligung verhältnismässig zum damit verfolgten Ziel sein muss. Mit zunehmender Aufenthaltsdauer in der Schweiz verkleinert sich jedoch aufgrund des Verhältnismässigkeitsprinzips der den Fremdenpolizeibehörden eingeräumte Ermessensspielraum, d.h. das Ermessen schrumpft[85]; liegen gegen Ausländerinnen und Ausländer, die sich seit *relativ langer Zeit* in der Schweiz aufhalten, keine besonderen Gründe vor, welche eine Nichtverlängerung ihrer Bewilligung zu indizieren vermögen, so erscheint eine Nichtverlängerung ihrer Bewilligung kaum als verhältnismässig, d.h. diese Ausländerinnen und Ausländer dürfen grundsätzlich mit der Verlängerung ihrer fremdenpolizeilichen Bewilligung rechnen; in derartigen Fällen ist die bundesgerichtliche Praxis, eine Berufung auf Art. 8 EMRK auszuschliessen, da die betreffenden Ausländerinnen und Ausländer keinen Rechtsanspruch auf die Bewilligungsverlängerung haben, eindeutig zu restriktiv. Zumindest unbescholtenen Ausländerinnen und Ausländern, die aufgrund der langen Dauer ihres Aufenthaltes, persönlicher Umstände (beispielsweise bei einer Aufenthaltsbewilligung aus humanitären Gründen) oder aber wegen des Fortbestehens äusserer Umstände (bei einer vorläufigen Aufnahme) zwar keinen Anspruch auf Verlängerung ihrer fremdenpolizeilichen Bewilligung haben, aber in guten Treuen mit deren Verlängerung rechnen dürfen, sollte eine Berufung auf Art. 8 EMRK offenstehen. Interessant ist übrigens in diesem Zusammenhang, dass zwar auch nach Art. 39 Abs. 1 lit. a BVO der Aufenthalt als gefestigt erscheinen muss, damit Aufenthalterinnen und Aufenthaltern der Familiennachzug bewilligt werden kann; als *gefestigt* gilt hier der Aufenthalt aber schon dann, wenn die *Verlängerung der Aufenthaltsbewilligung nicht als gefährdet erscheint*, d.h. kein Verstoss gegen die öffentliche Ordnung oder Sicherheit, keine strafrechtliche Verurteilung wegen eines

---

[84] Siehe hierzu vorne 91.

[85] Zum Begriff der Ermessensschrumpfung siehe *Fritz Gygi*, Bundesverwaltungsrechtsrechtspflege, 2. überarbeitete Auflage, Bern 1983, 314; *René Rhinow*, Vom Ermessen im Verwaltungsrecht: eine Einladung zum Nach- und Umdenken, recht 1983, 41 ff. (Teil I) und 83 ff. (Teil II), 52 f. sowie *Claudia Schoch*, Methode und Kriterien der Konkretisierung offener Normen durch die Verwaltung - Eine Untersuchung von Theorie und Praxis anhand ausgewählter durch die Bundesverwaltung zu erteilender wirtschaftspolizeilicher Bewilligungen, Zürich 1984, 14.

schweren Deliktes oder eine hohe Verschuldung vorliegt[86]. Es ist daher stossend, wenn zwar einerseits auf innerstaatlicher Ebene Ausländerinnen und Ausländern mit Aufenthaltsbewilligung grundsätzlich die Möglichkeit auf Nachzug ihrer Familienangehörigen eingeräumt, andererseits jedoch der entsprechenden menschenrechtlichen Garantie die Anwendung versagt wird. Das bundesgerichtliche Erfordernis eines gefestigten Anwesenheitsrechtes schränkt den Schutzbereich des Rechtes auf Achtung des Familienlebens in ausländerrechtlichen Sachverhalten ein und begründet auf diese Weise eine unzulässige immanente Schranke von Art. 8 EMRK[87].

Die restriktive Auslegung und Anwendung von Art. 8 EMRK durch das schweizerische Bundesgericht hat zur Folge, dass dieser Bestimmung in der Schweiz nur in einem sehr beschränkten Ausmass eigenständige, d.h. über Art. 7 Abs. 1[88] sowie Art. 17 Abs. 2 ANAG[89] hinausgehende, Bedeutung zukommt. Der über die Regelungen des schweizerischen Ausländerrechtes hinausgehende Schutzbereich von Art. 8 EMRK erfasst nach bundesgerichtlicher Rechtsprechung:

– das Familienleben zwischen in der Schweiz niedergelassenen oder das Schweizer Bürgerrecht besitzenden Eltern und ihren erwachsenen Kindern, wenn ein besonderes Abhängigkeitsverhältnis besteht[90];
– das Familienleben zwischen nahen Verwandten, deren Beziehung nicht zum Schutzbereich von Art. 7 Abs. 1 oder Art. 17 Abs. 2 ANAG gehört, wenn ein Familienmitglied Schweizer Staatsangehöriger oder in der Schweiz niedergelassen ist[91];

---

[86] *Kottusch*, Familiennachzug, 335; *Möhr-Monn*, 134; *Schlegel*, 34; *Traub*, 93; vgl. ferner vorne 100 ff.

[87] Siehe zum Begriff der immanenten Schranken vorne 51 f.

[88] Anspruch auf Erteilung einer Aufenthaltsbewilligung an den ausländischen Ehegatten von Schweizer Bürgerinnen und Bürgern sowie Anspruch auf Erteilung einer Niederlassungsbewilligung nach fünfjährigem, ordnungsgemässen Aufenthalt; vorne 189 Anm. 69.

[89] Anspruch auf Erteilung einer Aufenthaltsbewilligung an den ausländischen Ehegatten in der Schweiz niedergelassener Ausländerinnen und Ausländer bzw. Anspruch auf Einbezug der minderjährigen Kinder in die Niederlassungsbewilligung des in der Schweiz niedergelassenen Elternteiles. Nach fünfjähriger Aufenthaltsdauer haben auch die im Rahmen von Art. 17 Abs. 2 ANAG eingereisten Ehegatten einen Anspruch auf Erteilung einer Niederlassungsbewilligung; vorne 92 ff.

[90] Art. 17 Abs. 2 ANAG ist in diesem Fall nicht anwendbar, da diese Bestimmung nur Kindern unter 18 Jahren einen Anspruch auf Nachzug einräumt; vgl. z. B. BGE 115 Ib 1.

[91] Siehe beispielsweise 120 Ib 257 betr. Nachzug des Halbbruders.

B. Schweizerisches Bundesgericht

- die durch Art. 7 Abs. 1 bzw. 17 Abs. 2 ANAG geschützten familiären Beziehungen, wenn die entsprechenden Ansprüche wegen Bestehens eines Ausweisungsgrundes bzw. Verstosses gegen die öffentliche Ordnung erloschen sind[92];

- das Familienleben in der Schweiz wohnhafter Ausländerinnen und Ausländer, die Anspruch auf Erteilung und/oder Verlängerung der Aufenthaltsbewilligung bzw. auf Erteilung der Niederlassungsbewilligung haben[93].

Eine liberalere Interpretation von Art. 8 EMRK i.S. der Praxis der Konventionsorgane würde jedoch beispielsweise auch den Schutz des Familienlebens seit langem in der Schweiz lebender Ausländerinnen und Ausländer, denen eine *Aufenthaltsbewilligung* bzw. eine *humanitäre Aufenthaltsbewilligung* erteilt worden ist, oder von Fremden gestatten, die, da ihre Aus- oder Wegweisung nicht vollzogen werden kann, *vorläufig aufgenommen* wurden, wenn ihre Ausreise für längere Zeit nicht möglich erscheint[94]. Ob aufgrund der Konventionsbestimmung tatsächlich ein Aufenthaltstitel zu erteilen ist, wäre im Rahmen einer Güterabwägung nach Art. 8 Abs. 2 EMRK zu prüfen.

Im Gegensatz zu den Konventionsorganen, die in bestimmten Situationen durchaus bereit sind, das Bestehen eines Anwesenheitsanspruches unter dem Aspekt des ebenfalls in Art. 8 EMRK garantierten Rechtes auf Achtung des Privatlebens zu prüfen, hat das Bundesgericht dies mit dem Hinweis, dass seiner Ansicht nach die Einräumung eines Anspruches auf Anwesenheit an ausländische Familienangehörige in einer Wertentscheidung für Ehe und Familie beruhe, lange verneint[95]. In jüngster Zeit scheint es zwar von dieser starren Haltung etwas abzukommen, doch verneint es immer noch, dass die während eines jahrzehntelangen Aufenthaltes in der Schweiz geknüpften gesellschaftlichen Beziehungen in den Schutzbereich des Privatlebens fallen[96]. Daher können beispielsweise die Beziehungen einer gleichgeschlechtlichen Partnerschaft oder die Beziehungen zum gesellschaftlichen und sozialen Umfeld nicht als derart geschützt betrachtet werden, dass sie die Einräumung eines Aufenthaltsrechtes zu begründen vermögen. Konkret hat die bundesgerichtliche Rechtsprechung zur Folge, dass die Partner und Partnerinnen einer gleichgeschlechtlichen Beziehung oder in der Schweiz integrierte Ausländerinnen und Ausländer ohne Familienleben keinen Schutz aus Art. 8 EMRK

---

[92] Vgl. z. B. BGE 116 Ib 353; soweit die Rechtfertigungsvoraussetzungen von Art. 8 Abs. 2 EMRK restriktiver angewendet werden.

[93] Siehe z. B. unpublizierten BGerE vom 6.3.1996 i.S. G. (2P.404/1995).

[94] *Gerber/Métraux*, 107 f. und 110 f.; *Wisard*, 428 f.

[95] BGerE vom 22.5.1992 i.S. R. und R., publiziert in EuGRZ 1992, 562 ff.

[96] Unpublizierter BGerE vom 3.11.1994 i.S. *Hasan C.*, E. 2b (2P.253/1994).

gegen Beeinträchtigungen ihres Privatlebens durch ausländerrechtliche Massnahmen geltend machen können[97].

C. Die Rechtsprechung der österreichischen Gerichtshöfe des öffentlichen Rechtes

Durch Beschwerde kann vor dem österreichischen Verfassungsgerichtshof bzw. dem österreichischen Verwaltungsgerichtshof geltend gemacht werden, fremdenrechtliche Verwaltungsentscheide seien infolge Verfassungsgesetzeswidrigkeit (Verfassungsgerichtshof)[98] bzw. inhaltlicher oder formeller Rechtswidrigkeit (Verwaltungsgerichtshof)[99] aufzuheben. Da der EMRK in Österreich Verfassungsrang zukommt[100], stellen die in der Konvention garantierten Grundrechte und Freiheiten verfassungsgesetzlich gewährleistete Rechte[101] dar und können daher vor beiden Gerichtshöfen des öffentlichen Rechtes angerufen werden.

I. Relevantes Privat- und Familienleben

Sowohl Verfassungs- als auch Verwaltungsgerichtshof setzen für die Berufung auf den in Art. 8 EMRK garantierten Schutz des *Familienlebens* in fremdenrechtlichen Beschwerdefällen wie die Konventionsorgane lediglich das Bestehen von Familienleben voraus. Neben den Beziehungen der Kernfamilie wird dabei auch das erweiterte Familienleben geschützt. Bei letzterem muss indes ein Moment des *Zusammenlebens* i.S. einer tatsächlichen

---

[97] Vgl. hierzu auch die Kritik von *Breitenmoser*, Rechtsprechung, 540 ff.; siehe ferner hinten 306 ff.

[98] Art. 140 Abs. 1 B-VG. Ein Entscheid ist dann verfassungswidrig, wenn „der ihn verfügende Bescheid ohne jede Rechtsgrundlage ergangen wäre, auf einer dem Art. 8 MRK widersprechenden Rechtsvorschrift beruhte oder wenn die Behörde bei Erlassung des Bescheides eine verfassungsrechtlich unbedenkliche Rechtsgrundlage in denkunmöglicher Weise angewendet hätte", VfSlg 11982/1989.

[99] Art. 131 Abs. 1 lit. 1 B-VG.

[100] *Ermacora*, 5; *Öhlinger*, 37; *Frowein/Peukert*, 4; *Wolf Okresek*, Der Einfluss der EMRK und der Judikatur der Strassburger Organe auf die österreichische Rechtsordnung, ÖIMR-Newsletter 1997, Sonderheft zum Festakt „10 Jahre Österreichisches Institut für Menschenrechte", 144.

[101] Verfassungsgesetzlich gewährleistete Rechte sind diejenigen subjektiven Rechte, die dem Einzelnen durch objektive Rechtsvorschriften im Verfassungsrang eingeräumt werden; *Öhlinger*, 31; *Walter/Mayer*, 478; *Ermacora*, 4 f.

Lebensgemeinschaft hinzutreten, damit die Beziehung vom Schutzbereich des Familienlebens erfasst wird[102]. Leben die betreffenden Familienangehörigen indes tatsächlich zusammen, so scheint die Rechtsprechung das Bestehen von Familienleben grundsätzlich zu bejahen.

In diesem Sinne hat der Verwaltungsgerichtshof beispielsweise das Bestehen von Familienleben zwischen einem erwachsenen Sohn und dessen betagter Mutter bejaht, da sie zusammen lebten[103]. Ebenso hat der Verfassungsgerichtshof angenommen, dass die Verhängung eines Aufenthaltsverbotes das Familienleben zwischen erwachsenen Schwestern beeinträchtige[104]. Schliesslich stellte auch die Versagung einer Aufenthaltsbewilligung an die mit ihrem erwachsenen Sohn zusammenlebende und von diesem finanziell unterstützte Mutter einen Eingriff in das Familienleben dar[105].

Nichteheliche Partnerschaften oder die Beziehung zwischen *Verlobten* werden demgegenüber nach der Praxis der österreichischen Gerichtshöfe des öffentlichen Rechtes nicht vom Schutzbereich des Familienlebens erfasst[106]. Eine Berufung auf den Schutz des Familienlebens ist ferner auch bei *Scheinehen* ausgeschlossen[107] und schliesslich stellt auch eine klosterähnliche, geistige Gemeinschaft keine durch das Recht auf Achtung des Familienlebens geschützte Beziehung dar[108]. In all diesen Konstellationen ist indes eine Berufung auf den Schutz des *Privatlebens* möglich, anerkennen doch sowohl Verfassungsgerichtshof als auch Verwaltungsgerichtshof, dass fremdenpoli-

---

[102] „Während es sich bei der Beziehung zwischen den Ehepartnern sowie der zwischen Eltern und Kindern und deren Kindern jedenfalls um als vom Schutzbereich des § 20 Abs. 1 FrG umfasste Verhältnisse handelt, wird dies für über diesen engen Kreis hinausreichende Familienbeziehungen nicht ohne weiteres zu bejahen sein. So wird man die in der Beschwerde ins Treffen geführten Beziehungen der Beschwerdeführerin zu ihren Geschwistern und Schwägern sowie Neffen und Nichten unter dem hier massgeblichen Gesichtspunkt der Existenzsicherung der Familie vom Schutzumfang des § 20 Abs. 1 FrG nur dann als erfasst ansehen können, wenn zu der verwandschaftlichen Beziehung noch das Moment des Zusammenlebens i.S. einer tatsächlichen Lebensgemeinschaft hinzutritt", Erkenntnis VwGH vom 28.10.1993, 93/18/0491, Ziff. 3.1; Erkenntnis VwGH vom 24.3.1994, 94/18/0026; Erkenntnis VwGH vom 14.11.1996, 96/18/0469.

[103] Erkenntnis VwGH vom 23.6.1994, 94/18/0332.

[104] VfSlg 13241/1992.

[105] VfSlg 14331/1995.

[106] Erkenntnis VwGH vom 27.6.1996, 95/18/1343; Erkenntnis VwGH vom 14. November 1996, 96/18/0492.

[107] Erkenntnis VwGH vom 28.11.1996, 96/18/0511; in diesem Sinne bestimmt nun auch § 36 Abs. 1 Ziff. 9 FrG 1997, dass gegen Fremde, die eine Scheinehe zum Erhalt eines Aufenthaltstitels eingegangen sind, ein Aufenthaltsverbot erlassen werden kann; vgl. vorne 142.

[108] Erkenntnis VwGH vom 8.1.1990, 90/19/0170.

zeiliche Massnahmen grundsätzlich auch rechtfertigungsbedürftige Eingriffe in das Privatleben darzustellen vermögen[109].

Der Verwaltungsgerichtshof hat beispielsweise in einer Beschwerde betreffend die Ausweisung wegen illegalen Aufenthaltes einer seit rund vier Jahren in Österreich lebenden Staatsangehörigen der Bundesrepublik Jugoslawien ausgeführt, dass „aufgrund der Dauer des inländischen Aufenthaltes der Beschwerdeführerin mit der Erlassung der Ausweisung ein Eingriff in das Privatleben der Beschwerdeführerin (...) verbunden ist"[110]. Keinen Eingriff in das Privatleben stellte indes die Nichterteilung eines Sichtvermerkes an einen türkischen Staatsangehörigen dar, der als einzigen Bezugspunkt zu Österreich seine 75%-ige Beteiligung an einer österreichischen GmbH geltend gemacht hatte[111].

II. Einschränkung der Geltendmachung: Kein Beschwerderecht der indirekt betroffenen Familienangehörigen

Die Geltendmachung einer Verletzung des verfassungsgesetzlich gewährleisteten Rechtes auf Achtung des Familienlebens steht nach Art. 131 Abs. 1, Art. 144 Abs. 1 B-VG sowie der Rechtsprechung der österreichischen Gerichtshöfe des öffentlichen Rechtes nur den *Adressaten* eines fremdenrechtlichen Verwaltungsbescheides offen; bloss indirekt von einer fremdenrechtlichen Massnahme betroffene Familienangehörige können daher die Beeinträchtigung ihres Familienlebens nicht vor dem Verfassungs- bzw. Verwaltungsgerichtshof rügen:

„Der angefochtene Bescheid gestaltet ausschliesslich Rechte des Erstbeschwerdeführers, dessen Sichtvermerksantrag abgewiesen wurde; in die Rechtssphäre der Zweitbeschwerdeführerin, seiner Ehefrau, greift er nicht ein."[112]

Die Europäische Kommission für Menschenrechte hat zwar eine gegen diesen Ausschluss der mitbetroffenen Familienangehörigen von der Parteistellung gerichtete Beschwerde für unzulässig erklärt, sich dabei aber auf die Ausführungen der österreichischen Bundesregierung gestützt, wonach den Beschwerdeführern ein aus Art. 8 EMRK ableitbarer Anspruch auf Anerken-

---

[109] VfSlg 10737/1985; VfSlg 13336/1993; Erkenntnis VwGH vom 14.11.1996, 96/18/0492; vgl. hinten 306 f.

[110] Erkenntnis VwGH vom 13.6.1996, 96/18/203.

[111] VfSlg 13723/1994.

[112] Erkenntnis des VfGH vom 17.6.1997, B 592/96, II.1.1; siehe ferner VfGH 13723/1994; *Walter/Mayer*, 438 f.; *Wiederin*, 111 ff.

nung der Parteistellung zugestanden hätte[113]. Da die österreichische Rechtsprechung indes das Gegenteil beweist, erscheint die fehlende Legitimation der indirekt betroffenen Familienangehörigen daher im Lichte von Art. 13 EMRK - der das Recht garantiert, bei Verletzungen der Garantien der EMRK eine wirksame Beschwerde bei einer nationalen Instanz einlegen zu können - als äusserst problematisch.

III. Einschränkung der Geltendmachung: Faktischer Ausschluss einer Berufung auf Privat- und Familienleben in gewissen Konstellationen

Eine weitere Einschränkung der Geltendmachung der durch Art. 8 EMRK gewährleisteten Rechtsgüter des Privat- und Familienlebens besteht darin, dass gewisse fremdenrechtliche Bestimmungen zwingendes Recht darstellen und der vollziehenden Behörde keinen Beurteilungsspielraum zur Berücksichtigung persönlicher und familiärer Verhältnisse einräumen. So sah beispielsweise § 10 Abs. 1 Ziff. 6 und 7 FrG 1993 vor, dass Sichtvermerke zu versagen seien, wenn sie zeitlich an einen Touristensichtvermerk oder an eine sichtvermerksfreie Einreise anschliessen bzw. wenn sich der Sichtvermerkswerber nach Umgehung der Grenzkontrollen illegal in Österreich aufhielt. Die Nichtberücksichtigung der persönlichen und familiären Umstände hat der Verfassungsgerichtshof in diesen Fällen als mit Art. 8 EMRK vereinbar angesehen, da

„diese Gesetzestechnik (nämlich für bestimmte Fallgruppen die Erörterung des Umstandes, ob familiäre oder private Beziehungen des Fremden in Österreich bestehen, auszuschließen) (...) an sich zulässig [ist]. Eine derartige Regelung kann aber vor Art. 8 EMRK nur bestehen, wenn sie - von vernachlässigbaren Ausnahmefällen abgesehen - lediglich Fälle erfaßt, in denen eine Abwägung der familiären und privaten Interessen gegen die öffentlichen Interessen stets zu Ungunsten des Fremden ausfallen muß, weshalb es sinnlos wäre, eine Interessenabwägung im Einzelfall vorzunehmen.

Diesen Anforderungen entsprechen die Z6 und 7 des § 10 Abs. 1 FrG: Die Erläuterungen zur Regierungsvorlage legen plausibel dar, daß es einerseits dem Fremden - auch wenn er familiäre oder private Bindungen in Österreich hat (sei es, daß solche bereits vor seiner Einreise ins Bundesgebiet bestanden, sei es, daß sich solche erst während seines Aufenthaltes in Österreich entwickelt haben) - zumutbar ist und daß es andererseits im öffentlichen Interesse (wie es Art. 8 Abs. 2 EMRK umschreibt) liegt, wenn dem Fremden bei Vorliegen der in § 10 Abs. 1 Z 6 und 7 FrG genannten Umstände ein Sichtvermerk keinesfalls im Inland erteilt, sondern

---

[113] B 10266/83, *Inan et al. gegen Österreich*, unpublizierter KE vom 9.7.1984; siehe hierzu auch *Wilfried Ludwig Weh*, Aufenthaltsverbot und „Familienleben" - Ein Rechtsbereich konkreter Grundrechtsumsetzung, ZfV 1986, 303 ff., 304 f.

gefordert wird, daß er dessen Erteilung vom Ausland her anstrebt: (...) Der Gesetzgeber konnte also einerseits bei einer Durchschnittsbetrachtung - bei der, verfassungsrechtlich zulässig, allenfalls auftretende Härtefälle vernachlässigt werden dürfen - davon ausgehen, daß durch eine auf § 10 Abs. 1 Z 6 und 7 FrG gestützte Abweisung von Sichtvermerksanträgen das Familienleben allenfalls beeinträchtigt wird, daß damit aber in der Regel die familiären Kontakte nicht völlig inhibiert werden. So ist ein Zusammentreffen des im Ausland wohnenden Fremden mit seinem Familienangehörigen, der sich im Bundesgebiet aufhält, aufgrund eines Touristenvisums oder durch allfällige sichtvermerksfreie Einreise ohnehin möglich. Im übrigen kann das Familienleben bis zu einem gewissen Grad in der Regel auch dadurch aufrechterhalten werden, daß die im Ausland wohnenden Fremden von ihrem Verwandten, der seinen Wohnsitz (derzeit) in Österreich hat (...), im Ausland besucht werden. Schließlich kann der Fremde, dessen Sichtvermerksantrag zunächst gemäß § 10 Abs. 1 Z 6 und 7 FrG abgewiesen wurde, vom Ausland her die Erteilung eines Sichtvermerkes für einen längeren oder dauernden Aufenthalt in Österreich anstreben. (...) Eine rigorose, Ausnahmen ausschließende (daher in Einzelfällen Härten bedingende) Regelung, wie sie § 10 Abs. 1 Z 6 und 7 FrG trifft, kann nämlich deshalb notwendig sein, um zu sichern, daß das in anderen fremdenrechtlichen Vorschriften entwickelte geschlossene Ordnungssystem nicht gestört wird, welches der Erreichung des - sachlich begründbaren und durch Art. 8 Abs. 2 EMRK gedeckten - Ziele, die Einreise von Fremden nach Österreich zwecks längerem oder dauerndem Aufenthalt im Bundesgebiet (Einwanderung) in geordnete Bahnen zu lenken, dient."[114]

In § 10 des Fremdengesetzes 1997 wird neu ausgeführt, dass die Erteilung eines Aufenthaltstitels zwingend zu versagen ist, wenn er zeitlich an einen durch ein Reise- oder Durchreisevisum ermöglichten Aufenthalt anschliesst und nach der Einreise erteilt werden soll (Ziff. 2), nach sichtvermerksfreier Einreise erteilt werden soll, wobei dies nicht für begünstigte Drittstaatsangehörige sowie Angehörige von österreichischen Staatsangehörigen gilt (Ziff. 3) oder wenn sich die betreffenden Ausländerinnen und Ausländer nach Umgehung der Grenzkontrollen nicht rechtmässig im Bundesgebiet aufhalten (Ziff. 4). Die faktische Ausschluss der Geltendmachung von Art. 8 EMRK wird in gewissen Konstellationen weiterhin aufrechterhalten. Einzig für nahe Familienangehörige österreichischer Bürgerinnen und Bürger sowie begünstigte Drittstaatsangehörige, d.h. Familienangehörige von Angehörigen eines EU- oder EWR-Staates[115], bestimmt das FrG 1997, dass sie Aufenthaltstitel auch nach sichtvermerksfreier Einreise erhalten können.

---

[114] VfSlg 13497/1993; ferner Erkenntnis VwGH vom 27.6.1997, 95/19/1815.
[115] Vorne 131.

D. Die Rechtsprechung des französischen Conseil d'État

Neben der Beratung der Regierung in Gesetzgebungs- und Verwaltungsangelegenheiten kommt dem französischen Staatsrat, dem *Conseil d'État*, auch die letztinstanzliche Verwaltungsrechtsprechung zu[116]. Im Rahmen der bedeutendsten Klageart, dem *recours pour excès de pouvoir*, können alle von einer Verwaltungsentscheidung Betroffenen[117] die Aufhebung eines Verwaltungsaktes verlangen. Die Klage ist begründet, wenn der angefochtene Verwaltungsakt zumindest in einem Klagepunkt rechtswidrig ist, wobei - dem objektiven Charakter[118] dieser Klageart entsprechend - die Verletzung eines subjektiven Rechtes des Klägers nicht notwendig ist[119].

I. Die Geltendmachung von Art. 8 EMRK in ausländerrechtlichen Fällen

Art. 8 EMRK hat in der Rechtsprechung des Conseil d'État weniger im Rahmen klassischer Familiennachzugskonstellationen als vielmehr im Bereich aufenthaltsbeendender Massnahmen grosse Bedeutung erlangt. Notwendige Voraussetzung für diese Entwicklung war indes zunächst die Überwindung der 1980 im Entscheid *Touami ben Abdeslem* begründeten Praxis, wonach in Ausweisungsfällen eine Berufung auf Art. 8 EMRK zur Anfechtung der Ausweisung nicht zulässig war[120] und dies, obwohl der EMRK nach

---

[116] *Schlette*, 44.

[117] *Schlette*, 85.

[118] Beim «*recours pour excès de pouvoir*» handelt es sich um ein objektives Rechtsschutzverfahren, das auf die Kontrolle der Rechtmässigkeit der Verwaltung abzielt; lediglich als Nebeneffekt werden damit auch die Rechte der Beschwerdeführer geschützt. Diese objektive Konzeption der Verwaltungsrechtsprechung hat zur Folge, dass sich die Prüfung durch den Conseil d'État auf die Frage beschränkt, ob die Verwaltung objektiv Recht verletzt hat; die Geltendmachung oder Verletzung subjektiver Rechte ist dabei weder Voraussetzung für die Klagebefugnis noch für die Begründetheit der Klage; siehe hierzu *Schlette*, 77 f.

[119] *Schlette*, 93.

[120] „Un étranger ne peut utilement se prévaloir, à l'appui de conclusions tendant à l'annulation de la mesure d'expulsion dont il a fait l'objet, ni des dispositions de l'article 8 de la Convention européenne de sauvegarde des droits de l'homme et des libertés fondamentales aux termes desquelles «toute personne a droit au respect de sa vie privée et familiale, de son domicile et de sa correspondance», ni du principe général du droit selon lequel les étrangers résidant en France ont le droit de mener une vie familiale normale", CE, *Touami ben Abdeslem*, 25.7.1980, Recueil CE 1980, 820; vgl. hierzu auch die Urteilsanmerkung von *Bernard Pacteau* in JCP, éd. G, No. 19613; *Abraham*, 279; *Labayle*, Vie familiale, 521; *Corouge*, 318.

Art. 55 der Verfassung von 1958 *Übergesetzesrang*[121] zukommt und die gewährleisteten Rechte und Freiheiten *unmittelbar anwendbar* sind[122]. Der Ausschluss der Geltendmachung von Art. 8 EMRK erstreckte sich in der Folge auf sämtliche aufenthaltsbeendenden Massnahmen[123]. Erst 1991, in den Entscheiden *Beldjoudi*[124], *Belgacem*[125] und *Mme Naima Babas*[126], änderte der Conseil d'État seine bisherige Rechtsprechung und bejahte die Anrufung von Art. 8 EMRK gegen Ausweisungs- oder Wegweisungsverfügungen. Seit dieser bedeutsamen Praxisänderung ist Art. 8 EMRK zu einer zentralen Bestimmung der ausländerrechtlichen Rechtsprechung des Conseil d'État geworden, deren Anwendungsbereich zusehends ausgeweitet wurde und heute bei sämtlichen, den aufenthaltsrechtlichen Status betreffenden Massnahmen zu berücksichtigen ist[127].

II. Relevantes Privat- und Familienleben

Als Voraussetzung für die Berufung auf Art. 8 EMRK setzt der Conseil d'État in ausländerrechtlichen Beschwerdefällen einzig das *Bestehen von Privat- oder Familienleben in Frankreich* voraus. Als in diesem Sinne relevantes Familienleben anerkennt der Conseil d'État zunächst die Beziehung unter *Ehegatten*[128] bzw. zwischen *Eltern und Kindern*[129]. Relevantes Famili-

---

[121] „Les traités ou accords régulièrement ratifiés ou approuvés ont, dès leur publication, une priorité supérieure à celle des lois, sous réserve, pour chaque accord ou traité, de son application par l'autre partie"; *Cohen-Jonathan*, Convention, 248 ff.; *Cohen-Jonathan*, Rapports, 81; *Cassia/Saulnier*, 413; *Julien-Laferrière*, Vie familiale, 291; *Emmanuel Decaux*, Article 60, in: Louis-Edmond Pettiti/Emmanuel Decaux/Pierre-Henri Imbert (éd.), La Convention européenne des droits de l'homme, Commentaire article par article, Paris 1995, 897 ff., 899.

[122] *Cohen-Jonathan*, Convention, 241 ff.; *Cohen-Jonathan*, Rapports, 80; *Cassia/Saulnier*, 411; *Abraham*, 278 f.; *Julien-Laferrière*, Vie familiale, 291.

[123] *Julien-Laferrière*, Note, 552.

[124] CE, *Beldjoudi*, 18.1.1991, Rec. CE, 18 f.

[125] CE, *Belgacem*, 19.4.1991, Rec. CE, 152 f.

[126] CE, *Mme Naima Babas*, 19.4.1991, Rec. CE, 162 f.

[127] *François Julien-Laferrière*, Droit des étrangers, Sommaires commentés, D. 1995, Somm. 181; *Sudre*, Droit international, 272; ferner ausführlich hierzu *Julien-Laferrière*, Vie familiale, 293 f.

[128] So beispielsweise CE, *Aykan*, 10.4.1992, Rec. CE, 153 f.; CE, *Minin*, 10.4.1992, Rec. CE, 156 f.

[129] Z. B. CE, *El Baied*, 3.2.1992, Rec. CE, tab. 1041; CE, *Lahmar*, 21.2.1997, Dr. adm. 1997, No. 169.

enleben stellt indes auch eine *nichteheliche Lebensgemeinschaft* dar, zumindest wenn die Partner *gemeinsame Kinder*[130] haben oder *zusammenleben*[131], sowie u.U. die Beziehung zwischen *Verlobten*[132]. Angehörige der *zweiten Generation*, deren Eltern und/oder Geschwister auch in Frankreich leben, verfügen ebenfalls über relevantes Familienleben, vor allem wenn sie zum Unterhalt der übrigen Mitglieder ihrer elterlichen Familie beitragen[133]. Über die Fälle von Angehörigen der zweiten Generation hinaus anerkennt der Conseil d'État das Vorliegen von Familienleben auch bei Ausländerinnen und Ausländern, die erst als Erwachsene nach Frankreich, wo ihre Eltern und Geschwister leben, gekommen sind; dies gilt indes grundsätzlich nur dann, wenn die betreffenden Fremden keine familiären Beziehungen mehr in ihrem Heimatland haben oder ihre Anwesenheit für die in Frankreich lebenden Angehörigen wichtig ist[134]. Ebenso kann relevantes Familienleben vorliegen, wenn die von einer fremdenrechtlichen Massnahme betroffenen Ausländerinnen und Ausländer während langer Zeit rechtmässig mit ihren Eltern und Geschwistern in Frankreich gewohnt haben, später viele Jahre in ihrem Hei-

---

[130] CE, *Mme Naima Babas*, 19.4.1991, Rec. CE, 162 f.; demgegenüber hat der Conseil d'État im Entscheid *Sais* die Berufung auf Art. 8 EMRK ausgeschlossen, obwohl der in Scheidung lebende Beschwerdeführer in nichtehelicher Lebensgemeinschaft mit einer französischen Bürgerin lebte und die Geburt eines gemeinsamen Kindes bevorstand, CE, *Sais*, 14.2.1992, Rec. CE, tab. 1040.

[131] CE, *Hadj Ahmed*, 9.10.1996, D. 1997, IR 6; *Braconnier*, 529.

[132] CE, *Préfet des Bouches-du-Rhône c/ Mme Menassa*, 10.7.1995, D. 1995, Somm. 101; CE, *Mlle El Azzouzi*, 10.11.1995, Rec. CE, tab. 793; vgl. auch die Urteilsanmerkungen zu diesem Entscheid von *François Julien-Laferrière* in D. 1995, Somm. 106 f.

[133] CE, *Belgacem*, 19.4.1991, Rec. CE, 152; CE, *Serend*, 13.5.1992, Rec. CE, tab. 1040; CE, *Belrhalia*, 3.2.1991, Rec. CE, tab. 1041; hervorzuheben gilt, dass die Rechtsprechung des Conseil d'État in bezug auf die Bejahung von Familienleben bei Angehörigen der zweiten Generation in den vergangenen Jahren liberaler geworden ist. Während 1991 im Entscheid *Harres* (25.11.1991, Rec. CE, tab. 984) das Vorliegen von Familienleben allein aufgrund des Umstandes, dass die Eltern und sämtliche Geschwister des Beschwerdeführers in Frankreich lebten, verneint wurde, anerkannte der Conseil d'État 1996 im Entscheid *Mohammedi* (30.10.1996, Rec. CE, 418 f.) u.a. auch das Vorliegen von Familienleben in Frankreich, obwohl in beiden Fällen die Beschwerdeführer nicht zum Unterhalt der in Frankreich lebenden Familienangehörigen beitrugen. Auch die zeitweilige Rückkehr in das Heimatland vermag bei Angehörigen der zweiten Generation die Anerkennung relevanten Familienlebens in Frankreich - insbesondere wenn keine familiären Beziehungen zum Heimatland bestehen - nicht zu verhindern, CE, *Préfet des Yvelines c/ Mlle Bali*, 29.12.1993, Rec. CE, 382 f.; *Julien-Laferrière*, Vie familiale, 292 f.

[134] CE, *Mlle Hadad*, 26.7.1991, Rec. CE, tab. 984; CE, *Sylla*, 23.6.1995, Rec. CE, tab. 793.

matland verbracht haben und sich schliesslich erneut in Frankreich niederlassen wollen[135].

Eine Berufung auf Art. 8 EMRK ist mangels in Frankreich bestehendem, relevanten Familienleben nach der Rechtsprechung des Conseil d'État demgegenüber ausgeschlossen, wenn *Ehegatten nicht zusammenleben*[136] oder ein *Scheidungsverfahren hängig ist*[137]. Ebenso steht einem Elternteil die Anrufung des Schutzes des Familienlebens nicht offen, wenn der *Kontakt zum Kind vollständig abgebrochen ist*[138]. Effektives Familienleben fehlt schliesslich auch dann, wenn eine erwachsene Person lediglich mit der Absicht adoptiert wurde, ihr damit einen Aufenthaltstitel zu verschaffen[139].

Während der Conseil d'État bis vor kurzem eine Berufung auf Art. 8 EMRK ausschloss[140], wenn die von einer fremdenrechtlichen Massnahme betroffenen Ausländerinnen und Ausländer über keine effektiven familiären Bande in Frankreich verfügten, hat er jüngst im Entscheid *Soudani*[141] die Berufung auf den durch die Konvention ebenfalls geschützten Bereich des *Privatlebens* zugelassen.

---

[135] CE, *Marzini*, 10.4.1992, Rec. CE, 155 f.

[136] CE, *Mme Tréheux*, 15.5.1991, Rec. CE, tab. 984; CE, *Tarbane*, 23.9.1992, Rec. CE, tab. 1178; *Corouge*, 320.

[137] CE, *Sais*, 14.2.1992, Rec. CE, tab. 1040.

[138] CE, *Halladja*, 14.10.1992, Rec. CE, tab. 1171 f.

[139] CE, *Mlle Biaou*, 31.7.1996, Rec. CE, 329 f.; die durch Adoption entstandenen familiären Beziehungen fallen ansonsten grundsätzlich in den Schutzbereich von Art. 8 EMRK; CE, *Préfet des Alpes-Maritimes*, 16.11.1994, D. 1995, Somm. 172 f.; CE, *Ministre de l'Intérieur c/ Diomande Granier*, 9.6.1995, D. 1996, Somm. 110.

[140] Siehe beispielsweise CE, *Debbouza*, 8.7.1991, Rec. CE, tab. 984; CE, *Harres*, 25.11.1991, Rec. CE, tab. 984; CE, *Halladja*, 14.10.1992, Rec. CE, tab. 1171 f.; CE, *Tarbane*, 23.9.1992, Rec. CE, tab. 1178; CE, *M'Barki*, 24.1.1994, D. 1994, Somm. 248.

[141] CE, *Soudani*, 19.3.1997, Dr. adm. 1997, No. 169; der Entscheid betraf die Ausweisung eines seit seiner Geburt in Frankreich lebenden tunesischen Staatsangehörigen, dessen Eltern und Geschwister zwar ebenfalls in Frankreich wohnen, zu denen jedoch kein Kontakt mehr bestand. Die Anerkennung, dass durch eine aufenthaltsbeendende Massnahme auch das Privatleben beeinträchtigt wird, zeichnete sich bereits im Entscheid *Mohammedi* ab; der Conseil d'État hat hier die Ausweisung eines ledigen, kinderlosen und nicht unterstützungspflichtigen Angehörigen der zweiten Generation als Eingriff in das Privat- und Familienleben betrachtet; CE, *Mohammedi*, 30.10.1996, Rec. CE, 418 f.

E. Würdigung

Die Strassburger Praxis geht von einem autonom-evolutiv auszulegenden, weiten Familienbegriff aus und schützt daher de facto bestehendes und nicht lediglich de iure existierendes Familienleben. Dieser Ansatz gilt grundsätzlich auch im Rahmen ausländerrechtlicher Beschwerden, wobei in diesen Fällen den situationsbedingten Besonderheiten Rechnung getragen wird. In Hinblick auf den sachgerechten und notwendigen Schutz von Angehörigen der zweiten Generation vor aufenthaltsbeendenden Massnahmen erscheint das gewählte Vorgehen indes unter dogmatischen Gesichtspunkten verfehlt.

Die Berufung auf den in Art. 8 EMRK verankerten Anspruch auf Achtung des Familienlebens setzt nämlich voraus, dass Familienleben i.S. von Art. 8 Abs. 1 EMRK vorliegt. Nach unbestrittener und konstanter Rechtsprechung besteht zwischen Eltern und ihren erwachsenen Kindern grundsätzlich, d.h. wenn kein besonderes Abhängigkeitsverhältnis gegeben ist, kein Familienleben i.S. von Art. 8 EMRK. Bei Ausländerinnen und Ausländern der zweiten Generation übergehen die Konventionsorgane willentlich und wissentlich diese Tatsache und bejahen ohne Zögern das Bestehen von Familienleben zwischen erwachsenen Kindern und ihren Eltern, bzw. ihren Geschwistern. Nur mit diesem Kunstgriff ist ein Schutz durch Art. 8 EMRK überhaupt möglich. Obwohl im Ziel richtig, ist der gewählte Weg falsch. Denn sachlich wird durch die Privilegierung von Angehörigen der zweiten Generation bezweckt, dass Ausländerinnen und Ausländer, die in einem Land geboren worden sind oder seit frühester Kindheit dort wohnen und im dortigen gesellschaftlichen und sozialen Umfeld vollkommen integriert sind, nur unter erschwerten Bedingungen sollen gezwungen werden können, ihr - zumindest faktisches - Heimatland verlassen zu müssen. Geschützt wird somit nicht oder nicht primär das Familienleben zwischen Eltern und deren erwachsenen Kindern, sondern vielmehr die erfolgte *Integration* der Ausländerinnen und Ausländer in die gesellschaftlichen, sozialen und beruflichen Gegebenheiten des Aufenthaltsstaates[142]. Die Anknüpfung des Schutzes dieser Integration an das Familienleben zwischen den betreffenden Erwachsenen und ihren Eltern sowie Geschwistern ist daher dogmatisch verfehlt.

Der Ansatz der Konventionsorgane, Angehörige der zweiten Generation durch Anknüpfung an das Rechtsgut des Familienlebens besser vor aufenthaltsbeendenden Massnahmen zu schützen, ist aber noch unter einem weiteren Aspekt problematisch. Wie in einigen *concurring* bzw. *dissenting opini-*

---

[142] *Cholewinski*, Hidden Agenda, 298.

ons zu Urteilen des Gerichtshofes zu Recht kritisiert[143], berücksichtigt das von den Konventionsorganen gewählte Vorgehen nicht, dass nicht alle integrierten Ausländerinnen und Ausländer der zweiten Generation über ein Familienleben im Gaststaat verfügen, weil beispielsweise die Eltern verstorben oder in ihr Herkunftsland zurückgekehrt sind. Die Verweigerung des erhöhten Schutzes nur wegen des Fehlens familiärer Beziehungen in einem Konventionsstaat, in dem die betroffenen Ausländerinnen und Ausländer ihr ganzes oder praktisch ganzes bewusstes Leben verbracht haben, wäre stossend und wohl kaum mit dem in Art. 14 EMRK verankerten Verbot der Diskriminierung beim Genuss der Konventionsrechte vereinbar. Da der Begriff des Familienlebens auch im Rahmen einer evolutiven und effektiven Auslegung aber niemals derart weit interpretiert werden kann, dass neben familiären Banden auch die Beziehungen von Individuen zu ihrem gesellschaftlichen Umfeld in seinen Schutzbereich fallen können, erscheint in diesen Konstellationen ein Rückgriff auf den Schutzbereich des Privatlebens sachlich geradezu unumgänglich. Ein solches Vorgehen wäre ferner auch für die Ausweisung bzw. Ausschaffung von integrierten Ausländerinnen und Ausländern, deren Eltern und Geschwister im betreffenden Konventionsstaat leben, sachgerechter und dogmatisch richtig. Die Anrufung eines kombinierten Schutzbereiches von *Privat- und Familienleben* drängt sich schliesslich für diejenigen Ausländerinnen und Ausländer der zweiten Generation auf, die im Gaststaat integriert sind und dort eine eigene Familie gegründet haben.

In diesem Sinne ist zu begrüssen, dass in jüngster Zeit die Konventionsorgane bei aufenthaltsbeendenden Massnahmen gegen Angehörige der zweiten Generation oder gegen Ausländerinnen und Ausländer, die seit langer Zeit in einem Konventionsstaat gelebt haben, feststellen, eine bestimmte Massnahme bedeute einen Eingriff in das *Privat- und Familienleben* bzw. gar deren Verletzung[144]. Diese erfreuliche Tendenz reflektiert sich zunehmend auch in der Rechtsprechung der innerstaatlichen Höchstgerichte.

---

[143] Concurring opinion von Richter *Martens* sowie separate opinion von Richter *De Meyer* im Fall *Beldjoudi gegen Frankreich*; Partly dissenting opinion von Richter *Morenilla* und concurring opinion von Richter *Wildhaber* im Fall *Nasri gegen Frankreich*; Dissenting opinion von Richter *Martens* im Fall *Boughanemi gegen Frankreich*; Dissenting opinion von Richterin *Palm* im Fall *Bouchelkia gegen Frankreich*; Dissenting opinion von Richter *Foighel* im Fall *El Boujaïdi gegen Frankreich*.

[144] Vgl. in diesem Sinne die Urteile des EGMR *C. gegen Belgien*, Reports 1996-III, 915 ff. (keine Verletzung), *Mehemi gegen Frankreich*, Reports 1997-VI, 1959 ff. (Verletzung) sowie *Dalia gegen Frankreich*, Reports 1998-I, 76 ff. (keine Verletzung).

E. Würdigung

Auf die mit den Konventionsbestimmungen kaum kompatiblen zusätzlichen Eintretensvoraussetzungen des schweizerischen Bundesgerichtes („gefestigtes" Anwesenheitsrecht) bzw. der österreichischen Gerichtshöfe des öffentlichen Rechtes (kein Beschwerderecht für die indirekt betroffenen Familienangehörigen) ist bereits hingewiesen worden[145].

---

[145] Siehe vorne 192 ff. und 200 f.

Siebentes Kapitel

Das Vorliegen eines Eingriffes in das Privat- und Familienleben

Das in Art. 8 Abs. 1 EMRK garantierte Recht auf Achtung des Familienlebens schützt u.a. das tatsächliche Zusammenleben der Angehörigen einer Familie[1]. Während der Gerichtshof sowie die österreichischen und französischen Höchstgerichte grundsätzlich an das Vorliegen eines Eingriffes bei einer Beeinträchtigung oder Verhinderung des faktischen Zusammenlebens von Familienangehörigen keine weiteren Anforderungen stellen, setzen Kommission sowie das schweizerische Bundesgericht in aller Regel voraus, dass gewisse weitere Bedingungen erfüllt sind, damit eine ausländerrechtliche Massnahme als Eingriff in das Familienleben qualifiziert wird. Zunächst sollen in allgemeiner Weise, d.h. losgelöst von bestimmten Situationen, die von den verschiedenen Instanzen entwickelten Ansätze dargestellt werden, bevor in konkreter Weise und in bezug auf einzelne Fallkonstellationen die Rechtsprechung zur Eingriffsfrage nachgezeichnet und analysiert wird.

A. Voraussetzungen des Vorliegens eines Eingriffes

I. Der Ansatz der Europäischen Kommission für Menschenrechte: Die Unzumutbarkeit bzw. Unmöglichkeit der Ausreise als Eingriffsvoraussetzung - „elsewhere approach" und „connections approach"

Die EMRK garantiert kein Recht auf Einreise bzw. Aufenthalt in einem Konventionsstaat als solches. Werden jedoch Ausländerinnen und Ausländer an der Einreise oder am Aufenthalt in einem Staat, in dem nahe Verwandte wohnen, gehindert, fällt dies grundsätzlich in den Schutzbereich des Rechtes auf Achtung des Familienlebens[2]. Eine Trennung von Familienangehörigen durch eine ausländerrechtliche Massnahme stellt indes in der Praxis der Kommission in aller Regel nicht bereits per se einen Eingriff in das Famili-

---

[1] *Wildhaber/Breitenmoser*, Rz. 415; vgl. ferner vorne 36 ff.
[2] Vgl. vorne 57 ff.

A. Eingriffsvoraussetzungen

enleben dar. Vielmehr wurde in zahlreichen Fällen das Vorliegen eines Eingriffes verneint, wenn das Familienleben auch anderswo effektiv gelebt werden konnte. Dieser von Storey treffend als „*elsewhere approach*"[3] bezeichnete Ansatz beruht auf der Überlegung, dass ausländerrechtlich begründete staatliche Eingriffe in das Familienleben nur dann vorliegen, wenn es den Familienmitgliedern nicht zumutbar oder nicht möglich ist, aus dem betreffenden Konventionsstaat auszureisen und das Familienleben in einem anderen Staat neu zu begründen oder fortzuführen[4]. Ist den Familienmitgliedern die Ausreise zumutbar, entscheiden sie sich indes gegen eine Ausreise, so beruht nach Ansicht der Kommission die dadurch eintretende Trennung der Familienmitglieder nicht auf einer staatlichen Massnahme, sondern auf dem Entschluss der Familienangehörigen, nicht auszureisen:

„Although (...) for a number of personal reasons, the wife may be reluctant to follow her husband, (...) [the Commission] is satisfied that there are no legal obstacles for the applicants effectively to establish their family life in Cyprus if the first applicant were to return to that country. A refusal by her to do this because she chooses to stay in the United Kingdom (as she is entitled to do) does not, in the circumstances of the case, mean that there has been thereby an interference by the United Kingdom authorities with the applicant's family life (...)."[5]

Die Möglichkeit und Zumutbarkeit der Ausreise prüft die Kommission für jeden Einzelfall aufgrund einer eingeschränkten *Güterabwägung*; die zu erleidenden Nachteile der von einer ausländerrechtlichen Massnahme indirekt betroffenen Familienmitglieder werden den Interessen des Vertragsstaates - insbesondere seiner Einwanderungs- und Arbeitsmarktpolitik - gegenübergestellt[6]. Gründe, die einem Familienleben im Ausland entgegenstehen können,

---

[3] *Storey*, 331; siehe auch *Wildhaber/Breitenmoser*, Rz. 421; *Anderfuhren-Wayne*, 360 f.

[4] *Davy*, 251 ff.; *Mock*, Mesures de police, 102 f.; *Villiger*, Expulsion, 659; *Velu/ Ergec*, 553; *Cvetic*, 649; *Julien-Laferrière*, Vie familiale, 294; *Jacobs/White*, 183; *van Dijk/van Hoof*, 515 f.; *Pellonpää*, 126; *Breitenmoser*, Privatsphäre, 112 f.; *O'Donnell*, 140; *Drzemczewski*, Respect, 12; *Sudre*, Contrôle, 263; *Madureira*, 111; *Scheer*, 54; *Cholewinski*, Migrant Workers, 341.

[5] B 5269/71, *X. und Y. gegen Vereinigtes Königreich*, CD 39, 108.

[6] „Whether removal or exclusion of a family member from a Contracting State is incompatible with the requirements of Article 8 will depend on a number of factors: the extent to which family life is effectively ruptured, whether there are insurmountable obstacles in the way of the family living in the country of origin of one or more of them, whether there are factors of immigration control (eg. history of breaches of immigration law) or considerations of public order (eg. serious or persistent offences) weighing in favour of exclusion", B 26985/95, *Poku et al. gegen Vereinigtes Königreich*, unpubli-

sind u.a. das Bestehen enger Beziehungen zum Aufenthaltsstaat bzw. das Fehlen enger Bindungen zum Herkunfts- oder einem Drittstaat[7], ein fehlendes Bewusstsein um die Unsicherheit des Familienlebens im Aufenthaltsstaat, eine mangelnde Mobilität beispielsweise aus beruflichen oder gesundheitlichen Gründen oder allgemeine rechtliche Hindernisse[8]. Die Unzumutbarkeit der Ausreise kann jedoch in Ausnahmefällen auch in der politischen, gesellschaftlichen, kulturellen oder religiösen Situation im Heimat- oder Drittland liegen[9]. Demgegenüber stellen durch die Ausreise eintretende finanzielle Probleme oder schlechtere Ausbildungs- und Berufschancen nach der Rechtsprechung der Kommission keine Gründe dar, die eine Ausreise als grundsätzlich unmöglich oder unzumutbar erscheinen lassen würden[10].

Die Kommission hat das Vorliegen eines Eingriffes während Jahrzehnten in praktisch konstanter Rechtsprechung von der Frage der Zumutbarkeit und Möglichkeit einer Ausreise der übrigen Familienmitglieder abhängig gemacht. Die Abstützung auf diesen „*elsewhere approach*" erfolgte unabhängig davon, ob die von der ausländerrechtlichen Massnahme indirekt betroffenen Familienmitglieder über ein eigenständiges Aufenthaltsrecht im betreffenden Staat verfügten oder gar dessen Staatsangehörigkeit besassen. Obwohl der „*elsewhere approach*" in der Kommissionspraxis auch heute noch eine zentrale Rolle einnimmt, rückt dieser Ansatz in gewissen Fallkonstellationen in

---

zierter KE vom 15.5.1996; siehe ferner auch *van Dijk/van Hoof*, 518; *Anderfuhren-Wayne*, 360.

[7] Zu betonen ist im Zusammenhang mit der Prüfung der Zumutbarkeit der Ausreise in einen Drittstaat jedoch, dass eine Ausreise in ein Land, dessen Staatsangehörigkeit keines der betroffenen Familienmitglieder besitzt, wohl nicht als zumutbar betrachtet werden muss; siehe hierzu auch die Ausführungen der Kommission in B 5445/72 und B 5446/72, *X. und Y. gegen Vereinigtes Königreich*, CD 42, 146: „If the only legal residence which they can find is in a country unconnected with either of them, the exclusion from residence in the „home" country of one of them might constitute a violation of Art. 8".

[8] Z. B. indem einem oder mehreren Familienangehörigen die Einreise im anderen Land nicht gestattet wird; B 8041/77, *X. gegen die Bundesrepublik Deutschland*, DR 12, 197; *Harris/O'Boyle/Warbrick*, 332; *van Dijk/van Hoof*, 518.

[9] Vgl. hierzu beispielsweise die Ausführungen in B 12122/86, *Lukka gegen Vereinigtes Königreich*, DR 50, 268, in der die Kommission ausgeführt hat, dass es einer britischen Staatsbürgerin indischer Abstammung nicht zumutbar sei, nach Südafrika auszureisen; Relevanz möglicher sozio-religiöser Integrationsprobleme verneint in B 23938/94, *Sorabjee gegen Vereinigtes Königreich*, unpublizierter KE vom 23.10.1995; siehe ferner *Wildhaber/Breitenmoser*, Rz. 424; *Scheer*, 54.

[10] Siehe beispielsweise B 28627/95, *Dabhi und Dabhi gegen Vereinigtes Königreich*, unpublizierter KE vom 17.1.1997; *Villiger*, Expulsion, 659; *Harris/O'Boyle/Warbrick*, 332.

A. Eingriffsvoraussetzungen

den Hintergrund und wird durch einen sog. „*connections approach*" abgelöst. Danach liegt ein Eingriff bereits dann vor, wenn das Familienleben im einreiseverweigernden oder ausweisenden Staat eindeutig begründet worden ist und nun durch eine ausländerrechtliche Massnahme beeinträchtigt wird[11]. Die Möglichkeit bzw. Zumutbarkeit der Ausreise der Familienangehörigen wird in diesen Fällen erst im Rahmen der Verhältnismässigkeitsprüfung berücksichtigt[12].

In diesem Sinne hat die Kommission ihren Ansatz in den vergangenen Jahren fortentwickelt und prüft nunmehr die Frage des Vorliegens eines Eingriffes je nach Konstellation *differenzierter*.

II. Der Ansatz des Europäischen Gerichtshofes für Menschenrechte

Im Gegensatz zur Kommission hat der Gerichtshof in seinen bisher ergangenen Urteilen die Frage der Zumutbarkeit oder Möglichkeit der Ausreise erst bei der Güterabwägung (sei es im Rahmen der Verhältnismässigkeitsprüfung nach Art. 8 Abs. 2 EMRK oder bei der Prüfung des Bestehens einer positiven Verpflichtung) und nicht bereits bei der Eingriffsfrage berücksichtigt. Er setzt vielmehr - zumindest in den von ihm bereits geprüften Situationen - für die Qualifikation einer Beeinträchtigung des Familienlebens als Eingriff nicht das Vorliegen weiterer Anforderungen voraus[13].

III. Der Ansatz des Schweizerischen Bundesgerichtes

Zentrale Bedeutung im Rahmen der Frage, ob eine aufenthaltsbeendende Massnahme einen Eingriff in das Familienleben darstellt, kommt in der bundesgerichtlichen Rechtsprechung dem Gesichtspunkt der Zumutbarkeit oder Unzumutbarkeit einer Ausreise der in der Schweiz weilenden Familienangehörigen zu[14]. Das Gewicht, das der Zumutbarkeit oder Unzumutbarkeit einer

---

[11] *Wildhaber/Breitenmoser*, Rz. 421; *Storey*, 331 f.; *Anderfuhren-Wayne*, 360 f.; *Mock*, Convention européenne, 544.

[12] Vgl. z. B. B 24377/94, *P. und P. gegen die Schweiz*, unpublizierter KE vom 31. August 1994; B 25946/94 und 25947/94, *Sim und Ungson gegen Finnland*, unpublizierter KE vom 28.6.1995; B 25297/94, *P. et al. gegen Vereinigtes Königreich*, unpublizierter KE vom 16.1.1996.

[13] Siehe beispielsweise die Entscheide *Berrehab gegen die Niederlande*, Serie A, Nr. 138; *Moustaquim gegen Belgien*, Serie A, Nr. 193; *Beldjoudi gegen Frankreich*, Serie A, Nr. 234-A.

[14] *Trechsel*, Landesbericht, 249 f.; *Mock*, Mesures de police, 104.

Ausreise beigemessen wird, hängt indes von der spezifischen Fallkonstellation ab. In der Folge soll deshalb zunächst die Entwicklung der bundesgerichtlichen Rechtsprechung zur Zumutbarkeitsfrage nachgezeichnet[15] und daran anschliessend auf die einzelnen Faktoren, die im Rahmen der Zumutbarkeitsprüfung von Bedeutung sind, eingegangen werden.

1. Die ersten Entscheide

In seinem Beschluss im Fall *Reneja-Dittli* legte das Bundesgericht dar, dass der materielle Entscheid über die Konventionskonformität einer Nichtverlängerung der Aufenthaltsbewilligung auszusetzen sei, bis das Bundesamt für Ausländerfragen zur Sache habe Stellung nehmen können. Diesbezüglich führte das Gericht aus:

„Das Bundesamt hat dabei alle für die *gestützt auf Art. 8 Ziff. 2 EMRK vorzunehmende Rechtsgüterabwägung* erforderlichen Sachumstände zu würdigen und, soweit die kantonalen Akten unvollständig sind, diese zu ergänzen. Dabei sind namentlich folgende Fragen tatsächlicher Natur abzuklären:
- (...)
- Bestehen besondere Gründe, die den Weggang der Familienangehörigen ins Ausland als völlig *unzumutbar* erscheinen lassen?"[16]

Diese Äusserungen des Bundesgerichtes können nicht anders verstanden werden, als dass die Frage, ob den in der Schweiz wohnhaften Familienangehörigen die Ausreise zugemutet werden könne, ein *Element der Güterabwägung nach Art. 8 Abs. 2 EMRK* darstellt[17].

Nur wenige Monate später führte das Bundesgericht indes in seinem Sachurteil aus, dass „nach der bundesgerichtlichen Praxis (...) sich die schweizerische Ehefrau eines Ausländers nur dann auf Art. 8 Ziff. 1 EMRK berufen kann, wenn die Beziehung zu ihrem Mann tatsächlich gelebt wird und es ihr *nicht zuzumuten ist*, ihrem Ehemann ins Ausland zu folgen"[18]. Noch konkreter legte es im selben Entscheid dar, dass "die Unzumutbarkeit der Ausreise für das anwesenheitsberechtigte Familienmitglied (...) eine Voraussetzung dafür [ist], dass überhaupt eine Rechtsgüterabwägung nach Art. 8 Ziff. 2 EMRK erfolgt"[19]. Der Frage der Zumutbarkeit kommt daher zwar

---

[15] Siehe hierzu auch *Breitenmoser*, Rechtsprechung, 545 f.

[16] BGE 109 Ib 183, E. 3b, 188 f.; eigene Hervorhebung.

[17] Vgl. ebenso *Breitenmoser*, Privatsphäre, 115.

[18] BGE 110 Ib 201, E. 2a, 205; eigene Hervorhebung.

[19] BGE 110 Ib 201, E. 3a, 206.

A. Eingriffsvoraussetzungen   215

nicht der Charakter einer Eintretensvoraussetzung[20], aber doch immerhin derjenige einer *Eingriffsvoraussetzung* zu.

Auch in seinen weiteren Entscheiden versteht das Bundesgericht die Frage der Zumutbarkeit ausschliesslich als Eingriffsvoraussetzung. In diesem Sinne führt es beispielsweise in *BGE 111 Ib 1 ff.* aus, Art. 8 Abs. 1 EMRK greife dann nicht ein, wenn es der in der Schweiz niedergelassenen Ehefrau zugemutet werden könne, gemeinsam mit ihrem Gatten das Land zu verlassen[21]. Noch deutlicher wird es im Entscheid *Dora Nasti*: danach sei im Rahmen der Güterabwägung zunächst zu fragen, ob es den in der Schweiz wohnhaften Familienangehörigen zugemutet werden könne, auszureisen und im Ausland das Familienleben fortzuführen. Erscheine die Ausreise unter Berücksichtigung der persönlichen Verhältnisse und aller Umstände objektiv ohne Schwierigkeiten möglich, dann führe die Versagung oder Nichtverlängerung der fremdenpolizeilichen Bewilligung nicht dazu, dass die Familienangehörigen auseinandergerissen würden; eine umfassende Interessenabwägung i.S. von Art. 8 Abs. 2 EMRK könne daher unterbleiben. Sei die Ausreise der Familienangehörigen indes zwar nicht unmöglich, aber doch mit Schwierigkeiten verbunden, so müsse der Schwere der Gründe, die für eine Fernhaltung des Ausländers sprechen, Rechnung getragen werden[22].

2. Die Präzisierung der Rechtsprechung

Die aus den ersten Entscheiden bereits ersichtliche Einstufung der Zumutbarkeitsfrage als *Eingriffsvoraussetzung* hat das Bundesgericht in *BGE 116 Ib 353 ff.* ausdrücklich bestätigt, indem es darlegte, „die Frage der Zumutbarkeit der Ausreise für die hier anwesenheitsberechtigten Familienangehörigen [könne] in gewissen Fällen durchaus von der Frage unterschieden werden, ob die Interessenabwägung nach Art. 8 Ziff. 2 EMRK die Verweigerung der Aufenthaltsbewilligung zulasse"[23]. In einem langen Absatz wird in der

---

[20] So ausdrücklich das Bundesgericht später in BGE 116 Ib 353.
[21] BGE 111 Ib 1, E. 2b: „Gemäss der bundesgerichtlichen Praxis entfällt ein Schutz nach Art. 8 Ziff. 1 EMRK, wenn es der schweizerischen Ehefrau des Ausländers zumutbar ist, diesem ins Ausland zu folgen. Was für die schweizerische Ehefrau gilt, gilt auch für die ausländische Ehefrau (bzw. den ausländischen Ehemann) mit Anwesenheitsrecht in der Schweiz: Ist es ihr zumutbar, mit ihrem Gatten die Schweiz zu verlassen, so greift Art. 8 Ziff. 1 EMRK nicht ein; und das unabhängig davon, ob ein öffentliches Interesse an der Fernhaltung ihres Mannes gemäss Art. 8 Ziff. 2 EMRK besteht".
[22] Siehe BGE 115 Ib 1, E. 3b und c, 6 f.
[23] BGE 116 Ib 353, E. 3c, 357.

Folge ausgeführt, wann eine Güterabwägung nach Art. 8 Abs. 2 unterbleiben könne bzw. wann ein rechtfertigungsbedürftiger Eingriff vorliege:

„*Liegt gegen den ausländischen Ehegatten nichts vor,* was ihn als unerwünschten Ausländer erscheinen lässt und somit Anlass für fremdenpolizeiliche Fernhaltemassnahmen geben könnte, wird regelmässig ohne weitere Prüfung davon auszugehen sein, dass die *Ausreise* dem schweizerischen Ehepartner *nicht zuzumuten* ist, selbst wenn beispielsweise eine deutschschweizerische Frau einen deutschen Staatsangehörigen geheiratet hat; die Verweigerung der Aufenthaltsbewilligung an den ausländischen Ehegatten hält dann vor Art. 8 EMRK nicht stand und würde nach Inkrafttreten der neuen Bürgerrechtsgesetzgebung Art. 7 ANAG widersprechen. Vorbehalten bleiben - auch nach neuem Recht - natürlich aus rein fremdenpolizeirechtlichem Kalkül geschlossene Ehen, d.h. sogenannte reine Ausländerrechtsehen. Hat dagegen der Ausländer *Fernhaltegründe* (nach dem neuen Art. 7 Abs. 1 Satz 3 ANAG müssen es Ausweisungsgründe sein) gesetzt, etwa weil er straffällig geworden ist, *muss näher geprüft werden,* ob die Ausreise für den schweizerischen Ehepartner zumutbar ist. Steht ohne weiteres fest, dass die Ausreise *unzumutbar* ist, ist *direkt zu prüfen,* ob die Verweigerung der Aufenthaltsbewilligung an den Ausländer, welche dann praktisch zur Aufhebung der ehelichen Gemeinschaft führt, *vor Art. 8 EMRK standhält.* Häufiger wird es sich so verhalten, dass die *Ausreise* für den schweizerischen Ehepartner *nicht geradezu unzumutbar, aber doch mit mehr oder weniger grossen Schwierigkeiten verbunden* ist. In diesen Fällen ist bei der Prüfung der Zumutbarkeitsfrage der *Schwere* der sich gegen den Ausländer richtenden *Vorwürfe* und den *Umständen des Eheschlusses* Rechnung zu tragen. Wenn diese differenzierte Prüfung ergibt, dass die *Ausreise* für den hier anwesenheitsberechtigten Ehegatten *nicht oder kaum zumutbar ist,* ist noch zu prüfen, ob die Verweigerung der Aufenthaltsbewilligung sich im *Lichte von Art. 8 Ziff. 2 EMRK rechtfertigt.*"[24]

Diese Ausführungen verdeutlichen, dass die Frage der Zumutbarkeit nur dann eine Eingriffsvoraussetzung darstellt, wenn gegen die betroffenen Ausländer *Fernhaltegründe* bestehen. Liegen hingegen keine derartigen Gründe vor, so stellt die Versagung oder Nichtverlängerung fremdenpolizeilicher Bewilligungen per se bereits einen Eingriff in das Recht auf Achtung des Familienlebens dar, unbeachtlich der Zumutbarkeit oder Unzumutbarkeit einer Ausreise für die in der Schweiz lebenden Angehörigen.

3. Bedeutung der Zumutbarkeitsfrage und Prüfungsmassstab

Haben die von einer ausländer- oder strafrechtlichen Massnahme betroffenen Ausländerinnen und Ausländer *Fernhaltegründe* gesetzt, bestimmt sich

---

[24] BGE 116 Ib 353, E. 3f, 359 f.; eigene Hervorhebung.

A. Eingriffsvoraussetzungen

das Vorliegen eines Eingriffes aufgrund der Zumutbarkeit oder Unzumutbarkeit der Ausreise für die übrigen Familienangehörigen:

- Ist die *Ausreise ohne weiteres zumutbar*, so liegt *kein Eingriff* in das Recht auf Achtung des Familienlebens vor:

  „Das in Art. 8 EMRK gewährleistete Recht auf Achtung des Familienlebens kann nur dann angerufen werden, wenn eine staatliche Entfernungs- oder Fernhaltemassnahme zur Trennung von Familienmitgliedern führt. Ein staatlicher Eingriff in das Recht auf Familienleben liegt indessen nicht vor, wenn es den Familienangehörigen zumutbar ist, ihr Familienleben im Ausland zu führen; ist es dem in der Schweiz anwesenheitsberechtigten Familienmitglied in diesem Sinne zumutbar, mit dem Ausländer, dem eine fremdenpolizeiliche Bewilligung verweigert worden ist, auszureisen, ist Art. 8 EMRK somit von vornherein nicht verletzt. Unter diesen Voraussetzungen kann daher auch eine umfassende Interessenabwägung nach Art. 8 Ziff. 2 EMRK unterbleiben."[25]

- Erscheint die *Ausreise ohne weiteres als unzumutbar*, so liegt ein *Eingriff* in das Recht auf Achtung des Familienlebens vor und es ist im Rahmen einer umfassenden Interessenabwägung nach Art. 8 Abs. 2 EMRK zu prüfen, ob der Eingriff mit Art. 8 EMRK vereinbar ist. Die Unzumutbarkeit der Ausreise ist in diesen Fällen im Rahmen der Güterabwägung zu beachten, führt aber für sich allein noch nicht zur Unzulässigkeit der fremdenrechtlichen Massnahme[26].

- Ist die *Ausreise indes nicht ohne weiteres unzumutbar, aber doch mit gewissen Schwierigkeiten verbunden*, so sind im Rahmen einer *vorgezogenen Güterabwägung* die mit einer allfälligen Ausreise verbundenen Schwierigkeiten im Lichte der Schwere und Bedeutung der Fernhaltegründe gegen die von der ausländerrechtlichen Massnahme betroffenen Ausländerinnen und Ausländer sowie auch gewisse weitere Umstände, wie beispielsweise die näheren Umstände des Eheschlusses, zu betrachten. Erscheint die Ausreise nach dieser Güterabwägung nicht oder kaum zumutbar, so ist die Rechtmässigkeit der ausländerrechtlichen Massnahme aufgrund der Rechtfertigungsvoraussetzungen von Art. 8 Abs. 2 EMRK zu prüfen[27]. Ist die Ausreise jedoch im Lichte dieser vorgezogenen Güterabwägung zumutbar, so würde eine allfällige Trennung der Familienangehörigen nicht auf einer staatlichen Massnahme beruhen und die fremdenrechtliche Massnahme keinen Eingriff in das Familienleben darstellen.

---

[25] BGE 122 II 289, E. 3b, 297; siehe ebenso BGE 116 Ib 353, E. 3c, 357.
[26] BGE 120 Ib 129, E. 4b, 131; BGE 116 Ib 353, E. 3f, 360.
[27] BGE 110 Ib 201.

7. Kap.: Eingriff in Privat- und Familienleben

4. Die Prüfung der Zumutbarkeit der Ausreise

Aufgrund welcher Kriterien ist nun zu prüfen, ob die Ausreise zumutbar ist? Nach der bundesgerichtlichen Rechtsprechung ist hier nicht auf die persönlichen Wünsche der von einer möglichen Ausreise Betroffenen abzustellen; die Zumutbarkeit ist vielmehr unter Berücksichtigung der persönlichen Interessen der betroffenen Familienangehörigen sowie aller Umstände des Einzelfalles objektiv zu beurteilen[28]. Unzumutbar ist also nicht, was von den Betroffenen selber *als unzumutbar empfunden* wird; entscheidend ist vielmehr, ob aus der Sicht eines „objektiven Durchschnittsmenschen" eine Ausreise unter Berücksichtigung der Umstände tatsächlich zumutbar oder unzumutbar erscheint.

a) Zumutbarkeit bzw. Unzumutbarkeit
der Ausreise „ohne weiteres" feststellbar

Eine eingehende Prüfung der Zumutbarkeit der Ausreise erübrigt sich nach bundesgerichtlicher Praxis in denjenigen Fällen, in denen ohne grössere Abklärungen klar ist, dass den in der Schweiz lebenden Familienmitgliedern eine Ausreise eindeutig unzumutbar oder zumutbar ist. Ausschlaggebende Faktoren für die Feststellung der Zumutbarkeit oder Unzumutbarkeit einer Ausreise stellen meist die *persönlichen und familiären Umstände* der von einer möglichen *Ausreise betroffenen Personen* sowie die *kulturellen, gesellschaftlichen und politischen Umstände im Bestimmungsland* dar.

Persönliche und familiäre Umstände, die eine Ausreise als zumutbar erscheinen lassen: Hier ist beispielsweise die Tatsache zu nennen, dass die betroffenen Personen sich noch in einem anpassungsfähigen Alter befinden[29]; ebenso hat das Bundesgericht die Ausreise als zumutbar erachtet, wenn die Familienangehörigen noch nicht lange Zeit in der Schweiz gelebt hatten[30]. Anderseits ist die Ausreise dann meist unzumutbar, wenn die von einer möglichen Ausreise betroffenen Personen Flüchtlingsstatus besitzen und in der Schweiz Asyl erhalten haben[31]; ferner wurde die Ausreise für Familienangehörige, die bereits während rund 20 Jahren in der Schweiz ge-

---

[28] BGE 110 Ib 201, E. 2a, 201; BGE 116 Ib 353, E. 3b, 357; *Thürer*, Familientrennung, 598 f.; *Zimmermann*, 101.

[29] BGE 122 II 289; BGE 120 Ib 129.

[30] BGE 111 Ib 1.

[31] BGE 122 II 1; siehe ferner auch den am gleichen Tag ergangenen unpublizierten BGerE vom 18.1.1996 i.S. C. (2A.253/1995; 2A.418/1995); Ausreise nach Verzicht auf Flüchtlingsstatus dagegen meist zumutbar, siehe unpublizierten BGerE vom 3.10.1996 i.S. O. et al. (2A.182/1996).

A. Eingriffsvoraussetzungen

lebt haben, als unzumutbar angesehen[32], oder wenn aus psychischen oder physischen Gründen den Angehörigen eine Ausreise nicht zugemutet werden kann[33]; für sich alleine genommen schliesst die schweizerische Staatsangehörigkeit indes die Zumutbarkeit einer Ausreise nicht aus[34].

Kulturelle, gesellschaftliche und politische Umstände im Bestimmungsland: Als unzumutbar hat das Bundesgericht beispielsweise die Ausreise eine Schweizer Bürgerin nach Kosovo beurteilt[35]; ebenso wurde die Ausreise nach Marokko, in ein unter kulturellen, sprachlichen und religiösen Gesichtspunkten von der Schweiz völlig verschiedenes Land, im konkreten Fall als unzumutbar erachtet[36]. Hingegen ist die Ausreise wohl dann zumutbar, wenn die betroffenen Familienangehörigen selber Staatsangehörige des betreffenden Landes sind und dort während langen Jahren auch gelebt haben[37] bzw. die Lebensverhältnisse im betreffenden Land mit denjenigen der Schweiz vergleichbar sind[38].

Anpassungsfähigkeit minderjähriger Kinder an neue Lebensumstände; bei *Kindern im Vorschulalter* bejaht das Bundesgericht in konstanter Praxis die Zumutbarkeit ihrer Ausreise aus der Schweiz, da sie in der Regel problemlos in der Lage seien, sich an neue, veränderte Lebensumstände und ein neues Umfeld anzupassen[39]. Bei älteren, bereits *eingeschulten Kindern* kann die Frage der Anpassungsfähigkeit an ein neues Umfeld nicht von vornherein bejaht werden; vielmehr sind die besonderen Umstände des jeweiligen Einzelfalles entscheidend, ob eine Anpassung an ein verändertes Lebensumfeld noch, wenn auch mit gewissen Schwierigkeiten, möglich ist und somit die Ausreise als zumutbar erachtet werden kann. In diesem Sinne hat das Bundesgericht beispielsweise die Zumutbarkeit der Ausreise eines zwölfjährigen Kindes nach Chile trotz der damit verbundenen Schwierigkeiten bejaht, da das Kind der spanischen Sprache mächtig war[40]; ebenso hat es die Zumutbarkeit der Ausreise eines 14-Jährigen nach Italien bejaht[41]. Im Rahmen von Verwaltungsgerichtsbeschwerden betreffend die Ausnahme von den Höchstzahlen wegen Vorliegens eines schwerwiegenden persönlichen Härtefalls (Art. 13 lit. f BVO) hatte das Bundesgericht u.a. auch

---

[32] BGE 115 Ib 1.
[33] BGerE vom 13.1.1995, Pra 1995, Nr. 117.
[34] BGE 122 II 289; BGE 120 Ib 6.
[35] BGerE vom 13.5.1992, ZBl 1991, 569.
[36] BGE 110 Ib 201.
[37] BGE 111 Ib 1; BGE 120 Ib 129.
[38] BGE 120 Ib 6.
[39] BGE 120 Ib 129 (vierjähriges Kind); BGE 122 II 289 (zweijähriges Kind); unpublizierter BGerE vom 16.1.1996 i.S. N. (6P.129/1995; 6P.725/1995); unpublizierter BGerE vom 3.10.1996 i.S. O. et al. (2A.182/1996, einjähriges Kind); unpublizierter BGerE vom 4.11.1996 i.S. D.R. (2A.185/1996, 18 Monate altes Kind).
[40] Unpublizierter BGerE vom 3.10.1996 i.S. O. et al. (2A.182/1996).
[41] Unpublizierter BGerE vom 4.11.1996 i.S. D. (2A.375/1996).

7. Kap.: Eingriff in Privat- und Familienleben

über die Frage, ob eine Ausreise für ein Kind einer Entwurzelung gleichkomme, zu befinden. In einem kürzlich ergangenen Entscheid hat es seine Grundsätze zu dieser Frage erneut dargelegt[42]. Entscheidende Bedeutung im Rahmen der Anerkennung des Bestehens eines schwerwiegenden Härtefalles kommt danach der Verwurzelung des betreffenden Kindes im schweizerischen Alltag und insbesondere seinem schulischen Erfolg zu. In diesem Sinne würde die Ausreise eines Sechzehnjährigen nach einem vierjährigen Aufenthalt und erfolgreichem Schulbesuch in der Schweiz einer Entwurzelung gleichkommen und daher einen schwerwiegenden Härtefall darstellen. Dieselben Grundsätze sollten eigentlich auch für die Frage der Zumutbarkeit der Ausreise aus der Schweiz im Rahmen einer Prüfung des Vorliegens eines Eingriffes in Art. 8 EMRK bzw. im Rahmen der Güterabwägung nach Art. 8 Abs. 2 EMRK Anwendung finden.

---

[42] „Le Tribunal fédéral a jugé qu'un enfant en bas âge - qu'il soit né dans son pays d'origine ou en Suisse - est encore fortement lié à ses parents, qui l'imprègnent de leur mode de vie et de leur culture, de sorte qu'il peut, après d'éventuelles difficultés initiales d'adaptation, se réintégrer dans sons pays d'origine. Dans le même sens, on peut considérer que la fréquentation de classes précédant le début de la scolarité obligatoire, si importante soit-elle pour le développement de la personnalité de l'enfant en général et pour sa socialisation en particulier, n'implique pas, en principe, une intégration à un milieu socioculturel déterminé si profonde et si irréversible que l'obligation de s'adapter à un autre environnement équivaudrait, dans ce cas, à un véritable déracinement. L'expérience enseigne d'ailleurs qu'à cette période de la vie l'enfant reste essentiellement influencé par ses parents, plutôt que par les institutions préscolaires qu'il fréquente, et que, sauf si ceux-ci ont eux-mêmes vécu très longtemps en Suisse et s'y sont parfaitement intégrés, cette relation avec les parents maintiendra un certain lien avec le milieu socioculturel d'origine. S'agissant d'un enfant qui est déjà scolarisé et qui a dès lors commencé à s'intégrer de manière autonome dans la réalité quotidienne suisse, le retour forcé peut constituer un véritable déracinement, mais tel n'est pas forcément le cas. Il y lieu de tenir compte, en particulier, de son âge, des efforts consentis, du degré et de la réussite de sa scolarisation, ainsi que des différences socio-économiques existant entre la Suisse et le pays où il pourrait être renvoyé. (...) La scolarité correspondant à la période de l'adolescence contribue de manière décisive à l'intégration de l'enfant dans une communauté socioculturelle bien déterminée, car, avec l'acquisition proprement dite des connaissances, c'est le but poursuivi par la scolarisation obligatoire. Selon les circonstances, il se justifie de considérer que l'obligation de rompre brutalement avec ce milieu pour se réadapter à un environnement complètement différent peut constituer un cas personnel d'extrême gravité; encore faut-il cependant que la scolarité ait revêtu, dans le cas de l'intéressé, une certaine durée, ait atteint un certain niveau et se soit soldé par un résultat positif"; BGE 123 II 125, E. 4b, 129 f.

A. Eingriffsvoraussetzungen 221

b) Vorgezogene Güterabwägung zur Feststellung der Zumutbarkeit bzw. Unzumutbarkeit der Ausreise

Im Rahmen dieser vorgezogenen, eingeschränkten Güterabwägung[43] sind die bereits vorne ausgeführten *persönlichen und familiären Umstände* der von einer möglichen Ausreise betroffenen Familienangehörigen als auch die *kulturellen, politischen und gesellschaftlichen Verhältnisse im Ausreiseland* im Lichte der *Fernhaltegründe* sowie weiterer *besonderer Umstände des Einzelfalles* zu betrachten und es ist aufgrund einer Abwägung zu beurteilen, ob eine Ausreise der Familienangehörigen objektiv zumutbar oder unzumutbar erscheint.

Bedeutung der Fernhaltegründe: Fernhaltegründe bestehen gegen Ausländerinnen und Ausländer, wenn diese in der Schweiz wegen der Begehung von Straftaten verurteilt worden sind. Im Rahmen einer vorgezogenen Güterabwägung ist insbesondere der *Schwere der Straftat* und der ausgefällten *Strafe* Rechnung zu tragen. Je schwerer die begangene Straftat, um so eher wird das Bundesgericht die Zumutbarkeit der Ausreise für die Familienangehörigen bejahen[44].

Besondere Umstände des Einzelfalles: In seiner Rechtsprechung berücksichtigt das Bundesgericht im Rahmen der vorgezogenen Güterabwägung zur Zumutbarkeit insbesondere auch die näheren Umstände der Eheschliessung. Von Bedeutung sind in diesem Zusammenhang namentlich der Zeitpunkt der Eheschliessung sowie die Gründe für die Verehelichung. So hat das Bundesgericht ausgeführt, dass wenn jemand „im Zeitpunkt der Heirat [weiss], dass Gründe vorliegen, die der Fremdenpolizei Anlass geben könnten, seinem Ehepartner die Erteilung einer Bewilligung zu verweigern, (...) er die Möglichkeit nicht ausschliessen [kann], die Ehe gegebenenfalls im Ausland leben zu müssen"[45].

Erscheint die Ausreise der in der Schweiz anwesenden Familienangehörigen auch im Lichte der Fernhaltegründe sowie evtl. weiterer, besonderer

---

[43] Im Gegensatz zur umfassenden Güterabwägung nach Art. 8 Abs. 2 EMRK, welche auch die persönlichen und familiären Umstände der von einer Entfernungs- oder Fernhaltemassnahme direkt betroffenen Ausländerinnen und Ausländer berücksichtigt, bewertet die im Rahmen der Zumutbarkeitsprüfung vorgezogene Güterabwägung einerseits lediglich die persönliche und familiäre Seite des von den ausländerrechtlichen Massnahmen indirekt erfassten Familienangehörigen sowie andererseits das Gewicht der von den betroffenen Ausländerinnen und Ausländern gesetzten Fernhaltegründe; Aspekte wie die Bindungen der direkt betroffenen Ausländerinnen und Ausländer zur Schweiz oder zu ihrem Heimatland etc. werden nicht einbezogen.

[44] „Die Zumutbarkeit der Ausreise für nahe Familienangehörige ist umso eher zu bejahen, als sein Verhalten seinen Aufenthalt in der Schweiz als unerwünscht erscheinen lässt"; BGE 120 Ib 129, E. 4b, 131; BGE 120 Ib 6; BGE 116 Ib 353.

[45] BGE 116 Ib 353, E. 3e, 358; ferner BGE 120 Ib 6.

Umstände des Einzelfalles als unzumutbar oder kaum zumutbar, ist die Rechtmässigkeit der ausländerrechtlichen Massnahme im Rahmen der Rechtfertigungsvoraussetzungen und einer umfassenden Güterabwägung nach Art. 8 Abs. 2 EMRK zu prüfen. Freilich vertritt das Bundesgericht die Ansicht, dass sich eine umfassende Rechtfertigungsprüfung in denjenigen Fällen erübrige, in denen die Ausreise der Familienangehörigen im Lichte dieser vorgezogenen Güterabwägung als durchaus zumutbar erscheint.

IV. Die Rechtsprechung der österreichischen Gerichtshöfe des öffentlichen Rechtes

Fremdenrechtliche Massnahmen können nach der Rechtsprechung der österreichischen Gerichtshöfe des öffentlichen Rechtes grundsätzlich rechtfertigungsbedürftige Eingriffe in das Familien- und Privatleben von Ausländerinnen und Ausländern darstellen. Dem Eingriffsvorbehalt von Art. 8 Abs. 2 EMRK unterstehen indes nur diejenigen Beeinträchtigungen des Privat- und Familienlebens, die *nicht unerheblich*, sondern *relevant* sind[46]. Erhebliche, relevante Eingriffe können z. B. durch Ausweisungen, Aufenthaltsverbote oder Versagung einer Sichtvermerkserteilung bewirkt werden, wobei es - im Gegensatz zur Praxis der Kommission und des schweizerischen Bundesgerichtes - unerheblich ist, ob den übrigen, indirekt betroffenen Familienangehörigen die Ausreise zumutbar oder überhaupt möglich ist; dieser Aspekte erlangt erst im Rahmen der Verhältnismässigkeitsprüfung eine gewisse Bedeutung. Ebenso können aufenthaltsbeendende Massnahmen einen Eingriff in das *Privatleben* darstellen, wenn sich die betroffenen Fremden während einiger Zeit und zumindest teilweise rechtmässig im Bundesgebiet aufgehalten haben[47].

In seiner Rechtsprechung hat der österreichische Verfassungsgerichtshof zwischen eingriffsnahen und weniger eingriffsnahen Tatbeständen unterschieden. Dieser Abgrenzung kommt indes für die Frage des Vorliegens eines Eingriffes in das Privat- und Familienleben keine Bedeutung zu, sie wirkt sich einzig im Zusammenhang mit den Anforderungen an die Bestimmtheit

---

[46] „Dem Beschwerdeführer ist zuzustimmen, dass eine Prüfung der Zulässigkeit der Ausweisung nicht nur bei einem Eingriff in das Familienleben des Fremden, sondern auch bei einem Eingriff in sein Privatleben geboten ist. Entgegen seiner offensichtlichen Auffassung ist jedoch nicht jeder Eingriff schlechthin von § 19 FrG erfasst. Die Prüfung der Zulässigkeit einer solchen Massnahme ist nur dann geboten, wenn ein nicht unerheblicher Eingriff vorliegt", Erkenntnis VwGH vom 1.6.1994, 93/18/0540.

[47] Siehe hinten 306 f.

A. Eingriffsvoraussetzungen 223

der gesetzlichen Grundlage aus[48]. Verursacht werden Eingriffe in die von Art. 8 Abs. 1 EMRK geschützten Rechtspositionen durch die Verhängung[49] bzw. Aufrechterhaltung[50] eines Aufenthaltsverbotes, die Versagung der Sichtvermerkserteilung[51], die Nichtbewilligung des Betretens des Bundesgebietes bei gültigem Aufenthaltsverbot[52], die Ungültigerklärung eines Sichtvermerkes[53] sowie die Nichterteilung einer Aufenthaltsbewilligung[54].

V. Die Rechtsprechung des französischen Conseil d'État

Wie bereits vorne ausgeführt[55], ging der Conseil d'État bis 1991 in konstanter Rechtsprechung davon aus, dass gegen ausländerrechtliche Massnahmen eine Berufung auf das in Art. 8 EMRK geschützte Privat- und Familienleben nicht zulässig sei. Diese Praxis beruhte, wie der *commissaire du gouvernement*[56] Abraham in seinen *conclusions* zu den Entscheiden *Belgacem* und *Mme Naima Babas* vermutete, auf der Überlegung, dass es den übrigen in Frankreich lebenden Familienmitgliedern freistehe, ebenfalls auszureisen und dadurch das Familienleben aufrechtzuerhalten[57]. Nach

---

[48] Vgl. hierzu hinten 330 ff.

[49] VfSlg 10737/1985; VfSlg 11455/1987; VfSlg 11982/1989; VfSlg 13241/1992.

[50] VfSlg 11042/1986; VfSlg 11218/1987; VfSlg 11221/1987.

[51] VfSlg 11044/1986; VfSlg 13333/1993; VfSlg 13336/1993; VfSlg 13497/1993; VfSlg 13489/1993; VfSlg 13723/1994; Erkenntnis VfGH vom 17.6.1997, B 592/96.

[52] VfSlg 11638/1988.

[53] VfSlg 13611/1993; VfSlg 14009/1995; VfSlg 1422/1995.

[54] VfSlg 14091/1995; siehe ferner die weiteren Erkenntnisse des VfGH betr. Versäumnis rechtzeitiger Bewilligungsverlängerung durch langjährig im Bundesgebiet wohnhafte Ausländerinnen und Ausländer: VfSlg 14148/1995; VfSlg 14300/1995; Erkenntnis VfGH vom 25.5.1997, B. 2863/96; Erkenntnis VfGH vom 13.6.1997, B 676/96.

[55] Siehe vorne 203 f.

[56] Bei den Regierungskommissaren handelt es sich - entgegen ihrem Namen - nicht um Interessenvertreter der Regierung, sondern vielmehr um Mitglieder des Conseil d'État oder des juristischen Verwaltungspersonales, denen die Aufgabe zukommt, ein Rechtsgutachten für einen Einzelfall zu erstellen und einen Lösungsvorschlag auszuarbeiten, die sog. conclusions; siehe hierzu *Schlette*, 56, 68.

[57] „(...) la jurisprudence *Touami ben Abdeslem* reposait-elle sur l'idée que, par nature, une mesure d'expulsion ne porte pas atteinte à la vie familiale de l'étranger, puisque rien n'interdit à sa famille de quitter le territoire avec lui. Cela est exacte en théorie, mais seulement en théorie: on ne saurait nier qu'en réalité lorsque le conjoint de l'étranger (ou son enfant) est de nationalité française, ou lorsque toute sa famille est

Überwindung dieser restriktiven Praxis geht der Conseil d'État in den seither ergangenen Entscheiden grundsätzlich davon aus, dass ausländerrechtliche Massnahmen - unabhängig davon, ob es sich um eine Aus- oder Wegweisung, die Versagung eines Einreise- bzw. Aufenthaltstitels, die Nichtaufhebung einer Ausweisungsverfügung oder die Zuweisung eines Aufenthaltsortes handelt - immer dann einem Eingriff in das Privat- und Familienleben gleichkommen, wenn dadurch in Frankreich bestehende, relevante private und familiäre Bindungen beeinträchtigt werden[58]. Einzig bei fremdenrechtlichen Massnahmen gegen Eltern oder Elternteile minderjähriger Kinder verneint er das Vorliegen eines Eingriffes, wenn der Ausreise der Kinder keine Hindernisse entgegenstehen[59].

VI. Würdigung

Während der Europäische Gerichtshof für Menschenrechte, die österreichischen Gerichtshöfe des öffentlichen Rechtes sowie der französische Conseil d'État das Vorliegen eines Eingriffes in das Privat- und Familienleben in der Regel immer dann bejahen, wenn Familienangehörige durch eine ausländerrechtliche Massnahme getrennt bzw. am Zusammenleben gehindert werden, qualifizieren die Europäische Kommission für Menschenrechte und das schweizerische Bundesgericht eine Beeinträchtigung des Privat- und Familienlebens in zahlreichen Situationen erst dann als Eingriff, wenn den von einer fremdenrechtlichen Massnahme indirekt betroffenen Familienangehörigen die Ausreise nicht möglich oder zumutbar ist. Dieses Vorgehen, die Frage des Vorliegens eines Eingriffs von der Unmöglichkeit bzw. Unzumutbarkeit der Fortführung des Familienlebens im Ausland abhängig zu machen,

---

installée depuis longtemps en France, l'expulsion de l'intéressé aboutit à compromettre gravement, pour le moins, le maintien des liens familiaux et constitue donc bien une «ingérence» dans la vie familiale de l'intéressé au sens du paragraphe 2 de l'article 8"; conclusions *Abraham*, Rec. CE, 156; vgl. ebenso conclusions *Martine Denis-Linton* zu den Entscheiden *Aykan, Marzini* und *Minin* vom 10.4.1992, RFDA 1993, 543.

[58] Vgl. vorne 204 ff.

[59] Siehe hierzu hinten 278 ff.; neben diesen Fallkonstellationen hat der Conseil de État einzig im Entscheid *Faker* einen Eingriff mit dem Argument verneint, dass eine Fortführung des Familienlebens im Ausland möglich sei; dieser Fall betraf indes die Ausweisung eines iranischen Diplomaten, dem Verbindungen zu Terroristen nachgesagt wurden; in diesem Sinne führte der Conseil d'État denn auch aus, dass der Beschwerdeführer „a la qualité de fonctionnaire d'un gouvernement étranger et pouvait poursuivre dans un autre pays sa vie familiale"; CE, *Ministère de l'Intérieur c/ Faker*, 8.7.1991, Rec. CE, 276.

A. Eingriffsvoraussetzungen

ist - zu Recht - kritisiert worden[60] und unter verschiedenen Gesichtspunkten fragwürdig:

- Die Prüfung der Zumutbarkeit als Eingriffsvoraussetzung wird einzig und allein bei ausländerrechtlichen Sachverhalten vorgenommen. Im Vergleich zu „normalen" Fällen wenden daher Kommission und schweizerisches Bundesgericht bei der Feststellung eines Eingriffes in das Privat- und Familienleben *unterschiedliche Massstäbe* an: während im „Normalfall" einer Beeinträchtigung des Familienlebens das Vorliegen eines Eingriffes bereits bejaht wird, wenn dieses eine gewisse Mindestschwere aufweist, liegt die Latte in ausländerrechtlichen Fällen wesentlich höher. Ein Eingriff wird hier nicht bereits bejaht, wenn die Familienmitglieder aufgrund der staatlichen Massnahme nicht bzw. nicht mehr zusammenleben können, sondern vielmehr erst, wenn das Familienleben nicht zumutbarerweise auch im Ausland gelebt werden kann.

- Die Frage, ob eine Ausreise den übrigen Familienangehörigen möglich und zumutbar ist, bestimmt sich einerseits aufgrund ihrer persönlichen Umstände sowie der gesellschaftlichen, kulturellen und rechtlichen Faktoren, die sie im Ausland antreffen werden, und andererseits der Gewichtung der öffentlichen Interessen an der Ausreise bzw. der Fernhaltung der von der Massnahme direkt betroffenen Ausländerinnen und Ausländer. Bei diesen Argumenten handelt es sich jedoch gerade um Gesichtspunkte, die im Rahmen einer umfassenden Güterabwägung nach Art. 8 Abs. 2 EMRK zu beurteilen sind. Vom *dogmatischen Standpunkt* aus erscheint es daher falsch, das Vorliegen eines Eingriffes von Aspekten abhängig zu machen, die nach den ausdrücklichen Schrankenbestimmungen von Art. 8 Abs. 2 EMRK erst im Rahmen der Rechtfertigungsprüfung beizuziehen sind[61]. Wird das Vorliegen eines Eingriffes aufgrund dieses Vorgehens verneint, so schliesst dies eine Prüfung der Rechtfertigung des „Eingriffes" aus; dies führt zu einer Einschränkung des Schutzbereiches aufgrund einer vorgezogenen, von ihrem Prüfungsprogramm her eingeschränkten Güterabwägung, wobei zahlreiche und wichtige Aspekte des jeweiligen Einzelfalles, die im Rahmen einer umfassenden Verhältnismässigkeitsprüfung nach Art. 8 Abs. 2 EMRK zu berücksichtigen wären, ausser Acht gelassen werden. Eine angemessene Beurteilung der Zumutbarkeit und Möglichkeit einer Ausreise sowie der Fortführung

---

[60] *Wildhaber/Breitenmoser*, Rz 71 f. und Rz. 427; *Mock*, Mesures de police, 102 f.; *Anderfuhren-Wayne*, 360 f.; *Breitenmoser*, Rechtsprechung, 544; *Palm-Risse*, 251; *Wurzburger*, 287; *Breitenmoser*, Privatsphäre, 114; *O'Donnell*, 140; *Cvetic*, 650; *Storey*, 336 ff.
[61] Siehe ebenso *Palm-Risse*, 268; *Connelly*, 584.

des Familienlebens im Ausland muss dagegen auf einer Abwägung der Interessen im Lichte *aller* Umstände des konkreten Falles beruhen und kann nicht nur im Rahmen einer vorgezogenen, eingeschränkten Güterabwägung erfolgen. In einer umfassenden Verhältnismässigkeitsprüfung kann durch die Einräumung eines relativ weiten Beurteilungsspielraumes auch der Tatsache Rechnung getragen werden, dass die Regelung von Einreise, Aufenthalt und Ausreise von Fremden grundsätzlich zum *domaine réservé* der Staaten gehört; die Schaffung eines Bollwerkes für die staatliche Souveränität durch die Aufstellung einer zusätzlichen Eingriffsvoraussetzung erscheint daher nicht notwendig.

– Die Qualifizierung der Unzumutbarkeit der Ausreise als Eingriffsvoraussetzung in ausländerrechtlichen Fällen ist schliesslich auch unter einem dritten Aspekt problematisch. Als Voraussetzung für das Vorliegen eines Eingriffes in das Familienleben stellt die Unmöglichkeit und Unzumutbarkeit der Ausreise eine *implizite Beschränkung* des Schutzbereiches des Rechtes auf Achtung des Familienlebens dar[62]. Implizite Schranken sind jedoch nach der Rechtsprechung des Gerichtshofes bei Rechten und Freiheiten der EMRK, die wie Art. 8 EMRK über explizite Schrankenbestimmungen verfügen, *nicht zulässig*[63].

Obwohl das Kriterium der Unzumutbarkeit bzw. Unmöglichkeit einer Ausreise als Eingriffsvoraussetzung abzulehnen ist, bleibt die Tatsache, dass auch in ausländerrechtlichen Belangen nicht jede Beeinträchtigung des Familienlebens bereits einen Eingriff bedeutet. Die entsprechende Beeinträchtigung muss vielmehr eine gewisse *Mindestschwere* aufweisen. Wann überschreitet nun aber eine ausländerrechtliche Beeinträchtigung des Familienlebens die Schwelle von der blossen Beeinträchtigung zum Eingriff? Bei der Beantwortung dieser Frage muss einerseits dem Umstand Rechnung getragen werden, dass das Ausländerrecht zum *domaine réservé* der Staaten gehört und anderseits ist zu berücksichtigen, dass die EMRK kein generelles Recht auf Aufenthalt in einem bestimmten Staat gewährt. Obwohl die Ver-

---

[62] In diesem Sinne hat Richter *Bernhardt* in seiner concurring opinion zum Urteil *Abdulaziz, Cabales und Balkandali gegen Vereinigtes Königreich* ausgeführt: „According to the present judgment, Article 8 § 1 is applicable, but if taken alone, is not violated because there is no «lack of respect» for family life. This reasoning excludes the application of Article 8 § 2, and it in fact places inherent limitations upon the rights guaranteed in paragraph 1 of Article 8. In my opinion, the measures in question can only be, and indeed are, justified by the application of Article 8 § 2", Serie A, Nr. 94, 47; siehe ebenso *Breitenmoser*, Rechtsprechung, 544 f.; *Breitenmoser*, Privatsphäre, 69 ff.

[63] Siehe vorne 51 f.

tragsstaaten gehalten sind, die sich aus der EMRK ergebenden Verpflichtungen bei der Ausübung der ihnen zustehenden Rechte zu beachten, darf dies nicht dahingehend ausgelegt werden, dass Art. 8 EMRK sie verpflichten würde, alle familiären Beziehungen, die eine irgendwie geartete Beziehung zu ihrem Territorium aufweisen, zu achten. So kann kaum ernsthaft vertreten werden, dass etwa der Ausschluss des Familiennachzuges für Fremde, die für ein dreimonatiges Praktikum eingereist sind, einen Eingriff in ihr Familienleben darstellt. Ebenso wird *in der Regel* die Ausweisung von Ausländerinnen und Ausländern, die erst vor kurzem mit ihrer Familie eingereist sind und sich illegal im Inland aufhalten, nicht als Eingriff zu qualifizieren sein.

Ansatzpunkt für die Abgrenzung von ausländerrechtlichen Beeinträchtigungen, die keinen und solchen, die sehr wohl einen Eingriff in das Familienleben darstellen, könnte das Kriterium sein, ob ein Familienmitglied einen Aufenthaltstitel besitzt, der zu einem längerfristigen (d.h. mehr als gerade einige Monate) und grundsätzlich verlängerbaren Aufenthalt berechtigt. Ein solch formales Kriterium dürfte jedoch nicht in starrer Weise angewendet werden. Vielmehr muss die Abgrenzung zwischen einer blossen Beeinträchtigung und einem Eingriff durchlässig und flexibel sein, um in aussergewöhnlichen Situationen eine dem Einzelfall gerecht werdende, umfassende Beurteilung zu ermöglichen.

B. Nachzugsfälle

Das Familien- oder Privatleben beeinträchtigende Massnahmen müssen grundsätzlich in zwei Kategorien unterteilt werden: Fälle, in denen Familienangehörigen die Einreise bzw. der Aufenthalt in einem Vertragsstaat nicht bewilligt wird (*Nachzugsfälle*; Abschnitt B) sowie Situationen, in denen aufenthaltsbeendende Massnahmen Ausländerinnen oder Ausländer zur Ausreise verpflichten und dadurch familiäre und/oder private Beziehungen beeinträchtigt werden (hinten Abschnitte C-F).

I. Nachzug von Ehegatten

Die Einreise und Aufenthaltsbegründung von Ehepartnern bereits in einem Staat lebender Ehegatten stellt neben dem Nachzug minderjähriger Kinder den praktisch bedeutendsten Nachzugsfall dar.

7. Kap.: Eingriff in Privat- und Familienleben

1. Die Rechtsprechung der Europäischen Kommission für Menschenrechte

Die Weigerung innerstaatlicher Behörden, den Nachzug eines Ehepartners aus dem Ausland zu gestatten, stellt in der Praxis der Kommission grundsätzlich nur dann einen Eingriff in das Familienleben der Ehegatten dar, wenn dem im betreffenden Staat lebenden Ehepartner die Ausreise nicht zugemutet werden kann bzw. diese nicht möglich ist. Einzig bei der Weigerung der britischen Behörden, „Bürgern des Vereinigten Königreiches und der Kolonien" die Einreise nach Grossbritannien zu gestatten, hat die Kommission bisher ohne Prüfung der Zumutbarkeit bzw. Möglichkeit einer Ausreise das Vorliegen eines Eingriffes bejaht[64]. In sämtlichen übrigen Fällen entscheidet sich das Vorliegen eines Eingriffes indes in konstanter Praxis aufgrund der *Zumutbarkeit und Möglichkeit der Ausreise des Ehepartners*.

Freilich stellt die Kommission an die Zumutbarkeit einer Ausreise *je nach Situation unterschiedliche Anforderungen*. In diesem Sinne erachtet sie die Ausreise von *Staatsangehörigen* nur bei Vorliegen *besonderer Umstände* (beispielsweise langjähriger Aufenthalt im Herkunftsland des Ehepartners[65]) als zumutbar. Für die Frage, ob es in einem Konventionsstaat ansässigen Ausländerinnen und Ausländern möglich und zumutbar ist, aus diesem Land auszureisen, berücksichtigt die Kommission insbesondere die *Länge ihres Aufenthaltes* sowie den *Grad der Integration* im betreffenden Staat. Halten sich diese erst seit relativ kurzer Zeit im Inland auf, wird die Zumutbarkeit und Möglichkeit der Ausreise nur dann verneint, wenn ihr unüberwindbare

---

[64] B 4403/70 et al., *Ostafrikanische Asiaten gegen Vereinigtes Königreich*, Zulässigkeitsentscheidung in CD 36, 92, KB in DR 78-A, 5. Nachdem Uganda 1962 und Kenia 1963 die Unabhängigkeit erlangt hatten, wurde in beiden Staaten unter dem Deckmantel der „Afrikanisierung" die Ausreise von Personen asiatischer Herkunft „gefördert". Im Zuge dieser Politik ersuchten zahlreiche „Bürger des Vereinigten Königreiches und der Kolonien" («citizens of the United Kingdom and Colonies») indischer Herkunft um Bewilligung der Einreise nach Grossbritannien. In der Beschwerde *Ostafrikanische Asiaten gegen Vereinigtes Königreich* betraf die Versagung der Einreisebewilligung eine Gruppe ostafrikanischer Asiaten, deren Ehefrauen die Wohnsitznahme in Grossbritannien gestattet worden war. In bezug auf zwei Beschwerdeführer (B 4478/70, *Chandarana gegen Vereinigtes Königreich*; B 4486/70, *Patel gegen Vereinigtes Königreich*) kam die Kommission in ihrem Art. 31-Bericht zum Schluss, dass „this refusal of admission constituted, in the circumstances of the present case, an interference with the applicants' «family life» in the sense of Article 8 of the Convention in that it prevented, against their will, the reunion in the United Kingdom of the members of the applicants' families, who were all citizens of the United Kingdom and Colonies", (a.a.O., 68).

[65] B 5445/72 und 5446/772, *X. und Y. gegen Vereinigtes Königreich*, CD 42, 146; B 5301/71, *X. gegen Vereinigtes Königreich*, CD 43, 82.

Hindernisse entgegenstehen. Demgegenüber ist die Ausreise für Ausländerinnen und Ausländer, die sich bereits seit langer Zeit im betreffenden Staat aufhalten und vollkommen integriert sind, nur bei Vorliegen besonderer Umstände zumutbar. Die Kommission trägt schliesslich auch dem Umstand Rechnung, ob der im Inland wohnhafte Ehepartner bereits vor der Einreise verheiratet war und mit seinem Ehegatten im Ausland zusammengelebt hatte oder ob der Nachzug eben erst begründetes Familienleben ermöglichen soll[66]. Zu bemerken ist hierzu, dass die Kommission in der ersten Konstellation wohl mitberücksichtigen würde, ob die Trennung der Ehegatten freiwillig und bewusst erfolgte und daher nicht auf einen staatlichen Eingriff zurückzuführen ist[67].

Keinen Eingriff stellte nach Ansicht der Kommission die anfängliche Weigerung der britischen Behörden dar, einem «citizen of the United Kingdom and Colonies», dessen Ehefrau und drei Kinder in Grossbritannien wohnten, eine Anwesenheitsbewilligung zu erteilen, da einer Ausreise der Ehefrau und Kinder aufgrund ihres *erst relativ kurzen Aufenthaltes* in Grossbritannien keine Hindernisse entgegenstanden[68]; ebenso verneinte sie das Vorliegen eines Eingriffes in einer Beschwerde wegen Nichterteilung einer Einreisebewilligung an den indischen Ehemann einer britischen Staatsangehörigen, da eine gemeinsame Wohnsitznahme in Indien rechtlich *möglich* war, die Ehegatten bei Eheschluss *wussten*, dass sie möglicherweise nicht in Grossbritannien würden gemeinsam leben können und die Trennung schliesslich auf einer *freiwilligen Entscheidung* der Ehefrau beruhte, das eheliche Zusammenleben in Kenia zu beenden und nach Grossbritannien zu ziehen[69]. Ebenfalls keinen Eingriff begründete die Weigerung der britischen Behörden, dem bangalischen Ehemann einer britischen Staatsangehörigen bangalischer Herkunft eine Einreisebewilligung zu erteilen, da einer Aufnahme des Familienlebens in Bangladesch keine Hindernisse entgegenstünden, die Ehefrau dort *aufgewachsen* war, das gemeinsame Kind noch in einem *anpassungsfähigen Alter* und der Ehemann zudem noch nie in Grossbritannien gewesen sei und daher der Verdacht bestand, dass die Heirat nur zum Zwecke des Erhalts einer Einreisebewilligung erfolgt sei[70].

1977 war die Kommission erstmals mit der Frage konfrontiert, ob die Weigerung staatlicher Behörden, der Ehegattin eines rechtmässig in Grossbritannien niedergelassenen Ausländers sofort eine Einreise- und Aufenthaltsbewilligung zu erteilen, eine

---

[66] B 14122/88, *Khanam gegen Vereinigtes Königreich*, DR 59, 265.

[67] Siehe hierzu B 5445/72 und B 5446/72, *X. und X. gegen Vereinigtes Königreich*, CD 42, 146; vgl. ferner die vom Gerichtshof im Fall *Gül gegen die Schweiz*, Reports 1996-I, 157 ff., Ziff. 41, sowie im Urteil *Ahmut gegen die Niederlande*, Reports 1996-VI, 2017 ff., Ziff. 70 vorgebrachten Argumente.

[68] B 3325/67, *X. et al. gegen Vereinigtes Königreich*, CD 25, 116.

[69] B 5445/72 und B 5446/72, *X. und X. gegen Vereinigtes Königreich*, CD 42, 146; siehe ferner B 5301/71, *X. gegen Vereinigtes Königreich*, CD 43, 82.

[70] B 14112/88, *Khanam gegen Vereinigtes Königreich*, DR 59, 265.

Verletzung des Rechtes auf Achtung des Familienlebens darstelle. In ihrer Unzulässigkeitsentscheidung stellte die Kommission fest, dass

„Art. 8 gives no right for a foreign couple to transfer residence into a given country. That follows from the liberty of States, not restricted by the Convention, to regulate the entry of aliens. Whether the fact that one spouse has acquired a right of permanent residence before the marriage changes the matter may be left open."[71]

Da der Beschwerdeführer nicht die Bewilligungsverweigerung, sondern die lange Wartezeit gerügt hatte, konnte die Kommission die Frage der Konventionskonformität offen lassen.

2. Die Rechtsprechung des Europäischen Gerichtshofes für Menschenrechte

Im einzigen bisher beurteilten Fall betreffend den Nachzug von Ehegatten aus dem Ausland - im Fall *Abdulaziz, Cabales und Balkandali gegen Vereinigtes Königreich*[72] - hat der Gerichtshof die Konventionskonformität der Beeinträchtigung des Familienlebens unter dem Aspekt einer möglichen *positiven Verpflichtung* Grossbritanniens, zum Schutz des Familienlebens den Ehegatten eine Einreise- und Anwesenheitsbewilligung zu erteilen, geprüft.

Der Fall *Abdulaziz, Cabales und Balkandali gegen Vereinigtes Königreich* betraf die Weigerung der britischen Behörden, den Ehegatten der drei Beschwerdeführerinnen die Einreise bzw. den Aufenthalt zu gestatten. Frau *Abdulaziz* war 1977 nach Grossbritannien eingereist und hatte 1979 eine unbefristete Aufenthaltsbewilligung erhalten. Ihr Ehemann, ein in Indien geborener portugiesischer Staatsangehöriger, reiste 1979 mit einem sechs Monate gültigen Besuchervisum ein. Herr und Frau Abdulaziz heirateten Ende 1979, worauf Herr Abdulaziz erfolglos um Erteilung einer Aufenthaltsbewilligung ersuchte. Bereits im Jahr 1967 war hingegen Frau *Cabales*, eine philippinische Staatsangehörige, eingereist und hatte 1971 eine unbefristete Aufenthaltsbewilligung erhalten. Während Ferienaufenthalten in ihrer Heimat lernte sie ihren zukünftigen Ehegatten kennen und 1980 heirateten sie auf den Philippinen. Ein im Anschluss an die Heirat gestelltes Einreisegesuch von Herrn Cabales wurde abgewiesen; ebenso erfolglos blieb ein erneutes Gesuch nach der Einbürgerung von Frau Cabales. Begründet wurde der ablehnende Entscheid mit Zweifeln an der Gültigkeit der auf den Philippinen geschlossenen Ehe. Nachdem Herrn Cabales ein drei Monate gültiges Visum erteilt worden war und die Ehegatten in Grossbritannien erneut geheiratet hatten, wurde Herrn Cabales schliesslich eine Aufenthaltsbewilligung erteilt. Die dritte Beschwerdeführerin, Frau *Balkandali*, reiste 1973 ins Vereinigte

---

[71] B 7048/75, *X. gegen Vereinigtes Königreich*, DR 9, 43.

[72] EGMR, *Abdulaziz, Cabales und Balkandali gegen Vereinigtes Königreich*, Serie A, Nr. 94.

B. Nachzugsfälle   231

Königreich ein und wurde 1980, aufgrund ihrer Ehe mit einem britischen Staatsbürger, als „Bürgerin des Vereinigten Königreichs und der Kolonien" registriert. Die Ehe mit dem britischen Staatsangehörigen wurde 1980 geschieden und im folgenden Jahr heirateten Herr und Frau Balkandali. Herr Balkandali, ein türkischer Staatsangehöriger, war 1979 erstmals mit einem Besuchervisum nach Grossbritannien eingereist. Das nach der Heirat von Herrn Balkandali gestellte Gesuch um Erteilung einer Aufenthaltsbewilligung wurde mit der Begründung abgewiesen, dass weder Frau Balkandali selbst noch ihre Eltern als „Citizen of the United Kingdom and Colonies" in Grossbritannien geboren worden waren und deshalb der Nachzug eines Ehegatten nicht möglich sei. Nachdem Frau Balkandali 1983 automatisch die britische Staatsbürgerschaft erhalten hatte, wurde ihrem Ehegatten schliesslich eine Aufenthaltsbewilligung erteilt.

3. Die Rechtsprechung des Schweizerischen Bundesgerichtes

Ob und unter welchen Voraussetzungen eine durch ausländerrechtliche Massnahmen hervorgerufene Beeinträchtigung des Familienlebens einen Eingriff in dieses darstellt, bestimmt sich nach dem vom Bundesgericht entwickelten Konzept lediglich dann aufgrund einer Zumutbarkeitsprüfung, wenn gegen die betroffenen Ausländerinnen und Ausländer Fernhaltegründe bestehen[73]. Für den Nachzug eines Ehepartners aus dem Ausland bedeutet dies, dass die Versagung des Aufenthaltes per se bereits einen Eingriff in das Familienleben der Ehegatten darstellt, wenn gegen die um Bewilligung des Aufenthaltes ersuchenden Ehepartner keine Fernhaltegründe bestehen; haben die um Erteilung einer Anwesenheitsbewilligung ersuchenden Ehegatten indes Fernhaltegründe gesetzt, so bestimmt sich das Vorliegen eines Eingriffes aufgrund einer Zumutbarkeitsprüfung.

Bereits 1985 hatte das Bundesgericht über die Frage zu entscheiden, ob die im Entscheid *Reneja-Dittli* ausgeführten Grundsätze[74] auch auf den Fall der erstmaligen Erteilung einer Aufenthaltsbewilligung an den Ehegatten einer in der Schweiz niedergelassenen Ausländerin Anwendung finden. In seinem Entscheid führte es aus, eine Anrufung von Art. 8 EMRK sei zwar möglich, dieser Schutz entfalle jedoch, wenn es der ausländischen Ehefrau bzw. dem ausländischen Ehemann mit Anwesenheitsrecht in der Schweiz zugemutet werden könne, auszureisen und zwar unabhängig davon, ob ein öffentliches Interesse an der Fernhaltung bestehe. Da im vorliegenden Fall die Ehefrau als 14-Jährige in die Schweiz eingereist war, sich bei Ausfällung des Urteils erst fünf Jahre hier aufgehalten hatte und ihr Ehemann zudem keine näheren Beziehungen zur Schweiz hatte, erachtete das Bundesgericht die Ausreise als zu-

---

[73] Siehe vorne 216 ff.
[74] Vorne 181.

mutbar[75]. Dieser Entscheid erscheint zwar mit den allgemeinen Grundsätzen nicht vereinbar, hat das Bundesgericht doch die Zumutbarkeit der Ausreise geprüft, obwohl keine Fernhaltegründe gegen den Ehemann bestanden; es handelt sich indes um einen Entscheid, der in den Anfängen der ausländerrechtlichen Rechtsprechung zu Art. 8 EMRK ergangen ist. Zudem kannte die damals geltende Nachzugsregelung keinen Anspruch auf Erteilung eines Anwesenheitstitels an den Ehemann einer in der Schweiz niedergelassenen Ausländerin[76].

In einem weiteren Fall hatte das Bundesgericht die Weigerung der bernischen Fremdenpolizei zu beurteilen, dem Ehemann einer Schweizer Staatsangehörigen eine Aufenthaltsbewilligung zu erteilen. Nach der Verurteilung zu einer sechswöchigen Freiheitsstrafe wegen Veruntreuung war der künftige Ehemann mit einer fünfjährigen fremdenpolizeilichen Einreisesperre belegt und im Anschluss an eine Verurteilung wegen Missachtung dieser Einreisesperre in die Türkei ausgeschafft worden, wo die Eheleute in der Folge heirateten. Aufgrund des Eheschlusses hob das BFA zwar die Einreisesperre auf, doch weigerten sich die bernischen Fremdenpolizeibehörden, dem Ehemann eine Aufenthaltsbewilligung zu erteilen. Das Bundesgericht legte zunächst dar, der Umstand, dass die Eheleute nicht zusammenlebten, indiziere nicht das Fehlen einer intakten Beziehung, beruhe die Trennung doch auf dem Umstand, dass der Ehemann keine Anwesenheitsbewilligung erhalten habe. In casu könne der Ehefrau eine Ausreise in die Türkei jedenfalls dann kaum zugemutet werden, wenn nicht eindeutige Hinweise für eine durch fremdenpolizeiliche Überlegungen motivierte Eheschliessung vorlägen. Da die zur Güterabwägung nötigen Elemente indes noch nicht umfassend vorlagen, hiess das Bundesgericht die Verwaltungsgerichtsbeschwerde gut und wies die Sache zu neuem Entscheid an die Vorinstanz zurück[77].

4. Die Rechtsprechung des österreichischen Verfassungsgerichtshofes

Unbestritten ist in der Rechtsprechung des österreichischen Verfassungsgerichtshofes, dass die Versagung eines Sichtvermerkes bzw. einer Aufenthaltsbewilligung, die Aufrechterhaltung eines Aufenthaltsverbotes sowie die Nichtbewilligung des Betretens des Bundesgebietes trotz bestehendem Aufenthaltsverbot grundsätzlich einen Eingriff in das Familienleben von Ehegatten darstellt. Eine Berufung auf die in Art. 8 EMRK geschützten familiären Beziehungen ist indes in jenen Fällen ausgeschlossen, in denen die fami-

---

[75] BGE 111 Ib 1 ff.

[76] So hat auch das Bundesgericht in seinem Entscheid ausgeführt, dass „für den Ehemann (hier den Beschwerdeführer) einer niedergelassenen *Ausländerin* (...) ein solcher Anspruch [auf Familiennachzug] nach dem Gesetzeswortlaut nicht" besteht, BGE 111 Ib 1, E. 1a, 3; Art. 17 Abs. 2 ANAG wurde erst auf den 1.1.1992 dahingehend geändert, dass auch der Ehemann niedergelassener Ausländerinnen Anspruch auf Erteilung eines Aufenthaltstitels hat.

[77] BGE 116 Ib 353 ff.

liären Bande erst während eines illegalen Aufenthaltes in Österreich entstanden sind und die Erteilung einer Aufenthaltsbewilligung bzw. eines Sichtvermerkes aus diesem Grund verweigert wird[78].

Die Aufrechterhaltung des gegen einen türkischen Staatsangehörigen verhängten Aufenthaltsverbotes wegen illegalen Aufenthaltes stellte einen Eingriff in sein Familienleben dar, da er in der Zwischenzeit eine österreichische Staatsangehörige geheiratet hatte[79]. Ebenso erachtete der Verfassungsgerichtshof die Versagung eines Sichtvermerks an Ehegatten rechtmässig in Österreich lebender Personen als rechtfertigungsbedürftigen Eingriff in das Familienleben[80]. Demgegenüber stellte die Versagung eines Sichtvermerkes an den illegal in Österreich anwesenden Ehemann einer österreichischen Staatsangehörigen nach Ansicht des *Verwaltungsgerichtshofes* keinen Eingriff in das Familienleben dar, da die familiäre Beziehung aus einem unrechtmässigen Aufenthalt resultiere und die Ableitung eines Anwesenheitsrechtes aus einer während eines unberechtigten Aufenthaltes entstandenen familiären Bindung rechtsmissbräuchlich wäre[81].

5. Die Rechtsprechung des französischen Conseil d'État

Beeinträchtigungen des Familienlebens von Ehegatten durch die Versagung eines Einreisetitels bzw. die Verweigerung eines erstmaligen Aufenthaltstitels oder die Aufrechterhaltung einer Ausweisungsverfügung stellen, sofern die Ehegatten zusammenleben oder beabsichtigen, zusammenzuleben, in der Rechtsprechung des Conseil d'État einen Eingriff in das durch Art. 8 EMRK geschützte Familienleben dar.

Die Versagung eines Einreisevisums an einen türkischen Staatsangehörigen, der während der Verbüssung einer vierjährigen Freiheitsstrafe wegen Drogenhandels in Deutschland eine französische Bürgerin geheiratet hatte[82], stellte ebenso wie die

---

[78] Siehe vorne 201 f.

[79] VfSlg 11218/1987; ähnlich VfSlg 11221/1987 betr. Aufrechterhaltung des Aufenthaltsverbots eines türkischen Staatsangehörigen, dessen Ehefrau und Kinder in Österreich leben.

[80] VfSlg 13333/1993; siehe ferner VfSlg 13489/1993 betr. Versagung eines Sichtvermerkes an den Ehegatten einer österreichischen Staatsangehörigen; VfSlg 13723/1994 betr. Versagung eines Sichtvermerkes an die Ehefrau eines rechtmässig in Österreich lebenden türkischen Staatsangehörigen.

[81] Erkenntnis VwGH vom 27.6.1997, 95/19/1815, in Anlehnung an VfSlg 13497/1993.

[82] CE, *Aykan*, 10.4.1992, Rec. CE, 153 f. (verhältnismässiger Eingriff); siehe zu diesem Fall ferner die conclusions der Commissaire du gouvernement *Martine Denis-Linton* in RFDA 1993, 541 ff.

Nichtaufhebung der gegen einen italienischen Staatsangehörigen verfügten Ausweisung, der während eines illegalen Aufenthaltes in Frankreich eine Französin geehelicht hatte[83], einen Eingriff in das Familienleben dar. Auch die Versagung einer Aufenthaltsbewilligung an den ausländischen Ehemann einer französischen Staatsangehörigen erachtete der Conseil d'État als Eingriff in das Familienleben[84]. Schliesslich stellte auch die Verweigerung einer Niederlassungsbewilligung («carte de résident») an den Ehemann einer Französin einen Eingriff in das Familienleben dar[85].

II. Nachzug minderjähriger Kinder

1. Die Rechtsprechung der Europäischen Kommission für Menschenrechte

In praktisch konstanter Rechtsprechung qualifiziert die Kommission die Versagung einer Einreise- und Aufenthaltsbewilligung an im Ausland lebende minderjährige Kinder in einem Konventionsstaat lebender Eltern oder Elternteile als Eingriff in das Familienleben, ohne zuvor die Möglichkeit und Zumutbarkeit einer Ausreise zu prüfen[86].

„As regards the links between the applicant and the four youngest children from the applicant's first marriage, the Commission finds that these links may be regarded as constituting family life within the meaning of Article 8 of the Convention. Consequently, the refusal to allow them to enter the Netherlands must be considered as an interference with their right to respect for their family life."[87]

1967 bejahte die Kommission das Vorliegen eines Eingriffes durch die Versagung einer Einreisebewilligung an den Sohn zweiter (bigamistischer) Ehe eines in Grossbritannien lebenden pakistanischen Staatsangehörigen[88]; im Rahmen einer Beschwerde gegen die Weigerung der niederländischen Behörden, dem siebenjährigen Sohn eines in den Niederlanden lebenden türkischen Staatsangehörigen einen Aufenthaltstitel zu erteilen, konnte nach Zulässigerklärung der Beschwerde eine friedliche Streitbeilegung erreicht werden, so dass die Kommission sich nicht materiell äu-

---

[83] CE, *Minin*, 10.4.1992, Rec. CE, 156 f. (verhältnismässiger Eingriff); vgl. auch hierzu die conclusions der Commissaire du gouvernement *Martine Denis-Linton* in RFDA 1993, 545 f.

[84] CE, *Ndombe Eboa*, 13.5.1992, Recueil 1992, tab. 1040 (unverhältnismässiger Eingriff).

[85] CE, *Kaya*, 9.12.1994, Recueil 1994, 544 f. (verhältnismässiger Eingriff).

[86] *van Dijk/van Hoof*, 518.

[87] B 24968/94, *Lamrabti gegen die Niederlande*, unpublizierter KE vom 15.5.1995.

[88] B 2991/66, *Alam und Khan gegen Vereinigtes Königreich*, CD 24, 116.

B. Nachzugsfälle   235

ssern musste[89]; sie anerkannte weiter, dass die Weigerung der niederländischen Behörden, dem Sohn eines marokkanischen Staatsangehörigen einen Aufenthaltstitel zum Verbleib beim Vater zu erteilen, ebenfalls einen Eingriff darstelle[90]; die Weigerung der Fremdenpolizeibehörden im Fall *Gül*, dem minderjährigen Sohn den Aufenthalt bei seinen in der Schweiz lebenden Eltern zu gestatten[91], qualifizierte sie ferner ebenso als Eingriff, wie die Nichtbewilligung eines Nachzuges des Sohnes eines marokkanisch-niederländischen Doppelbürgers[92] bzw. der vier minderjährigen Kinder eines in den Niederlanden wohnhaften Marokkaners[93].

Völlig entgegen ihrer konstanten Rechtsprechung verneinte die Kommission einen Eingriff in einer gegen die Schweiz gerichteten Beschwerde betreffend Verweigerung einer fremdenpolizeilichen Bewilligung für den noch minderjährigen Sohn erster Ehe eines nunmehr in der Schweiz lebenden Vaters. Sie führte dabei insbesondere aus, Vater und Sohn hätten zwar während rund dreizehn Jahren in der Türkei zusammengelebt, der Vater sei in der Folge aber freiwillig ausgereist und daher bestünde keine genügend enge familiäre Beziehung mehr:

„Or, en l'espèce, la Commission note que le deuxième requérant a vécu depuis sa naissance en Turquie. Après le départ de son père en 1987, il y a vécu pendant trois ans d'abord avec sa mère, ensuite avec sa grand-mère et ses trois frères et soeurs. En 1990, à l'âge de seize ans et demi, il est arrivé en Suisse. Jusqu'à ce moment, la vie familiale du deuxième requérant au sens de la disposition précitée s'est donc trouvée en Turquie. En outre, le premier requérant a quitté sa famille en Turquie et s'est installé en Suisse, en pleine connaissance des conditions auxquelles ce séjour était subordonné. La Commission estime, dès lors, qu'il n'y a pas de liens suffisamment étroits entre le deuxième requérant et son père vivant en Suisse. Par conséquent, le refus des autorités suisses d'accorder un titre de séjour au deuxième requérant ne constitue pas une ingérence dans le droit des requérants au respect de leur vie familiale (...)."[94]

Dieser Entscheid ist unter verschiedenen Gesichtspunkten absurd. Einerseits scheint die Kommission zu vergessen, dass zwischen Eltern und ihren Kindern ipso iure Familienleben i.S. von Art. 8 EMRK besteht und dieses nur bei Vorliegen aussergewöhnlicher Umstände aufgehoben werden kann; die Auswanderung stellt in aller Regel aber gerade keinen derartigen besonderen Umstand dar[95]. Andererseits

---

[89] B 11026/84, *Taspinar gegen die Niederlande*, DR 44, 262.

[90] B 14501/89, *A. und A. gegen die Niederlande*, DR 72, 118.

[91] EKMR, *Gül gegen die Schweiz*, Reports 1996-I, 186 ff.; Sachverhalt hinten 238.

[92] EKMR, *Ahmut gegen die Niederlande*, Reports 1996-VI, 2039 ff.; Sachverhalt hinten 238.

[93] B 24968/94, *Lamrabti gegen die Niederlande*, unpublizierter KE vom 18.5.1995.

[94] B 23701/94, *Biçilir und Biçilir gegen die Schweiz*, KE vom 22.2.1995, VPB 1995, Nr. 140.

[95] Vorne 30.

kommt es für die Frage des Bestehens von Familienleben auch nicht auf den Aufenthaltsort der betreffenden Familienmitglieder an; ein solcher Ansatz würde eine Vielzahl ausländerrechtlicher Konstellationen, in denen eine Beeinträchtigung des Familienlebens geltend gemacht wird, generell vom Schutzbereich des Art. 8 EMRK ausnehmen. Dem Argument des (bisherigen) Aufenthaltsortes kommt vielmehr erst im Rahmen der Verhältnismässigkeitsprüfung Bedeutung zu. Schliesslich verkennt die Kommission, dass in einen Staat einwandernde Ausländerinnen und Ausländer nur in den wenigsten Fällen genauestens über die Einwanderungs- und Familiennachzugsvorschriften orientiert bzw. überhaupt in der Lage sind, sich darüber zu informieren und ein Nachzug meist, wenn nicht rechtlich bereits einer Wartefrist unterliegend, häufig doch zumindest aus tatsächlichen Gründen nicht sofort möglich sein wird.

Die Beziehungen zwischen Adoptiveltern und Adoptivkindern stellen grundsätzlich in gleicher Weise wie die Beziehung zwischen leiblichen Eltern und ihren minderjährigen Kindern Familienleben i.S. von Art. 8 Abs. 1 EMRK dar[96]; folglich müsste die Weigerung staatlicher Behörden, den Nachzug minderjähriger Adoptivkinder zu gestatten, ebenso wie bei leiblichen Kindern einen Eingriff in das Familienleben bedeuten. Soweit ersichtlich hatte die Kommission bisher erst in einem einzigen Fall zu entscheiden, ob die Weigerung, einem adoptierten Kind die Einreise zu gestatten, unter Art. 8 EMRK relevant sei. Aufgrund der besonderen Umstände des betreffenden Sachverhaltes verneinte sie indes bereits das Bestehen von Familienleben i.S. von Art. 8 Abs. 1 EMRK.

Der erwähnte Fall betraf die in Indien nach indischem Recht ausgesprochene Adoption eines 14-jährigen Neffen durch in Grossbritannien wohnhafte „Bürger des Vereinigten Königreiches und der Kolonien". In ihrer Unzulässigkeitsentscheidung führte die Kommission aus, „Article 8 (...) guarantees a right to respect for existing „family life". It does not oblige a state to grant a foreign citizen entry to its territory for the purpose of establishing a new family relationship there"[97]. Da die in Indien ausgesprochene Adoption in Grossbritannien weder anerkannt sei noch jemals anerkannt werden könne, der adoptierte Sohn auch nach seiner Adoption weiterhin bei seinen leiblichen Eltern lebe und diese durchaus in der Lage seien, für ihn zu sorgen, verneinte die Kommission das Bestehen von Familienleben i.S. von Art. 8 Abs. 1 EMRK, obwohl die Adoptiveltern sich finanziell am Unterhalt ihres Adoptivsohnes beteiligt hatten.

Das Argument, Art. 8 EMRK schütze lediglich bereits bestehendes Familienleben und daher seien die Vertragsstaaten nicht verpflichtet, eine Einreise zu gestatten, um neu begründetes Familienleben zu ermöglichen, ist bei der Adoption minderjähriger Kinder im Ausland fragwürdig. Wie der Gerichtshof bereits im Fall *Abdulaziz, Cabales und Balkandali gegen Vereinigtes Kö-*

---

[96] Siehe vorne 32.

[97] B 7229/75, *X. und Y. gegen Vereinigtes Königreich*, DR 12, 33.

nigreich ausgeführt hat, setzt Art. 8 EMRK zwar das Bestehen von Familienleben voraus, doch kann dies nicht dahingehend verstanden werden, dass jegliches beabsichtigte Familienleben ausserhalb des Schutzbereiches liegt; vielmehr umfasst dieser zumindest die auf einer rechtmässigen und echten Eheschliessung beruhende Beziehung[98]. Obwohl die EMRK de facto und nicht de iure bestehendes Familienleben schützt, machen die Konventionsorgane bei der Eheschliessung eine Ausnahme und anerkennen auch die mit der Heirat eintretende rechtliche Beziehung zwischen den Ehegatten als Familienleben i.S. von Art. 8 EMRK, ungeachtet eines Zusammenlebens der Ehegatten. Bei einer Adoption tritt das adoptierte Kind mit vollen Rechten in die neue Familie ein und verliert jede rechtliche Beziehung zu seiner ursprünglichen Familie. Auch hier besteht in zahlreichen Fällen zwar noch keine tatsächliche familiäre Beziehung; es ist indes nicht ersichtlich, warum in diesen besonders gelagerten Fällen das aufgrund der Adoption begründete rechtliche Familienband nicht wie die Eheschliessung als vom Schutzbereich des Art. 8 EMRK erfasstes, beabsichtigtes tatsächliches Familienleben zu betrachten ist. Dies zumindest dann, wenn die Beziehung auf einer rechtmässigen und echten Adoption beruht, die ehrlich und aufrichtig - d.h. nicht lediglich als Vorwand zur Verschaffung eines Einreise- und Aufenthaltstitels - die Begründung von Familienleben anstrebt. Der Tatsache, dass die Adoptiveltern und das adoptierte Kind noch nie zusammen gelebt haben, kann im Rahmen der Güterabwägung nach Art. 8 Abs. 2 EMRK Rechnung getragen werden, darf indes nicht zur Verneinung von Familienleben führen.

2. Die Rechtsprechung des
Europäischen Gerichtshofes für Menschenrechte

Den Nachzug minderjähriger Kinder zu ihren in einem Vertragsstaat lebenden Eltern oder Elternteilen prüft der Gerichtshof unter dem Aspekt einer möglicherweise bestehenden *positiven Verpflichtung*[99]. In den beiden bisher beurteilten Sachverhalten hat er jeweils betont, der durch Art. 8 EMRK gewährte Anspruch auf Achtung des Familienlebens auferlege den Konventionsstaaten auch in Fällen des Nachzugs minderjähriger Kinder keine generelle Verpflichtung, den betreffenden Kindern eine Einreise- und Aufenthaltsbewilligung zu erteilen und dadurch die (Wieder-)Vereinigung mit den Eltern oder einem Elternteil zu ermöglichen. Aus Art. 8 EMRK könne kein

---

[98] EGMR, *Abdulaziz, Cabales und Balkandali gegen Vereinigtes Königreich*, Serie A, Nr. 94, Ziff. 62; vgl. vorne 26 f.

[99] So ausdrücklich der EGMR im Entscheid *Ahmut gegen die Niederlande*, Reports 1996-VI, 2017 ff., Ziff. 63; vgl. das Zitat vorne 59.

Recht auf freie Wahl des bevorzugten und geeignetsten Ortes für das Familienleben abgeleitet werden[100].

Der Fall *Gül gegen die Schweiz* betraf die Weigerung der schweizerischen Behörden, den Nachzug eines türkischen Kindes zu seinen in der Schweiz mit einer humanitären Aufenthaltsbewilligung lebenden Eltern zu bewilligen. Herr Gül war 1983 in die Schweiz eingereist und hatte um politisches Asyl nachgesucht. 1987 verunfallte Frau Gül, die seit 1982 an Epilepsie erkrankt war und erlitt schwere Brandverletzungen. Sie reiste darauf zur medizinischen Behandlung in die Schweiz. Im folgenden Jahr wurde dem Ehepaar Gül in der Schweiz eine Tochter geboren, die, da Frau Gül aus gesundheitlichen Gründen nicht in der Lage war, sich um sie zu kümmern, in einem Kinderheim untergebracht wurde. Gegen die im Februar 1989 erfolgte Abweisung des Asylgesuches erhob Herr Gül Beschwerde beim EJPD. Im Verlaufe des Jahres 1989 wurde dem Beschwerdeführer die Erteilung einer Aufenthaltsbewilligung aus humanitären Gründen für sich, seine Ehefrau sowie die in der Schweiz geborene Tochter in Aussicht gestellt und in der Folge auch erteilt, woraufhin Herr Gül seine Beschwerde gegen den negativen Asylentscheid zurückzog und erfolglos um Bewilligung des Nachzugs seiner zwei in der Türkei zurückgebliebenen 19 und 7 Jahre alten Söhne ersuchte[101].

Ein ähnlicher Sachverhalt lag auch dem Fall *Ahmut gegen die Niederlande* zugrunde. Im Anschluss an die Scheidung seiner ersten Ehe in Marokko emigrierte der Beschwerdeführer in die Niederlande, wo er eine niederländische Staatsangehörige heiratete. Nach dem Tod seiner geschiedenen Frau übernahm seine betagte Mutter die Pflege der fünf in Marokko lebenden Kinder. Im Februar 1990 erhielt der Beschwerdeführer die niederländische Staatsangehörigkeit, konnte seine marokkanische Staatsangehörigkeit jedoch beibehalten. In der Folge reiste sein jüngster Sohn, Souffiane, in Begleitung seiner älteren Schwester in die Niederlande und wurde in einer Primarschule in Rotterdam angemeldet; erfolglos ersuchte Ahmut in der Folge um Erteilung einer Aufenthaltsbewilligung für seinen Sohn. Souffiane Ahmut verliess die Niederlande im September 1991 und lebte seither in einem Internat in Marokko. Der Gerichtshof prüfte auch diesen Fall unter dem Aspekt einer positiven Verpflichtung, d.h. der Frage, ob die niederländischen Behörden aus dem in Art. 8 EMRK verankerten Anspruch auf Achtung des Familienlebens verpflichtet seien, Souffiane einen Aufenthaltstitel zu erteilen[102].

---

[100] „It may well be that Salah Ahmut would prefer to maintain and intensify his family links with Souffiane in the Netherlands. However, as noted (...) Article 8 does not guarantee a right to choose the most suitable place to develop family life", EGMR, *Ahmut gegen die Niederlande*, Reports 1996-VI, 2017 ff., Ziff. 71.

[101] Vgl. BGE 119 Ib 91; siehe hinten 240.

[102] Die Kommission war in ihrem Bericht noch davon ausgegangen, dass Souffiane sich seit seiner Einreise 1991 ununterbrochen in den Niederlanden aufgehalten habe.

B. Nachzugsfälle

3. Die Rechtsprechung des Schweizerischen Bundesgerichtes

Beim Nachzug minderjähriger Kinder zu ihren in der Schweiz wohnhaften Eltern oder Elternteilen geht das Bundesgericht einen dritten Weg und prüft das Vorliegen eines Eingriffes in das Familienleben aufgrund einer analogen Anwendung der im Rahmen von Art. 17 Abs. 2 ANAG entwickelten Grundsätze[103].

a) Nachzug eines Kindes zu seinen in der Schweiz lebenden Eltern

Wird in der Schweiz lebenden Eltern der Nachzug ihres bzw. ihrer bisher im Ausland wohnhaft gewesenen Kinder versagt, verlangt das Bundesgericht für das Vorliegen eines Eingriffes, dass Ziel des Nachzuges die *Wiederherstellung des gemeinsamen Familienlebens* ist und nicht sachfremde Gründe, wie beispielsweise bessere Ausbildungs- und Arbeitsmöglichkeiten, im Vordergrund stehen[104]. Der Grund für diese besondere Voraussetzung beruht nach bundesgerichtlicher Rechtsprechung auf der Tatsache, dass Art. 8 EMRK kein absolutes Recht auf Einreise und Aufenthalt einräumt, wenn die betroffenen Familienmitglieder selber die Entscheidung getroffen haben, vom Rest der Familie getrennt in einem anderen Land zu leben.

BGE *119 Ib 81 ff.* betraf den Nachzug einer Tochter zu ihren in der Schweiz niedergelassenen Eltern. Sie war gemeinsam mit ihrer Mutter und ihren beiden Brüdern bereits 1985 im Rahmen des Familiennachzuges in die Schweiz eingereist und in die Niederlassungsbewilligung des Vaters einbezogen worden, indes kurze Zeit später

---

[103] *Wurzburger*, 285; vgl. zur bundesgerichtlichen Praxis zu Art. 17 Abs. 2 ANAG vorne 92 ff.

[104] In Anlehnung an seine Praxis zum Nachzug von Kindern nach Art. 17 Abs. 2 ANAG stützt sich das Bundesgericht bei der Prüfung der Frage, ob andere Gründe als das Wiederherstellen eines gemeinsamen Familienlebens vorliegen, insbesondere auf das Alter der Kinder. In stossender Weise nimmt es in diesem Zusammenhang an, dass bei Nachzugsgesuchen von Kindern kurz vor dem 18. Altersjahr der Nachzug durch sachfremde Gründe motiviert sei; siehe hierzu die prägnanten Ausführungen von *Spescha*, 482; BGE 119 Ib 81 (Vorliegen eines Eingriffs verneint); unpublizierter BGerE vom 18.7.1997 i.S. H. et al. (2A.505/1996); siehe ferner den unpublizierten BGerE vom 20.12.1996 i.S. S. (2A.128/1996), der den erneuten Einbezug eines Kindes, welches nach einigen Jahren Aufenthalt in der Schweiz ausgereist war, in die Niederlassungsbewilligung betraf. Obwohl das Bundesgericht diesen Fall nur unter dem Aspekt von Art. 17 Abs. 2 ANAG zu prüfen hatte, ist der Entscheid insofern von Bedeutung, als er ausdrücklich anerkannte, dass es den Familienangehörigen um die Wiederherstellung des gemeinsamen Familienlebens ging, beruhte die Ausreise doch auf gesundheitlichen und damit in Zusammenhang stehenden finanziellen Problemen der Eltern.

wieder nach Jugoslawien zurückgekehrt. 1991 ersuchte der Vater erfolglos um erneuten Nachzug seiner Tochter. In bezug auf das Bestehen eines Anspruches aufgrund von Art. 8 EMRK legte das Bundesgericht zunächst dar, dass diese Bestimmung kein absolutes Recht auf Erteilung einer Anwesenheitsbewilligung einräume, „wenn ein Ausländer selbst die Entscheidung getroffen hat, von seiner Familie getrennt in einem anderen Land zu leben"[105]. Dies gelte erst recht, „wenn die Beteiligten durch ihr Verhalten klar bekundet haben, dass es ihnen in erster Linie gar nicht um ein gemeinsames Familienleben geht, sondern für die angestrebte Anwesenheitsbewilligung andere Gründe im Vordergrund stehen"[106]. Doch selbst wenn in casu die Nachzugsversagung einen Eingriff in das Familienleben darstellen würde, wäre dieser gerechtfertigt, da er u.a. den Schutz des inländischen Arbeitsmarktes sowie des Landes vor Überfremdung bezwecke. „Stehen der Erteilung einer Aufenthaltsbewilligung somit gewichtige öffentliche Interessen gegenüber, lässt sich die Verweigerung einer Bewilligung jedenfalls dann nicht beanstanden, wenn die Familientrennung von den Betroffenen selbst freiwillig herbeigeführt worden ist, für die Änderung der bisherigen Verhältnisse keine überwiegenden familiären Interessen bestehen und die Fortführung und Pflege der bisherigen familiären Beziehungen nicht behördlich verhindert wird"[107]. In einem ähnlich gelagerten, unpublizierten Entscheid hat das Bundesgericht unter dem Aspekt von Art. 17 Abs. 2 ANAG, ausgeführt:

> „Zweck des Familiennachzuges nach Art. 17 Abs. 2 ANAG ist es, das familiäre Zusammenleben zu ermöglichen und rechtlich zu sichern, wobei der Gesetzgeber die Gesamtfamilie im Auge hatte. Dieses Ziel wird verfehlt, wenn der in der Schweiz niedergelassene Ausländer jahrelang freiwillig von seinem Kind getrennt lebt und dieses erst kurz vor Erreichen des 18. Altersjahrs in die Schweiz holt. Eine Ausnahme kann nur dann gelten, wenn es gute Gründe gibt, aus denen die Familiengemeinschaft in der Schweiz erst nach Jahren hergestellt wird. Solche Gründe müssen aus den Umständen des Einzelfalles hervorgehen. Hat das Kind, das nachgezogen werden soll, bereits einmal in der Schweiz mit einer Niederlassungsbewilligung gelebt und ist es danach wieder definitiv in sein Heimatland zurückgekehrt, besteht eine gewisse Vermutung dafür, dass es den Beteiligten gar nicht um ein familiäres Zusammenleben geht. Etwas anderes kann nur gelten, wenn klare Umstände ersichtlich sind, welche diese Vermutung widerlegen."[108]

In BGE *119 Ib 91 ff.* - dem Fall *Gül* - verneinte das Bundesgericht freilich bereits die Anrufung von Art. 8 EMRK, verfügten die in der Schweiz lebenden Eltern doch

---

[105] BGE 119 Ib 81, E. 4a, 90.

[106] BGE 119 Ib 81, E. 4a, 90.

[107] BGE 119 Ib 81, E. 4b, 90 f.

[108] In casu hat das Bundesgericht das Vorliegen solch besonderer Umstände bejaht und die Verwaltungsgerichtsbeschwerde gutgeheissen. Ausschlaggebend für diesen Entscheid war die Tatsache, dass die Rückkehr der Tochter in das Heimatland im Zusammenhang mit der Invalidität ihres Vaters stand; unpublizierter BGerE vom 20.12.1996 i.S. S. (2A.128/1996).

lediglich über eine Aufenthaltsbewilligung aus humanitären Gründen und daher nicht über ein gefestigtes Aufenthaltsrecht.

Problematisch ist das Vorgehen des Bundesgerichtes insbesondere deshalb, weil es in konstanter Praxis davon ausgeht, dass Nachzugsgesuche kurz vor Erreichen des 18. Altersjahres - wobei „kurz" vor dem 18. Altersjahr bereits ab rund 16 Jahren gilt[109] - durch sog. sachfremde Gründe motiviert seien und daher eine eingehende Prüfung sämtlicher besonderen Aspekte des Einzelfalles unterlässt.

b) Nachzug eines Kindes zu seinem in der Schweiz lebenden Elternteil

Bei getrennt lebenden oder geschiedenen Eltern kann situationsbedingt ein Zusammenleben der Gesamtfamilie nicht mehr erreicht werden. In diesen Fällen führt das Bundesgericht in restriktiver Weise aus, dass *kein bedingungsloser Anspruch* auf Nachzug des Kindes durch den in der Schweiz lebenden Elternteil aufgrund von Art. 8 EMRK bestehe, wenn dieser freiwillig ins Ausland gezogen sei, das Kind zum in der Schweiz lebenden Elternteil nicht die *vorrangige familiäre Beziehung* unterhalte und sich der Nachzug nicht als *notwendig* erweise[110]:

> „L'art. 8 CEDH ne donne en effet pas à un enfant mineur un droit inconditionnel à entrer en Suisse et à obtenir une autorisation de séjour, notamment lorsque l'étranger a lui-même décidé de vivre dans un autre pays, séparé de sa famille. Selon la jurisprudence, l'autorisation de séjour d'un enfant doit être refusée lorsque la séparation de sa famille a initialement résulté de la libre volonté du parent résidant en Suisse, qu'il n'y a pas d'intérêts familiaux prépondérants à modifier les relations existantes ou qu'il n'est pas établi qu'un tel changement soit impératif, et que l'autorité ne fait pas obstacle au maintien des contacts qui ont été entretenus jusque-là."[111]

Damit die Beziehung zwischen im Ausland lebenden Kindern und dem in der Schweiz wohnhaften Elternteil die *vorrangige familiäre Beziehung* darstellt, genügt nicht, dass zwischen den Betroffenen ein regelmässiger Kontakt besteht; das Bundesgericht verlangt vielmehr, dass der in der Schweiz lebende Elternteil seine Elternrolle derart wahrnimmt, dass er in entscheidender Weise und bis ins kleinste Detail die Erziehung seines Kindes regelt

---

[109] BGE 119 Ib 81 (kurz vor 16. Altersjahr); unpublizierter BGerE vom 14.11.1996 i.S. B. und B. (2A.248/1996; 16 ¼ Jahre); unpublizierter BGerE vom 20.12.1996 i.S. S. (2A.128/1996; 16 ½ Jahre).

[110] Vgl. z. B. BGE 122 II 385; BGE 118 Ib 153; *Spescha* 481.

[111] Unpublizierter BGerE vom 27.8.1997 i.S. K. und M., E. 3 (2A.128/1997).

und denjenigen Personen, in deren Obhut das Kind steht, nur noch eine Ausführungsrolle zukommt[112]. Entscheidend sind dabei aber nicht nur die bisherigen Verhältnisse; auch nachträglich eingetretene Umstände sind zu berücksichtigen. So können beispielsweise die Änderung des Sorgerechtes, der Tod des sorgeberechtigten Elternteils, sich neu abzeichnende Pflegebedürfnisse oder wesentliche Verlagerungen der Beziehungsintensität einen Nachzug als notwendig erscheinen lassen[113]. Der Nachzug ist schliesslich ausgeschlossen, wenn er nicht durch familiäre, sondern sachfremde - beispielsweise wirtschaftliche - Gründe motiviert ist.

Einer seit 1975 in der Schweiz lebenden und nunmehr niedergelassenen jugoslawischen Staatsangehörigen war der Nachzug ihres 1971 geborenen Sohnes nicht bewilligt worden. Dieser hatte bisher in Jugoslawien unter der elterlichen Gewalt des Vaters gelebt. Der Entscheid *Berrehab gegen die Niederlande* des EGMR bewog das Bundesgericht zur Abkehr von seiner früheren Praxis, wonach eine Berufung auf Art. 8 EMRK in Situationen ausgeschlossen war, in denen das um Erteilung einer Anwesenheitsbewilligung ersuchende Kind nicht unter der elterlichen Gewalt des in der Schweiz anwesenheitsberechtigten Elternteiles stand. Neu müsse, soweit der in der Schweiz lebende Familienangehörige über ein Anwesenheitsrecht verfüge und die familiäre Beziehung tatsächlich gelebt werde und intakt sei, „auf *Verwaltungsgerichtsbeschwerden gegen die Verweigerung einer Aufenthaltsbewilligung an ein Kind oder einen Elternteil* selbst dann [eingetreten werden], wenn das Kind familienrechtlich nicht unter der elterlichen Gewalt oder Obhut des entsprechenden Elternteils"[114] steht. Da es nach Ansicht des Bundesgerichtes aber in casu den Beschwerdeführern nicht um die Wiederherstellung der Familiengemeinschaft, sondern vielmehr um die Ermöglichung der Arbeitsaufnahme in der Schweiz ging, schloss das Bundesgericht, dass keine Aufenthaltsbewilligung gestützt auf Art. 8 EMRK erteilt werden müsse.

In einem weiteren Entscheid führte das Bundesgericht aus, dass „auch wenn Art. 8 EMRK unter anderem die familiäre Beziehung geschiedener Eltern zu ihren Kindern schützt, räumt die Bestimmung grundsätzlich nicht demjenigen Elternteil ein Recht auf Nachzug eines Kindes ein, der freiwillig ins Ausland verreist ist, ein weniger enges Verhältnis zum Kinde hat als der andere Elternteil und seine Beziehung zum Kinde weiterhin pflegen kann. Ein gegenteiliges Verständnis der Menschenrechtskonvention hätte zur Folge, dass mit der Berufung auf Art. 8 EMRK eine gerichtliche Kindeszuteilung in einem Scheidungsurteil das an sich den Kindesinteressen im Rahmen der gesamten familiären Verhältnisse umfassend Rechnung trägt, umgangen werden könnte; ausserdem müsste dem nachgezogenen Kind unter Umständen wieder ein Recht auf Nachzug des anderen Elternteils, zu dem es ja die vorrangige Bezie-

---

[112] Unpublizierter BGerE vom 3.12.1997 i.S. L. (2A.309/1997); siehe vorne 94.

[113] BGE 118 Ib 153; eine nachträgliche Übertragung des Sorgerechtes auf den in der Schweiz lebenden Elternteil wird vom Bundesgericht nicht berücksichtigt, wenn die Übertragung in Hinblick auf das Nachzugsgesuch erfolgt ist; unpublizierter BGerE vom 19.12.1996 i.S. O. (2A.117/1996).

[114] BGE 115 Ib 97, E. 2e, 100; eigene Hervorhebung.

hung unterhält, eingeräumt werden, ohne dass eine Vereinigung der Gesamtfamilie angestrebt würde. Solche Auswirkungen bezweckt die Familienschutzregelung der Menschenrechtskonvention nicht"[115]. Aufgrund ähnlicher Überlegungen verneinte das Bundesgericht auch in einer Anzahl weiterer Fälle betr. den Nachzug von Kindern zum in der Schweiz lebenden Elternteil einen Eingriff in das Familienleben[116].

Auch in diesen Situationen schränkt das Bundesgericht mit seiner restriktiven Haltung zum Vorliegen eines Eingriffes den Schutzbereich des durch Art. 8 EMRK garantierten Anspruches auf Achtung des Familienlebens in stossender Weise ein. Anstatt den Charakter und die Intensität der familiären Beziehung zum in der Schweiz lebenden Elternteil im Rahmen einer umfassenden Abwägung der sich gegenüberstehenden Interessen zu berücksichtigen, betrachtet es diese Aspekte isoliert, losgelöst von den weiteren besonderen Umständen des Einzelfalles, beispielsweise den vielschichtigen Gründen für die Ausreise des Elternteiles.

c) Nachzug minderjähriger Adoptivkinder

Die Verweigerung einer fremdenpolizeilichen Bewilligung an minderjährige Adoptivkinder kann, wenn mit der Adoption das bisherige Kindesverhältnis erlischt und das Adoptivkind die Rechtsstellung eines Kindes der Adoptiveltern erhält, nach bundesgerichtlicher Praxis zwar grundsätzlich in den Schutzbereich von Art. 8 EMRK fallen. Die Verwaltungsgerichtsbeschwerde ist jedoch wie in den übrigen Konstellationen nur zulässig, wenn u.a. die *familiäre Beziehung tatsächlich gelebt* wird und *intakt* ist. Falls die Adoptiveltern und die adoptierten Kinder bisher lediglich lose Kontakte gepflegt haben, stellen die Bindungen zwischen den Familienangehörigen nach bundesgerichtlicher Praxis nicht eine tatsächlich gelebte und intakte familiäre Beziehung dar und die Geltendmachung von Art. 8 EMRK ist ausgeschlossen. Zwar könne, so das Bundesgericht, nicht ausgeschlossen werden, dass „allenfalls inskünftig tatsächliche familiäre Kontakte entstehen könnten, wenn die verlangte Bewilligung erteilt würde. Art. 8 EMRK will aber in erster Linie tatsächlich bestehende familiäre Beziehungen schützen, nicht den

---

[115] BGE 118 Ib 153, E. 2c, 160.

[116] Unpublizierter BGerE vom 14. Juni 1995 i.S. F. (2A.366/1994); unpublizierter BGerE vom 9.1.1996 i.S. C. (2A.22/1995); unpublizierter BGerE vom 6.3.1996 i.S. G. (2P.404/1995); BGE 122 II 385 ff.; unpublizierter BGerE vom 26.2.1997 i.S. A. und G. (2A.484/1996); unpublizierter BGerE vom 18.7.1997 i.S. H. et al. (2A.505/1996); unpublizierter BGerE vom 22.10.1997 i.S. N. (2A.356/1997).

Staat verpflichten, die aufenthaltsrechtlichen Voraussetzungen zu schaffen, damit Familienleben erst entstehen kann"[117].

Das Bundesgericht verneinte das Bestehen einer intakten und tatsächlich gelebten familiären Beziehung zwischen den in der Schweiz lebenden Adoptiveltern und ihrem im Alter von rund fünfzehn Jahren adoptierten Kind, das bislang immer im Ausland gelebt hatte[118]. Ebenso verneinte es das Vorliegen relevanten Familienlebens zwischen der von ihren in der Schweiz lebenden Onkel bzw. Tante adoptierten Nichte und ihren Adoptiveltern; auch hier führte das Bundesgericht aus, dass bisher nur lose Besuchskontakte bestanden hatten und mit der Adoption lediglich ein rechtliches Verhältnis geschaffen worden sei, das auf keiner tatsächlichen Beziehung beruhe[119]. Schliesslich verneinte das Bundesgericht die Geltendmachung von Art. 8 EMRK in einem Fall betreffend den Nachzug des adoptierten Sohnes, der bisher immer in Mazedonien bei der (Schwieger)Mutter der Adoptiveltern gelebt hatte; es führte auch hier aus, dass „das mit der Adoption geschaffene rechtliche Verhältnis (...) in tatsächlicher Hinsicht auf keiner intensiven familiären Beziehung"[120] beruhe.

Die Problematik der Ausnahme gewisser durch Adoption begründeter Familienbeziehungen vom Schutzbereich des Art. 8 EMRK unter Hinweis auf ein bisher fehlendes tatsächliches Familienleben ist bereits vorne dargelegt worden[121]. Es sei an dieser Stelle auf die obigen Ausführungen verwiesen. Rechtsstaatlich bedenklich ist ferner, dass sämtliche diese Fallkonstellation betreffenden Entscheide des schweizerischen Bundesgerichtes *unpubliziert* sind.

4. Die Rechtsprechung der österreichischen Gerichtshöfe des öffentlichen Rechtes sowie des französischen Conseil d'État

Soweit ersichtlich, hatten bisher weder die österreichischen Gerichtshöfe des öffentlichen Rechtes noch der französische Conseil d'État Fälle, die den Nachzug minderjähriger, im Ausland lebender Kinder betrafen, unter dem Aspekt von Art. 8 EMRK zu beurteilen. Der Grund dafür beruht, zumindest was Frankreich betrifft, wohl auf der Tatsache, dass dieser Teilaspekt des Familienlebens, nämlich das Recht auf Familiennachzug, bereits auf verfas-

---

[117] Unpublizierter BGerE vom 25.10.1994 i.S. *Lalic*, E. 5a (2A.370/1994).
[118] Unpublizierter BGerE vom 12.12.1994 i.S. *Dautaj* (2A.162/1994).
[119] Unpublizierter BGerE vom 25.10.1995 i.S. *Lalic* (2A.370/1994).
[120] Unpublizierter BGerE vom 6.12.1996 i.S. J. et al. (2A.126/1996).
[121] Vorne 236 f.

sungsrechtlicher Ebene garantiert wird[122] und der Conseil d'État daher in der Regel nicht auf Art. 8 EMRK zurückgreift.

III. Weitere Nachzugssituationen

Gerade in Situationen, in denen es nicht die minderjährigen Kinder oder Ehepartner, sondern andere nahe Verwandte sind, die um Erteilung einer Einreise- oder Anwesenheitsbewilligung ersuchen, käme Art. 8 EMRK eigentlich eine grosse Bedeutung zu, erfassen doch die nationalen Nachzugsbestimmungen in der Regel neben minderjährigen Kindern und Ehepartnern keine weiteren Familienangehörigen[123]. Dass die Rechtsprechung zu diesen Situationen indes nicht gerade umfangreich ist, beruht einerseits auf der Tatsache, dass Familienleben zwischen Verwandten des erweiterten Familienlebens nur vorliegt, wenn besonders *enge, echte und tatsächlich gelebte familiäre Bande* bestehen. Zumindest was die bundesgerichtliche Praxis anbelangt, kommt andererseits das restriktive Erfordernis des gefestigten Anwesenheitsrechtes hinzu, das eine Geltendmachung des Anspruches auf Achtung des Familienlebens in einer Vielzahl von Fällen verunmöglicht.

1. Die Rechtsprechung der Europäischen Kommission für Menschenrechte

a) Nachzug im Ausland lebender Elternteile minderjähriger Kinder

Leben minderjährige Kinder mit einem Elternteil im einem Konventionsstaat, ist der andere Elternteil jedoch im Ausland verblieben oder musste dorthin ausreisen, kann sich unter dem Aspekt des durch Art. 8 EMRK gewährten Schutzes des Zusammenlebens der Familienmitglieder bzw. des Kontaktes zwischen Kindern und ihren Eltern die Frage der Konventionskonformität einer Weigerung innerstaatlicher Behörden stellen, dem betroffenen Elternteil einen Aufenthaltstitel zu erteilen. Wie die Kommission betont, obliegt den Staaten jedoch keine generelle Verpflichtung, im Ausland wohnhaften Elternteilen minderjähriger Kinder einen Aufenthaltstitel zur Wahrung des Familienlebens zu erteilen[124]. Da die Ausreise der Kinder in aller Regel

---

[122] Siehe hierzu vorne 149 f.

[123] Vgl. vorne 92 ff. (Schweiz), 128 ff. (Österreich) und 149 ff. (Frankreich).

[124] Diese Situation muss von denjenigen Fällen unterschieden werden, in denen einem Elternteil nach einer Scheidung die Anwesenheitsbewilligung entzogen wird und dieser das Land zu verlassen hat. Siehe zu dieser Konstellation hinten 280 ff.

situationsbedingt nicht möglich ist, verzichtet sie richtigerweise in diesen Situationen auf die Prüfung der Zumutbarkeit einer Ausreise. Für das Vorliegen eines Eingriffes sind vielmehr die *besonderen Umstände* des jeweiligen Einzelfalles ausschlaggebend[125]. In diesem Sinne ist insbesondere auf das *Alter* der Kinder, deren *Lebensumstände* im Konventionsstaat, die *Gründe* für das Getrenntleben der Familienangehörigen sowie für die Stellung des Nachzugsgesuches, die dem *Kindeswohl* entsprechenden Interessen sowie die *Intensität* der Beziehungen zwischen Eltern und Kindern Rücksicht zu nehmen.

Im ersten derartigen Fall führte die Kommission aus, Art. 8 EMRK verpflichte die britischen Behörden nicht, der geschiedenen, nicht sorgeberechtigten Mutter zweier Kinder, die von ihrem Vater nach Grossbritannien nachgezogen worden waren, eine Aufenthaltsbewilligung zu erteilen, um dadurch die Aufrechterhaltung des Kontaktes zu ermöglichen[126]. In der Beschwerdesache *Family Fadele gegen Vereinigtes Königreich*, welche die Weigerung der britischen Behörden betraf, dem Vater dreier minderjähriger britischen Staatsbürger nach dem Tod der Mutter eine Anwesenheitsbewilligung zu erteilen, konnte im Anschluss an die Zulässigerklärung der Beschwerde eine friedliche Streitbeilegung erreicht werden, weshalb die Konventionsorgane sich somit nicht materiell zur Sache zu äussern hatten[127]. Schliesslich bejahte die Kommission das Vorliegen eines Eingriffes durch die Versagung eines Anwesenheitstitels für die Mutter einer bei ihrem Vater in Grossbritannien lebenden Tochter. Die britischen Behörden hatten die Bewilligungsverweigerung damit begründet, dass der in Mehrfachehe lebende Ehemann bereits eine Ehefrau nachgezogen hatte. Ausschlaggebender Faktor für die Bejahung eines Eingriffes scheint die Tatsache gewesen zu sein, dass die Tochter die ersten neun Lebensjahre mit ihrer Mutter in Bangladesch gelebt hatte[128].

b) Nachzug erwachsener Kinder bzw. der Eltern erwachsener Kinder

Beim Nachzug erwachsener Kinder oder der Eltern/Elternteile erwachsener Kinder scheitert eine erfolgreiche Berufung auf das in Art. 8 EMRK geschützte Recht auf Achtung des Familienlebens meist bereits am Nichtbestehen von Familienleben i.S. von Art. 8 Abs. 1 EMRK, d.h. am Fehlen eines über die normalen, gefühlsmässigen Bindungen hinausgehenden Abhängig-

---

[125] So ausdrücklich in B 19628/92, *Bibi gegen Vereinigtes Königreich*, unpublizierter KE vom 29.6.1992.

[126] B 14507/89, *B. gegen Vereinigtes Königreich*, DR 65, 301.

[127] B 13078/87, *Family Fadele gegen Vereinigtes Königreich*, unpublizierter Zulässigkeitsentscheid vom 12.2.1990 sowie DR 70, 159 (friedliche Streitbeilegung).

[128] B 19628/92, *Bibi gegen Vereinigtes Königreich*, unpublizierter KE vom 29. Juni 1992.

keitsverhältnisses zwischen den Eltern und ihren erwachsenen Kindern[129]. Liegt indessen Familienleben i.S. von Art. 8 Abs. 1 EMKR vor, beurteilt sich die Frage nach der Verpflichtung der Staaten, den betreffenden Ausländerinnen oder Ausländern einen Anwesenheitstitel zu erteilen, wohl wiederum aufgrund der *besonderen Umstände* des jeweiligen Einzelfalles. Soweit ersichtlich hat die Kommission indes noch in keinem derartigen Fall das Bestehen von Familienleben bejaht und das Vorliegen eines Eingriffes prüfen müssen.

c) Weitere Nachzugskonstellationen

Soweit die Rechtsprechung überblickbar ist, hatte die Kommission bisher noch nicht über die Zulässigkeit von Beschwerden in anderen als den erwähnten Nachzugskonstellationen zu entscheiden. Es kann indes angenommen werden, dass die dargelegten Prinzipien analog auf entsprechende Situationen angewendet würden. Bei Nachzugskonstellationen von Angehörigen, die dem erweiterten Familienleben zuzurechnen sind, würde dies zunächst das Bestehen eines Familienlebens i.S. von Art. 8 Abs. 1 EMRK voraussetzen. Erst wenn dies bejaht werden könnte, müsste die Frage des Vorliegens eines Eingriffes geprüft werden, wobei davon auszugehen ist, dass nicht auf die Zumutbarkeit einer Ausreise, sondern eher auf die besonderen Umstände des jeweiligen Einzelfalles abgestellt würde, wird doch die Zumutbarkeit einer Ausreise von der Kommission lediglich beim Ehegattennachzug als Kriterium beigezogen. Von der zugrundeliegenden Situation her sind beispielsweise Nachzugsbegehren von Grosseltern oder Onkel bzw. Tanten indes eher mit dem Nachzug von Eltern erwachsener Kinder zu vergleichen. Schliesslich hat die Kommission, soweit ersichtlich, bisher auch noch keine Nachzugsbegehren gleichgeschlechtlicher oder nichtehelicher Partnerschaften[130] zu beurteilen gehabt.

---

[129] Statt vieler B 1855/63, *X. gegen Dänemark*, CD 16, 50 (Nachzug des in Dänemark aufgewachsenen Sohnes); B 2992/66, *Singh gegen Vereinigtes Königreich*, CD 24, 116 (Nachzug des betagten Vaters); B 10377/83, *S. und S. gegen Vereinigtes Königreich*, DR 40, 196 (Nachzug der betagten Mutter); B 26292/95, *Pathan gegen Vereinigtes Königreich*, unpublizierter KE vom 16.1.1996 (Nachzug des erwachsenen Sohnes).

[130] Der EuGH hatte dagegen über einen vom „Hoge Raad der Nederlanden" zur Vorabentscheidung vorgelegten Fall zu befinden, in dem es um die Vereinbarkeit der Weigerung der niederländischen Behörden mit dem Gemeinschaftsrecht ging, der nichtehelichen Partnerin eines britischen Staatsangehörigen ein Aufenthaltsrecht zu erteilen. In seinem Urteil verneinte der EuGH indes, dass Art. 10 Abs. 1 der Verordnung Nr.

7. Kap.: Eingriff in Privat- und Familienleben

2. Die Rechtsprechung des Schweizerischen Bundesgerichtes

a) Nachzug erwachsener Kinder bzw. von Eltern oder Elternteilen erwachsener Kinder

Die Frage, ob in einem konkreten Fall die Verweigerung des Nachzuges eines erwachsenen Kindes zu seinen in der Schweiz lebenden Eltern oder der Eltern/eines Elternteiles in der Schweiz lebender erwachsenen Kinder einen Eingriff in das Familienleben darstellt, ist auch in der Praxis des schweizerischen Bundesgerichtes meist bereits am fehlenden - Familienleben i.S. von Art. 8 Abs. 1 EMRK begründenden - Abhängigkeitsverhältnis gescheitert[131]. Nur wenn zwischen Eltern und erwachsenen Kindern ein derartiges Abhängigkeitsverhältnis besteht und auch die übrigen Voraussetzungen der Geltendmachung von Art. 8 EMRK gegeben sind[132], prüft das Bundesgericht, ob die Bewilligungsverweigerung einen Eingriff in das Familienleben darstellt. Während das Bundesgericht, soweit ersichtlich, bisher noch keinen Fall eines Nachzuges von Eltern oder eines Elternteiles materiell beurteilt hat[133], hat es

---

1612/68 (siehe vorne 86 f.) dahin ausgelegt werden könne, „dass ein Partner, der eine feste Beziehung mit einem Arbeitnehmer unterhält, der die Staatsangehörigkeit eines Mitgliedstaates besitzt und im Hoheitsgebiet eines anderen Mitgliedstaates beschäftigt ist, unter bestimmten Voraussetzungen dem «Ehegatten» im Sinne dieser Bestimmung gleichgestellt werden muss", EuGH Rs 59/85, *Niederländischer Staat gegen Reed*, Slg 1986, 1283, 1301.

[131] Unpublizierter BGerE vom 24. Oktober 1995 i.S. M. (2A.362/1994); unpublizierter BGerE vom 26.11.1995 i.S. J. (2A.385/1995); unpublizierter BGerE vom 10.6.1996 i.S. M. und A. (2A.90/1996); unpublizierter BGerE vom 9.10.1996 i.S. S. (2A.347/1995); unpublizierter BGerE vom 18.7.1997 i.S. K. et al. (2A.92/1997).

[132] Siehe hierzu vorne 179 ff.

[133] Der unpublizierte BGerE vom 29.10.1996 i.S. I. und I. (2A.353/1996) betraf die Versagung einer Aufenthaltsbewilligung an die Mutter eines in der Schweiz lebenden erwachsenen Ausländers. Vor Bundesgericht hatten die Beschwerdeführer eine Verletzung von Art. 8 EMRK geltend gemacht. Das Gericht trat indes auf die Verwaltungsgerichtsbeschwerde nicht ein, da der in der Schweiz wohnhafte Sohn lediglich über eine Aufenthaltsbewilligung, daher nicht über ein gefestigtes Anwesenheitsrecht i.S. der bundesgerichtlichen Praxis verfügte und zudem auch kein Familienleben im Sinne von Art. 8 Abs. 1 EMRK begründendes Abhängigkeitsverhältnis bestand. Siehe indes den Entscheid des Verwaltungsgerichtes des Kantons Bern vom 12. Dezember 1996, in dem die Weigerung der bernischen Fremdenpolizei, der pflegebedürftigen 70-jährigen Mutter einer in der Schweiz niedergelassenen türkischen Staatsangehörigen eine Aufenthaltsbewilligung auszustellen, zu beurteilen war. In seinem Entscheid hält das Verwaltungsgericht fest, dass „zwischen der Beschwerdeführerin 1 und deren Tochter und Schwiegersohn ein Abhängigkeitsverhältnis besteht, weshalb die Verweigerung der Aufenthaltsbewilligung für die Beschwerdeführerin 1 eine Einschränkung des von Art.

B. Nachzugsfälle 249

im Entscheid *Dora Nasti*, der die Versagung einer fremdenpolizeilichen Bewilligung an die erwachsene, behinderte Tochter in der Schweiz niedergelassener Eltern betraf, das Vorliegen eines Eingriffes bejaht, da keine Fernhaltegründe gegen die Tochter bestanden und es daher den seit über 25 Jahren in der Schweiz lebenden Eltern nicht zugemutet werden könne, nach Italien auszureisen[134]. Aus diesen Ausführungen sowie den allgemeinen Grundsätzen über die Zumutbarkeit einer Ausreise kann geschlossen werden, dass das schweizerische Bundesgericht das Vorliegen eines Eingriffes wohl dann bejahen würde, wenn - das Bestehen eines Abhängigkeitsverhältnisses vorausgesetzt - gegen den um Nachzug ersuchenden Familienangehörigen keine Fernhaltegründe bestehen oder zwar Fernhaltegründe vorliegen, den in der Schweiz weilenden Angehörigen indes die Ausreise nicht zumutbar wäre.

b) Nachzug weiterer Familienangehöriger

Ein zu rechtfertigender Eingriff in das Familienleben kann schliesslich auch dann vorliegen, wenn der Nachzug weiterer Familienangehöriger zu ihren in der Schweiz lebenden nahen Verwandten nicht bewilligt wird; entscheidende Bedeutung erlangt aber auch in diesen Konstellationen die Frage des Bestehens eines Familienleben i.S. von Art. 8 Abs. 1 EMRK begründenden Abhängigkeitsverhältnisses.

Wegen Fehlen eines Abhängigkeitsverhältnisses hat das Bundesgericht sowohl die Verwaltungsgerichtsbeschwerde gegen die Nichtbewilligung des Nachzuges des Halbbruders[135] als auch des Bruders[136] zurückgewiesen.

3. Die Rechtsprechung des österreichischen Verfassungsgerichtshofes

Eine besondere „Nachzugssituation" hatte der Verfassungsgerichtshof in *VfSlg 11638/1988* zu beurteilen. Ein wegen zahlreicher verwaltungs- und strafrechtlicher Vergehen mit einem Aufenthaltsverbot belegter jugoslawischer Staatsangehöriger hatte erfolglos beim Bundesministerium für Inneres um die Bewilligung des Wiederbetretens des Bundesgebietes ersucht. In seiner Eingabe an den Verfassungsgerichtshof machte der Beschwerdeführer,

---

8 EMRK geschützten Familienlebens darstellt. Diese rechtfertigt sich nur, wenn die Voraussetzungen einer solchen Grundrechtsbeschränkung erfüllt sind".

[134] BGE 115 Ib 1 ff.

[135] BGE 120 Ib 257.

[136] Unpublizierter BGerE vom 13.5.1996 i.S. P. (2A.156/1996).

der mit seiner Ehefrau und seinen Kindern seit der Verhängung des Aufenthaltsverbotes wieder in seinem Herkunftsland lebte, eine Verletzung seines durch Art. 8 EMRK verfassungsgesetzlich gewährleisteten Rechtes auf Achtung des Privat- und Familienlebens geltend. In seinem Erkenntnis führte der Verfassungsgerichtshof aus, dass „im Hinblick auf den langjährigen Aufenthalt des Bf. [Beschwerdeführers] im Inland und seine glaubhaften privaten Beziehungen zu in Österreich wohnhaften Personen ein solcher Eingriff hier tatsächlich" zwar vorliege, dieser indes nicht verfassungswidrig sei[137]. Bereits früher hatte der Verfassungsgerichtshof das Vorliegen eines Eingriffes in das Privat- und Familienleben durch die Aufrechterhaltung eines Aufenthaltsverbotes bejaht, da der betreffende (erwachsene) Beschwerdeführer während langer Zeit in Österreich gelebt hatte und seine Eltern immer noch im Bundesgebiet lebten[138].

Diese Entscheide verdeutlichen die zumindest in bezug auf das Vorliegen eines Eingriffes in das Privatleben im Gegensatz zu den Konventionsorganen oder dem schweizerischen Bundesgericht liberale Haltung des österreichischen Verfassungsgerichtshofes. So kann ein Eingriff in die durch einen langjährigen Aufenthalt im Inland geknüpften persönlichen und gesellschaftlichen Beziehungen grundsätzlich nicht nur durch aufenthaltsbeendende Massnahmen[139], sondern auch durch die Nichtbewilligung einer erneuten Einreise erfolgen.

4. Die Rechtsprechung des französischen Conseil d'État

Der Conseil d'État hat im Laufe seiner fremdenrechtlichen Rechtsprechung zu Art. 8 EMRK einige Fälle beurteilt, die zwar nicht klassische Nachzugsfälle darstellen, von ihrer Konstellation her aber dennoch in gewisser Hinsicht Nachzugssituationen widerspiegeln. Es handelte sich hierbei um Fälle, in denen Erwachsenen, die nahe Familienangehörige in Frankreich haben, die Erteilung eines Aufenthaltstitels versagt wurde. Entscheidendes Gewicht im Rahmen der Eingriffsfrage misst der Conseil d'État in diesen atypischen Nachzugskonstellationen dem allfällige *Bestehen persönlicher und familiärer Bindungen in Frankreich*, entstanden beispielsweise durch einen langjährigen Aufenthalt, bei. Nur in Fällen, in denen die Erteilung eines Aufenthaltstitels an Ausländerinnen und Ausländer versagt wird, die relativ enge

---

[137] Zum Prüfungsmassstab siehe vorne 198 Anm. 98.

[138] VfSlg 11042/1986.

[139] Siehe zur diesbezüglichen Praxis der österreichischen Gerichtshöfe des öffentlichen Rechtes hinten 306 f.

C. Aufenthaltsbeendende Massnahmen gegen Ehepartner 251

Beziehungen zu Frankreich aufweisen, bejaht er indes auch tatsächlich das Vorliegen eines Eingriffes in das Familienleben.

Im Fall *Marzini* hatte der Conseil d'État zu beurteilen, ob der Entscheid, einem im Alter von sechs Jahren nach Frankreich gekommen, 1973 als Zwanzigjähriger in sein Heimatland zurückgekehrten marokkanischen Staatsangehörigen nach fünfzehnjährigen Auslandsaufenthalt die Erteilung eines Aufenthaltstitels zu versagen, konventionskonform war, insbesondere angesichts des Umstandes, dass die Eltern und weitere Familienangehörige des Beschwerdeführers in Frankreich wohnten. Der Conseil d'État bejahte zwar, dass die Versagung eines Aufenthaltstitels einen Eingriff in das Familienleben darstelle, erachtete diesen jedoch in der Folge als verhältnismässig[140]. Demgegenüber verneinte der Conseil d'État das Vorliegen eines Eingriffes durch die Versagung eines Aufenthaltstitels an eine algerische Staatsangehörige unter Hinweis auf die Tatsache, dass einer Ausreise des minderjährigen Sohnes französischer Staatsangehörigkeit keine Hindernisse entgegenstünden[141]. Gleichentags erachtete der Conseil d'État dagegen die Nichterteilung eines Aufenthaltstitels an eine seit fünf Jahren gemeinsam mit ihrer minderjährigen Tochter französischer Staatsangehörigkeit bei ihren Eltern in Frankreich lebende algerische Staatsbürgerin als Eingriff in das Familienleben[142].

C. Beeinträchtigung der Beziehung zwischen Ehegatten durch aufenthaltsbeendende Massnahmen

Das Familienleben von Ehegatten wird nicht nur durch die Versagung einer Einreise- bzw. Aufenthaltsbewilligung beeinträchtigt, sondern - weitaus häufiger - durch aufenthaltsbeendende Massnahmen gegen einen der Ehegatten. Das differenzierte Vorgehen der verschiedenen Instanzen zur Frage des Vorliegens eines Eingriffes rechtfertigt es, zwischen aufenthaltsbeendenden Massnahmen gegen Ehepartner von Staatsangehörigen des betreffenden Staates bzw. von in diesem lebenden Ausländerinnen und Ausländern zu unterscheiden.

---

[140] CE, *Marzini*, 10.4.1992, Rec. CE, 154 ff.
[141] CE, *Mme Larachi*, 22.5.1992, Rec. CE, 203 f.
[142] CE, *Mme Zine El Khalma*, 22.5.1992, Rec. CE, tab. 1040.

7. Kap.: Eingriff in Privat- und Familienleben

I. Aufenthaltsbeendende Massnahmen gegen
ausländische Ehegatten von Staatsangehörigen

1. Die Rechtsprechung der
Europäischen Kommission für Menschenrechte

Bei der Beurteilung aufenthaltsbeendender Massnahmen gegen ausländische Ehegatten von Staatsangehörigen des betreffenden Landes stellte während Jahrzehnten die Möglichkeit und Zumutbarkeit der Ausreise des anderen Ehepartners das entscheidende Kriterium zur Beantwortung der Eingriffsfrage dar. Eine Ausreise wurde dabei zunächst nur dann als unmöglich oder unzumutbar erachtet, wenn der Fortführung des Familienlebens im Heimatland des ausländischen Ehepartners *rechtliche Hindernisse* („legal obstacles") im Wege standen[143]. In der Folge weichte die Kommission diese äusserst restriktive Praxis sukzessive auf. Zunächst wurde anerkannt, dass *schwerwiegende Gründe* („serious obstacles") eine Ausreise ebenfalls als unzumutbar erscheinen lassen könnten[144]. Schliesslich genügte für die Anerkennung des Vorliegens eines Eingriffes bereits, dass die Ausreise „unreasonable", *unangemessen*, sei[145]. In ihrer jüngsten Praxis hat die Kommission die Zumutbarkeit der Ausreise und Fortsetzung des Familienlebens im Ausland als Eingriffsvoraussetzung praktisch völlig aufgegeben und bejaht bei aufenthaltsbeendenden Massnahmen gegen den ausländischen Ehepartner von Staatsangehörigen meist unumwunden das Vorliegen eines Eingriffes in das Familienleben[146]. Die Möglichkeit der Ausreise und Fortset-

---

[143] Explizit erstmals in B 5269/71, *X. und Y. gegen Vereinigtes Königreich*, CD 39, 104, unausgesprochen jedoch bereits in den B 2535/65, *X. gegen Bundesrepublik Deutschland*, CD 17, 28, sowie B 3325/67, *X. et al. gegen Vereinigtes Königreich*, CD 25, 117. Siehe ferner B 5269/71, *X. und Y. gegen Vereinigtes Königreich*, CD 39, 104; B 5445/72 und 5446/72, *X. und Y. gegen Vereinigtes Königreich*, CD 42, 146; B 5301/71, *X. gegen Vereinigtes Königreich*, CD 43, 82.

[144] B 6357/73, *X. gegen Bundesrepublik Deutschland*, DR 1, 77; B 7816/77, *X. und Y. gegen Bundesrepublik Deutschland*, DR 9, 219; B 14112/88, *Khanam gegen Vereinigtes Königreich*, DR 59, 265.

[145] B 12122/86, *Lukka gegen Vereinigtes Königreich*, DR 50, 268.

[146] Siehe beispielsweise B 25037/94, *Marhan gegen die Schweiz*, unpublizierter KE vom 17.5.1995: „In the present case, the Commission notes that the applicants are a married couple, and that the first applicant is a Swiss citizen. Thus, the refusal to grant a residence permit to the second applicant in Switzerland interfered with the applicants' right to respect for their family life within the meaning of Article 8 para. 1 of the Convention"; ferner B 24377/94, *P. und P. gegen die Schweiz*, unpublizierter KE vom 31.8.1994; B 25436/94, *H.M.C. gegen die Schweiz*, unpublizierter KE vom 7.12.1994; B 30997/96, *A.H. gegen die Schweiz*, unpublizierter KE vom 15.5.1996; B 31687/96,

C. Aufenthaltsbeendende Massnahmen gegen Ehepartner

zung des Familienlebens ist nunmehr in aller Regel ein im Rahmen der Verhältnismässigkeitsprüfung nach Art. 8 Abs. 2 EMRK zu berücksichtigender Gesichtspunkt. Heute kann daher davon ausgegangen werden, dass die Ausweisung eines ausländischen Ehepartners aus dem Staat, dessen Staatsangehörigkeit der andere Ehepartner besitzt, grundsätzlich einen rechtfertigungsbedürftigen Eingriff in das Familienleben der Ehegatten darstellt[147].

Bereits 1959 musste die Kommission über die Konventionskonformität der Ausweisung eines in Belgien geborenen, dort aufgewachsenen und mit einer Belgierin verheirateten italienischen Staatsangehörigen befinden. Nach dem zweiten Weltkrieg war er wegen Kollaboration mit dem Feinde zunächst zum Tode, später zu Zwangsarbeit verurteilt worden. 1957 wurde er aus dem Strafvollzug entlassen und aus Belgien ausgewiesen. Zur Frage, ob sie überhaupt zuständig sei, die Zulässigkeit einer das Familienleben tangierenden Entfernungsmassnahme zu prüfen, führte die Kommission, bevor sie die Vereinbarkeit des Eingriffes mit Art. 8 Abs. 2 EMRK bejahte, aus:

„Considérant qu'il rentre certainement dans la compétence de la Commission de déterminer, dans chaque cas qui lui est soumis, si l'ingérence de l'autorité publique dans l'exercice du droit protégé par l'article 8 lorsqu'elle s'exerce, répond aux conditions définies au paragraphe 2 dudit article."[148]

In einer Beschwerde gegen die Ausweisung des österreichischen Ehemannes einer deutschen Staatsangehörigen im Anschluss an die Verübung einiger strafrechtlicher Delikte verneinte die Kommission das Vorliegen eines Eingriffes, da die Ehefrau ihrem Gatten folgen könne und sie sich zudem bereits bei der Heirat des Risikos der Ausweisung habe bewusst sein müssen[149]; ebenso verneinte die Kommission das Vorliegen eines Eingriffes durch die Ausweisung des zypriotischen Ehemannes einer in Zypern geborenen Britin, da „although (...) for a number of personal reasons, the wife may be reluctant to follow her husband, (...) [the Commission] is satisfied that there are no legal obstacles for the applicants effectively to establish their family life in Cyprus if the first applicant were to return to that country. A refusal by her to do this because she chooses to stay in the United Kingdom (as she is entitled to do) does not, in the circumstances of the case, mean that there has been thereby an interference

---

A.I. gegen Frankreich, unpublizierter KE vom 27.11.1996; B 32025/96, *Kareem gegen Schweden*, DR 87-A, 173.

[147] Nicht in Übereinstimmung mit ihrer sonstigen Praxis ist daher der Entscheid der Kommission in der B 25297/94, *P. et al. gegen Vereinigtes Königreich*, unpublizierter KE vom 16.1.1996, in der die Ausweisung der jamaikanischen Ehefrau eines britischen Staatsbürgers aus Grossbritannien nicht als Eingriff in das Familienleben gewertet wurde; der Tatsache, dass beide Ehegatten straffällig geworden waren, hätte auch im Rahmen der Rechtfertigungsprüfung Rechnung getragen werden können.

[148] B 312/57, *X. gegen Belgien*, YBECHR 2, 353.

[149] B 2535/65, *X. gegen die Bundesrepublik Deutschland*, CD 17, 28.

by the United Kingdom authorities with the applicant's family life (...)"[150]; in einer Vielzahl von Beschwerden waren diese Argumente ausschlaggebend für Vorliegen oder Nichtvorliegen eines Eingriffes in das Familienleben[151]: die Ausweisung des syrischen Ehegatten einer deutschen Bürgerin, der während zehn Jahren in der Bundesrepublik gelebt und lediglich leichte ausländerrechtliche Delikte begangen hatte, erachtete die Kommission als Eingriff, da die Ehefrau und die gemeinsamen Kinder dem Beschwerdeführer zwar nach Syrien folgen könnten, „but in the circumstances may have a valid reason for not doing so"[152]; keinen Eingriff stellte indes die im Anschluss an den Verlust der Arbeitsstelle ausgesprochene Ausweisung des Ehemannes einer Schweizer Bürgerin dar, da der Beschwerdeführer nicht dargelegt habe, warum es seiner Ehefrau unmöglich sei, in die Bundesrepublik auszureisen[153]; als gerechtfertigten Eingriff stufte die Kommission die Ausweisung des wegen Drogendelikten zu einer mehrjährigen Freiheitsstrafe verurteilten amerikanischen Ehemannes einer ebenfalls straffällig gewordenen deutschen Staatsangehörigen ein, obwohl die amerikanischen Behörden die Erteilung einer Einreisebewilligung an seine Ehefrau verweigerten, doch hatten die deutschen Behörden die Ehegatten vor dem Eheschluss gewarnt, dass sie nicht unbedingt damit rechnen könnten, gemeinsam in der Bundesrepublik oder in den Vereinigten Staaten zu leben[154]; ein Eingriff wurde ebenfalls in einer Beschwerde betreffend die Ausweisung eines südafrikanischen Staatsangehörigen aus Grossbritannien wegen *overstayings* sowie einer Verurteilung wegen Miss-

---

[150] B 5269/71, *X. und Y. gegen Vereiniges Königreich*, CD 39, 108.

[151] Siehe ferner B 7816/77, *X. und Y. gegen die Bundesrepublik Deutschland*, DR 9, 219 (Ausweisung in die Vereinigten Staaten, Eingriff gerechtfertigt); B 9203/80, *X. gegen Dänemark*, DR 24, 239 (Ausweisung eines aegyptischen Staatsangehörigen wegen Drogendelikten, Ausreise für dänische Ehefrau zumutbar); B 11278/84, *Family K. und W. gegen die Niederlande*, DR 43, 216 (Ausweisung nach Hong Kong wegen Drogendelikten, Ausreise für niederländische Ehefrau und Kinder nicht zumutbar, Eingriff jedoch gerechtfertigt); B 25037/94, *Marhan gegen die Schweiz*, unpublizierter KE vom 17.5.1995 (Ausweisung in die Türkei im Anschluss an Drogendelikte, Ausreise der schweizerischen Ehegattin nicht zumutbar, Eingriff aber gerechtfertigt); B 24377/94, *P. und P. gegen die Schweiz*, unpublizierter KE vom 31.8.1994 (Ausweisung nach Argentinien im Anschluss an Strafverbüssung wegen Drogendelikten, Eingriff gerechtfertigt); B 24354/94, *Tairi gegen die Schweiz*, KE vom 30.11.1994, VPB 1995, Nr. 143 (Verhängung einer Einreisesperre wegen Drogendelikten, gerechtfertigter Eingriff); B 30997/96, *A.H. gegen die Schweiz*, unpublizierter KE vom 15. Mai 1996 (Nichtverlängerung der Aufenthaltsbewilligung im Anschluss an die Verbüssung einer Freiheitsstrafe wegen Drogendelikten, Eingriff gerechtfertigt).

[152] B 6357/73, *X. gegen die Bundesrepublik Deutschland*, DR 1, 77; wegen Nichterschöpfung des innerstaatlichen Instanzenzuges verzichtete die Kommission auf eine weitere Prüfung der Beschwerde.

[153] B 7031/75, *X. gegen die Schweiz*, DR 6, 124; siehe ferner B15901/89, *D.O. gegen die Schweiz*, KE vom 1.4.1992, VPB 1992, Nr. 60 (Ausreise in die Niederlande zumutbar).

[154] B 8041/77, *X. gegen die Bundesrepublik Deutschland*, DR 12, 197.

C. Aufenthaltsbeendende Massnahmen gegen Ehepartner

brauchs von Geschäftsvermögen (sechsmonatige Haftstrafe) bejaht, da es für die britische Ehefrau indischer Abstammung als unzumutbar erachtet wurde, ihrem Ehegatten nach Südafrika zu folgen[155]; schliesslich stufte die Kommission die drohende Ausschaffung eines irakischen Staatsangehörigen aus Schweden als Eingriff ein, da „the applicant and his wife have been living together for several years and that they got married in March 1994"[156].

Vom Sachverhalt besonders ist die Beschwerde *Choudry gegen Vereinigtes Königreich*. Die britischen Behörden hatten sich geweigert, dem pakistanischen Ehemann einer in Indien geborenen britischen Staatsangehörigen weiterhin die Anwesenheit in Grossbritannien zu gestatten, obwohl beide Ehegatten auf spezialisierte medizinische Versorgung angewiesen waren. Um der drohenden Ausschaffung des Ehemannes zu entgehen, verlegten die Ehegatten ihren Wohnsitz nach Irland, wo die Ehefrau aufgrund von EU-Recht ein Niederlassungsrecht und der Ehemann einen daraus abgeleiteten Rechtsanspruch auf Bewilligung des Aufenthaltes hatte. In ihrer Unzulässigkeitsentscheidung führte die Kommission aus, dass die Notwendigkeit des Ausweichens auf EU-Recht, um dadurch ein Anwesenheitsrecht des Ehemannes in Grossbritannien zu erlangen, nicht genüge, um die Ausweisung des Ehemannes als unverhältnismässige Massnahme erscheinen zu lassen und verneinte daher das Vorliegen eines Eingriffes in das Familienleben der Ehegatten[157].

Unter dem Aspekt einer positiven Verpflichtung hat die Kommission indes die Ausschaffung des Ehemannes einer britischen Staatsangehörigen wegen *overstayings* nach Nigeria geprüft. Dabei betonte sie u.a., dass die Ehegatten geheiratet hatten, als der unsichere Aufenthaltsstatus des Ehemannes bereits bekannt war, und es der Ehefrau sowie den beiden kleinen Kindern zumutbar sei, nach Nigeria auszureisen[158].

---

[155] B 12122/86, *Lukka gegen Vereinigtes Königreich*, DR 50, 268.

[156] B 32025/96, *Kareem gegen Schweden*, DR 87-A, 173, 183.

[157] „(...) the applicants have to all appearances succeeded in continuing with their family life in Ireland (...). The Commission notes that they consider that after the relevant qualifying period under applicable community law they will be able to return, if they so wish, to the United Kingdom. The Commission does not consider that the availability of the «community law route» embarked upon by the applicants to obtain residence rights in the United Kingdom is sufficient to render the decision of the United Kingdom to issue a deportation order against the second applicant a disproportionate measure for the purpose of Article 8 of the Convention", B 27949/95, *Choudry gegen Vereinigtes Königreich*, unpublizierter KE vom 13.5.1996; vgl. zur Nachzugsregelung des Gemeinschaftsrechtes vorne 85 ff.

[158] B 31612/96, *Tella et al. gegen Vereinigtes Königreich*, unpublizierter KE vom 21.5.1997.

7. Kap.: Eingriff in Privat- und Familienleben

2. Die Rechtsprechung des Europäischen Gerichtshofes für Menschenrechte

Der Gerichtshof hatte sich bisher erst im Zusammenhang mit der Ausweisung eines in Frankreich geborenen und seit über zwanzig Jahren mit einer französischen Bürgerin verheirateten Ausländers zum Vorliegen eines Eingriffes zu äussern; ohne die Zumutbarkeit der Ausreise als Eingriffsvoraussetzung zu prüfen, bejahte er hier das Vorliegen eines Eingriffes in das Familienleben.

Der Fall *Beldjoudi gegen Frankreich* betraf die Ausweisung eines als französischer Staatsbürger geborenen, 42-jährigen nunmehr algerischen Staatsangehörigen. Da es die Eltern des Beschwerdeführers nach der Unabhängigkeit Algeriens unterlassen hatten, innert der gesetzlich vorgesehenen Frist für sich und ihre noch minderjährigen Kinder eine Erklärung über die Beibehaltung der französischen Staatsbürgerschaft abzugeben, hatte der Beschwerdeführer diese am 1. Januar 1963 verloren. Beldjoudis Eltern und alle seine Geschwister leben heute weiterhin in Frankreich. 1970 heiratete er eine französische Staatsangehörige. Zwischen 1969 und 1991 wurde Beldjoudi wiederholte Male straffällig und verbüsste u.a. wegen Körperverletzung und Diebstählen Freiheitsstrafen von insgesamt ca. 8 Jahren. Aufgrund der strafrechtlichen Verurteilungen wurde 1979 die Ausweisung des Beschwerdeführers verfügt. Unumwunden bejahte der Gerichtshof das Vorliegen eines Eingriffes in das Familienleben[159].

3. Die Rechtsprechung des Schweizerischen Bundesgerichtes

Ob aufenthaltsbeendende Massnahmen gegen ausländische Ehegatten von Schweizer Bürgerinnen oder Bürgern einen Eingriff in das Familienleben darstellen, bestimmt sich aufgrund der vom Bundesgericht entwickelten Grundsätze[160]: liegen gegen die betreffenden Ausländerinnen und Ausländer Fernhaltegründe vor, so ist die Zumutbarkeit einer Ausreise des schweizerischen Ehepartners zu prüfen. Bestehen indessen keine Fernhaltegründe, stellt die Entfernungsmassnahme einen rechtfertigungsbedürftigen Eingriff in das Familienleben der Ehegatten dar. Die Bedeutung von Art. 8 EMRK ist in

---

[159] EGMR, *Beldjoudi gegen Frankreich*, Serie A, Nr. 234-A, Ziff. 71 ff.; in separate bzw. concurring opinions vertraten sowohl die Richter *De Meyer* als auch *Martens* die Ansicht, dass die Entscheidung auch bzw. nur unter dem Aspekt des Schutzes des Privatlebens hätte erfolgen sollen, denn nicht alle in ihrem Wohnsitzstaat integrierten Ausländerinnen und Ausländer verfügten über Familienleben i.S. von Art. 8 Abs. 1 EMRK; zum Entscheid des Conseil d'État, der die Ausweisung als verhältnismässig gutgeheissen hatte, vgl. CE, *Beldjoudi*, 18.1.1991, Rec. CE, 18 f.

[160] Siehe vorne 216 ff.

C. Aufenthaltsbeendende Massnahmen gegen Ehepartner

letzterer Konstellation jedoch eher marginal, da Art. 7 Abs. 2 ANAG einen Anspruch auf Erteilung einer fremdenpolizeilichen Bewilligung einräumt und dieser erst bei Vorliegen von Ausweisungsgründen untergeht[161].

Leading case ist unbestrittenermassen der Entscheid *Reneja-Dittli*, der die Nichtverlängerung der Aufenthaltsbewilligung des marokkanischen Ehemannes einer Schweizer Bürgerin im Anschluss an die Verurteilung zu einer zweijährigen Freiheitsstrafe wegen Drogendelikten betraf. In bezug auf die Zumutbarkeit der Ausreise kam das Bundesgericht zum Schluss, dass der Ehefrau die Ausreise nach Marokko nicht zugemutet werden könne, da sie u.a. keine Fremdsprachen spreche und sich deshalb kaum würde verständigen können, ferner als gläubige Katholikin in einem moslemischen Umfeld völlig isoliert wäre und zudem „aus dem kleinen Gebirgsdorf Gurtnellen"[162] stamme. Das Gericht bejahte daher das Vorliegen eines Eingriffes in das Familienleben, hielt jedoch im Sinne eines *obiter dictums* fest, dass

„in den meisten Fällen (...) einer Ehefrau, deren Ehemann straffällig geworden ist, zugemutet werden [könne], ihm ins Ausland zu folgen. Dabei muss insbesondere gelten, dass bei sehr schweren Verfehlungen oder gar bei Rückfälligkeit des Ehemannes das öffentliche Interesse an der Wegweisung auch dann überwiegt, wenn damit gerechnet werden muss, dass eine Ehefrau nur mit sehr erheblichen Schwierigkeiten im Heimatland des Weggewiesenen wird leben können."[163]

In zahlreichen weiteren Entscheiden hat das Bundesgericht die Nichtverlängerung der Aufenthaltsbewilligung ausländischer Ehepartner von Schweizer Bürgerinnen und Bürgern primär unter dem Aspekt von Art. 7 ANAG geprüft und nur „nebenbei" die Vereinbarkeit mit Art. 8 EMRK untersucht[164]: einen gerechtfertigten Eingriff stellte die Nichtverlängerung der Aufenthaltsbewilligung eines zu drei Jahren Zuchthaus verurteilten jugoslawischen Staatsangehörigen dar[165]; ebenso sah das Bundesge-

---

[161] Hierzu vorne 96.

[162] BGE 110 Ib 201, E. 2c, 206.

[163] BGE 110 Ib 201, E. 3c, 207.

[164] Siehe ferner: unpublizierter BGerE vom 25.7.1995 i.S. H. und H. (zweieinhalbjährige Zuchthausstrafe wegen Drogendelikten, Ausweisung in den Libanon; 2A.190/1995); unpublizierter BGerE vom 16.1.1996 i.S. N. (strafrechtliche Nichtigkeitsbeschwerde gegen strafrechtliche Landesverweisung, sechsjährige Zuchthausstrafe wegen Drogendelikten, Ausweisung in den Libanon; 6P.129/1995 und 6S.725/1995); unpublizierter BGerE vom 4.11.1996 i.S. D. (Nichtverlängerung der Aufenthaltsbewilligung nach viereinhalbjähriger Freiheitsstrafe wegen Betruges; Ausweisung nach Italien; 2A.375/1996); unpublizierter BGerE vom 16.12.1996 i.S. B. und B. (Verweigerung der Zustimmung zur Erteilung der Aufenthaltsbewilligung durch BFA/EJPD an Ehefrau im Anschluss an eine 30-monatige Gefängnisstrafe wegen Drogendelikten; Nichterteilung der Aufenthaltsbewilligung aufgrund der Umstände unverhältnismässig; 2A.443/1995).

[165] BGerE vom 13.5.1992, publiziert in ZBl 1992, 569 ff.; die Gefahr, dass der Dualismus zwischen fremdenpolizeilicher und strafrechtlicher Ausweisung zu stossenden

richt die Ausweisung des wegen Drogendelikten zu einer fünfjährigen Zuchthausstrafe verurteilten Ehemannes argentinischer Staatsangehörigkeit als gerechtfertigten Eingriff an[166]; auch die Nichtverlängerung der Aufenthaltsbewilligung des albanischen Ehemannes einer Schweizerin im Anschluss an eine zweijährige Freiheitsstrafe wegen Drogendelikten wurde als mit Art. 8 EMRK vereinbar erachtet[167].

4. Die Rechtsprechung des österreichischen Verwaltungsgerichtshofes

In konstanter Rechtsprechung nimmt der österreichische Verwaltungsgerichtshof an, dass aufenthaltsbeendende Massnahmen gegen ausländische Ehegatten österreichischer Staatsangehöriger einen Eingriff in das durch das Recht auf Achtung des Familienlebens geschützte eheliche Zusammenleben darstellen.

Die Ausweisung eines illegal nach Österreich eingereisten türkischen Staatsangehörigen, der im Anschluss an seine Einreise eine österreichische Staatsangehörige geheiratet hatte, stellte einen - zulässigen - Eingriff in das Familienleben dar[168]. Ebenso erkannte der Verwaltungsgerichtshof in der Ausweisung des ohne Bewilligung oder Sichtvermerk in Österreich lebenden türkischen Ehegatten einer Österreicherin einen Eingriff[169].

5. Die Rechtsprechung des französischen Conseil d'État

Die Ergreifung aufenthaltsbeendender Massnahmen gegen ausländische Ehepartner französischer Bürgerinnen und Bürger stellt, sofern die Ehe tat-

---

und widersprüchlichen Ergebnissen führen kann, ist anhand dieses Falles besonders deutlich. Vgl. vorne 118 f.

[166] BGE 120 Ib 2; eine bei der EKMR eingereichte Beschwerde wegen Verletzung von Art. 8 EMRK wurde von dieser für unzulässig erklärt; die Kommission bejahte zwar das Vorliegen eines Eingriffes in das Familienleben, sah diesen indes als gerechtfertigt an, da die Ehegatten u.a. erst während des Strafvollzuges des Ehemannes geheiratet hatten und daher nicht damit rechnen durften, ihr Eheleben in der Schweiz führen zu können; B 24377/94, *P. und P. gegen die Schweiz*, unpublizierter KE vom 31.8.1994.

[167] BGerE vom 31.1.1995 i.S. L., publiziert in Pra 1995, Nr. 117.

[168] Erkenntnis VwGH vom 30.9.1993, 93/18/0367.

[169] Erkenntnis VwGH vom 24.3.1994, 94/18/0026.

C. Aufenthaltsbeendende Massnahmen gegen Ehepartner

sächlich gelebt wird[170], nach konstanter und unangefochtener Rechtsprechung des Conseil d'État einen Eingriff in das Familienleben dar.

Als verhältnismässigen (dies im Gegensatz zum EGMR, der die Massnahme als unverhältnismässig erachtete) Eingriff hat der Conseil d'État die Ausweisung eines seit seiner Geburt in Frankreich lebenden, mehrfach straffällig gewordenen und mit einer Französin verheirateten algerischen Staatsangehörigen angesehen[171]. Ebenso stellten die Wegweisungsverfügungen gegen die ausländischen Ehefrauen französischer Staatsangehöriger fünf Tage nach dem[172] bzw. kurz vor dem Eheschluss[173], Eingriffe in das Familienleben dar. Auch die Wegweisung des Ehemannes, dessen Ehefrau kurze Zeit vorher eingebürgert worden war, sah der Conseil d'État als Eingriff an[174]. Als unverhältnismässiger Eingriff wurde ferner die Wegweisung des Ehemannes einer behinderten französischen Staatsangehörigen qualifiziert[175]. Schliesslich stellte auch die Wegweisung der ausländischen Ehefrau eines Franzosen, die im Zeitpunkt der Eheschliessung zwar einen Rechtsanspruch auf Erteilung eines Aufenthaltstitels gehabt hätte, diesen indes wegen einer behördlichen Verzögerung nicht sofort erhalten und den Rechtsanspruch nunmehr aufgrund einer Gesetzesänderung verloren hatte, einen Eingriff in das Familienleben dieser Ehegatten dar[176].

---

[170] Keine Eingriffe - wegen Fehlens relevanten Familienlebens - bedeuteten daher beispielsweise die Wegweisungen von getrennt von ihren Ehepartnern lebenden Ausländerinnen und Ausländern (CE, *Mme Tréheux*, 15.5.1991, Rec. CE, tab. 984; CE, *Tarbane*, 23.9.1992, Rec. CE, tab. 1178) oder während eines hängigen Scheidungsverfahrens (CE, *Sais*,14.2.1992, Rec. CE, tab. 1040) dar.

[171] CE, *Beldjoudi*, 18.1.1991, Rec. CE, 18 f.; vgl. zum Urteil des Gerichtshofes, *Beldjoudi gegen Frankreich*, Serie A, Nr. 234-A; ferner CE, *Benamar*, 10.6.1994, Rec. CE, tab. 988 f.

[172] CE, *Mme Moscato*, 10.11.1995, Rec. CE, tab. 793; ferner CE, *Préfet de la Seine-Maritime c/ Turan*, 3.11.1995, D. 1996, Somm. 105; CE, *Ignjatovic*, 10.11.1995, D. 1995, Somm. 106.

[173] CE, *Mlle El Azzouzi*, 10.11.1995, Rec. CE, tab. 793; ebenso CE, *Préfet des Bouches-du-Rhône c/ Mme Menassa*, 10.7.1995, D. 1996, Somm. 101.

[174] CE, *Weng*, 22.2.1995, Rec. CE, tab. 793.

[175] CE, *Alrached*, 21.11.1994, D. 1995, Somm. 176.

[176] CE, *Epoux Pilven*, 31.7.1996, Rec. CE, 328 f.

II. Aufenthaltsbeendende Massnahmen gegen Ehegatten aufenthaltsberechtigter Ausländerinnen und Ausländer

1. Die Rechtsprechung der Europäischen Kommission für Menschenrechte

Ausgangspunkt der Rechtsprechung zum Vorliegen eines Eingriffes in das Familienleben durch eine aufenthaltsbeendende Massnahme ist auch bei dieser Fallkonstellation der „elsewhere approach", d.h. die Frage nach der Möglichkeit und Zumutbarkeit einer Ausreise und Fortführung des Familienlebens im Ausland. In diesem Sinne hat die Kommission in der bekannten Beschwerdesache *Agee gegen Vereinigtes Königreich* ausgeführt, dass kein Eingriff vorliege, wenn es dem von der Entfernungsmassnahme indirekt betroffenen Ehepartner möglich sei, dem anderen Ehepartner ins Ausland zu folgen[177]. Im Gegensatz zur Praxis bei aufenthaltsbeendenden Massnahmen gegen ausländische Ehepartner von Staatsangehörigen, in der die Kommission bei der Eingriffsfrage zunehmend liberaler wurde, vermittelt eine Analyse der Praxis zu den ausländerrechtlichen Massnahmen gegen Ehegatten aufenthaltsberechtigter Ausländerinnen und Ausländer keine entsprechend durchgehende Liberalisierung. Vielmehr zeichnet sich eine deutliche *Differenzierung* je nach den *besonderen Umständen des Einzelfalles* ab.

In zwei ähnlich gelagerten Fällen zur Ausschaffung illegal in Grossbritannien lebender pakistanischer Staatsangehöriger bejahte die Kommission zwar das Vorliegen eines Eingriffes in das Familienleben, führte jedoch aus, dass keine unüberwindbaren Hindernisse („insurmountable obstacles") einer Ausreise der seit einigen Jahren rechtmässig im Vereinigten Königreich wohnhaften Gattinnen sowie der noch kleinen Kinder (britischer Staatsangehörigkeit) entgegenstünden[178]. Demgegenüber stellte die Ausweisung einer mit einem Touristenvisum eingereisten türkischen Staatsangehörigen aus der Bundesrepublik Deutschland, wo sie mit ihrem ebenfalls türkischen Ehegatten (der eine befristete Aufenthaltsbewilligung besass) und den beiden in der Bundesrepublik geborenen Kindern während weniger als zwei Jahren gelebt hatte, keinen Eingriff in das Recht auf Achtung des Familienlebens dar, da die Ausreise des Ehemannes und der Kinder nicht völlig unangemessen („wholly unreasonable") sei[179]. Keinen Eingriff bedeutete auch die Ausweisung einer nigerianischen Staatsangehörigen aus Österreich, da keine

---

[177] B 7729/76, *Agee gegen Vereinigtes Königreich*, DR 7, 173 f.

[178] B 9088/80, *X. gegen Vereinigtes Königreich*, DR 28, 160; B 9285/81, *X., Y. und Z. gegen Vereinigtes Königreich*, DR 29, 205.

[179] B 11333/85, *C. gegen Bundesrepublik Deutschland*, DR 43, 227.

schwerwiegenden Gründe („serious obstacles") einer Ausreise des seit 1989 mit einer befristeten Aufenthaltsbewilligung in Österreich lebenden Ehegatten sowie des 1992 geborenen Sohnes entgegenstanden[180]. Schliesslich führte die Kommission in einer gegen Norwegen gerichteten Beschwerde aus, für die Frage des Vorliegens eines Eingriffes sei insbesondere den *„realistic possibilities of the family to follow the husband and father"* Beachtung zu schenken, wobei in casu eine Ausreise durchaus realistisch erscheine[181]. Das Vorliegen eines Eingriffes hat die Kommission jedoch im Falle der Ausweisung eines seit mehr als 25 Jahren mit seiner gesamten Familie in Frankreich lebenden italienischen Staatsangehörigen bejaht[182]. Dagegen hat sie die Ausreise im Fall der Ausweisung der Ehefrau eines in Grossbritannien lebenden ghanesischen Staatsangehörigen als zumutbar und möglich betrachtet, obwohl dies zu einer Trennung von seiner Tochter aus erster Ehe führen würde[183]. Ist es einem ausländischen Ehepartner jedoch aus rechtlichen Gründen nicht möglich, dem anderen Ehegatten in dessen Heimatland zu folgen, so stellt die Ausweisung einen rechtfertigungsbedürftigen Eingriff dar[184].

Die Möglichkeit bzw. Zumutbarkeit der Ausreise und Wiederaufnahme des Familienlebens im Ausland ist, wie die soeben dargelegten Entscheide verdeutlichen, nicht in sämtlichen Konstellationen gleichermassen bedeutsam für das Vorliegen eines Eingriffes. Vielmehr zeichnet sich eine deutliche Unterscheidung zwischen denjenigen Fällen ab, in denen Familienleben erst seit relativ kurzer Zeit im betreffenden Konventionsstaat begründet worden ist bzw. sich die von der staatlichen Massnahme direkt oder indirekt betroffenen Familienangehörigen erst kurze Zeit im Konventionsstaat aufgehalten haben und denjenigen Situationen, in denen das Familienleben bereits seit langer Zeit im betreffenden Staat gelebt wurde oder die betroffenen Ausländerinnen und Ausländer schon seit vielen Jahren in diesem Land leben[185].

Aufenthaltsbeendende Massnahmen gegen Fremde, die *seit vielen Jahren* im betreffenden Konventionsstaat leben und dort vollkommen integriert sind, stellen grundsätzlich einen *Eingriff* in das Familienleben dar, ohne dass die

---

[180] B 26609/95, *Onyegbule gegen Österreich*, unpublizierter KE vom 16.10.1995.
[181] B 27057/95, *Aslam gegen Norwegen*, unpublizierter KE vom 9.4.1997, eigene Hervorhebung.
[182] B 26711/95, *Verde gegen Frankreich*, unpublizierter KE vom 28.2.1996.
[183] B 26985/95, *Poku et al. gegen Vereinigtes Königreich*, unpublizierter KE vom 15.5.1996.
[184] B 124612/86, *H. gegen Bundesrepublik Deutschland*, DR 51, 258.
[185] Vgl. ebenso *Davy*, 252.

Möglichkeit oder Zumutbarkeit der Ausreise der übrigen Familienangehörigen als Eingriffsvoraussetzung geprüft würde. Diese Aspekte werden in diesen Situationen erst im Rahmen der Verhältnismässigkeitsprüfung relevant. Ebenso stellt auch die Ausweisung des Ehepartners eines seit langer Zeit im betreffenden Staat lebenden, integrierten ausländischen Staatsangehörigen einen Eingriff in das Familienleben dar, ohne dass zuvor die Möglichkeit oder Zumutbarkeit der Ausreise geprüft würde.

Als Eingriff in das Familienleben erachtete die Kommission die Ausweisung des Ehemannes einer seit 1984 in der Schweiz niedergelassen Staatsangehörigen Ex-Jugoslawiens[186]; ebenso stellte die Ausweisung des Ehemannes einer seit mehr als 25 Jahren in der Schweiz wohnhaften Ausländerin einen Eingriff in das Familienleben dar[187].

Befinden sich die von einer aufenthaltsbeendenden Massnahme betroffenen Ausländerinnen und Ausländer und/oder ihre Familienangehörigen indes erst *seit relativ kurzer Zeit* im entsprechenden Konventionsstaat, so ist zunächst die Frage der *Zumutbarkeit und Möglichkeit* einer Ausreise und Fortsetzung des Familienlebens im Ausland zu prüfen[188]. Erst wenn einer Ausreise *unüberwindbare* („insurmountable obstacles") oder zumindest doch *schwerwiegende Hindernisse* („serious obstacles") entgegenstehen, stellt die Massnahme einen Eingriff in das Familienleben dar. Finanzielle Nachteile, ein tieferer Lebensstandard im Heimatland, schlechtere Ausbildungs- und Berufsaussichten oder gar die Trennung von im ausweisenden Staat lebenden weiteren nahen Familienangehörigen (Eltern, Geschwistern, Kindern aus früheren Beziehungen) genügen grundsätzlich jedoch nicht, um eine Ausreise als unzumutbar erscheinen zu lassen. Vielmehr bedarf es gewichtiger Gründe oder das Vorliegen aussergewöhnlicher Umstände damit eine Ausreise nicht möglich bzw. nicht zumutbar ist. Neben den Fällen der rechtlichen Unmöglichkeit der Einreise in das Heimatland des Ehepartners[189] ist hier jedoch auch an eine faktische Unmöglichkeit der Einreise zu denken, wenn diese

---

[186] B 24080/94, *P. gegen die Schweiz*, unpublizierter KE vom 29.6.1994.

[187] B 25161/94, *Z. gegen die Schweiz*, unpublizierter KE vom 30.11.1994; ähnlich B 26711/95, *Verde gegen Frankreich*, unpubliziertzer KE vom 28.2.1996.

[188] *Davy*, 252.

[189] Die Ausreise in ein anderes als das Heimatland des Ehemannes oder der Ehefrau ist heute aufgrund der restriktiven Einwanderungspolitik der meisten Staaten kaum mehr möglich und könnte wohl auch nicht als zumutbar betrachtet werden; zudem hat die Kommission bereits in B 5445/72 und 5446/72, *X. und Y. gegen Vereinigtes Königreich*, CD 42, 146, festgestellt, dass ein Eingriff wohl meist dann vorliege, wenn „the only legal residence which they can find is in a country unconnected with either of them".

beispielsweise wegen der kulturellen, ethnischen oder religiösen Herkunft der betroffenen Personen unzumutbar erscheint[190]. Ferner müsste wohl auch das Fehlen genügender medizinischer Versorgung zur Behandlung ernsthafter gesundheitlicher Probleme eines von der Ausreise betroffenen Familienangehörigen als schwerwiegender Grund anerkannt werden.

Das Vorliegen eines Eingriffes bejahte die Kommission in einem Fall der Ausweisung einer wegen geringfügiger Vermögensdelikte wiederholt zu Geldstrafen sowie zu einer dreimonatigen Bewährungsstrafe verurteilten libanesischen Staatsangehörigen, deren Ehegatte in der Bundesrepublik Deutschland um Asyl nachgesucht hatte und weder in den Libanon noch nach Ägypten ausreisen konnte[191]; keinen Eingriff bedeutete indes die Ausweisung einer ghanesischen Staatsangehörigen, welche sich bereits mehrmals illegal in Grossbritannien aufgehalten hatte[192].

Entscheidend für die Feststellung eines Eingriffes in das Familienleben ist bei aufenthaltsbeendenden Massnahmen gegen Ehepartner rechtmässig in einem Staat wohnhafter Fremder somit grundsätzlich der *Grad der Verwurzelung, Integration* und *Verbundenheit* der Familienangehörigen mit dem Aufenthaltsstaat. Verfügen die von einer ausländerrechtlichen Massnahme betroffenen Personen über langjährige Bindungen zum Gaststaat und sind sie dort in hohem Masse integriert, so stellt eine aufenthaltsbeendende Massnahme in aller Regel einen Eingriff in das Familienleben der Ehegatten dar. Befinden sich die Ehegatten demgegenüber erst seit relativ kurzer Zeit in einem Land, so liegt ein Eingriff erst dann vor, wenn eine Ausreise des anderen Ehepartners unmöglich oder unzumutbar ist. Eine allgemeingültige Abgrenzung dieser beiden Konstellationen kann aber nicht getroffen werden, da aufgrund der Umstände eines jeden Einzelfalles zu prüfen ist, ob die betreffenden Ausländerinnen und Ausländer dauerhaft und fest in einem Staat verwurzelt sind oder nicht[193]. Es kann jedoch grundsätzlich davon ausgegan-

---

[190] Vgl. hierzu die Feststellung der Kommission in der B 12122/86, *Lukka gegen Vereinigtes Königreich*, DR 50, 268, wonach es der britischen Ehefrau indischer Herkunft des Beschwerdeführers aufgrund der Situation in Südafrika nicht zugemutet werden könne, ihrem Ehegatten dorthin zu folgen.

[191] B 12461/86, *H. gegen die Bundesrepublik Deutschland*, DR 51, 258; siehe ferner auch B 14312/88, *El-Makhour gegen die Bundesrepublik Deutschland*, DR 60, 284 (Zulässigerklärung) sowie DR 61, 305 (friedliche Streitbeilegung).

[192] B 26985/95, *Poku et al. gegen Vereinigtes Königreich*, unpublizierter KE vom 15.5.1996; vgl. den Sachverhalt hinten 271 f; siehe ferner B 26609/95, *Onyegbule gegen Österreich*, unpublizierter KE vom 16.10.1995, sowie B 11333/83, *C. gegen die Bundesrepublik Deutschland*, DR 43, 228.

[193] In diesem Sinne hat die Kommission beispielsweise in B 27057/95, *Aslam gegen Norwegen*, unpublizierter KE vom 9.4.1997, ausgeführt, dass die Ehefrau des Beschwerdeführers zwar bereits seit 18 Jahren in Norwegen lebe, jedoch nicht gut in die

gen werden, dass nach Erhalt eines unbefristeten Aufenthaltstitels oder spätestens nach einem langjährigen Aufenthalt ein derartiges Mass an Integration und Verbundenheit mit dem Aufenthaltsstaat erreicht worden ist, dass die Ergreifung aufenthaltsbeendender Massnahmen in aller Regel einen Eingriff in das Familienleben darstellt.

Während die Kommission aufenthaltsbeendende Massnahmen gegen Ehepartner von Staatsangehörigen in praktisch konstanter Praxis nunmehr voraussetzungslos als Eingriff in das Familienleben qualifiziert[194], konnte sie sich bei aufenthaltsbeendenden Massnahmen gegen Ehepartner in einem Konventionsstaat lebender Fremder bisher noch nicht zu demselben konsequenten Schritt durchringen. Vielmehr verzichtet sie zwar bei bereits relativ lange in einem Staat lebenden Ausländerinnen und Ausländern auf die Prüfung der Zumutbarkeit als Eingriffsvoraussetzung, greift aber bei ausländerrechtlichen Massnahmen gegen erst seit kurzem in einem Land wohnenden Fremden immer noch auf diesen Gesichtspunkt zurück.

Die Unzulänglichkeit des *„elsewhere approach"* wird in dieser Konstellation besonders deutlich: ein Eingriff in das Familienleben liegt in dieser Fallgruppe vor, wenn entweder die betroffenen Ausländerinnen und Ausländer oder ihre Familienangehörigen in die Lebensumstände und Gesellschaft des betreffenden Staates *integriert* sind oder wenn die Betroffenen zwar noch keine äusserst engen Bindungen zum Land entwickelt haben, die Ausreise aber *unzumutbar* ist. Wie sollte nun aber in gerechter Weise der Integrationsgrad in die gesellschaftlichen und sozialen Gegebenheiten eines Landes bestimmt werden? Auf welche Aspekte kommt es an? Ist es die in der Familie gesprochene Sprache oder sind die Kreise, in denen sich die Fremden bewegen, entscheidend? Kommt es darauf an, wo die Familien ihre Ferien verbringen oder ob sie sämtliche Kontakte mit Freunden und Verwandten im Heimatland abgebrochen haben? Die Integration in die Gesellschaft und Lebensumstände kann nicht mit mathematischer Genauigkeit gemessen werden; Integration ist vielmehr ein *Prozess*, der von beiden Seiten - Fremden und „Einheimischen" - Offenheit verlangt. Der Grad der Integration kann daher nicht aufgrund äusserlicher Kriterien wie Sprache, Traditionen etc. wie von einer Skala abgelesen werden, sondern ist nur im Rahmen einer umfassenden Betrachtung des jeweiligen Einzelfalles erkennbar. Ob eine aufenthaltsbeendende Massnahme als Eingriff in das Familienleben zu qualifizieren ist, sollte daher nicht von der Verbundenheit und Verwurzelung mit dem betreffenden Staat abhängig gemacht werden. Vielmehr ist das Vorliegen eines

---

norwegische Gesellschaft integriert sei und ihrer Ausreise nach Pakistan daher keine grossen Probleme entgegenstehen würden.

[194] Siehe vorne 252 ff.

C. Aufenthaltsbeendende Massnahmen gegen Ehepartner

Eingriffes allein aufgrund der Tatsache, dass in einem Konventionsstaat lebende Familienangehörige durch eine fremdenrechtliche Massnahme *getrennt* und am Zusammenleben *gehindert* werden, zu bejahen. Sämtliche weiteren Umstände des Einzelfalles sind im Rahmen der Rechtfertigung nach Art. 8 Abs. 2 EMRK zu berücksichtigen und entsprechend zu würdigen.

2. Die Rechtsprechung des Schweizerischen Bundesgerichtes

Nach Art. 17 Abs. 2 ANAG haben ausländische Ehepartner in der Schweiz niedergelassener Ausländerinnen und Ausländer einen Anspruch auf Erteilung und Verlängerung einer Aufenthaltsbewilligung, solange die Ehegatten zusammenleben, keine Scheinehe vorliegt und die um Erteilung einer Aufenthaltsbewilligung ersuchenden Ehepartner nicht gegen die öffentliche Ordnung verstossen haben. In allen übrigen Konstellationen besteht grundsätzlich kein Anspruch auf Erteilung und Verlängerung der fremdenpolizeilichen Bewilligung für Ehegatten in der Schweiz wohnhafter Ausländerinnen und Ausländer[195] und eine Berufung auf Art. 8 EMRK gegen aufenthaltsbeendende Massnahmen scheitert in der Regel am Fehlen eines *gefestigten* Aufenthaltsrechtes[196]. Der „Spielraum" für die Anwendung der Familienschutzbestimmung von Art. 8 EMRK ist durch die restriktive Praxis des Bundesgerichtes stark eingeschränkt worden. In der bundesgerichtlichen Rechtsprechung hat Art. 8 EMRK daher lediglich bei der Nichtverlängerung der Aufenthaltsbewilligung und der daran anschliessenden Ausweisung von Ehegatten in der Schweiz niedergelassener Ausländerinnen und Ausländer Bedeutung erlangt. Nach Art. 17 Abs. 2 ANAG erlischt der Anspruch auf Erteilung und Verlängerung der Aufenthaltsbewilligung bei Vorliegen eines Verstosses gegen die öffentliche Ordnung. Im Gegensatz zu Art. 7 Abs. 1 ANAG (Erlöschen des Anspruches bei Vorliegen eines Ausweisungsgrundes) oder zur Ausweisung in der Schweiz niedergelassener Fremder genügt für das Erlöschen des Anwesenheitsanspruches von Art. 17 Abs. 2 ANAG bereits ein Verstoss gegen die öffentliche Ordnung, wobei die Bewilligungsversagung immerhin verhältnismässig sein muss. „Da aber bereits geringere öffentliche Interessen für ein Erlöschen des Anspruchs genügen, sind auch die entgegenstehenden privaten Interessen weniger stark zu gewichten als bei ei-

---

[195] Ein Anspruch auf Erteilung und Verlängerung der Anwesenheitsbewilligung an Ehegatten von Aufenthalterinnen und Aufenthaltern besteht einzig aufgrund des Italiener-Abkommens bzw. der Vereinbarung zwischen der Schweiz und Liechtenstein von 1963 für italienische und liechtensteinische Staatsangehörige; siehe dazu vorne 108 f.
[196] Zu den Ausnahmefällen, in denen die Aufenthaltsbewilligung als gefestigtes Anwesenheitsrecht zu betrachten ist, siehe vorne 188 Anm 68.

ner Ausweisung"[197]. In der Praxis des Bundesgerichtes erlangen nun im Rahmen dieser Interessenabwägung die Rechtfertigungsvoraussetzungen von Art. 8 Abs. 2 EMRK Bedeutung. Ohne eine getrennte und vorgezogene Prüfung der Zumutbarkeit einer Ausreise der in der Schweiz niedergelassenen Ehepartner prüft das Bundesgericht die Verhältnismässigkeit und Konventionskonformität einer Nichtverlängerung der Anwesenheitsbewilligung daher aufgrund einer umfassenden Güterabwägung.

Im Entscheid *Abdil I.* war die im Anschluss an eine 18-monatige Zuchthausstrafe wegen Notzucht verweigerte Verlängerung der Aufenthaltsbewilligung eines türkischen Staatsangehörigen, dessen Ehefrau in der Schweiz niedergelassen war, zu beurteilen. Das Bundesgericht führte zunächst aus, dass der landesrechtliche Anspruch auf Erteilung bzw. Verlängerung einer Aufenthaltsbewilligung eindeutig erloschen sei und schloss nach einer umfassenden Güterabwägung, in deren Rahmen es auch die Frage der Zumutbarkeit einer Ausreise mitberücksichtigte, dass der Eingriff in das Familienleben verhältnismässig gewesen sei[198]. In gleicher Weise entschied das Bundesgericht auch einen Fall betreffend die Ausweisung eines türkischen Staatsangehörigen, der seit knapp 18 Jahren in der Schweiz lebte und dessen seit 1970 in der Schweiz wohnhafte Ehefrau die Niederlassungsbewilligung besass. Wegen wiederholten Verstosses gegen die öffentliche Ordnung - der Betroffene war wegen öffentlicher unzüchtiger Handlungen sowie mehrmals wegen Strassenverkehrsdelikten zu Geld- und Freiheitsstrafen verurteilt worden und zudem arbeitslos und fürsorgeabhängig - erachtete das Bundesgericht den Anspruch aus Art. 17 Abs. 2 ANAG als erloschen. Im Rahmen einer umfassenden Güterabwägung bejahte es in der Folge die Verhältnismässigkeit des Eingriffes in das Familienleben[199]. Im Ergebnis gleich beurteilte das Bundesgericht schliesslich auch die Ausweisung eines türkischen Staatsangehörigen kurdischer Abstammung, der 1980 in die Schweiz eingereist und 1982 eine niedergelassene, chilenische Staatsangehörige geheiratet hatte. Nachdem der Beschwerdeführer bereits früher wegen der Teilnahme an einer unbewilligten Demonstration sowie einer Bürobesetzung „negativ aufgefallen" war, wurde er 1991 wegen Erpressung zu drei Jahren Gefängnis verurteilt. Auch in diesem Fall kam das Bundesgericht nach einer umfassenden Güterabwägung zum Schluss, dass die Nichtverlängerung der Aufenthaltsbewilligung gerechtfertigt und mit Art. 8 EMRK vereinbar sei[200].

Grosse Bedeutung könnte Art. 8 EMRK bei der Nichtverlängerung einer Aufenthaltsbewilligung von Ehegatten in der Schweiz wohnhafter Ausländerinnen und Ausländer mit „gefestigter" Aufenthaltsbewilligung zukommen, denn in diesen Situationen besteht grundsätzlich kein innerstaatlicher

---

[197] BGE 120 Ib 129, E. 4a, 131.

[198] BGE 120 Ib 129.

[199] Unpublizierter BGerE vom 20.12.1995 i.S. B. (2A.381/1994).

[200] Unpublizierter BGerE vom 3.10.1996 i.S. O. et al. (2A.182/1996); vgl. ferner auch den unpublizierten BGerE vom 4.11.1994 i.S. R. (2A.185/1196/).

Rechtsanspruch auf eine Bewilligungserteilung, eine Berufung auf Art. 8 EMRK wäre jedoch möglich[201]. Soweit ersichtlich hat das Bundesgericht indes noch keinen derartigen Fall zu beurteilen gehabt. Ebenfalls noch nicht unter dem Aspekt von Art. 8 EMRK hat das Bundesgericht bisher, soweit bekannt, aufenthaltsbeendende Massnahmen gegen niedergelassene Ausländerinnen und Ausländer, deren Ehepartner auch in der Schweiz wohnhaft sind, geprüft. Da aber im Rahmen der Prüfung der Verhältnismässigkeit der Ausweisung namentlich der Schwere des Verschuldens, der Dauer der Anwesenheit in der Schweiz sowie den der betroffenen Person selber und ihrer Familie drohenden Nachteilen Beachtung zu schenken ist[202], ist kaum zu erwarten, dass das Bundesgericht im Rahmen einer gesonderten Verhältnismässigkeitsprüfung nach Art. 8 Abs. 2 EMRK zu einem von der ausländerrechtlichen Interessenabwägung unterschiedlichen Ergebnis gelangen würde.

3. Die Rechtsprechung des österreichischen Verwaltungsgerichtshofes

Aufenthaltsbeendende Massnahmen gegen Ehepartner in Österreich wohnhafter Ausländerinnen und Ausländer stellen nach konstanter Rechtsprechung des Verwaltungsgerichtshofes einen Eingriff in das Familienleben des betroffenen Ehepartners dar.

Als Eingriff qualifiziert hat der Verwaltungsgerichtshof beispielsweise die Verhängung eines unbefristeten Aufenthaltsverbotes gegen einen mit seiner Ehefrau in Österreich lebenden türkischen Staatsangehörigen nach seiner Verurteilung wegen Drogendelikten[203]. Auch das gegen eine seit zwanzig Jahren mit ihrem Ehemann und den gemeinsamen Kindern in Österreich lebende jugoslawische Staatsangehörige erlassene zehnjährige Aufenthaltsverbot stellte einen Eingriff in das Privat- und Familienleben dar[204]. Ebenso stufte der Verwaltungsgerichtshof die Ausweisung eines mit seiner Ehefrau illegal in Österreich lebende Staatsangehörige der Jugoslawischen Föderation als Eingriff ein[205]. Schliesslich bedeutete auch die Nichtverlängerung der Aufenthaltsbewilligung nach einer strafrechtlichen Verurteilung eines Ausländers, welcher in der Zwischenzeit eine rechtmässig in Österreich lebende Ausländerin geheiratet hatte, einen (gerechtfertigten) Eingriff in das Familienleben[206].

---

[201] Siehe vorne 188 f.
[202] Art. 16 Abs. 3 ANAV.
[203] Erkenntnis VwGH vom 28.10.1993, 93/18/0393.
[204] Erkenntnis VwGH vom 28.10.1993, 93/18/0491.
[205] Erkenntnis VwGH vom 28.3.1996, 96/18/0111.
[206] Erkenntnis VwGH vom 19.6.1996, 95/19/0261.

268 7. Kap.: Eingriff in Privat- und Familienleben

4. Die Rechtsprechung des französischen Conseil d'État

Auch nach der ständigen Rechtsprechung des Conseil d'État stellen aufenthaltsbeendende Massnahmen gegen Ehepartner in Frankreich wohnhafter Ausländerinnen und Ausländer Eingriffe in das Familienleben der Ehegatten dar.

Die Wegweisung eines im Alters von elf Jahren nach Frankreich gekommenen und dort nunmehr mit seiner Ehegattin lebenden türkischen Staatsangehörigen qualifizierte der Conseil d'État als Eingriff in das Familienleben[207]. Ebenso stellte die Wegweisung eines mit seiner Ehefrau und den drei gemeinsamen Kindern in Frankreich lebenden Ausländers, sieben Jahre nach dem negativen Asylentscheid, einen Eingriff dar[208]. Weiter erachtete der Conseil d'État auch die Wegweisung einer seit zehn Jahren mit ihrem Ehemann - der bereits seit rund dreissig Jahre in Frankreich wohnt - in Frankreich lebenden Ausländerin als Eingriff in das Familienleben[209]. Einen unverhältnismässigen Eingriff in das Familienleben stellte ferner die Wegweisung einer rechtmässig nach Frankreich eingereisten algerischen Staatsangehörigen dar, die vor der Heirat mit ihrem späteren Ehemann zunächst während einiger Jahre zusammengelebt sowie ein gemeinsames Kind hatte[210]. Als verhältnismässigen Eingriff erachtete der Conseil d'État indes den Widerruf des Anwesenheitstitels der Ehefrau eines seit zehn Jahren in Frankreich lebenden zairischen Staatsangehörigen[211].

D. Beeinträchtigung der Beziehung zwischen Eltern und minderjährigen Kindern durch aufenthaltsbeendende Massnahmen

Bei Beeinträchtigungen des zwischen minderjährigen Kindern und ihren Eltern bestehenden Familienlebens durch aufenthaltsbeendende Massnahmen ist es ebenfalls nicht möglich, generelle Aussagen über die Voraussetzungen des Vorliegens eines Eingriffes zu machen. Vielmehr sind auch hier verschiedene Situationen zu unterscheiden, in denen die Eingriffsfrage aufgrund höchst unterschiedlicher Voraussetzungen beantwortet wird.

---

[207] CE, *Préfet de la Haute-Loire c/ Cifci*, 15.4.1992, Rec. CE, tab. 1040.

[208] CE, *Loko*, 31.7.1992, Rec. CE, tab. 1177.

[209] CE, *Mme Terbah Chelouah*, 15.6.1994, Rec. CE, tab. 989.

[210] CE, *Mme Ben Youcef*, 13.5.1994, JCP, ed. G, Jur. No. 1786.

[211] CE, *Min. d'État, min. int. et aménag. territoire c/ Diallo*, 19.1.1996, Dr. adm. 1996, No. 152; ferner CE, *Kasaven*, 29.12.1993, D. 1994, Somm. 250.

D. Aufenthaltsbeendende Massnahmen gegen Eltern 269

I. Aufenthaltsbeendende Massnahmen gegen die Eltern oder den sorgeberechtigten Elternteil

Aufenthaltsbeendende Massnahmen gegen die Eltern oder den sorgeberechtigten Elternteil hat meist zur Folge, dass minderjährige Kinder faktisch ebenfalls zum Verlassen des betreffenden Landes verpflichtet werden, da sie ihren Eltern oder dem sorgeberechtigten Elternteil in der Regel ins Ausland nachfolgen[212]. Insbesondere in Fällen, in denen die betroffenen Kinder die Staatsangehörigkeit des betreffenden Staates besitzen, seit ihrer Geburt in jenem Land leben oder durch die Ausreise die Aufrechterhaltung des Kontaktes zum nicht sorgeberechtigten Elternteil, der sich weiterhin im betreffenden Konventionsstaat aufhält, gefährdet ist, können sich Probleme nicht nur in bezug auf das in Art. 3 des 4. Zusatzprotokolles zur EMRK statuierte Verbot der Ausweisung eigener Staatsangehöriger[213], sondern auch bezüglich des in Art. 8 EMRK garantierten Anspruches auf Achtung des Privat- und Familienlebens ergeben.

1. Die Rechtsprechung der Europäischen Kommission für Menschenrechte

In konstanter Rechtsprechung verneint die Kommission, dass Eltern, deren Kinder die Staatsangehörigkeit des eine aufenthaltsbeendende Massnahme ergreifenden Staates besitzen, aus Art. 8 EMRK einen generellen Anspruch auf Aufenthalt im Herkunftsland des Kindes ableiten können[214]. Vielmehr müsse auch in diesen Fällen geprüft werden, ob die aufenthaltsbeendende Massnahme gegen die Eltern oder den sorgeberechtigten Elternteil einem Eingriff in das Familienleben gleichkommt. In diesem Sinne bejahte die Kommission im ersten derartigen Fall, den sie auch materiell zu entscheiden hatte[215], das Vorliegen eines Eingriffes, erachtete diesen jedoch als verhält-

---

[212] *Frowein/Peukert*, 356; *Buquicchio-de Boer*, 81; *Frowein*, 149.

[213] Art. 3 Abs. 1 des 4. Zusatzprotokolles zur EMRK bestimmt, dass „niemand (...) aus dem Hoheitsgebiet des Staates, dessen Staatsangehöriger er ist, durch eine Einzel- oder Kollektivmassnahme ausgewiesen werden" darf.

[214] So ausdrücklich beispielsweise in B 11970/86, *O. et al. gegen Vereinigtes Königreich*, unpublizierter KE vom 13.7.1987: „In the present case, the Commission first notes that the applicants' British nationality is exclusively based on the fact that they were born in the United Kingdom. However, this fact alone cannot confer rights of abode in that country upon the parents".

[215] Bereits in B 8244/78, *Uppal et al. gegen Vereinigtes Königreich*, stand die Vereinbarkeit der Ausweisung der illegal in Grossbritannien lebenden Eltern minderjähriger

nismässig, da einer Ausreise der drei Kinder britischer Staatsangehörigkeit nach Indien aufgrund ihres Alters keine schwerwiegenden Hindernisse („serious obstacles") entgegenstanden[216]. Ebenso stellte die Ausschaffung der Eltern dreier Kinder britischer Staatsangehörigkeit in den türkischen Teil Zyperns zwar einen Eingriff in das Familienleben dar, doch erachtete die Kommission diesen als durchaus verhältnismässig[217]. In seither ergangenen Entscheidungen, die zwar durchwegs die Ausschaffung des sorgeberechtigten Elternteiles und nicht beider Eltern betrafen, verneint die Kommission indes in konstanter Rechtsprechung das Vorliegen eines Eingriffes durch die mit der aufenthaltsbeendenden Massnahme faktisch verbundene Verpflichtung der Kinder zur Ausreise aus ihrem Heimatland. So führte sie beispielsweise aus, die Ausschaffung der Mutter der Beschwerdeführerin, eines dreijährigen Mädchens britischer Staatsangehörigkeit, nach Kenia bedeutete keinen Eingriff in das Familienleben, da keine unüberwindbaren Hindernisse einer Ausreise der Tochter entgegenstanden, sei diese doch insbesondere noch in einem *anpassungsfähigen Alter*:

> „In the present case, the applicant, three years old, is likely to follow her mother on removal. As a result she may have to leave the society where she was born and face the hardship of living in a society where, due to family, socio-religious factors her mother risks having difficulties in integrating into any community there. (...) It finds that the applicant is of an age at which it can be expected that she can adapt to the change in environment."[218]

Ebenso bejahte sie, dass einem vierjährigen Kind die Ausreise nach Kolumbien[219] bzw. einem sechsjährigen Kind die Ausreise nach Indien bzw. Kenia[220] zugemutet werden könne, da die Kinder noch in einem Alter seien, in dem sie sich an veränderte Lebensumstände gewöhnen könnten. Die Kommission hat jedoch die Anpassungsfähigkeit nicht nur für Kleinkinder, sondern - wenn auch einräumend, dass die Integration in eine völlig neue

---

Kinder britischer Staatsangehörigkeit nach Indien in Frage, doch konnte in diesem Fall eine friedlichen Streitbeilegung erreicht werden; DR 17, 149 (Zulässigkeitsentscheid) und DR 20, 29 (friedliche Streitbeilegung).

[216] B 8245/78, *X. gegen Vereinigtes Königreich*, DR 24, 98.

[217] B 11970/86, *O. et al. gegen Vereinigtes Königreich*, unpublizierter KE vom 13. Juli 1987.

[218] B 23938/94, *Sorabjee gegen Vereinigtes Königreich*, unpublizierter KE vom 23. Oktober 1995.

[219] B 24865/94, *Jaramillo gegen Vereinigtes Königreich*, unpublizierter KE vom 23. Oktober 1995.

[220] B 28627/95, *Dabhi und Dabhi gegen Vereinigtes Königreich*, unpublizierter KE vom 17.1.1997.

und fremde Umgebung diesen nicht mehr ganz so leicht falle - ebenfalls für ältere, beispielsweise zehnjährige Kinder[221], noch als durchaus gegeben betrachtet. In all diesen Fällen wurde das Vorliegen eines Eingriffes in das Recht auf Achtung des Familienlebens von der Kommission verneint, da die gemeinsame Ausreise mit ihren Eltern bzw. dem sorgeberechtigten Elternteil für die Kinder zumutbar war und dieser auch keine weiteren, unüberwindbaren Hindernisse entgegenstanden. Die Gefahr, aus familiären, sozialen, religiösen oder kulturellen Gründen im Herkunftsland der Eltern bzw. des sorgeberechtigten Elternteils Probleme zu haben[222], erachtete die Kommission ebenso wie eine mögliche finanzielle Notlage[223] nicht als hinreichenden Grund, um eine Ausreise als unzumutbar erscheinen zu lassen.

Zwei weitere Aspekte der Kommissionspraxis sind bemerkenswert. Einerseits kommt, zumindest solange die betroffenen Kinder noch in einem anpassungsfähigen Alter sind und auch sonst einer Ausreise keine Hindernisse entgegenstehen, der Art und Weise, wie die Kinder die Staatsbürgerschaft erhalten haben - durch ius soli oder ius sanguinis -, keine entscheidende Bedeutung für die Zumutbarkeit der Ausreise zu[224]. Andererseits wird in diesen Konstellationen die grosse Bedeutung spürbar, welche die Kommission auch im Rahmen dieser vorgezogenen Güterabwägung der wirkungsvollen und effektiven Kontrolle der Einwanderung und der Durchsetzung der Einwanderungspolitik beimisst. Besonders augenfällig ist dies im Entscheid *Poku et al. gegen Vereinigtes Königreich*. Die Zumutbarkeit der Ausreise im Anschluss an die Ausschaffung der Mutter bzw. Ehefrau wegen illegalen Aufenthaltes wurde für sämtliche betroffenen Familienmitglieder - den Ehegatten, die beiden gemeinsamen Kinder britischer Staatsangehörigkeit sowie den Sohn bri-

---

[221] B 25297/94, *P. et al. gegen Vereinigtes Königreich*, unpublizierter KE vom 16. Januar 1996; B 2695/95, *Poku et al. gegen Vereinigtes Königreich*, unpublizierter KE vom 15.5.1996.

[222] B 23938/94, *Sorabjee gegen Vereinigtes Königreich*, unpublizierter KE vom 23. Oktober 1995.

[223] B 28627/95, *Dabhi und Dabhi gegen Vereinigtes Königreich*, unpublizierter KE vom 17.1.1997.

[224] „The Commission does not find it a material factor that the first applicant obtained her British citizenship by ius sanguinis rather than ius soli where the child is nonetheless of an adaptable age and there are no effective obstacles to her accompanying the mother", B 28627/95, *Dabhi und Dabhi gegen Vereinigtes Königreich*, unpublizierter KE vom 17.1.1997; siehe ferner auch B 23938/94, *Sorabjee gegen Vereinigtes Königreich*, unpublizierter KE vom 23.10.1995; B 24865/94, *Jaramillo gegen Vereinigtes Königreich*, unpublizierter KE vom 23.10.1995; B 26985/95, *Poku et al. gegen Vereinigtes Königreich*, unpublizierter KE vom 15.5.1996; B 26336/95, *Aboikonie und Read gegen die Niederlande*, unpublizierter KE vom 12.1.1998.

tischer Staatsangehörigkeit aus erster Ehe der Beschwerdeführerin - bejaht. Die Feststellung, dass dem Ehemann die Ausreise zumutbar sei, führte zwar ihrerseits zur Trennung des Ehemannes von seiner Tochter britischer Staatsangehörigkeit aus erster Ehe. Doch auch hier verneinte die Kommission das Vorliegen eines Eingriffes mit der Begründung, die Trennung zwischen Vater und Tochter sei nicht auf eine staatliche Massnahme, sondern vielmehr auf eine vom Vater bewusst getroffene Entscheidung zurückzuführen. Lapidar hält die Kommission schliesslich fest, dass im vorliegenden Fall keine Gründe bestünden, die privaten Interessen gegenüber dem staatlichen Interesse an einer effektiven Durchsetzung der Einwanderungskontrolle überwiegen zu lassen. Es rechtfertigt sich hier einen längeren Auszug aus dieser „bemerkenswerten" Entscheidung zu zitieren:

> „The Commission recalls that in this case all the applicants, save Ama Poku, are either British citizens or have a permanent right to remain in the United Kingdom. The Commission notes however that in previous cases the factor of the citizenship has not been considered of particular significance (...).
>
> As regards her husband, Samuel Adjei and their two children Jason and Jermaine, the Commission notes that there are no obstacles effectively preventing them from accompanying Ama Poku and establishing family life in Ghana. The Commission has had regard to the adaptable age of the children, aged four and one respectively. As regards however Samuel Adjei's relationship with his daughter Sarah by another marriage, the Commission observes that if he decides to accompany Ama Poku, his wife, this will interrupt the frequent and regular contact which he enjoys with Sarah who lives with her mother in the United Kingdom. The Commission recalls however that Samuel Adjei and Ama Poku married in August 1994 when she had already been subject to immigration proceedings and a deportation order had been served. He must accordingly be taken to have been aware of her precarious immigration status and the probable consequential effects on his other family relationships by the enforcement of the deportation order. While his daughter Sarah may also claim that her family life is affected and cannot be said to be in the same position as her father, the Commission considers that her situation also flows from the choice exercised by her father rather from any direct interference by the state which her family relationships. In this respect, her situation can be distinguished from that of the child in the Berrehab case, where the father himself was the subject of the expulsion measure by the State which was found to disclose a violation of their right to respect for family life.
>
> As regards Ama Poku's son Michael and the effect on his relationship with his father Owen Fybrace, the Commission notes that contact has been somewhat irregular and now appears to have diminished to contact by phone only. The resulting effect on their existing „family life" if he left would accordingly appear to be minimal. While Michael is older than Jason and Jermaine and has been integrated into the United Kingdom school system, the Commission finds no indication of any factor which would effectively prevent him from adapting to life with his family elsewhere.

D. Aufenthaltsbeendende Massnahmen gegen Eltern 273

The Commission finds that there are no elements concerning respect for family or private life which in this case outweigh the valid considerations relating to the proper enforcement of immigration controls. It concludes that the removal does not disclose a lack of respect for the applicants' rights to family or private life as guaranteed by Article 8 para. 1 of the Convention."[225]

Eltern oder sorgeberechtigte Elternteile ausländischer Staatsangehörigkeit können aus der Tatsache, dass ihre minderjährigen Kinder die Staatsangehörigkeit des Aufenthaltsstaates besitzen, keinen bedingungslosen Anspruch auf Verbleib im betreffenden Staat ableiten. Die durch eine aufenthaltsbeendende Massnahme indirekt betroffenen minderjährigen Kinder werden ihrerseits in den meisten Fällen erfolglos eine Verletzung ihres Familienlebens geltend machen, denn die jüngere konstante Kommissionspraxis verneint das Vorliegen eines Eingriffes, wenn die betroffenen Kinder noch in einem anpassungsfähigen Alter sind und ihrer Ausreise keine schwerwiegenden Hindernisse entgegenstehen[226]. In derartigen Situationen ist es für die Entscheidung über das Vorliegen eines Eingriffes auch unwesentlich, ob sie die Staatsangehörigkeit aufgrund des ius soli oder des ius sanguinis erworben haben. Zu betonen ist indes, dass in sämtlichen von der Kommission bisher beurteilten Beschwerden wegen aufenthaltsbeendender Massnahmen gegen einen sorgeberechtigten Elternteil und der damit faktisch verbundenen Ausreiseverpflichtung des Kindes entweder überhaupt kein oder doch nur ein sehr lockerer Kontakt des Kindes zum anderen Elternteil bestand[227]. Es ist anzunehmen und zu hoffen, dass in Situationen, in denen eine enge und intensive Beziehung zwischen dem faktisch ausreiseverpflichteten Kind und seinem im betreffenden Land zurückbleibenden, nicht sorgeberechtigten Elternteil besteht, dieser Tatsache im Rahmen der Eingriffsfrage Rechnung ge-

---

[225] B 26985/95, *Poku et al. gegen Vereinigtes Königreich*, unpublizierter KE vom 15.5.1996.

[226] *Buquicchio-de Boer*, 81.

[227] B 23938/94, *Sorabjee gegen Vereinigtes Königreich*, unpublizierter KE vom 23. Oktober 1995 (keine Beziehung zwischen Vater und Tochter); B 24865/94, *Jaramillo gegen Vereinigtes Königreich*, unpublizierter KE vom 23.10.1995 (Vater im Ausland); B 28627/95, *Dabhi und Dabhi gegen Vereinigtes Königreich*, unpublizierter KE vom 17.1.1997 (nur sehr lockere Beziehungen zwischen Vater und Tochter); B 26985/95, *Poku et al. gegen Vereinigtes Königreich*, unpublizierter KE vom 15.5.1996 (nur lockerer Kontakt zwischen dem Sohn Michael aus erster Ehe und dessen Vater; die Beziehung zwischen dem Ehemann Ama Pokus und seiner Tochter aus erster Ehe stellt eine andere Situation dar, da es nicht um die Ausreise des Kindes im Zuge der Ausweisung des sorgeberechtigten Elternteiles, sondern vielmehr um die Ausreise des nicht sorgeberechtigten Vaters geht; siehe dazu hinten 280 ff.); B 25297/94, *P. et al. gegen Vereinigtes Königreich*, unpublizierter KE vom 16.1.1996 (eingeschränkte Kontakte zum Vater, da dieser eine Freiheitsstrafe verbüsst).

tragen, das Vorliegen eines Eingriffes bejaht und die Zulässigkeit der aufenthaltsbeendenden Massnahme gegen den sorgeberechtigten Elternteil im Rahmen einer umfassenden Güterabwägung geprüft würde.

Der Rechtsprechung kann keine genaue Bestimmung der Altersgrenze entnommen werden, ab welcher Kindern - besondere Umstände ausgenommen - eine Ausreise grundsätzlich nicht mehr zugemutet werden kann, da sie nicht mehr in einem *anpassungsfähigen Alter* sind[228]. Es ist jedoch davon auszugehen, dass die Kommission für noch nicht eingeschulte Kinder grundsätzlich die Anpassungsfähigkeit auch an völlig veränderte Lebensumstände ohne weiteres bejaht. Die Anpassungsfähigkeit an ein verändertes Umfeld bejaht die Kommission darüber hinaus, obwohl damit verbundene Schwierigkeiten eingeräumt werden, in der Regel indes auch noch für bereits eingeschulte Kinder bis ca. zehn oder elf Jahre. Bei älteren Kindern bestimmt sich die Frage, ob ihnen eine Ausreise noch zugemutet werden kann, wohl aufgrund ihrer persönlichen Umstände; bedeutsam könnte in dieser Beziehung u.a. die Vertrautheit mit der Sprache sowie den gesellschaftlichen, kulturellen und traditionellen Umständen desjenigen Landes sein, in welches sie möglicherweise ausreisen müssen[229]. Sind ihnen dieses Land sowie dessen Verhältnisse nicht besonders eng vertraut, so kann eine Ausreise wohl kaum als zumutbar erachtet werden.

Ungeklärt ist ferner, ob, und wenn ja, welche Bedeutung der Art und Weise des Erwerbs der Staatsangehörigkeit in jenen Fällen zukommt, in denen die Kinder als nicht mehr in einem anpassungsfähigen Alter beurteilt werden. Die Kommission schliesst in ihrer Praxis nämlich nicht aus, dass gewisse Unterscheidungen zwischen minderjährigen Kindern, die die Staatsbürgerschaft aufgrund des Prinzips des ius soli bzw. des Prinzips des ius sanguinis erhalten haben, getroffen werden können. Sie betont vielmehr, dass, solange die Kinder in einem anpassungsfähigen Alter seien und ihrer Ausreise keine Hindernisse entgegenstünden, die Art und Weise des Erwerbs der Staatsangehörigkeit keine wesentliche Tatsache («material factor») für eine Unterscheidung darstelle. Es ist jedoch schwerlich vorstellbar, dass im Rahmen einer Eingriffsprüfung Unterscheidungen aufgrund von Faktoren wie des Erwerbs der Staatsangehörigkeit aufgrund des Prinzips des ius soli oder des ius sanguinis getroffen würden, wenn bereits klar ist, dass die Kinder nicht mehr in einem anpassungsfähigen Alter sind. Diese sind nämlich meist vollständig in der Gesellschaft ihres Aufenthalts- und Herkunftslandes integriert und haben sich ein eigenes soziales Beziehungsnetz aufgebaut. Die Ausweisung ihrer Eltern bzw. des sorgeberechtigten Elternteiles greift gleichermassen in ihr Familienleben ein, ungeachtet der Art und Weise des Erwerbs der Staatsbürgerschaft. Eine Unterscheidung in bezug auf die Ausübung des Rechtes auf Achtung des Familienlebens zwischen Staatsangehörigen,

---

[228] Siehe hierzu *Villiger*, Handbuch, Rz. 568, der die Anpassungsfähigkeit verneint, wenn ein Kind bereits in die Gesellschaft des Aufenthaltsstaates integriert ist, weil es z. B. seit mehreren Jahren dort eingeschult ist.

[229] Vgl. hierzu B 27057/95, *Aslam gegen Norwegen*, unpublizierter KE vom 9. April 1997, der jedoch die Zumutbarkeit der Ausreise nach Pakistan für in Norwegen geborene Kinder pakistanischer Staatsangehörigkeit betraf.

D. Aufenthaltsbeendende Massnahmen gegen Eltern 275

welche die Staatsangehörigkeit aufgrund des ius soli und solchen, die sie aufgrund des ius sanguinis erhalten haben, wäre kaum im Sinne von Art. 14 EMRK objektiv und sachlich gerechtfertigt[230].

Die dargestellten Grundsätze zum Vorliegen eines Eingriffes in das Familienleben durch eine aufenthaltsbeendende Massnahme gegen die Eltern bzw. den sorgeberechtigten Elternteil durch einen Staat, dessen Staatsangehörigkeit die Kinder besitzen, sind wohl auch auf Situationen, in denen die Kinder zwar nicht die Staatsangehörigkeit des betreffenden Staates besitzen, jedoch in diesem geboren wurden und seither immer dort gelebt haben, übertragbar. Auch in diesen Situationen wird im Rahmen der Zumutbarkeitsfrage u.a. auf das Alter der betroffenen Kinder abgestellt. Weitere relevante Aspekte stellen ferner der Grad der Verwurzelung im Aufenthaltsstaat bzw. die Beziehungen zum Herkunftsland dar[231].

Gerade der Fall *Ama Poku et al. gegen Vereinigtes Königreich*[232] zeigt die Problematik der Unzumutbarkeit bzw. Unmöglichkeit der Ausreise als Eingriffsvoraussetzung in ihrem vollen Umfang. Es kann doch kaum ernsthaft behauptet werden, dass nur weil die eigenen Kinder noch in „anpassungsfähigem Alter" sind und der Ehemann bei der Heirat vom illegalen Aufenthaltsstatus der Ehefrau wusste und daher in Kauf nehmen muss, den Kontakt zu seiner Tochter aus einer früheren Partnerschaft zu verlieren, im rechtlichen Sinne kein Eingriff in das Familienleben vorliegen sollte. Gerade in einem solchen Fall, in dem die fremdenrechtliche Massnahme einschneidenste Auswirkungen auf zahlreiche, mit dem betreffenden Staat eng verbundene Familienangehörige hat, kann und darf - nicht zuletzt um der

---

[230] In diesem Sinne bestimmt auch Art. 5 Abs. 2 der Europäischen Konvention über die Staatsangehörigkeit, die am 6.11.1997 verabschiedet wurde und bisher noch nicht in Kraft getreten ist, dass jeder Vertragsstaat „doit être guidé par le principe de la non-discrimination entre ses ressortissants, qu'ils soient ressortissants à la naissance ou aient acquis sa nationalité ultérieurement", zitiert nach RUDH 1997, 478.; siehe zu Art. 14 EMRK hinten 465 ff.

[231] B 27057/95, *Aslam gegen Norwegen*, unpublizierter KE vom 9.4.1997; in dieser Beschwerde hatte die Kommission u.a. auch zu entscheiden, ob eine Ausreise nach Pakistan den 17, 16, 13 und 9 Jahre alten, in Norwegen geborenen Kindern des Beschwerdeführers noch zugemutet werden könnte. In ihrem Entscheid führte die Kommission aus, dass die Kinder wahrscheinlich gewisse Schwierigkeiten hätten, in Pakistan zu leben, die Ausreise ihnen aber dennoch zugemutet werden könne, da sie nach pakistanischen Normen und Traditionen erzogen worden seien und in Pakistan nicht nur auf die Unterstützung ihrer Eltern, sondern auch zahlreicher weiterer Verwandte zählen könnten.

[232] B 26985/95, *Poku et al. gegen Vereinigtes Königreich*, unpublizierter KE vom 15.5.1996, vorne 271 f.

Rechtssicherheit und Glaubwürdigkeit der Rechtsprechung der Konventionsorgane willen - nicht lediglich aufgrund einer vorgezogenen und in ihrem Prüfungsprogramm eingeschränkten Güterabwägung über das Vorliegen eines Eingriffes entschieden werden.

Eine umfassende Güterabwägung ist ferner auch deshalb notwendig, da durch aufenthaltsbeendende Massnahmen gegen Eltern oder den sorgeberechtigten Elternteil nicht nur das Familienleben beeinträchtigt wird, sondern die Massnahme auch nicht vernachlässigbare Auswirkungen auf das *Privatleben* der indirekt betroffenen Familienangehörigen hat. Gerade wenn beide Elternteile z. B. ausgewiesen werden sollen, so stehen die Kinder - soweit ihnen überhaupt eine Wahlmöglichkeit offensteht - vor der Entscheidung, entweder mit den Eltern auszureisen und dadurch die Familiengemeinschaft aufrechtzuerhalten, oder aber alleine zurückzubleiben, damit zwar weiterhin im gewohnten gesellschaftlichen und sozialen Umfeld zu leben, aber von ihren Eltern getrennt zu werden. Aufenthaltsbeendende Massnahmen gegen Eltern oder sorgeberechtigte Elternteile zeitigen Auswirkungen auf ein dichtes Geflecht teils kongruenter, teils antagonistischer privater Interessen. Die Prüfung der Zumutbarkeit der Ausreise zur Feststellung des Vorliegens eines Eingriffes vermag diesem komplexen Interessenverbund in keiner Weise gerecht zu werden.

2. Die Rechtsprechung des Schweizerischen Bundesgerichtes

Auch in der bundesgerichtlichen Rechtsprechung ist bei aufenthaltsbeendenden Massnahmen gegen den sorgeberechtigten Elternteil die Zumutbarkeit der Ausreise für die betroffenen Kinder der entscheidende Faktor für die Beurteilung der Eingriffsfrage. Wie die Europäische Kommission für Menschenrechte geht auch das Bundesgericht dabei davon aus, „dass [es] einem Kind zugemutet werden kann, seinen Eltern bzw. dem für ihn sorgenden Elternteil ins Ausland zu folgen, wenn es sich noch in einem *anpassungsfähigen Alter* befindet"[233], wobei auch die schweizerische Staatsangehörigkeit die Zumutbarkeit einer Ausreise nicht ausschliesst. Im konkret zu beurteilenden Fall bestanden zwischen dem Vater und seiner Tochter keinerlei Beziehungen, so dass den möglichen negativen Auswirkungen auf die Beziehung zwischen dem faktisch zur Ausreise verpflichteten Kind und dem zurückbleibenden, nicht sorgeberechtigten Elternteil keine Beachtung zu schenken war.

Soweit ersichtlich hatte das Bundesgericht bisher erst in diesem einzigen Fall die Ausweisung des sorgeberechtigten Elternteiles eines Kindes schweizerischer Staats-

---

[233] BGE 122 II 289, E. 3c, 298.

D. Aufenthaltsbeendende Massnahmen gegen Eltern

angehörigkeit unter dem Aspekt von Art. 8 EMRK zu beurteilen. Der Entscheid betraf die Nichtverlängerung der Aufenthaltsbewilligung einer Staatsangehörigen des ehemaligen Jugoslawiens, der im Anschluss an den Eheschluss mit einem Schweizer Bürger eine Aufenthaltsbewilligung erteilt worden war. Nachdem sich der Verdacht der Fremdenpolizeibehörden erhärtet hatte, dass es sich bei der Ehe um eine Scheinehe handle, verweigerte sie die Verlängerung der Aufenthaltsbewilligung, obwohl in der Zwischenzeit eine Tochter geboren worden war, welche die schweizerische Staatsbürgerschaft besass (es bestanden freilich Zweifel daran, ob die Tochter das gemeinsame Kind der Ehegatten sei). In seinem Urteil führte das Bundesgericht zunächst aus, die Berufung der Mutter auf Art. 8 EMRK sei rechtsmissbräuchlich, da sonst auf diesem Weg die landesrechtliche Regelung von Art. 7 Abs. 2 ANAG unterlaufen würde; ob die Anrufung von Art. 8 EMRK auch im Falle der Tochter rechtsmissbräuchlich sei, liess das Gericht offen, da in casu kein Eingriff in das Familienleben vorliege, sei doch die Ausreise der Tochter durchaus zumutbar[234].

Auf das Ungenügen dieses Vorgehens ist bereits vorne hingewiesen worden, es soll daher an dieser Stelle nicht erneut darauf eingegangen werden[235]. Anzufügen bleibt, dass es bedenklich erscheint, wenn Schweizer Staatsangehörige - selbst wenn sie sich noch in anpassungsfähigem Alter befinden - faktisch zur Ausreise verpflichtet werden und ihnen hiermit in vielen Fällen die hierzulande üblichen Lebens-, Ausbildungs- und eventuell sogar Überlebenschancen entzogen werden; eine spätere Wiedereingliederung in die Schweiz dürfte meist illusorisch sein. Im übrigen ist zu beachten, dass, wenn die betroffenen Kinder nicht auch die Staatsangehörigkeit des anderen Landes besitzen, sie möglicherweise Gefahr laufen, wegen ihrer Ausländereigenschaft im betreffenden Staat schlechter gestellt oder gar diskriminiert zu werden.

3. Die Rechtsprechung des österreichischen Verfassungsgerichtshofes

Im Gegensatz zur soeben dargestellten Praxis der Europäischen Kommission für Menschenrechte und des schweizerischen Bundesgerichtes stellen aufenthaltsbeendende Massnahmen gegen die Eltern oder den sorgeberechtigten Elternteil in der Rechtsprechung des österreichischen Verfassungsgerichtshofes einen Eingriff in das Familienleben dar, ohne dass zuvor die Zumutbarkeit der Ausreise für die mitbetroffenen Kinder geprüft würde.

Die Verhängung eines fünfjährigen Aufenthaltsverbotes gegen eine mit ihren zwei minderjährigen Kindern (gegen die Kinder waren keine fremdenrechtlichen Massnahmen ergriffen worden) ohne entsprechenden Sichtvermerk in Österreich lebende

---

[234] BGE 122 II 289; *Wurzburger*, 288.

[235] Vorne 275 f.

tschechoslowakische Staatsangehörige erachtete der Verfassungsgerichtshof als Eingriff in das Privat- und Familienleben[236].

4. Die Rechtsprechung des französischen Conseil d'État

Grundsätzlich bejaht der Conseil d'État das Vorliegen eines Eingriffes, wenn aufgrund ausländerrechtlicher Massnahmen das in Frankreich bestehende Familienleben beeinträchtigt wird. In Abweichung von dieser Regel setzt er in Konstellationen, in denen die Eltern oder der sorgeberechtigte Elternteil minderjähriger Kinder von einer aufenthaltsbeendenden Massnahme betroffen sind, für die Annahme eines Eingriffes voraus, dass einer *Ausreise der Kinder Hindernisse entgegenstehen* oder diese *unmöglich ist* bzw. die von der Massnahme direkt betroffenen Fremden *sehr enge Beziehungen* zu Frankreich aufweisen. Nur wenn dies der Fall ist, vermag eine fremdenrechtliche Massnahme einen Eingriff in das Familienleben zu begründen, wobei die Rechtsprechung des Conseil d'État die Vermutung nahelegt, dass neben rechtlichen oder faktischen Hindernissen (z. B. medizinische Gründe) auch eine enge und intensiv gelebte Beziehung zum anderen Elternteil, ein intaktes Familienleben zwischen den Eltern oder eine enge persönliche oder familiäre Beziehung des von der fremdenrechtlichen Massnahme betroffenen Elternteiles zu Frankreich, derartige eingriffsbegründende Umstände darstellen können.

1992 hatte der Conseil d'État ausgeführt, dass die Versagung einer Aufenthaltsbewilligung in casu keinen Eingriff in das Familienleben darstelle, da keinerlei Umstände vorlägen, die einer Ausreise des minderjährigen Sohnes französischer Staatsangehörigkeit entgegenstünden[237]. Doch bereits ein Jahr früher, im Entscheid *Mme Naima Babas*, war die Mutter eines Kleinkindes von einer Wegweisung betroffen, die mit ihrem Lebenspartner in Frankreich gelebt hatte und erneut schwanger war. Hier bejahte der Conseil d'État das Vorliegen eines Eingriffes, rechtfertigte diesen indes als verhältnismässig[238]. Als Eingriff qualifiziert hat der Conseil d'État auch die Versagung eines Aufenthaltstitels an die Mutter eines Kindes französischer Staatsangehörigkeit, die bereits seit fünf Jahren in Frankreich gelebt hatte[239]. Im Entscheid *Préfet de la Seine-Maritime c/ M. et Mme Abdelmoula*, der die Wegweisung der Eltern in Frankreich eingeschulter Kinder nach Tunesien betraf, führte der Conseil d'État aus:

---

[236] VfSlg 11982/1989.

[237] CE, *Mme Larachi*, 22.5.1992, Rec. CE, 203 f.

[238] CE, *Mme Naima Babas*, 19.4.1991, Rec. CE, 162 f.; vgl. zu diesem Entscheid die conclusions des Commissaire du gouvernement *Abraham* in RFDA 1991, 497 ff.

[239] CE, *Mme Zine El Khalma*, 22.5.1992, Rec. CE, tab. 1040.

D. Aufenthaltsbeendende Massnahmen gegen Eltern

„Considérant que la circonstance, que des mineurs ne puissent pas faire l'objet d'une mesure de reconduite à la frontière ne fait pas obstacle à ce que les parents d'enfants mineurs fassent l'objet d'une telle mesure, alors même que certains de ces enfants mineurs sont scolarisés en France; qu'il ne résulte pas des pièces du dossier que, dans les circonstances de l'espèce et en l'absence de toute circonstance mettant les intéressés dans l'impossibilité d'emmener leurs enfants avec eux, les mesures prises à l'égard de M. et Mme Abdelmoula portent atteinte à leur vie familiale."[240]

Da in casu nach Ansicht des Conseil d'État nichts einer Ausreise der Kinder entgegenstand, verneinte er das Vorliegen eines Eingriffes in das Familienleben. Demgegenüber bejahte er das Vorliegen eines Eingriffes im Falle der Wegweisung der Mutter eines kranken und spezialisierter medizinischer Betreuung bedürftigen siebenjährigen Kindes[241].

Da der Conseil d'État in seiner sonstigen Rechtsprechung in bezug auf die Annahme eines Eingriffes in das Familienleben liberal ist, erstaunt dieser Rückgriff auf das - fragwürdige - Vorgehen der Europäischen Kommission für Menschenrechte. Es scheint fast, als ob es sich hier um die letzte Bastion der überwundenen geglaubten Praxis *Touami ben Abdeslem* handelt[242], führt doch die Commissaire du gouvernement *Martine Denis-Linton* in ihren conclusions zum Fall *Préfet de la Seine-Maritime c/ M. et Mme Abdelmoula* aus:

„Le fondement de la disposition de l'article 8 de la Convention européenne des droits de l'homme tient à la volonté de protéger les familles en évitant de les séparer. Or, dès lors qu'il n'existe pas de raisons, tenant par exemple à l'état de santé de l'enfant, qui rendraient impossible son départ avec l'un ou l'autre de ses parents, la famille reste réunie et la vie familiale n'est pas affectée."[243]

Gerade der Fall *Abdelmoula* verdeutlicht aber, dass das - nicht nur vom Conseil d'État, sondern auch von der Kommission und dem Bundesgericht vorgenommene - Abstellen auf die rein rechtliche oder faktische Möglichkeit und Zumutbarkeit der Ausreise für die Feststellung eines Eingriffes völlig unzureichend ist. Kann wirklich mit gutem Gewissen vertreten werden, dass die faktische Ausreiseverpflichtung keinen Eingriff in Art. 8 EMRK darstelle? Müssten für eine umfassende Würdigung der Frage nicht auch die Auswirkungen auf das Privatleben der Kinder, insbesondere der bereits eingeschulten, berücksichtigt werden? Kann bei diesem Vorgehen auch dem

---

[240] CE, *Préfet de la Seine-Maritime c/ M. et Mme Abdelmoula*, 29.7.1994, Rec. CE, tab. 988; siehe ferner die conclusions der Commissaire du gouvernement *Martine Denis-Linton* zu diesem Fall in AJDA 1994, 841 ff.
[241] CE, *Préfet de la Gironde c/Mme Adoui*, 10.11.1995, D. 1996, Somm. 105.
[242] Siehe vorne 203 f.
[243] AJDA 1994, 842.

Kindeswohl Rechnung getragen werden? Im Ernst wird wohl kaum vertreten werden können, dass all diese Gesichtspunkte im Rahmen einer vorgezogenen Güterabwägung berücksichtigt werden können; vielmehr sind dies alles Elemente, die in eine umfassende Verhältnismässigkeitsprüfung einfliessen müssten und denen nur dort in genügender Weise Rechnung getragen werden kann.

II. Aufenthaltsbeendende Massnahmen gegen den nicht sorgeberechtigten Elternteil

In zahlreichen Staaten ist die Erteilung eines Aufenthaltstitels an den ausländischen Ehepartner von Staatsangehörigen oder im betreffenden Land lebenden Ausländerinnen und Ausländern zumindest während der ersten Ehejahre vom formellen Bestand der Ehe oder gar vom Zusammenleben der Ehegatten abhängig[244]. Die ausländische Ehefrau oder der ausländische Ehemann verfügen somit während dieser Zeit über kein selbständiges, vom Ehepartner unabhängiges Aufenthaltsrecht und laufen Gefahr, ihren Aufenthaltstitel nach einer Trennung oder Scheidung zu verlieren. Eine eventuell noch bestehende persönliche Beziehung zwischen den Ehegatten fällt grundsätzlich nicht mehr in den Schutzbereich des Familienlebens i.S. von Art. 8 EMRK[245]. Die Trennung oder Scheidung der Eltern hat indes keinen Einfluss auf das Familienleben zwischen Eltern und minderjährigen Kindern; vielmehr schützt Art. 8 EMRK das Recht des nicht sorgeberechtigten Elternteils

---

[244] In diesem Sinne bestimmt Art. 7 Abs. 1 ANAG, dass der ausländische Ehegatte von Schweizer Bürgerinnen und Bürgern während des *formellen Bestehens einer ehelichen Beziehung* Anspruch auf Erteilung und Verlängerung der Aufenthaltsbewilligung hat; Ehegatten niedergelassener Ausländerinnen und Ausländer haben nach Art. 17 Abs. 2 ANAG gar nur während des *ehelichen Zusammenlebens* Anspruch auf Erteilung und Verlängerung der Aufenthaltsbewilligung. Ein Anspruch auf Erteilung der (selbständigen) Niederlassungsbewilligung besteht in beiden Fällen erst nach einem ordnungsgemässen und ununterbrochenen Aufenthalt von fünf Jahren. Nach § 34 Abs. 3 Ziff. 1 FrG 1997 können im Familiennachzug eingereiste Fremde aus Österreich ausgewiesen werden, wenn die familiären Beziehungen vor Ablauf einer Frist von vier Jahren zerreissen; siehe vorne 141 f. Schliesslich können nach Art. 29-IV Ord. 1945 im Rahmen des Familiennachzuges erteilte *cartes de séjour temporaire* bzw. *cartes de résident* bei Aufhebung des Zusammenlebens innert eines Jahres seit ihrer Erteilung nicht verlängert bzw. widerrufen werden; siehe vorne 161.

[245] Siehe hierzu vorne 36; ferner B 28952/95, *Vargi gegen die Schweiz*, unpublizierter KE vom 28.2.1996 (kein Familienleben i.S. von Art. 8 Abs. 1 EMRK zwischen getrennt lebenden Ehegatten).

auf Zugang zu bzw. Kontakt mit seinem Kind[246]. Wird einem Elternteil der aufgrund der Eheschliessung erteilte Aufenthaltstitel im Anschluss an eine Trennung oder Scheidung entzogen oder nicht verlängert, führt dies zu einer Trennung zwischen dem nicht sorgeberechtigten Elternteil und dessen Kindern und damit zu einer Beeinträchtigung ihres Familienlebens. Die Bewilligungsversagung an den nicht sorgeberechtigten Elternteil trifft indes nicht nur getrennt lebende oder geschiedene Elternteile, sondern in gleicher Weise auch in einer nichtehelichen Lebensgemeinschaft lebende oder gar bewusst nicht zusammenlebende Elternteile.

1. Die Rechtsprechung der Konventionsorgane

Im korrekter Erfassung der besonderen Sachverhaltskonstellation verzichtet die Kommission bei aufenthaltsbeendenden Massnahmen gegen den nicht sorgeberechtigten Elternteil auf die Prüfung der Möglichkeit bzw. Zumutbarkeit der Ausreise als Eingriffsvoraussetzung, da situationsbedingt von einem Kind, das beim sorgeberechtigten Elternteil in einem Konventionsstaat lebt, die Ausreise zur Aufrechterhaltung der familiären Beziehungen zum nicht sorgeberechtigten Elternteil nicht erwartet werden kann[247]. Aus der Rechtsprechung der Konventionsorgane wird vielmehr deutlich, dass für das Vorliegen eines Eingriffes in das Familienleben das Bestehen einer *regelmässigen und relativ engen Beziehung* zwischen dem betroffenen Elternteil und dem Kind vorausgesetzt wird. In diesem Sinne haben Kommission und Ge-

---

[246] In diesem Sinne hat die EKMR in ihrem Bericht zu B 9427/78, *Hendriks gegen die Niederlande*, DR 29, 5, ausgeführt: „On a preliminary point the Commission recalls that, in accordance with its established case-law, the right to respect for family life within the meaning of Article 8 of the Convention includes the right of a divorced parent, who is deprived of custody following the break up of the marriage, to have access to or contact with his child, and that the State may not interfere with the exercise of that right otherwise than in accordance with the conditions set out in paragraph 2 of that article. The Commission considers that the natural link between a parent and a child is of fundamental importance and that, where the actual «family life» in the sense of «living together» has come to an end, continued contact between them is desirable and should in principle remain possible. Respect for family life within the meaning of Article 8 thus implies that this contact should not be denied unless there are strong reasons, set out in paragraph 2 of that provision, which justify such an interference" (a.a.O., 14); vgl. ferner B 12411/86, *M. gegen Bundesrepublik Deutschland*, DR 51, 245.

[247] B 34295/96, *V.K. gegen die Schweiz*, unpublizierter KE vom 26.2.1997: „The Commission considers, on the one hand, that the applicant's son, who is under the parental authority of his mother and has integrated well in Switzerland, cannot be expected to follow the applicant"; *van Dijk/van Hoof*, 519.

richtshof in sämtlichen Fällen, in denen sie aufenthaltsbeendende Massnahmen gegen einen nicht sorgeberechtigten Elternteil als Eingriff qualifiziert haben, die enge Beziehung zwischen diesem und den Kindern, die Tatsache, dass sie während einer gewissen Zeit zusammengelebt hatten, dem nicht sorgeberechtigten Elternteil nach der Scheidung ein Besuchsrecht eingeräumt worden war und dieses auch ausgeübt wurde oder der betreffende Elternteil zum Unterhalt des Kindes beigetragen hat, betont. Verunmöglicht die aufenthaltsbeendende Massnahme unter solchen Umständen die Aufrechterhaltung des bestehenden, regelmässigen Kontaktes, so läuft dies auf einen Eingriff in das Familienleben hinaus. Richtet sich die Massnahme indes nicht gegen den nicht sorgeberechtigten Elternteil selber, sondern gegen dessen neuen Ehegatten, und ist dem betroffenen Elternteil die Ausreise zur Aufrechterhaltung seines Ehelebens zumutbar, so spricht die Kommission der dadurch eintretenden Trennung zwischen dem nicht sorgeberechtigten Elternteil und seinem Kind aus einer früheren Beziehung den Charakter eines staatlichen Eingriffes ab[248].

Der Fall *Berrehab gegen die Niederlande*: Aufgrund der Ehe mit einer niederländischen Staatsangehörigen war Berrehab eine Aufenthaltsbewilligung erteilt worden. Die Ehe wurde zwar kurz vor der Geburt der Tochter geschieden, doch bestanden dennoch regelmässige Kontakte zwischen dem Beschwerdeführer und seiner Tochter, zu deren Unterhalt er auch finanziell beitrug. Im Anschluss an die Scheidung verweigerten die niederländischen Behörden die Verlängerung der Aufenthaltsbewilligung, da die Voraussetzungen einer Bewilligungserteilung nicht mehr erfüllt waren. Berrehab wurde in der Folge nach Marokko ausgeschafft. Nachdem die Tochter mit ihrer Mutter zwei Monate bei ihrem Vater in Marokko verbracht hatte, bemühte sich der Beschwerdeführer zunächst vergeblich um die Erteilung eines Einreisevisums. Erst Monate später konnte er schliesslich wieder in die Niederlande einreisen und, nachdem er und seine geschiedene Ehefrau erneut geheiratet hatten, wurde ihm auch eine neue Aufenthalts- und Arbeitsbewilligung erteilt.

In ihrem Bericht zum Fall *Berrehab gegen die Niederlande* führte die Kommission aus, dass die Ausweisung die Aufrechterhaltung des Kontaktes zwischen Vater und Tochter praktisch verunmöglichte, was - insbesondere auch wegen des Alters der Tochter - einem Eingriff in das Familienleben gleichkomme[249]. Diese Argumentation wurde in der Folge auch vom Gerichtshof übernommen[250].

---

[248] B 26985/95, *Poku et al. gegen Vereinigtes Königreich*, unpublizierter KE vom 15.5.1996 (Ausweisung der Ehefrau und dadurch Trennung des Ehemannes von seiner Tochter aus erster Ehe, welche bei ihrer Mutter in Grossbritannien lebt; siehe zum Sachverhalt vorne 271).

[249] EKMR, *Berrehab gegen die Niederlande*, Serie A, Nr. 138, KB Ziff. 75.

[250] EGMR, *Berrehab gegen die Niederlande*, Serie A, Nr. 138, Ziff. 23.

D. Aufenthaltsbeendende Massnahmen gegen Eltern

Aus der weiteren Rechtsprechung: Die Ausweisung des Vaters nach Pakistan - im Anschluss an die Scheidung der Eltern - und die dadurch eintretende Trennung von Vater und Sohn erachtete die Kommission als Eingriff, da durch die Massnahme regelmässige Kontakte praktisch verunmöglicht würden[251]. Weiter verneinte sie das Vorliegen eines Eingriffes im Falle einer Ausweisung nach Barbados, unter Hinweis auf die Tatsache, dass der Vater sich jeweils bis zu drei Monate visumsfrei in Schweden aufhalten könnte und die Unannehmlichkeiten, zur Ausübung des Besuchsrechtes von Barbados nach Schweden reisen zu müssen, keine unverhältnismässige Belastung darstellten[252]. Einen - verhältnismässigen - Eingriff in das Recht auf Achtung des Familienlebens stellte jedoch die Ausweisung des geschiedenen, zwar nicht sorge- aber besuchsberechtigten Vaters aus der Schweiz nach Jugoslawien im Anschluss an die Verbüssung einer dreimonatigen Freiheitsstrafe wegen Körperverletzung dar[253]. Schliesslich stellte auch die Ausweisung eines Vaters aus Frankreich, wo sein Sohn lebt, zwar einen Eingriff in das Familienleben dar, welcher indes aufgrund der Schwere der vom Vater begangenen Straftaten durchaus verhältnismässig war[254].

Von diesen Situationen, in denen ein nicht sorgeberechtigter Eltern*teil* ausgewiesen wird, ist diejenigen Fallkonstellation zu unterscheiden, in der sich die aufenthaltsbeendende Massnahme zwar *gegen beide Elternteile* richtet, diese indes kein Sorgerecht über ihre minderjährigen Kinder haben und letztere sich auch nicht in der Obhut der Eltern befinden. Im bisher - soweit ersichtlich - einzigen derartigen Beschwerdefall hat die Kommission ausgeführt, dass die Ausweisung der Eltern aus der Schweiz zwar einen Eingriff in das Familienleben darstelle, dieser aufgrund der Umstände jedoch gerechtfertigt sei[255].

Die Beschwerde betraf die Ausweisung der Eltern in der Schweiz geborener und in einer Pflegefamilie lebender Zwillinge. Die nicht miteinander verheirateten Eltern hatten während einiger Zeit in der Schweiz gearbeitet und sich nach Ablauf ihrer fremdenpolizeilichen Bewilligungen weiterhin hier aufgehalten. Im Rahmen der Rechtfertigungsprüfung trug die Kommission insbesondere dem Umstand Rechnung, dass beide Elternteile in Kosovo, ihrer Heimat, je ihre Ehegatten und zahlreiche minderjährige Kinder hatten und keiner von ihnen das Sorgerecht über die in der Schweiz lebenden Zwillinge besass.

Der Verzicht der Kommission, in diesen Konstellationen auf das Erfordernis der Unzumutbarkeit der Ausreise als Eingriffvoraussetzung abzustel-

---

[251] B 12411/86, *M. gegen die Bundesrepublik Deutschland*, DR 51, 245.

[252] B 27327/95, *Boyce gegen Schweden*, unpublizierter KE vom 16.10.1996.

[253] B 34295/96, *V.K. gegen die Schweiz*, unpublizierter KE vom 26.2.1997; vgl. ferner B 23245/94, *T. et al. gegen die Schweiz*, unpublizierter KE vom 7.4.1994.

[254] B 32809/96, *Renna gegen Frankreich*, KE vom 26.2.1997, RUDH 1997, 422 f.

[255] B 23734/94, *Rahmonaj und Makshana gegen die Schweiz*, KE vom 11. Mai 1994, VPB 1994, Nr. 117.

len, erscheint vollkommen sachgerecht. Dennoch ist das bei aufenthaltsbeendenden Massnahmen gegen einen nicht sorgeberechtigten Elternteil gewählte Vorgehen problematisch. Entscheidende Bedeutung kommt dem Bestehen einer regelmässigen und relativ engen Beziehung zu. Das Bestehen von Familienleben i.S. von Art. 8 EMRK ist indes bereits *Voraussetzung für eine Geltendmachung des Anspruches auf Achtung des Familienlebens*. Zwischen Eltern und ihren Kindern besteht ipso iure Familienleben, das nur bei Vorliegen ausserordentlicher Umstände aufgehoben werden kann[256]. Keine solchen Umstände bilden die Inhaftierung oder Ausweisung eines Elternteils, die Unterbringung des Kindes bei nahen Verwandten im Nachbarland, die Emigration der Eltern ins Ausland, die Scheidung bzw. Trennung der Eltern oder die Eingehung einer zweiten, bigamistischen Ehe. Zwischen einem minderjährigen Kind und seinem „nichtehelichen" Vater besteht Familienleben, wenn eine tatsächlich gelebte Beziehung, beispielsweise im Sinne regelmässiger, sich über eine gewisse Zeit erstreckender Kontakte vorliegt[257]. Wenn also zwischen einem Elternteil und seinem Kind Familienleben besteht, so stellt die durch eine aufenthaltsbeendende Massnahme hervorgerufene Trennung einen Eingriff in das Familienleben dar. Für die Bejahung eines Eingriffes darf daher nicht verlangt werden, dass das Familienleben i.S. von Art. 8 EMRK zusätzliche Qualifikationen erfüllt. Die effektive Nähe und Enge der Beziehungen sind wiederum Aspekte, denen im Rahmen einer Güterabwägung nach Art. 8 Abs. 2 EMRK Rechnung zu tragen ist.

2. Die Rechtsprechung des Schweizerischen Bundesgerichtes

Die Nichterneuerung einer Aufenthaltsbewilligung nach einer Trennung oder Scheidung der Ehegatten bzw. aufenthaltsbeendende Massnahmen nach einer strafrechtlichen Verurteilung stellen auch nach bundesgerichtlicher Rechtsprechung, wenn sie zu einer Trennung von nicht sorgeberechtigten Elternteilen und ihren in der Schweiz wohnhaften (ehelichen oder nichtehelichen) Kindern führen, mit denen sie eine *enge und tatsächlich gelebte Beziehung* verbindet, einen Eingriff in das Familienleben dar. Der besonderen Situation entsprechend prüft das Bundesgericht in diesen Fällen bei der Frage des Vorliegens eines Eingriffes nicht die Zumutbarkeit einer Ausreise für die Familienangehörigen. Ob im konkreten Einzelfall indes eine Anwesenheitsbewilligung zu erteilen ist, beurteilt es im Rahmen einer umfassenden Verhältnismässigkeitsprüfung, denn

---

[256] Siehe vorne 29 ff.
[257] Vorne 31 f.

D. Aufenthaltsbeendende Massnahmen gegen Eltern

„un droit de visite peut en principe être exercé même si le parent intéressé vit à l'étranger, au besoin en aménageant les modalités de ce droit pour ce qui touche à sa fréquence et à sa durée. A la différence de ce qui se passe en cas de vie commune, il n'est pas indispensable que le parent au bénéfice d'un droit de visite et l'enfant vivent dans le même pays".[258]

Der erste derartige Fall betraf die Nichtverlängerung der Aufenthaltsbewilligung eines tunesischen Staatsangehörigen, die diesem im Anschluss an die Eheschliessung mit einer Schweizer Bürgerin erteilt, deren Verlängerung jedoch nach der Scheidung der Ehegatten verweigert worden war, obwohl der Beschwerdeführer geltend gemacht hatte, aus einer nichtehelichen Beziehung mit einer Schweizer Bürgerin sei eine Tochter hervorgegangen. Das Bundesgericht bejahte die Zulässigkeit der Berufung auf Art. 8 EMRK, da der Vater seine Tochter anerkannt habe, sie regelmässig besuche und auch Unterhaltsbeiträge leiste. In der Folge legt das Bundesgericht dar, dass zwischen Vater und Tochter eine enge und tatsächlich gelebte Beziehung bestehe; es treffe zwar zu, dass

„en refusant de prolonger l'autorisation de séjour de l'intéressé, l'autorité intimée n'empêche pas (...) les relations entre père et fille, mais elle les complique. Elle rend en particulier très difficiles les contacts directes dont ils bénéficient lorsque le recourant va voir l'enfant (...) Dans le cas particulier il faut admettre, compte tenu de la distance séparant la Suisse de la Tunisie et du coût des déplacements, que l'arrêt entrepris porte atteinte à la vie familiale du recourant au sens de l'art. 8 par. 1 CEDH."[259]

Auch in einem zweiten, vergleichbaren Fall war dem Beschwerdeführer nach der Scheidung von seiner Ehefrau die Verlängerung der Aufenthaltsbewilligung verweigert worden. Hier bejahte das Bundesgericht ebenfalls das Vorliegen eines Eingriffes, erachtete diesen indes in der Folge als gerechtfertigt, da der Beschwerdeführer sein Besuchsrecht zunächst zwar noch sporadisch wahrgenommen, danach aber völlig aufgegeben, nur während zweier Monate Unterhaltszahlungen geleistet habe und noch nicht sehr lange in der Schweiz wohne[260]. Als Eingriffe in das Familienleben zwischen dem nicht sorgeberechtigten Vater und seinem Kind hat das Bundesgericht auch die Nichtverlängerung der Aufenthaltsbewilligung nach einer Scheidung sowie der Verbüssung einer zweieinhalbjährigen Freiheitsstrafe[261] wie auch die Nichtverlängerung der Aufenthaltsbewilligung im Anschluss an die Trennung von der in der Schweiz niedergelassenen Ehefrau und einer Verurteilung zu einer bedingt ausge-

---

[258] BGE 120 Ib 22, E. 4a, 25; unpublizierter BGerE vom 28.4.1995 i.S. B. (2A.331/1994).

[259] BGE 120 Ib 1, E. 3a, 4.

[260] BGE 120 Ib 22.

[261] Unpublizierter BGerE vom 17.1.1995 i.S. D. (2A.238/1994).

sprochenen Strafe zu 10 Tagen Gefängnis wegen Führens eines Mofas in angetrunkenem Zustand[262] bewertet.

Für die im allgemeinen abwehrende und restriktive bundesgerichtliche Haltung ist bemerkenswert, dass im ersten Fall der Bewilligungsversagung an einen nicht sorgeberechtigten Elternteil die Verletzung von Art. 8 EMRK bejaht wurde, obwohl weder Vater und Tochter noch die Eltern je zusammengelebt hatten. Dennoch müssen in bezug auf die Voraussetzung, dass zwischen den betroffenen Elternteilen und ihren in der Schweiz lebenden Kindern eine enge und tatsächliche Beziehung bestehen muss, damit ein Eingriff vorliegt, dieselben Bedenken wie gegen die Kommissionspraxis angebracht werden[263]. Hinzu kommt, dass in einer Vielzahl von Situationen die Berufung auf Art. 8 EMRK freilich von vornherein ausgeschlossen ist, weil diese Bestimmung überhaupt nur dann angerufen werden kann, wenn das in der Schweiz lebende Kind ein *gefestigtes Anwesenheitsrecht* besitzt[264].

3. Die Rechtsprechung des französischen Conseil d'État

Der französische Conseil d'État hatte in seiner bisherigen Rechtsprechung - zumindest soweit ersichtlich - erst in zwei Fällen über die Konventionskonformität einer aufenthaltsbeendenden Massnahme gegen einen nicht sorgeberechtigten Elternteil zu entscheiden. Beide Male verneinte er indes wegen Fehlens einer intakten und tatsächlich gelebten Beziehung zwischen dem betroffenen Elternteil und den minderjährigen Kindern bereits das Bestehen eines die Berufung auf Art. 8 EMRK voraussetzenden Familienlebens[265]. Aufgrund der allgemeinen Haltung des Conseil d'État kann jedoch davon ausgegangen werden, dass er das Vorliegen eines Eingriffes durch die Verhängung einer Aus- oder Wegweisung gegen einen nicht sorgeberechtigten Elternteil zumindest in jenen Fällen bejahen würde, in denen eine tatsächliche Bezie-

---

[262] Unpublizierter BGerE vom 28.4.1995 i.S. B. (2A.331/1994); siehe ferner den unpublizierten BGerE vom 6.5.1997 i.S. T. (2A.2/1997) betr. die Nichtverlängerung der Aufenthaltsbewilligung im Anschluss an die Scheidung und einige kleinere strafrechtliche Verurteilungen; die Frage des Vorliegens eines Eingriffes offen gelassen hat das Bundesgericht im unpublizierten Entscheid vom 3.4.1997 i.S. E. (2A.601/1996), da ein allfälliger Eingriff gerechtfertigt wäre.

[263] Vgl. vorne 283.

[264] So z. B. unpublizierter BGerE vom 3.11.1994 i.S. *Hasan C.*, E. 2b (2P.253/1994); zum Eintretenserfordernis des gefestigten Aufenthaltsrechtes vorne 188 ff.

[265] CE, *Halladja*, 14.10.1992, Rec. CE, tab. 1171 f. (Kontakt zwischen Vater und Kind völlig abgebrochen); CE, *Tarbane*, 23.9.1992, Rec. CE, tab. 1178 (kein Zusammenleben mit Kind).

D. Aufenthaltsbeendende Massnahmen gegen Eltern 287

hung - beispielsweise durch ein Zusammenleben[266], Leistung von Unterhaltsbeiträgen[267] oder wohl auch regelmässige Kontakte[268] - zwischen Vater bzw. Mutter und Kind besteht.

III. Aufenthaltsbeendende Massnahmen gegen minderjährige Kinder

Soweit ersichtlich haben sich bisher erst der *österreichischen Verfassungsgerichtshof* sowie der *österreichische Verwaltungsgerichtshof* mit Beschwerden wegen fremdenrechtlicher Massnahmen allein gegen minderjährige Kinder und der damit verbundenen Trennung von ihren Eltern oder dem sorgeberechtigten Elternteil befasst. Beide Gerichte beurteilten die Beeinträchtigung des Familienlebens durch die verhängte aufenthaltsbeendende Massnahme als Eingriff.

Der erste Fall betraf die Ungültigerklärung des Sichtvermerks eines minderjährigen, seit zwei Jahren bei seinen Eltern in Österreich lebenden Kindes aus dem ehemaligen Jugoslawien wegen Gefährdung der öffentlichen Ruhe, Ordnung und Sicherheit. Der *Verfassungsgerichtshof* bejahte zunächst das Vorliegen eines Eingriffes in das Familienleben des Beschwerdeführers und erachtete in der Folge auch Art. 8 EMRK als verletzt, da die verfügenden Behörden die durch Art. 8 Abs. 2 EMRK geforderte Interessenabwägung unterlassen hatten[269]. Die Ausweisung eines minderjährigen rumänischen Staatsangehörigen aus Österreich, wo er mit seiner Mutter wohnte, stellte nach Ansicht des *Verwaltungsgerichtshofes* ebenfalls einen Eingriff in das Familienleben dar, den er in der Folge jedoch als gerechtfertigt bewertete[270].

Im Zusammenhang mit aufenthaltsbeendenden Massnahmen gegen Kinder ist zu betonen, dass lediglich Frankreich ein gesetzlich verankertes und absolutes Verbot der Aus- oder Wegweisung minderjähriger Ausländerinnen und Ausländer kennt[271].

---

[266] E contrario CE, *Tarbane*, 23.9.1992, Rec. CE, tab. 1178; vgl. auch CE, *Hadj Ahmed*, 9.10.1996, D. 1997, IR 6, betr. die Ausweisung eines Ausländers, der mit einer französischen Staatsangehörigen zusammenlebt, die ein gemeinsames Kind erwartet.

[267] Vgl. in diesem Sinne Art. 25 Ziff. 5 Ord. 1945, der bestimmt, dass Eltern minderjähriger Kinder französischer Staatsbürgerschaft, welche entweder für den Lebensunterhalt ihrer Kinder aufkommen oder ein zumindest teilweises Sorgerecht ausüben, generell nicht weggewiesen und nur dann ausgewiesen werden dürfen, wenn sie zu einer mindestens fünfjährigen Freiheitsstrafe verurteilt worden sind; siehe vorne 165.

[268] E contrario CE, *Halladja*, 14.10.1992, Rec. CE, tab. 1171 f.

[269] VfSlg 13611/1993.

[270] Erkenntnis VwGH vom 28.4.1995, 94/18/0890.

[271] Art. 25 Ord. 1945, siehe vorne 164.

E. Aufenthaltsbeendende Massnahmen gegen Angehörige der zweiten Generation

Aufenthaltsbeendende Massnahmen gegen erwachsene „Kinder" beeinträchtigen unbestrittenermassen die persönlichen und familiären Beziehungen zu ihren im betreffenden Staat lebenden Eltern und/oder weiteren Familienangehörigen. Da diese Beziehungen jedoch in der Regel nicht in den Schutzbereich des in Art. 8 Abs. 1 EMRK statuierten Rechtes auf Achtung des Familienlebens fallen[272], stellen Entfernungsmassnahmen gegen erwachsene Kinder meist keinen Eingriff in das Familienleben dar[273]. Eine Ausnahme besteht indes bei fremdenrechtlichen Massnahmen gegen Angehörige der sog. zweiten Generation, d.h. von Personen, die im Aufenthaltsstaat geboren wurden oder seit frühester Kindheit dort leben, ihre ganze Schul- und Berufsbildung in jenem Staat erhielten und einzig nicht dessen Staatsangehörigkeit besitzen.

I. Die Rechtsprechung der Konventionsorgane

Aufenthaltsbeendende Massnahmen gegen Angehörige der zweiten Generation bedeuten nach konstanter Praxis von Kommission und Gerichtshof einen Eingriff in das Familienleben, und zwar ohne dass zuvor die Frage nach der Zumutbarkeit oder Möglichkeit einer Ausreise der übrigen Familienangehörigen geprüft würde[274]. Diesem Aspekt kommt, ebenso wie den möglicherweise bestehenden Beziehungen zum Herkunftsland, erst im Rahmen der Verhältnismässigkeitsprüfung Bedeutung zu[275]. In diesem Sinne hat der Gerichtshof im Fall *Moustaquim gegen Belgien* ausgeführt:

> „Mr Moustaquim lived in Belgium, where his parents and his seven brothers and sisters also resided. He had never broken off relations with them. The measure complained of resulted in his being separated from them for more than five years, although he tried to remain in touch by correspondence. There was accordingly interference by a public authority with the right to respect for family life guaranteed in paragraph 1 of Article 8."[276]

Den besonderen Umständen dieser Konstellationen Rechnung tragend - schliesslich geht es um den Schutz von Personen, die im betreffenden Staat

---

[272] Siehe vorne 34 f.

[273] Vgl. hinten 322 ff.

[274] *Davy*, 253; *Harris/O'Boyle/Warbrick*, 333.

[275] Siehe hierzu hinten 408 ff.

[276] EGMR, *Moustaquim gegen Belgien*, Serie A, Nr. 193, Ziff. 36.

geboren wurden oder seit frühester Kindheit dort leben - anerkennen die Konventionsorgane in jüngster Zeit zusätzlich, dass aufenthaltsbeendende Massnahmen gegen Angehörige der zweiten Generation nicht nur einen Eingriff in das Familien-, sondern auch in das Privatleben darstellen:

> „La Commission estime en outre que, vu les attaches culturelles et sociales du requérant en France, son expulsion constitue une ingérence dans son droit au respect de sa vie privée."[277]

In der ausländerrechtlichen Rechtsprechung des Gerichtshofes zu Art. 8 EMRK nehmen Fälle aufenthaltsbeendender Massnahmen gegen Angehörige der zweiten Generation eine zentrale Stellung ein, sind doch bisher sieben Entscheidungen über die Konventionskonformität derartiger Massnahmen ergangen[278]:

Der Fall *Moustaquim gegen Belgien* betraf die Ausweisung und Verhängung einer zehnjährigen Einreisesperre gegen den im Alter von zwei Jahren nach Belgien eingereisten Beschwerdeführer im Anschluss an die Begehung zahlreicher Straftaten (147 Strafanzeigen) als Jugendlicher und die Verurteilung zu einer zweijährigen Freiheitsstrafe. Nachdem Einsprachen beim belgischen Conseil d'État erfolglos geblieben waren, verliess der Beschwerdeführer Belgien in Richtung Spanien und reiste später nach Schweden, wo er sich teils illegal und teils legal aufhielt. Nach einer zeitweiligen Aufhebung der Einreisesperre reiste der Beschwerdeführer wieder nach Belgien ein. Zur Frage, ob durch die Ausweisung in das Familienleben eingegriffen worden sei, führte der Gerichtshof aus, dass der Beschwerdeführer mit seiner gesamten Familie in Belgien gelebt hatte und der Kontakt zu ihr trotz der Ausweisung niemals abgebrochen sei und die Ausweisung daher einen Eingriff in das Familienleben dargestellt habe[279].

Im Fall *Nasri gegen Frankreich* verlieh der Gerichtshof den persönlichen Umständen des Beschwerdeführers starkes Gewicht; dieser war im Alter von fünf Jahren nach Frankreich gekommen, hatte aber wegen seiner Behinderung - seit Geburt war er taubstumm - keine angemessene Schulbildung erhalten und beherrschte deshalb auch die Zeichensprache nur sehr schlecht. Ohne Umschweife bejahte der Gerichtshof, dass der Vollzug der im Anschluss an zahlreiche Verurteilungen, u.a. wegen Vergewaltigung, ausgesprochenen Ausschaffung einen Eingriff in das Familienleben darstellen würde[280].

---

[277] B 24233/94, *T.F. gegen Frankreich*, unpublizierter KE vom 18.10.1995; vgl. ebenso z. B. EGMR, *Mehemi gegen Frankreich*, Reports 1997-VI, 1959 ff., Ziff. 27.

[278] Siehe hinten 411 ff. zur Verhältnismässigkeit der Eingriffe in diesen Fällen.

[279] EGMR, *Moustaquim gegen Belgien*, Serie A, Nr. 193.

[280] EGMR, *Nasri gegen Frankreich*, Serie A, Nr. 320-B; in dissenting opinions vertraten die Richter *Morenilla* und *Wildhaber* die Ansicht, neben dem Aspekt des Eingriffes in das Familienleben hätte auch die Beeinträchtigung des Privatlebens geprüft werden sollen.

Der Fall *Boughanemi gegen Frankreich* betraf die Ausschaffung eines tunesischen Staatsangehörigen, der als Achtjähriger nach Frankreich gekommen und im Anschluss an eine dreijährige Freiheitsstrafe wegen Zuhälterei ausgeschafft worden war. Dies stellte, da die gesamte Familie des Beschwerdeführers in Frankreich lebte und er die Vaterschaft eines Kindes französischer Staatsangehörigkeit anerkannt hatte, einen Eingriff in das Familienleben dar[281].

Der Beschwerdeführer im Fall *Bouchelkia gegen Frankreich* war als Zweijähriger nach Frankreich gekommen und hatte bis zu seiner Ausschaffung im Anschluss an die Verbüssung einer fünfjährigen Freiheitsstrafe wegen Vergewaltigung und Diebstahls immer dort gelebt. Nach seiner illegalen Rückkehr nach Frankreich wurde er wegen Beschimpfung eines Polizisten sowie illegaler Einreise und Aufenthalts zu fünf Monaten Gefängnis verurteilt und für drei Jahre des Landes verwiesen, die Ausweisung wurde jedoch nicht vollzogen. Ende März 1996 heiratete der Beschwerdeführer eine französische Staatsangehörige, die er seit 1986 gekannt und deren Kind er 1993 anerkannt hatte. Auch in diesem Fall bejahte der Gerichtshof das Vorliegen eines Eingriffes in das Privat- und Familienleben[282].

Im Fall *El Boujaïdi gegen Frankreich* war die Ausschaffung eines im Alter von sieben Jahren nach Frankreich eingereisten marokkanischen Staatsangehörigen zu beurteilen. Der Beschwerdeführer war wegen Drogendelikten zu einer sechsjährigen Freiheitsstrafe und zu einer lebenslangen Landesverweisung verurteilt sowie wegen Raubes zusätzlich mit einem Jahr Gefängnis bestraft worden. In seinem Urteil führte der Gerichtshof zunächst aus, massgeblicher Zeitpunkt zur Feststellung des Bestehens von Privat- und Familienleben sei der Moment, in dem die Landesverweisung rechtskräftig geworden sei. Daher könne sich der Beschwerdeführer nicht auf die Beziehungen zu seiner Lebenspartnerin sowie zum kurz vor seiner Ausschaffung geborenen Kind berufen. Dennoch stelle die Landesverweisung einen Eingriff in das Privat- und Familienleben dar, da die Eltern und sämtliche Geschwister in Frankreich lebten, der Beschwerdeführer als Siebenjähriger nach Frankreich gekommen sei, dort seine Schulbildung erhalten und später während einiger Zeit gearbeitet habe[283].

Der Fall *Mehemi gegen Frankreich* betraf die im Anschluss an die Verbüssung einer sechsjährigen Gefängnisstrafe wegen Drogenhandels vollzogene Ausschaffung eines in Frankreich geborenen algerischen Staatsangehörigen. Der Beschwerdeführer hatte bis zu seiner Ausschaffung immer in Frankreich gelebt, war mit einer in Frankreich wohnhaften italienischen Staatsangehörigen verheiratet und die drei gemeinsamen Kinder besassen die französische Staatsangehörigkeit. Der Gerichtshof bejahte das Vorliegen eines Eingriffes in das Privat- und Familienleben[284].

Der letzte vom Gerichtshof bisher gefällte Entscheid wegen aufenthaltsbeendender Massnahmen gegen Angehörige der zweiten Generation, der Fall *Boujlifa gegen*

---

[281] EGMR, *Boughanemi gegen Frankreich*, Reports 1996-II, 593 ff.

[282] EGMR, *Bouchelkia gegen Frankreich*, Reports 1996-I, 47 ff.

[283] EGMR, *El Boujaïdi gegen Frankreich*, Reports 1997-VI, 1980 ff.

[284] EGMR, *Mehemi gegen Frankreich*, Reports 1997-VI, 1959 ff.

E. Massnahmen gegen Angehörige der 2. Generation

Frankreich, betraf die Ausweisungsverfügung gegen einen im Alter von fünf Jahren nach Frankreich gekommenen marokkanischen Staatsangehörigen. Im Anschluss an die Verurteilung zu einer sechsjährigen Freiheitsstrafe wegen eines im Alter von zwanzig Jahren begangenen bewaffneten Raubes verfügten die französischen Behörden die Ausweisung des Beschwerdeführers. Dieser hielt sich während des Beschwerdeverfahrens weiterhin ohne entsprechende Bewilligung in Frankreich auf und lebte mit einer französischen Staatsangehörigen zusammen. Obwohl der Gerichtshof ausführte, dass sich der Beschwerdeführer nicht auf seine Beziehung zu seiner Lebensgefährtin berufen könne, stelle die Ausweisungsverfügung dennoch einen Eingriff in das Privat- und Familienleben dar[285].

In einer Reihe von Beschwerden, die nicht vom Gerichtshof beurteilt wurden, da entweder die Kommission die Beschwerde für unzulässig erklärte oder vor einer materiellen Entscheidung des Gerichtshofes eine friedliche Streitbeilegung erzielt werden konnte, hat die Kommission das Vorliegen eines Eingriffes durch aufenthaltsbeendende Massnahmen gegen Angehörige der zweiten Generation ebenfalls bejaht.

Im Fall *Djeroud gegen Frankreich* war von der Ausweisung ein algerischer Staatsangehöriger betroffen, der als Einjähriger nach Frankreich gekommen war. Im Anschluss an Verurteilungen wegen Diebstahls wurde er wiederholt ausgeschafft, kehrte indes jeweils illegal erneut nach Frankreich zurück. Nachdem die Kommission das Vorliegen eines Eingriffes bejaht hatte, führte sie aus, dass „the nationality which links him [the applicant] to Algeria, though a legal reality, does not reflect his actual position in human terms" und der Eingriff daher „must be scrutinised with particular care"[286]; in der Folge befand die Kommission, dass die Massnahme nicht verhältnismässig gewesen sei. Da eine friedliche Streitbeilegung erzielt werden konnte, musste der Gerichtshof nicht materiell über den Fall befinden; auch in der Beschwerdesache *Lamguindaz gegen Vereinigtes Königreich* konnte vor dem Urteil des Gerichtshofes über die Konventionskonformität der Ausweisung eine friedliche Streitbeilegung erzielt werden; es ging um einen im Alter von sieben Jahren in Grossbritannien eingereisten marokkanischen Staatsangehörigen, der einige Straftaten begangen hatte und auch in einer noch nicht abgeschlossenen Strafuntersuchung wegen Drogendelikten stand[287]. In einzelnen Fällen hat die Kommission Beschwerden betreffend Ausweisung von Angehörigen der zweiten Generation wegen offensichtlicher Unbegründetheit der Beschwerde für unzulässig erklärt, da die Eingriffe in das Familienleben verhältnismässig erschienen: so die Ausschaffung aus Frankreich eines mit elf Jahren eingereisten marokkanischen Staatsangehörigen nach einer Verurteilung zu 12 Jahren Freiheitsstrafe wegen bandenmässiger Vergewaltigung[288]; die Landesverweisung eines in Frankreich geborenen italienischen Staatsangehörigen zusätzlich zu einer

---

[285] EGMR, *Boujlifa gegen Frankreich*, Reports 1997-VI, 2250 ff.

[286] EKMR, *Djeroud gegen Frankreich*, Serie A, Nr. 191-B, KB Ziff. 64.

[287] EKMR, *Lamguindaz gegen Vereinigtes Königreich*, Serie A, Nr. 258-C, KB.

[288] B 25439/94, *El Maziani gegen Frankreich*, DR 81-B, 142.

achtjährigen Freiheitsstrafe wegen Drogendelikten[289]; die Ausweisung eines marokkanischen Staatsangehörigen, der im Alter von sechs Jahren nach Belgien gekommen war, im Anschluss an eine Verurteilung zu fünf Jahren Gefängnis wegen versuchten Raubes[290]; die Ausweisung eines in Frankreich geborenen algerischen Staatsangehörigen nach Verurteilung zu insgesamt zwölf Jahren Freiheitsstrafe u.a. wegen Raubes[291]; die Ausweisung eines im Alter von neun Jahren eingereisten uruguayanischen Staatsangehörigen nach einer zehnjährigen Freiheitsstrafe wegen Drogenhandels[292]; die Verfügung der Ausweisung gegen einen im Alter von zwei Jahren nach Frankreich gekommenen tunesischen Staatsangehörigen nach einer siebenjährigen Freiheitsstrafe wegen Raubes[293]; schliesslich stellte auch die Weigerung der deutschen Behörden, einem Rechtsmittel gegen die Ausschaffungsanordnung aufschiebende Wirkung zu erteilen und der daran anschliessende Vollzug der Ausschaffung eines in Deutschland geborenen türkischen Staatsangehörigen einen Eingriff in das Familienleben dar[294].

Soweit ersichtlich hat die Kommission nur in drei (am gleichen Tag beurteilten) Fällen aufenthaltsbeendender Massnahmen gegen Angehörige der zweiten Generation die Frage eines Eingriffes in das Familien- und/oder Privatleben offen gelassen, da ein allfälliger Eingriff auch nach Art. 8 Abs. 2 EMRK gerechtfertigt gewesen wäre: bei der Ausweisung eines in Belgien geborenen marokkanischen Staatsangehörigen im Anschluss an zwei Verurteilungen zu insgesamt knapp drei Jahren Freiheitsentzug wegen Diebstahls, da der Beschwerdeführer Belgien freiwillig verlassen und während dreier Jahre in Marokko gelebt hatte, bevor er nach Belgien zurückgekehrt war[295]; der Ausweisung eines im Alter von sieben Jahren in die Schweiz eingereisten türkischen Staatsangehörigen, nach einer Verurteilung zu einer viereinhalbjährigen Freiheitsstrafe wegen Drogendelikten[296] sowie der Ausweisung eines als Dreijähriger eingereisten türkischen Staatsangehörigen nach Verbüssung einer dreieinhalbjährigen Freiheitsstrafe wegen Drogendelikten[297].

---

[289] B 24233/94, *F. gegen Frankreich*, unpublizierter KE vom 18.10.1995.

[290] B 26234/95, *Marsou gegen Belgien*, unpublizierter KE vom 28.2.1996.

[291] B 25913/94, *Naceur gegen Frankreich*, unpublizierter KE vom 12.4.1996.

[292] B 28679/95, *Velazquez Rosano und Velazquez Gandara gegen die Niederlande*, unpublizierter KE vom 15.1.1997.

[293] B 33437/96, *Bejaoui gegen Frankreich*, unpublizierter KE vom 9.4.1997.

[294] B 34556/97, *N.B. und F.B. gegen Deutschland*, unpublizierter KE vom 9.4.1997.

[295] B 25713/94, *El Bejjati gegen Belgien*, unpublizierter KE vom 28.6.1995.

[296] B 27269/95, *Doymus gegen die Schweiz*, unpublizierter KE vom 28. Juni 1995; das schweizerische Bundesgericht hat in seinem unpublizierten BGerE vom 21.10.1994 (2A.300/1992) diesen Fall nur im Lichte des Bundesrechtes und nicht unter dem Aspekt von Art. 8 EMRK geprüft.

[297] B 27275/95, *Timocin gegen die Schweiz*, unpublizierter KE vom 28. Juni 1995; das schweizerische Bundesgericht hat in seinem unpublizierten BGerE vom 21.10.1994

E. Massnahmen gegen Angehörige der 2. Generation

Zusammenfassend kann jedoch festgehalten werden, dass sowohl Kommission als auch Gerichtshof aufenthaltsbeendende Massnahmen gegen Ausländerinnen und Ausländer, die bereits im betreffenden Land geboren worden sind oder seit frühester Kindheit dort leben, grundsätzlich als Eingriff in das Privat- und Familienleben qualifizieren.

II. Die Rechtsprechung des Schweizerischen Bundesgerichtes

Aufenthaltsbeendende Massnahmen gegen Angehörige der zweiten Generation gehören in der bundesgerichtlichen Rechtsprechung zu denjenigen Fallkonstellationen, in denen die Unzumutbarkeit der Ausreise nicht eine Eingriffsvoraussetzung darstellt, das Vorliegen eines Eingriffes vielmehr allein aufgrund der möglicherweise eintretenden oder effektiv eingetretenen Trennung von Familienangehörigen bejaht wird. In diesem Sinne hat das Bundesgericht im einzigen bisher publizierten Entscheid in enger Anlehnung an die Praxis der Konventionsorgane ausgeführt, dass Ausweisungen von in der Schweiz aufgewachsenen Straftätern - vor allem in Hinblick auf die Trennung von den Eltern und Geschwistern - als Eingriff in das Privat- und Familienleben anzusehen und der Rechtfertigungsprüfung von Art. 8 Abs. 2 EMRK zu unterziehen seien[298].

Der angesprochene Entscheid betraf die fremdenpolizeiliche Ausweisung eines in der Schweiz geborenen italienischen Staatsangehörigen, dessen Eltern und Geschwister ebenfalls in der Schweiz lebten. 1988 war der Beschwerdeführer u.a. wegen Mordes schuldig gesprochen und zu dreizehn Jahren Zuchthaus verurteilt worden. Im Berufungsverfahren hob das Obergericht des Kantons Luzern diese Strafe wegen einer in schwerem Grade verminderten Zurechnungsfähigkeit - der Beschwerdeführer hatte bei zwei Autounfällen schwere Schädel-Hirn-Traumata erlitten - auf und ordnete an deren Stelle die Einweisung in eine Arbeitserziehungsanstalt an. Noch vor seiner Entlassung delinquierte der Beschwerdeführer erneut und wurde wegen Vergewaltigung zu dreieinhalb Jahren Zuchthaus verurteilt. Der Vollzug dieser Strafe sollte zugunsten einer stationären Massnahme aufgeschoben werden; da indes keine Institution gefunden werden konnte, die bereit oder in der Lage gewesen wäre, den Beschwerdeführer aufzunehmen, wurde der Vollzug der Strafe angeordnet. In Anlehnung an die Praxis von Kommission und Gerichtshof bejahte das Bundesgericht zwar das Vorliegen eines Eingriffes in das Privat- und Familienleben, erachtete aber in der Folge die Massnahme als mit Art. 8 EMRK vereinbar[299]. In einem weiteren unpublizierten Entscheid hat das Bundesgericht im Rahmen einer Verwaltungsgerichtsbe-

---

(2A.310/1992) auch diesen Fall nur im Lichte des Bundesrechtes und nicht im Hinblick auf Art. 8 EMRK geprüft.
[298] BGE 122 II 433, E. 3b, 440.
[299] BGE 122 II 433.

schwerde gegen die Ausweisung eines im Alter von neun Jahren in die Schweiz gekommenen portugiesischen Staatsangehörigen, der zahlreiche Verurteilungen wegen Drogendelikten erlitten hatte, die Berufung auf Art. 8 EMRK verneint, da der Betroffene keine engen und tatsächlich gelebten familiären Bindungen zu Familienangehörigen in der Schweiz unterhielt[300].

Das Bundesgericht bejaht somit - übereinstimmend mit den Konventionsorganen - bei aufenthaltsbeendenden Massnahmen gegen in der Schweiz geborene oder seit frühester Kindheit hier lebende Ausländerinnen und Ausländer das Vorliegen eines Eingriffes in das Privat- und Familienleben. Das Ziel dieses „Kunstgriffes", Angehörigen der zweiten Generation einen erhöhten Schutz vor fremdenrechtlichen Massnahmen zu gewähren, erscheint durchaus sachgerecht und ist zu begrüssen. Das Mittel zur Erreichung dieses Zieles, nämlich den Schutzbereich des Familienlebens zu überdehnen, ist indes, wie bereits ausgeführt[301], fragwürdig. Obwohl die Rechtsprechung in dieser Fallkonstellation noch äusserst spärlich ist, scheint das Bundesgericht davon auszugehen, dass bei Fremden, die nicht bereits in der Schweiz geboren wurden oder zumindest im Kleinkinderalter eingereist sind, der erhöhte Ausweisungsschutz durch das Recht auf Achtung des Familienlebens nur gegeben ist, wenn auch tatsächliche und echte Beziehungen zu den Verwandten bestehen.

III. Die Rechtsprechung des österreichischen Verwaltungsgerichtshofes

Aufenthaltsbeendende Massnahmen gegen straffällig gewordene Angehörige der zweiten Generation stellen auch nach der Rechtsprechung des Verwaltungsgerichtshofes einen Eingriff in das Privat- und Familienleben dar. Zu betonen ist in diesem Zusammenhang indes, dass die österreichischen Gerichtshöfe des öffentlichen Rechtes zumindest bei der Anerkennung eines Eingriffes generell sehr grosszügig sind und die Qualfikation aufenthaltsbeendender Massnahmen gegen Angehörige der zweiten Generation daher keine „Privilegierung" darstellt.

Im Anschluss an zahlreiche strafrechtliche Verurteilungen - u.a. wegen Raubes, Körperverletzung sowie Drogendelikten - hatte die Sicherheitsdirektion des Bundeslandes Wien gegen einen in Österreich geborenen türkischen Staatsangehörigen ein Aufenthaltsverbot auf unbestimmte Zeit erlassen. Dieses erachtete der Verwaltungsgerichtshof als Eingriff in das Privat- und Familienleben[302].

---

[300] Unpublizierter BGerE vom 9.2.1996 i.S. R. (2A.537/1995).
[301] Siehe vorne 207 ff.
[302] Erkenntnis VwGH vom 14.4.1994, 93/18/0260.

E. Massnahmen gegen Angehörige der 2. Generation 295

IV. Die Rechtsprechung des französischen Conseil d'État

Die Rechtsprechung des Conseil d'État zur Verhängung aufenthaltsbeendender Massnahmen gegen Angehörige der zweiten Generation ist seit den ersten Entscheiden 1991 deutlich liberaler geworden. Zwar hat der Conseil d'État bereits im Entscheid *Belgacem* das Vorliegen eines Eingriffes in das Familienleben bejaht; dabei wurde aber, wie das Urteil verdeutlicht[303], u.a. dem Umstand, dass der Beschwerdeführer zum Unterhalt seiner Eltern und Geschwister beitrug, grosse Bedeutung beigemessen. Diese zusätzliche Anforderung an die Effektivität des Familienlebens hat der Conseil d'État indes spätestens mit den Entscheiden *Mohammedi* und *Soudani* aufgegeben und bejaht nunmehr, dass aufenthaltsbeendende Massnahmen gegen Angehörige der zweiten Generation grundsätzlich einen Eingriff in das Familien- und/oder Privatleben darstellen[304]. Bemerkenswert ist an dieser Rechtsprechung insbesondere, dass der Conseil d'État im zuletzt genannten Entscheid erstmals ausdrücklich betonte, die Ausweisung eines seit Geburt in Frankreich lebenden Fremden ohne besonders enge familiäre Bindungen stelle einen Eingriff „nur" in das *Privatleben* dar[305]!

---

[303] CE, *Belgacem*, 19.4.1991, Rec. CE, 152 f.; ebenso CE, *Serend*, 13.5.1992, Rec. CE, tab. 1040.

[304] CE, *Mohammedi*, 30.10.1996, Rec. CE, 418 f.; CE, *Soudani*, 19.3.1997, Dr. adm. 1997, No. 169.

[305] Damit übernahm der Conseil d'État doch doch die durch den Commissaire du gouvernement *Abraham* in den conclusions zum Fall *Beldjoudi* kritisierte Haltung der EKMR. Abraham hatte kritisiert, die EKMR habe in ihrem Art. 31-Bericht zum Fall Beldjoudi das Vorliegen eines unverhältnismässig Eingriffes aufgrund von Überlegungen bejaht, die weniger auf das Familienleben als auf die privaten und gesellschaftlichen Beziehungen des Beschwerdeführers zu Frankreich abstellten: „(...) Pour notre part, nous ne pouvons adhérer au raisonnement suivi par cette dernière. Il est évident, à la lecture de son rapport, qu'elle s'est fondée moins sur les liens matrimoniaux de M. Beldjoudi, que sur la circonstance que l'intéressé est né en France, qu'il y a toujours vécu, qu'il n'a semble-t-il pas de relations personnelles en Algérie, qu'il ne maîtrise pas la langue arabe, et que, comme l'écrit la Commission, le «lien de nationalité du requérant - s'il correspond à une donnée juridique - ne correspond toutefois à aucune réalité humaine concrète». Nous comprenons l'importance humaine de ces éléments; sous l'empire de la législation postérieure à 1981, ils auraient peut-être mis M. Beldjoudi, en dépt de la gravité des faits commis par lui, à l'abri d'une mesure d'expulsion. Mais il nous paraissent étrangers à la nation de «vie familiale» protégée par l'article 8, et tout autant à celle de «vie privée» sur laquelle deux membres de la Commission, dans une opinion concordante mais séparée, annexée au rapport, ont proposé de fonder de préférence le constat d'une violation de l'article 8. En réalité, ce que la commission a entendu protéger, c'est non pas la «vie familiale» ou la «vie privée» mais plutôt la vie person-

Als Eingriff in das Familienleben hat der Conseil d'État die Ausweisung eines seit seiner Geburt in Frankreich wohnhaften algerischen Staatsangehörigen im Anschluss an eine sechsjährige Freiheitsstrafe wegen eines bewaffneten Raubüberfalles qualifiziert, da der Beschwerdeführer zum Lebensunterhalt seiner verwitweten Mutter und seiner jüngeren Geschwister beitrug[306]; ebenso stellte auch die Ausweisung eines weiteren straffällig gewordenen algerischen Staatsangehörigen, der ebenfalls seine Eltern und Geschwister finanziell unterstützte, einen Eingriff in das Familienleben dar[307]. Auch die Ausweisung eines wegen Diebstählen verurteilten marokkanischen Bürgers erachtete der Conseil d'État als Eingriff[308]. In das Familienleben griff ferner die Wegweisung einer im Alter von fünf Jahren nach Frankreich eingereisten algerischen Staatsangehörigen ein, die zwar als Erwachsene während einiger Zeit in ihr Heimatland zurückgekehrt war, dort jedoch keine familiären Beziehungen mehr besass[309]. In der Folge bejahte der Conseil d'État in sämtlichen weiteren Fällen aufenthaltsbeendender Massnahmen gegen Angehörige der zweiten Generation das Vorliegen eines Eingriffes[310], und zwar selbst dann, wenn diese zu ihren in Frankreich wohnhaften Familienangehörigen nur sehr gespannte Beziehungen hatten[311].

F. Weitere Fälle der Beeinträchtigung von Privat- oder Familienleben durch aufenthaltsbeendende Massnahmen

Aufenthaltsbeendende Massnahmen führen in der Mehrzahl der Fälle - ungeachtet der Beeinträchtigung allfällig bestehender familiärer Bindungen - zu einer Beeinträchtigung der gesellschaftlichen und sozialen Beziehungen und können mithin in den durch Art. 8 EMRK ebenfalls geschützten Aspekt des Privatlebens eingreifen. Dieser Umstand findet in zunehmendem Masse seinen Niederschlag auch in der Rechtsprechung. So anerkennen beispielsweise die österreichischen Gerichtshöfe des öffentlichen Rechtes, dass die Verhängung eines Aufenthaltsverbotes gegen jahrelang in Österreich wohnhaft gewesene Ausländerinnen und Ausländer durchaus einen Eingriff in das

---

nelle, la vie sociale du requérant. Mais cela nous paraît sortir du cadre de la disposition indiquée", zitiert nach EGMR, *Beldjoudi gegen Frankreich*, Serie A, Nr. 234-A, Ziff. 27.

[306] CE, *Belgacem*, 19.4.1991, Rec. CE, 152 f.

[307] CE, *Serend*, 13.5.1992, Rec. CE, tab. 1040.

[308] CE, *Belrhalia*, 3.2.1992, Rec. CE, tab. 1041.

[309] CE, *Préfet des Yvelines c/ Mme Bali*, 29.12.1993, Rec. CE, 382 f.

[310] CE, *Bouchelkia*, 23.6.1993, Rec. CE, tab. 829; CE, *Keddar*, 31.7.1996, Rec. CE, 327 f.; CE, *Mohammedi*, 30.10.1996, Rec. CE, 418 f.; CE, *Lahmar*, 21.2.1997, Dr. adm. 1997, No. 169.

[311] CE, *Soudani*, 19.3.1997, Dr. adm. 1997, No. 169.

durch Art. 8 EMRK geschützte *Privatleben* darstellen kann, selbst wenn diese überhaupt keine familiären Bindungen zu Österreich haben[312]. In gleicher Weise hat auch der Conseil d'État ausgeführt, dass die Ausweisung eines Angehörigen der zweiten Generation ohne relevantes Familienleben einen Eingriff in das Privatleben darzustellen vermag.

Da ferner das durch Art. 8 EMRK geschützte Familienleben weit ausgelegt wird und über den Kreis der Kernfamilie hinaus auch familiäre Beziehungen schützt, die dem sog. „erweiterten Familienleben" angehören, können aufenthaltsbeendende Massnahmen gegen andere Verwandte als Ehepartner oder Eltern minderjähriger Kinder grundsätzlich ebenfalls eine Beeinträchtigung des Familienlebens darstellen.

Im Folgenden sollen daher die durch die Rechtsprechung entwickelten Grundsätze zur Beurteilung des Vorliegens eines Eingriffes in das Privat- oder Familienleben in diesen Situationen nachgezeichnet werden.

I. Aufenthaltsbeendende Massnahmen gegen langjährig in einem Staat wohnhaft gewesene Fremde - Eingriff in das Privatleben?

Es kann wohl kaum in Frage gestellt werden, dass das Privatleben von Fremden, die während vieler Jahre in einem Staat gelebt haben, aber nicht Angehörige der zweiten Generation sind, weil sie z. B. erst als Erwachsene in das betreffende Land einreisten, durch die Verhängung aufenthaltsbeendender Massnahmen stark beeinträchtigt wird. Die Berufung auf den durch Art. 8 EMRK gewährten Schutz des Privatlebens kann insbesondere in jenen Situationen von grösster Bedeutung sein, in denen die Betroffenen keine als Familienleben i.S. von Art. 8 EMRK anerkannte familiäre Beziehung im Inland besitzen oder aber eine Familienleben darstellende Beziehung im betreffenden Staat zwar haben, in der Rechtsprechung indes die Zumutbarkeit einer Ausreise der mitbetroffenen Familienangehörigen in der Regel bejaht wird (z. B. für minderjährige Kinder in anpassungsfähigem Alter).

Die Praxis der Konventionsorgane und der nationalen Gerichte erscheint in bezug auf diese Fallgruppe noch fragmentarisch; um die hier entscheidenden Gesichtspunkte für das Vorliegen eines Eingriffes erkennen zu können, muss teilweise auf Entscheide zurückgegriffen werden, die von ihrem Sachverhalt her eigentlich eine andere Fallkonstellation verkörpern, in gewissen Aspekten aber dennoch ähnliche oder vergleichbare Züge aufweisen.

---

[312] Vgl. hierzu hinten 306 f.

Zu betonen ist in diesem Zusammenhang ferner, dass sowohl das französische als auch das österreichische Ausländerrecht an die Verfügung aufenthaltsbeendender Massnahmen gegen langjährig im Inland wohnhaft gewesene Fremde gewisse höhere Anforderungen stellt, die nicht an den Schutz familiärer Bindungen gekoppelt sind. So können beispielsweise nach § 35 Abs. 3 FrG 1997 seit mindestens zehn Jahren in Österreich lebende Fremde nur ausgewiesen werden, wenn sie wegen der Begehung bestimmter Delikte zu einer Freiheitsstrafe von mehr als einem Jahr verurteilt worden sind[313].

*1. Die Rechtsprechung der
Europäischen Kommission für Menschenrechte*

Die Kommission hat bisher zwar einige Beschwerden betreffend aufenthaltsbeendender Massnahmen gegen Ausländerinnen und Ausländer, die seit langer Zeit in einem Konventionsstaat gelebt hatten, beurteilt. Da jedoch die den entsprechenden Beschwerden zugrundeliegenden Sachverhalte sehr unterschiedlich waren, ist die Erkennung eindeutiger Tendenzen schwierig. In der Folge sollen daher zunächst einige Entscheide kurz dargestellt und erst anschliessend versucht werden, allgemeine Linien herauszubilden.

a) Darstellung der Praxis

aa) Familienangehörige im betreffenden Land

Zur Frage, ob die Ausweisung einer indonesischen Staatsangehörigen, die während elf Jahren in der Bundesrepublik Deutschland gelebt hatte und deren zwei Kinder dort geboren waren, mit Art. 8 EMRK vereinbar sei, führte die Kommission zunächst aus, dass kein Eingriff in das Familienleben vorliege, da es für die Kinder *zumutbar* sei, nach Indonesien auszureisen. In bezug auf einen möglicherweise vorliegenden Eingriff in das Privatleben räumte die Kommission ein:

---

[313] Siehe vorne 141; für Frankreich vgl. vorne 165. Demgegenüber kennt das schweizerische Ausländerrecht keine entsprechenden Bestimmungen. Die Ausweisung in der Schweiz lebender Ausländerinnen und Ausländer ist zwar auf ihre Verhältnismässigkeit zu prüfen und in diesem Zusammenhang ist auch der Dauer der Anwesenheit in der Schweiz Rechnung zu tragen, doch enthalten die einschlägigen Bestimmungen keine genaueren Ausführungen zur Art und Weise, wie die Anwesenheitsdauer zu berücksichtigen sei; siehe vorne 114 ff.

F. Weitere Fälle 299

„(...) it is true that she has been in the Federal Republic of Germany continuously for over eleven years, during which time she and her children have established the network of friends and acquaintances which would be expected after a prolonged period spent in one area. The question before the Commission is therefore whether the relationships established by an individual's social intercourse over a given period constitute „private life" within the meaning of Article 8 (1) of the Convention. (...)

In the present case the *applicant's presence in the Federal Republic of Germany was always subject to restrictions*, which were personal to her and were in fact relaxed in her favour by way of an exception. However at no time was there any suggestion that her *permission to remain* in the Federal Republic was anything but *conditional* and *temporary*.

Even assuming therefore that her circle of acquaintances established during her stay in Germany do constitute relationships recognised as private life within the meaning of Article 8 (1) of the Convention, the Commission concludes that the order for her deportation cannot be regarded as an interference with her right to respect for such relationships, since the applicant knew and acknowledged at all material time that her presence, and hence her basic ability to establish and develop such relationships, was temporary and subject to revocation."[314]

Obwohl die Kommission also nicht grundsätzlich ausschliesst, dass die während eines langjährigen Aufenthaltes geknüpften Beziehungen in den Schutzbereich des Privatlebens fallen können, verneint sie in casu das Vorliegen eines Eingriffes. Ausschlaggebendes Argument für diesen negativen Entscheid bildete wohl der Umstand, dass der *Aufenthalt* der Beschwerdeführerin in der Bundesrepublik von Anfang an *zeitlich beschränkt und bedingt* gewesen ist und die ausländerrechtlichen Bestimmungen im Sinne einer Ausnahme bzw. eines Entgegenkommens zu ihren Gunsten gelockert worden waren[315].

In einer Beschwerde gegen die Ausweisung eines im Alter von 34 Jahren eingereisten und nunmehr seit praktisch zwanzig Jahren in den Niederlanden lebenden uruguayanischen Staatsangehörigen, der eine Freiheitsstrafe von zehn Jahren verbüsst hatte, bejahte die Kommission demgegenüber das Vorliegen eines Eingriffes in das Familienleben, obwohl die geltendgemachten familiären Bindungen die Beziehungen zu den erwachsenen Kindern und den Enkelkindern betrafen und kein Hinweis für eine besondere, über die normalen emotionellen Beziehungen hinausgehende Bindung bestand[316]. Ebenso

---

[314] B 9478/81, *X. gegen Bundesrepublik Deutschland*, DR 27, 245 f.; eigene Hervorhebung.

[315] *Breitenmoser*, Privatsphäre, 113.

[316] B 28679/95, *Velazquez Rosano und Velazquez Gandara*, unpublizierter KE vom 15.1.1997.

bejahte die Kommission im Fall *Dalia gegen Frankreich*[317] das Vorliegen eines Eingriffes in das *Privat- und Familienleben* durch die Ausweisung im Anschluss an eine einjährige Freiheitsstrafe einer im Alter von achtzehn Jahren nach Frankreich gekommenen und nunmehr seit knapp zwanzig Jahren dort lebenden algerischen Staatsangehörigen, da ihre nahen Angehörigen in Frankreich wohnten (ohne dass Hinweise für eine besondere Abhängigkeit bestanden) und ihr sechsjähriger Sohn die französische Staatsbürgerschaft besass (was nach der bereits vorne[318] ausgeführten Kommissionspraxis an sich kein Hindernis für die Ausreise eines noch anpassungsfähigen Kindes darstellen würde). Weiter hat die Kommission in ihrem Bericht zum später auch vom Gerichtshof beurteilten Fall *C. gegen Belgien* zur Frage des Vorliegens eines Eingriffes in das Privat- und Familienleben ausgeführt:

> „The Commission notes that the applicant was eleven years old when he arrived in Belgium. He had therefore been living there from his childhood onwards and for approximately 25 years in all. His entire family lives in Belgium or the Grand Duchy of Luxembourg, a neighbouring country. As regards the applicant's relationship with his son, it appears that although his son was born in Belgium, he did not live with his father for long since, according to the applicant, his son returned to Morocco with his mother when his parents separated shortly after their marriage. It was only after he was served with the deportation order in March 1991 that the applicant's son apparently came to Belgium following a Moroccan judgment dated on 10 July 1991. The nature of the bonds between the applicant and his family cannot be ascertained with certainty from the file. However, the fact that his *son currently lives in Belgium with his parental grandmother*, the applicant's mother, and the fact that the *applicant worked for the family company* before his imprisonment indicated that there was to some extent a family life in the case within the meaning of Article 8. In the circumstances, the Commission considers that the enforcement of the deportation order does compromise the applicant's pursuit of his *private and family life* under Article 8 of the Convention and thus constitutes interference with the applicant's right to respect for his private and family life."[319]

Ferner hat die Kommission in einem Fall betreffend die Ausweisung eines tunesischen Staatsangehörigen, der im Alter von 16 Jahren mit seinen Eltern und Geschwistern nach Frankreich eingereist war und nach 23-jährigem Aufenthalt im Anschluss an eine Verurteilung zu einer zweieinhalbjährigen Freiheitsstrafe wegen Drogendelikten ausgewiesen werden sollte, die Frage offengelassen, ob die Massnahme einen Eingriff in das Privat- und Familienle-

---

[317] EKMR, *Dalia gegen Frankreich*, Reports 1998-I, 96 ff., KB.

[318] Siehe vorne 269 ff.

[319] EKMR, *C. gegen Belgien*, Reports 1996-III, 926 ff., KB, Ziff. 36, eigene Hervorhebung.

F. Weitere Fälle 301

ben darstelle, da auch ein allfälliger Eingriff verhältnismässig und somit gerechtfertigt gewesen wäre[320]. Schliesslich wurde das Vorliegen eines Eingriffes in das Privat- und Familienleben in einer Beschwerde betreffend die Landesverweisung eines italienischen Staatsangehörigen bejaht, da dieser seit knapp zwanzig Jahren in Frankreich lebt und Vater eines minderjährigen Kindes französischer Staatsangehörigkeit ist, zu dem er regelmässige Beziehungen unterhält[321].

bb) Keine weiteren Familienangehörigen im betreffenden Land

In einem Fall der Ausweisung eines marokkanischen Staatsangehörigen aus Frankreich, wo dieser seit rund 17 Jahren gelebt hatte, verneinte die Kommission das Vorliegen eines Eingriffes in das Privat- und Familienleben u.a. mit dem Hinweis, dass die Ehefrau und die Kinder des Beschwerdeführers in Marokko lebten:

„La Commission considère qu'en l'espèce la mesure d'éloignement du requérant vers le pays dont il a la nationalité et où vit sa famille ne constitue pas une ingérence dans sa vie privée et familiale au sens de l'article 8 par. 1 de la Convention."[322]

In einem ähnlich gelagerten Fall hat die Kommission indessen die Frage des Vorliegens eines Eingriffes in das Privat- und Familienleben durch die Ausweisung eines seit 18 Jahren in Frankreich lebenden marokkanischen Staatsangehörigen, dessen Familie in Marokko lebt, offengelassen, da ein allfälliger Eingriff nach Art. 8 Abs. 2 EMRK gerechtfertigt gewesen wäre[323].

b) Analyse der Rechtsprechung

Die angeführten Entscheiden veranschaulichen, dass die Kommission bislang keine einheitliche und eindeutige Haltung betreffend Anerkennung eines Eingriffes in das Privatleben langjährig in einem Konventionsstaat wohnhaft gewesener Ausländerinnen und Ausländer erkennen lässt. Sie schliesst zwar nicht kategorisch aus, dass aufenthaltsbeendende Massnahmen gegen diese Fremden einen Eingriff in den durch Art. 8 Abs. 1 EMRK garantierten Anspruch auf Achtung des Privatlebens darstellen können, doch

---

[320] B 22457/93, *Sebouai gegen Frankreich*, unpublizierter KE vom 12.10.1994.
[321] B 32809/96, *Renna gegen Frankreich*, KE vom 26.2.1997, RUDH 1997, 422 f.
[322] B 25750/94, *Abdouni gegen Frankreich*, unpublizierter KE vom 5.4.1995.
[323] B 32317/96, *Zanibou gegen Frankreich*, unpublizierter KE vom 26.2.1997.

lässt sie sich bei der Prüfung des Vorliegens eines Eingriffes sehr stark von den besonderen Umständen des jeweiligen Einzelfalles leiten: während sie die Ausweisung von Beschwerdeführern, deren minderjährige Kinder im betreffenden Vertragsstaat leben, als Eingriff in das Privat- und Familienleben betrachtete (die Beschwerden *Dalia, C.* und *Renna*), liess sie die Eingriffsfrage im Fall *Sebouai*, in dem die Ausweisung eine Trennung von Eltern und Geschwistern bedeutet hätte, offen. In der gegen die Bundesrepublik gerichteten Beschwerde verneinte die Kommission einen Eingriff in das Privatleben, da der Aufenthalt von Anfang an nur bedingt und im Sinne einer Ausnahme bewilligt worden war, während sie in der Beschwerde *Velazquez Gandara und Velazquez Rosano* den Eingriff in das Familienleben bejahte, da die Ausweisung eine Trennung von den erwachsenen Kindern und den Enkelkindern bewirken würde. Schliesslich hat sie das Vorliegen eines Eingriffes in das Privatleben von Ausländerinnen und Ausländern, die über keinerlei familiäre Beziehungen im betreffenden Konventionsstaat verfügen, entweder verneint oder offen gelassen, obwohl die betroffen Beschwerdeführer während vieler Jahre im betreffenden Staat gelebt hatten.

Der dargestellten Rechtsprechung kann entnommen werden, dass aufenthaltsbeendende Massnahmen gegen Ausländerinnen und Ausländer, die seit vielen Jahren ordnungsgemäss und nicht lediglich aufgrund einer Ausnahmebewilligung in einem Konventionsstaat leben, grundsätzlich immer dann einen Eingriff in das Privat- und Familienleben bedeuten, wenn sie das Privat- und Familienleben von Eltern und minderjährigen Kindern beeinträchtigen, insbesondere wenn auch noch weitere nahe Familienangehörige im betreffenden Staat leben. War der Aufenthalt indes von Beginn an nur im Sinne einer ausserordentlichen Bewilligung gestattet worden[324], so hat die Kommission in einem (bereits älteren) Entscheid einen Eingriff in das Privat- und Familienleben verneint, obwohl auch zwei minderjährige Kinder von einer möglichen Ausreise betroffen waren. Die Ausweisung oder Ausschaffung von Ausländerinnen und Ausländern, die keine Familienangehörigen im betreffenden Staat haben, ist in der bisherigen Rechtsprechung noch nie als Eingriff in das Privat- oder Familienleben gewertet worden.

Die Entscheide verdeutlichen, dass sich die Kommission - zumindest wenn Familienangehörige im betreffenden Staat leben - noch nicht zur Anerkennung einer Beeinträchtigung nur des Privatlebens durchringen konnte und es vielmehr vorzieht, den Schutzbereich des Familienlebens - wo immer dies möglich ist - zu überdehnen. Einzig in Fällen, in denen sie ohne völlige Infragestellung ihrer sonstigen Rechtsprechung (z. B. Zumutbarkeit der Ausreise noch anpassungsfähiger Kinder spricht gegen das Vorliegen eines Ein-

---

[324] B 9478/81, *X. gegen Bundesrepublik Deutschland*, DR 27, 243; vgl. vorne 298.

griffes durch die Ausweisung der Eltern bzw. des sorgeberechtigten Elternteils) nicht darum herumkommt, einen Eingriff in das Familienleben zu verneinen, erwägt sie die Prüfung eines möglichen Eingriffes in das Privatleben. Der Achtung des Privatlebens kommt somit lediglich *subsidiärer Charakter* bzw. Auffangfunktion zu.

2. Die Praxis des Europäischen Gerichtshofes für Menschenrechte

Im Fall *C. gegen Belgien* hatte der Gerichtshof die Ausweisung eines marokkanischen Staatsangehörigen, der als Elfjähriger nach Belgien gekommen war und rund 25 Jahre lang dort gelebt hatte, zu beurteilen. Wie bereits zuvor die Kommission befand auch der Gerichtshof, dass die Ausweisung einen Eingriff in das Privat- und Familienleben bedeutete:

„The Court reiterates that the concept of family on which Article 8 is based embraces, even where there is no cohabitation, the tie between a parent and his or her child, regardless of whether or not the latter is legitimate. Although that tie may be broken by subsequent events, this can only happen in exceptional circumstances. In the present case the mere fact that the applicant was imprisoned and subsequently deported or that his son was then taken in by Mr C.'s sister in the Grand Duchy of Luxembourg, which borders on Belgium, do not constitute such circumstances.

In addition, Mr C. established real social ties in Belgium. He lived there from the age of eleven, went to school there, underwent vocational training there and worked there for a number of years. He accordingly also established a private life there within the meaning of Article 8, which encompasses the right for an individual to form and develop relationships with other human beings, including relationships of a professional or business nature.

It follows that the applicant's deportation amounted to interference with his right to respect for his private and family life."[325]

Im Gegensatz zur Kommission, die das Vorliegen eines Eingriffes in das Privat- und Familienleben primär mit der durch die Ausweisung eingetretenen Trennung des Beschwerdeführers sowohl von seinem Sohn als auch seiner Mutter und seinen Geschwistern begründet und so den Schutzbereich des Familienlebens, zumindest in bezug auf die Beziehung zu den Geschwistern und der Mutter, ausgedehnt hatte[326], verlieh der Gerichtshof der Beziehung zwischen Vater und Sohn sowie insbesondere aber auch den in Belgien bestehenden *gesellschaftlichen Bindungen* des Beschwerdeführers entscheiden-

---

[325] EGMR, *C. gegen Belgien*, Reports 1996-III, 915 ff., Ziff. 25.
[326] Siehe vorne 300.

des Gewicht und mass den familiären Beziehungen zur Mutter und den Geschwistern (richtigerweise, da im Sachverhalt nichts auf das Bestehen einer besonderen Abhängigkeit hindeutete) keinerlei Bedeutung bei.

Im soeben erwähnten *Fall C. gegen Belgien* betraf die Ausweisung einen marokkanischen Staatsangehörigen nach seiner Verurteilung zu einer fünfjährigen Freiheitsstrafe wegen Drogenhandels. Der Beschwerdeführer war im Alter von elf Jahren nach Belgien gekommen und hatte dort einen Teil seiner Schul- sowie seine Berufsausbildung erhalten, im Gegensatz zu seinen Geschwistern indes nicht um die Einbürgerung ersucht, sondern vielmehr gewisse Beziehungen zu Marokko aufrechterhalten. So hatte er in Marokko eine marokkanische Staatsangehörige geheiratet, war dort geschieden worden und hatte dort mit seiner geschiedenen Ehefrau vereinbart, dass ihm das Sorgerecht für den Sohn zukomme. Der Eingriff in das Privat- und Familienleben wog daher im konkreten Fall weniger schwer als im Fall eines im betreffenden Land geborenen oder als Kleinkind eingereisten Beschwerdeführers[327].

Im Fall *Dalia gegen Frankreich* hatte der Gerichtshof die Konventionskonformität der Aufrechterhaltung eines Aufenthaltsverbotes gegen eine algerische Staatsangehörige zu prüfen, die als 17- oder 18-Jährige ihren Eltern und Geschwistern nach Frankreich nachgereist und rund zehn Jahre später wegen Drogendelikten zu einer einjährigen Freiheitsstrafe verurteilt worden war. Nach ihrer illegalen Rückkehr war die Beschwerdeführerin Mutter eines Kindes französischer Staatsangehörigkeit geworden. Da sie ferner seit rund 19 Jahren in Frankreich lebe, bejahte der Gerichtshof auch in diesem Fall das Vorliegen eines Eingriffes in das Privat- und Familienleben[328].

Mit diesen Ausführungen hat der Gerichtshof implizit anerkannt, dass aufenthaltsbeendende Massnahmen gegen Ausländerinnen und Ausländer, die viele Jahre in einem Konventionsstaat gelebt haben, grundsätzlich einen rechtfertigungsbedürftigen Eingriff in das *Privatleben* darstellen. Werden durch die Entfernungsmassnahme ferner zum Schutzbereich des Familienlebens gehörende Beziehungen beeinträchtigt, so liegt zusätzlich ein Eingriff in das Familienleben vor. Im Gegensatz zur Kommission hat der Gerichtshof daher nicht versucht, die Frage des Eingriffes in das Privatleben durch eine Überdehnung des Schutzbereiches des Familienlebens zu umgehen.

---

[327] „(...) the interference in issue was not so drastic as that which may result from the expulsion of applicants who were born in the host country or first went there as young children", EGMR, *C. gegen Belgien*, Reports 1996-III, 915 ff., Ziff. 34.

[328] EGMR, *Dalia gegen Frankreich*, Reports 1998-I, 76 ff., Ziff. 45.

F. Weitere Fälle

3. Die Rechtsprechung des Schweizerischen Bundesgerichtes

Während das Bundesgericht in einem Entscheid betreffend Erteilung eines Anwesenheitstitels an den ausländischen Partner einer gleichgeschlechtlichen Beziehung die Ableitung eines Anspruches auf eine fremdenpolizeiliche Bewilligung aus dem Recht auf Achtung des Privatlebens noch kategorisch abgelehnt hatte - da der entsprechende Anspruch aus dem Recht auf Achtung des Familienlebens auf einer Wertentscheidung zugunsten von Ehe und Familie beruhe[329] -, führte es knapp zwei Jahre später in einem Entscheid, der die Versagung einer Aufenthaltsbewilligung an die Witwe eines Schweizer Bürgers betraf, aus:

> „Aus dem Recht auf Achtung des Privatlebens geradezu ein Anwesenheitsrecht im Land des verstorbenen Ehegatten abzuleiten, fiele aber höchstens dann in Betracht, wenn besonders intensive private Beziehungen in Frage stünden. Solchen trägt das Bundesrecht allerdings wohl meist bereits dadurch Rechnung, dass Art. 7 Abs. 1 zweiter Satz ANAG einen Anspruch auf eine Niederlassungsbewilligung nach fünfjährigem Aufenthalt vorsieht. Abgesehen davon sind im vorliegenden Fall aber ohnehin keine ausserordentlichen Verhältnisse gegeben. Die Beschwerdeführerin ist im Ausland aufgewachsen und weilte bis zum Tod ihres Ehemannes nur etwas mehr als acht Monate und inzwischen gesamthaft auch erst rund zwei Jahre in der Schweiz. Von ihrer hier lebenden Schwester abgesehen, unterhält sie keine besonderen persönlichen Beziehungen, sie macht auch keine solchen geltend. Umstände, wonach sie mit der Schweiz besonders verbunden wäre, sind nicht ersichtlich. Die Beschwerdeführerin wird durch den angefochtenen Entscheid demnach nicht in einem solchen Masse in ihrem Privatleben beeinträchtigt, dass sie sich insofern auf Art. 8 EMRK berufen könnte."[330]

Diesen Grundsatz hat das Bundesgericht in einem Fall bestätigt, der die Nichterneuerung der Aufenthaltsbewilligung an einen seit rund sechzehn Jahren in der Schweiz lebenden türkischen Staatsangehörigen betraf. Nachdem es die Geltendmachung des Anspruchs auf Achtung des Familienlebens zurückgewiesen hatte, da die vom Beschwerdeführer zwar getrennt, aber ebenfalls in der Schweiz lebende Ehefrau und das gemeinsame Kind kein gefestigtes Anwesenheitsrecht besassen, führte es aus, ein Anspruch auf Erteilung einer fremdenpolizeilichen Bewilligung aus dem in Art. 8 EMRK gewährten Schutz des Privatlebens falle höchstens dann in Betracht, wenn durch die aufenthaltsbeendenden Massnahmen *besonders intensive persönliche Beziehungen* betroffen seien. Obwohl das Bestehen solch intensiver Beziehungen zumindest dann bejaht werden müsste, wenn sich Ausländerinnen und Ausländer seit geraumer Zeit rechtmässig in der Schweiz aufhalten,

---

[329] BGerE vom 22.5.1992 i.S. R. und S., EuGRZ 1993, 562 ff.; hierzu hinten 312 f.
[330] BGE 120 Ib 16, E. 3b, 22.

meinte das Bundesgericht, dass „eine rund sechzehnjährige Anwesenheit in der Schweiz und die damit verbundenen üblichen privaten Beziehungen allein (...) jedoch keine derartigen besonders intensiven Beziehungen [begründen] und (...) daher nicht einen Anspruch auf eine Bewilligung gemäss Art. 100 [Abs. 1] lit. b Ziff. 3 OG [vermitteln]"[331]. Präzisierend hielt es in einem späteren Entscheid fest, Voraussetzung für die Ableitung eines Bewilligungsanspruches aus Recht auf Achtung des Privatlebens müsste „jedenfalls eine besonders ausgeprägte Verwurzelung in der Schweiz [sein], welche einen Wegzug und ein Leben anderswo als praktisch unmöglich erscheinen liesse"[332].

Die Haltung des Bundesgerichtes, zwar anzuerkennen, dass einerseits ein Anspruch auf Erteilung eines Aufenthaltstitels aufgrund des Anspruches auf Achtung des Privatlebens bestehen könne, wenn durch eine aufenthaltsbeendende Massnahme besonders intensive persönliche Beziehungen beeinträchtigt würden, die während eines jahrzehntelangen Aufenthaltes andererseits geknüpften Bindungen aber keine solchen Beziehungen darstellen, erscheint absurd. Während eines sechzehnjährigen Aufenthaltes entsteht unvermeidlich ein enges Beziehungsnetz im Inland, demgegenüber die gesellschaftlichen Kontakte im Ursprungsland sukzessive lockerer werden. Eine Ausweisung in einer derartigen Situation bedeutet in aller Regel einen schwerwiegenden Eingriff in das Privatleben, insbesondere wenn berücksichtigt wird, dass im letztgenannten Entscheid das minderjährige Kind des Betroffenen in der Schweiz lebte, eine Berufung auf diese familiäre Beziehung vom Bundesgericht freilich ausgeschlossen wurde, da das Kind kein gefestigtes Anwesenheitsrecht im Sinne der bundesgerichtlichen Rechtsprechung besass.

4. Die Rechtsprechung der österreichischen Gerichtshöfe des öffentlichen Rechtes

Bereits 1985 hat der österreichische *Verfassungsgerichtshof* ausgeführt, dass „ein Aufenthaltsverbot (...) unter Umständen auch einen Eingriff in das Privatleben i.S. des Art. 8 MRK bedeuten [könne], etwa wenn ein Fremder jahrelang in Österreich gelebt hat und hier völlig integriert sei"[333]. In der Folge bejahte er in zahlreichen Entscheiden das Vorliegen eines Eingriffes in das Privatleben, zumeist in Verbindung mit einem ebenfalls vorliegenden

---

[331] Unpublizierter BGerE vom 3.11.1994 i.S. *Hasan C.*, E. 2b (2P.253/1994); *Wurzburger*, 289.

[332] Unpublizierter BGerE vom 25.5.1998 i.S. *A. et al.*, E. 1c bb (2P.67/1998).

[333] VfSlg 10737/1985.

F. Weitere Fälle 307

Eingriff in das Familienleben[334]. Diese Rechtsprechung wurde vom *Verwaltungsgerichtshof* übernommen und durch diesen weiterentwickelt. Danach stellen nun fremdenrechtliche Massnahmen gegen Ausländerinnen und Ausländer, die seit einigen Jahren zumindest *teilweise rechtmässig* in Österreich leben, rechtfertigungsbedürftige Eingriffe in das Privatleben dar, ungeachtet des Umstandes, ob sie über familiäre Beziehungen im Inland verfügen.

Als Eingriff in das Privatleben hat der Verwaltungsgerichtshof die Verhängung eines unbefristeten Aufenthaltsverbotes an einen seit rund fünf Jahren in Österreich lebenden indischen Staatsangehörigen und geistigen Führer einer religiösen Gemeinschaft qualifiziert[335]. Auch das gegen einen seit rund sechs Jahren in Österreich lebenden türkischen Staatsangehörigen wegen Drogendelikten verhängte Aufenthaltsverbot bedeutete neben dem Eingriff in das Familien- auch einen Eingriff in das Privatleben[336]. Als nicht relevanten Eingriff in das Privatleben hat der Verwaltungsgerichtshof indes die Ausweisung eines jugoslawischen Staatsangehörigen betrachtet, da

„der Beschwerdeführer (...) den - rechtmäßigen - Aufenthalt vom 31. August 1991 (illegale Einreise) bis zum 27. November 1992 (Ende des Asylverfahrens) nur durch die Stellung eines unberechtigten Asylantrages [erreichte]. Der Aufenthalt ab diesem Zeitpunkt bis zur Erlassung des angefochtenen Bescheides (rund 10 Monate) war unrechtmäßig. Unter diesen Umständen kann von einem relevanten Eingriff in das Privatleben des Beschwerdeführers nicht gesprochen werden. Es braucht daher nicht darauf eingegangen werden, ob die Ausweisung zur Erreichung der in Art. 8 Abs. 2 MRK genannten Ziele dringend geboten ist."[337]

Demgegenüber stellte die Verhängung eines zehnjährigen Aufenthaltsverbots an einen deutschen Staatsangehörigen einen Eingriff in das Privatleben dar, obwohl der Verwaltungsgerichtshof betonte, dass bei einem rund vierjährigen Aufenthalt in Österreich noch nicht von einem hohen Integrationsgrad gesprochen werden könne[338]. Auch die Ausweisung nach einem vierjährigen, zum Teil illegalen Aufent-

---

[334] So z. B. statt vieler VfSlg 11982/1989 betr. die Verhängung eines Aufenthaltsverbotes an eine tschechoslowakische Staatsangehörige wegen illegalen Aufenthaltes; VfSlg 14009/1995 betr. die Ungültigerklärung des Sichtvermerkes einer seit ihrem fünften Lebensjahr in Österreich lebenden Ausländerin.

[335] Erkenntnis VwGH vom 8.10.1990, 90/19/0170.

[336] Erkenntnis VwGH vom 28.10.1993, 93/18/0393; siehe ferner auch das gleichentags ergangene Erkenntnis im Beschwerdefall 93/18/0491 betr. Verhängung eines Aufenthaltsverbotes gegen eine seit rund zwanzig Jahren mit ihrer Familie in Österreich lebende jugoslawische Staatsangehörige.

[337] Erkenntnis VwGH vom 1.6.1994, 93/18/0540.

[338] Erkenntnis VwGH vom 23.6.1994, 94/18/0332.

halt in Österreich wurde als Eingriff in das Privatleben anerkannt[339]. Dagegen erachtete der Verwaltungsgerichtshof die Ausweisung eines illegal eingereisten bosnischen Staatsangehörigen nach rund einjährigem Aufenthalt nicht als Eingriff in das Privatleben[340].

Die von den österreichischen Gerichtshöfen des öffentlichen Rechtes entwickelte Rechtsprechung, wonach aufenthaltsbeendende Massnahmen gegen seit einigen Jahren in Österreich lebende Fremde grundsätzlich einen Eingriff in das Privatleben darstellen, ist positiv zu bewerten. Fragwürdig erscheint indes, wenn die Erfolglosigkeit eines Asylgesuches die Rechtmässigkeit des Aufenthaltes während des Asylverfahrens rückwirkend faktisch aufhebt.

5. Die Rechtsprechung des französischen Conseil d'État

Der Conseil d'État hat in seiner Rechtsprechung erstmals 1997, im Entscheid *Soudani*, eine aufenthaltsbeendende Massnahme gegen Fremde als Eingriff in das Privatleben qualifiziert[341]. Bis dahin hatte er in ständiger Praxis bei aufenthaltsbeendenden Massnahmen gegen Fremde ohne relevantes Familienleben in Frankreich jeweils ausgeführt, ein Schutz durch Art. 8 EMRK entfalle; die Prüfung, ob die durch eine Aus- oder Wegweisung eintretenden Beeinträchtigungen des Privatlebens einen Eingriff in dieses darstellten, unterblieb[342]. Die im Fall *Soudani* ergangene Entscheidung kann indes kaum verallgemeinert werden, betraf sie doch die Ausweisung eines seit Geburt in Frankreich lebenden Ausländers und damit einen „privilegierten" Angehörigen der zweiten Generation. Ob der Conseil d'État in Fällen, in denen Ausländerinnen und Ausländer, die seit vielen Jahren in Frankreich leben, aus- oder weggewiesen werden, das Vorliegen eines Eingriffes in ein durch Art. 8 EMRK geschütztes Rechtsgut bejahen würde, hängt wohl sehr stark von den besonderen Umständen des jeweiligen Einzelfalles ab. In diesem Sinne ist anzunehmen, dass er neben der effektiven Aufenthaltsdauer in Frankreich auch dem Umstand, ob die betreffenden Fremden irgendwelche,

---

[339] Erkenntnis VwGH vom 28.3.1996, 96/18/0111; ferner ebenso Erkenntnis VwGH vom 13.6.1996, 96/18/0203 (3 ¾-jähriger, z.T. illegaler Aufenthalt), Erkenntnis VwGH vom 4.4.1997, 97/18/0112 (5 ½-jähriger, z.T. illegaler Aufenthalt) sowie Erkenntnis VwGH vom 12.6.1997, 97/18/0307 (6 ½-jähriger, z.T. illegaler Aufenthalt).

[340] Erkenntnis VwGH vom 14.11.1996, 96/18/0469.

[341] CE, *Soudani*, 19.3.1997, Dr. adm. 1997, No. 169.

[342] CE, *Harres*, 25.11.1991, Rec. CE, tab. 984; CE, *Halladja*, 14.10.1992, Rec. CE, tab. 1171; CE, *Tarbane*, 23.9.1992, Rec. CE, tab. 1178.

F. Weitere Fälle   309

d.h. auch nicht von Art. 8 EMRK geschützte familiäre Bindungen in Frankreich haben, gewisses Gewicht beimessen würde[343].

II. Aufenthaltsbeendende Massnahmen gegen Partner einer gleichgeschlechtlichen Lebensgemeinschaft

Gleichgeschlechtliche Lebensgemeinschaften werden in konstanter Rechtsprechung nicht durch das Recht auf Achtung des Familienlebens geschützt, sondern fallen vielmehr in den Schutzbereich des *Privatlebens*[344]. Es stellt sich daher die Frage, ob die Beeinträchtigung einer gleichgeschlechtlichen Partnerschaft durch aufenthaltsbeendende Massnahmen gegen eine Partnerin oder einen Partner rechtfertigungsbedürftige Eingriffe in das Privatleben bedeuten.

1. Die Rechtsprechung der Europäischen Kommission für Menschenrechte

Obwohl aufenthaltsbeendende Massnahmen gegen einen Partner oder eine Partnerin einer gleichgeschlechtlichen Beziehung unbestrittenermassen eine Beeinträchtigung des Privatlebens darstellen, kann daraus noch nicht das Vorliegen eines Eingriffes gefolgert werden. Bei der Beurteilung der ersten derartigen Beschwerde führte die Kommission aus, dass zwischen der Ausweisung von Familienangehörigen und derjenigen von Partnerinnen oder Partnern einer gleichgeschlechtlichen Beziehung Parallelen zu ziehen und die im Rahmen aufenthaltsbeendender Massnahmen gegen Familienangehörige entwickelten Grundsätze analog auf solche Massnahmen gegen Partner einer gleichgeschlechtlichen Beziehung zu übertragen seien[345]. Vordergründig

---

[343] Siehe in diesem Sinne beispielsweise CE, *Préfet de la Moselle c/ Mlle Hadad*, 26.7.1991, Rec. CE, tab. 984, betr. die Wegweisung einer als Erwachsene zu ihrer Familie nach Frankreich gereisten algerischen Staatsangehörigen; ferner CE, *Ministre de l'Intérieur c/ Mme Zine El Khalma*, 22.5.1992, Rec. CE, tab. 1049, betr. die Versagung eines Aufenthaltstitels an eine seit fünf Jahren mit ihrem Kind französischer Staatsangehörigkeit in Frankreich bei ihren Eltern lebenden Ausländerin. Der Conseil d'État bejahte hier das Vorliegen eines Eingriffes in das Familienleben, obwohl er in der Regel davon ausgeht, dass einem minderjährigen Kind die Ausreise zugemutet werden kann und daher kein Eingriff vorliege; siehe hierzu vorne 278 f.

[344] Vgl. vorne 36.

[345] „The Commission considers that it is helpful to draw a parallel with its jurisprudence in other immigration cases, in which the Commission has frequently held that there is no right to enter or remain in a particular country, guaranteed as such by the

würde demnach die Möglichkeit und Zumutbarkeit einer Ausreise das entscheidende Argument für das Vorliegen eines Eingriffes darstellen. Wie indessen van Dijk zutreffend bemerkt hat[346], schenkte die Kommission im betreffenden Fall der Tatsache, dass die Beschwerdeführer gerade wegen ihrer Homosexualität nicht in Malaysia, dem Herkunftsland eines der Partner, gemeinsam leben konnten, keine Beachtung. In späteren Entscheiden wird die übertriebene Zurückhaltung der Kommission in diesen Situationen offenkundig, führt sie doch aus, dass nur bei Vorliegen *aussergewöhnlicher Umstände* aufenthaltsbeendende Massnahmen gegen Partnerinnen und Partner gleichgeschlechtlicher Lebensgemeinschaften einen Eingriff in das Privatleben zu begründen vermögen:

„although lawful deportation will inevitably have repercussions on such relationships, *it cannot in principle be regarded as an interference with the right to respect for private life* given the State's right to impose immigration controls and limits. In the present case, the Commission finds no *exceptional circumstances* to justify a departure from these considerations."[347]

Keine aussergewöhnlichen Umstände stellen nach der Rechtsprechung der Kommission jedoch die Unmöglichkeit der Einreise des anderen Partners in das Heimatland des ausgewiesenen Partners[348] oder die drohende Verfolgung wegen homosexueller Handlungen[349] dar.

Die Ausweisung eines malaysischen Staatsangehörigen aus Grossbritannien, der mit seinem britischen Partner zunächst einige Monate in Saudi-Arabien gelebt hatte, bedeutete, obwohl sie sich nicht in Malaysia niederlassen konnten, keinen Eingriff in das Privatleben, da die Beschwerdeführer beruflich mobil waren und nicht dargelegt

---

Convention. Where, however, a close member of a family is excluded from the country where his family resides, an issue may arise under Article 8. The Commission's approach in such cases is first to examine the facts of each case in order to find the extent of the claimed family links and also the ties with the country concerned, since the right to respect for family life does not necessarily include the right to choose the geographical location of that family. The same factual approach can be adopted with regard to the applicant's right to respect for their private life (...)", B 9369/81, *X. und Y. gegen Vereinigtes Königreich*, DR 32, 221 f.; *Sudre*, Contrôle, 263; *van Dijk*, 191.

[346] *van Dijk*, 191.

[347] B 14753/89, *M. und M. gegen Vereinigtes Königreich*, unpublizierter KE vom 9.10.1989, eigene Hervorhebung; ebenso B 16106/90, *B. gegen Vereinigtes Königreich*, DR 64, 282, sowie B 12513/86, *J. und P. gegen Vereinigtes Königreich*, unpublizierter KE vom 13.7.1986.

[348] B 9369/81, *X. und Y. gegen Vereinigtes Königreich*, DR 32, 220; B 12513/86, *J. und P. gegen Vereinigtes Königreich*, unpublizierter KE vom 13.7.1987; B 14753/89, *M. und M. gegen Vereinigtes Königreich*, unpublizierter KE vom 9.10.1989.

[349] B 16106/90, *B. gegen Vereinigtes Königreich*, DR 64, 282.

F. Weitere Fälle

hatten, dass sie nur in Grossbritannien zusammen leben könnten[350]. Ebenso erachtete die Kommission die Ausweisung eines neuseeländischen Staatsangehörigen, der mit seinem britischen Partner seit mehreren Jahren in einer stabilen Beziehung lebte, nicht als Eingriff, da die Beschwerdeführer seit Beginn ihrer Beziehung um die unsichere aufenthaltsrechtliche Lage des ersten Beschwerdeführers wussten und sie die Unmöglichkeit der Einreise des zweiten Beschwerdeführers nach Neuseeland nicht in genügender Weise substantiiert hatten[351]. Das Vorliegen eines Eingriffes hat die Kommission auch in folgendem Fall verneint: Die britischen Behörden hatten der Beschwerdeführerin, einer australischen Staatsangehörigen, die Verlängerung der Aufenthalts- und Arbeitsbewilligung verweigert, obwohl sie in einer stabilen gleichgeschlechtlichen Beziehung mit einer britischen Staatsangehörigen lebte, der aufgrund der australischen Einwanderungsgesetzgebung der Aufenthalt in Australien nicht gestattet würde[352]. Eine weitere Beschwerde betraf schliesslich die drohende Ausschaffung des zypriotischen Partners einer homosexuellen Partnerschaft wegen illegalen Aufenthaltes. Der Beschwerdeführer war als Student eingereist; nach Ablauf seiner Bewilligung ersuchte er vergeblich um Erteilung einer Anwesenheitsbewilligung zum Verbleib bei seinem britischen Partner, mit dem er fünf Jahre zusammenlebte, ein Reisebüro aufgebaut sowie Grundeigentum gekauft hatte. Auch in diesem Fall verneinte die Kommission das Vorliegen eines Eingriffes in das Privatleben, u.a. weil der Beschwerdeführer wusste, dass er kein Recht auf Anwesenheit in Grossbritannien erhalten würde, war gegen ihn doch bereits die Ausschaffung verfügt worden[353].

Wie in den Fällen aufenthaltsbeendender Massnahmen gegen langjährig in einem Staat wohnhaft gewesene Fremde vermochte die Kommission bisher auch bei aufenthaltsbeendenden Massnahmen gegen Partnerinnen und Partner gleichgeschlechtlicher Lebensgemeinschaften nicht über ihren eigenen Schatten zu springen und das Vorliegen eines Eingriffes in das Privatleben zu bejahen. Statt die wohl unbestrittenermassen schwierige Lage, in der sich gleichgeschlechtliche Lebensgemeinschaften heute noch immer in den meisten Staaten befinden, anzuerkennen und dementsprechend weniger restriktiv zu entscheiden, erhöht die Kommission die Anforderungen, indem sie lediglich bei *aussergewöhnlichen Umständen* einen Eingriff in das Privatleben bejaht. Die Tatsache, dass gleichgeschlechtliche Partnerinnen und Partner gerade wegen ihrer sexuellen Neigung in den meisten Staaten gar keine Möglichkeit haben, einen Aufenthaltstitel zum Verbleib bei ihrem Partner oder ihrer Partnerin zu erlangen oder sie sich allenfalls sogar strafbar machen

---

[350] B 9369/81, *X. und Y. gegen Vereinigtes Königreich*, DR 32, 220, 222.

[351] B 12513/86, *J. und P. gegen Vereinigtes Königreich*, unpublizierter KE vom 13. Juli 1987.

[352] B 14753/89, *M. und M. gegen Vereinigtes Königreich*, unpublizierter KE vom 9. Oktober 1989.

[353] B 16106/90, *B. gegen Vereinigtes Königreich*, DR 64, 278.

würden, qualifiziert sie nicht als hinreichend aussergewöhnlichen Umstand. Geflissentlich ignoriert sie dabei, dass sie selber - freilich in bezug auf eine traditionelle eheliche Beziehung - bereits früh im Rahmen der Zumutbarkeitsprüfung ausgeführt hat, dass „if the only legal residence which they can find is in a country unconnected with either of them, the exclusion from residence in the „home" country of one of them might constitute a violation of Art. 8"[354]. Wenn die Kommission schon selber betont, die auf das Familienleben anwendbaren Grundsätze sollten bei aufenthaltsbeendenden Massnahmen gegen Partnerinnen und Partner gleichgeschlechtlicher Lebensgemeinschaften analog angewendet werden, dann sollte sie dies auch tatsächlich tun.

2. Die Rechtsprechung des Schweizerischen Bundesgerichtes

Auch nach bundesgerichtlicher Rechtsprechung werden gleichgeschlechtliche Lebensgemeinschaften nicht vom Schutzbereich des Familien-, sondern von demjenigen des Privatlebens erfasst. Im Gegensatz jedoch zur Europäischen Kommission für Menschenrechte, die bei gleichgeschlechtlichen Beziehungen die Ableitung eines Anwesenheitsrechtes aus dem Anspruch auf Achtung des Privatlebens zumindest nicht grundsätzlich ausschliesst, hat das Bundesgericht dies bisher kategorisch abgelehnt. Denn „wenn es gemeineuropäischem Menschenrechtsstandard entsprechen würde, gleichgeschlechtliche Lebensgemeinschaften denselben Schutz vor fremdenpolizeilichen Massnahmen zukommen zu lassen wie dies bei Ehegatten der Fall ist, so wäre es folgerichtig gewesen, den Schutzbereich des Rechts auf Familienleben entsprechend zu erweitern. Das hat die Kommission aber gerade nicht getan"[355]. Weiter führt es aus, dass die Anerkennung eines Anspruchs auf Erteilung oder Verlängerung einer fremdenpolizeilichen Bewilligung aufgrund von Art. 8 EMRK auf einer „Wertentscheidung zugunsten von Ehe und Familie [beruhe] (...). Persönliche Freiheit und Schutz der Privatsphäre (...) [demgegenüber] keinen grundrechtlichen Anspruch auf Erteilung einer fremdenpolizeilichen Bewilligung"[356] zu begründen vermögen.

Der Entscheid betraf die Nichtverlängerung der Aufenthaltsbewilligung eines venezolanischen Staatsangehörigen, der seit rund drei Jahren in gleichgeschlechtlicher Lebensgemeinschaft mit einem Schweizer Bürger lebte. Die Partner hatten sich in Venezuela kennengelernt und waren danach gemeinsam in die Schweiz gereist, wo dem ausländischen Partner zum Besuch eines Sprachkurses eine befristete Aufent-

---

[354] B 5445/72 und B 5446/72, *X. und Y. gegen Vereingtes Königreich*, CD 42, 146.

[355] BGerE vom 22.5.1992, publiziert in EuGRZ 1993, 562, E. 4b, 563.

[356] BGerE vom 22.5.1992, publiziert in EuGRZ 1993, 562, E. 4d, 564; *Wurzburger*, 289.

F. Weitere Fälle   313

haltsbewilligung erteilt worden war, deren zweite Verlängerung nach Abschluss des Kurses indes von der Fremdenpolizei des Kantons Zürich abgelehnt wurde[357].

Das Bundesgericht hat zwar in der Zwischenzeit grundsätzlich anerkannt, dass der Konventionsanspruch auf Achtung des Privatlebens einen Anspruch auf Erteilung einer fremdenpolizeilichen Bewilligung entstehen zu lassen vermag, doch will es dies nur bei Vorliegen besonders intensiver persönlicher Beziehungen zur Schweiz gelten lassen. Es ist kaum anzunehmen, insbesondere nicht vor dem Hintergrund seines Entscheides, dass ein rund sechzehnjähriger Aufenthalt in der Schweiz und in der Schweiz lebende Familienangehörige (minderjähriges Kind) keine derart intensiven Beziehungen entstehen lassen[358], dass es in nächster Zeit bei einer aufenthaltsbeendenden Massnahme gegen einen Partner oder eine Partnerin einer gleichgeschlechtlichen Lebensgemeinschaft einen Eingriff in das Privatleben bejahen würde.

*3. Die Rechtsprechung der
österreichischen Gerichtshöfe des öffentlichen Rechtes*

Soweit ersichtlich, haben weder Verfassungsgerichtshof noch Verwaltungsgerichtshof bisher über Beschwerden zu urteilen gehabt, in denen die Rechtswidrigkeit aufenthaltsbeendender Massnahmen gegen einen Partner oder eine Partnerin einer gleichgeschlechtlichen Lebensgemeinschaft geltend gemacht worden wäre. In Anbetracht der Praxis zum Vorliegen eines Eingriffes in das Privatleben[359] kann indes davon ausgegangen werden, dass fremdenrechtlichen Massnahmen zumindest bei stabilen gleichgeschlechtlichen Partnerschaften durchaus der Charakter eines Eingriffes in das Privatleben zuerkannt werden könnte[360].

4. Die Rechtsprechung des französischen Conseil d'État

Auch der Conseil d'État hat, soweit bekannt, bisher noch nicht zu entscheiden gehabt, ob die Verfügung aufenthaltsbeendender Massnahmen ge-

---

[357] BGerE vom 22.5.1992, publiziert in EuGRZ 1993, 562.

[358] Unpublizierter BGerE vom 3.11.1994 i.S. *Hasan C.*, E. 2b (2P.253/1994); siehe vorne 305 f.

[359] Siehe vorne 306 f.

[360] Dass gleichgeschlechtliche Beziehungen vom Schutzbereich des Privatlebens erfasst werden, lässt sich implizit aus dem Erkenntnis des VwGH vom 10.12.1996, 93/09/0070, ableiten.

gen ausländische Partnerinnen und Partner einer gleichgeschlechtlichen Lebensgemeinschaft mit Art. 8 EMRK angefochten werden kann. Ob er eine solche Massnahme als Eingriff in das Privatleben qualifizieren würde, ist schwer abzuschätzen. Es erscheint aber durchaus denkbar, dass er dies gegebenenfalls bejahen würde, anerkennt er doch das Vorliegen eines Eingriffes in das Familienleben durch aufenthaltsbeendende Massnahmen gegen Partner nichtehelicher Lebensgemeinschaften, wenn diese tatsächlich zusammenleben[361].

III. Aufenthaltsbeendende Massnahmen gegen Partner einer nichtehelichen Lebensgemeinschaft

Im Unterschied zu gleichgeschlechtlichen Lebensgemeinschaften, die bislang nicht vom Schutzbereich des Familienlebens erfasst werden, können nichteheliche Lebensgemeinschaften bei Vorliegen genügender Anknüpfungspunkte Familienleben i.S. von Art. 8 Abs. 1 EMRK darstellen[362]. Doch auch wenn im Einzelfall solche Anknüpfungspunkte fehlen, werden nichteheliche Lebensgemeinschaften subsidiär durch das Recht auf Achtung des Privatlebens geschützt[363]. Aufenthaltsbeendende Massnahmen gegen Partnerinnen oder Partner einer nichtehelichen Lebensgemeinschaft beeinträchtigen unbestrittenermassen die partnerschaftliche Beziehung. Zu untersuchen ist daher, ob und unter welchen Voraussetzungen die verschiedenen gerichtlichen Instanzen das Vorliegen eines Eingriffes in das Familien- oder Privatleben bejahen.

1. Die Rechtsprechung der Europäischen Kommission für Menschenrechte

Nichteheliche Partnerschaften befinden sich, wenn es sich um eine tatsächlich gelebte und enge Beziehung handelt, im Schutzbereich des Familienlebens i.S. von Art. 8 Abs. 1 EMRK. In diesen Fällen bedeuten aufenthaltsbeendende Massnahmen gegen Partnerinnen oder Partner einer nichtehelichen Lebensgemeinschaft in der Regel einen Eingriff in das Familienleben, ungeachtet der Zumutbarkeit oder Möglichkeit einer Ausreise:

---

[361] Vgl. hinten 318 f.
[362] Vorne 27 f.
[363] Siehe vorne 19.

F. Weitere Fälle

„The Commission observes that at the time of their expulsion from Finland the applicants were cohabiting with A. and S., respectively. It will therefore assume that their expulsion interfered with their right to respect for their family lives with their respective partners within the meaning of Article 8 para. 1."[364]

Die Beschwerde *Sim und Ungson gegen Finnland* betraf die Ausschaffung zweier philippinischer Staatsangehöriger, die während befristeter Arbeitsaufenthalte in Finnland zwei ebenfalls philippinische Staatsangehörige kennengelernt hatten und in der Folge mit diesen zusammenlebten. Die Weigerung der finnischen Behörden, den Aufenthaltstitel der Beschwerdeführer zu verlängern und die anschliessende Ausschaffung, stellten nach Ansicht der Kommission einen Eingriff in das Familienleben dar[365]. In einer Beschwerde, welche die Ausweisung eines uruguayanischen Staatsangehörigen betraf, der als Neunjähriger in die Niederlande eingereist war, mit einer Niederländerin zusammenlebte und mit ihr ein gemeinsames Kind hatte, bejahte die Kommission ebenfalls das Vorliegen eines Eingriffes in das Familienleben[366].

Qualifiziert die Kommission dagegen eine nichteheliche Beziehung als nicht genügend eng und tatsächlich gelebt, um als Familienleben zu gelten, fällt diese Beziehung in den Schutzbereich des Privatlebens; bisher hat sie in ihrer Rechtsprechung freilich das Vorliegen eines Eingriffes in das Privatleben durch eine ausländerrechtliche Massnahme stets verneint.

Das Vorliegen eines Eingriffes in das Privatleben verneinte die Kommission in einer Beschwerde wegen einer Einreisesperre gegen einen deutschen Staatsangehörigen, dessen nichteheliche Partnerin in Liechtenstein wohnhaft war, da die persönlichen Beziehungen nur recht locker waren und sich die Beschwerdeführer sowie die gemeinsamen Kinder (zwischen dem Vater und den Kindern bestand Familienleben) problemlos im benachbarten Deutschland oder Österreich treffen könnten[367]. Überhaupt nicht unter dem Aspekt eines möglicherweise vorliegenden Eingriffes in das Privatleben wurde die Ausweisung eines polnischen Staatsangehörigen aus Schweden betrachtet, obwohl der Beschwerdeführer seine Verlobung mit einer schwedischen Staatsangehörigen geltendgemacht hatte[368].

---

[364] B 25946/94 und 25947/94, *Sim und Ungson gegen Finnland*, unpublizierter KE vom 28.6.1995.

[365] B 25946/94 und 25947/94, *Sim und Ungson gegen Finnland*, unpublizierter KE vom 28.6.1995.

[366] B 28679/95, *Velazquez Rosano und Velazquez Gandara gegen die Niederlande*, unpublizierter KE vom 15.1.1997.

[367] B 7289/75 und 7349/76, *X. und Y. gegen die Schweiz*, DR 9, 57.

[368] B 8823/79, *Mizera gegen Schweden*, unpublizierter KE vom 12.3.1980; die Kommission erklärte die Beschwerde für unzulässig, nachdem sie ausgeführt hatte, dass den Beschwerdeführer und seine Verlobte nicht genügend enge Beziehungen verbanden, um ihre Beziehung als Familienleben erscheinen zu lassen.

Bemerkenswert ist an der Rechtsprechung der Kommission, dass sie bei nichtehelichen, aber Familienleben darstellenden Lebensgemeinschaften auf ihre Praxis bei aufenthaltsbeendenden Massnahmen gegen Ehepartner von Staatsangehörigen[369] zurückgreift und auf die Prüfung der Zumutbarkeit oder Möglichkeit der Ausreise im Rahmen der Eingriffsprüfung verzichtet. Diese Gesichtspunkte werden vielmehr erst bei der Verhältnismässigkeitsprüfung berücksichtigt. In jenen Fällen, in denen eine nichteheliche Beziehung lediglich als Privatleben anerkannt wird, greift die Kommission freilich wieder die Unzumutbarkeit der Ausreise als Eingriffsvoraussetzung auf. Zu betonen ist jedoch, dass der entsprechende Entscheid bereits vor längerer Zeit ergangen ist und heute möglicherweise anders ausfallen würde.

2. Die Rechtsprechung des Schweizerischen Bundesgerichtes

Soweit ersichtlich hat sich das Bundesgericht bisher noch nicht zur Konventionskonformität der Beeinträchtigung einer nichtehelichen Lebensgemeinschaft durch eine aufenthaltsbeendende Massnahme zu äussern gehabt. Demgegenüber hat es im Rahmen eines *Auslieferungsverfahrens* die Vereinbarkeit der Auslieferung mit Art. 8 EMRK geprüft. Der Entscheid betraf die Auslieferung eines in der Schweiz wohnhaften italienischen Staatsangehörigen nach Deutschland, wo dieser eine Reststrafe zu verbüssen hatte. In seiner Verwaltungsgerichtsbeschwerde hatte der Beschwerdeführer u.a. geltend gemacht, dass eine Auslieferung unverhältnismässige Auswirkungen auf seine persönliche, berufliche und familiäre Situation nach sich ziehen würde. Für das Bundesgericht war unbestritten, dass die Beziehungen des Beschwerdeführers zu seiner Lebenspartnerin, dem gemeinsamen Kind sowie dem Kind seiner Partnerin aus einer früheren Beziehung unter den in Art. 8 EMRK gewährten Schutz des Familienlebens fielen[370]. Daher prüfte es in der Folge, ob diese Bestimmung nicht einer Auslieferung nach Deutschland entgegenstehe, soweit die Reststrafe auch in der Schweiz verbüsst werden könnte. Da dem Beschwerdeführer im Familienleben eine zentrale Rolle zukomme und er sich bisher in der Schweiz wohlverhalten habe, schloss das Bundesgericht, dass

---

[369] Siehe vorne 252.

[370] BGE 122 II 485, nicht in der amtlichen Sammlung publizierte Erwägung 3e aa, vgl. RUDH 1997, 438.

F. Weitere Fälle

„l'art. 8 ch. 1 CEDH engendre pour notre pays une obligation positive concrète: lui permettre autant que possible de poursuivre sa vie familiale, dans la mesure compatible avec l'exécution du solde de la peine."[371]

Es sei daher zu prüfen, ob die Auslieferung nicht ein unverhältnismässiger Eingriff in das Familienleben des Beschwerdeführers sei[372], d.h. ob die Auslieferung eine in einer demokratischen Gesellschaft notwendige Massnahme zum Schutze der öffentlichen Ruhe und Ordnung oder zur Verteidigung der Ordnung darstelle[373].

In BGE *120 Ib 1 ff.* war vom Beschwerdeführer keine Beeinträchtigung der Beziehung zur Mutter eines Kindes geltend gemacht worden[374]; in einem weiteren Fall verneinte das Bundesgericht die Möglichkeit der Berufung auf Art. 8 EMRK, da die Beziehung zwischen den Lebenspartnern nicht als stabil genug und daher tatsächlich gelebt und effektiv angesehen wurde[375]; auf eine Verwaltungsgerichtsbeschwerde, in welcher der Beschwerdeführer die Beeinträchtigung der Beziehung zu seiner Lebenspartnerin (und den gemeinsamen Kindern) durch die Ausweisung geltend gemacht hatte, trat das Bundesgericht nicht ein, weil die Familienangehörigen kein gefestigtes Anwesenheitsrecht i.S. der Praxis besassen[376]; schliesslich konnte das Bundesgericht die nichtehelichen Beziehungen des Beschwerdeführers im Rahmen einer weiteren Verwaltungsgerichtsbeschwerde nicht berücksichtigen, da es sich dabei um ein Novum handelte, dessen Vorbringen unzulässig war, weil eine richterliche Behörde i.S. von Art. 105 Abs. 2 OG als Vorinstanz entschieden hatte[377].

Es ist daher davon auszugehen, dass aufenthaltsbeendende Massnahmen gegen Partnerinnen und Partner einer nichtehelichen Lebensgemeinschaft - vorausgesetzt die Beziehung sei genügend eng und stabil - vom Bundesge-

---

[371] BGE 122 II 485, nicht publizierte Erwägung 3e aa, vgl. RUDH 1997, 439.

[372] BGE 122 II 485, nicht publizierte Erwägung 3e cc, vgl. RUDH 1997, 439.

[373] BGE 122 II 485, nicht publizierte Erwägung 3e cc, vgl. RUDH 1997, 439. In der Folge führte das Bundesgericht aus, dass das legitime Interesse des die Auslieferung ersuchenden Staates ausschliesslich in der Verteidigung der Ordnung sowie im Schutz der öffentlichen Ruhe und Ordnung bestehe. Deutschland könne aber angesichts der grossen Bedeutung der privaten Interessen und der lediglich mittleren Schwere der der Verurteilung zugrunde liegenden Delikte (Hehlerei mit Autoradios) nicht verlangen, dass die Reststrafe auf seinem Territorium vollzogen werde. Würde die Schweiz in einer derartigen Situation der Auslieferung zustimmen, würde sie zwar ihre internationalen Verpflichtungen in bezug auf Auslieferungsfragen erfüllen, indes gleichzeitig Art. 8 EMRK verletzen, denn die Ausweisung des Beschwerdeführers erscheint nicht als notwendig, entspreche sie doch keinem dringenden sozialen Bedürfnis.

[374] Vgl. zu diesem Entscheid vorne 285.

[375] Unpublizierter BGerE vom 7.2.1996 i.S. M. (2A.469/1995).

[376] Unpublizierter BGerE vom 10.3.1997 i.S. M. (2A.516/1996).

[377] Unpublizierter BGerE vom 6.5.1997 i.S. T. (2A.2/1997).

richt als Eingriff in das Familienleben gewertet würde. Interessanterweise hat es, wie die Kommission, im dargestellten Auslieferungsfall auf die Prüfung der Zumutbarkeit einer Ausreise verzichtet.

3. Die Rechtsprechung des österreichischen Verwaltungsgerichtshofes

Nichteheliche Lebensgemeinschaften fallen nach konstanter Rechtsprechung des Verwaltungsgerichtshofes zwar nicht in den Schutzbereich des Familienlebens, werden jedoch durch das Recht auf Achtung des Privatlebens geschützt. Folgerichtig anerkennt der Verwaltungsgerichtshof, dass aufenthaltsbeendende Massnahmen gegen Partnerinnen oder Partner einer nichtehelichen Lebensgemeinschaft einen rechtfertigungsbedürftigen Eingriff in das geschützte Privatleben darstellen[378].

4. Die Rechtsprechung des französischen Conseil d'État

Nichteheliche Lebensgemeinschaften werden, zumindest wenn die Partner zusammenwohnen oder gemeinsame Kinder haben, nach der Rechtsprechung des Conseil d'État vom Schutzbereich des Art. 8 EMRK erfasst[379]. Aufenthaltsbeendende Massnahmen gegen Partnerinnen oder Partner einer nichtehelichen Gemeinschaft werden durch den Conseil d'État daher konsequenterweise als Eingriffe in das Familienleben qualifiziert.

Im Fall *Mme Naima Babas* bejahte der Conseil d'État, dass die Wegweisung der Mutter bzw. Lebenspartnerin einen Eingriff in das Familienleben bedeutete[380]. Einen Eingriff stellte auch die Zuweisung verschiedener Aufenthaltsorte an Lebenspartner dar, die beide ausgewiesen worden waren, deren Ausweisungen aber nicht vollzogen werden konnten[381]. Schliesslich bejahte der Conseil d'État, dass die Ausweisung ei-

---

[378] Vgl. aus der Rechtsprechung des Verwaltungsgerichtshofes dessen Erkenntnisse vom 27.6.1996, 95/18/1343, sowie vom 14.11.1996, 96/18/0492, in denen er ausführt: „Die belangte Behörde hat den «relativ langen inländischen Aufenthalt» des Beschwerdeführers ebenso wie seine Lebensgemeinschaft mit einer österreichischen Staatsbürgerin - zutreffend - als Umstände berücksichtigt, die einen mit der Ausweisung verbundenen relevanten Eingriff in das Privatleben des Beschwerdeführers begründeten" .

[379] Vorne 204 f.

[380] CE, *Mme Naima Babas*, 19.4.1991, Rec. CE, 162 f.; siehe auch die conclusions des commissaire du gouvernement *Abraham* in RFDA 1991, 497 ff.

[381] CE, *Kalibi*, 28.10.1994, Rec. CE, tab. 988, 1081; vgl. zu diesem Entscheid die Urteilsanmerkungen von *François Julien-Laferrière* in D. 1995, Somm. 177.

F. Weitere Fälle

nes Fremden, der mit einer französischen Staatsangehörigen zusammenlebte, die ein gemeinsames Kind erwartete, einen Eingriff in das Familienleben darstelle[382].

IV. Aufenthaltsbeendende Massnahmen gegen eine ganze Familie

Werden aufenthaltsbeendende Massnahmen gegen alle Angehörigen einer Familie ergriffen, so werden durch die erzwungene Ausreise die privaten und familiären Beziehungen zweifellos einer schweren Belastung ausgesetzt. Dennoch haben bisher weder die Kommission noch das schweizerische Bundesgericht jemals das Vorliegen eines Eingriffes in ein durch Art. 8 EMRK geschütztes Rechtsgut durch die Ausweisung oder Ausschaffung einer ganzen Familie bejaht.

*1. Die Rechtsprechung der
Europäischen Kommission für Menschenrechte*

Aufenthaltsbeendende Massnahmen gegen eine ganze Familie stellen nach der Praxis der Kommission grundsätzlich keinen Eingriff in das *Familienleben* dar, da die Familienmitglieder nicht getrennt werden und das gemeinsame Familienleben im Ausland fortgeführt werden kann. In diesem Sinne hat die Kommission bereits in einer 1961 beurteilten Beschwerde ausgeführt, der Beschwerdeführer habe Belgien verlassen „avec toute sa famille, dont il a pu préserver l'unité; que son expulsion, compatible par elle-même avec la Convention (...), n'a donc pas non plus porté atteinte au droit consacré par le par. 1 de l'article 8"[383].

In einer Beschwerde betreffend die Ausschaffung einer Familie aus Grossbritannien in den türkischen Teil Zyperns hat die Kommission dargelegt, der Ausreise der Familie stünden keine unüberwindlichen Hindernisse entgegen und die mit einer Ausreise unvermeidlich verbundene Unruhe im Familienleben vermöge noch keinen Eingriff in dieses zu begründen[384]. Ebenso hat sie in einer ähnlich gelagerten Beschwerde ausgeführt, „the prohibition to reside in Switzerland concerns all applicants and does not as such separate the first applicant, his wife and their children. Moreover, the applicants who are from Kosovo have not explained why a return to Kosovo would hinder them in the enjoyment of their right to respect for their family life (...)"[385]. In einer weiteren gegen die Schweiz gerichteten Beschwerde wegen Nicht-

---

[382] CE, *Hadj Ahmed*, 9.10.1996, D. 1997, IR 6.

[383] B 858/60, *X. gegen Belgien*, CD 6, 15.

[384] B 9492/81, *Family X. gegen Vereinigtes Königreich*, DR 30, 232.

[385] B 23810/94, *H. et al. gegen die Schweiz*, unpublizierter KE vom 11.5.1994.

verlängerung der Aufenthaltsbewilligung einer Familie aus Sri Lanka liess die Kommission die Frage des Vorliegens eines Eingriffes in das Privat- oder Familienleben offen, da ein allfälliger Eingriff gerechtfertigt gewesen wäre[386].

Ob die Ausweisung oder Ausschaffung einer ganzen Familie einen Eingriff in deren *Privatleben* darstellt, hat die Kommission bisher erst im Rahmen der bereits erwähnten Beschwerde gegen die Bundesrepublik Deutschland wegen der Ausweisung einer Mutter und ihrer beiden Kinder nach Indonesien näher untersucht[387]. Da der Aufenthalt in der Bundesrepublik immer beschränkt und bedingt gewesen und lediglich im Sinne eines Entgegenkommens und in Anerkennung der besonderen Situation gestattet worden sei, erachtete die Kommission die Nichtverlängerung der Anwesenheitsbewilligung nicht als Eingriff in das Privatleben.

Aufenthaltsbeendende Massnahmen gegen alle Angehörigen einer Kernfamilie wurden bisher noch nie als Eingriff in das Privat- oder Familienleben qualifiziert. Ausführungen der Kommission lassen indes vermuten, dass sie einen Eingriff möglicherweise bejahen würde, wenn konkrete Hinweise bestehen, dass ein gemeinsames Familienleben im Zielstaat nicht möglich wäre[388].

2. Die Rechtsprechung des Schweizerischen Bundesgerichtes

Wie die Kommission verneint auch das Bundesgericht bei aufenthaltsbeendenden Massnahmen gegen eine ganze Familie das Vorliegen eines Eingriffes in das Familienleben unter Hinweis auf den Umstand, dass die Familienangehörigen nicht getrennt werden[389]. Eine Berufung auf Art. 8 EMRK würde in den meisten Fällen ferner auch wegen Fehlens von in der Schweiz mit einem gefestigten Anwesenheitsrecht lebenden Familienangehörigen scheitern[390]. Schliesslich lässt „selbst langjährige Landesanwesenheit (...) für sich allein sodann in bezug auf den weiteren Teilgehalt von Art. 8 EMRK

---

[386] B 35602/97, *K. gegen die Schweiz*, unpublizierter KE vom 17.4.1997.

[387] B 9478/81, *X. gegen die Bundesrepublik Deutschland*, DR 27, 243; vorne 298.

[388] So hat die EKMR in B 23810/94, *H. et al. gegen die Schweiz*, unpublizierter KE vom 11.5.1994 ausgeführt: „ (...) the applicants who are from Kosovo have not explained why a return to Kosovo would hinder them in the enjoyment of their right to respect for their family life (...)".

[389] Unpublizierter BGerE vom 22.1.1997 i.S. K. (2A.466/1996).

[390] Siehe die unpublizierten Entscheide des Bundesgerichtes vom 18.7.1996 i.S. N. et al. (2P.256/1996), 22.11.1996 i.S. M. (2P.199/1995) sowie 22.1.1997 i.S. K. (2A.466/1996).

F. Weitere Fälle

(Anspruch auf Achtung des Privatlebens) keinen Bewilligungsanspruch entstehen"[391].

Eine Berufung auf den durch die EMRK gewährten Anspruch auf Achtung des Privat- und Familienlebens hat das Bundesgericht im Fall der Nichtverlängerung der Aufenthaltsbewilligungen einer Familie, die seit sechs Jahren in der Schweiz wohnte, nach der Verurteilung des Ehemannes bzw. Vaters zu einer langjährigen Zuchthausstrafe wegen Drogendelikten abgelehnt[392]. Ebenso verneinte es die Geltendmachung von Art. 8 EMRK im Falle der Wegweisung einer Familie, die seit 1990 (Ehemann/Vater) bzw. 1992 (Ehefrau/Mutter und Kinder) mit einer im Rahmen einer Aufnahmeaktion für Flüchtlinge aus Bosnien-Herzegowina erteilten L-Bewilligung in der Schweiz gelebt hatte[393]. Schliesslich erklärte das Bundesgericht auch eine Beschwerde gegen die Nichtverlängerung der Aufenthaltsbewilligungen eines arbeitslos gewordenen Tamilen und seiner Familie für unzulässig, da diese Massnahme nicht zur Trennung der Familie führe[394].

Obwohl Art. 11 Abs. 2 ANAG, der vorsah, dass die angemessene Ausweisung eines Ehegatten in der Regel auch auf den anderen Ehepartner auszudehnen sei, auf den 1. Januar 1992 aufgehoben wurde, führt Art. 16 Abs. 6 ANAV noch immer aus, dass Kinder unter achtzehn Jahren in die Ausweisung des sorgeberechtigten Elternteiles einbezogen werden sollten. Trotz Aufhebung der Bestimmung von Art. 11 Abs. 2 ANAG kann in der Praxis zumindest für Ausländerinnen und Ausländer, die nur eine Aufenthaltsbewilligung besitzen und daher keinen Anspruch auf deren Verlängerung haben, die Beendigung des Aufenthaltes der Gesamtfamilie in der Schweiz mit der Nichtverlängerung der Bewilligung erreicht werden[395]. Da die Erteilung der Aufenthaltsbewilligung befristet erfolgt, liegt es im Ermessen der Fremdenpolizeibehörde, die Bewilligungsverlängerung zu verweigern, wenn der Aufenthaltszweck in der Schweiz, das Zusammenleben der Gesamtfamilie bzw. der Aufenthalt beim Ehepartner, dahingefallen ist - sei es aufgrund der Ausweisung eines Familienangehörigen, einer Trennung bzw. Scheidung der Ehegatten oder wegen des Todes eines der Ehegatten[396]. Der durch Art. 8

---

[391] Unpublizierter BGerE vom 18.7.1996 i.S. N. et al. (2P.256/1996); siehe auch unpublizierten BGerE vom 3.11.1994 i.S. *Hasan C.* (2P.253/1994) sowie unpublizierten BGerE vom 25.5.1998 i.S. A. et al. (2P.67/1998).

[392] Unpublizierter BGerE vom 18.7.1996 i.S. N. et al. (2P.256/1996); ähnlich unpublizierter BGerE vom 25.5.1998 i.S. A. et al. (2P.67/1998).

[393] Unpublizierter BGerE vom 22.11.1996 i.S. M. (2P.199/1995).

[394] Unpublizierter BGerE vom 22.1.1997 i.S. K. (2A.466/1996).

[395] Hierzu vorne 115 ff.

[396] Siehe hierzu die Ausführungen bei *Schlegel*, 39 f. Dagegen hat das Vorliegen dieser Gründe keinen Einfluss auf das Anwesenheitsrecht niedergelassener Ausländerinnen und Ausländer, denn die ihnen erteilte Niederlassungsbewilligung ist unbefristet und

EMRK gewährte Schutz könnte daher besonders in Fällen der faktischen Ausweisung einer Familie, die eine Aufenthaltsbewilligung oder eine andere befristete fremdenpolizeiliche Bewilligung besitzt, von erheblicher Bedeutung sein. Dieser Schutz müsste indes am Privat- und nicht am Familienleben anknüpfen, denn den Gerichten ist insofern beizupflichten, als aufenthaltsbeendende Massnahmen gegen eine ganze Familie nicht zu einer Trennung der Familie führen; sehr wohl wird dagegen in schwerer Weise in das Privatleben der Betroffenen eingegriffen.

3. Die Rechtsprechung des französischen Conseil d'État

Da die Aus- oder Wegweisung minderjähriger Ausländerinnen und Ausländer durch die Ord. 1945 ausgeschlossen wird[397], ist die Ergreifung aufenthaltsbeendender Massnahmen gegen eine ganze Familie rechtlich nicht möglich. Die faktisch gleichen Wirkungen werden jedoch mit der Aus- oder Wegweisung der Eltern erreicht, denn minderjährigen Kindern bleibt in der Regel keine andere Wahl, als ebenfalls auszureisen. Im bereits erwähnten Entscheid *Préfet de la Seine-Maritime c/ M. et Mme Abdelmoula* führte der Conseil d'État aus, dass aufenthaltsbeendende Massnahmen gegen die Eltern keinen Eingriff in das Familienleben darstellen, wenn einer Ausreise der Kinder keine Hindernisse entgegenstehen[398]. Das Vorliegen eines Eingriffes würde in einer derartigen Situation wohl bejaht, wenn eine Ausreise der Kinder nicht möglich oder nicht zumutbar erschiene.

V. Aufenthaltsbeendende Massnahmen gegen weitere Familienangehörige

Nicht nur die Beziehungen zwischen Eltern und Kindern sowie zwischen Ehegatten bzw. nichtehelichen Lebenspartnern, sondern auch zwischen weiteren Familienangehörigen können Familienleben i.S. von Art. 8 EMRK darstellen und daher in den Schutzbereich des Rechtes auf Achtung des Familienlebens fallen[399]. Aufenthaltsbeendende Massnahmen können daher grundsätzlich auch die Beziehungen z. B. zwischen Geschwistern oder erwachsenen Kindern und ihren Eltern beeinträchtigen.

---

bedingungsfeindlich. Ein Bewilligungsentzug ist hier nur möglich, wenn sie selber einen Ausweisungs- oder Widerrufsgrund gesetzt haben.

[397] Vgl. vorne 164.
[398] CE, *Préfet de la Seine-Maritime c/ M. et Mme Abdelmoula*, Rec. CE, tab. 988; vorne 278 f.
[399] Siehe vorne 35.

F. Weitere Fälle 323

1. Die Rechtsprechung der Europäischen Kommission für Menschenrechte

Ob und unter welchen Voraussetzungen aufenthaltsbeendende Massnahmen gegen weitere Familienangehörige Beeinträchtigungen des Familienlebens und damit einen Eingriff in das Familienleben darstellen, musste von der Kommission bisher, soweit ersichtlich, noch nicht geprüft werden. Sie hatte zwar wiederholt schon Beschwerden zu beurteilen, in denen die Ausschaffung von Brüdern oder Schwestern und die dadurch erfolgte Trennung der Geschwister zu beurteilen war. Die besonderen Umstände der zugrundeliegenden Sachverhalte erlauben es jedoch nicht, konstellationsspezifische Grundsätze zu entwickeln. Während im Fall *Bulus gegen Schweden* nach der Zulässigkeitsentscheidung eine friedliche Streitbeilegung erfolgte[400], musste die im Fall *Dreshaj gegen Finnland* eingetretene Trennung der Geschwister von den Familienangehörigen selber verantwortet werden, da ein Teil der Familie untergetaucht war und sich so der Ausschaffung entzogen hatte[401].

Soweit die Beziehungen zwischen Familienangehörigen, die nicht der Kernfamilie (Ehegatten, Eltern-Kinder) angehören, überhaupt Familienleben i.S. von Art. 8 Abs. 1 EMRK bilden, kann wohl davon ausgegangen werden, dass die Frage eines Eingriffes in das Familienleben in Analogie zu vergleichbaren Konstellationen der Beziehungen zwischen Ehegatten oder zwischen Eltern und Kindern entschieden würde.

2. Die Rechtsprechung der österreichischen Gerichtshöfe des öffentlichen Rechtes

Grundsätzlich können aufenthaltsbeendende Massnahmen gegen Angehörige des erweiterten Familienkreises ebenfalls einen Eingriff in das Familienleben darstellen. Voraussetzung ist indes, dass die direkt von der Massnahme betroffenen Ausländerinnen und Ausländer mit ihren Verwandten *zusammenleben*. In diesem Sinne hat der Verfassungsgerichtshof einen Eingriff in das Familienleben durch die Verhängung eines Aufenthaltsverbotes gegen eine türkische Staatsangehörige, die bei ihrer Schwester und deren Ehemann wohnte, bejaht[402]; demgegenüber hat der Verwaltungsgerichtshof die Ausweisung eines bosnischen Staatsangehörigen, der die Beziehung zu seinem in

---

[400] B 9330/81, *Bulus gegen Schweden*, DR 35, 57 (Zulässigerklärung), sowie DR 39, 75 (friedliche Streitbeilegung); zum Sachverhalt siehe hinten 326.

[401] B 23159/94, *Dreshaj gegen Finnland*, DR 77-A, 126; vgl. hinten 325.

[402] VfSlg 13241/1992.

Österreich lebenden Bruder geltend gemacht hatte, nicht als Eingriff in das Familienleben anerkannt, da der Beschwerdeführer nicht mit seinem Bruder zusammenlebte[403].

3. Die Rechtsprechung des französischen Conseil d'État

Soweit ersichtlich hat der Conseil d'État bisher zwei Fälle beurteilt, in denen nicht der Kernfamilie zuzurechnende Familienangehörige von einer aufenthaltsbeendenden Massnahme betroffen waren. Aufgrund der besonderen Umstände bejahte er in beiden Fällen nicht nur das Bestehen von Familienleben im Sinne von Art. 8 EMRK, sondern auch das Vorliegen eines Eingriffes in dieses. Ausschlaggebend für diesen Entscheid war in beiden Fällen der Umstand, dass die Beschwerdeführer zwar erst als 17- bzw. 18-Jährige erstmals nach Frankreich eingereist waren, indes keinerlei familiäre Beziehungen mehr in ihrem Heimatland besassen und sämtliche nahen Familienangehörigen in Frankreich lebten. Es ist jedoch davon auszugehen, dass in Fällen, in denen die Umstände nicht in derart eindeutiger Weise auf das völlige Fehlen familiärer Beziehungen im Herkunftsland hinweisen, die Tatsache, dass sämtliche Familienangehörige in Frankreich leben, dem Conseil d'État kaum zur Bejahung eines Eingriffes in das Familienleben genügen würde.

Der erste vom Conseil d'État beurteilte Fall betraf die Wegweisung einer als 18-Jährige, nach dem Tode ihrer Grossmutter, bei der sie gelebt hatte, eingereisten algerischen Staatsangehörigen. Da sie keinerlei Beziehungen mehr zu Algerien unterhielt und ihre Eltern sowie all ihre Geschwister in Frankreich wohnten, bejahte der Conseil d'État das Vorliegen eines, in der Folge als unverhältnismässig qualifizierten, Eingriffes[404]. Aufgrund ähnlicher Überlegungen erachtete er auch die Wegweisung eines als 17-Jähriger nach dem Tode des Grossvaters nach Frankreich eingereisten Ausländers, dessen Eltern und Geschwister seit vielen Jahren dort lebten, als - letztlich unverhältnismässigen - Eingriff[405].

VI. Vollstreckung aufenthaltsbeendender Massnahmen gegen einzelne Familienangehörige

Eine Trennung von Familienangehörigen kann auch dadurch eintreten, dass staatliche Behörden zwar alle Angehörigen einer Familie ausschaffen

---

[403] Erkenntnis VwGH vom 14.11.1996, 96/18/0469.
[404] CE, *Préfet de la Moselle c/ Mlle Hadad*, 26.7.1991, Rec. CE, tab. 984.
[405] CE, *Sylla*, 23.6.1995. Rec. CE, tab. 793; vgl. hierzu auch die Anmerkungen von *François Julien-Laferrière* in D. 1996, Somm. 106.

wollen, einzelne Familienmitglieder sich indes dem Vollzug der Ausschaffung zu entziehen vermögen, während die übrigen Familienmitglieder ausgeschafft werden. In derartigen Konstellationen kann sich ebenfalls die Frage nach dem Vorliegen eines Eingriffes in das Familienleben stellen.

Nach übereinstimmender Praxis der Konventionsorgane stellt die durch den Vollzug einer Ausschaffung hervorgerufene Trennung von Familienangehörigen, wenn einzelne Familienmitglieder untertauchen und sich so der Ausschaffung zu entziehen vermögen, keinen Eingriff in das Familienleben dar bzw. begründet keine Verpflichtung, zur Erhaltung der Familieneinheit von der Ausschaffung abzusehen, da die Trennung von den Familienangehörigen selber und nicht vom betreffenden Konventionsstaat zu verantworten ist.

Im Fall *Cruz Varas gegen Schweden* war von den schwedischen Behörden nur der Ehemann bzw. Vater nach Chile ausgeschafft worden, während die Ehefrau sowie der minderjährige Sohn untertauchten und sich so der Ausschaffung zu entziehen vermochten. In ihrem Bericht legte die Kommission dar, dass die schwedischen Behörden zwar alle drei Familienangehörigen hatten ausschaffen wollen, indes nur der Ehemann bzw. Vater habe ausgeschafft werden können, da die anderen Familienmitglieder untergetaucht waren. In der Folge führte sie aus, dass „in general the options open to the authorities would either be to take the whole family into custody in advance to ensure the expulsion or not to enforce the expulsion of Mr Cruz Varas"[406]. Beide Lösungen seien indes problematisch, da „if in cases of this kind whole families were taken into custody, this would mean a considerable increase of individuals deprived of their liberty and notably children. If, on the other hand, one member of the family had gone into hiding, this would seriously impede the effectiveness of the immigration control"[407]. Daraus folge, dass „the splitting up of the family, as a result of the family members' failure to comply with lawful orders, does not show lack of respect for the applicants family life"[408]. In Übereinstimmung mit den Ausführungen der Kommission befand auch der Gerichtshof, dass die Ausschaffung des Ehemannes bzw. Vaters keine positive Verpflichtung zur Achtung des Familienlebens verletzt habe, insbesondere da die Beschwerdeführer nicht dargelegt hatten, dass einer Fortführung des Familienlebens in Chile Hindernisse entgegenstehen würden[409]. Ebenfalls unter dem Aspekt einer positiven Verpflichtung hat die Kommission eine gegen Finnland gerichtete Beschwerde gegen die Ausschaffung der Mutter und zweier Brüder einer minderjährigen abgewiesenen Asylbewerberin geprüft. Die Beschwerdefüh-

---

[406] EKMR, *Cruz Varas gegen Schweden*, Serie A, Nr. 201, KB Ziff. 101.
[407] EKMR, *Cruz Varas gegen Schweden*, Serie A, Nr. 201, KB Ziff. 101.
[408] EKMR, *Cruz Varas gegen Schweden*, Serie A, Nr. 201, KB Ziff. 102.
[409] EGMR, *Cruz Varas gegen Schweden*, Serie A, Nr. 201, Ziff. 88 f.

rerin war mit ihrer ganzen Familie aus Schweden nach Finnland eingereist und hatte um Asyl ersucht. Das Gesuch wurde abgewiesen und die Familie sollte gemeinsam ausgeschafft werden, worauf die Beschwerdeführerin, ihr Vater sowie einer ihrer Brüder untertauchten. Ihre Mutter sowie zwei ihrer Brüder wurden dennoch ausgeschafft. In ihrer Entscheidung führte die Kommission aus, dass Finnland keine positive Verpflichtung oblag, auf die Ausschaffung der Mutter und Brüder der Beschwerdeführerin zu verzichten, um damit die Familieneinheit zu erhalten[410].

Eine Trennung von Angehörigen einer Familie kann indes auch dadurch hervorgerufen werden, dass einigen Familienmitgliedern der Aufenthalt in einem Konventionsstaat gestattet wird, während gegen andere Familienangehörige eine aufenthaltsbeendende Massnahme ergriffen oder vollzogen wird.

Die Beschwerde *Bulus gegen Schweden* betraf die Ausschaffung zweier Brüder nach Syrien. Eigentlich hätten auch ihre weiteren Geschwister sowie ihre Mutter ausgeschafft werden sollen, doch tauchten diese unter und erhielten in der Folge eine befristete Aufenthaltsbewilligung. Nachdem die Kommission die Beschwerde eines der in Schweden zurückgebliebenen minderjährigen Geschwister für zulässig erlärt hatte, konnte eine friedliche Streitbeilegung erzielt werden[411]. Eine weitere gegen Schweden gerichtete Beschwerde betraf die Ausweisung nur des irakischen Ehemannes/Vaters, während der Ehefrau und den drei Kindern aus humanitären Gründen ein Aufenthaltstitel erteilt worden war. In ihrer Entscheidung führte die Kommission aus:

„The Commission notes that the Government's decision of 19 June 1997 does not prevent the applicant's wife and children from following the applicant to Iraq. Having regard to its above conclusions in regard to the complaint lodged under Article 3 of the Convention, the Commission does not find that the wife and the children would be unable, on grounds of personal security, to move to Iraq. However, the Commission takes into account that the family has lived in Sweden since 1986, that the two eldest children arrived in that country at the age of 3 and 2, respectively, and that the youngest child was born in Sweden in 1991. Recalling the Government's conclusion (...) that it could not be excluded that the children would sustain permanent injury if expelled to Iraq, the Commission finds that their removal from Sweden would involve great hardship. As, consequently, the applicant's expulsion could be considered as an interference with the applicant's right to respect for his family life under Article 8 para. 1 of the Convention. It is therefore necessary to ascertain whether the expulsion would satisfy the conditions of Article 8 para. 2."[412]

---

[410] B 32159/94, *Dreshaj gegen Finnland*, DR 77-A, 126.

[411] B 9330/81, *Bulus gegen Schweden*, DR 35, 57 (Zulässigkeitsentscheidung), sowie DR 39, 75 (friedliche Streitbeilegung).

[412] B 36765/97, *Al-Dabbagh gegen Schweden*, unpublizierter KE vom 18.9.1997.

Ob die Ausweisung nur eines Familienangehörigen einen Eingriff in das Familienleben darstellt, bestimmt sich aufgrund einer Prüfung der Zumutbarkeit und Möglichkeit der Ausreise für die übrigen Familienangehörigen. Je länger die betroffenen Familienmitglieder indes in einem Land gelebt haben, desto eher muss wohl die Zumutbarkeit der Ausreise verneint und das Vorliegen eines Eingriffes bejaht werden.

Achtes Kapitel

Die Rechtfertigung eines Eingriffes bzw. die Prüfung einer positiven Verpflichtung

Das Vorliegen eines Eingriffes in das Privat- oder Familienleben bedeutet noch nicht, dass Art. 8 EMRK auch tatsächlich verletzt worden wäre. Vielmehr schliesst sich als dritte und letzte Phase der Prüfung eines Einzelfalles die Untersuchung der Rechtfertigung eines Eingriffes an. Erst wenn feststeht, dass ein Eingriff nicht den in Art. 8 Abs. 2 EMRK niedergelegten Eingriffsvoraussetzungen entspricht, hat der betreffende Vertragsstaat mit der angefochtenen ausländerrechtlichen Massnahme das Recht auf Achtung des Privat- und/oder Familienlebens verletzt.

In der Folge soll daher zunächst das von den verschiedenen Instanzen im Rahmen der Rechtfertigungsprüfung bzw. der Prüfung des Bestehens einer positiven Verpflichtung gewählte Vorgehen dargestellt und versucht werden, die berücksichtigten Gesichtspunkte zu identifizieren. In einem zweiten Schritt wird danach die Rechtsprechung zu ausgewählten Fallkonstellationen dargestellt und analysiert. Dabei soll auch untersucht werden, ob für einzelne Situationen klare Rechtsprechungstendenzen herauskristallisiert werden können.

A. Elemente der Rechtfertigung eines Eingriffes in das Privat- und Familienleben nach Art. 8 Abs. 2 EMRK

Staatliche Eingriffe in das Privat- oder Familienleben müssen, damit sie mit der EMRK vereinbar sind, gesetzlich vorgesehen sein, einen zulässigen Zweck verfolgen und zur Erreichung des verfolgten Zieles in einer demokratischen Gesellschaft notwendig sein. Dabei kommt in ausländerrechtlichen Fällen dem Aspekt der Notwendigkeit und insbesondere der *Verhältnismässigkeit* des Eingriffes entscheidende Bedeutung zu; die beiden weiteren Voraussetzungen, das Vorliegen einer genügenden gesetzlichen Grundlage sowie die Verfolgung eines zulässigen Zweckes, treten in der Regel völlig in den Hintergrund.

A. Rechtfertigungselemente

I. Das Erfordernis einer gesetzlichen Grundlage für den Eingriff

1. Die Rechtsprechung der Konventionsorgane

Das Erfordernis einer genügenden gesetzlichen Grundlage einer in das Privat- oder Familienleben eingreifenden ausländerrechtlichen Massnahme ist in der Strassburger Rechtsprechung bisher weder von Beschwerdeführerinnen und Beschwerdeführern bestritten, noch von Kommission und Gerichtshof näher geprüft worden. Vielmehr begnügen sich die Konventionsorgane regelmässig damit, auf die jeweiligen innerstaatlichen Bestimmungen zu verweisen[1].

2. Die Rechtsprechung des Schweizerischen Bundesgerichtes

Auch in der bundesgerichtlichen Praxis hat das Erfordernis einer genügenden gesetzlichen Grundlage ausländerrechtlicher Massnahmen, die in das Familienleben eingreifen, bisher keinerlei Probleme geboten. Gesetzliche Grundlagen für Eingriffe in das Familienleben durch fremdenrechtliche Massnahmen stellen nach der Praxis des Bundesgerichtes dar:

- *Art. 4 ANAG i.V. mit weiteren Bestimmungen des ANAG* für die Versagung oder Nichtverlängerung fremdenpolizeilicher Bewilligungen, auch wenn die betreffenden Ausländerinnen und Ausländer Anspruch auf deren Erteilung haben[2] sowie bei fremdenpolizeilichen Landesverweisungen;
- *Art. 55 StGB* bei einer strafrechtlichen Landesverweisung[3];
- die entsprechenden Bestimmungen des *Europäischen Auslieferungsübereinkommen vom 13. Dezember 1957* (SR 0.353.1) oder bilaterale Auslieferungsübereinkommen bei einer Auslieferung an einen anderen Staat[4].

---

[1] So hat der Gerichtshof beispielsweise im Fall *Moustaquim gegen Belgien*, Serie A, Nr. 193, Ziff. 38, lapidar festgehalten: „Like the Government and the Commission, the Court notes that the royal deportation order of 28 February 1984 was based on sections 20 and 21 of the Act of 15 December 1980 on the entry, residence and settlement of aliens (...). The applicant did not dispute that, and the Belgian Conseil d'Etat moreover held in its judgment of 16 October 1985 that the deportation was lawful"; *Villiger*, Expulsion, 660.

[2] BGE 110 Ib 201, E. 3b, 206; BGE 122 II 1, E. 3a, 6; unpublizierter BGerE vom 18. Januar 1996 i.S. C. (2A.253/1995; 2A.418/1995); *Zimmermann*, 101; *Thürer*, Familientrennung, 599; *Villiger*, Handbuch, Rz. 566; *Grant*, 274 f.

[3] Unpublizierter BGerE vom 16.1.1996 i.S. N. (6P.129/1995; 6S.725/1995); *Grant*, 274.

3. Die Rechtsprechung des österreichischen Verfassungsgerichtshofes

Im Gegensatz zur Praxis der Strassburger Organe bzw. des Bundesgerichtes oder des Conseil d'État kommt der Frage des Bestehens einer genügenden gesetzlichen Grundlage in der Rechtsprechung des österreichischen Verfassungsgerichtshofes eine bedeutende Rolle zu. Bis 1985 vertrat der Verfassungsgerichtshof die Auffassung, dass bei einer konventionskonformen Anwendung und Auslegung der fremdenrechtlichen Bestimmungen, d.h. einer Berücksichtigung der familiären Verhältnisse und deren Abwägung gegen die öffentlichen Interessen, Eingriffe in das Privat- und Familienleben auf einer genügenden gesetzlichen Grundlage beruhen[5]. In *VfSlg 10737/1985* gab er indes diese Rechtsprechung auf, leitete aus Art. 8 Abs. 2 EMRK strengere Erfordernisse ab und hob in der Folge § 3 FrPG, der die Verhängung eines Aufenthaltsverbotes regelte, wegen mangelnder Bestimmtheit und damit eines Verstosses gegen das Determinierungsgebot[6] auf. In seiner Begründung führte der Verfassungsgerichtshof aus:

„Wenn ein Gesetz eine Maßnahme - wie hier ein Aufenthaltsverbot - vorsieht, die nicht bloß zufällig und ausnahmsweise, sondern geradezu in der Regel in das Familienleben, vielfach auch in das Privatleben, eingreift, wenn also der Effekt des Gesetzes (mag dies auch gar nicht intendiert sein) von besonderer Nähe zum Eingriff in das Grundrecht steht, so muß der Eingriffstatbestand besonders deutlich umschrieben sein. Bei weniger eingriffsnahen Gesetzen kann es durchaus hinreichen, das Gesetz der MRK entsprechend auszulegen oder auch die den materiellen

---

[4] In BGE 122 II 485 nicht publizierte Erwägung 3e cc, vgl. RUDH 1997, 439.

[5] „Der VfGH hat (...) dargetan, dass bei Anwendung des § 3 Abs. 1 FrPG auch auf die familiären Verhältnisse des Fremden Bedacht zu nehmen sei; diese seien dem öffentlichen Interesse daran, dass der Fremde sich nicht im Bundesgebiet aufhält, gegenüberzustellen. Der VfGH bleibt bei dieser Rechtsprechung. Die zitierten Gesetzesbestimmungen entsprechen nämlich nur bei dieser Auslegung dem Art. 8 MRK", VfSlg 9029/1981; VfSlg 8792/1980; VfSlg 9028/1981; *Pernthaler/Rath-Kathrein*, 274; *Lukasser*, 95 f.

[6] Nach Art. 18 Abs. 1 B-VG darf die „gesamte staatliche Verwaltung (...) nur auf Grund der Gesetze ausgeübt werden". Daraus leitet sich das an den Gesetzgeber gerichtete Gebot ab, inhaltlich ausreichend bestimmte Regelungen zu schaffen; vgl. hierzu *Heinz Mayer*, Das österreichische Bundesverfassungsrecht, Kurzkommentar, Wien 1994, 104 ff.; der Praxisänderung war eine lebhafte Diskussion in der Literatur zur Frage des Bestehens einer Judikaturdivergenz zwischen Verfassungsgerichtshof und Verwaltungsgerichtshof vorangegangen: *Harald Stolzlechner*, Aufenthaltsverbot und „Familienleben" - eine Judikaturdivergenz?, ZfV 1983, 227 ff.; *Jörg Hofreiter*, Aufenthaltsverbot und „Familienleben" - wirklich eine Judikaturdivergenz?, ZfV 1983, 125 ff.; *Wilfried Ludwig Weh*, Aufenthaltsverbot und „Familienleben" - ein Problem der gesetzlichen Regelung, ZfV 1984, 374 ff.

A. Rechtfertigungselemente

Gesetzesvorbehalt umschreibende Konventionsbestimmung als innerstaatlich unmittelbar anwendbares (zusätzlich zum Gesetz geltendes) Recht anzuwenden. Diese Position bezog im übrigen der VfGH auch in seiner bisherigen Judikatur zu § 3 FrPG. Er ging hiebei allerdings nicht auf die spezifische Nähe dieser Bestimmung zu einem Eingriff in das Recht auf Privat- und Familienleben (Art. 8 MRK) ein und meinte deshalb, § 3 FrPG verfassungskonform interpretieren zu können.

Bei der Bedachtnahme auf die wegen der spezifischen Eingriffsnähe erforderliche besondere Strenge, mit der dem Auftrag des § 8 Abs. 2 MRK nachzukommen ist, den Eingriff «gesetzlich vorzusehen», stellt sich jedoch heraus, daß diese Meinung nicht länger aufrechterhalten werden kann: (...)

Das den Grundrechtseingriff erlaubende Gesetz muß das Verhalten der Behörde derart ausreichend vorausbestimmen, daß dieses für den Normadressaten vorausberechenbar ist und die Gerichtshöfe des öffentlichen Rechtes in der Lage sind, die Übereinstimmung des Verwaltungsaktes mit dem Gesetz zu überprüfen (...) oder - wie dies der EGMR (...) ausgedrückt hat - das Gesetz muß so präzise formuliert sein, daß der Bürger sein Verhalten danach einrichten kann; er muß - gegebenenfalls aufgrund entsprechender Beratung - in der Lage sein, die Folgen eines bestimmten Verhaltens mit einem den Umständen entsprechenden Grad an Gewißheit zu erkennen. (...) Ein eingriffsnahes Gesetz, wie etwa Bestimmungen über das Aufenthaltsverbot, muß deutlich die Eingriffsschranken, wie sie die MRK (hier Art. 8 Abs. 2) vorschreibt, erkennen lassen. Es muß also mit der soeben dargelegten Bestimmtheit zu erkennen geben, unter welchen Voraussetzungen das Aufenthaltsverbot ohne jede Rücksichtnahme auf familiäre Beziehungen des Fremden verhängt werden darf - was Art. 8 MRK keineswegs ausschließt - und unter welchen anderen Voraussetzungen bei Erlassung des Aufenthaltsverbotes die aufgrund des jeweiligen Tatbestandes zu erwartenden öffentlichen Interessen daran, daß der Fremde das Bundesgebiet verläßt, gegen die familiären (allenfalls auch privaten) Interessen am Verbleib des Fremden in Österreich gegeneinander abzuwägen sind (wobei das Gesetz die jeweiligen Grundsätze für diese Interessenabwägung festlegen und dabei auf eine angemessene Verhältnismässigkeit Bedacht nehmen muß)."[7]

Eingriffsnahe Gesetze, d.h. gesetzliche Tatbestände von hoher Wahrscheinlichkeit und Intensität eines Eingriffes in das Privat- und Familienleben, sind nach der Rechtsprechung des Verfassungsgerichtshof somit nur dann verfassungs- bzw. konventionskonform, wenn die Eingriffsschranken deutlich erkennbar sind und der Ausgang der Interessenabwägung voraussehbar ist, d.h. wenn im Gesetz nicht bloss die Voraussetzungen für die Ergreifung einer Massnahme genau umschrieben sind, sondern auch präzise angegeben ist, unter welchen Voraussetzungen und in welchem Ausmass

---

[7] VfSlg 10737/1985, 892 ff.

diese Massnahme in das Privat- und Familienleben eingreifen darf[8]. In diesem Sinne hat der Verfassungsgerichtshof im Erkenntnis *VfSlg 11455/1987*, mit dem auch eine neue Fassung von § 3 FrPG als konventions- und verfassungswidrig erklärt wurde, dargelegt:

„Art. 8 MRK und Art. 18 B-VG legen dem Gesetzgeber bei der Regelung des Aufenthaltsverbotes eine spezifische Determinierungspflicht auf. Sie ist - entgegen der offenbaren Meinung der Bundesregierung - n i c h t dahin zu verstehen, daß sie den Gesetzgeber dazu verhält, keine unbestimmten Rechtsbegriffe zu verwenden, der Verwaltung kein freies Ermessen einzuräumen oder sich einer kasuistischen Regelungstechnik zu bedienen. Dem Gesetz muß aber mit hinlänglicher Genauigkeit der vom Gesetzgeber gewollte Inhalt derart entnommen werden können, daß das Verhalten der Behörde vom Adressaten vorausberechenbar und von den Gerichtshöfen des öffentlichen Rechtes nachprüfbar ist, wobei im gegebenen Zusammenhang - wie dargetan - strenge Anforderungen zu stellen sind. (...)

Das Gesetz muß die Verwaltungsorgane ausreichend konkretisiert anleiten, wie sie bei der gebotenen Interessenabwägung vorzugehen haben. Dies etwa derart, daß es klarstellt, welche Fallgruppen es allenfalls gibt, in denen das öffentliche Interesse so sehr überwiegt, daß eine Interessenabwägung von vornherein ausgeschlossen ist; vor allem aber derart, daß das Gesetz klärt, welche für den Verbleib des Fremden im Bundesgebiet sprechenden Aspekte im gegebenen Zusammenhang bedeutsam sind (allenfalls mit welchem Gewicht) und gegen das öffentliche Interesse daran, daß der Fremde das Bundesgebiet verläßt, abzuwägen sind."[9]

Die im Anschluss an dieses Erkenntnis des Verfassungsgerichtshofes ausgearbeitete dritte Fassung von § 3 FrPG vermochte schliesslich nach Ansicht des Gerichtshofes dem Determinierungsgebot zu genügen[10].

Als besonders eingriffsnahe gesetzliche Tatbestände und daher einer spezifischen Determinierungspflicht unterliegend hat der Verfassungsgerichtshof neben der *Verhängung eines Aufenthaltsverbotes*[11] auch die *Aufrechterhaltung eines Aufenthaltsverbotes*[12] sowie die *Verweigerung einer Betretungsbewilligung*[13] trotz gültigem Aufenthaltsverbot eingestuft. Eingriffe in

---

[8] *Rosenmayr*, 2; siehe zum Begriff des eingriffsnahen Gesetzes ferner *Berka*, Interessenabwägung, 43.

[9] VfSlg 11455/1987, 160.

[10] VfSlg 11857/1988; kritisch hierzu *Hannes Tretter*, Neuerliche Verfassungs(Konventions)widrigkeit des § 3 Fremdenpolizeigesetz (Aufenthaltsverbot) und Neuregelung durch den österreichischen Gesetzgeber, EuGRZ 1988, 49 ff.; zu den entsprechenden Bestimmungen des FrG 1997 (§§ 36 ff.) siehe vorne 142 ff.

[11] VfSlg 10737/1985; VfSlg 11455/1987; VfSlg 11857/1988; *Rosenmayr*, 2.

[12] VfSlg 11221/1987; VfSlg 11455/1987; VfSlg 11218/1987; VfSlg 11857/1988.

[13] VfSlg 11638/1988.

A. Rechtfertigungselemente

das Privat- und Familienleben beruhen in diesen Konstellationen nur dann auf einer genügenden gesetzlichen Grundlage und sind insofern konventions- und verfassungskonform[14], wenn diese die eingriffslegitimierenden öffentlichen Interessen sowie die vorzunehmende Interessenabwägung derart umschreibt, dass die Entscheidung der Verwaltungsbehörden vom Einzelnen voraussehbar und durch die Gerichtshöfe nachvollziehbar ist. Demgegenüber hat der Verwaltungsgerichtshof beispielsweise der *Versagung* oder *Nichtverlängerung eines Sichtvermerkes* nicht dieselbe Eingriffsnähe wie den vorgenannten Eingriffstatbeständen zuerkannt, da die Verweigerung eines Sichtvermerkes nicht mit derselben Wahrscheinlichkeit und Intensität in das Familien- und Privatleben eingreife. In diesen Fällen genügt es, wenn die entsprechende gesetzliche Bestimmung eine Berücksichtigung der persönlichen Verhältnisse der Antragsteller vorsieht und im Rahmen dieser Berücksichtigung die in Art. 8 Abs. 2 EMRK verlangte Interessenabwägung vorgenommen wird[15]. Dies gilt auch für die *Ungültigerklärung eines Sichtvermerkes*[16] oder die *Versagung einer Aufenthaltsbewilligung*[17].

Eingriffsnahe gesetzliche Tatbestände des neuen FrG 1997 stellen neben der *Verhängung eines Aufenthaltsverbotes* sehr wahrscheinlich auch die *Ausweisung* Fremder mit Aufenthaltstitel, die *Aufrechterhaltung eines Aufenthaltsverbotes* sowie die *Versagung einer Wiedereinreise* während der Gültigkeit eines Aufenthaltsverbotes dar. Demgegenüber kommt der *Versagung* oder *Nichtverlängerung eines Aufenthaltstitels* grundsätzlich wohl nicht dieselbe Eingriffsnähe zu; eine Ausnahme muss indes bei der Versagung der

---

[14] In genereller Weise führt der Verfassungsgerichtshof aus, dass ein Eingriff in das durch Art. 8 EMRK gewährleistete Recht auf Achtung des Privat- und Familienlebens dann verfassungswidrig ist, wenn „der ihn verfügende Bescheid ohne jede Rechtsgrundlage ergangen wäre, auf einer dem Art. 8 MRK widersprechenden Rechtsvorschrift beruhte oder wenn die Behörde bei Erlassung des Bescheides eine verfassungsrechtlich unbedenkliche Rechtsgrundlage in denkunmöglicher Weise angewendet hätte; ein solcher Fall liegt nur vor, wenn die Behörde einen so schweren Fehler begangen hätte, dass dieser mit Gesetzlosigkeit auf eine Stufe zu stellen wäre, oder wenn sie der angewendeten Rechtsvorschrift fälschlicherweise einen verfassungswidrigen, insbesondere einen dem Art. 8 Abs. 1 MRK widersprechenden und durch Art. 8 Abs. 2 MRK nicht gedeckten Inhalt unterstellt hätte", VfSlg 11982/1989; ebenso statt vieler VfSlg 11638/1988 sowie VfSlg 13489/1993.

[15] VfSlg 11044/1986; VfSlg 13333/1993; VfSlg 13336/1993; VfSlg 13333/1993; VfSlg 13489/1993; VfSlg 13497/1993; *Rosenmayr*, 3; siehe ferner zum Begriff der weniger eingriffsnahen Gesetze *Berka*, 43 f.

[16] VfSlg 13611/1993.

[17] VfSlg 13836/1994; VfSlg 14091/1995.

Bewilligung des *Nachzuges Familienangehöriger* auf Dauer in Österreich niedergelassener Fremder gelten.

4. Die Rechtsprechung des französischen Conseil d'État

Im Rahmen der ausländerrechtlichen Rechtsprechung des Conseil d'État zu Art. 8 EMRK spielt die Frage der gesetzlichen Grundlage wie auch in der bundesgerichtlichen und Strassburger Praxis eine untergeordnete Rolle und ist bisher noch nie thematisiert worden. Ausländerrechtliche Massnahmen beruhen auf den Bestimmungen der Ord. 1945 oder allenfalls auf spezifischen staatsvertraglichen Regelungen (wie beispielsweise den bilateralen Verträgen zwischen Frankreich und Algerien)[18].

II. Das Erfordernis des zulässigen Zweckes der Massnahme

Die Sachverhalte, in denen ausländerrechtliche Massnahmen in das Familien- oder Privatleben eingreifen, können in bezug auf den die Massnahme motivierenden Zweck in zwei Gruppen unterteilt werden: eine erste Gruppe bilden diejenigen Fälle, in denen die von einer ausländerrechtlichen Massnahme betroffenen Ausländerinnen und Ausländer straffällig geworden sind und aus diesem Grund eine fremdenrechtliche Massnahme ergriffen wird. Davon sind diejenigen Situationen zu unterscheiden, in denen die staatlichen Behörden das Zusammenleben der Familienmitglieder aus anderen Gründen beschränken oder verunmöglichen.

1. Die Rechtsprechung der Konventionsorgane

a) Eingriffsmassnahmen gegen straffällig gewordene Ausländerinnen und Ausländer

Die Mehrzahl der von den Strassburger Organen beurteilten ausländerrechtlichen Beschwerden betreffen Ausländerinnen und Ausländer, die im beklagten Vertragsstaat[19] straffällig geworden und strafrechtlich verurteilt

---

[18] Siehe hierzu auch die Anmerkungen von *François Julien-Laferrière* zu den Entscheiden *Belgacem* und *Mme Naima Babas* in AJDA 1991, 554.

[19] In B 28679/95, *Velazquez Rosano und Velazquez Gandara gegen die Niederlande*, unpublizierter KE vom 15.1.1997, hat die Kommission festgehalten, dass eine Ausweisung auch dann gerechtfertigt werden kann, wenn die Straftaten nicht im ausweisenden

worden sind. In diesen Fällen anerkennen Gerichtshof und Kommission in konstanter Rechtsprechung, dass die von den staatlichen Behörden ergriffenen ausländerrechtlichen Massnahmen dem Schutz der *öffentlichen Ruhe und Ordnung*, der *Verteidigung der Ordnung* sowie der *Verhinderung strafbarer Handlungen* dienen. Bei Fremden, die wegen Drogendelikten verurteilt worden sind, anerkennt die Kommission zudem in jüngster Zeit, dass ausländerrechtliche Massnahmen auch zum *Schutz der Gesundheit* ergriffen werden können[20].

Eine besondere Kategorie stellen diejenigen Fälle dar, in denen ausländerrechtliche Massnahmen gegen Fremde ergriffen werden, die sich lediglich *ausländerrechtlicher Delikte* (z. B. des illegalen Aufenthaltes) schuldig gemacht haben. Hier anerkennt die Kommission, dass die entsprechenden Massnahmen die *Verteidigung der Ordnung* bezwecken[21].

b) Eingriffsmassnahmen gegen andere Ausländerinnen und Ausländer

In konstanter Rechtsprechung führen die Konventionsorgane aus, dass einreiseverhindernde bzw. aufenthaltsbeendende Massnahmen zum *Schutz des wirtschaftlichen Wohles des Landes* ergriffen werden können[22], stellen

---

Staat, sondern in einem Nachbarstaat (in casu Belgien) verübt und strafrechtlich geahndet worden sind.

[20] Vgl. beispielsweise EKMR, *Dalia gegen Frankreich*, Reports 1998-I, 96 ff., KB; B 24233/94, *T.F. gegen Frankreich*, unpublizierter KE vom 18.10.1995; B 31687/96, *A.I. gegen Frankreich*, unpublizierter KE vom 27.11.1996; B 28697/95, *Velazquez Rosano und Velazquez Gandara gegen die Niederlande*, unpublizierter KE vom 15.1.1997; B 32317/96, *Zanibou gegen Frankreich*, unpublizierter KE vom 26.2.1997; B 32809/96, *Renna gegen Frankreich*, KE vom 26.2.1997, RUDH 1997, 422 f.; *Storey*, 333.

[21] B 9088/80, *X. gegen Vereinigtes Königreich*, DR 28, 160; B 9285/81, *X., Y. und Z. gegen Vereinigtes Königreich*, DR 29, 205; B 12122/86, *Lukka gegen Vereinigtes Königreich*, DR 50, 268; *Sudre*, Contrôle, 264; *Madureira*, 115; *Frowein/Peukert*, 334.

[22] Siehe beispielsweise B 12411/86, *M. gegen die Bundesrepublik Deutschland*, DR 51, 245 betr. Ausweisung des geschiedenen, nicht sorgeberechtigten Vaters; EGMR, *Berrehab gegen die Niederlande*, Serie A, Nr. 138, Ziff. 26 - die Kommission war in ihrem Bericht noch davon ausgegangen, dass die Ausweisung eine zur Verteidigung der Ordnung notwendige Massnahme sei, siehe KB, Ziff. 79; B 13654/88, *R. und R. gegen die Niederlande*, DR 57, 287 betr. Ausweisung zweier erwachsener Töchter einer in den Niederlanden wohnhaften marokkanischen Staatsangehörigen; B 14501/89, *A. und A. gegen die Niederlande*, DR 72, 118 betr. Nichterteilung einer Aufenthaltsbewilligung an den minderjährigen Sohn des in den Niederlanden wohnhaften Vaters; EKMR, *Gül gegen die Schweiz*, KB vom 4.4.1995, Reports 1996-I, 186 ff. betr. Nachzug des minder-

diese doch Vorkehren zur Durchsetzung der nationalen Einwanderungspolitik und zur Regelung des Arbeitsmarktes dar:

„The Commission (...) notes that the Dutch immigration policy establishes special conditions for the purpose of regulating the labour market, and generally of restricting immigration in a densely populated country. Thus the legitimate aim pursued is the preservation of the country's economic well-being within the meaning of Article 8 para. 2 of the Convention."[23]

Die Kommission hat ferner in einigen wenigen Ausweisungsfällen anerkannt, dass der durch die Entfernungsmassnahmen bewirkte Eingriff in das Familienleben eine Massnahme zum *Schutz der nationalen Sicherheit* bedeutete. Der erste dieser Fälle betraf die Ausschaffung eines angeblich militanten Sikhs aus Grossbritannien[24], der zweite die Ausweisung eines mutmasslichen Mitarbeiters des irakischen Geheimdienstes aus Schweden[25].

2. Die Rechtsprechung des Schweizerischen Bundesgerichtes

Wie auch bei der Prüfung der gesetzlichen Grundlage hat das Bundesgericht in zahlreichen Urteilen auf die explizite Untersuchung, ob der Eingriff einen zulässigen, d.h. in Art. 8 Abs. 2 EMRK aufgezählten Zweck verfolgt, verzichtet. In gewissen Entscheiden hat es jedoch ausgeführt, dass je nach dem Zweck einer in das Familienleben eingreifenden ausländerrechtlichen Massnahme zwei Situationen unterschieden werden müssten[26]. So sei einer-

---

jährigen Sohnes der in der Schweiz wohnhaften Eltern; B 24968/94, *Lamrabti gegen die Niederlande*, unpublizierter KE vom 18.5.1995 betr. den Nachzug der minderjährigen Kinder des in den Niederlanden wohnhaften Vaters; B 26400/95, *Öztürk gegen Österreich*, unpublizierter KE vom 18.10.1995 betr. Erteilung einer Aufenthaltsbewilligung an den erwachsenen Sohn in Österreich niedergelassener Eltern; B 25918/94, *Altuntas gegen Österreich*, unpublizierter KE vom 15.5.1996 betr. Erteilung einer Aufenthaltsbewilligung an den erwachsenen Sohn eines in Österreich wohnhaften Vaters.

[23] EKMR, *Ahmut gegen die Niederlande*, Reports 1996-VI, 2039 ff., KB Ziff. 48.

[24] EKMR, *Chahal gegen Vereinigtes Königreich*, Reports 1996-V, 1893 ff., KB Ziff. 134.

[25] B 32025/96, *Kareem gegen Schweden*, DR 87-A, 173; siehe auch B 36765/97, *Al-Dabbagh gegen Schweden*, unpublizierter KE vom 18.9.1997.

[26] „Die Schweiz befolgt bei der Erteilung von fremdenpolizeilichen Bewilligungen an Ausländer eine restriktive Politik; sie berücksichtigt die geistigen und wirtschaftlichen Interessen sowie den Grad der Überfremdung des Landes und bezweckt insbesondere ein ausgewogenes Verhältnis zwischen dem Bestand der schweizerischen und der ausländischen Wohnbevölkerung, die Verbesserung der Arbeitsmarktstruktur und eine möglichst ausgeglichene Beschäftigung. Wird einem Ausländer im Rahmen dieser

A. Rechtfertigungselemente

seits zu berücksichtigen, dass die schweizerischen Behörden in bezug auf die Einreise und den Aufenthalt von Fremden eine *restriktive Zulassungspolitik* verfolgten, um dadurch u.a. den Arbeitsmarkt zu stabilisieren und eine möglichst ausgeglichene Beschäftigungssituation sowie ein ausgewogenes Gleichgewicht zwischen der schweizerischen und ausländischen Wohnbevölkerung zu erreichen. Derart motivierte Massnahmen gegen Ausländerinnen und Ausländern dienen nach der bundesgerichtlichen Praxis einem zulässigen Zweck i.S. von Art. 8 Abs. 2 EMRK, nämlich dem *Schutz des wirtschaftlichen Wohles des Landes*[27]. Sind die betroffenen Ausländerinnen und Ausländer hingegen straffällig geworden und bestehen somit *Fernhaltegründe* gegen sie, verfolgen die entsprechenden ausländer- oder strafrechtlichen Massnahmen andererseits den Zweck der *Verteidigung der Ordnung* oder der *Verhinderung weiterer strafbarer Handlungen*[28].

3. Die Rechtsprechung der österreichischen Gerichtshöfe des öffentlichen Rechtes

Auch die österreichischen Gerichtshöfe des öffentlichen Rechtes bezeichnen in aller Regel in ihren Entscheiden nicht, welcher oder welche der in Art. 8 Abs. 2 EMRK genannten Eingriffszwecke in einem konkreten Fall verfolgt werden. Hervorzuheben ist in diesem Zusammenhang indes, dass das FrG 1997 verschiedentlich ausdrücklich auf die Eingriffszwecke von Art. 8 EMRK verweist, so beispielsweise in § 36 Abs. 1 FrG 1997 (Aufenthaltsverbot) oder in § 37 Abs. 1 FrG 1997 (Schutz des Privat- und Familienlebens bei Ausweisungen oder Verhängung von Aufenthaltsverboten)[29].

Politik die Erneuerung einer Aufenthaltsbewilligung verweigert, so dient diese Massnahme unter anderem dem wirtschaftlichen Wohl des Landes. War der Ausländer zudem straffällig, verfolgt sie darüber hinaus das Ziel der Verteidigung der Ordnung und der weiteren Verhinderung von strafbaren Handlungen, allenfalls auch des Schutzes der Gesundheit und der Rechte anderer", unpublizierter BGerE vom 17.1.1995 i.S. D. (2A.238/1994), E. 4c.

[27] BGE 115 Ib 1, E. 4a, 7; BGE 120 Ib 1, E. 3b, 4 f.; BGE 120 Ib 22, E. 4a, 24 f.; BGE 122 II 1, E. 3a, 6 f.; *Wurzburger*, 287; *Grant*, 275.

[28] BGerE vom 13.5.1992, in ZBl 1992, 569, E. 2c, 571; BGE 121 Ib 129, E. 5d, 133; unpublizierte Erwägung 3e cc von BGE 122 II 485, vgl. RUDH 1997, 439; unpublizierter BGerE vom 16.1.1996 i.S. N. (6P.129/1995; 6S.725/1995).

[29] Siehe hierzu vorne 143.

4. Die Rechtsprechung des französischen Conseil d'État

In seinen meist äusserst knapp begründeten Entscheiden bezeichnet der Conseil d'État in der Mehrzahl der Fälle nicht ausdrücklich den jeweiligen Eingriffszweck, sondern führt lediglich aus, der Eingriff in das Privat- und Familienleben sei beispielsweise „*disproportionnée aux buts en vue desquels a été prise la mesure attaquée*"[30]. Demgegenüber präzisiert er namentlich in Fällen der Ausweisung straffällig gewordener Ausländerinnen und Ausländer, dass mit der Massnahme die *Verteidigung der Ordnung* verfolgt werde und der Eingriff daher einem zulässigen Zweck diene[31].

III. Das Erfordernis der Notwendigkeit des Eingriffes in einer demokratischen Gesellschaft - Aspekte der Verhältnismässigkeitsprüfung

Werden das Bestehen einer gesetzlichen Grundlage bzw. eines zulässigen Zweckes einer in das Privat- oder Familienleben eingreifenden ausländerrechtlichen Massnahme in aller Regel, wenn überhaupt, nur nebenbei untersucht, kommt dem letzten Element der Prüfung der Rechtmässigkeit eines Eingriffes zentrale und entscheidende Bedeutung zu. Stellt eine ausländerrechtliche Massnahme einen Eingriff in das Privat- oder Familienleben dar, so ist letztlich für das Vorliegen einer Konventionsverletzung die Frage der Notwendigkeit dieser Massnahme in einer demokratischen Gesellschaft und insbesondere ihre Verhältnismässigkeit ausschlaggebend.

In der Folge sollen daher die von den Konventionsorganen und vom schweizerischen Bundesgericht herangezogenen Gesichtspunkte bei der Abwägung der sich gegenüberstehenden Interessen eingehend dargestellt werden. Etwas kürzer wird anschliessend auch auf die von den österreichischen Gerichtshöfen des öffentlichen Rechtes und vom Conseil d'État in Betracht gezogenen Aspekte eingegangen.

---

[30] Z. B. CE, *Ministre de l'Intérieur c/ Mme Zine El Khalma*, 22.5.1992, Rec. CE, tab. 1040.

[31] So beispielsweise in CE, *Beldjoudi*, 18.1.1991, Rec. CE, 18 ff.; CE, *Soudani*, 19. März 1997, Dr. adm. 1997, No. 169; vgl. ferner die Anmerkungen von *François Julien-Laferrière* zu den Entscheiden *Belgacem* und *Mme Naima Babas* in AJDA 1991, 554.

A. Rechtfertigungselemente

1. Die Rechtsprechung der Konventionsorgane

In das Privat- oder Familienleben eingreifende ausländerrechtliche Massnahmen sind dann notwendig, wenn sie einem *dringenden sozialen Bedürfnis* entsprechen und zum angestrebten Ziel *verhältnismässig* sind. Die Konventionsorgane schenken freilich in ihrer Rechtsprechung den Aspekten der Eignung und Erforderlichkeit einer Massnahme, d.h. dem Gesichtspunkt des dringenden sozialen Bedürfnisses, so gut wie keine Beachtung[32], sondern konzentrieren sich meist ausschliesslich auf die Prüfung der Verhältnismässigkeit einer Massnahme. Im Rahmen dieser Prüfung wägen sie die Schwere des Eingriffes gegen die Bedeutung der staatlichen Ziele ab. Nur wenn dieses Verhältnis ausgewogen erscheint, wird die Massnahme als verhältnismässig anerkannt. Welche Aspekte bei der Bestimmung der Schwere eines Eingriffes bzw. der Gewichtung des vom Staat verfolgten Zweckes in Betracht zu ziehen sind und im Vordergrund stehen, hängt von der jeweiligen Fallkonstellation ab[33].

a) Die Schwere des Eingriffs in das Recht auf Achtung des Familienlebens

Das in Art. 8 Abs. 1 EMRK geschützte Rechtsgut des Familienlebens entzieht sich als Lebenssachverhalt jeglicher schematischer Betrachtungsweise. Daher ist es auch nicht möglich, die Schwere eines Eingriffes in das Familienleben mit mathematischer Genauigkeit zu bestimmen. Es ist vielmehr unumgänglich, die besonderen Umstände jedes einzelnen Falles zu berücksichtigen und ihnen gebührend Rechnung zu tragen.

aa) Familiäre Umstände der Beschwerdeführer

Um die Schwere eines Eingriffes in das Familienleben abzuschätzen, berücksichtigen die Konventionsorgane zunächst die familiären Umstände der Betroffenen. Da Eingriffe in das Familienleben aufgrund ausländerrechtlicher Massnahmen immer einen Bezug zu mindestens zwei Ländern - zum

---

[32] Die überragende Bedeutung der Verhältnismässigkeit im Rahmen der Prüfung der Notwendigkeit einer Eingriffsmassnahme ist bereits aus der von Kommission und Gerichtshof verwendeten Standardformulierung ersichtlich; vgl. beispielsweise EGMR, *Berrehab gegen die Niederlande*, Serie A, Nr. 138, Ziff. 28: „(...) necessity implies that the interference corresponds to a pressing social need and, in particular, that it is proportionate to the legitimate aim".

[33] Siehe hierzu hinten 378 ff.

eingreifenden Staat sowie zum Herkunftsland der direkt von der Massnahme betroffenen Person - aufweisen, berücksichtigen Kommission und Gerichtshof im Rahmen der Güterabwägung sowohl die familiären Umstände im Inland als auch die im Herkunftsland bestehenden familiären Beziehungen.

Familiäre Beziehungen im eingreifenden Staat: Die Konventionsorgane ziehen zunächst die familiäre Situation im eingreifenden Konventionsstaat in Erwägung. Die Schwere eines Eingriffes in das Familienleben hängt massgeblich vom *Zivilstand* der betroffenen Personen ab, das heisst von der Frage, ob die von einer ausländerrechtlichen Entfernungsmassnahme betroffenen Beschwerdeführer ledig oder verheiratet sind bzw. in einer festen Beziehung leben. Familienleben beeinträchtigende Entfernungsmassnahmen gegen ledige und erwachsene ausländische Staatsangehörige bedeuten in der Praxis der Strassburger Organe in der Regel keine besonders schweren Eingriffe. In diesem Sinne hat der Gerichtshof beispielsweise in den Fällen *Bouchelkia gegen Frankreich* sowie *El Boujaïdi gegen Frankreich* betont, dass die Beschwerdeführer im Zeitpunkt des Vollzugs der Ausschaffung ledig gewesen seien und keine Kinder gehabt hätten[34]. Eingriffe in das Familienleben *verheirateter* oder in einer *festen Beziehung* lebender Beschwerdeführer[35] werden von Kommission und Gerichtshof dagegen regelmässig als schwer eingestuft, da behördliche Eingriffe in diesen Situationen in den allermeisten Fällen zur Gefährdung oder gar völligen Zerstörung des Familienlebens führen[36].

Insoweit behördliche Massnahmen überhaupt Eingriffe in das Familienleben zwischen *erwachsenen Kindern und ihren Eltern* im Sinne von Art. 8 Abs. 2 EMRK darstellen - dies ist nach der Praxis der Konventionsorgane praktisch nur bei aufenthaltsbeendenden Massnahmen gegen Angehörige der zweiten Generation der Fall[37] -, wird in bezug auf die Schwere des Eingriffes regelmässig auf die Tatsache verwiesen, dass die ganze Familie, d.h. Eltern und sowie alle Geschwister der Beschwerdeführer im betreffenden Staat leben[38].

Den *Interessen der Kinder* ist im Rahmen der Prüfung der Verhältnismässigkeit eines Eingriffes ebenfalls gebührend Beachtung zu schenken. Leading case ist in diesem Zusammenhang der Fall *Berrehab gegen die Niederlande*. In ihrem Bericht

---

[34] EGMR, *Bouchelkia gegen Frankreich*, Reports 1997-I, 47 ff., Ziff. 50; EGMR, *El Boujaïdi gegen Frankreich*, Reports 1997-VI, 1980 ff., Ziff. 33; vgl. auch B 26234/95, *Marsou gegen Belgien*, unpublizierter KE vom 28.2.1996 sowie B 33437/96, *Bejaoui gegen Frankreich*, unpublizierter KE vom 9.4.1997.

[35] Siehe hierzu beispielsweise EKMR, *Mehemi gegen Frankreich*, Reports 1997-VI, 1974 ff., KB Ziff. 44; B 28679/95, *Velazquez Rosano und Velazquez Gandara gegen die Niederlande*, unpublizierter KE vom 15.1.1997.

[36] Vgl. EGMR, *Beldjoudi gegen Frankreich*, Serie A, Nr. 234-A, Ziff. 78; B 28679/95, *Velazquez Rosano und Velazquez Gandara gegen die Niederlande*, unpublizierter KE vom 15.1.1997.

[37] Siehe vorne 288 ff.

[38] Vgl. EKMR, *Mehemi gegen Frankreich*, Reports 1997-VI, 1974 ff., KB Ziff. 44.

A. Rechtfertigungselemente

führte die Kommission bei der Verhältnismässigkeitsprüfung aus, dass in Fällen, in denen das Familienleben zwischen einem Elternteil und einem Kind in Frage steht, den Interessen des Kindes besondere Aufmerksamkeit zu schenken sei[39]. In der Folge übernahm auch der Gerichtshof dieses Argument und legte dar, dass die Verweigerung der Erteilung eines eigenständigen Aufenthaltstitels an den Vater die zwischen ihm und seiner Tochter bestehenden Bande zu zerreissen drohe. Aus diesem Grunde sowie wegen des geringen Alters der Tochter erachtete er den Eingriff als schwer[40]. Die besondere Aufmerksamkeit, die im Rahmen der Verhältnismässigkeitsprüfung den Interessen der Kinder zu schenken ist, vermag freilich behördliche Eingriffe in das Familienleben zwischen Elternteilen und Kindern nicht per se als unverhältnismässig und somit nicht gerechtfertigt erscheinen lassen[41]. Vielmehr müssen auch in diesen Situationen die besonderen Umstände des jeweiligen Einzelfalles beachtet werden und gegen die vom Staat mit dem Eingriff verfolgten Interessen abgewogen werden[42]. In Betracht zu ziehen sind ferner namentlich die *Nähe der Beziehung*, die Regelung des *Sorge- und Besuchsrechts*[43], die *Häufigkeit und Regelmässigkeit der bestehenden Kontakte*[44], die *geographische Distanz* zwischen dem betroffenen Elternteil und den Kindern im Falle einer Ausweisung sowie die tatsächlichen und finanziellen *Möglichkeiten gegenseitiger Besuche* im Aufenthalts- bzw. Heimatland[45].

---

[39] „When (...) the right at issue is the family life of a parent and a child, particular regard must be had to the interests of the latter", EKMR, *Berrehab gegen die Niederlande*, Serie A, Nr. 138, KB Ziff. 82; ebenso B 12411/86, *M. gegen die Bundesrepublik Deutschland*, DR 51, 250, wo die Kommission ausführt, dass „when assessing the proportionality of the interference with the applicant's and his child's rights, the national authorities must take sufficient account of their interests to continue existing, extensive contacts between them".

[40] EGMR, *Berrehab gegen die Niederlande*, Serie A, Nr. 138, Ziff. 29.

[41] So hat beispielsweise die Kommission in ihrem Entscheid in B 23245/94, *T. et al. gegen die Schweiz*, unpublizierter KE vom 7.4.1994, zwar festgestellt, dass eine Ausweisung des Vaters mit grösster Wahrscheinlichkeit zu einer Zerstörung der Beziehungen zu seinen beiden in der Schweiz lebenden Kindern führen würde, der Eingriff jedoch in Anbetracht der Schwere der begangenen Straftat durchaus verhältnismässig ist.

[42] B 12411/86, *M. gegen die Bundesrepublik Deutschland*, DR 51, 250.

[43] B 23245/94, *T. et al. gegen die Schweiz*, unpublizierter KE vom 7.4.1994; ebenso B 34295/96, *V.K. gegen die Schweiz*, unpublizierter KE vom 26.2.1997.

[44] B 12411/86, *M. gegen die Bundesrepublik Deutschland*, DR 51, 245.

[45] In B 27327/95, *Boyce gegen Schweden*, unpublizierter KE vom 16.10.1996, hat die Kommission befunden, dass die Unannehmlichkeiten, welche mit einer Reise von Barbados nach Schweden verbunden seien, angesichts der Umstände des Falles keine unangemessene Belastung für den Beschwerdeführer darstellten; siehe ferner B 23245/94, *T. et al. gegen die Schweiz*, unpublizierter KE vom 7.4.1994; B 34295/96, *V.K. gegen die Schweiz*, unpublizierter KE vom 26.2.1997; B 24968/94, *Lamrabti gegen die Niederlande*, unpublizierter KE vom 18.5.1996.

In der Praxis bestehen, obwohl dies von der Kommission nicht ausdrücklich gesagt wird, gewisse Anzeichen dafür, dass in den Fällen, in denen eine behördliche Massnahme zur *Trennung von bisher zusammenlebenden Eltern und Kindern* führen würde, der Eingriff als schwerer eingestuft wird als in jenen, in denen der *Nachzug* von minderjährigen, bisher von ihren Eltern oder vom nachziehenden Elternteil getrennt lebenden Kindern verweigert wird[46].

Die Schwere eines Eingriffes in das Familienleben hängt schliesslich auch von der *Qualität* desselben ab. Sind die im betreffenden Staat bestehenden familiären Bande bereits gelockert, wird der Eingriff in das Familienleben in der Regel als nicht besonders schwer eingestuft werden[47].

Familiäre Beziehungen im Herkunftsland: Neben dem im eingreifenden Staat bestehenden Familienleben sind sowohl in Fällen aufenthaltsbeendender Massnahmen als auch in Nachzugsfällen die im Herkunftsland bestehenden familiären Beziehungen im Rahmen der Verhältnismässigkeitsprüfung bedeutsam. Verfügen ausländische Staatsangehörige, die aus einem Staat ausgeschafft werden sollen, über keine familiären Beziehungen mehr in ihrem Herkunftsland, so handelt es sich um einen weitaus schwereren Eingriff als in Fällen, in denen die betroffene Person in ihrem Heimatland über zahlreiche Familienbande verfügt und zu diesen Familienangehörigen auch einen gewissen Kontakt pflegt. In diesem Sinne hat die Kommission beispielsweise in ihrem Bericht zum Fall *Bouchelkia gegen Frankreich* ausgeführt, dass der Lebensmittelpunkt des Beschwerdeführers zwar unbestreitbar in Frankreich liege, er andererseits aber zu seinen in Algerien lebenden Familienangehörigen regelmässige und häufige Kontakte unterhalte[48]. Die Bedeutung, die dem im Heimatland bestehenden Familienleben zukommen kann, wird in einer gegen Österreich gerichteten Beschwerde deutlich. Die Beschwerde betraf die drohende Ausweisung eines jungen türkischen Staatsangehörigen, der als 17-Jähriger zu seinem in Österreich lebenden Vater gezogen war. In ihrer Entscheidung betonte die Kommission ausdrücklich, sie

---

[46] Vgl. beispielsweise B 24968/94, *Lamrabti gegen die Niederlande*, unpublizierter KE vom 18.5.1995, in dem die Kommission ausführt, die Weigerung der niederländischen Behörden, den minderjährigen Kindern des Beschwerdeführers den Aufenthalt zu gestatten, bedeute nicht, dass die Beziehung zwischen Vater und Kindern zerreisse, da der Vater ja auch in Zukunft die Beziehung wie bis anhin durch regelmässige Besuche in Marokko aufrechterhalten könne. Im Ergebnis ähnlich B 14501/89, *A. und A. gegen die Niederlande*, DR 72, 118; anders jedoch der KB im Fall *Gül gegen die Schweiz*, Reports 1996-I, 159 ff., KB Ziff. 61, sowie der KB im Fall *Ahmut gegen die Niederlande*, Reports 1996-VI, 2039 ff., KB Ziff. 51.

[47] Siehe hierzu etwa B 25913/94, *Naceur gegen Frankreich*, unpublizierter KE vom 12.4.1996.

[48] EKMR, *Bouchelkia gegen Frankreich*, Reports 1997-I, 68 ff., KB Ziff. 49 f.; EKMR, *Mehemi gegen Frankreich*, Reports 1997-VI, 1974 ff., KB Ziff. 44; EKMR, *Dalia gegen Frankreich*, Reports 1998-I, 96 ff., KB Ziff. 56; ebenso EGMR, *C. gegen Belgien*, Reports 1996-III, 915 ff., Ziff. 34 f.; ferner B 13654/88, *R. und R. gegen die Niederlande*, DR 57, 287.

A. Rechtfertigungselemente 343

habe im Rahmen der Verhältnismässigkeitsprüfung der Tatsache, dass die Mehrzahl der Familienangehörigen des Beschwerdeführers in der Türkei und nicht in Österreich lebe, grosse Bedeutung beigemessen[49].

Die Frage des Bestehens familiärer Beziehungen im Herkunftsland hat auch in den von der Kommission bisher unter dem Aspekt eines Eingriffes geprüften Nachzugsfällen grosse Bedeutung erlangt. So hat sie in ihrem Bericht zum Fall *Ahmut gegen die Niederlande* in bezug auf die in Marokko bestehenden familiären Beziehungen betont, es treffe zwar zu, dass noch Familienangehörige in Marokko lebten, doch sei unklar, ob diese in der Lage oder gewillt seien, den Sohn des Beschwerdeführers aufzunehmen[50]. Verfügen die von einer Nachzugsversagung direkt betroffenen Personen hingegen in ihrem Herkunftsland über enge und tatsächlich gelebte familiäre Beziehungen, dann stuft die Kommission den behördlichen Eingriff als weniger schwerwiegend ein. Diese Überlegungen liegen auch dem Entscheid der Kommission in einer gegen die Niederlande gerichteten Beschwerde zugrunde. Die niederländischen Behörden hatten dem minderjährigen Sohn, der bei seiner Mutter in Marokko lebte, den Aufenthalt bei seinem in den Niederlanden verheirateten Vater verweigert. In ihrer Entscheidung führte die Kommission aus, dass „in balancing the different interests involved, the Commission attaches importance (...) to the fact that the second applicant is also a member of the family of his mother who continuously lived in Morocco (...)"[51].

bb) Persönliche Umstände der Beschwerdeführer

Im Rahmen der Verhältnismässigkeitsprüfung berücksichtigen Kommission und Gerichtshof neben den familiären auch die persönlichen Umstände der Beschwerdeführer.

Vertrautheit mit dem gesellschaftlichen, kulturellen und sprachlichen Umfeld des eingreifenden Staates: Von den Konventionsorganen nicht bestritten wird die Tatsache, dass die Schwere eines Eingriffes in das Familienleben auch vom Grad der Vertrautheit der Betroffenen mit den gesellschaftlichen, kulturellen und sprachlichen Gegebenheiten des eingreifenden Staates, von ihrer Verwurzelung und Integration im betreffenden Staat abhängt. Bei Angehörigen der zweiten Generation, die also entweder bereits im betreffenden Staat geboren worden oder in ihrer frühesten Kindheit eingereist sind, bejahen Kommission und Gerichtshof durchwegs deren Vertrautheit mit den Verhältnissen im Inland. Neben der Tatsache, dass Angehörige der zweiten Generation ihre *Kindheit und Jugendzeit* im betreffenden Staat verbracht haben, mes-

---

[49] B 25918/94, *Altuntas gegen Österreich*, unpublizierter KE vom 15.5.1996.
[50] EKMR, *Ahmut gegen die Niederlande*, Reports 1996-VI, 2039 ff., KB Ziff. 52.
[51] B 14501/89, *A. und A. gegen die Niederlande*, DR 72, 123; siehe ferner B 24968/94, *Lamrabti gegen die Niederlande*, unpublizierter KE vom 18.5.1995.

sen die Konventionsorgane insbesondere auch der im Aufenthaltsstaat erhaltenen *Schul- und Berufsausbildung*[52] Bedeutung bei.

Der Aspekt der Vertrautheit mit dem Aufenthaltsstaat rückt bei Fremden, die erst als Erwachsene in den Aufenthaltsstaat eingereist sind, in den Hintergrund und wird eher im Rahmen der Betrachtung der familiären Umstände herangezogen[53]. Die Aufenthaltsdauer im betreffenden Staat kann zwar durchaus bedeutsam sein, doch kommt diesem Gesichtspunkt nicht die gleiche Bedeutung zu wie bei Angehörigen der zweiten Generation[54]. In diesem Punkt wird auch deutlich, dass die Strassburger Organe an die Rechtfertigung aufenthaltsbeendender Massnahmen gegen Angehörige der zweiten Generation höhere Anforderungen stellen als in den übrigen Ausweisungsfällen[55].

Vertrautheit mit den gesellschaftlichen, kulturellen und sprachlichen Gegebenheiten des Herkunftslandes: Die Vertrautheit mit den sozialen, kulturellen und sprachlichen Umständen des Herkunftslandes stellt im Rahmen der Verhältnismä-

---

[52] Im Fall *Moustaquim gegen Belgien* hat der Gerichtshof beispielsweise ausgeführt, dass „Mr Moustaquim himself was less than two years old when he arrived in Belgium. From that time on he had lived there for about twenty years with his family or not far away from them. He had returned to Morocco only twice, for holidays. He had received all his schooling in French", Serie A, Nr. 193, Ziff. 45; siehe ferner EKMR, *Mehemi gegen Frankreich*, Reports 1997-VI, 1974 ff., KB Ziff. 44. Im Fall *Nasri gegen Frankreich*, Serie A, Nr. 320-B, Ziff. 44, hat der Gerichtshof ebenfalls das Argument der Schulbildung aufgegriffen und ausgeführt, es sei zugunsten der Interessen des Beschwerdeführers zu beachten, dass die magere Schulbildung, die er erhalten hatte, auf Französisch erfolgt sei. Demgegenüber hat die Kommission in ihrem Bericht im Fall *Dalia gegen Frankreich* betont, dass die Beschwerdeführerin erst im Alter von 18 Jahren nach Frankreich gekommen war und deshalb über soziale und schulische Beziehungen in Algerien verfüge, Reports 1998-I, 96 ff., KB Ziff. 56.

[53] Diese unterschiedliche Gewichtung der Vertrautheit mit dem Herkunftsland wird in B 28679/95, *Velazquez Rosano und Velazquez Gandara gegen die Niederlande*, unpublizierter KE vom 15.1.1997, besonders deutlich. Die Beschwerde betraf die Ausweisung zweier in den Niederlanden lebender uruguayischer Staatsangehörigen - Vater und Sohn -, die wegen Drogendelikten in Belgien verurteilt worden waren. Bezüglich des Vaters führte die Kommission aus, dass dieser als Erwachsener in die Niederlande eingereist sei, seine Kinder nun erwachsen seien und eigene Familien gegründet hätten. Demzufolge könne seinen persönlichen und familiären Bindungen kein grosses Gewicht beigemessen werden. Andererseits führt die Kommission aus, dass der Sohn als Neunjähriger in die Niederlande eingereist sei, mit einer niederländischen Staatsangehörigen zusammenlebe und mit ihr ein gemeinsames Kind habe. Aus diesen Gründen sei der Eingriff in das Privat- und Familienleben durchaus bedeutsam; vgl. ebenfalls EKMR, *C. gegen Belgien*, Reports 1996-III, 926 ff., KB Ziff. 48.

[54] EGMR, *Dalia gegen Frankreich*, Reports 1998-I, 76 ff., Ziff. 53; EGMR, *C gegen Belgien*, Reports 1996-III, 915 ff., Ziff. 34.

[55] Vgl. hinten 409 ff.

A. Rechtfertigungselemente 345

ssigkeitsprüfung einen weiteren relevanten Faktor dar. Je geringer die Vertrautheit und Verbundenheit mit dem Herkunftsland ist, desto schwerer wiegt im Rahmen aufenthaltsbeendender Massnahmen der Eingriff in das Familienleben[56]. Umgekehrt ist die Vertrautheit mit dem Herkunftsland in Nachzugsfällen geeignet, die Schwere eines Eingriffes zu verringern. Zur Bestimmung der Vertrautheit mit dem Herkunftsland ziehen die Strassburger Organe, je nach Situation, verschiedene Anknüpfungspunkte heran.

Bei aufenthaltsbeendenden Massnahmen gegen ausländische Staatsangehörige, die erst *als Erwachsene* ihr Heimatland verlassen haben, nehmen die Konventionsorgane vermutungsweise an, dass diese durchaus mit den gesellschaftlichen Umständen ihres Herkunftslandes vertraut seien und auch dessen Sprache beherrschen[57].

In Fällen des *Nachzuges minderjähriger Kinder* zu ihren in einem Vertragsstaat lebenden Eltern oder Elternteilen gelten die betroffenen Kinder als situationsbedingt mit den Lebensumständen ihres Herkunftslandes vertraut, sind sie doch in dessen gesellschaftlichem, sozialem, kulturellem und sprachlichem Umfeld aufgewachsen[58].

Ob Angehörige der *zweiten Generation*, die entweder bereits im betreffenden Konventionsstaat geboren worden oder als Kinder dort eingereist sind, mit ihrem Herkunftsland noch verbunden sind, bestimmt sich nach der Praxis der Konventionsorgane aufgrund verschiedenster Faktoren und hängt vom jeweiligen Einzelfall ab. Die Praxis hat in diesem Zusammenhang beispielsweise darauf abgestellt, in welchem Alter die betreffenden Personen ausgewandert sind, d.h. ob sie erste soziale Beziehungen noch in ihrem Herkunftsland geknüpft haben[59], ob dort noch nahe Familienangehörige leben[60], ob die betreffenden Personen die Sprache ihres Herkunftslandes sprechen oder verstehen[61], sie sich ferienhalber dort aufgehalten[62], den

---

[56] Siehe beispielsweise EKMR, *Dalia gegen Frankreich*, Reports 1998-I, 96 ff., KB Ziff. 55 f.

[57] B 26711/95, *Verde gegen Frankreich*, unpublizierter KE vom 28.2.1996; ferner B 31687/96, *A.I. gegen Frankreich*, unpublizierter KE vom 27.11.1996; EKMR, *Dalia gegen Frankreich*, Reports 1998-I, 96 ff., KB Ziff. 56.

[58] B 24968/94, *Lamrabti gegen die Niederlande*, unpublizierter KE vom 18.5.1995; ebenso B 14501/89, *A. und A. gegen die Niederlande*, DR 72, 118.

[59] EGMR, *C. gegen Belgien*, Reports 1996-III, 915 ff., Ziff. 34; B 25439/94, *El Maziani gegen Frankreich*, DR 81-B, 142.

[60] B 26234/95, *Marsou gegen Belgien*, unpublizierter KE vom 28.2.1996; EGMR, *Bouchelkia gegen Frankreich*, Reports 1997-I, 47 ff., Ziff. 50.

[61] EGMR, *Boughanemi gegen Frankreich*, Reports 1996-II, 593 ff., Ziff. 44; EGMR, *C. gegen Belgien*, Reports 1996-III, 915 ff., Ziff. 34; B 25408/94, *Zehar gegen Frankreich*, KB vom 15.5.1996, Ziff. 57; EKMR, *Boujlifa gegen Frankreich*, Reports 1997-VI, 2269 ff., KB Ziff. 47; EKMR, *El Boujaïdi gegen Frankreich*, Reports 1997-VI, 1995 ff., KB Ziff. 57. Im Urteil *Nasri gegen Frankreich*, Serie A, Nr. 320-B, Ziff. 45, hat der Gerichtshof jedoch festgehalten hat, es sei für das Beherrschen der Sprache des Herkunftslandes kein ausschlaggebender Faktor, dass die betreffenden Ausländerinnen

Militärdienst in ihrem Heimatland absolviert[63] oder nach den Traditionen und Gepflogenheiten ihres Heimatlandes geheiratet[64] haben. Absurd erscheinen hingegen die Ausführungen des Gerichtshofes im Fall *C. gegen Belgien*, wonach der Beschwerdeführer u.a. weil sein Vater in Marokko gestorben sei, durchaus noch Beziehungen mit diesem Land habe[65]! Je weniger Bindungen mit den gesellschaftlichen, kulturellen und sprachlichen Traditionen des Herkunftslandes bestehen, desto schwerer wiegt eine aufenthaltsbeendende Massnahme. Beschränkt sich die Verbindung mit dem Herkunftsland faktisch auf die Staatsbürgerschaft, so bedeuten nach Ansicht der Konventionsorgane aufenthaltsbeendende Massnahmen derart schwere Eingriffe, dass sie nur bei Vorliegen aussergewöhnlicher Umstände verhältnismässig sein können[66]. Die Schwelle, von der an die Staatsangehörigkeit als rein rechtliche Tatsache betrachtet wird, die in keiner Weise mehr der tatsächlichen sozialen Situation entspricht, liegt jedoch in der Praxis sehr hoch. So kann bereits der Umstand, dass die betreffenden Fremden nicht versucht haben, die Staatsbürgerschaft ihres Aufenthaltsstaates zu erhalten, gekoppelt mit dem entweder gar nicht vorgebrachten oder als unglaubwürdig eingestuften Vorbringen, die Sprache des Heimatlandes nicht zu beherrschen, dazu führen, dass die Staatsbürgerschaft des Herkunftslandes nicht mehr als rein rechtliche Tatsache betrachtet wird[67].

---

oder Ausländer sich meist im Kreise von Landsleuten bewegten, da eine zunehmende Tendenz bestehe, in diesen Kreisen nicht mehr die „Heimatsprache" zu sprechen.

[62] B 25913/94, *Naceur gegen Frankreich*, unpublizierter KE vom 12.4.1996; EGMR, *Mehemi gegen Frankreich*, Reports 1997-VI, 1959 ff., Ziff. 36 sowie KB, 1974 ff., Ziff. 44.

[63] B 25408/94, *Zehar gegen Frankreich*, KB vom 25.5.1996, Ziff. 57.

[64] EGMR, *C. gegen Belgien*, Reports 1996-III, 915 ff., Ziff. 34.

[65] EGMR, *C. gegen Belgien*, Reports 1997-III, 915 ff., Ziff. 34.

[66] In diesem Sinne hat die Kommission in ihrem Bericht zum Fall *Moustaquim gegen Belgien* festgehalten: „As regards the seriousness of the infringement, it must be pointed out first of all that the person in question came to Belgium at an early age, lived there until his deportation at the age of 20 and speaks only a few words of Arabic. Although legally an alien, he has all his family and social ties in Belgium and the nationality which links him to Morocco, though a legal reason, does not reflect his actual position in human terms. (...) The Commission also notes that, following his deportation, the applicant did not go to Morocco, where he had no close relatives to take him in. (...) That being the case, the Commission considers that the interference should be scrutinised especially strictly and that the threshold of necessity should be set a higher level to reflect the seriousness of the interference", EKMR, *Moustaquim gegen Belgien*, Serie A, Nr. 193, KB Ziff. 62; siehe ferner EKMR, *Lamguindaz gegen Vereinigtes Königreich*, Serie A, Nr. 258-C, KB Ziff. 46; EKMR, *Boughanemi gegen Frankreich*, Reports 1996-II, 593 ff., KB Ziff. 75 ff.; EGMR, *Mehemi gegen Frankreich*, Reports 1997-VI, 1959 ff., Ziff. 37 sowie KB, 1974 ff., Ziff. 44 f.; de Salvia, 14.

[67] In diesem Sinne die EKMR in ihrem Bericht zum Fall *El Boujaïdi gegen Frankreich*, Reports 1997-VI, 1995 ff., KB Ziff. 57; vgl. auch EKMR, *Boujlifa gegen Frank-

A. Rechtfertigungselemente 347

Besondere persönliche Umstände: Neben den soeben dargestellten Gesichtspunkten werden von den Strassburger Organen zur Bestimmung der Schwere eines Eingriffes noch weitere persönliche Aspekte berücksichtigt. In diesem Sinne haben Kommission und Gerichtshof beispielsweise im Fall *Nasri gegen Frankreich*, der die Ausweisung eines taubstummen algerischen Staatsangehörigen der zweiten Generation betraf, betont, dass die besonderen persönlichen Umstände, nämlich dessen Behinderung und die seinem Handicap nicht angepasste Schulbildung, ebenfalls beachtet werden müssten[68].

cc) Weitere relevante Aspekte

Neben den persönlichen sowie familienbezogenen Gesichtspunkten können im Einzelfall auch noch weitere Umstände für die Schwere eines Eingriffes relevant sein.

Möglichkeit der Ausreise in einen Drittstaat/Zumutbarkeit der Ausreise für die übrigen Familienangehörigen: Die Möglichkeit der Ausreise in einen Drittstaat bzw. der Zumutbarkeit der Ausreise der Familienangehörigen spielt für die Bestimmung der Schwere des Eingriffes ebenfalls eine Rolle (soweit dieser Aspekt nicht bereits im Rahmen der Eingriffsprüfung entscheidend ist). Ist die Ausreise möglich, wiegt der Eingriff weniger schwer, als wenn eine Ausreise nicht möglich oder nicht zumutbar ist. Im Urteil *Mehemi gegen Frankreich* führte der Gerichtshof im Rahmen der Güterabwägung insbesondere aus, dass eine Ausreise nach Italien für die italienische Ehefrau zwar nicht undenkbar sei, jedoch eine radikale Umwälzung der Lebensumstände darstellen würde; der Ausreise stünde jedoch weiter auch entgegen, dass es dem straffällig gewordenen Ehemann algerischer Staatsangehörigkeit wohl kaum möglich wäre, nach Italien einzureisen[69]. Im Fall *Gül gegen die Schweiz* hat der Gerichtshof das Bestehen einer positiven Verpflichtung der schweizerischen Behörden u.a. mit dem Argument abgelehnt, dass einer Ausreise der in der Schweiz lebenden Familienangehörigen keine Hindernisse entgegenstünden[70]. Die Zumutbarkeit der Ausreise verneint wurde dagegen im Rahmen einer Beschwerde wegen der Ausweisung des geschiedenen, nicht sorgeberechtigten Vaters eines mit seiner Mutter in der Schweiz lebenden Kindes[71].

Besondere Umstände: Kommission und Gerichtshof haben bei Beschwerden gegen aufenthaltsbeendende Massnahmen wiederholt darauf hingewiesen, dass sich der oder die Beschwerdeführer ihres ungesicherten Aufenthaltes im ausweisenden Staat

---

reich, Reports 1997-VI, 2269 ff., KB Ziff. 47; EGMR, *El Boujaïdi gegen Frankeich*, Reports 1997-VI, 1995 ff., Ziff. 40.

[68] EGMR, *Nasri gegen Frankreich*, Serie A, Nr. 320-B, Ziff. 43.
[69] EGMR, *Mehemi gegen Frankreich*, Reports 1997-VI, 1959 ff., Ziff. 36.
[70] EGMR, *Gül gegen die Schweiz*, Reports 1996-I, 159 ff., Ziff. 42.
[71] B 34295/96, *V.K. gegen die Schweiz*, unpublizierter KE vom 26.2.1997.

bewusst gewesen seien oder sich zumindest dieses Risikos hätten bewusst sein können. Dieses Argument wurde vom Gerichtshof bereits im Fall *Abdulaziz, Cabales und Balkandali gegen Vereinigtes Königreich* angeführt[72]. In einer gegen die Schweiz gerichteten Beschwerde wegen der Ausweisung des straffällig gewordenen ausländischen Ehegattens einer Schweizer Bürgerin griff die Kommission diesen Aspekt erneut auf und führte aus, dass die Ehegatten während der Untersuchungshaft des Ehemannes geheiratet und deshalb nicht damit hätten rechnen können, nach der Verurteilung und Entlassung des Ehemannes gemeinsam in der Schweiz leben zu können[73]. Im Rahmen der Verhältnismässigkeitsprüfung kann das Argument des bewussten Risikos wohl vor allem in jenen Fällen bedeutsam sein, in denen das durch Art. 8 EMRK geschützte Familienleben begründet wurde, obwohl sich die von aufenthaltsbeendenden Massnahmen betroffenen Personen in einer Situation der Illegalität befanden[74] oder bereits eine strafrechtliche Anschuldigung gegen sie erhoben worden war[75].

Von Bedeutung ist ferner auch der *Charakter des Aufenthaltsrechtes* im betreffenden Konventionsstaat. In diesem Sinne hat der Gerichtshof beispielsweise im Fall *Gül gegen die Schweiz* erwogen, dass die Familie in der Schweiz lediglich eine Aufenthaltsbewilligung aus humanitären Gründen besass, die kein Recht auf einen dauernden Aufenthalt oder auf Familiennachzug einräume[76].

Im Rahmen der Güterabwägung kann schliesslich auch relevant werden, ob in Fällen, in denen ein Konventionsstaat in das Familienleben eingreift, indem er die Beendigung einer aktuell bestehenden Trennung von Familienangehörigen nicht ermöglicht, etwa die *Trennung von den betroffenen Familienangehörigen selber hervorgerufen* wurde und diese somit in gewisser Hinsicht selber dafür verantwortlich

---

[72] EGMR, *Abdulaziz, Cabales und Balkandali gegen Vereinigtes Königreich*, Serie A, Nr. 94, Ziff. 68; siehe auch B 19628/92, *Bibi gegen Vereinigtes Königreich*, unpublizierter KE vom 29.6.1992, in dem die Kommission ausführt, dass der Vater der Beschwerdeführerin, der rechtmässig eine Mehrfachehe eingegangen war, wusste oder hätte wissen müssen, dass lediglich einer seiner zwei Ehefrauen der Aufenthalt in Grossbritannien gestattet würde.

[73] B 25037/94, *Marhan gegen die Schweiz*, unpublizierter KE vom 17.5.1995; siehe ebenso B 24377/94, *P. und P. gegen die Schweiz*, unpublizierter KE vom 31.8.1994; B 25436/94, *H.M.C. gegen die Schweiz*, unpublizierter KE vom 7.12.1994.

[74] EKMR, *Boujlifa gegen Frankreich*, Reports 1997-VI, 2269 ff., KB Ziff. 47; EGMR, *Dalia gegen Frankreich*, Reports 1998-I, 76 ff., Ziff. 54; B 25439/94, *El Maziani gegen Frankreich*, DR 81-B, 142; EKMR, *Dalia gegen Frankreich*, Reports 1998-I, 96 ff., KB Ziff. 56; siehe ferner EGMR, *Bouchelkia gegen Frankreich*, Reports 1997-I, 47 ff., Ziff. 50; B 26985/95, *Poku et al. gegen Vereinigtes Königreich*, unpublizierter KE vom 15.5.1996, in dem die Kommission dieses Argument zwar im Zusammenhang mit der vorgezogenen Güterabwägung zur Frage des Vorliegens eines Eingriffes anführt.

[75] B 25037/94, *Marhan gegen die Schweiz*, unpublizierter KE vom 17.5.1995.

[76] EGMR, *Gül gegen die Schweiz*, Reports 1996-I, 159 ff., Ziff. 41.

A. Rechtfertigungselemente   349

sind. Dieses Argument hat die Kommission beispielsweise in einer Beschwerde wegen der Ausweisung der Eltern minderjähriger britischer Staatsbürger in Betracht gezogen[77]. Es findet sich ebenfalls in den Entscheiden des Gerichtshofes *Gül gegen die Schweiz*[78] sowie *Ahmut gegen die Niederlande*[79].

b) Die Interessen des Staates

Den Interessen der betroffenen Personen auf Achtung ihres Familienlebens sind die Interessen des Staates an der Erreichung des mit der entsprechenden Massnahme verfolgten Zieles gegenüberzustellen. Die Gewichtung und Bedeutung des vom Konventionsstaat verfolgten Zieles bestimmt sich nach den Umständen des jeweiligen Einzelfalles. Grundsätzlich sind in der Praxis der Strassburger Organe zwei Fallgruppen zu unterscheiden: einerseits diejenigen Fälle, in denen der Staat zum Schutz der öffentlichen Ruhe und Ordnung, der Verteidigung der Ordnung, der Verhinderung strafbarer Handlungen oder zum Schutz der Gesundheit gegen strafrechtlich verurteilte Personen ausländerrechtliche Massnahmen ergreift, und anderseits jene, in denen das wirtschaftliche Wohl des Landes den Eingriff motiviert.

aa) Interessen des Staates bei Eingriffen zum Schutze der
öffentlichen Ruhe und Ordnung etc. gegen straffällig gewordene Fremde

Ergreift ein Staat ausländerrechtliche Massnahmen gegen straffällig gewordene Fremde, ist insbesondere der Natur der Straftat sowie der Höhe der ausgesprochenen Strafe Beachtung zu schenken[80]. In diesem Sinne hat beispielsweise die Kommission ausgeführt:

„La Commission estime que la *nature* et la *fréquence des infractions* commises par le requérant et *la sévérité des peines prononcées* constituent des éléments essentiels dans l'appréciation de la proportionnalité de la mesure d'expulsion au but

---

[77] B 11970/86, *O. et al. gegen Vereinigtes Königreich*, unpublizierter KE vom 13. Juli 1987.
[78] EGMR, *Gül gegen die Schweiz*, Reports 1996-I, 159 ff., Ziff. 41.
[79] „The fact of the applicant's living apart is the result of Salah Ahmut's conscious decision to settle in the Netherlands rather than remain in Morocco", EGMR, *Ahmut gegen die Niederlande*, Reports 1996-VI, 2017 ff., Ziff. 70.
[80] B 25439/94, *El Maziani gegen Frankreich*, DR 81-B, 145.

poursuivi et dans l'examen de la question de savoir si l'intérêt général à préserver était, en l'occurrence, plus important que l'intérêt privé du requérant."[81]

Natur der Straftat: Eine zentrale Rolle kommt nach der Rechtsprechung der Natur der Straftat zu[82]. Je schwerer das begangene Delikt, desto grösseres Gewicht wird den Interessen des Staates im Rahmen der Verhältnismässigkeitsprüfung beigemessen[83]. Während beispielsweise ein Ladendiebstahl[84] oder ein Strassenverkehrsdelikt heute wohl kaum einen Eingriff in das Familienleben zu rechtfertigen vermögen[85], kommt andererseits Drogendelikten[86], Delikten gegen die sexuelle Integrität[87], schweren Vermögensdelikten[88] oder schweren Delikten gegen Leib und Leben[89] bei der Verhältnismässigkeitsprüfung grosses Gewicht zu.

---

[81] B 25408/94, *Zehar gegen Frankreich*, KB vom 15.5.1996, Ziff. 59, eigene Hervorhebung; ähnlich EKMR, *El Boujaïdi gegen Frankreich*, Reports 1997-VI, 1995 ff., KB Ziff. 60; EKMR, *Boujlifa gegen Frankreich*, Reports 1997-VI, 2269 ff., KB Ziff. 50; B 26234/95, *Marsou gegen Belgien*, unpublizierter KE vom 28.2.1996; B 25913/94, *Naceur gegen Frankreich*, unpublizierter KE vom 12.4.1996.

[82] Statt vieler EGMR, *Bouchelkia gegen Frankreich*, Reports 1997-I, 47 ff., Ziff. 51.

[83] Siehe hierzu beispielsweise das Urteil im Fall *Boughanemi gegen Frankreich*, Reports 1996-II, 593 ff., Ziff. 44, in dem der Gerichtshof ausführt, dass „the seriousness of the last offence (...) count heavily against him".

[84] B 14312/88, *El-Makhour gegen die Bundesrepublik Deutschland*, Zulässigkeitsentscheidung in DR 60, 184, und friedliche Streitbeilegung in DR 61, 305.

[85] *Wildhaber/Breitenmoser*, Rz. 451; *Dollé*, 19.

[86] Siehe etwa EGMR, *Dalia gegen Frankreich*, Reports 1998-I, 76 ff., Ziff. 54: „Furthermore, the exclusion order made as a result of her conviction was a penalty for dangerous dealing with heroin. In view of the devastating effects of drugs on people's lives, the Court understands why the authorities show great firmness with regard to those who actively contribute to the spread of this scourge. Irrespective of the sentence passed on her, the fact that Mrs Dalia took part in such trafficking still weights as heavily in the balance"; ferner EKMR, *C. gegen Belgien*, Reports 1996-III, 926 ff., KB Ziff. 49; B25913/94, *Naceur gegen Frankreich*, unpublizierter KE vom 12.4.1996; B 31687/96, *A.I. gegen Frankreich*, unpublizierter KE vom 27.11.1996; B 28679/95, *Velazquez Rosano und Velazquez Gandara*, unpublizierter KE vom 15.1.1997; EGMR, *Mehemi gegen Frankreich*, Reports 1997-VI, 1959 ff., Ziff. 37; *Sudre*, Contrôle, 263 f.

[87] EGMR, *Nasri gegen Frankreich*, Serie A, Nr. 320-B, Ziff. 42; EGMR, *Bouchelkia gegen Frankreich*, Reports 1997-I, 47 ff., Ziff. 51; B 25439/94, *El Maziani gegen Frankreich*, DR 81-B, 142; B 25408/94, *Zehar gegen Frankreich*, KB vom 15.5.1996, Ziff. 60.

[88] B 26234/95, *Marsou gegen Belgien*, unpublizierter KE vom 28.2.1996; DR 81-B, 142; B 25408/94, *Zehar gegen Frankreich*, KB vom 15.5.1996, Ziff. 60; EKMR, *Boujlifa gegen Frankreich*, Reports 1997-VI, 2269 ff., KB Ziff. 51.

A. Rechtfertigungselemente

Höhe der ausgefällten Strafe: Würde nur die Natur der begangenen Straftat in die Abwägung einbezogen, führte dies zu einer Nichtberücksichtigung der besonderen Umstände des jeweiligen Falles. Es ist daher notwendig, die Höhe der im Einzelfall ausgefällten Strafe zu beachten[90], da im Rahmen der Urteilsfindung durch den Strafrichter der vom Täter erfüllte Straftatbestand konkretisiert und ein auch die persönlichen Umstände, beispielsweise straf- oder verschuldensmindernde Umstände, berücksichtigendes schuldadäquates Urteil gefällt wird[91]. Die Berücksichtigung der Höhe einer Strafe ist gerade bei Delikten, deren Strafrahmen sehr weit ist, besonders wichtig. So macht es für die Güterabwägung einen grossen Unterschied, ob die betreffende Person wegen eines Ladendiebstahls zu wenigen Tagen Gefängnis oder wegen qualifizierten Diebstahls zu einer mehrjährigen Zuchthausstrafe verurteilt worden ist. Doch auch die Höhe der verhängten Strafe kann nicht in linearer, bzw. mathematischer Weise - etwa derart, dass Gefängnisstrafen von über fünf Jahren einen Eingriff grundsätzlich rechtfertigen würden - in die Güterabwägung einbezogen werden[92]. Vielmehr ist auch die Höhe der Strafe nur ein Gesichtspunkt unter anderen zu berücksichtigenden Aspekten.

Anzahl begangener Delikte: Im Zusammenhang mit behördlichen Massnahmen gegen straffällig gewordene Ausländerinnen und Ausländer berücksichtigen die Konventionsorgane im Rahmen der Verhältnismässigkeitsprüfung ferner die Anzahl begangener Straftaten, doch ist auch dieser Aspekt für sich allein genommen nicht ausschlaggebend. So hat der Gerichtshof in *Beldjoudi gegen Frankreich* denn auch ausgeführt, dass „Mr Beldjoudi's criminal record appears much worse than that of Mr

---

[89] B 26711/95, *Verde gegen Frankreich*, unpublizierter KE vom 28.2.1996; DR 81-B, 142; B 25408/94, *Zehar gegen Frankreich*, KB vom 15.5.1996, Ziff. 60.

[90] EKMR, *Boujlifa gegen Frankreich*, Reports 1997-VI, 2269 ff., KB Ziff. 51; EGMR, *Boughanemi gegen Frankreich*, Reports 1996-II, 593 ff., Ziff. 44; EKMR, *Lamguindaz gegen Vereinigtes Königreich*, Serie A, Nr. 258-C, KB Ziff. 47; B 25439/94, *El Maziani gegen Frankreich*, DR 81-B, 142.

[91] In diesem Sinne etwa der EGMR in *Nasri gegen Frankreich*, Serie A, Nr. 320-B, Ziff. 42: „In this instance the applicant's deportation was decided following his conviction for gang rape. The perpetrator of such a serious offence may unquestionably represent a grave threat to public order. In the present case, however, there are other aspects to be taken into account. Thus the Hauts-de-Seine Assize Court accepted that there were extenuating circumstances and sentenced the applicant to five years' imprisonment, two of which were suspended, and probation. It also recognised implicitly that Mr Nasri had not been the instigator of the offence in question".

[92] So war beispielsweise der Beschwerdeführer in *Beldjoudi gegen Frankreich* zu rund acht Jahren Freiheitsstrafe verurteilt worden, während in *Boughanemi gegen Frankreich* eine vierjährige Freiheitsstrafe gegen den Beschwerdeführer ausgesprochen worden war. Dennoch wurde aufgrund der übrigen Umstände die Ausschaffung im ersten Fall als unverhältnismässig, im zweiten Fall als verhältnismässig angesehen.

Moustaquim. It should therefore be examined whether the other circumstances of the case (...) are enough to compensate for this important fact"[93].

Erstmalige bzw. einmalige oder wiederholte Tatbegehung: Die Frage, ob die betroffene Person erstmals oder nur wegen einer einzigen Straftat verurteilt worden oder rückfällig geworden ist, stellt in der Praxis ein weiteres bedeutsames Element der Güterabwägung dar. Während die erstmalige Begehung einer Straftat das Gewicht des öffentlichen Interesses eher verringert, fällt eine wiederholte Straffälligkeit schwer gegen die betroffenen Fremden ins Gewicht[94].

Umstände der Deliktsbegehung - Zeitpunkt der behördlichen Entfernungsmassnahme: Weitere Aspekte, die in der Praxis von Kommission und Gerichtshof als relevant betrachtet wurden, sind das Alter bei der Deliktsbegehung, die Dauer der deliktischen Tätigkeit sowie der Zeitpunkt der behördlichen Entfernungsmassnahme. In *Moustaquim gegen Belgien* hat der Gerichtshof alle drei vorgenannten Gesichtspunkte in die Abwägung einbezogen und ausgeführt:

„Mr Moustaquim's alleged offences in Belgium have a number of special features. They all go back to when the applicant was an adolescent. Furthermore, proceedings were brought in the criminal courts in respect of only 26 of them, which were spread over a fairly short period of time - about eleven months -, and on appeal the Liège Court of Appeal acquitted Mr Moustaquim on 4 charges and convicted dated from 21 December 1980. There was thus a relatively long interval between then and the deportation order of 28 February 1984. During that period the applicant was in detention for some sixteen months but at liberty for nearly twenty-three months."[95]

---

[93] EGMR, *Beldjoudi gegen Frankreich*, Serie A, Nr. 234-A, Ziff. 75.

[94] So führt die Kommission beispielsweise in ihrem Bericht im Fall *Mehemi gegen Frankreich*, Reports 1997-VI, 1974 ff., KB Ziff. 47, aus: „As regards the offences for which the applicant was originally permanently excluded from French territory, the Commission notes, without wanting to underestimate the seriousness of those offences, that this was the applicant's first conviction and that he has nor reoffended"; vgl. auch EGMR, *Nasri gegen Frankreich*, Serie A, Nr. 320-B, Ziff. 42; demgegenüber kann die Bedeutung, die einem Rückfall beigemessen wird, z. B. Äusserungen der Kommission in B 25913/94, *Naceur gegen Frankreich*, unpublizierter KE vom 5.4.1995, entnommen werden: „S'agissant de la nécessité et de la proportionnalité de la mesure (...) [la Commission] constate que le requérant est récidiviste, qu'expulsé en 1992, il a, à son retour en France, commis de nouvelles infractions que lui ont valu une condamnation de cinq années de prison pour trafic de stupéfiants"; ähnlich auch B 26234/95, *Marsou gegen Belgien*, unpublizierter KE vom 28.2.1996; EKMR, *Boujlifa gegen Frankreich*, Reports 1997-VI, 2269 ff., KB Ziff. 51; EKMR, *El Boujaïdi gegen Frankreich*, Reports 1997-VI, 1995 ff., KB Ziff. 61.

[95] EGMR, *Moustaquim gegen Belgien*, Serie A, Nr, 193, Ziff. 44.

A. Rechtfertigungselemente 353

Diese Aspekte, namentlich die Tatbegehung in jugendlichem Alter, vermögen für sich alleine eine ausländerrechtliche Massnahme jedoch ebenfalls nicht als unverhältnismässig erscheinen zu lassen[96].

bb) Interessen des Staates bei ausländerrechtlichen Delikten

Zahlreiche Kommissionsentscheide betreffen Fälle, in denen ausländerrechtliche Massnahmen gegen Ausländerinnen und Ausländer ergriffen wurden, die sich zwar illegal im betreffenden Vertragsstaat aufgehalten und daher ein ausländerrechtliches Deliktes begangen haben, im übrigen jedoch nicht straffällig geworden sind. In diesen Fällen anerkennt die Kommission - der Gerichtshof hat sich bisher noch mit keinem derartigen Fall befasst -, dass die fremdenrechtliche Massnahme ergriffen wird, um das wirtschaftliche Wohl des Landes zu sichern sowie die Ordnung zu verteidigen.

In einer Beschwerde gegen die angedrohte Ausschaffung des Ehemannes einer britischen Staatsangehörigen, der wegen „overstayings" zu einer Busse von 100 £ verurteilt worden war, führte die Kommission zur Bedeutung des öffentlichen Interesses aus:

„(...) the Commission must attach significant weight to the reasons for this measure. It finds with regard to the second paragraph of Article 8 that there are insufficient elements concerning respect for family life which could outweigh valid considerations relating to the proper enforcement of immigration control. In this respect the Commission would emphasize the close connection between the policy of immigration control and considerations pertaining to public order."[97]

Aus diesem Grunde gelangte sie zum Schluss, dass - obwohl es der Ehegattin des Beschwerdeführers nicht zumutbar sei, ihrem Ehegatten nach Südafrika zu folgen - die staatlichen Interessen überwiegen müssten. Auch in der jüngeren Rechtsprechung kommt der Durchsetzung der staatlichen Einwanderungs- und Arbeitsmarktpolitik im Rahmen der Güterabwägung überproportional grosses Gewicht zu. Dies ist besonders eindrücklich in Fällen aufenthaltsbeendender Massnahmen gegen Eltern bzw. sorgeberechtigte Eltern-

---

[96] So explizit EGMR, *Bouchelkia gegen Frankreich*, Reports 1997-I, 47 ff., Ziff. 51: „While it is true that the applicant was a minor aged seventeen when he committed the serious crime of aggravated rape, that fact, (...) does not in any way detract from the seriousness and gravity of such a crime".

[97] B 12122/86, *Lukka gegen Vereinigtes Königreich*, DR 50, 272; siehe auch B 9088/80, *X. gegen Vereinigtes Königreich*, DR 28, 160; B 9285/81, *X., Y. und Z. gegen Vereinigtes Königreich*, DR 29, 205; B 11970/86, *O et al. gegen Vereinigtes Königreich*, unpublizierter KE vom 13.7.1987.

teile minderjähriger Kinder, welche die Staatsbürgerschaft des betreffenden Landes besitzen. So hat die Kommission beispielsweise im Fall *Poku et al. gegen Vereinigtes Königreich* ohne weiteres ausgeführt, dass „there are no elements concerning respect for family or private life which in this case outweigh the valid consideration relating to the proper enforcement of immigration controls" -, obwohl von der Ausweisung die drei Kinder (britischer Staatsangehörigkeit) der Beschwerdeführerin sowie ihr Ehegatte betroffen waren, der über ein legales Aufenthaltsrecht verfügte und dessen Ausreise zur Trennung von seiner Tochter aus erster Ehe führte[98].

Ausländerrechtlichen Delikten misst die Kommission daher ein derart grosses Gewicht bei - obwohl unbestrittenerweise der Verschuldensgehalt dieser Delikte nie die Schwere eines Raubes oder einer Vergewaltigung erreicht -, dass fremdenrechtliche Massnahmen in aller Regel als verhältnismässig erachtet werden[99].

cc) Interessen des Staates in den übrigen Fällen

Die Durchsetzung einer restriktiven Einwanderungs- und Arbeitsmarktpolitik zum Schutze des wirtschaftlichen Wohles des Landes vermag auch Eingriffe in das Familienleben von straf- und ausländerrechtlich unbescholtenen Ausländerinnen und Ausländer zu begründen[100]. Die Tatsache, dass gegen die betreffenden Fremden an sich keine Fernhalte- bzw. Entfernungsgründe vorliegen, ist im Rahmen der Güterabwägung entsprechend zu berücksichtigen. In diesem Sinne erklärte der Gerichtshof in *Berrehab gegen die Niederlande*:

„it must be emphasised that the instant case did not concern an alien seeking admission to the Netherlands for the first time but a person who had already lawfully

---

[98] B 26985/95, *Poku et al. gegen Vereinigtes Königreich*, unpublizierter KE vom 15.5.1996, siehe zum Sachverhalt vorne 271 f.; ähnlich B 23938/94, *Sorabjee gegen Vereinigtes Königreich*, unpublizierter KE vom 23.10.1995; B 28627/95, *Dabhi und Dabhi gegen Vereinigtes Königreich*, unpublizierter KE vom 17.1.1997.

[99] Siehe hierzu auch die beiden gegen Österreich gerichteten Beschwerden B 26400/95, *Öztürk gegen Österreich*, unpublizierter KE vom 18.10.1995, sowie B 25918/94, *Altuntas gegen Österreich*, unpublizierter KE vom 15.5.1996, die beide die Ausweisung in Österreich geborener, aber in der Türkei aufgewachsener türkischer Staatsangehöriger betrafen, die als 17- bzw. 15-Jährige zu ihren in Österreich lebenden Vätern gereist waren, ohne über das für einen Aufenthalt in Österreich nötige Visum zu verfügen; siehe auch *Sudre*, Contrôle, 264; *Mock*, Mesures de police, 107.

[100] Siehe vorne 335 f.

lived there for several years, who had a home and a job there, and against whom the Government did not claim to have any complaint."[101]

Dieser Umstand sowie die Schwere des Eingriffs in das Familienleben bewogen den Gerichtshof aber in casu die Verhältnismässigkeit der Massnahme zu verneinen. Demgegenüber erwog die Kommission in der Beschwerde *Lamrabti gegen die Niederlande*[102], dass die vier minderjährigen Kinder des Beschwerdeführers noch nie in den Niederlanden gewohnt hätten und keine Gründe dagegen sprechen würden, das Familienleben zwischen Vater und Kindern wie bisher auf Distanz aufrechtzuerhalten. Diese Überlegungen führten zum Schluss, dass der Anspruch auf Achtung des Familienlebens nicht schwerer wiege als der von den niederländischen Behörden angeführte Schutz des wirtschaftlichen Wohles des Landes.

Die soeben dargelegten Entscheidungen beruhen auf zwei „extremen" Situationen: einerseits die Ausweisung eines bis anhin legal in einem Land lebenden Fremden - trotz intaktem und gelebten Familienleben im betreffenden Staat -, andererseits der Nachzug von minderjährigen Kindern, die noch nie im betreffenden Land gelebt haben und im Herkunftsland ebenfalls über Familienleben verfügen. Während im ersten Fall dem Interesse des Staates kein besonderes Gewicht verliehen wurde, überwogen die staatlichen Interessen im zweiten. Daraus kann gefolgert werden, dass dem Ziel des Schutzes des wirtschaftlichen Wohles des Landes in Fällen, welche die Ausweisung rechtmässig ansässiger und strafrechtlich unbescholtener Fremden betreffen, kein besonders grosses Gewicht verliehen wird. Steht indes die erstmalige Einreise ausländischer Familienangehöriger in Frage, ist das Interesse des Staates hoch zu gewichten. Abweichungen von diesen soeben beschriebenen Konstellationen ist im Rahmen der Güterabwägung entsprechend Rechnung zu tragen. Die weiteren in der Kommissionspraxis ergangenen Fälle sind mit diesen Betrachtungen durchaus vereinbar, wenn die besonderen Umstände des Einzelfalles gebührend berücksichtigt werden[103].

---

[101] EGMR, *Berrehab gegen die Niederlande*, Serie A, Nr. 138, Ziff. 29; zum Sachverhalt vorne 282.

[102] B 24968/94, *Lamrabti gegen die Niederlande*, unpublizierter KE vom 18.5.1995.

[103] B 13654/88, *R. und R. gegen die Niederlande*, DR 57, 287, betraf die Verweigerung eines Aufenthaltstitels die erwachsenen Töchter einer in den Niederlanden wohnhaften marokkanischen Staatsangehörigen, die bereits einige Zeit illegal bei ihrer Mutter in den Niederlanden gelebt hatten. Im Unterschied zum Fall Berrehab hatten sie somit nie rechtmässig in den Niederlanden gelebt. Der Entscheid der Kommission in B 12411/86, *M. gegen die Bundesrepublik Deutschland*, DR 51, 245, ist zwar vor dem Urteil des Gerichtshofes im Fall Berrehab ergangen; dennoch kann auch dieser Entscheid mit dem ausgeführten Grundsatz in Einklang gebracht werden, da das zwischen Vater

2. Die Rechtsprechung des Schweizerischen Bundesgerichtes

Das Bundesgericht hat sein Prüfungsprogramm für die Güterabwägung wie folgt umschrieben:

„Die Konvention verlangt also eine Abwägung der sich gegenüberstehenden privaten Interessen am Familiennachzug und öffentlichen Interessen an dessen Verweigerung, wobei die öffentlichen in dem Sinne überwiegen müssen, das sich der Eingriff als notwendig erweist. Dabei ist unter anderem wesentlich, ob gegen den Ausländer fremdenpolizeiliche Entfernungs- oder Fernhaltegründe sprechen, insbesondere ob und in welchem Mass er sich massgebliches, straf- oder fremdenpolizeirechtlich verpöntes Fehlverhalten hat zuschulden kommen lassen. Nebst den übrigen persönlichen und familiären Verhältnissen ist der Schwere solcher Vorwürfe und allenfalls den Umständen des Eheschlusses Rechnung zu tragen. Sodann ist bei der Interessenabwägung zu fragen, ob den hier anwesenheitsberechtigten Familienangehörigen zugemutet werden kann, dem Ausländer, der keine Bewilligung erhält, ins Ausland zu folgen. (...) Eine allfällige Unzumutbarkeit der Ausreise für die hier lebenden Angehörigen ist mit abzuwägen, führt aber nicht zwingend für sich allein zur Unzulässigkeit einer Bewilligungsverweigerung."[104]

Im Rahmen der Güterabwägung sind daher Gesichtspunkte wie die Schwere eines allfälligen strafrechtlichen Verschuldens, die familiären und persönlichen Umstände sowie die Zumutbarkeit einer Ausreise für die in der Schweiz wohnhaften Familienangehörigen zu berücksichtigen.

a) Die Bestimmung der Schwere des Eingriffes in das Familienleben

Zur Bestimmung der Schwere eines durch eine ausländerrechtliche Massnahme bewirkten Eingriffs in das Familienleben berücksichtigt das Bundesgericht diverse Gesichtspunkte. Obwohl diese Aspekte in der Rechtspre-

---

und Sohn bestehende Familienleben lockerer war, daher als weniger stark betroffen angesehen wurde und somit die staatlichen Interessen überwogen. Schliesslich betraf B 14501/89, *A. und A. gegen die Niederlande*, DR 72, 118, ebenfalls die Ausweisung des minderjährigen Sohnes eines in den Niederlanden lebenden Vaters. Der Sohn lebte zwar während kurzer Zeit bei seinem Vater in den Niederlanden, verfügte aber in Marokko über intakte familiäre Beziehungen. Im Fall *Gül gegen die Schweiz* (Reports 1996-I, 159 ff.) befand die Kommission, dass die Verweigerung des Nachzugs unverhältnismässig sei, da den Eltern die Ausreise nicht zumutbar sei und daher die Gefahr bestehe, dass der minderjährige Sohn aufwachse, ohne jemals mit seinen Eltern zusammengelebt zu haben. Der Gerichtshof befand indes eine Ausreise als durchaus zumutbar und verneinte das Bestehen einer positiven Verpflichtung der Schweiz, dem Sohn eine Anwesenheitsbewilligung zu erteilen.

[104] BGE 122 II 1, E. 2, 6.

chung nicht ausdrücklich identifiziert werden, können doch den gerichtlichen Erwägungen folgende Elemente entnommen werden:

aa) Familiäre Umstände der direkt betroffenen Ausländerinnen und Ausländer

In Betracht gezogen werden zunächst die familiären Umstände der direkt von einer staatlichen Massnahme betroffenen Ausländerinnen und Ausländer.

Familiäre Beziehung in der Schweiz: Zur Einschätzung der Schwere eines Eingriffes in das Familienleben sind in erster Linie die familiären Beziehungen zu den in der Schweiz lebenden Familienangehörigen bedeutsam. Ist diese *Beziehung sehr eng* und wird sie *intensiv gelebt*, so wirkt sich dies erschwerend auf den Eingriff aus. In diesem Sinne hat das Bundesgericht beispielsweise ausgeführt, dass die Beziehung zwischen einem minderjährigen Kind und seinem nicht sorgeberechtigten, getrennt von ihm lebenden Elternteil nur dann durch eine Nichtverlängerung der Anwesenheitsbewilligung an diesen schwer betroffen werde, wenn die Beziehung zwischen Kind und Elternteil besonders eng und intensiv sei[105]; besteht indes nur eine lockere Beziehung und wird das Besuchsrecht beispielsweise praktisch nicht mehr ausgeübt oder muss eine Beziehung gar erst noch aufgebaut werden[106], wiegt der Eingriff tendenziell nicht besonders schwer[107].

---

[105] BGE 120 Ib 1; BGE 120 Ib 22.
[106] Unpublizierter BGerE vom 3.4.1997 i.S. E. (2A.601/1996).
[107] BGE 120 Ib 22; siehe ferner auch den unpublizierten BGerE vom 17.1.1995 i.S. D. (2A.238/1994), E. 4d: „Der Ausländer, welcher nicht die elterliche Gewalt oder Obhut über sein schweizerisches Kind hat, kann die familiäre Beziehung mit dem Kind von vornherein nur im beschränkten Rahmen des ihm eingeräumten Besuchsrechts leben. Anders als in den Fällen, wo der Ausländer in gemeinsamem Haushalt mit Familienangehörigen wohnen kann und will, ist darum, wenn ihm nur ein Besuchsrecht zusteht, nicht erforderlich, dass er dauernd im gleichen Land wie das Kind lebt und dort über eine Aufenthaltsbewilligung verfügt. Erst recht muss dies gelten, wenn der Ausländer im Gastland straffällig geworden ist und damit ein erhebliches öffentliches Interesse besteht, ihn aus dem Gastland zu entfernen. Eine Ausnahme käme allerhöchstens in Frage, wenn besonders enge Beziehungen in affektiver und wirtschaftlicher Hinsicht zwischen dem Ausländer und seinem Kind bestünden, welche praktisch nicht mehr oder nur noch in weitgehend unvollkommener Weise aufrechterhalten bleiben könnten, wenn die Aufenthaltsbewilligung verweigert würde"; siehe ferner den unpublizierten BGerE vom 6.5.1997 i.S. T. (2A.2/1997).

Familiäre Beziehung im Herkunftsland: Nur relativ selten beruft sich das Bundesgericht im Rahmen der Verhältnismässigkeitsprüfung auf das Bestehen familiärer Bande im Herkunftsland[108].

bb) Persönliche Umstände der direkt betroffenen Ausländerinnen und Ausländer

Im Rahmen der Güterabwägung schenkt das Bundesgericht neben den familiären Umständen indes auch noch weiteren persönlichen Aspekten Beachtung.

Vertrautheit mit den kulturellen, sprachlichen und gesellschaftlichen Gegebenheiten in der Schweiz: Ein langjähriger *Aufenthalt* kann ein Indiz für eine bestehende Vertrautheit mit den schweizerischen Gewohnheiten darstellen[109]. Weitere entscheidende Aspekte stellen nach Ansicht des Bundesgerichtes auch die Tatsachen dar, dass die betroffenen Ausländerinnen und Ausländer einer geregelten *Arbeit* nachgehen[110] oder eventuell bestehenden *Unterstützungspflichten* nachkommen[111] etc. Fragwürdig ist, dass für das Bundesgericht Arbeitslosigkeit oder der Empfang von Sozialhilfe eher gegen das Bestehen enger Beziehungen zur Schweiz sprechen[112]. Ebenso misst das Bundesgericht den Beziehungen zur Schweiz keine grosse Bedeutung zu, wenn sich diese lediglich in der Beziehung zur schweizerischen Ehegattin erschöpfen[113].

Vertrautheit mit den kulturellen, sprachlichen und gesellschaftlichen Verhältnissen im Herkunftsland: Die Vertrautheit mit den Lebensumständen im Herkunftsland kann die Schwere eines Eingriffes mildern, doch kommt diesem Aspekt kaum ent-

---

[108] Unpublizierter BGerE vom 20.12.1995 i.S. B. (2A.38/1994); ebenso unpublizierter BGerE vom 16.12.1996 i.S. M.B. und A.B. (Beziehung nur noch zur Mutter; 2A.443/1996).

[109] BGE 120 Ib 1 (fünfjähriger Aufenthalt); unpublizierer BGerE vom 20.12.1995 i.S. B. (17-jähriger Aufenthalt, Integration verneint; 2A.381/1994); unpublizierter BGerE vom 3.10.1996 i.S. O. et al. (16 Jahre Aufenthalt in der Schweiz; 2A.182/1996); unpublizierter BGerE vom 16.12.1996 i.S.. M.B. und A.B. (zwölf Jahre Aufenthalt in der Schweiz; 2A.443/1996); unpublizierter BGerE vom 6.5.1997 i.S. T. (16 Jahre Aufenthalt in der Schweiz; 2A.2/1997).

[110] BGE 120 Ib 1; unpublizierter BGerE vom 16.12.1996 i.S. M.B. und A.B. (2A.443/1996).

[111] BGE 120 Ib 1.

[112] BGE 120 Ib 22; ebenso unpublizierter BGerE vom 20.12.1995 i.S. B. (2A.381/1994); unpublizierter BGerE vom 16.1.1996 i.S. N. (6P.129/1995; 6S.725/1995).

[113] BGerE vom 31.1.1995, Pra 1995, Nr. 117.

A. Rechtfertigungselemente

scheidende Bedeutung zu[114]. Ebenso kann nämlich die Wiedereingliederung nach einer langen Auslandsabwesenheit schwierig sein und damit den Eingriff wiederum erschweren[115].

Besondere persönliche Umstände: Auf die Schwere eines Eingriffes in das Familienleben können auch weitere besondere persönliche Umstände Auswirkungen haben. In diesem Sinne hat das Bundesgericht beispielsweise das Bestehen eines *besonderen Abhängigkeitsverhältnisses aufgrund einer Behinderung* als eingriffserschwerend eingestuft (BGE 115 Ib 1). Von Bedeutung kann ferner auch sein, ob die *Resozialisierungschancen* in der Schweiz besser sind als im Heimatland[116]. Bei einer Trennung nicht sorgeberechtigter Elternteile von ihren in der Schweiz wohnhaften minderjährigen Kindern kommt ferner auch der *geographischen Distanz* zwischen dem betreffenden Land und der Schweiz gewisse Bedeutung zu[117]. Kein besonderes Gewicht mass das Bundesgericht indes der Tatsache bei, dass ein aus der Schweiz ausgewiesener italienischer Staatsangehöriger der zweiten Generation als Folge zweier Verkehrsunfälle psychische Probleme hatte[118]. Schliesslich wäre wohl entsprechend zu berücksichtigen, wenn eine Ausreise in das Heimatland als völlig unzumutbar eingeschätzt werden müsste[119].

cc) Weitere relevante Aspekte

Zumutbarkeit der Ausreise für die in der Schweiz wohnhaften Familienangehörigen: Für die Schwere des Eingriffes ist ferner auch relevant, ob den in der Schweiz wohnhaften Familienangehörigen eine Ausreise zugemutet werden kann oder nicht[120]. Ist eine Ausreise nicht zumutbar, wirkt sich dies wohl erschwerend für den

---

[114] BGE 115 Ib 1 (Schul- und Berufsausbildung in Italien); unpublizierter BGerE vom 20.12.1995 i.S. B. (der Beschwerdeführer hatte bis zu seinem 23. Lebensjahr in seinem Heimatland gelebt; 2A.381/1994); unpublizierter BGerE vom 4.11.1996 i.S. D.R. (der Beschwerdeführer hatte bis zu seinem 20. Altersjahr in seiner Heimat gewohnt und sei daher mit den dortigen Verhältnissen nach wie vor vertraut; 2A.185/1996); unpublizierter BGerE vom 4.11.1996 i.S. D. (der Beschwerdeführer hatte bis zu seinem 28. Lebensjahr in Italien gelebt; 2A.375/1996).

[115] Unpublizierter BGerE vom 6.5.1997 i.S. T. (2A.2/1997).

[116] BGE 120 Ib 6.

[117] BGE 120 Ib 22.

[118] BGE 122 II 433.

[119] Im unpublizierten BGerE vom 3.10.1996 i.S. O. et al. (2A.182/1996) hat das Bundesgericht ausgeführt, dass die Ausreise eines türkischen Staatsangehörigen in sein Heimatland praktisch ausgeschlossen sei, da er sich von der Schweiz aus am Kampf des kurdischen Volkes beteiligt hatte; da aber seine Ehefrau aus Chile stammt, prüfte es in der Folge die Zumutbarkeit der Ausreise der Ehefrau nach Chile (!).

[120] Siehe zu den Kriterien der Prüfung der Zumutbarkeit vorne 218 ff.

Eingriff aus[121], vermag jedoch für sich allein die Massnahme noch nicht unverhältnismässig erscheinen zu lassen[122]. Als zumutbar, wenn auch mit gewissen Schwierigkeiten verbunden, hat das Bundesgericht etwa eine Ausreise nach Argentinien eingestuft[123]. Ebenso wurde die Zumutbarkeit einer Ausreise in die Türkei für eine türkische Staatsangehörige, die rund zwölf Jahre in der Schweiz gelebt hatte sowie ihres vierjährigen Sohnes bejaht[124]. Verneint hat das Bundesgericht indes die Zumutbarkeit der Ausreise einer bosnisch-herzegowinischen Staatsangehörigen, die in der Schweiz Asyl erhalten hatte, in die Bundesrepublik Jugoslawien (Kosovo)[125]. Als zumutbar hat es dagegen die Ausreise der Ehefrau und der noch anpassungsfähigen Kinder eines türkischen Staatsangehörigen erachtet, dessen Aufenthaltsbewilligung nicht verlängert worden war[126]. Ebenso bejahte es die Zumutbarkeit der Ausreise einer schweizerischen Ehefrau und des noch kleinen Kindes in den Libanon[127]. Die Zumutbarkeit der Ausreise wurde auch für eine chilenische Staatsangehörige, die in der Schweiz Asyl erhalten, später jedoch auf ihre Flüchtlingseigenschaft verzichtet hatte, sowie für die zwölf- und einjährigen Kinder bejaht[128]. Auch die Ausreise der Ehefrau sowie eines zwölfjährigen Kindes nach Italien sind zumutbar[129]. Demgegenüber führte das Bundesgericht aus, dass die Ausreise des Schweizer Ehemannes einer jugoslawischen Staatsangehörigen „mit grossen Schwierigkeiten sozialer, kultureller sowie wirtschaftlicher Natur verbunden wäre und ihn angesichts der beruflichen Stellung, die er sich (...) erarbeiten konnte, ausserordentlich hart treffen würde"[130].

Besondere Umstände: Bei Bestimmung der Schwere eines Eingriffes kommt ferner auch besonderen Umständen, wie dem *Zeitpunkt des Eheschlusses* oder der Frage, ob die Trennung der Familienangehörigen auf einen *freiwilligen Entschluss* zurückgeht[131], gewisse Bedeutung zu. In diesem Sinne hält das Bundesgericht beispielsweise regelmässig fest, wenn die in der Schweiz wohnenden Ehegatten im Zeitpunkt der Heirat wussten, dass ein gemeinsamer Aufenthalt im Inland allenfalls nicht be-

---

[121] BGE 110 Ib 201; BGE 115 Ib 1.
[122] BGE 120 Ib 129; BGE 116 Ib 353.
[123] BGE 120 Ib 6.
[124] BGE 120 Ib 129.
[125] BGE 122 II 1.
[126] Unpublizierter BGerE vom 20.12.1995 i.S. B. (2A.381/1994).
[127] Unpublizierter BGerE vom 16.1.1996 i.S. N. (6P.129/1995; 6S.725/1995).
[128] Unpublizierter BGerE vom 3.10.1996 i.S. O. et al. (2A.182/1996).
[129] Unpublizierter BGerE vom 4.11.1994 i.S. D. (2A.375/1996).
[130] Unpublizierter BGerE vom 16.12.1996 i.S. M.B. und A.B. (2A.443/1996), E. 4c.
[131] BGE 119 Ib 81.

A. Rechtfertigungselemente 361

willigt würde, dies im Rahmen der Güterabwägung eher gegen die persönlichen Interessen spreche[132].

Charakter der verfügten ausländerrechtlichen Massnahme: Schliesslich ist auch der Charakter der verhängten Massnahme zu berücksichtigen. Eine Versagung der Erteilung oder Erneuerung einer Aufenthaltsbewilligung greift nach Ansicht des Bundesgerichtes weniger schwer in das geschützte Familienleben ein als etwa eine Ausweisung, denn während es im ersten Fall den betroffenen Ausländerinnen und Ausländer lediglich verboten ist, sich dauernd in der Schweiz aufzuhalten, wird ihnen mit einer Ausweisung auch die künftige Einreise verboten[133].

Der letztgenannte Gesichtspunkt ist, obwohl auf den ersten Blick durchaus sachgerecht, insofern problematisch, als die effektive Möglichkeit eines erfolgreichen erneuten Bewilligungsgesuches sehr stark von der Einwanderungspolitik und der Handhabung des den Behörden zustehenden Ermessens abhängt. Ist die Chance der erneuten Erteilung eines Aufenthaltstitels realistischerweise als gering zu betrachten, so hat die Versagung oder Nichtverlängerung einer Aufenthaltsbewilligung faktisch dieselben Wirkungen wie eine Ausweisung, denn die Aufrechterhaltung des Familienlebens nur mittels befristeter Besuchsaufenthalte ist sicher keine echte Alternative.

b) Die Gewichtung der öffentlichen Interessen

Im Rahmen der Bestimmung des Gewichtes, das den öffentlichen Interessen im Einzelfall beizumessen ist, unterscheidet auch das Bundesgericht zwischen straffällig und nicht straffällig gewordenen Ausländerinnen und Ausländern.

aa) Gewicht des öffentlichen Interesses bei straffällig gewordenen Ausländerinnen und Ausländern

Bei straffällig gewordenen Ausländerinnen und Ausländern besteht das öffentliche Interesse in der Verteidigung der Ordnung, in der Verhinderung weiterer strafbarer Handlungen sowie eventuell im Schutz der Rechte und Freiheiten Dritter. Das Gewicht, das diesen öffentlichen Interessen im Einzelfall zukommt, hängt von der Schwere des den betreffenden Ausländerinnen und Ausländern zur Last gelegten Verschuldens ab. Nach der bundesge-

---

[132] BGE 116 Ib 353 (Eheschluss nach Verhängung einer Einreisesperre); BGE 120 Ib 6 (Eheschluss während des Strafvollzuges des Ehemannes); unpublizierter BGerE vom 4.11.1996 i.S. D.R. (Kenntnis der Straftaten bei Heirat; 2A.185/1996); unpublizierter BGerE vom 16.12.1996 i.S. M.B. und A.B (Heirat während Untersuchungshaft; 2A.443/1996); *Mock*, Mesures de police, 109.
[133] BGE 120 Ib 6; unpublizierter BGerE vom 6.5.1997 i.S. T. (2A.2/1997).

richtlichen Rechtsprechung stellt „Ausgangspunkt und Massstab für die Schwere des Verschuldens (...) die vom Strafrichter verhängte Strafe"[134] dar. Weitere vom Bundesgericht berücksichtigte Gesichtspunkte sind z. B. die Natur der begangenen Straftat oder die Frage eines Rückfalles[135]:

Höhe der ausgefällten Strafe: „Nicht als ganz besonders schwer" hat das Bundesgericht die Zuchthausstrafe von 24 Monaten, zu der Reneja verurteilt worden war, eingestuft[136]. Demgegenüber hat es eine Freiheitsstrafe von fünf Jahren wegen Drogendelikten[137] ebenso wie eine Verurteilung zu achtzehn Monaten Zuchthaus wegen Notzucht als schwer eingestuft[138]. Eine Verurteilung zu einer Busse von Fr. 200.-- wegen Widerhandlungen gegen das ANAG (illegaler Aufenthalt) hat es als leichte Verfehlung gewertet[139], dagegen eine dreijährige Freiheitsstrafe wegen eines Erpressungsversuches wiederum als schwer eingestuft[140]. Auch eine Verurteilung zu zehn Monaten Gefängnis wegen Diebstahls sowie einige Bussen wegen illegalen Aufenthalts oder Entwendungsdelikten hat das Bundesgericht als schwer angesehen und in der Folge die Erteilung einer Aufenthaltsbewilligung abgelehnt[141]. Im Sinne einer *Faustregel* geht die bundesgerichtliche Rechtsprechung davon aus, dass die Grenze, von der an in der Regel keine fremdenpolizeilichen Bewilligungen mehr erteilt oder verlängert werden, bei *zwei Jahren Freiheitsstrafe* liegt, wenn die betreffenden Ausländerinnen und Ausländer erstmals um Erteilung einer Bewilligung ersuchen oder nach bloss kurzer Aufenthaltsdauer die Erneuerung ihrer Bewilligung beantragen[142];

---

[134] Unpublizierter BGerE vom 16.12.1996 i.S. M.B. und A.B. (2A.443/1996), E. 4b); BGE 120 Ib 6.

[135] *Mock*, Mesures de police, 109.

[136] BGE 110 Ib 201, E. 3b, 206; siehe zum Sachverhalt vorne 257.

[137] BGE 120 Ib 6.

[138] BGE 120 Ib 129.

[139] BGE 122 II 1.

[140] Unpublizierter BGerE vom 3.10.1996 i.S. O. et al. (2A.182/1996).

[141] Unpublizierter BGerE vom 4.11.1996 i.S. D.R. (2A.185/1996).

[142] „Ausgangspunkt und Massstab für die Schwere des Verschuldens und die fremdenpolizeiliche Interessenabwägung ist die vom Strafrichter verhängte Strafe. Nach der Praxis liegt die Grenze, von der an in der Regel keine Bewilligungen mehr erteilt werden, bei *zwei Jahren Freiheitsstrafe*, wenn der Ausländer um eine *erstmalige Bewilligung* ersucht oder nach bloss *kurzer Aufenthaltsdauer* die Erneuerung der Bewilligung beantragt. Dem liegt die Auffassung zugrunde, dass das öffentliche Interesse an der Fernhaltung des Ausländers bei schweren Verstössen gegen die geltende Rechtsordnung - von denen bei einer Verurteilung zu einer zweijährigen Gefängnisstrafe grundsätzlich auszugehen ist - dem privaten Interesse des Ausländers bzw. seiner Angehörigen, dass er in der Schweiz bleiben kann, vorgeht. Hält sich der Ausländer schon *längere Zeit in der Schweiz* auf, so kann diese Praxis allerdings *nicht unbesehen* angewendet werden. Namentlich ist zu prüfen, ob die mit der Schweiz geknüpften Beziehungen eine stärkere Gewichtung seines privaten Interesses am Verbleib gebieten", unpublizierter BGerE

A. Rechtfertigungselemente

dies gelte auch, wenn den in der Schweiz anwesenden Familienangehörigen eine Ausreise nicht zumutbar ist[143]. Indes darf diese Faustregel nicht in starrer Weise angewendet werden; vielmehr ist auf die besonderen Umstände des jeweiligen Einzelfalles Rücksicht zu nehmen und beispielsweise ein langjähriger Aufenthalt in der Schweiz entsprechend zu berücksichtigen[144].

Natur der begangenen Straftat: Drogendelikte wiegen in der bundesgerichtlichen Praxis besonders schwer, da durch sie die Gesundheit einer Vielzahl von Menschen gefährdet wird[145].

Anzahl der begangenen Delikte: Die Begehung einer Vielzahl von Delikten, auch wenn jede einzelne Straftat für sich betrachtet nicht schwer wiegt, verleiht dem öffentlichen Interesse ein grösseres Gewicht[146].

Umstände der Tatbegehung: Im Zusammenhang mit einer Verurteilung wegen Widerhandlungen gegen das ANAG hat das Bundesgericht ausgeführt, dass „aus fremdenpolizeilicher Sicht (...) die Widerrechtlichkeit des Aufenthaltes des Ehemannes der Beschwerdeführerin zu relativieren" sei, da dessen Aufenthalte in der Schweiz zwar nicht formell bewilligt waren, er aber gestützt auf Art. 8 EMRK seit der Heirat einen Anspruch auf Anwesenheit hatte und die Aufenhalte bei seiner Ehefrau damit jedenfalls materiell nicht widerrechtlich waren[147].

Erstmalige/einmalige oder wiederholte Tatbegehung: Erschwerend fällt in der bundesgerichtlichen Rechtsprechung ins Gewicht, wenn die betreffenden Fremden mehrmals, über einen längeren Zeitraum hinaus[148] oder wiederholt[149] straffällig geworden sind; in derartigen Fällen hält das Bundesgericht fest, dass „seules des circonstances particulières pourraient renverser la pesée des intérêts"[150]. Dies gilt selbst dann, wenn es sich bei den begangenen Handlungen zwar nicht um strafbare, aber doch um Handlungen gehandelt hat, welche die öffentliche Ruhe und Ordnung stö-

---

vom 16.12.1996 i.S. B. und B. (2A.443/1996), E. 4b, eigene Hervorhebung; vgl. ferner unpublizierten BGerE vom 3.10.1996 i.S. O. et al. (2A.182/1996), sowie unpublizierten BGerE vom 28.10.1997 i.S. M. (2A.22/1997).

[143] BGE 120 Ib 6; BGerE vom 31.1.1995, Pra 1995, Nr. 117.

[144] Unpublizierter BGerE vom 16.12.1996 i.S. M.B. und A.B. (2A.443/1996).

[145] Unpublizierter BGerE vom 17. Januar 1995 i.S. D. (2A.238/1994); unpublizierter BGerE vom 25.7.1995 i.S. H. und H. (2A.190/1995).

[146] Unpublizierter BGerE vom 4. November 1996 i.S. D.R. (2A.185/1996); unpublizierter BGerE vom 28.10.1997 i.S. M. (2A.22/1997).

[147] BGE 122 II 1, E. 3b, 7 f.

[148] Unpublizierter BGerE vom 20.12.1995 i.S. B. (2A.381/1994).

[149] Unpublizierter BGerE vom 17.1.1995 i.S. D. (2A.238/1994).

[150] Unpublizierter BGerE vom 4.11.1996 i.S. D. (2A.375/1996).

ren[151]. Zugunsten der betreffenden Ausländerinnen und Ausländer ist indes zu werten, wenn es sich um eine „einmalige Entgleisung" handelte[152].

Verhalten nach Entlassung aus Strafvollzug: Eine problemlose Wiedereingliederung in den Alltag nach der Entlassung aus dem Strafvollzug kann - in beschränktem Masse - die Bedeutung des öffentlichen Interesses vermindern[153]. Andererseits wirkt sich ein Rückfall, bestehende Rückfallsgefahr oder ein weiterhin gegen die öffentliche Ordnung verstossendes Verhalten negativ für die betreffenden Ausländerinnen und Ausländer aus[154].

bb) Gewicht des öffentlichen Interesses in den übrigen Fällen

In *BGE 120 Ib 1 ff.* hat das Bundesgericht zur Frage der Güterabwägung bei der Nichtverlängerung der Aufenthaltsbewilligung an den geschiedenen, nicht sorgeberechtigten Vater eines in der Schweiz wohnhaften Kindes ausgeführt:

„La question de savoir, si dans un cas particulier, les autorités de police des étrangers sont tenues d'accorder une autorisation de séjour fondée sur l'art. 8 CEDH doit être résolue sur la base d'une pesée de tous les intérêts publics et privés en présence. Il faut qu'il existe des liens familiaux vraiment forts dans les domaines affectif et économique pour que l'intérêt public à une politique restrictive en matière de séjour des étrangers et d'immigration passe au second plan."[155]

Diese Ausführungen verdeutlichen, dass dem öffentlichen Interesse an der Durchsetzung der restriktiven Zulassungspraxis auch in der bundesgerichtli-

---

[151] Unpublizierter BGerE vom 3.10.1996 i.S. O. et al. (2A.182/1996), E. 4a): „En outre, cette infraction se situe en droite ligne d'une série d'actes répréhensibles ou douteux perpétrées tout au long de son séjour en Suisse, tels que, notamment, occupation de locaux sans autorisation, participation à une manifestation interdite et à une réunion achevée tragiquement, etc., sans compter qu'il a été fortement soupçonné d'appartenir à un réseau de passeurs et de commettre un faux témoignage en faveur d'un dangereux individu".

[152] Unpublizierter BGerE vom 16.12.1996 i. S. M.B. und A.B. (2A.443/1996).

[153] BGE 110 Ib 201; unpublizierter BGerE vom 25.7.1995 i.S. H. und H. (weiterhin bestehende Rückfallsgefahr trotz Wohlverhalten seit der Entlassung aus dem Strafvollzug; 2A.238/1994); unpublizierter BGerE vom 4.11.1996 i.S. D.R. (Rückfallsgefahr ebenfalls bejaht, da sich der betroffene Ausländer meist im Kreise von Landsleuten aufhält und die Straftaten von ihm auch gemeinsam mit Landsleuten ausgeführt worden waren; 2A.186/1996); unpublizierter BGerE vom 16.12.1996 i. S. M.B. und A.B. (2A.443/1996).

[154] Unpublizierter BGerE vom 17.1.1995 i.S. D. (2A.238/1994).

[155] BGE 120 Ib 1, E. 3c, 5.

A. Rechtfertigungselemente

chen Rechtsprechung *sehr grosses Gewicht* beigemessen wird. Nur wenn besonders bedeutende private oder familiäre Interessen vorliegen, vermögen diese im Einzelfall zu überwiegen. In seiner Rechtsprechung hat das Bundesgericht solche indes bisher nur bei der Bewilligungsversagung an die behinderte, erwachsene Tochter[156] oder bei der Nichtverlängerung der Aufenthaltsbewilligung des geschiedenen und nicht sorgeberechtigten Vaters eines in der Schweiz wohnhaften Kindes, der jedoch eine sehr enge und intensive Beziehung mit diesem unterhielt[157], bejaht. Ein Überwiegen der privaten Interessen hat es dagegen bei der Weigerung der Fremdenpolizeibehörden, ein minderjähriges Kind erneut in die Niederlassungsbewilligung seiner Eltern einzubeziehen, verneint; das Bundesgericht führte in diesem Fall aus, angesichts der gewichtigen öffentlichen Interessen sei

> „die Verweigerung einer Bewilligung jedenfalls dann nicht zu beanstanden, wenn die Familientrennung von den Betroffenen selbst freiwillig herbeigeführt worden ist, für die Änderung der bisherigen Verhältnisse keine überwiegenden familiären Interessen bestehen und die Fortführung und Pflege der bisherigen familiären Beziehungen nicht behördlich verhindert wird"[158].

Bei ausländerrechtlichen Massnahmen gegen nicht straffällig gewordene Ausländerinnen und Ausländer vermögen daher nur äusserst gewichtige persönliche und familiäre Umstände das als sehr bedeutsam eingestufte Interesse an der Durchsetzung der restriktiven Einwanderungspolitik zu überwiegen.

3. Die Rechtsprechung der österreichischen Gerichtshöfe des öffentlichen Rechtes

Nach der Rechtsprechung des Verfassungsgerichtshofes ist ein Eingriff in das durch Art. 8 EMRK verfassungsgesetzlich gewährleistete Privat- und Familienleben nur dann verfassungswidrig, wenn

> „der ihn verfügende Bescheid ohne jede Rechtsgrundlage ergangen wäre, auf einer dem Art. 8 MRK widersprechenden Rechtsvorschrift beruhte oder wenn die Behörde bei Erlassung des Bescheides eine verfassungsrechtlich unbedenkliche Rechtsgrundlage in denkunmöglicher Weise angewendet hätte; ein solcher Fall liegt nur vor, wenn die Behörde einen so schweren Fehler begangen hätte, daß dieser mit Gesetzlosigkeit auf eine Stufe zu stellen wäre, oder wenn sie der angewendeten Rechtsvorschrift fälschlicherweise einen verfassungswidrigen, insbe-

---

[156] BGE 115 Ib 1, *Dora Nasti*; zum Sachverhalt vorne 249.
[157] BGE 120 Ib 1; siehe zum Sachverhalt 285.
[158] BGE 119 Ib 81, E. 4b, 90 f.

sondere einen dem Art. 8 Abs. 1 MKR widersprechenden und durch Art. 8 Abs. 2 MRK nicht gedeckten Inhalt unterstellt hätte".[159]

Ein Art. 8 EMRK verletzender Vollzugsfehler liegt u.a. dann vor, wenn die verfügende Behörde die gebotene Güterabwägung völlig verfehlt vorgenommen oder unterlassen[160] hat. Somit haben Verfassungsgerichtshof bzw. Verwaltungsgerichtshof insbesondere die Art und Weise sowie die Nachvollziehbarkeit der Interessenabwägung zu überprüfen:

„Die (...) [belangte Behörde] wäre zumindest bei dieser Sachlage verhalten gewesen, sich auch mit der Frage auseinanderzusetzen, ob sich seit Erlassung des Aufenthaltsverbotes jene Umstände geändert haben, die zur Beurteilung der familiären und privaten Interessen einerseits und der öffentlichen Interessen andererseits maßgebend sind. Sie hätte schließlich diese Interessen gegeneinander abzuwägen gehabt. Eine solche Abwägung muß nachvollziehbar sein. Sie darf sich nicht - wie hier geschehen - darauf beschränken, ohne jede Darlegung einfach zu behaupten, daß das öffentliche Interesse an der Abschiebung des Fremden größer sei als sein privates Interesse am Aufenthalt in Österreich."[161]

Da der Verfassungsgerichtshof indes nur qualifizierte Vollzugsfehler als Verletzung des in Art. 8 EMRK garantierten Rechtes auf Achtung des Privat- und Familienlebens ahndet, obliegt die „Feinprüfung" der richtigen Gesetzesanwendung dem Verwaltungsgerichtshof[162].

a) Die Bestimmung der Schwere eines Eingriffes in das Familienleben

Im Rahmen der Bestimmung der Schwere eines Eingriffes in das Familienleben berücksichtigt der Verwaltungsgerichtshof neben Aspekten wie etwa den *Charakter* des in Österreich bestehenden *Familienlebens*[163], die *Lebens-*

---

[159] VfSlg 11982/1989; ebenso statt vieler VfSlg 11638/1988.

[160] Siehe z. B. VfSlg 13333/1993; VfSlg 13489/1993; VfSlg 14331/1995; VfSlg 14547/1996; in VfSlg 13611/1993 betont der Verfassungsgerichtshof ausdrücklich, eine „Interessenabwägung darf nämlich auch dann nicht unterbleiben, wenn die Gefährdung öffentlicher Interessen daraus abgeleitet wird, dass der Fremde gerichtlich strafbare Handlungen begangen hat". In VfSlg 14009/1995 hat der Verfassungsgerichtshof schliesslich dargelegt, dass die durch Art. 8 Abs. 2 EMRK gebotene Güterabwägung auch dann nicht entfallen dürfe, wenn von vornherein feststünde, dass sie zum Nachteil der Beschwerdeführer ausfalle.

[161] VfSlg 11221/1987.

[162] *Pernthaler/Rath-Kathrein*, 278; *Morscher*, 144.

[163] Von Bedeutung ist in diesem Zusammenhang insbesondere, ob es sich bei den als Familienleben anerkannten familiären Beziehungen um der Kernfamilie angehörende oder aber entferntere Verwandte handelt, ob die betroffenen Fremden verheiratet oder

A. Rechtfertigungselemente 367

situation der in Österreich wohnhaften, *mitbetroffenen Familienangehörigen*[164] oder das Wissen um die Unsicherheit des Aufenthaltsrechtes[165], ferner auch Gesichtspunkte wie den *Zeitpunkt der Eheschliessung*[166] oder den *fremdenrechtlichen Status*[167] aller Familienmitglieder in Österreich. In der Güterabwägung bleiben jedoch während eines illegalen Aufenthaltes neu entstandene familiäre Beziehungen unberücksichtigt[168].

b) Die Bestimmung der Schwere eines Eingriffes in das Privatleben

Von zentraler Bedeutung für die Bestimmung der Schwere eines Eingriffes in das Privatleben ist in der Rechtsprechung des Verwaltungsgerichtshofes die *Dauer des bisherigen Aufenthaltes in Österreich*. Je länger sich Ausländerinnen und Ausländer in Österreich aufgehalten haben, desto schwerer wiegt ein fremdenrechtlich begründeter Eingriff in ihr Privatleben, wobei sich Zeitspannen illegaler Anwesenheit zum Nachteil der Betroffenen auswirken[169]. Berücksichtigt wird ferner auch das allfällige Vorliegen einer *nichtehelichen Beziehung* in Österreich[170].

---

ledig sind, Kinder haben etc; vgl. aus der Rechtsprechung z. B. Erkenntnis VwGH vom 14.4.1994, 93/18/0260, sowie Erkenntnis VwGH vom 16.1.1997, 96/18/0533.

[164] Entscheidende Gesichtspunkte sind hier, ob den mitbetroffenen Familienangehörigen eine Ausreise möglich und zumutbar ist; vgl. aus der Praxis beispielsweise die Ausführungen des Verfassungsgerichtshofes in VfSlg 11982/1989 (Ausreise für die in Österreich eingeschulten Kindern nicht zumutbar) sowie das Erkenntnis des VwGH vom 23.6.1994, 94/18/0332 (Ausreise möglich, da die betagte Mutter auch in Deutschland gepflegt werden kann).

[165] Erkenntnis VwGH vom 30.9.1993, 93/18/0367 (illegaler Aufenthalt).

[166] Erkenntnis VwGH vom 30.9.1993, 93/18/0367; Erkenntnis VwGH vom 24. März 1994, 94/18/0026.

[167] Erkenntnis VwGH vom 28.3.1996, 96/18/0111.

[168] Erkenntnis VwGH vom 19.9.1996, 95/19/0261; Erkenntnis VwGH vom 27. Juni 1997, 95/19/1815.

[169] Erkenntnis VwGH vom 28.3.1996, 96/18/0111; Erkenntnis VwGH vom 28. März 1996, 96/18/0111; Erkenntnis VwGH vom 16.6.1996, 96/18/0203; Erkenntnis VwGH vom 4.4.1997, 97/18/0112; Erkenntnis VwGH vom 12.6.1997, 97/18/0307.

[170] Erkenntnis VwGH vom 27. Juni 1996, 96/18/1343; Erkenntnis VwGH vom 14. November 1996, 96/18/0492.

c) Die Gewichtung der öffentlichen Interessen

Bei fremdenrechtlichen Massnahmen gegen straffällig gewordene Ausländerinnen und Ausländer misst der Verwaltungsgerichtshof der *Schwere* der begangenen *Straftaten*, der *Häufigkeit der Tatbegehung* sowie allfälligen *Rückfällen* grosses Gewicht bei[171]. Je bedeutsamer diese Gesichtspunkte sind, desto schwerer wiegt das öffentliche Interesse an der Aufrechterhaltung der öffentlichen Ordnung und desto eher vermag es die privaten Interessen zu überwiegen. Insbesondere bei *Drogendelikten* führt der Verwaltungsgerichtshof in konstanter Rechtsprechung an, dass wegen der von diesen Straftaten ausgehenden Gefährdung fremdenrechtliche Massnahmen auch gegen sonst vollkommen integrierte Ausländerinnen und Ausländer zulässig und verhältnismässig sind[172].

Ein hoher Stellenwert kommt im Rahmen der Interessenabwägung ferner der Aufrechterhaltung eines *geordneten Fremdenwesens* zu. Denn ein Verzicht auf fremdenrechtliche Massnahmen gegen illegal in Österreich anwesende Ausländerinnen und Ausländer würde nach Ansicht des Verwaltungsgerichtshofes bedeuten, dass die Bestimmungen der Fremdengesetzgebung durch eine Berufung auf den langjährigen Aufenthalt im Bundesgebiet, d.h. auf das Privatleben, umgangen werden könnten[173]. Aus demselben Grunde können auch während eines illegalen Aufenthaltes begründete familiäre oder private Beziehungen nicht berücksichtigt werden, denn

> „dem Interesse an der Aufrechterhaltung eines geordneten Fremdenwesens läuft es grob zuwider, wenn ein Fremder bloß auf Grund von Tatsachen, die von ihm geschaffen wurden, als er rechtens nicht mit einem längeren erlaubten Aufenthalt in Österreich rechnen durfte (...), den tatsächlichen Aufenthalt in Österreich auf Dauer erzwingen (...) [könnte]. Die Erlassung eines Ausweisungsbescheides ist demnach in solchen Fällen dringend geboten."[174]

---

[171] Erkenntnis VwGH vom 8.10.1990, 90/19/0170 (Schwere der begangenen Straftat); Erkenntnis VwGH vom 28.10.1993, 93/18/0491 (Häufigkeit der Tatbegehung); Erkenntnis VwGH vom 28.2.1997, 97/19/0205 (Rückfall).

[172] Erkenntnis VwGH vom 28.10.1993, 93/18/0393; Erkenntnis VwGH vom 14. April 1994, 93/18/0260.

[173] Statt vieler Erkenntnis VwGH vom 28.4.1995, 94/18/0890; Erkenntnis VwGH vom 28.3.1996, 96/18/0111; Erkenntnis VwGH vom 16.1.1997, 96/18/0533.

[174] Erkenntnis VwGH vom 30.9.1993, 93/18/0367; vgl. ebenso Erkenntnis VwGH vom 19.9.1996, 95/19/0261.

A. Rechtfertigungselemente

4. Die Rechtsprechung des französischen Conseil d'État

Der Conseil d'État hebt Aus- bzw. Wegweisungsverfügungen oder andere, das Privat- und Familienleben der Betroffenen beeinträchtigende ausländerrechtliche Entscheide auf, wenn der Eingriff „*disproportionné*" erscheint, d.h. in keinem vernünftigen Verhältnis zum verfolgten Zweck steht. Erachtet er indes eine Massnahme als notwendig zur Erreichung des verfolgten Zweckes, so weist er die Klage zurück. Im Rahmen der hierfür vorzunehmenden Abwägung der sich gegenüberstehenden privaten und öffentlichen Interessen greift er auf verschiedene, je nach Konstellation z.T. unterschiedliche Kriterien zur Gewichtung der Schwere eines Eingriffes in das Privat- und Familienleben sowie der Bedeutung der von den Behörden mit der Massnahme verfolgten Ziele zurück[175]. Grundsätzlich misst er dem öffentlichen Interesse jedoch derart grosses Gewicht bei, dass nur bei Vorliegen besonderer Umstände der Eingriff als unverhältnismässig erachtet wird[176]; dies gilt insbesondere bei Wegweisungen («*reconduite à la frontière*»), die nur in den seltensten Fällen als unangemessen qualifiziert werden[177].

---

[175] Siehe hierzu *Cassia/Saulnier*, 414; *Labayle/Sudre*, 1192 f.; *Julien-Laferrière*, Vie familiale, 294.

[176] *Labayle/Sudre*, 1192 f.; *Cassia/Saulnier*, 417.

[177] *Cassia/Saulnier*, 417; *Braconnier*, 527. In diesem Sinne hatte bereits der commissaire du gouvernement *Abraham* in seinen conclusions zum Fall *Mme Naima Babas* in allgemeiner Weise ausgeführt, dass eine Wegweisung nur in den wenigsten Fällen unverhältnismässig sein werde: „Il nous semble toutefois qu'il n'y a là aucun obstacle insurmontable, si l'on veut bien considérer que, dans la réalité, ce n'est que très exceptionnellement qu'une mesure de reconduite à la frontière pourra être jugée contraire à l'article 8 de la Convention, pour les deux raison essentielles suivantes. D'un part, une telle décision frappe le plus souvent des étrangers récemment entrés sur le territoire, et qui n'ont donc pas généralement noué des liens familiaux tels que leur éloignement apparaisse comme une mesure disproportionnée au but poursuivi. D'autre part, alors que l'expulsion est une mesure dont les effets perdurent en ce qu'elle interdit le retour sur le territoire tant qu'elle n'est pas abrogée ou rapportée, la reconduite n'est, juridiquement et souvent pratiquement, qu'une mesure d'éloignement temporaire: entré irrégulièrement, par exemple, l'étranger est invité à quitter le territoire national pour y revenir ultérieurement s'il le souhaite sous couvert de documents réguliers. L'atteinte à la vie familiale n'est alors que provisoire, et c'est très rarement, dans ces conditions, qu'une décision de reconduite (...) pourra être regardée comme contraire à l'article 8 de la Convention. Point n'est besoin de renoncer au contrôle de proportionnalité: il suffit de constater que sa mise en oeuvre conduira en général à une solution négative", RFDA 1991, 508.

a) Die Bestimmung der Schwere des Eingriffes in das Privat- und Familienleben

Zentrale Kriterien für die Bestimmung der Schwere des Eingriffes in das Privat- und Familienleben stellen neben der Dauer des bisherigen *Aufenthaltes* in Frankreich auch die *Dauer* und *Natur* des in Frankreich geführten *Familienlebens* bzw. dessen *Intensität*, die *Beziehungen zum Herkunftsland* sowie die *Auswirkungen* der angefochtenen Massnahme auf die Fortführung des Familienlebens[178] dar; nur selten wird dagegen die Möglichkeit oder Zumutbarkeit der *Ausreise für die übrigen Familienangehörigen* als Abwägungskriterium herangezogen[179]. So erachtet der Conseil d'État grundsätzlich die Wegweisung erst seit kurzem verheirateter Fremder als weniger schwerwiegenden Eingriff in das Familienleben als die Ausweisung straffällig gewordener Angehöriger der zweiten Generation. Während nämlich in der ersten Konstellation das Familienleben in Frankreich noch nicht lange bestehet und die Wegweisung eine erneute Einreise nicht verhindert, bedeute die Ausweisung von Angehörigen der zweiten Generation, dass sie für bestimmte oder gar unbestimmte Zeit nicht mehr in das Land, in dem sie aufgewachsen sind, zurückkehren können.

Der vom Conseil d'État herangezogene Gesichtspunkt der Auswirkungen einer ausländerrechtlichen Massnahme auf das Familienleben ist äusserst fragwürdig. Denn die effektive Möglichkeit eine neue Einreise- und Aufenthaltsbewilligung zu erlangen, ist eng mit der Handhabung der fremdenrechtlichen Bestimmungen durch die zuständigen Behörden verbunden. Wenn, wie dies für Frankreich zutrifft, eine restriktive Einreise- und Einwanderungspolitik verfolgt wird, so ist die Möglichkeit innerhalb angemessener Frist erneut einreisen zu können, rein theoretisch und entspricht in keiner Weise der Wirklichkeit[180].

---

[178] Vgl. die conclusions des commissaire du gouvernement *Abraham* zu den Fällen *Belgacem* und *Mme Naima Babas*, wonach im Rahmen der Verhältnismässigkeitsprüfung bei Wegweisungsfällen zu berücksichtigen sei, dass eine erneute Einreise nicht ausgeschlossen ist: „(...) la mesure prise à son [Mme Naima Babas] égard ne porte aucune atteinte irrémédiable aux liens du couple: ou bien M. Boussaidi la suivra, ou bien l'intéressée reviendra en France et prendra soin de solliciter dans les délais légaux qu'elle n'a pas observé la première fois, un titre de séjour", RFDA 1991, 508; *Julien-Laferrière*, Vie familiale, 294.

[179] Z. B. CE, *Ministre d'État, Ministre de l'Intérieur et de l'Aménagement du territoire c/ Mme Diallo*, 19.1.1996, Dr. adm. 1996, No. 152.

[180] Ebenso *François Julien-Laferrière*, D. 1996, Somm. 106.

b) Die Gewichtung des öffentlichen Interesses

Von ausschlaggebender Bedeutung ist bei ausländerrechtlichen Massnahmen gegen straffällig gewordene Ausländerinnen und Ausländer die *Schwere der begangenen Straftat*. Dabei scheint der Conseil d'État weniger der Höhe der ausgefällten Strafe, sondern vielmehr der *Natur* der Straftat Rechnung zu tragen[181]. Von Bedeutung ist ferner das Verhalten nach der Entlassung aus dem Strafvollzug; während ein Rückfall gegen die Betroffenen spricht, vermag sich *Wohlverhalten* nach der Strafverbüssung durchaus zu ihren Gunsten auszuwirken.

Bei der Beurteilung der Konventionskonformität fremdenrechtlicher Massnahmen gegen strafrechtlich unbescholtene Ausländerinnen und Ausländer - meist handelt es sich hier um Fälle, in denen ein Aufenthaltstitel versagt bzw. wegen illegalen Aufenthaltes die Wegweisung verfügt wurde - bezeichnet der Conseil d'État in der Regel das öffentliche Interesse nicht ausdrücklich. Dieses kann aber leicht in der Durchsetzung der Einwanderungspolitik erkannt und die Massnahme daher als Schutz des wirtschaftlichen Wohles des Landes bzw. der Verteidigung der Ordnung verstanden werden. Obwohl der Conseil d'État in diesen Fällen die öffentlichen Interessen nicht ausdrücklich gewichtet, ist unübersehbar, dass auch er ihnen grundsätzlich grosse Bedeutung beimisst.

B. Die Prüfung des Bestehens einer positiven Verpflichtung

Nicht nur im Rahmen der Rechtfertigungsprüfung nach Art. 8 Abs. 2 EMRK, sondern auch bei der Prüfung des Bestehens einer positiven Verpflichtung müssen die privaten und staatlichen Interessen gegeneinander abgewogen werden[182]. Ob den Vertragsstaaten eine positive Verpflichtung obliegt, Familienangehörigen von auf ihrem Staatsgebiet wohnhaften Personen

---

[181] So hat der Conseil d'État in den Entscheiden CE, *Ministre de l'intérieur c/El Baied*, 3.2.1992, Rec. CE, tab. 1041, sowie CE, *Bouchelkia*, 23.6.1993, Rec. CE, tab. 829, die Ausweisung der Beschwerdeführer als verhältnismässig erachtet, da sie wegen *Vergewaltigung* zu je fünf Jahren Gefängnis verurteilt worden waren; ebenso stufte er die Ausweisung des wegen eines *Tötungsdeliktes* zu einer sechsjährigen Gefängnisstrafe verurteilten Beschwerdeführers in CE, *Lahmar*, 21.2.1997, Dr. adm. 1997, No. 169, als verhältnismässig ein; demgegenüber verneinte er die Verhältnismässigkeit der aufenthaltsbeendenden Massnahmen in seinen Entscheiden *Benamar*, 10.6.1994, Rec. CE, tab. 988 f. (15-jährige Gefängnisstrafe wegen *Raub*) sowie *Keddar*, 31.7.1996, Rec. CE, 328 (12 Jahre Freiheitsentzug wegen *Raub*).

[182] Siehe vorne 53.

die Einreise und den Aufenthalt zu gestatten, bestimmt sich nach der Praxis von Gerichtshof und Kommission - weder das Bundesgericht, die österreichischen Gerichtshöfe des öffentlichen Rechtes noch der Conseil d'État haben in ihrer bisherigen Rechtsprechung einen ausländerrechtlichen Fall jemals unter dem Aspekt einer positiven Verpflichtung untersucht - aufgrund der besonderen Umstände der betroffenen Personen sowie des Allgemeininteresses. In diesem Sinne hat der Gerichtshof in seinem Urteil *Ahmut gegen die Niederlande* ausgeführt:

„The applicable principles have been stated by the Court (...) as follows:

(a) The extent of the State's obligation to admit to its territory relatives of settled immigrants will vary according to the particular circumstances of the persons involved and the general interest.

(b) As a matter of well-established international law and subject to its treaty obligations, a State has the right to control the entry of non-nationals into its territory.

(c) Where immigration is concerned, Article 8 cannot be considered to impose on a State a general obligation to respect immigrants' choice of the country of their matrimonial residence and to authorise family reunion in its territory.

Accordingly, (...), in order to establish the scope of the State's obligations, the facts of the case must be considered."[183]

Im Rahmen dieser Güterabwägung ist namentlich zu berücksichtigen, ob und in welchem Masse das Familienleben tatsächlich beeinträchtigt wird, ob unüberwindbare Hindernisse der Ausreise eines oder mehrerer betroffener Familienangehörigen oder der Fortsetzung des Familienlebens im Herkunftsland entgegenstehen, oder ob Überlegungen der Einwanderungskontrolle oder öffentlichen Ordnung für einen Ausschluss sprechen[184]. Schliess-

---

[183] EGMR, *Ahmut gegen die Niederlande*, Reports 1996-VI, 2017 ff., Ziff. 67 f.; siehe ferner EGMR, *Gül gegen die Schweiz*, Reports 1996-I, 159 ff., Ziff. 38; EGMR, *Abdulaziz, Cabales und Balkandali gegen Vereinigtes Königreich*, Serie A, Nr. 94, Ziff. 67 f.

[184] „Whether removal or exclusion of a family member from a Contracting State is incompatible with the requirements of Article 8 will depend on a number of factors: the extent to which family life is effectively ruptured, whether there are insurmountable obstacles in the way of the family living in the country of origin of one or more of them, whether there are factors of immigration control (eg. history of breaches of immigration law) or considerations of public order (eg. serious or persistent offences) weighing in favour of exclusion", B 23938/94, *Sorabjee gegen Vereinigtes Königreich*, unpublizierter KE vom 23.10.1996; ebenso statt vieler B 24865/94, *Jaramillo gegen Vereinigtes Königreich*, unpublizierter KE vom 23.10.1995, sowie B 25297/94, *P. et al. gegen Vereinigtes Königreich*, unpublizierter KE vom 16.1.1996.

B. Prüfung des Bestehens einer positiven Verpflichtung 373

lich ist der weite Beurteilungsspielraum der Vertragsstaaten bei ausländerrechtlichen Fällen zu berücksichtigen[185].

I. Die Schwere der Beeinträchtigung der privaten Interessen am Schutz des Familienlebens

Das Bestehen einer positiven Verpflichtung der Vertragsstaaten bestimmt sich u.a. aufgrund der besonderen Umstände der im Einzelfall betroffenen Personen. Berücksichtigt werden auch hier Gesichtspunkte wie die familiären Beziehungen im Herkunfts- bzw. Konventionsstaat oder die Möglichkeit einer Ausreise der im Konventionsstaat lebenden Familienmitglieder.

1. Familiäre Umstände der Beschwerdeführer

Familiäre Situation bei Einreise der im Konventionsstaat niedergelassenen Familienangehörigen: Wie der Gerichtshof bereits in seinem Entscheid Abdulaziz, Cabales und Balkandali gegen Vereinigtes Königreich festgestellt hat, ist für die Frage des Bestehens einer positiven Verpflichtung u.a. zu berücksichtigen, ob die im betreffenden Vertragsstaat niedergelassenen Ausländerinnen und Ausländer bei ihrer Einreise bereits Familienleben i.S. von Art. 8 EMRK hatten oder dieses erst nach ihrer Einreise begründeten[186]. Es kann daher davon ausgegangen werden, dass im Zeitpunkt der Einreise bereits bestehendes Familienleben den Interessen der betroffenen Familienangehörigen ein grösseres Gewicht verleiht als erst später, nach der Einreise begründetes Familienleben, wobei in der ersten Konstellation negativ ins Gewicht zu fallen scheint, wenn die Trennung der Familienangehörigen freiwillig erfolgte[187].

Familiäre Beziehungen des um Erteilung einer ausländerrechtlichen Bewilligung ersuchenden Familienmitgliedes im Herkunftsland: Ein weiterer relevanter Gesichtspunkt stellt das Bestehen familiärer Beziehungen im Herkunftsland dar. In diesem Sinn hat der Gerichtshof beispielsweise im Entscheid Ahmut gegen die Niederlande ausdrücklich darauf hingewiesen, dass noch weitere Familienangehörige, namentlich zwei Geschwister, ein Onkel und die Grossmutter in Marokko lebten und der minderjährige Sohn somit über enge familiäre Beziehungen zu diesem Land verfüge[188]. Besitzt der um Nachzug ersuchende Familienangehörige demgegenüber im Her-

---

[185] Siehe vorne 57 f.

[186] Siehe EGMR, *Abdulaziz, Cabales und Balkandali gegen Vereinigtes Königreich*, Serie A, Nr. 94, Ziff. 68; siehe auch B 14112/88, *Khanam gegen Vereinigtes Königreich*, DR 59, 265.

[187] EGMR, *Gül gegen die Schweiz*, Reports 1996-I, 159 ff., Ziff. 41; EGMR, *Ahmut gegen die Niederlande*, Reports 1996-VI, 2017 ff., Ziff. 70.

[188] EGMR, *Ahmut gegen die Niederlande*, Reports 1996-VI, 2017 ff., Ziff. 69.

kunftsland keine weiteren Familienangehörigen, verleiht dies den persönlichen Interessen wohl grösseres Gewicht.

Möglichkeit der Aufrechterhaltung der familiären Beziehungen im bisherigen Ausmass: Die Bedeutung, die den Interessen der betroffenen Familienangehörigen beigemessen werden muss, hängt ferner auch von der Frage ab, welche Auswirkungen die Verweigerung einer ausländerrechtlichen Bewilligung auf die Aufrechterhaltung der bereits bestehenden familiären Beziehungen hat. Führt die Bewilligungsverweigerung zu einer Verminderung der bisherigen familiären Beziehungen, spricht dies eher zugunsten der betroffenen Familienmitglieder. Hat der negative Entscheid der innerstaatlichen Behörden indes keinen Einfluss auf die Fortführung der familiären Beziehungen im bisherigen Ausmass, so fällt dies eher zum Nachteil der Betroffenen ins Gewicht[189].

2. Persönliche Umstände der Beschwerdeführer

Persönliche Beziehung des um Erteilung einer ausländerrechtlichen Bewilligung ersuchenden Familienmitgliedes zum Konventionsstaat: Dem Vorliegen und Ausmass persönlicher Beziehungen des um eine ausländerrechtliche Bewilligung ersuchenden Familienmitgliedes zum Konventionsstaat kann im Rahmen der Güterabwägung ebenfalls eine gewisse Bedeutung zukommen. In diesem Sinne hat die Kommission beispielsweise in der Beschwerdesache Khanam gegen Vereinigtes Königreich ausgeführt, der um Einreise ersuchende Beschwerdeführer verfüge über keine engen Beziehungen zu Grossbritannien, da er dieses Land noch nie besucht habe[190].

Verbundenheit des um Erteilung einer ausländerrechtlichen Bewilligung ersuchenden Familienmitgliedes mit den gesellschaftlichen, kulturellen und sprachlichen Gegebenheiten des Herkunftslandes: Namentlich in den Entscheiden *Gül* sowie *Ahmut* mass der Gerichtshof der Tatsache, dass die vom Nachzug ausgeschlossenen dreizehn- bzw. sechzehnjährigen Kinder ihr gesamtes bisheriges Leben in ihrem Herkunftsland verbracht hatten, grosse Bedeutung bei[191]. Es scheint, dass der Gerichts-

---

[189] Siehe hierzu insbesondere die Ausführungen des Gerichtshofes im Urteil *Ahmut gegen die Niederlande*, Reports 1996-VI, 2017 ff., Ziff. 70 f: „It therefore appears that Salah Ahmut is not prevented from maintaining the degree of family life which he himself had opted for when moving to the Netherlands (...). It may well be that Salah Ahmut would prefer to maintain and intensify his family links with Souffiane in the Netherlands. However, (...) Article 8 does not guarantee a right to choose the most suitable place to develop family life".

[190] B 14112/88, *Khanam gegen Vereinigtes Königreich*, DR 59, 265.

[191] EGMR, *Gül gegen die Schweiz*, Reports 1996-I, 159 ff., Ziff. 42 (Sachverhalt vorne 238); EGMR, *Ahmut gegen die Niederlande*, Reports 1996-VI, 2017 ff., Ziff. 69 (Sachverhalt vorne 238).

B. Prüfung des Bestehens einer positiven Verpflichtung

hof in diesen beiden Fällen implizit angenommen hat, die Interessen der Kinder stünden einer Ausreise aus ihrer vertrauten Umgebung entgegen[192].

Möglichkeit und Zumutbarkeit einer Ausreise für den im Konventionsstaat niedergelassenen Familienangehörigen zur Weiterführung des Familienlebens im Ausland: Ein weiterer bedeutsamer Gesichtspunkt ist nach der Rechtsprechung von Kommission und Gerichtshof die Frage der Möglichkeit und Zumutbarkeit einer Ausreise für den im Konventionsstaat niedergelassenen Familienangehörigen. In diesem Sinne hat der Gerichtshof bereits in *Abdulaziz, Cabales und Balkandali* ausgeführt, die Beschwerdeführerinnen hätten nicht dargelegt, dass eine Aufnahme des Familienlebens im Ausland Hindernisse entgegenstünden[193]. Die Tatsache, dass das im Konventionsstaat niedergelassene Familienmitglied dessen Staatsangehörigkeit besitzt, vermag die Zumutbarkeit der Ausreise kaum entscheidend zu beeinflussen[194], namentlich wenn es sich bei den betroffenen Familienmitgliedern um Kinder in einem noch anpassungsfähigen Alter handelt[195].

3. Weitere relevante Aspekte

Kenntnis des Risikos: Wie bereits bei der Rechtfertigungsprüfung kommt auch bei der Güterabwägung im Rahmen der Frage nach einer positiven Verpflichtung dem Umstand, dass die Familienmitglieder wussten oder zumindest hätten wissen können, dass ein Zusammenleben im Konventionsstaat nicht unbedingt bewilligt würde, ebenfalls gewisse, gegen die Interessen der betroffenen Familienmitglieder sprechende Bedeutung zu[196].

---

[192] Diese beiden Entscheide sind insofern interessant, als bei aufenthaltsbeendenden Massnahmen zur Frage, ob Kindern die Ausreise in ein ihnen fremdes Land zugemutet werden kann, auch noch bei Zehnjährigen von ihrer Anpassungsfähigkeit an neue Lebensumstände ausgegangen wird (B 25297/94, *P. et al. gegen Vereinigtes Königreich*, unpublizierter KE vom 16.1.1996; B 26985/95, *Poku et al. gegen Vereinigtes Königreich*, unpublizierter KE vom 15.5.1996; siehe vorne 271 f,). Die Grenze der Anpassungsfähigkeit liegt daher vermutlich zwischen dem zehnten und dreizehnten Altersjahr.

[193] EGMR, *Abdulaziz, Cabales und Balkandali gegen Vereinigtes Königreich*, Serie A, Nr. 94, Ziff. 68 (vgl. vorne 230).

[194] Siehe EGMR, *Ahmut gegen die Niederlande*, Reports 1996-VI, 2017 ff., Ziff. 70; B 25297/94, *P. et al. gegen Vereinigtes Königreich*, unpublizierter KE vom 16.1.1996.

[195] Statt vieler B 23938/94, *Sorabjee gegen Vereinigtes Königreich*, unpublizierter KE vom 23.10.1995; B 24865/94, *Jaramillo gegen Vereinigtes Königreich*, unpublizierter KE vom 23.10.1995; B 28627/95, *Dabhi und Dabhi gegen Vereinigtes Königreich*, unpublizierter KE vom 17.1.1997.

[196] EGMR, *Abdulaziz, Cabales und Balkandali gegen Vereinigtes Königreich*, Serie A, Nr. 94, Ziff. 68; B 26985/95, *Poku et al. gegen Vereinigtes Königreich*, unpublizierter KE vom 15.5.1996.

Zurechenbarkeit der Trennung der Familienangehörigen: Ein weiterer Gesichtspunkt, der im Kontext der Interessenabwägung einen Einfluss auf die Schwere der Beeinträchtigung des Familienlebens haben kann, ist die Zurechenbarkeit der Trennung des Familienlebens. Beruht die Trennung der Familienmitglieder auf einer freiwilligen und bewussten Entscheidung eines Familienmitgliedes, aus dem Staat, in dem sich der Rest der Familie aufhält, auszureisen, so wiegt die Beeinträchtigung des Familienlebens in der Regel weniger schwer, als wenn die Trennung von den Familienangehörigen nicht freiwillig herbeigeführt worden ist[197].

Fragwürdig und realitätsfremd ist es indes, wenn die Konventionsorgane ohne nähere Prüfung der Umstände der Ausreise annehmen, die Trennung sei freiwillig erfolgt. In der überwiegenden Mehrzahl der Fälle erfolgt eine Ausreise aus dem eigenen Land nicht einfach zum Vergnügen. Die Auswanderung, das Verlassen der vertrauten Umgebung, die Zurücklassung der Familie und des Freundeskreises etc. gründen wohl nur selten im Wunsch, Neues zu erleben. Vielmehr wird ein derart einschneidender Schritt meist unternommen, um einer drohenden Gefahr zu entgehen oder das eigene Überleben sowie dasjenige der Familie zu sichern. Wenn der Gerichtshof, wie beispielsweise im Fall *Gül gegen die Schweiz* annimmt, die Ausreise sei freiwillig erfolgt, da Herr Gül in der Schweiz ja kein Asyl erhalten habe, so verkennt er die konkreten Umstände des Einzelfalles. Herr und Frau Gül hatten nämlich gegen den ablehnenden erstinstanzlichen Asylentscheid Rekurs eingelegt; dieser wurde in der Folge aber nicht mehr beurteilt, da die zuständigen Behörden den Ehegatten in der Zwischenzeit eine Aufenthaltsbewilligung aus humanitären Gründen in Aussicht gestellt hatten - vorausgesetzt, sie würden ihren Rekurs zurückziehen. Über eine Asylgewährung wurde daher gar nicht mehr entschieden; dennoch nahm der Gerichtshof ohne weiteres an, dass die Ausreise freiwillig erfolgt sei.

---

[197] Im Entscheid *Ahmut gegen die Niederlande* hat der Gerichtshof lapidar festgestellt, die Trennung von Vater und Sohn beruhe auf der bewussten Entscheidung des Vaters, in die Niederlande auszureisen (a.a.O., Reports 1996-VI, 2017 ff., Ziff. 70); in *Gül gegen die Schweiz* war Herr Gül aus der Türkei ausgereist, da er sich dort verfolgt fühlte; der Gerichtshof erklärte freilich, dass die Trennung durch eine freiwillige Ausreise erfolgt sei, weil Herr Gül in der Schweiz kein politisches Asyl erhalten habe (a.a.O., Reports 1996-I, 159 ff., Ziff. 41). Ebenso wird eine Trennung von Familienangehörigen, die sich durch das Untertauchen einiger Mitglieder und die Ausschaffung der übrigen ergibt, nach konstanter Rechtsprechung nicht durch den Konventionsstaat verursacht (vorne 324 ff.). Schliesslich erachtete die Kommission auch die Trennung von Vater und Tochter in B 26985/95, *Poku et al. gegen Vereinigtes Königreich* (vorne 271), nicht als Folge einer staatlichen Handlung, sondern der Entscheidung des Vaters, seiner zweiten Ehegattin ins Ausland zu folgen.

II. Die staatlichen Interessen

Den Interessen der Familienmitglieder auf Achtung ihres Familienlebens sind die staatlichen Interessen an der Verweigerung einer ausländerrechtlichen Bewilligung gegenüberzustellen, deren Angelpunkt die in Art. 8 Abs. 2 EMRK genannten Eingriffszwecke sind[198]. Die Konventionsorgane identifizieren freilich das spezifische staatliche Interesse nur selten, sondern sprechen meist einfach von einem „*interest (...) of the community as a whole*"[199] bzw. einem „*general interest*"[200] oder den „*needs and resources of the community*"[201]. In gewissen Entscheiden wird jedoch ausgeführt, für das allfällige Bestehen einer positiven Verpflichtung sei u.a. relevant, ob Gesichtspunkte der Einwanderungskontrolle oder der öffentlichen Ordnung für einen Ausschluss der betroffenen Ausländerinnen oder Ausländer sprechen[202]. Einzig im Entscheid *Ahmut gegen die Niederlande* hat der Gerichtshof das staatliche Interesse ausdrücklich als dasjenige der Einwanderungskontrolle bezeichnet[203].

Eine zentrale Stellung bei der Prüfung einer positiven Verpflichtung zur Achtung des Familienlebens in ausländerrechtlichen Fällen nimmt die wirksame Durchsetzung der - meist restriktiven - nationalen Einwanderungspolitik ein, die ein ausgewogenes Verhältnis zwischen einheimischer und ausländischer Wohnbevölkerung und einen ausgeglichenen Arbeitsmarkt[204] zu erreichen sucht und somit primär den *Schutz des wirtschaftlichen Wohles des Landes* bezweckt. Diesem Ziel kommt gerade in Fällen, in denen die erstmalige Erteilung einer Einreise- oder Aufenthaltsbewilligung in Frage steht, überragendes Gewicht zu. Ausschlaggebende Bedeutung, ob die staatlichen Interessen hinter die privaten Interessen zurückzutreten haben, kommt in diesen Situationen den persönlichen und familiären Beziehungen zum betreffenden Konventionsstaat bzw. zum Herkunftsland, der Möglichkeit der Aufrechterhaltung des Familienlebens im bisherigen Ausmass auch ohne Bewil-

---

[198] Siehe vorne 52 f.

[199] EGMR, *Gül gegen die Schweiz*, Reports 1996-I, 159 ff., Ziff. 38.

[200] EGMR, *Ahmut gegen die Niederlande*, Reports 1996-VI, 2017 ff., Ziff. 67.

[201] EGMR, *Abdulaziz, Cabales und Balkandali gegen Vereinigtes Königreich*, Serie A, Nr. 94, Ziff. 67.

[202] Statt vieler B 28627/95, *Dabhi und Dabhi gegen Vereinigtes Königreich*, unpublizierter KE vom 17.1.1997.

[203] EGMR, *Ahmut gegen die Niederlande*, Reports 1996-VI, 2017 ff., Ziff. 73.

[204] Siehe hierzu beispielsweise die in Art. 1 BVO aufgeführten Ziele der Verordnung über die Begrenzung der Zahl der Ausländer oder die Ausführungen in § 8 Abs. 3 FrG 1997.

ligungserteilung sowie der Zumutbarkeit und Möglichkeit einer Ausreise der im Vertragsstaat wohnhaften Familienmitglieder zu. Stehen einer Aufrechterhaltung der familiären Beziehung (im bisherigen Umfang) auf Distanz bzw. einer Ausreise aus dem Konventionsstaat keine Hindernisse entgegen und verfügen die um Bewilligungserteilung ersuchenden Personen über enge familiäre und persönliche Beziehungen in ihrem Heimatland, so überwiegen in aller Regel die öffentlichen Interessen. Dies gilt um so mehr in Fällen, in denen die betreffenden Ausländerinnen oder Ausländer straffällig geworden sind oder sich illegal im betreffenden Staat aufgehalten haben.

C. Prüfung der Verhältnismässigkeit einer ausländerrechtlichen Massnahme in einzelnen Fallkonstellationen

In den beiden voranstehenden Abschnitten wurden die verschiedenen im Rahmen der Rechtfertigungsprüfung bzw. der Untersuchung des Bestehens einer positiven Verpflichtung bei ausländerrechtlichen Massnahmen in Betracht gezogenen Aspekte und Gesichtspunkte dargestellt. Welche Aspekte in den einzelnen Situationen indes im Vordergrund stehen bzw. das den verschiedenen Gesichtspunkten im Rahmen der Güterabwägung zukommende Gewicht hängt von der jeweiligen Fallkonstellation ab. In der Folge soll daher die Verhältnismässigkeitsprüfung in den verschiedenen Situationen betrachtet werden.

I. Nachzug von Ehegatten

1. Die Rechtsprechung der Konventionsorgane

Beschwerden betreffend die Nichtbewilligung von Einreise und Aufenthalt ausländischer Ehegattinnen oder Ehegatten prüfte die Kommission unter dem Aspekt eines Eingriffes, wobei für das Vorliegen eines Eingriffes der Zumutbarkeit einer Ausreise des anderen Ehepartners zentrale Bedeutung zukam. Ferner berücksichtigte sie, ob durch den Nachzug bereits bestehendes und im Ausland gelebtes oder eben erst begründetes Familienleben geschützt und ermöglicht werden sollte[205]. Die Kommission hat freilich in keiner Beschwerde das Vorliegen eines Eingriffes bejaht.

Im Gegensatz zur Kommission hat der Gerichtshof den Fall *Abdulaziz, Cabales und Balkandali gegen Vereinigtes Königreich* unter dem Aspekt ei-

---

[205] Siehe vorne 228 ff.

C. Verhältnismässigkeitsprüfung in einzelnen Fallkonstellationen 379

ner positiven Verpflichtung, zum Schutze des Familienlebens die Einreise zu gestatten, untersucht. Drei Gesichtspunkte waren in casu für die Ablehnung einer positiven Verpflichtung entscheidend: die in Grossbritannien lebenden Ehegattinnen waren als Einzelpersonen eingereist; sie hatten ferner nicht darlegen können, dass ihnen eine Ausreise in ihr Herkunftsland oder in dasjenige ihrer Ehegatten unmöglich oder unzumutbar gewesen wäre; schliesslich wussten sie im Zeitpunkt der Heirat oder hätten dies zumindest wissen müssen, dass ihren Ehegatten der Verbleib in Grossbritannien nicht oder kaum gestattet würde.

„The Court observes that the present proceedings do not relate to immigrants who already had a family which they left behind in another country until they had achieved settled status in the United Kingdom. It was only after becoming settled in the United Kingdom, as single persons, that the applicants contracted marriage. (...)

In the present case, the applicants have not shown that there were obstacles to establishing family life in their own or their husbands' home countries or that there were special reasons why that could not be expected of them.

In addition, at the time of their marriage

I. Mrs. Abdulaziz knew that her husband had been admitted to the United Kingdom for a limited period as a visitor only and that it would be necessary for him to make an application to remain permanently, and she could have known, in the light of draft provisions already published, that this would probably be refused;

II. Mrs. Balkandali must have been aware that her husband's leave to remain temporarily as a student had expired, that his residence in the United Kingdom was therefore unlawful and that under the 1980 Rules, which were in force, his acceptance for settlement could not be expected;

In the case of Mrs. Cabales, who had never cohabited with Mr. Cabales in the United Kingdom, she should have known that he would require leave to enter and that under the rules then in force this would be refused."[206]

Gerichtshof und Kommission haben zwar unterschiedliche Vorgehensweisen gewählt, doch berücksichtigen sie im Rahmen der Prüfung des jeweiligen Ansatzes dieselben Aspekte und Gesichtspunkte. Sei es im Rahmen der Prüfung eines Eingriffes oder bei der Untersuchung einer positiven Verpflichtung kommt beim Ehegattennachzug der *Zumutbarkeit der Ausreise* für den in einem Konventionsstaat wohnhaften Ehepartner, den *familiären Umständen im Zeitpunkt der Einreise* des im Inland wohnhaften Ehepartners sowie

---

[206] EGMR, *Abdulaziz, Cabales und Balkandali gegen Vereinigtes Königreich*, Serie A, Nr. 93, Ziff. 68; zum Sachverhalt vorne 230.

dem *Wissen um die Unsicherheit der Bewilligungserteilung* entscheidende Bedeutung zu.

Sind sich die Ehegatten der Unsicherheit einer Bewilligungserteilung bewusst gewesen und ist dem in einem Konventionsstaat wohnhaften Ehepartner die Ausreise zumutbar, so ist nach der Rechtsprechung der Konventionsorgane die Nachzugsverweigerung mit Art. 8 EMRK vereinbar. Fragwürdig erscheint der Gesichtspunkt der familiären Umstände bei der Einreise eines Ehegatten, dessen Partner bereits im betreffenden Konventionsstaat ansässig ist: es kann nämlich davon ausgegangen werden, dass die Strassburger Organe in Situationen, in denen die um Nachzug ersuchenden Ehepartner bereits vor der Einreise des anderen Ehepartners in einen Konventionsstaat verheiratet waren, prüfen würden, ob die Trennung freiwillig erfolgte oder nicht. Lediglich in Fällen, in denen die Ausreise nicht auf einen freien Entschluss zurückgeht, vermag dieser Gesichtspunkt zugunsten der Ehegatten zu wirken. In allen übrigen Fällen, d.h. wenn einer der Ehepartner freiwillig ausgereist ist und dadurch die Trennung provoziert hat, ist anzunehmen, dass die Konventionsorgane dem Umstand, dass bereits bei der Aufenthaltsbegründung Familienleben bestand, keine entscheidende Bedeutung beimessen würden.

2. Die Rechtsprechung des Schweizerischen Bundesgerichtes

Bestehen gegen die nachzuziehenden Ehegattinnen oder Ehegatten Fernhaltegründe, so prüft das Bundesgericht im Rahmen der Entscheidung über das Vorliegen eines Eingriffes die Zumutbarkeit der Ausreise der in der Schweiz wohnhaften Ehepartner. Liegen gegen die um Bewilligung der Einreise und des Aufenthalts ersuchenden Ausländerinnen und Ausländer keine Fernhaltegründe vor, kann davon ausgegangen werden, dass die Nachzugsverweigerung einen rechtfertigungsbedürftigen Eingriff in das Familienleben darstellt[207].

In der bundesgerichtlichen Rechtsprechung ist indes, soweit ersichtlich, bisher noch in keinem einzigen Nachzugsfall die Verhältnismässigkeit der Nichtbewilligung der Einreise und des Aufenthaltes im Rahmen einer umfassenden Güterabwägung nach Art. 8 Abs. 2 EMRK geprüft worden.

---

[207] Vgl. vorne 231 ff.

C. Verhältnismässigkeitsprüfung in einzelnen Fallkonstellationen 381

3. Die Rechtsprechung des österreichischen Verfassungsgerichtshofes

Aufgrund der beschränkten Prüfungsbefugnis des Verfassungsgerichtshofes[208] hat dieser in seinen bisher ergangenen Entscheiden zur Nachzugsverweigerung für Ehegatten lediglich geprüft, ob die entscheidende Behörde eine Güterabwägung vorgenommen hatte[209] und diese auch nachvollziehbar ist[210].

4. Die Rechtsprechung des französischen Conseil d'État

Die Versagung eines Einreise- oder Aufenthaltstitels bzw. die Aufrechterhaltung einer Ausweisungsverfügung stellen nach ständiger Praxis des Conseil d'État einen Eingriff in das Familienleben der Ehegatten dar, sofern diese tatsächlich zusammenleben oder zusammenzuleben beabsichtigten[211]. Dabei muss in diesen Konstellationen muss zwischen straffällig geworden und strafrechtlich unbescholtenen Ausländerinnen und Ausländern unterschieden werden.

Beim Ausschluss straffällig gewordener Fremder aus Frankreich stellen die *Schwere der Straftat*, die *Dauer des Aufenthaltes in Frankreich* sowie die *Intensität des Familienlebens* entscheidende Faktoren der Güterabwägung dar. Je schwerer die begangene Straftat, desto engere Beziehungen müssen zu Frankreich bestehen, damit der Conseil d'État eine Fernhaltemassnahme als unverhältnismässig erachtet. In diesem Sinne hat er sowohl die Versagung eines Einreisevisums an einen wegen Drogenhandels in Deutschland zu einer vierjährigen Freiheitsstrafe verurteilten Ehemann einer französischen Staatsangehörigen[212] als auch die Nichtaufhebung der Ausweisungsverfügung gegen einen in Frankreich geborenen und aufgewachsenen Ehemann einer

---

[208] Vgl. vorne 198.

[209] VfSlg 11218/1987 (Aufrechterhaltung eines Aufenthaltsverbots trotz späterer Heirat mit einer österreichischen Staatsangehörigen); VfSlg 13333/1993 (Versagung eines Sichtvermerks, obwohl die Ehepartner rechtmässig in Österreich wohnen); VfSlg 13489/1993 (Versagung eines Sichtvermerks, obwohl Ehefrau und Kind in Österreich leben).

[210] VfSlg 11221/1987 (Aufrechterhaltung eines Aufenthaltsverbotes trotz in Österreich lebender Ehefrau und Kinder).

[211] Vgl. vorne 204.

[212] CE, *Aykan*, 10.4.1992, Rec. CE, 152 ff.

Französin, der zu insgesamt neunzehn Jahren Gefängnis verurteilt worden war, als notwendig und daher verhältnismässig qualifiziert[213].

Die Rechtsprechung des Conseil d'État zur Versagung von Aufenthaltstiteln an strafrechtlich unbescholtene Ausländerinnen und Ausländer beschränkt sich - soweit ersichtlich - auf zwei Fälle. Während er im ersten derartigen Entscheid die Versagung eines Aufenthaltstitels an den Ehemann einer schwangeren französischen Staatsangehörigen als unverhältnismässig erachtete[214], bejahte er die Konventionskonformität der Bewilligungsverweigerung an einen illegal eingereisten und mit einer Französin verheirateten Ausländer[215]. Es ist anzunehmen, dass der Conseil d'État in diesem Fall die *Art und Weise der Begründung des Aufenthaltes*, d.h. die illegale Einreise des Ehemannes, als entscheidendes Kriterium für die Zulässigkeit der Bewilligungsversagung heranzog; dem Interesse an der Durchsetzung der restriktiven Einwanderungspolitik wird daher auch vom Conseil d'État grosses Gewicht beigemessen.

II. Nachzug minderjähriger Kinder

1. Die Rechtsprechung der Konventionsorgane

Wie bereits beim Nachzug von Ehegatten verfolgen Kommission und Gerichtshof unterschiedliche Vorgehensweisen. Während die Kommission in konstanter Rechtsprechung eine Eingriffsprüfung vornimmt, untersucht der Gerichtshof den Nachzug minderjähriger Kinder unter dem Aspekt einer positiven Verpflichtung[216]. Trotz dieses unterschiedlichen Ansatzes entsprechen sich die entscheidrelevanten Gesichtspunkte weitgehend.

Da gerade in Nachzugsfällen dem öffentlichen Interesse an der Durchsetzung einer restriktiven Einwanderungspolitik ausserordentlich grosse Bedeutung beigemessen wird, vermögen die privaten Interessen grundsätzlich nur bei einem schweren Eingriff in das Familienleben zu überwiegen. Auf Seiten der privaten Interessen sind beim Nachzug minderjähriger Kinder zunächst die *familiären Beziehungen* des nachzuziehenden Kindes im *Herkunftsland* sowie im *Aufenthaltsstaat der Eltern* bzw. des *nachziehenden Elternteiles* von zentraler Bedeutung. Leben im Herkunftsland nahe Familien-

---

[213] CE, *Minin*, 10.4.1992, Rec. CE, 156 f.
[214] CE, *Ndombe Eboa*, 13.2.1992, Rec. CE, tab. 1040.
[215] CE, *Ministre de l'Intérieur c/ Kaya*, 9.12.1994, Rec. CE, 544 f.
[216] Siehe vorne 237 f.

C. Verhältnismässigkeitsprüfung in einzelnen Fallkonstellationen 383

angehörige oder gar noch ein Elternteil, kommt den persönlichen Interessen am Schutz des Familienlebens tendenziell geringeres Gewicht zu, als wenn keine nahen Verwandten mehr im Herkunftsland leben. Die Konventionsorgane prüfen indes auch, ob die Nachzugsversagung die *Aufrechterhaltung der Beziehungen* im bisherigen Ausmass verunmöglichen würde. Falls die besonderen Umstände des jeweiligen Einzelfalles darauf hindeuten, dass die Kontakte im gleichen Umfang wie bisher erhalten werden können, spricht dies eher zuungunsten der privaten Interessen; ist aufgrund der Umstände aber anzunehmen, dass der persönliche Kontakt aufgrund der Nachzugsversagung unterbrochen würde - zu denken ist in diesem Zusammenhang z. B. an erschwerte Kontakte aufgrund politischer oder wirtschaftlicher Wirren, kriegerischer Ereignisse etc. -, ist dies zugunsten der privaten Interessen zu werten. Im Rahmen der Verhältnismässigkeitsprüfung wird von Kommission und Gerichtshof ferner in Betracht gezogen, ob die *Trennung* der Familienangehörigen auf einen freiwilligen Entscheid zurückzuführen war, ob den nachziehenden Eltern oder Elternteilen eine *Ausreise* möglich oder zumutbar ist, sowie der *Charakter des Anwesenheitsrechtes* der Eltern/des Elternteiles im betreffenden Konventionsstaat berücksichtigt. Ein befristetes, widerrufbares Anwesenheitsrecht wirkt schwächer als ein Anwesenheitsrecht aufgrund der Staatsangehörigkeit. Bei der Gewichtung der privaten Interessen messen die Konventionsorgane ferner der Vertrautheit der nachzuziehenden Kinder mit den *gesellschaftlichen, kulturellen und sprachlichen Umständen* ihres *Herkunftslandes* grosse Bedeutung bei. Dabei scheinen die Konventionsorgane davon auszugehen, dass es den Interessen der Kinder eher abträglich sei, sie aus dem gesellschaftlichen, kulturellen und sprachlichen Umfeld, in dem sie bisher gelebt haben, herauszureissen[217].

In der Beschwerde *A. und A. gegen die Niederlande* hat die Kommission im Rahmen der Verhältnismässigkeitsprüfung erwogen, dass der um Nachzug ersuchende minderjährige Sohn bis zu seiner Einreise immer bei seiner Mutter in Marokko gelebt hatte und mit der Nichtbewilligung des Nachzuges das wirtschaftliche Wohl der Niederlande geschützt werden solle. Aus diesem Grund erachtete sie den Eingriff als verhältnismässig und gerechtfertigt[218]. Als unverhältnismässig sah die Kommission die Nachzugsversagung dagegen in *Gül gegen die Schweiz* an, bestand doch die Gefahr, dass der minderjährige Sohn aufwachse, ohne jemals mit seinem Vater zusammengelebt zu haben, zudem die finanzielle Situation des Sohnes in der Türkei unbefriedigend sei und keine Anzeichen dafür vorlägen, dass die Eltern in die Türkei zurückkehren wollten oder ihnen dies zumutbar sei[219]. Auch in *Ahmut gegen die Nie-*

---

[217] Vgl. beispielsweise die Ausführungen des Gerichtshofes im Entscheid *Gül gegen die Schweiz*, Reports 1996-I, 159 ff., Ziff. 42.

[218] B 14501/89, *A. und A. gegen die Niederlande*, DR 72, 118.

[219] EKMR, *Gül gegen die Schweiz*, Reports 1996-I, 186 ff., KB Ziff. 61 ff.

derlande erachtete die Kommission die Nachzugsversagung als unverhältnismässig, da der Vater der nächste noch lebende Familienangehörige des Sohnes war, durch die Nichtbewilligung des Nachzuges die Gefahr bestand, dass die Beziehungen zwischen Sohn und Vater unterbrochen würden und unklar war, ob in Marokko lebende Familienangehörige gewillt und in der Lage wären, für den minderjährigen Sohn zu sorgen[220]. Schliesslich verneinte die Kommission die Unverhältnismässigkeit der Massnahme im Fall *Lamrabti gegen die Niederlande*, da die minderjährigen Kinder bedeutende Bindungen zu Marokko aufwiesen, wo sie bisher immer gelebt hatten, und die Nachzugsversagung nicht bedeute, dass die Beziehung zwischen dem Vater und seinen Kindern zerreissen würde, könne der Vater doch wie bis anhin zu Besuchszwecken nach Marokko reisen[221].

Der Gerichtshof betonte in *Gül gegen die Schweiz* zunächst, dass die Trennung vom Sohn eine Folge der freiwilligen Ausreise des Vaters aus der Türkei gewesen sei. Da dieser in der Zwischenzeit zahlreiche Male in die Türkei gereist sei, erscheine seine Rückkehr durchaus möglich, erhalte er doch aufgrund eines Sozialversicherungsabkommens zwischen der Schweiz und der Türkei auch nach einer allfälligen Rückkehr weiterhin die schweizerische Invalidenrente. Der Gerichtshof anerkannte zwar, dass der Gesundheitszustand seiner Ehefrau in Hinblick auf eine mögliche Rückkehr ein Problem darstelle, doch sei nicht dargelegt worden, dass sie in der Türkei keine angemessene medizinische Versorgung erhalten könnte. Schliesslich erwog der Gerichtshof, dass die Eltern Gül zwar rechtmässig in der Schweiz wohnten, jedoch nicht über ein dauerndes Aufenthaltsrecht verfügten, sondern lediglich über eine humanitäre Aufenthaltsbewilligung, die widerrufen werden könne und nach schweizerischem Recht keinen Anspruch auf Familiennachzug gewähre. Obwohl zwar einzuräumen sei, dass „in view of the length of time Mr and Mrs Gül have lived in Switzerland, it would (...) not be easy for them to return to Turkey, (...) there are, strictly speaking, no obstacles preventing them from developing family life in Turkey. That possibility is all the more real because Ersin has always lived there and has therefore grown up in the cultural and linguistic environment of his country"[222]. Da-

---

[220] EKMR, *Ahmut gegen die Niederlande*, Reports 1996-VI, 2039 ff., KB Ziff. 50 ff.

[221] B 24968/94, *Lamrabti gegen die Niederlande*, unpublizierter KE vom 18.5.1995.

[222] EGMR, *Gül gegen die Schweiz*, Reports 1996-I, 159 ff., Ziff. 42; siehe jedoch die dissenting opinion von Richter *Martens*, die durch Richter *Russo* unterstützt wurde, wonach die Weigerung der Schweizer Behörden, Ersin eine Aufenthaltsbewilligung zu erteilen, unverhältnismässig sei. Er macht u.a. geltend, aus *Abdulaziz, Cabales und Balkandali* sei zu folgern, dass „in cases where a father and mother have achieved settled status in a country and want to be reunited with their child which for the time being they have left behind in their country of origin, it is *per se* unreasonable, if not inhumane to give them the choice between giving up the position which they have acquired in the country of settlement or to renounce the mutual enjoyment by parent and child of each other's company which constitutes a fundamental element of family life". Dass es sich bei der humanitären Aufenthaltsbewilligung lediglich um eine temporäre Anwesenheitsbewilligung handle, sei nicht entscheidend, da der Fall nicht nur aus der Optik der Einwanderungskontrolle, sondern auch im Lichte der Interessen der Familienangehöri-

C. Verhältnismässigkeitsprüfung in einzelnen Fallkonstellationen 385

her oblag in casu der Schweiz keine Verpflichtung, zum Schutze des Familienlebens die Einreise des Sohnes Ersin zu gestatten.

Ähnlich argumentierte der Gerichtshof auch in *Ahmut gegen die Niederlande*. Da der minderjährige Sohn praktisch sein ganzes Leben in Marokko verbracht habe, sei er stark in den kulturellen und sprachlichen Traditionen Marokkos verwurzelt. Ferner gehe die Trennung zwischen Vater und Sohn auf den Entscheid des Vaters zurück, in die Niederlande auszuwandern. Da Vater Ahmut neben der niederländischen die marokkanische Staatsangehörigkeit beibehalten hatte, könne davon ausgegangen werden, dass „Salah Ahmut is not prevented from maintaining the degree of family life which he himself had opted for when moving to the Netherlands in the first place, nor is there any obstacle to his returning to Morocco. Indeed, Salah Ahmut and Souffiane have visited each other on numerous occasions since the latter's return to that country"[223]. Es sei zwar denkbar, dass die Beschwerdeführer es vorzögen, ihr Familienleben in den Niederlanden zu leben, doch garantiere Art. 8 EMRK nicht das Recht, „to choose the most suitable place to develop family life"[224] und folglich liege in der Weigerung der niederländischen Behörden keine Verletzung von Art. 8 EMRK begründet[225].

Art. 8 EMRK schützt u.a. das Zusammenleben der Familienangehörigen, woran der Anspruch anschliesst, dass der normalen Entwicklung des Familienlebens und der familiären Beziehungen keine Hindernisse entgegengestellt werden dürfen[226]. Stellt nun aber nicht gerade die Weigerung eines Staates, Kindern die Einreise und den Aufenthalt zum Verbleib bei ihren rechtmässig in einem Staat lebenden Eltern bzw. Elternteilen zu gestatten, ein derartiges Hindernis dar? Ist das Argument, die Beziehung könne im bisherigen Ausmass beibehalten werden, wirklich tauglich, wenn das Kind bisher bei einem Elternteil im Ausland gelebt hat, dieser gestorben oder zur weiteren Betreuung des Kindes z. B. aus gesundheitlichen Gründen nicht mehr fähig ist und ihm nun der Aufenthalt beim anderen Elternteil untersagt wird? Es erscheint äusserst fraglich, ob es in einer derartigen Situation nicht eher dem Interesse

---

gen zu betrachten sei. Aufgrund ihres schon relativ langen Aufenthaltes in der Schweiz komme dem temporären Charakter des Anwesenheitsrechtes keine grosse Bedeutung zu. Aus den besonderen Umständen folgerte Richter *Martens*, dass kein ausgewogenes Gleichgewicht zwischen den gegenläufigen Interessen bestehe und daher eine Verletzung von Art. 8 EMRK vorliege.

[223] EGMR, *Ahmut gegen die Niederlande*, Reports 1996-VI, 2017 ff., Ziff. 70.

[224] EGMR, *Ahmut gegen die Niederlande*, Reports 1996-VI, 2017 ff., Ziff. 71.

[225] Bedeutsam ist, dass das Urteil des Gerichtshofes mit 5 zu 4 Stimmen äusserst knapp ausgefallen ist; in den dissenting opinions der Richter *Valticos*, *Martens*, *Lohmus* und *Morenilla* kommt deutlich die Besorgnis über eine zunehmende Tendenz, den nationalen Behörden mehr Spielraum einzuräumen bzw. harte Entscheidungen in Einwanderungsfragen abzusegnen, zum Ausdruck.

[226] Vorne 36 ff.

der betroffenen Kinder entsprechen würde, zu ihrem Elternteil zu reisen als - zwar in der vertrauten Umgebung, aber alleine - im Ausland zurückzubleiben.

In hohem Masse widersprüchlich erscheint ferner, dass je nachdem, ob Kindern der Aufenthalt bei ihren Eltern nicht gestattet wird oder die Kinder durch aufenthaltsbeendende Massnahmen gegen ihre Eltern faktisch zur Ausreise aus ihrem Aufenthaltsstaat verpflichtet werden - sogar wenn sie dessen Staatsangehörigkeit besitzen -, der Verbundenheit mit den Lebensumständen des jeweiligen Landes unterschiedliche Bedeutung zukommt. Während Kindern die Ausreise aus dem Staat ihres Aufenthaltes meist zumutbar ist, da sie angeblich noch in einem anpassungsfähigen Alter sind, soll es den Kindesinteressen entgegenlaufen, ihnen die Einreise in das Land zu gestatten, in dem ihre Eltern oder ein Elternteil lebt. Diese unterschiedlichen Ansätze verstärken den Eindruck, dass die Konventionsorgane im Rahmen ausländerrechtlicher Entscheide den Vertragsstaaten tatsächlich einen zunehmend weiter werdenden Beurteilungsspielraum einräumen und praktisch nur noch in offenkundigen Fällen eine Verletzung von Art. 8 EMRK bejahen.

2. Die Rechtsprechung des Schweizerischen Bundesgerichtes

Beim Nachzug minderjähriger Kinder bejaht das Bundesgericht einen Eingriff nur, wenn die Wiederherstellung des gemeinsamen Familienlebens bezweckt wird bzw. die vorrangige familiäre Beziehung zum in der Schweiz wohnhaften Elternteil besteht und der Nachzug sich in dieser Situation als notwendig erweist[227]. Da das Bundesgericht einerseits in konstanter, aber stossender Praxis davon ausgeht, dass Nachzugsgesuche von Kindern kurz vor dem 18. Altersjahr durch sachfremde Gründe motiviert werden[228], und andererseits durch seine restriktive Haltung in bezug auf die Geltendmachung von Art. 8 EMRK zahlreiche Fälle vom Schutzbereich dieser Bestimmung ausnimmt[229], sind die Fälle, in denen es das Bestehen eines Eingriffes durch die Nachzugsversagung bejaht hat, äusserst selten. Obwohl das Vorliegen eines Eingriffes vom Bundesgericht meist verneint wird, führt es - vielleicht aus Zweifel an der eigenen Rechtsprechung - in zahlreichen Fällen dennoch die im Rahmen der Verhältnismässigkeitsprüfung nach Art. 8 Abs. 2 EMRK relevanten Gesichtspunkte aus:

---

[227] Siehe vorne 239 ff.
[228] Vgl. vorne 241.
[229] Siehe vorne 188 ff.

C. Verhältnismässigkeitsprüfung in einzelnen Fallkonstellationen 387

„Im vorliegenden Fall ist eine Zulassungsbeschränkung zu beurteilen, die insbesondere den Schutz des inländischen Arbeitsmarktes sowie des Landes vor Überfremdung bezweckt. Stehen der Erteilung einer Aufenthaltsbewilligung somit gewichtige öffentliche Interessen gegenüber, lässt sich die Verweigerung einer Bewilligung jedenfalls dann nicht beanstanden, wenn die Familientrennung von den Betroffenen selbst freiwillig herbeigeführt worden ist, für die Änderung der bisherigen Verhältnisse keine überwiegenden familiären Interessen bestehen und die Fortführung und Pflege der bisherigen familiären Beziehungen nicht behördlich verhindert wird. Unter diesen Umständen stellt sich die Frage der Zumutbarkeit einer Ausreise der Familienangehörigen (...) gar nicht."[230]

Da auch das Bundesgericht das Interesse an der Durchsetzung der restriktiven Zulassungspolitik als gewichtig erachtet, vermögen lediglich bedeutende private Interessen das öffentliche Interesse zu überwiegen. Im Rahmen dieser Abwägung misst es zunächst der Frage, wer die bestehende *Trennung* der Familienangehörigen zu *verantworten* habe, entscheidende Bedeutung zu. Ist diese durch die freiwillige Ausreise eines Familienmitgliedes hervorgerufen worden, fällt dies eher zu Ungunsten der privaten Interessen aus. Folgerichtig müsste eine unfreiwillig herbeigeführte Trennung, z. B. wegen politischer Verfolgung, zu Gunsten der betroffenen Familienangehörigen ausgelegt werden[231]. Weiter ist bedeutsam, ob *überwiegende familiäre Interessen* an einer *Änderung der bisherigen Lebensumstände* bestehen. Damit umschreibt das Bundesgericht nichts anderes, als dass die familiären und persönlichen Lebensumstände der nachzuziehenden Kinder im Aufenthaltsstaat - z. B. der Tod eines Elternteils oder der Umstand, dass die Verwandten, die sich bis dahin um die Kinder gekümmert haben, dies etwa aus gesundheitlichen Gründen nicht mehr tun können - eine Ausreise in die Schweiz als unbedingt notwendig erscheinen lassen. Schliesslich berücksichtigt es, ob die familiären Beziehungen nicht im bisherigen Ausmass auch weiterhin aufrechterhalten werden könnten. In seiner bisherigen Rechtsprechung hat das Bundesgericht indes noch in keinem im Lichte von Art. 8

---

[230] BGE 119 Ib 81, E. 4b, 90 f.; ebenso BGE 118 Ib 153, E. 2d, 161; BGE 122 II 385, E. 4b, 392 f.

[231] So hat das Bundesgericht in einem unpublizierten Entscheid denn auch zunächst zutreffend ausgeführt, dass der Beschwerdeführer seinerzeit unter dem Druck politischer Verfolgung aus der Türkei ausgereist war und daher die Trennung von seinen Kindern nicht freiwillig erfolgt sei. In casu hat das Gericht dann freilich aus dem Umstand, dass der Beschwerdeführer nach sechs Jahren auf die Flüchtlingseigenschaft verzichtet hatte und besuchshalber in die Türkei zurückgekehrt war, den Schluss gezogen, dass ihm und seiner zweiten Ehefrau die Ausreise in die Türkei durchaus zumutbar sei, unpublizierter BGerE vom 21.11.1996 i.S. T. (2A.399/1995).

EMRK geprüften Fall die Nachzugsversagung an minderjährige Kinder als unvereinbar mit der Konvention erachtet[232].

Die Nichtbewilligung des Nachzuges des 19-jährigen Sohnes einer Schweizer Bürgerin wurde durch das Bundesgericht als mit Art. 8 EMRK vereinbar betrachtet, da der Sohn immer in Kroatien gelebt hatte, sich in einem Alter befand, in welchem dem Umstand, dass der allein sorgeberechtigte Vater erkrankt war und daher seiner Sorgepflicht nicht vollumfänglich nachkommen konnte, keine allzu grosse Bedeutung beigemessen werden müsse und schliesslich die gegenseitigen Kontakte zwischen Mutter und Sohn im bisherigen Ausmass auch weiterhin gepflegt werden könnten[233]. In einem ähnlich gelagerten Fall hat das Bundesgericht ausgeführt, dass die Mutter nach ihrer Ausreise aus Ex-Jugoslawien praktisch während der gesamten Kindheit und Jugendzeit ihrer Tochter von dieser getrennt war, die Tochter nunmehr beinahe erwachsen sei und die gegenseitigen Kontakte im bisherigen Rahmen auch bei einer räumlichen Trennung aufrechterhalten werden könnten. Die Nachzugsversagung sei daher mit Art. 8 EMRK vereinbar[234]. Ebenso hat es in einem Fall entschieden, der den erneuten Einbezug eines Kindes, das nach einem ersten, rund einjährigen Aufenthalt in der Schweiz wieder nach Jugoslawien gezogen war, in die Niederlassungsbewilligung der Eltern betraf. Auch hier argumentierte das Bundesgericht, dass die Rückkehr in die Heimat freiwillig erfolgt sei und eine Gesamtwürdigung der Umstände darauf hindeute, dass mit dem Nachzugsbegehren nicht das familiäre Zusammenleben angestrebt werde[235]. Mit Art. 8 EMRK als vereinbar betrachtet hat es auch die Nichtbewilligung des Nachzuges eines Kindes aus einer früheren Beziehung. Entscheidend war hierbei, dass der Vater freiwillig aus der Türkei ausgereist war und daher die Trennung zwischen sich und seinem Sohn selber zu verantworten habe, der Sohn ferner seine ersten dreizehn Lebensjahre in der Türkei verbrachte und nicht erhärtet sei, dass sich in seinem Heimatland keine nahen Verwandten (Mutter, Grosseltern) um ihn kümmern könnten[236].

---

[232] Vgl. jedoch den unpublizierten BGerE vom 20.12.1996 i.S. S. (2A.128/1996), in dem das Bundesgericht entschied, der erneute Einbezug der Tochter in die Niederlassungsbewilligung sei aufgrund der besonderen Umstände nach Art. 17 Abs. 2 ANAG zu bewilligen.

[233] BGE 118 Ib 153.

[234] Unpublizierter BGerE vom 14.6.1995 i.S. O.F. (2A.366/1994).

[235] BGE 119 Ib 81; in einem ähnlich gelagerten Fall hat das Bundesgericht indes - unter dem Gesichtspunkt von Art. 17 Abs. 2 ANAG - entschieden, das erneute Nachzugsgesuch der Tochter sei in casu nicht durch sachfremde Gründe motiviert; vielmehr seien aufgrund der besonderen Umstände des Falles die Gründe, die zu einer vorübergehenden Trennung der Familie geführt hätten, verständlich; unpublizierter BGerE vom 20.12.1996 i.S. S. (2A.128/1996).

[236] BGE 122 II 385; siehe ferner die unpublizierten BGerE vom 9.1.1996 i.S. C. betr. die Nichtbewilligung des Nachzuges eines beinahe erwachsenen türkischen Staatsangehörigen, die bisher immer in der Türkei gelebt hatte (2A.22/1995); vom 14.11.1996 i.S. B. und B. betr. den Nachzug der Tochter aus Ex-Jugoslawien (2A.248/1996); vom

C. Verhältnismässigkeitsprüfung in einzelnen Fallkonstellationen

III. Weitere Nachzugskonstellationen

1. Die Rechtsprechung der Europäischen Kommission für Menschenrechte

Grundsätzlich können nicht nur Ehepartner oder minderjährige Kinder, sondern auch weitere Familienangehörige nachgezogen werden. In der Mehrzahl der Fälle wird eine erfolgreiche Berufung auf Art. 8 EMRK freilich bereits am fehlenden Familienleben i.S. von Art. 8 Abs. 1 EMKR oder an der Eingriffsfrage scheitern. Daher hatte sich die Kommission, soweit ersichtlich, bisher nur gerade in einer einzigen Beschwerde zur Frage der Verhältnismässigkeit einer Nachzugsversagung zu äussern. Der Fall betraf die Weigerung der britischen Behörden, einer bangalischen Staatsangehörigen und Mutter einer minderjährigen britischen Staatsangehörigen (= Beschwerdeführerin) die Einreise zu gestatten, da ihr in Mehrfachehe lebender Ehemann bereits eine Ehefrau nachgezogen hatte. Im Rahmen der Güterabwägung führte die Kommission aus:

„Furthermore, in establishing an immigration policy on the basis of family ties, a Contracting State „cannot be required to give full recognition to polygamous marriages which are in conflict with their own legal order". In this connection the Commission notes that for centuries it has been an offence in the United Kingdom, by virtue of the criminal law on bigamy, to contract a marriage with more than one woman at a time on United Kingdom territory.

As regards the facts of the present case, the Commission observes that when the applicant's parents decided that she should join her father in the United Kingdom it was clear from the domestic law that her mother had no entitlement to enter and that she would be separated from her daughter. Despite over 20 years of marriage her parents had not sought to establish their family life together either in Bangladesh or in the United Kingdom as they might have done. The applicant's father chose instead to have his second wife join him in the United Kingdom. The decision must have been taken by him and the family knowing that the applicant and her mother would face immigration difficulties as a result."[237]

Ausschlaggebender Gesichtspunkt im Rahmen der Güterabwägung war die Tatsache, dass die *Trennung* der Familienangehörigen *freiwillig* erfolgt

---

21.11.1996 i.S. T. betr. den Nachzug dreier Kinder aus einer früheren Beziehung (2A.399/1995); vom 26.2.1997 i.S. A. und G. betr. den Nachzug weiterer Kinder aus dem Kosovo (2A.484/1996); vom 18.7.1997 i.S. H. et al. betr. den Nachzug von Kindern aus Ex-Jugoslawien (2A.505/1996); vom 3.12.1997 i.S. L. betr. den Nachzug des ausländischen Kindes einer Schweizer Bürgerin aus Ghana (2A.309/1997).

[237] B 19628/92, *Bibi gegen Vereinigtes Königreich*, unpublizierter KE vom 29. Juni 1992.

und ihnen von Anfang an die *Unmöglichkeit* eines Zusammenlebens in Grossbritannien bewusst war oder zumindest hätte bewusst sein müssen.

Auch wenn aus einem einzigen Beschwerdeentscheid keine allgemeine Folgerungen gezogen werden können, ist doch zu betonen, dass der Gesichtspunkt des Wissens um die rechtlichen Schwierigkeiten der Erlangung eines Aufenthaltstitels nicht ganz unproblematisch ist. In der Mehrzahl dieser Fälle besteht nämlich keine oder nur eine geringe und von der Ermessensausübung abhängende Möglichkeit, aufgrund des nationalen Ausländerrechtes eine entsprechende Bewilligung zu erhalten. Art. 8 EMRK käme daher gerade in diesen Situationen überragende Bedeutung zu. Wird nun aber dem Wissen um den möglicherweise problematischen Nachzug im Rahmen der Verhältnismässigkeitsprüfung allzu grosses Gewicht beigemessen, würde dies praktisch zur Wirkungslosigkeit der Konventionsbestimmung führen, denn gerade das Fehlen einer durch innerstaatliches Recht eingeräumten Einreise- und Aufenthaltsmöglichkeit macht Art. 8 EMRK in diesen Fallkonstellationen besonders wichtig.

2. Die Rechtsprechung des Schweizerischen Bundesgerichtes

Am Fehlen eines über die normalen emotionellen Beziehungen hinausgehenden besonderen Abhängigkeitsverhältnisses - Voraussetzung des Bestehens von Familienleben i.S. von Art. 8 Abs. 1 EMRK in diesen Situationen - scheitert auch die Mehrzahl der Verwaltungsgerichtsbeschwerden gegen die Versagung des Nachzuges von nicht der Kernfamilie zugehörigen Familienangehörigen. Soweit ersichtlich hat das Bundesgericht bislang lediglich im Entscheid *Dora Nasti* das Bestehen eines derartigen Abhängigkeitsverhältnisses sowie das Vorliegen eines Eingriffes in das Familienleben bejaht[238]. Im Rahmen der Güterabwägung hat es in seinem Entscheid dazu ausgeführt:

„Durch die Verweigerung der Aufenthaltsbewilligung wird es der Beschwerdeführerin verwehrt, bei ihrer hier ansässigen Familie zu wohnen. Sie ist auch als volljährige Person in besonderem Masse darauf angewiesen, dass sie mit ihr nahestehenden Personen zusammenleben kann. Wohl hat sie ihre ganze Schul- und Ausbildungszeit in Italien verbracht und weilte nur während der Schulferien bei ihren Eltern. Dies war jedoch situationsbedingt und musste ihr Zugehörigkeitsgefühl zur Familie nicht beeinträchtigen. Insbesondere kann aus der Tatsache, dass sie ihre Kindheit vorwiegend in Italien verbrachte, nicht geschlossen werden, dass sie sich heute dort gut zurechtfinden würde. Sie war dauernd in einem Internat, wo für ihre

---

[238] Siehe zum Sachverhalt vorne 249.

C. Verhältnismässigkeitsprüfung in einzelnen Fallkonstellationen

Betreuung gesorgt war und sie sich in einem geschützten Kreis aufhielt. Diese Möglichkeit steht ihr nun nicht mehr zur Verfügung."[239]

In Betracht gezogen wurde hier somit, dass die *Trennung* der Tochter von ihren in der Schweiz wohnhaften Eltern nicht freiwillig erfolgte, sondern vielmehr *situationsbedingt* notwendig gewesen sei. Weiter wurde auch der Umstand berücksichtigt, dass sich das bisherige Lebensumfeld der Tochter nach Abschluss ihrer Ausbildung verändert hatte, da sie nicht mehr in einem auf ihre persönlichen Bedürfnisse ausgerichteten Umfeld leben konnte; das Bundesgericht verlieh m.a.W. den *persönlichen Lebensumständen im Herkunftsland* besondere Bedeutung.

Die vorrangige Berücksichtigung der Lebensumstände im Herkunftsland erscheint in Fällen, in denen die um Bewilligung der Einreise bzw. des Aufenthaltes ersuchende Person von ihren im Inland lebenden Familienangehörigen abhängig ist, in jeder Hinsicht sachgerecht. Entsprechend müsste allerdings auch in der umgekehrten Situation, d.h. wenn die im Inland lebenden Familienangehörigen von den nachzuziehenden Personen abhängig sind (z. B. Pflegeabhängigkeit), den besonderen Umständen und Bedürfnissen der im Inland Lebenden besonderes Gewicht verliehen werden.

3. Die Rechtsprechung des französischen Conseil d'État

Der Conseil d'État bejaht in Fällen, in denen Fremden mit *besonders engen persönlichen und familiären Bindungen* zu Frankreich die Erteilung eines Aufenthaltstitels versagt wird, das Vorliegen eines Eingriffes in das Familienleben[240]. Ob die fremdenrechtlichen Eingriffsmassnahmen indes unverhältnismässig sind, beurteilt er primär aufgrund der *Intensität des beeinträchtigten Familienlebens* sowie der *Dauer und Art des bisherigen Aufenthaltes* in Frankreich. Verfügen die betroffenen Fremden über enge familiäre Beziehungen zu Frankreich und haben sie sich beispielsweise bereits relativ lange im Inland aufgehalten, so vermögen die privaten Interessen das staatliche Interesse an der Durchsetzung der restriktiven Einreisepolitik zu überwiegen. In diesem Sinne bejahte der Conseil d'État die Verhältnismässigkeit der Bewilligungsversagung an einen marokkanischen Staatsangehörigen, der zwar seine Jugendzeit in Frankreich verbracht hatte, in der Folge aber während fünfzehn Jahren in Marokko lebte und sich nun erneut in Frankreich, wo seine Eltern wohnten, niederzulassen wünschte[241]. Demgegenüber erach-

---

[239] BGE 115 Ib 1, E. 4a, 7.
[240] Siehe vorne 250 f.
[241] CE, *Marzini*, 10.4.1992, Rec. CE, 154 ff.

tete er die Versagung eines Aufenthaltstitels an eine seit fünf Jahren mit ihrer minderjährigen Tochter französischer Staatsangehörigkeit in Frankreich, wo auch ihre Eltern wohnen, lebende Ausländerin als unverhältnismässig; er betonte dabei aber ausdrücklich, dass die Klägerin sich bisher grösstenteils aufgrund provisorischer Bewilligungen und daher *legal* in Frankreich aufgehalten hatte[242].

IV. Aufenthaltsbeendende Massnahmen gegen Ehegatten

Gegen bereits in einem Konventionsstaat lebende Ausländerinnen und Ausländer werden ausländerrechtliche Entfernungs- und Fernhaltemassnahmen in aller Regel nur bei Vorliegen strafrechtlich bzw. ausländerrechtlich relevanter Sachverhalte ergriffen[243]. Im Rahmen der Güterabwägung stehen daher einerseits die Schwere der begangenen straf- oder ausländerrechtlichen Delikte und andererseits die Gewichtung der persönlichen Interessen im Vordergrund.

*1. Die Rechtsprechung der
Europäischen Kommission für Menschenrechte*

Bei aufenthaltsbeendenden Massnahmen gegen straffällig gewordene Fremde kommt unter dem Gesichtspunkt des öffentlichen Interesses der *Schwere* der begangenen *Delikte* zentrale Bedeutung zu. Dies gilt auch für Situationen, in denen der Ehepartner eines im betreffenden Land lebenden Ehegatten von einer Massnahme betroffen ist. Zur Beurteilung der Schwere des Eingriffes verleiht die Kommission in diesen Konstellationen insbesondere den *Umständen der Eheschliessung*, d.h. der Frage, ob die Ehegatten anlässlich der Heirat bereits wussten bzw. wissen mussten oder konnten, dass ein Zusammenleben im betreffende Konventionsstaat möglicherweise nicht gestattet würde, der *Vertrautheit* mit den gesellschaftlichen, sprachlichen und

---

[242] CE, *Ministre de l'Intérieur c/ Mme Zine El Khalma*, 22.5.1992, Rec. CE, tab. 1040.

[243] In diesem Sinne stellen B 32025/96, *Kareem gegen Schweden*, DR 87-A, 173, sowie B 36765/97, *Al-Dabbagh gegen Schweden*, unpublizierter KE vom 18.9.1997, Ausnahmen dar; in beiden Fällen wurde die Ausweisung der Beschwerdeführer mit sicherheitspolitischen Überlegungen begründet, da zumindest im Fall *Kareem* geltend gemacht worden war, dass es sich beim Beschwerdeführer um einen Agenten des irakischen Geheimdienstes handle.

C. Verhältnismässigkeitsprüfung in einzelnen Fallkonstellationen 393

kulturellen *Umständen im Heimatland* sowie der *Möglichkeit und Zumutbarkeit der Ausreise* des anderen Ehepartners besonderes Gewicht.

Als verhältnismässig, da die Beschwerdeführer vor der Eheschliessung von den deutschen Behörden gewarnt worden waren, dass sie weder in der Bundesrepublik noch im Heimatland des Ehemannes würden zusammenleben können, hat die *Kommission* die Ausweisung eines US-amerikanischen Bürgers aus der Bundesrepublik im Anschluss an dessen Verurteilung wegen Drogendelikten betrachtet[244]. Ebenso erachtete sie die Ausweisung des wegen Drogendelikten zu einer 27-monatigen Freiheitsstrafe verurteilten Ehemannes einer Schweizer Bürgerin als verhältnismässig, u.a. da die Ehegatten geheiratet hatten, als sich der Ehemann bereits in Untersuchungshaft befand[245]. Auch die Nichtaufhebung einer gegen den Ehemann einer Schweizerin, der wegen Drogendelikten zu einer achtmonatigen Freiheitsstrafe verurteilt worden war, erachtete die Kommission als verhältnismässigen Eingriff[246]. Ebenso entschied sie in einer Beschwerde wegen der Ausweisung eines italienischen Staatsangehörigen aus Frankreich im Anschluss an dessen Verurteilung zu einer vierjährigen Freiheitsstrafe; im Rahmen der Güterabwägung führte die Kommission aus, der Beschwerdeführer sei erst als Erwachsener nach Frankreich gekommen und daher mit den Lebensumständen in Italien vertraut[247]. Als verhältnismässig bezeichnete die Kommission auch die Ausweisung eines pakistanischen Staatsangehörigen aus dem Vereinigten Königreich, da seiner Ehefrau und dem gemeinsamen Kind eine Ausreise durchaus zumutbar sei[248]. In der Beschwerde *Lukka gegen Vereinigtes Königreich* hat die Kommission zwar das Vorliegen eines Eingriffes bejaht, in der Folge indes ausgeführt, dieser sei durchaus verhältnismässig, da der wegen *overstayings* ausgeschaffte Ehemann einer britischen Staatsangehörigen vom Ausland aus um die Erteilung einer Einreise- und Aufenthaltsbewilligung nachsuchen könne[249]. Schliesslich bejahte die Kommission die Verhältnismässigkeit der Ausweisung eines iraki-

---

[244] B 8041/77, *X. gegen die Bundesrepublik Deutschland*, DR 12, 197.

[245] B 25037/94, *Marhan gegen die Schweiz*, unpublizierter KE vom 17.5.1995; ebenso B 24377/94, *P. und P. gegen die Schweiz*, unpublizierter KE vom 31.8.1994, sowie B 25436/94, *H.M.C. gegen die Schweiz*, unpublizierter KE vom 7.12.1994; B 30997/96, *A.H. gegen die Schweiz*, unpublizierter KE vom 15.5.1996.

[246] B 24354/94, *Tairi gegen die Schweiz*, KE vom 30.11.1995, VPB 1995, Nr. 143.

[247] B 26711/95, *Verde gegen Frankreich*, unpublizierter KE vom 28. Februar 1996; ähnlich ferner B 31687/96, *A.I. gegen Frankreich*, unpublizierter KE vom 27.11.1996 betr. die Ausweisung eines marokkanischen Staatsangehörigen aus Frankreich im Anschluss an eine vierjährige Freiheitsstrafe; B 32809/96, *Renna gegen Frankreich*, KE vom 26.2.1997 betr. die Ausweisung eines italienischen Staatsangehörigen im Anschluss an eine Verurteilung zu einer achtjährigen Freiheitsstrafe, RUDH 1997, 422 f.

[248] B 9088/80, *X. gegen Vereinigtes Königreich*, DR 28, 160.

[249] B 12122/86, *Lukka gegen Vereinigtes Königreich*, DR 50, 268.

schen Staatsangehörigen aus Schweden, u.a. da seiner schwedischen Ehefrau die Ausreise nach Irak möglich sei[250].

Der *Gerichtshof* hatte bisher erst in *Beldjoudi gegen Frankreich* über die Konventionskonformität der Ausweisung eines ausländischen Ehepartners zu befinden. Bezugnehmend auf das Familienleben der Ehegatten führte er aus, dass es der französischen Ehefrau des Beschwerdeführers praktisch unzumutbar und wohl auch nicht möglich wäre, nach Algerien auszureisen, und die Massnahme u.a. auch deshalb unverhältnismässig sei[251].

Die angeführten Entscheide verdeutlichen, dass in Fällen, in denen der Eheschluss zeitlich nach der Deliktsbegehung erfolgte, die Kommission davon ausgeht, die Ehegatten hätten das Risiko, möglicherweise nicht im betreffenden Staat leben zu können, in Kauf genommen und der Eingriff in das Familienleben daher nicht besonders schwer wiege. Ebenso spricht eine Verbundenheit mit den Lebensumständen im Herkunftsland oder die Zumutbarkeit der Ausreise für den anderen Ehepartner gegen eine besondere Schwere des Eingriffes. Unter dem Gesichtspunkt des öffentlichen Interesses kommt neben der Höhe der ausgefällten Strafe insbesondere der Natur des begangenen Deliktes grosse Bedeutung zu. In diesem Sinne fallen neben ausländerrechtlichen Delikten (illegaler Aufenthalt) auch Drogendelikte besonders schwer ins Gewicht; bei diesen Delikten überwiegt in aller Regel das öffentliche Interesse.

2. Die Rechtsprechung des Schweizerischen Bundesgerichtes

Im Rahmen der von Art. 8 Abs. 2 EMRK geforderten Güterabwägung ist für das Bundesgericht

„unter anderem wesentlich, ob gegen den Ausländer fremdenpolizeiliche Entfernungs- oder Fernhaltegründe sprechen, insbesondere ob und in welchem Masse er sich massgebliches, *straf- oder fremdenpolizeirechtlich* verpöntes *Fehlverhalten* hat zuschulden kommen lassen. Nebst den übrigen persönlichen und familiären Verhältnissen ist der *Schwere* solcher Vorwürfe und allenfalls den *Umständen des Eheschlusses* Rechnung zu tragen. Sodann ist bei der Interessenabwägung zu fragen, ob den hier anwesenheitsberechtigten Familienangehörigen *zugemutet* werden kann, dem Ausländer, der keine Bewilligung erhält, ins Ausland zu folgen."[252]

---

[250] B 32025/96, *Kareem gegen Schweden*, DR 87-A, 173.

[251] EGMR, *Beldjoudi gegen Frankreich*, Serie A, Nr. 234-A, Ziff. 78 ff., siehe zum Sachverhalt vorne 256.

[252] BGE 122 II 1, E. 2, 6; eigene Hervorhebung.

C. Verhältnismässigkeitsprüfung in einzelnen Fallkonstellationen 395

Ausgangspunkt der bundesgerichtlichen Güterabwägung ist bei aufenthaltsbeendenden Massnahmen gegen Ehepartner die *Schwere des strafrechtlichen Verschuldens*. Im Sinne einer *Faustregel* geht das Bundesgericht davon aus, dass bei Verurteilungen zu einer mehr als *zweijährigen Freiheitsstrafe* das öffentliche Interesse grundsätzlich schwerer wiegt als das private Interesse an der Wahrung des familiären Zusammenlebens. Es ist indes jeweils den besonderen Umständen des Einzelfalles Rechnung zu tragen. Namentlich sind die Dauer des bisherigen Aufenthaltes in der Schweiz, die Zumutbarkeit oder Unzumutbarkeit einer Ausreise für die übrigen Familienangehörigen, die Umstände der Eheschliessung sowie die näheren Umstände der Tatbegehung zu berücksichtigen[253].

Im Fall *Reneja-Dittli*[254] erachtete das Bundesgericht die Nichtverlängerung der Aufenthaltsbewilligung des Ehemannes als unverhältnismässig, da das Verschulden nicht als besonders schwer einzustufen und es der schweizerischen Ehefrau nicht zumutbar sei, nach Marokko auszureisen. Im Sinne eines *obiter dictums* fügt das Bundesgericht indes hinzu:

„Der vorliegende Fall liegt, dies muss betont werden, verglichen mit zahlreichen anderen Fällen, aussergewöhnlich. In den meisten Fällen kann einer Ehefrau, deren Ehemann straffällig geworden ist, zugemutet werden, ihm ins Ausland zu folgen. Dabei muss insbesondere gelten, dass bei sehr schweren Verfehlungen oder gar bei Rückfälligkeit des Ehemannes das öffentliche Interesse an der Wegweisung auch dann überwiegt, wenn damit gerechnet werden muss, dass eine Ehefrau nur mit sehr erheblichen Schwierigkeiten im Heimatland des Weggewiesenen wird leben können."[255]

Das Bundesgericht erachtete daher die Ausweisung des ausländischen Ehemannes einer Schweizer Bürgerin als verhältnismässig - obwohl eine Ausreise der Ehefrau in den Kosovo als kaum zumutbar erachtet wurde und der Kassationshof des Bundesgerichtes im Rahmen einer Verwaltungsgerichtsbeschwerde gegen die Nichtgewährung des probeweisen Aufschubes der Landesverweisung ausgeführt hatte, dass die Resozialisierungschancen des Ehemannes in der Schweiz deutlich grösser seien als in seiner Heimat -, da dieser wegen verschiedenster schwerer Delikte zu drei Jahren Zuchthaus verurteilt worden war[256]. Ebenso befand das Bundesgericht die Nichterteilung einer Aufenthaltsbewilligung an den argentinischen Ehemann einer Schweizer Bürgerin, der wegen Drogendelikten zu einer fünfjährigen Freiheitsstrafe verurteilt worden war, als mit Art. 8 EMRK vereinbar, da es der Ehefrau zugemutet wer-

---

[253] Siehe hierzu vorne 362 f.
[254] Vgl. den Schverhalt vorne 257.
[255] BGE 110 Ib 201, E. 3c, 207.
[256] BGerE vom 13.5.1992, in ZBl 1993, 569 ff.; vgl. das Urteil des Kassationshofes des Bundesgerichtes vom 24.3.1992 in ZBl 1992, 563 ff.

den könne, nach Argentinien auszureisen[257]. Im Entscheid *Abdil I.* erwog das Bundesgericht schliesslich, dass der Ehemann bereits nach einem einjährigen Aufenthalt in der Schweiz straffällig geworden sei und sich insgesamt erst viereinhalb Jahre im Inland aufhalte; da seiner türkischen Ehefrau eine Ausreise in die Türkei zugemutet werden könne, überwogen in casu die öffentlichen Interessen[258]. Die Zumutbarkeit der Ausreise verneint sowie das dem Ehemann vorwerfbare Verschulden (kurzer illegaler Aufenthalt) als gering und damit die Bewilligungsverweigerung als unverhältnismässig angesehen hat das Bundesgericht die Nichterteilung einer Aufenthaltsbewilligung an den Ehemann einer Bosnierin, die in der Schweiz Asyl erhalten hatte[259]. Als unverhältnismässig hat es ferner auch die Auslieferung eines italienischen Staatsangehörigen nach Deutschland zur Verbüssung einer Reststrafe erachtet, da die Verbüssung der Strafe in Deutschland statt in der Schweiz nicht einem dringenden sozialen Bedürfnis entspreche[260]. Demgegenüber hat es die Ausweisung eines türkischen Staatsangehörigen kurdischer Herkunft aus der Schweiz als verhältnismässig betrachtet, da dieser wegen Erpressung zu einer dreijährigen Freiheitsstrafe verurteilt worden war und bereits früher im Rahmen seines Einsatzes für die kurdische Sache „aufgefallen" war. Daran konnte auch nichts ändern, dass der Betroffene bereits seit sechzehn Jahren in der Schweiz lebte und eine Rückkehr in seine Heimat praktisch ausgeschlossen, vielmehr nur eine Ausreise nach Chile, der Heimat seiner Ehefrau, möglich und für die ganze Familie (zwei Kinder im Alter von zwölf und einem Jahr) zumutbar war[261]. Schliesslich verneinte es die Verhältnismässigkeit der Nichtverlängerung des Aufenthaltstitels der Ehefrau eines Schweizer Staatsangehörigen, die wegen Drogendelikten zu dreissig Monaten Freiheitsentzug verurteilt worden war, indem es ausführte, dass sich diese

„seit ihrer Freilassung (...) deutlich besser in die hiesigen Verhältnisse integriert [hat]. Das lässt sich aus der stabilen Verbindung mit ihrem Ehemann und den dadurch entstandenen sozialen Kontakten, aber auch aus der Tatsache schliessen, dass es ihr trotz ihrer prekären Situation und der wirtschaftlich schwierigen Lage gelungen ist, eine Anstellung zu finden und zu halten. (...) Unter Berücksichtigung dieser besonderen Umstände rechtfertigt sich deshalb eine unbesehene Anwendung der erwähnten Zweijahresregel nicht; vielmehr ist im Rahmen der Interessenabwägung auch der langen Aufenthaltsdauer und guten Integration der Beschwerdeführerin Rechnung zu tragen."[262]

---

[257] BGE 120 Ib 6; vgl. den Unzulässigkeitsentscheid der EKMR in der von den Ehegatten eingereichten Beschwerde, B 24377/94, *P. und P. gegen die Schweiz*, unpublizierter KE vom 31.8.1994.
[258] BGE 120 Ib 129; zum Sachverhalt vorne 266.
[259] BGE 122 II 1.
[260] Unpublizierte Erw. 3e von BGE 122 II 485, abgedruckt in RUDH 1997, 438 f.
[261] Unpublizierter BGerE vom 3.10.1996 i.S. O. et al. (2A.182/1996).
[262] Unpublizierter BGerE vom 16.12.1996 i.S. B. und B. (2A.443/1996), E. 4c.

C. Verhältnismässigkeitsprüfung in einzelnen Fallkonstellationen

Aufgrund der guten Integration, des geringen Risikos erneuter Straffälligkeit sowie der Tatsache, dass eine Ausreise ihres Ehegatten mit grossen Schwierigkeiten verbunden wäre, bejahte das Bundesgericht im konkreten Fall ein Überwiegen der privaten Interessen an einem Verbleib in der Schweiz gegenüber den öffentlichen Interessen an der Entfernung, betonte jedoch, dass es sich um einen „Grenzfall" handle und „eine erneute Straffälligkeit der Beschwerdeführerin unweigerlich zu deren Ausweisung bzw. einer Nichtverlängerung der Aufenthaltsbewilligung führen"[263] würde.

Gewiss ist es der Rechtssicherheit zuträglich, wenn gerichtliche Instanzen den Rahmen der Verhältnismässigkeitsprüfung etwas abzustecken versuchen. In diesem Sinne ist die vom Bundesgericht entwickelte Faustregel, wonach das öffentliche Interesse bei mehr als zweijährigen Freiheitsstrafen grundsätzlich überwiegt, begrüssenswert. Eine Faustregel darf indes nicht zu einem „ehernen Gebot" erstarren und ohne Rücksicht auf die besonderen Umstände des Einzelfalles angewendet werden. Genau diese Flexibilität fehlt aber der bundesgerichtlichen Praxis in zahlreichen Fällen. Diese erweckt vielmehr der Eindruck, dass sehr stark ergebnisorientiert argumentiert und abgewogen wird. Je nachdem, ob die Verhältnismässigkeit im Einzelfall bejaht oder verneint werden soll, verleiht das Bundesgericht den einzelnen Aspekten grösseres oder geringeres Gewicht. So bejahte es beispielsweise die Verhältnismässigkeit der Ausweisung eines seit sechzehn Jahren in der Schweiz lebenden türkischen Staatsangehörigen im Anschluss an eine dreijährige Freiheitsstrafe wegen Erpressung, obwohl eine Ausreise in die Türkei ausser Frage stand und nur die Ausreise nach Chile, dem Herkunftsland seiner Ehefrau, denkbar war. Demgegenüber verneinte es die Verhältnismässigkeit der Ausweisung der wegen Drogendelikten zu einer zweieinhalbjährigen Freiheitsstrafe verurteilten Ehefrau eines Schweizers. Interessant sind in diesem Fall im übrigen die Ausführungen des Bundesgerichtes zur Zumutbarkeit der Ausreise, erwog es doch, dass für den Ehemann „eine Übersiedlung in das Heimatland seiner Ehefrau mit grossen Schwierigkeiten sozialer, kultureller sowie wirtschaftlicher Natur verbunden wäre und ihn angesichts der beruflichen Stellung (...) ausserordentlich hart treffen würde"[264]. Soweit ersichtlich hat das Bundesgericht in keinem Entscheid derartige Überlegungen zur Zumutbarkeit der Ausreise für eine Ehefrau angestellt.

---

[263] Unpublizierter BGerE vom 16.12.1996 i.S. B. und B. (2A.443/1996), E. 4c dd.
[264] Unpublizierter BGerE vom 16.12.1996 i.S. B. und B. (2A.443/1996), E. 4c cc.

3. Die Rechtsprechung des österreichischen Verwaltungsgerichtshofes

Im Rahmen der Abwägung der sich gegenüberstehenden Interessen bei fremdenrechtlichen Massnahmen gegen Ausländerinnen und Ausländer, deren Ehepartner in Österreich leben, kommt in der Rechtsprechung des Verwaltungsgerichtshofes dem *Motiv* für die Massnahme entscheidende Bedeutung zu. Dem hohen Stellenwert entsprechend, welcher der Aufrechterhaltung des Fremdenwesens und damit der öffentlichen Ordnung beigemessen wird, überwiegen in der Praxis des Verwaltungsgerichtshofes bei fremdenrechtlichen Massnahmen wegen *illegalen Aufenthaltes* grundsätzlich die öffentlichen Interessen[265]. Dies gilt auch bei der Verhängung von Entfernungs- und Fernhaltemassnahmen gegen Ausländerinnen und Ausländer, die wegen *Drogendelikten* strafrechtlich verurteilt worden sind[266].

Die Ausweisung eines türkischen Staatsangehörigen, der sich ohne entsprechende Bewilligung in Österreich aufgehalten hatte, erachtete der Verwaltungsgerichtshof als dringend geboten und daher konventionskonform, da der Beschwerdeführer zwar mit einer Österreicherin verheiratet sei, beiden Ehegatten der illegale Aufenthalt indes bekannt war und es dem Interesse an der Aufrechterhaltung eines geordneten Fremdenwesens grob zuwiderlaufen würde, „wenn ein Fremder bloss aufgrund von Tatsachen, die von ihm geschaffen wurden, als er nicht mit einem längeren erlaubten Aufenthalt in Österreich rechnen durfte (...), den tatsächlichen Aufenthalt in Österreich auf Dauer erzwingen könnte"[267]. Ebenso bejahte der Verwaltungsgerichtshof wegen Drogendelikten das „Dringend-geboten-sein" eines Aufenthaltsverbotes gegen einen seit rund sieben Jahren mit seiner Ehefrau in Österreich lebenden Ausländer, da „im Hinblick auf die besondere Gefährlichkeit der Suchtgiftkriminalität (...) die Erlassung eines Aufenthaltsverbotes auch bei ansonsten völliger sozialer Integration des Fremden nicht als rechtswidrig zu erkennen sei, weil das massgebliche öffentliche Interesse unverhältnismässig schwerer wiege als das gegenläufige private Interesse des Fremden"[268].

Bei illegalem Aufenthalt oder der Verübung von Drogendelikten misst der Verwaltungsgerichtshof den öffentlichen Interessen im Rahmen der Güterabwägung derart überragendes Gewicht zu, dass dieses in aller Regel die privaten Interessen in den Hintergrund zu drängen vermag. Es kann davon ausgegangen werden, dass der Verwaltungsgerichtshof nur in absoluten Ausnahmefällen und bei Vorliegen besonderer Umstände die Rechtmässigkeit

---

[265] Erkenntnis VwGH vom 30.9.1993, 93/18/0367; Erkenntnis VwGH vom 24. März 1994, 94/18/0026; Erkenntnis VwGH vom 28.3.1996, 96/18/0111; Erkenntnis VwGH vom 19.9.1996, 95/19/0261; Erkenntnis VwGH vom 27.6.1997, 95/19/1815.

[266] Erkenntnis VwGH vom 28.10.1993, 93/18/0393.

[267] Erkenntnis VwGH vom 30.9.1993, 93/18/0367.

[268] Erkenntnis VwGH vom 28.10.1993, 93/18/0393.

einer aufenthaltsbeendenden Massnahme gegen illegal im Inland lebende oder wegen Drogendelikten verurteilte Fremde, bzw. das „Dringend-geboten-sein" der entsprechenden Massnahme, verneinen würde. Die systematische Abweisung von Beschwerden, mit denen die Verletzung des Anspruches auf Achtung des Familienlebens durch eine wegen illegalen Aufenthaltes verfügte aufenthaltsbeendende Massnahme geltend gemacht wird, führt dazu, dass das Recht auf Achtung des Familienlebens in aller Regel dem als überragend erachteten Interesse an der Aufrechterhaltung eines geordneten Fremdenwesen vollkommen untergeordnet wird. Nur die Tatsache, dass Kommission und Gerichtshof den Vertragsstaaten im Rahmen des Ausländerrechtes einen sehr weiten Beurteilungsspielraum einräumen, vermochte bisher diese äusserst restiktive Praxis des Verwaltungsgerichtshofes zu stützen.

4. Die Rechtsprechung des französischen Conseil d'État

Die vom Conseil d'État im Rahmen der Güterabwägung berücksichtigten Gesichtspunkte unterscheiden sich danach, ob eine fremdenrechtliche Massnahme gegen straffällig gewordene oder strafrechtlich unbescholtene Fremde ergriffen wird.

Nach den Bestimmungen der Ord. 1945 können Ausländerinnen und Ausländer aus Frankreich weggewiesen werden, namentlich wenn sie *keinen gültigen Aufenthaltstitel (mehr) besitzen*[269], d.h. die Wegweisung stellt in der Regel eine Massnahme gegen sich *illegal* in Frankreich aufhaltende Fremde dar. Im Rahmen der Prüfung der Verhältnismässigkeit einer Wegweisung trägt der Conseil d'État insbesondere auch dem Umstand Rechnung, dass die Wegweisung im Gegensatz zur Ausweisung nicht mit einem Einreiseverbot verbunden ist und die Massnahme daher nicht eine längerfristige und absolute Fernhaltung vom französischen Territorium bewirkt. Neben den *Auswirkungen der Massnahme* auf die Fortführung des Familienlebens berücksichtigt der Conseil d'État ferner auch die *Dauer* sowie die *Art des Aufenthaltes*; ein langjähriger und grösstenteils legaler Aufenthalt spricht tendenziell gegen die Verhältnismässigkeit der Wegweisung, ein kurzer und evtl. teils illegaler Aufenthalt eher für ihre Angemessenheit. Weiter berücksichtigt er die *Dauer der familiären Beziehungen in Frankreich* sowie das *Bestehen bzw. Fehlen von Bindungen zum Herkunftsstaat.* Eingriffe in soeben erst begründetes Familienleben erachtet der Conseil d'État daher in der Regel als leichter denn Beeinträchtigungen seit langem bestehender familiärer Beziehun-

---

[269] Art. 22 I Ord. 1945; vgl. vorne 162 f.

gen. Ebenso wiegen Wegweisungen von Fremden, die keine Beziehungen mehr zu ihrem Heimatland unterhalten, meist schwerer als bei Ausländerinnen und Ausländern, die noch gewisse Bindungen zum Herkunftsland aufrechterhalten haben. Schliesslich berücksichtigt der Conseil d'État auch die *persönliche und aufenthaltsrechtliche Situation* des von der Massnahme nicht direkt betroffenen *Ehepartners*. In diesem Sinne vermögen beispielsweise besondere persönliche Umstände - wie z. B. eine Behinderung, spezialisierte medizinische Betreuung benötigende Krankheiten etc. - oder eine unsichere fremdenrechtliche Stellung des Ehepartners im Herkunftsland des anderen durchaus gegen bzw. für die Verhältnismässigkeit der Massnahme zu sprechen.

Als unverhältnismässig erachtete der Conseil d'État die Wegweisung eines seit zehn Jahren in Frankreich lebenden türkischen Staatsangehörigen, der dort geheiratet hatte und Vater eines Kindes geworden war[270]. Demgegenüber stellte die Wegweisung eines Ausländers, der sich nach Ablauf seines Visums illegal bei seiner rechtmässig in Frankreich lebenden Ehefrau aufgehalten hatte, angesichts der Dauer und Umstände des Aufenthaltes sowie den Auswirkungen der Massnahme keinen unverhältnismässigen Eingriff dar[271]. Als unverhältnismässig qualifizierte der Conseil d'État indes die Wegweisung einer rechtmässig eingereisten und seit rund acht Jahren in Frankreich lebenden algerischen Staatsangehörigen, die in Frankreich geheiratet und ein Kind geboren sowie sämtliche Kontakte zu Algerien verloren hatte[272]. Ebenso bedeutete auch die Wegweisung des Ehemannes einer behinderten französischen Staatsangehörigen, angesichts des Interesses der Ehefrau an der Anwesenheit ihres Ehemannes, einen unverhältnismässigen Eingriff[273]. Verhältnismässig erschien dem Conseil d'État dagegen die Wegweisung der Ehefrau eines französischen Staatsangehörigen fünf Tage nach der Eheschliessung[274], bzw. - angesichts der Dauer und Umstände des Aufenthaltes sowie der Auswirkungen - die Wegweisung des Ehemannes am Tag des Eheschlusses[275]. Schliesslich bewertete der Conseil d'État die Wegweisung einer seit fünf Jahren in Frankreich lebenden und seit vier Jahren mit einem französischen Staatsangehörigen verheirateten Ausländerin als unverhältnismässig,

---

[270] CE, *Préfet de la Haute-Loire c/ Cifci*, 15.4.1992, Rec. CE, tab. 1040; vgl. ähnlich CE, *Loko*, 31.7.1992, Rec. CE, tab. 1177.

[271] CE, *Kasaven*, 29.12.1993, D. 1994, Somm. 250.

[272] CE, *Mme Ben Youcef*, 13.5.1994, JCP 1994, Ed. G, jur. No. 1786; ähnlich CE, *Préfet du Val d'Oise c/ Mme Terbah Chelouah*, 15.6.1994, Rec. CE, tab. 989; CE, *Weng*, 22.2.1995, Rec. CE, tab. 793.

[273] CE, *Alrached*, 21.11.1994, D. 1995, Somm. 176.

[274] CE, *Mme Moscato*, 10.11.1995, Rec. CE, tab. 793, 837; ähnlich CE, *Ignjatovic*, 10. 11.1995, D. 1996, Somm. 106.

[275] CE, *Préfet de la Seine-Maritime c/ Turan*, D. 1996, Somm. 105.

C. Verhältnismässigkeitsprüfung in einzelnen Fallkonstellationen 401

da ihr ungeregelter Aufenthalt auf einer offensichtlichen Verzögerungstaktik der Behörden beruhte[276].

Dem öffentlichen Interesse kommt im Rahmen aufenthaltsbeendender Massnahmen gegen illegal in Frankreich lebende Ehepartner, wie die soeben ausgeführten Entscheide in eindrücklicher Weise verdeutlichen, in aller Regel überragendes Gewicht zu. Dies ist nicht nur deshalb problematisch, weil der Conseil d'État wiederum ausführt, die Auswirkungen einer Wegweisung seien nicht so schwerwiegend, da u.U. eine erneute Einreise bewilligt werden könne[277], sondern auch deshalb, weil Art. 8 EMRK nicht nur bereits bestehendes, sondern auch soeben erst geschlossenes, aber noch nicht vollständig begründetes Eheleben schützt[278].

Bei der Beurteilung der Verhältnismässigkeit ausländerrechtlicher Massnahmen gegen straffällig gewordene Fremde geht der Conseil d'État von der *Schwere der Straftat* aus. Je schwerer diese wiegt, sei es aufgrund der *verhängten Strafe* oder ihrer *Natur*, desto eher bejaht er die Verhältnismässigkeit der Ausweisung. Bei schweren Straftaten müssen die *familiären* und *persönlichen Beziehungen in Frankreich* äusserst eng sein und ferner auch jegliche *Bindungen zum Heimatland* fehlen, damit eine Ausweisung straffällig gewordener Ehepartner allenfalls als unverhältnismässig bewertet wird. Dabei misst der Conseil d'État eine gewisse Bedeutung auch dem *Verhalten der Betroffenen nach der Strafverbüssung* bei, m.a.W. dem Umstand, ob sie rückfällig geworden sind oder sich wohlverhalten haben.

Im Entscheid *Beldjoudi* befand der Conseil d'État, dass die Ausweisung des Klägers angesichts seines Verhaltens sowie der Schwere der begangenen Straftaten zur Verteidigung der Ordnung notwendig gewesen sei[279]. Ein Jahr später qualifizierte der EGMR indes die Ausweisung in Anbetracht der persönlichen und familiären Umstände als unverhältnismässigen Eingriff[280]. Auch die Ausweisung eines wegen Vergewaltigung zu einer fünfjährigen Freiheitsstrafe verurteilten Ausländers erachtete der Conseil d'État als verhältnismässig, obwohl die Ehefrau und Kinder des Betroffenen in Frankreich lebten[281]. Dagegen bedeutete die Ausweisung eines in Frankreich geborenen und dort verheirateten algerischen Staatsangehörigen trotz mehrerer Verurteilungen, u.a. zu einer zwölfjährigen Freiheitsstrafe wegen bewaffneten Raubes, einen unverhältnismässigen Eingriff; der Conseil d'État betonte in seinem Entscheid

---

[276] CE, *Epoux Pilven*, 31.7.1996, Rec. CE, 328 f.
[277] Vgl. hierzu die Ausführungen vorne 369.
[278] Siehe vorne 26 f.
[279] CE, *Beldjoudi*, 18.1.1991, Rec. CE, 18 ff.
[280] EGMR, *Beldjoudi gegen Frankreich*, Serie A, Nr. 234-A; vgl. vorne 256.
[281] CE, *Ministre de l'Intérieur c/ El Baied*, 3.2.1992, Rec. CE, tab. 1041.

ausdrücklich, dass sich der Beschwerdeführer nach der Strafentlassung wohlverhalten habe und ausserdem keinerlei Beziehungen mehr zu seinem Heimatland unterhalte[282].

V. Aufenthaltsbeendende Massnahmen gegen Eltern bzw. den sorgeberechtigten Elternteil minderjähriger Kinder

1. Die Rechtsprechung der Europäischen Kommission für Menschenrechte

Aufenthaltsbeendende Massnahmen gegen Eltern oder den sorgeberechtigten Elternteil minderjähriger Kinder haben zu Folge, dass die betroffenen Kinder faktisch gezwungen werden, aus ihrem bisherigen Aufenthaltsland auszureisen. Wie bereits ausgeführt, verneint die Kommission in ihrer jüngeren und konstanten Rechtsprechung das Vorliegen eines Eingriffes in das Familienleben, solange die betroffenen Kinder noch in einem *anpassungsfähigen Alter* sind[283]. Lediglich in zwei älteren Beschwerdefällen hat sie die Verhältnismässigkeit des Eingriffes im Rahmen einer Prüfung nach Art. 8 Abs. 2 EMRK untersucht. Ausschlaggebend für die Bejahung der Verhältnismässigkeit der ergriffenen Massnahme waren dort einerseits die *Zumutbarkeit der Ausreise* für die minderjährigen Kinder bzw. der Umstand, dass die durch die Zurücklassung der Kinder in Grossbritannien eingetretene Trennung der Familienangehörigen auf einem freien Entschluss der Eltern beruhte, sowie anderseits das gewichtige Argument der effektiven *Durchsetzung der Einwanderungsbestimmungen*.

Die mit der Ausschaffung der Eltern nach Indien faktisch verbundene Verpflichtung dreier Kinder britischer Staatsangehörigkeit ebenfalls auszureisen, stellte zwar einen Eingriff in das Familienleben dar, war jedoch verhältnismässig, da die Kinder noch klein waren, einer Fortführung des Familienlebens in Indien keine Hindernisse entgegenstanden und dem öffentlichen Interesse an der Durchsetzung der Einwanderungsbestimmungen grosses Gewicht zukomme[284]. Eine verhältnismässige Massnahme bedeutete auch die Ausweisung von Eltern in den türkischen Teil Zyperns, da die durch die Zurücklassung der Kinder in Grossbritannien eingetretene Trennung der Familie von den Eltern zu verantworten war, den Kindern eine Ausreise nach Nordzypern früher zwar leichter gefallen wäre, diese aber immer noch zumutbar war

---

[282] CE, *Keddar*, 31.7.1996, Rec. CE, 327 f.
[283] Vorne 269 ff.
[284] B 8245/78, *X. gegen Vereinigtes Königreich*, DR 24, 98.

C. Verhältnismässigkeitsprüfung in einzelnen Fallkonstellationen 403

und schliesslich das öffentliche Interesse an der Durchsetzung der Einwanderungspolitik schwer wog[285].

2. Die Rechtsprechung des Schweizerischen Bundesgerichtes

Das Bundesgericht hat, zumindest soweit ersichtlich, bisher erst in einem einzigen Fall eine aufenthaltsbeendende Massnahme gegen einen sorgeberechtigten Elternteil und die damit verbundene faktische Ausreiseverpflichtung eines minderjährigen Kindes beurteilt. In diesem Entscheid bejahte es die Zumutbarkeit der Ausreise für die noch nicht zweijährige Tochter schweizerischer Staatsangehörigkeit und verneinte daher das Vorliegen eines Eingriffes in das Familienleben. Dennoch führte das Bundesgericht in der Folge aus, dass

„selbst wenn ein Eingriff in das Recht auf Familienleben gemäss Art. 8 Ziff. 1 EMRK zu bejahen wäre, (...) das private Interesse der Beschwerdeführerinnen, ihr Familienleben in der Schweiz zu führen, nicht überwiegen [würde]; ein allfälliger Eingriff in das entsprechende Grundrecht wäre daher - auch angesichts des bisherigen Verhaltens der (...) [Mutter] - ohne weiteres im Sinne von Art. 8 Ziff. 2 EMRK gerechtfertigt."[286]

Das Bundesgericht scheint hier auf die ältere Rechtsprechung der Strassburger Kommission zurückzugreifen, wonach ein Eingriff in diesen Fallkonstellationen verhältnismässig ist, wenn die Ausreise zumutbar ist und gewichtige öffentliche Interessen, wie beispielsweise die effektive Durchsetzung der restriktiven Zulassungspolitik, auf dem Spiel stehen. Fraglich erscheint in casu indes, ob die durch die Mutter angeblich eingegangene Scheinehe die faktische Ausreiseverpflichtung der Tochter aus ihrem Heimatland und die damit vermutlich verbundene erhebliche Beeinträchtigung ihres Lebensumfeldes per se zu rechtfertigen vermag.

3. Die Rechtsprechung des österreichischen Verfassungsgerichtshofes

Soweit ersichtlich hatte bisher erst der Verfassungsgerichtshof eine derartige Fallkonstellation zu beurteilen. Die Verhängung eines Aufenthaltsverbotes in *VfSlg 11982/1989* gegen die Mutter zweier minderjähriger Kinder, die, wie auch ihre Mutter, ohne entsprechende Bewilligung oder Sichtver-

---

[285] B 11970/86, *O. et al. gegen Vereinigtes Königreich*, unpublizierter KE vom 13. Juli 1987.
[286] BGE 122 II 289, E. 3d, 299.

merk in Österreich lebten, qualifizierte der Verfassungsgerichtshof als Eingriff in das Privat- und Familienleben. Da die Vorinstanz die Güterabwägung in völlig verfehlter Weise vorgenommen hatte, indem sie die Massnahme aus generalpräventiven Gründen und in Verkennung der schweren Folgen für die Lebenssituation der Beschwerdeführerin und ihrer Kinder als zulässig erachtet hatte, bejahte er in der Folge das Vorliegen einer Verletzung von Art. 8 EMRK.

4. Die Rechtsprechung des französischen Conseil d'État

Aufenthaltsbeendende Massnahmen gegen Eltern oder den sorgeberechtigten Elternteil stellen - obwohl die Aus- oder Wegweisung Minderjähriger nicht zulässig ist - nach der Rechtsprechung des Conseil d'État nur dann einen Eingriff in das Familienleben dar, wenn einer *Ausreise der Kinder Hindernisse entgegenstehen* oder diese *unmöglich ist* bzw. die betroffenen Eltern/Elternteile *enge Beziehungen* zu Frankreich unterhalten[287]. Für den Entscheid, ob ein Eingriff verhältnismässig oder unverhältnismässig ist, berücksichtigt der Conseil d'État neben den *persönlichen und familiären Umständen in Frankreich* sowie den *besonderen Umständen der Kinder* auch die *Dauer und Art des bisherigen Aufenthaltes* in Frankreich bzw. die *Auswirkungen* der aufenthaltsbeendenden Massnahmen auf die Fortführung des Familienlebens. Ein relativ kurzer, ein- oder zweijähriger, oder illegaler Aufenthalt vermag nach der Praxis des Conseil d'État keine derart enge Verbundenheit mit Frankreich zu begründen, dass die Verfügung einer aufenthaltsbeendenden Massnahme unverhältnismässig erscheinen würde. Grosse Bedeutung misst der Conseil d'État ferner den Auswirkungen auf die Fortführung des Familienlebens in Frankreich zu. Daher wiegen Eingriffe durch eine Wegweisung weniger schwer als bei einer Ausweisung[288].

Im Entscheid *Mme Naima Babas* befand der Conseil d'État, dass die Wegweisung einer Ausländerin nach rund zwei Jahren ohne entsprechenden Aufenthaltstitel angesichts der Kürze und Art des Aufenthaltes sowie der Auswirkungen der Massnahme nicht unverhältnismässig sei[289]. Demgegenüber qualifizierte er die Wegweisung einer seit fünf Jahren mit ihrer Tochter französischer Staatsangehörigkeit in Frankreich lebenden algerischen Staatsangehörigen als unverhältnismässig, insbesondere in Anbetracht des Umstandes, dass sie sich grösstenteils legal in Frankreich aufgehalten

---

[287] Siehe vorne 278 f.

[288] Wie indes bereits ausgeführt worden ist, erscheint dieser Gesichtspunkt nicht unproblematisch, hängt doch die tatsächliche Möglichkeit einer erneuten Einreise eng von der aktuellen - heute meist sehr restriktiven - Einwanderungspolitik ab; siehe vorne 370.

[289] CE, *Mme Naima Babas*, 19.4.1991, Rec. CE, 162 f.

C. Verhältnismässigkeitsprüfung in einzelnen Fallkonstellationen 405

habe und auch ihre Eltern dort lebten[290]. Schliesslich erachtete der Conseil d'État auch die Wegweisung der Mutter eines siebenjährigen, kranken und auf spezialisierte medizinische Versorgung angewiesenen Kindes als unverhältnismässig[291].

VI. Aufenthaltsbeendende Massnahmen gegen einen nicht sorgeberechtigten Elternteil

Im Gegensatz zu aufenthaltsbeendenden Massnahmen gegen die Eltern oder den sorgeberechtigten Elternteil werden Kinder durch aufenthaltsbeendende Massnahmen gegen den nicht sorgeberechtigten Elternteil nicht faktisch zur Ausreise verpflichtet; dagegen führt die behördliche Massnahme zur Trennung vom betroffenen Elternteil, bzw. zur Einschränkung oder gar Verunmöglichung gegenseitiger Besuche und Kontakte.

1. Die Rechtsprechung der Konventionsorgane

Aufenthaltsbeendende Massnahmen gegen nicht sorgeberechtigte Elternteile stellen grundsätzlich einen Eingriff in das Familienleben dar[292]. Im Rahmen der Güterabwägung kommt dem *Charakter der Beziehung zwischen dem von der Massnahme betroffenen Elternteil und dem Kind* zentrale Bedeutung zu. Je enger und intensiver diese ist, desto schwerer wiegt grundsätzlich der Eingriff in das Familienleben. In diesem Zusammenhang ist ein Zusammenleben oder die Einräumung eines Besuchsrechtes sowie dessen effektive Wahrnehmung zu berücksichtigen. Andererseits ist von Bedeutung, ob die ausländerrechtliche Massnahme im Anschluss an eine strafrechtliche Verurteilung ergriffen wurde oder ob Fremde betroffen sind, die sich bereits seit einiger Zeit im betreffenden Staat aufhalten und *keine Fernhaltegründe* gesetzt haben. Dem öffentlichen Interesse kommt grösseres Gewicht zu, wenn die fremdenrechtliche Massnahme gegen straffällig gewordene Fremde ergriffen wird; verfolgt die Massnahme indes die Sicherung des wirtschaftlichen Wohles des Landes und richtet sie sich gegen bisher legal anwesende und strafrechtlich unbescholtene Ausländerinnen und Ausländer, kommt dem öffentlichen Interesse geringere Bedeutung zu. Im Rahmen der Abwägung der sich gegenüberstehenden Interessen ist schliesslich auch den *Interessen des Kindes* eine zentrale Stellung einzuräumen.

---

[290] CE, *Ministre de l'Intérieur c/ Mme Zine El Khalma*, 22.5.1992, Rec. CE, tab. 1040.
[291] CE, *Préfet de la Gironde c/ Mme Adoui*, 10.11.1995, D. 1996, Somm. 105.
[292] Siehe vorne 281 ff.

In *Berrehab gegen die Niederlande* verneinte der Gerichtshof die Verhältnismässigkeit der Nichtverlängerung des Aufenthaltstitels im Anschluss an die Scheidung, da Berrehab bereits seit einigen Jahren in den Niederlanden gelebt hatte, keine Fernhaltegründe gegen ihn vorlagen und sehr enge Beziehungen zwischen ihm und seiner noch kleinen Tochter bestanden[293]. Bereits die Kommission hatte zuvor die Unverhältnismässigkeit der Massnahme bejaht und in diesem Zusammenhang ausgeführt, dass

> „when, as in the present case, the right at issue is the family life of a parent and a child, particular regard must be had to the interests of the latter. In this respect, the Commission recalls that it is an important function of the law in a democratic society to provide safeguards in order to protect children, particularly those who are vulnerable because of their low age, as much as possible from harm and mental suffering resulting, for instance, from a divorce of their parents".[294]

Demgegenüber stellte die Ausweisung eines Vaters nach Pakistan nach der Scheidung der Eltern eine verhältnismässige Massnahme dar, da die Familie nur während kurzer Zeit zusammengelebt hatte, das Scheidungsurteil kein Besuchsrecht für den Vater vorsah und zwischen Vater und Sohn keine genügend enge Beziehung bestand, um die Ausweisung als unverhältnismässig erscheinen zu lassen[295]. Einen gerechtfertigten Eingriff stellte auch die Nichtverlängerung der Aufenthaltsbewilligung des jugoslawischen Vaters dar; zwar bestanden zwischen dem Vater und seinem Sohn enge Beziehungen, hatten diese doch während einiger Jahre zusammen gelebt und war dem Vater im Scheidungsurteil ein Besuchsrecht eingeräumt worden, welches er auch regelmässig wahrnahm. Da der Vater indes wegen einfacher Körperverletzung gegen seine geschiedene Ehefrau zu einer dreimonatigen, bedingten Haftstrafe verurteilt worden war und der Beschwerdeführer nicht dargelegt hatte, dass er nicht für Besuchsaufenthalte in die Schweiz würde einreisen können, erachtete die Kommission den Eingriff als verhältnismässig[296]. In einem ähnlich gelagerten Fall hat die Kommission die Verhältnismässigkeit einer Nichtverlängerung der Aufenthaltsbewilligung ebenfalls bejaht, u.a. da der Vater wegen Drogendelikten zu einer dreijährigen Freiheitsstrafe verurteilt worden war[297].

2. Die Rechtsprechung des Schweizerischen Bundesgerichtes

Im Rahmen der Prüfung der Verhältnismässigkeit eines Eingriffes in das Familienleben durch eine aufenthaltsbeendende Massnahme gegen einen

---

[293] EGMR, *Berrehab gegen die Niederlande*, Serie A, Nr. 138, Ziff. 29; zum Sachverhalt vorne 282.

[294] EKMR, *Berrehab gegen die Niederlande*, Serie A, Nr. 138, KB Ziff. 82.

[295] B 12411/86, *M. gegen die Bundesrepublik Deutschland*, DR 51, 245.

[296] B 34295/96, *V.K. gegen die Schweiz*, unpublizierter KE vom 26.2.1997.

[297] B 23245/94, *T. et al. gegen die Schweiz*, unpublizierter KE vom 7.4.1994.

C. Verhältnismässigkeitsprüfung in einzelnen Fallkonstellationen 407

nicht sorgeberechtigten Elternteil nimmt der *Charakter der Beziehungen* zwischen dem betroffenen Elternteil und den Kindern auch in der bundesgerichtlichen Rechtsprechung eine ausschlaggebende Stellung ein. Entscheidende Gesichtspunkte sind in diesem Zusammenhang die Ausübung des Besuchsrechtes sowie die Leistung finanzieller Beiträge an den Unterhalt der Kinder. Weitere für die Güterabwägung relevante Aspekte stellen die *Dauer* des bisherigen Aufenthaltes in der Schweiz, der Grad der *Integration* in den schweizerischen Lebensalltag sowie die Möglichkeit einer *Aufrechterhaltung* der familiären Beziehungen auch ohne Einräumung eines Aufenthaltsrechtes vom Ausland aus dar[298]. Zu betonen ist, dass das Bundesgericht den öffentlichen Interessen in aller Regel ein derart grosses Gewicht beimisst, dass nur sehr starke affektive und finanzielle familiäre Beziehungen die öffentlichen Interessen zu überwiegen vermögen:

> „En ce qui concerne les intérêts publics, il faut retenir que la Suisse mène une politique restrictive en matière de séjour des étrangers, pour assurer un rapport équilibré entre l'effectif de la population suisse et celui de la population étrangère résidante, ainsi que pour améliorer la situation du marché du travail et assurer un équilibre optimal en matière d'emploi. Ces buts sont légitimes au regard de l'art. 8 par. 2 CEDH. Seuls des liens familiaux forts dans les domaines affectif et économique sont propres à faire passer ces objectifs au second plan."[299]

Als unverhältnismässig hat das Bundesgericht die Nichtverlängerung der Aufenthaltsbewilligung im Anschluss an die Scheidung erachtet, da den Betroffenen eine sehr enge Beziehung mit seiner Tochter verband, er seit fünf Jahren in der Schweiz lebte - ohne je zu Klagen Anlass gegeben zu haben - und auch zum Unterhalt seiner Tochter beitrug[300]. In einem weiteren Fall entschied das Bundesgericht hingegen, dass die Nichterneuerung der Aufenthaltsbewilligung gerechtfertigt sei, da der Be-

---

[298] Vgl. in diesem Sinne den unpublizierten BGerE vom 28.4.1995 i.S. B. (2A.331/1994), in dem das Bundesgericht in E. 2a zur Güterabwägung in Fällen der Nichtverlängerung einer Aufenthaltsbewilligung an nicht sorgeberechtigte Elternteile ausführt: „Per quanto concerne l'interesse privato al rilascio di un permesso di dimora, va rilevato che, in linea di principio, un diritto di visita può essere esercitato anche quando il genitore vive all'estero, adattandone se necessario le modalità di esercizio (durata e frequenza); non è indispensabile che il genitore beneficiario del diritto di visita e il figlio vivano nello stesso paese. Si deve piuttosto tener conto *dell'intensità del legame* e della *distanza* che potrebbe separare lo straniero dalla Svizzera qualora gli fosse negato un permesso di dimora. Determinante nell'ambito della ponderazione degli interesse è, inoltre, il *grado d'integrazione* dello straniero nel paese ospitante, per la definizione del quale vanno considerati la durata effettiva del soggiorno in Svizzera e il comportamento assunto dall'interessato durante questo periodo, sia sul piano generale sia su quello professionale".

[299] Unpublizierter BGerE vom 6.5.1997 i.S. T. (2A.2/1997), E. 3.

[300] BGE 120 Ib 1.

schwerdeführer u.a. nur während rund vier Monaten mit seinem Sohn zusammengelebt habe, sein Besuchsrecht nur sehr sporadisch ausübe und keine Unterhaltsbeiträge leiste. Da er ferner arbeitslos und von Fürsorgeleistungen abhängig sei, seien die öffentlichen Interessen gewichtiger[301]. Die Nichtverlängerung der Aufenthaltsbewilligung eines wegen Drogendelikten zu einer zweieinhalbjährigen Freiheitsstrafe verurteilten türkischen Staatsangehörigen war ebenfalls verhältnismässig, da der Betroffene strafrechtlich verurteilt worden war und keine besonders engen Beziehungen in affektiver oder wirtschaftlicher Hinsicht zwischen ihm und seinem Kind bestanden[302]. In gleicher Weise entschied das Bundesgericht auch bei der Nichterneuerung der Aufenthaltsbewilligung eines seit sechzehn Jahren in der Schweiz lebenden zairischen Staatsangehörigen im Anschluss an die Scheidung und einige Verurteilungen zu insgesamt ca. zehn Monaten Gefängnis. Hier führte das Gericht aus, dass der Beschwerdeführer trotz des langen Aufenthaltes in der Schweiz schlecht integriert und mehrmals straffällig geworden sei, er zwar sein Besuchsrecht, wenn auch unregelmässig, ausgeübt habe, die Beziehungen zu den beiden elf- und dreizehnjährigen Kindern indes auch ohne seinen Aufenthalt in der Schweiz aufrechterhalten werden könnten - obwohl das Bundesgericht selber einräumt, dass Besuche angesichts der Distanz und der Reisekosten eher unrealistisch seien[303].

Das grosse Gewicht, welches das Bundesgericht in diesen Fallkonstellationen dem öffentlichen Interesse beimisst, ist insbesondere in jenen Fällen, in denen die Betroffenen nicht oder nur geringfügig straffällig geworden sind, aber bereits seit vielen Jahren in der Schweiz leben, fragwürdig. Es erscheint stossend, einen über viele Jahre hinaus erteilten Aufenthaltstitel aufgrund einer Trennung oder Scheidung unter Hinweis auf den entfallenen Aufenthaltszweck nicht zu erneuern. In derartigen Situationen sollte auch einer möglichen Erwerbslosigkeit keine überragende Bedeutung beigemessen werden, da gerade auch die unsichere aufenthaltsrechtliche Situation in Zeiten von Arbeitsknappheit die Arbeitssuche erheblich erschweren kann.

VII. Aufenthaltsbeendende Massnahmen gegen Angehörige der zweiten Generation

Angehörigen der zweiten Generation, d.h. bereits im betreffenden Staat geborenen oder seit frühester Kindheit dort lebenden Ausländerinnen und Ausländern, gewähren sowohl die Konventionsorgane als auch gewisse nationale Gerichte einen erhöhten Schutz vor aufenthaltsbeendenden Massnahmen. Dies wird nicht zuletzt im Rahmen der Güterabwägung deutlich.

---

[301] BGE 120 Ib 22.
[302] Unpublizierter BGerE vom 17.1.1995 i.S. D. (2A.238/1994).
[303] Unpublizierter BGerE vom 6.5.1997 i.S. T. (2A.2/1997); *Wurzburger*, 288.

C. Verhältnismässigkeitsprüfung in einzelnen Fallkonstellationen 409

1. Die Rechtsprechung der Konventionsorgane

Der erhöhte Schutz vor aufenthaltsbeendenden Massnahmen, der Angehörigen der zweiten Generation gewährt wird, äussert sich nicht nur in der Tatsache, dass Familienleben zwischen den betroffenen erwachsenen Ausländerinnen und Ausländern und ihren Eltern bzw. Geschwistern unumwunden bejaht wird[304], sondern auch in der bereitwilligen Anerkennung eines Eingriffes in das Privat- und Familienleben[305]. Es ist daher nur folgerichtig, dass auch im Rahmen der Verhältnismässigkeitsprüfung den privaten Interessen besonderes Gewicht beigemessen wird. In diesem Sinne hat die Kommission beispielsweise in *Moustaquim gegen Belgien* ausgeführt[306]:

> "As regards the seriousness of the infringement, it must be pointed out first of all that the person in question came to Belgium at an early age, lived there until his deportation at the age of 20 and speaks only a few word of Arabic. Although legally an alien, he has all his family and social ties in Belgium and the nationality which links him to Morocco, though a legal reality, does not reflect his actual position in human terms (...) That being the case, the Commission considers that the interference should be *scrutinised especially strictly* and that the *threshold of necessity should be set a higher level* to reflect the seriousness of the interference.
>
> In the Commission's opinion a State must take into consideration the consequences which may flow from the deportation of an alien from his place of residence. This is all the more necessary when the person concerned does not speak the language of his country of origin and has no family or other links with that country. An order for his deportation to that country - the only one in which he has the right of permanent abode - places him in such a difficult position that *only in exceptional circumstances can it be justified as proportionate to the aim pursued* (...)."

Auch vom Gerichtshof werden Eingriffe in das Privat- und Familienleben von Angehörigen der zweiten Generation durch aufenthaltsbeendende Massnahmen grundsätzlich als schwer eingestuft und können nur durch besonders gewichtige öffentliche Interessen gerechtfertigt werden. Ausgangsprämisse der Verhältnismässigkeitsprüfung ist der Umstand, dass Angehörige der zweiten Generation vollkommen in die Gesellschaft des Aufenthaltslandes integriert sind, aufenthaltsbeendende Massnahmen daher einen besonders schweren Eingriff darstellen und somit erhöhte Anforderungen an die Verhältnismässigkeit der Massnahme gestellt werden müssen. Zentrale Bedeutung kommt im Rahmen dieser Verhältnismässigkeitsprüfung auch dem Ge-

---

[304] Siehe vorne 177 ff.
[305] Vorne 288 ff.
[306] EKMR, *Moustaquim gegen Belgien*, Serie A, Nr. 193, KB Ziff. 62 f., eigene Hervorhebung.

sichtspunkt der *Vertrautheit mit den gesellschaftlichen, kulturellen und sprachlichen Gegebenheiten des Herkunftslandes* zu. Je mehr Beziehungen zum Herkunftsland bestehen, desto leichter bewerten die Konventionsorgane den Eingriff; verfügen die betroffenen Ausländerinnen und Ausländer jedoch kaum über Verbindungen zu Gesellschaft, Kultur und Traditionen ihres Herkunftslandes, sprechen sie zudem die Sprache nicht und unterhalten sie auch keine familiären Beziehungen mehr im betreffenden Land, so ist der Eingriff als derart schwer einzustufen, dass er durch praktisch kein öffentliches Interesse mehr gerechtfertigt werden kann. In derartigen Fällen führt die Kommission aus, dass die ausländische Staatsangehörigkeit eine rein rechtliche Tatsache darstelle, die nicht den tatsächlichen Umständen entspreche[307]. Bedeutsam ist ferner, ob die betroffenen Ausländerinnen und Ausländer *im Konventionsstaat familiäre Beziehungen* unterhalten, die über die Beziehungen zu den Eltern bzw. den Geschwistern hinausgehen. Sind die Betroffenen verheiratet, leben sie in einer stabilen nichtehelichen Beziehung oder haben sie Kinder, so wiegt der Eingriff in der Regel schwerer als bei ledigen, kinderlosen und nicht in einer festen Beziehung lebenden Beschwerdeführerinnen und Beschwerdeführern[308].

Die Beweislast für die vollkommene Integration in die Gesellschaft des Aufenthaltsstaates bzw. die Unvertrautheit mit den Gegebenheiten des Herkunftslandes bzw. das Fehlen jeglicher Beziehungen zu diesem, obliegt den Beschwerdeführerinnen und Beschwerdeführern. Bringen sie beispielsweise nicht vor, dass sie der Sprache ihres Heimatlandes nicht mächtig[309] oder nie ferienhalber in ihr Heimatland zurückgekehrt seien, so spricht dies in der Praxis der Konventionsorgane grundsätzlich gegen die Annahme, dass sie über keine Beziehungen mehr zu ihrem Heimatland verfügten. Dies gilt ebenso für Ausländerinnen und Ausländer, die vor ihrer Ausreise bereits in ihrem Heimatland eingeschult worden sind[310] oder aber als junge Erwachsene zurückgekehrt sind, etwa um Militärdienst zu leisten[311]. Eine gewisse Verbundenheit mit dem Heimatland erblicken die Konventionsorgane ferner im Umstand, dass die betroffenen Ausländerinnen und Ausländer nach den Traditionen ihres Heimatlandes geheiratet haben oder die Folgen einer Ehescheidung nach heimatlichen Gebräuchen

---

[307] EKMR, *Moustaquim gegen Belgien*, Serie A, Nr. 193, KB Ziff. 62; EKMR, *Lamguindaz gegen Vereinigtes Königreich*, Serie A, Nr. 258-C, KB Ziff. 45; *de Salvia*, 15.

[308] Siehe hierzu die Ausführungen des Gerichtshofes in den Fällen *Bouchelkia gegen Frankreich*, Reports 1997- I, 47 ff., sowie *El Boujaïdi gegen Frankreich*, Reports 1997-VI, 1980 ff.; ferner B 33437/96, *Bejaoui gegen Frankreich*, unpublizierter KE vom 9.4.1997.

[309] EGMR, *El Boujaïdi gegen Frankreich*, Reports 1997-VI, 1980 ff.

[310] EGMR, *C. gegen Belgien*, Reports 1996-III, 915 ff.

[311] B 25408/94, *Zehar gegen Frankreich*, KB vom 15.5.1996.

C. Verhältnismässigkeitsprüfung in einzelnen Fallkonstellationen

geregelt haben. Schliesslich hat der Gerichtshof sogar der Tatsache, dass ein Elternteil im Herkunftsland gestorben ist, Bedeutung beigemessen[312].

Andererseits ist auch die Schwere und insbesondere die Natur der von den Betroffenen verübten strafbaren Handlungen bedeutsam. In diesem Sinne messen die Konventionsorgane namentlich Delikten gegen die *sexuelle Integrität* (z. B. Vergewaltigung), *schweren Eigentumsdelikten* (z. B. Raub) und *Drogendelikten* grosse Bedeutung bei und erachten daher das öffentliche Interesse in diesen Fällen als besonders gewichtig. Die privaten Interessen vermögen in diesen Situationen in aller Regel nur dann zu überwiegen, wenn die Betroffenen sehr starke private und familiäre Beziehungen zum Aufenthaltsstaat haben und Bindungen zum Herkunftsstaat praktisch völlig fehlen.

In *Moustaquim gegen Belgien*[313] erwog der Gerichtshof, dass der Beschwerdeführer im Alter von zwei Jahren nach Belgien gekommen war, seine gesamte Bildung dort erhalten und nur zwei Mal ferienhalber in Marokko geweilt habe. Da er schliesslich sämtliche Straftaten noch als Jugendlicher verübte, überwiege das private die öffentlichen Interessen[314]. In *Nasri gegen Frankreich* führte der Gerichtshof u.a. aus, dass sich der Beschwerdeführer zwar eines schweren Verbrechens schuldig gemacht habe, indes auch die weiteren Umstände in Betracht gezogen werden müssten, insbesondere die Behinderung des Beschwerdeführers. Diese werde durch die Tatsache, dass er keine seinem Handicap angemessene Schulbildung erhalten habe, verstärkt. Für den Beschwerdeführer sei daher die Familie besonders wichtig. Da es zudem glaubhaft sei, dass er kein Arabisch verstehe, wäre seine Ausschaffung nach Algerien unverhältnismässig[315]. Die Verhältnismässigkeit der Ausschaffung bejahte der Gerichtshof in *Boughanemi gegen Frankreich* hauptsächlich damit, dass der Beschwerdeführer Beziehungen mit Tunesien aufrechterhalten habe, die über die reine Staatsangehörigkeit hinausgehen und er zudem auch nicht geltend gemacht habe, weder Arabisch zu sprechen noch sämtliche Beziehungen mit seinem Heimatland abgebrochen zu haben. Weiter führte er aus:

„In addition, in the Court's view, the circumstances of the present case are different from those in the cases of Moustaquim v. Belgium, Beldjoudi v. France and Nasri v. France, which all concerned the deportation of aliens convicted of criminal offences and in which the Court found a violation of Article 8.

Above all the Court attaches particular importance to the fact that Mr Boughanemi's deportation was decided after he had been sentenced to a total of almost four years' imprisonment, non-suspended, three of which were for living on the earnings of prostitution with aggravating circumstances. The seriousness of

---

[312] EGMR, *C. gegen Belgien*, Reports 1996-III, 915 ff.

[313] Vgl. die Sachverhalte der erwähnten Fälle vorne 289 ff.

[314] EGMR, *Moustaquim gegen Belgien*, Serie A, Nr. 193, Ziff. 43 ff.

[315] EGMR, *Nasri gegen Frankreich*, Serie A, Nr. 320-B, Ziff. 41 ff.

that last offence and the applicant's previous convictions count heavily against him."[316]

In *Bouchelkia gegen Frankreich* befand der Gerichtshof, der Tatsache, dass der Beschwerdeführer nach seiner Ausschaffung und illegalen Rückkehr nach Frankreich eine eigene Familie gegründet habe, könne im Rahmen der Güterabwägung keine Bedeutung zukommen, denn „the fact that, after the deportation order was made and while he was an illegal immigrant, he built up a new family life does not justify finding, *a posteriori*, that the deportation order made and executed in 1990 was not necessary"[317]. Da der Beschwerdeführer im Zeitpunkt der Ausschaffung ledig gewesen sei, keine Kinder gehabt und zu seinem Heimatland Algerien enge familiäre Beziehungen unterhalten habe, andererseits der Schwere der begangenen Strafe grosse Bedeutung zukomme, folgerte der Gerichtshof, dass die Ausschaffung nicht unverhältnismässig gewesen sei. Bei der Güterabwägung im Fall *El Boujaïdi gegen Frankreich* betonte er, dass der Beschwerdeführer zwar angeführt habe, er verfüge über keine nahen Verwandten in Marokko, jedoch nicht dargelegt habe, dass er nicht Arabisch spreche oder sein Land noch nie besucht habe. Zudem habe er nie um seine Einbürgerung in Frankreich ersucht. Es könne daher nicht gesagt werden, dass er bis auf die Staatsangehörigkeit alle Beziehungen zu seinem Heimatland verloren habe. Angesichts der Schwere der begangenen Straftat erscheine die Landesverweisung somit als verhältnismässiger Eingriff[318]. Im Rahmen der Prüfung der Verhältnismässigkeit der Ausschaffung in *Mehemi gegen Frankreich* führte der Gerichtshof zunächst aus, dass der Beschwerdeführer bis zu seiner Ausschaffung immer in Frankreich gelebt habe und seine ganze Familie noch immer dort lebe; ferner sei nicht nachgewiesen, dass er über die reine Tatsache der Staatsangehörigkeit hinausgehende Beziehungen zu Algerien pflege. Er sei zwar einige Male nach Nordafrika gereist, jedoch bis auf einen kurzen Besuch in Algerien immer nach Marokko. Zur Frage der Möglichkeit einer Familienvereinigung in Italien - dem Herkunftsland der Ehefrau - meinte der Gerichtshof, dass „while it is not inconceivable, given that Mrs Mehemi is an Italian national, it would mean a radical upheaval for the couple's children. Moreover, on account of the applicant's criminal record in particular, there would no doubt be legal obstacles to his entry into and establishment in Italian territory"[319]. Obwohl die vom Beschwerdeführer begangene Straftat schwer wiege, stelle zusammenfassend die lebenslängliche Landesverweisung eine unverhältnismässige Massnahme dar, da er keinerlei Verbindungen zu Algerien, dagegen aber sehr starke Bindungen zu Frankreich habe. Schliesslich bejahte der Gerichtshof in *Boujlifa gegen Frankreich* die Verhältnismässigkeit der Ausweisung, da der Beschwerdeführer zwar seit seinem fünften Lebensjahr und mit Ausnahme der Verbüssung einer fünfzehnmonatigen Gefängnisstrafe in der Schweiz immer in Frankreich lebte, indes nie den Wunsch geäussert habe, die französische Staatsangehörigkeit anzunehmen. In Anbe-

---

[316] EGMR, *Boughanemi gegen Frankreich*, Reports 1996-II, 593 ff., Ziff. 44.

[317] EGMR, *Bouchelkia gegen Frankreich*, Reports 1997-I, 47 ff., Ziff. 52.

[318] EGMR, *El Boujaïdi gegen Frankreich*, Reports 1997-VI, 1980 ff., Ziff. 40 f.

[319] EGMR, *Mehemi gegen Frankreich*, Reports 1997- VI, 1959 ff., Ziff. 36.

C. Verhältnismässigkeitsprüfung in einzelnen Fallkonstellationen

tracht der Schwere der Straftat sei daher die Ausweisung als durchaus verhältnismässig einzustufen[320].

Die *Kommission* hat ihrerseits beispielsweise die Ausweisung und Verhängung eines Aufenthaltsverbotes gegen einen in Frankreich geborenen italienischen Staatsangehörigen als verhältnismässig erachtet, da dieser wegen Drogendelikten zu rund zehn Jahren Freiheitsstrafe verurteilt worden war und er zwar die Vaterschaft eines Kindes französischer Staatsangehörigkeit anerkannt hatte, ihm indes kein Sorgerecht zukam[321]. Ebenso bejahte sie die Verhältnismässigkeit der Ausweisung eines im Alter von zwei Jahren nach Frankreich gekommenen algerischen Staatsangehörigen im Anschluss an seine Verurteilung zu insgesamt acht Jahren Freiheitsstrafe wegen verschiedener Delikte (Einbrüche, Zuhälterei, Drohung). Ausschlaggebend war neben der Häufigkeit und Schwere der verübten Straftaten u.a. der Umstand, dass der Beschwerdeführer in Algerien Militärdienst geleistet hatte und ihm sein Herkunftsland daher nicht völlig fremd war[322]. Auch die Ausweisung eines in Frankreich geborenen algerischen Staatsangehörigen bewertete die Kommission als verhältnismässig, da dieser u.a. wegen schweren Raubes zu rund zwölf Jahren Freiheitsentzug verurteilt worden war und ihm sein Herkunftsland nicht völlig fremd war, hatte er doch zahlreiche Reisen dorthin unternommen[323]. Da der Beschwerdeführer wegen versuchten schweren Raubes zu einer fünfjährigen Gefängnisstrafe verurteilt worden, nicht verheiratet war und keine Kinder hatte, erachtete die Kommission auch die Ausweisung eines im Alter von sechs Jahren nach Belgien eingereisten marokkanischen Staatsangehörigen als verhältnismässig[324]. Schliesslich befand sie, dass die Ausweisung zweier im Alter von sieben bzw. drei Jahren in die Schweiz eingereisten türkischen Staatsangehörigen im Anschluss an ihre Verurteilung wegen Drogendelikten zu einer viereinhalb- bzw. dreieinhalbjährigen Freiheitsstrafe verhältnismässig sei[325].

Wohl gewähren Kommission und Gerichtshof Angehörigen der zweiten Generation einen erhöhten Schutz vor aufenthaltsbeendenden Massnahmen und stellen insbesondere an die Verhältnismässigkeit eines Eingriffes erhöhte Anforderungen. Ziel dieses Vorgehens ist es, dass Ausländerinnen und Ausländer, die in einem Land geboren worden sind oder seit frühester Kindheit dort leben und in die gesellschaftlichen, sozialen und kulturellen Lebensumstände des betreffenden Landes vollkommen integriert sind, nur unter beson-

---

[320] EGMR, *Boujlifa gegen Frankreich*, Reports 1997-VI, 2250 ff., Ziff. 44 f.

[321] B 24233/94, *T.F. gegen Frankreich*, unpublizierter KE vom 18.10.1995.

[322] B 25408/95, *Zehar gegen Frankreich*, KB vom 15. Mai 1996; mit Resolution DH (97) 14 vom 28.1.1997 hat sich das Ministerkomitee den Ausführungen der Kommission angeschlossen.

[323] B 25913/94, *Naceur gegen Frankreich*, unpublizierter KE vom 12.4.1996.

[324] B 26234/95, *Marsou gegen Belgien*, unpublizierter KE vom 28.2.1996.

[325] B 27269/95, *Doymus gegen die Schweiz*, unpublizierter KE vom 28. Juni 1995; B 27275/95, *Timocin gegen die Schweiz*, unpublizierter KE vom 28.6.1995.

deren Voraussetzungen zum Verlassen ihres zumindest faktischen „Heimatlandes" gezwungen werden dürfen. Ein solchermassen erhöhter Schutz vor aufenthaltsbeendenden Massnahmen kann indes nur dann tatsächlich wirksam sein, wenn von der Rechtsprechung der Konventionsorgane klare Signale und eindeutige Hinweise ausgehen, unter welchen Umständen derartige Massnahmen ausnahmsweise zulässig und konventionskonform sein können[326]. Der aktuellen Rechtsprechung können jedoch solche, einen wirksamen Schutz gewährende Leitlinien nicht abgeleitet werden, konzentriert sich die Prüfung der Konventionskonformität doch auf die Betrachtung der besonderen Umstände des Einzelfalles unter Vergleich mit den bisher ergangenen Entscheiden[327]. Die Konventionsorgane haben es somit bisher - aus welchen Gründen auch immer - unterlassen, sich eindeutig und unmissverständlich zu einer grundsätzlich besonderen Behandlung von Fällen aufenthaltsbeendender Massnahmen gegen integrierte Ausländerinnen und Ausländer zu bekennen. Dies ist nicht nur inkonsequent, weil der erhöhte Schutz, der dieser Gruppe von Ausländerinnen und Ausländern zu Recht zuteil wird, bereits bei der Frage des Bestehens von Familienleben und des Vorliegens eines Eingriffes deutlich wird. Fragwürdig erscheint der Rückgriff auf eine Einzelfallbetrachtung jedoch insbesondere, weil das Fehlen jeglicher Richtlinien für die Prüfung der Konventionskonformität einer aufenthaltsbeendenden Massnahme gegen Angehörige der zweiten Generation sowohl für die nationalen Behörden als auch für die betroffenen Ausländerinnen und Ausländer einen Faktor offenbarer *Rechtsunsicherheit* darstellt, ist es doch kaum voraussehbar, ob eine Massnahme in einem konkreten Fall als konventionskonform oder nicht beurteilt werden würde[328]. Zu Recht hat Richter Martens

---

[326] *Cholewinski*, Hidden Agenda, 288.

[327] In diesem Sinne hat der Gerichtshof in seinem Urteil *Boughanemi gegen Frankreich* u.a. ausgeführt, seiner Ansicht nach seien „the circumstances of the present case (...) different from those in the cases of Moustaquim v. Belgium, Beljoudi v. France and Nasri v. France, which all concerned the deportation of aliens convicted of criminal offences and in which the Court found a violation", EGMR, *Boughanemi gegen Frankreich*, Reports 1996-II, 593 ff., Ziff. 44. Ebenso hat die Kommission in ihrem Bericht in *Lamguindaz gegen Vereinigtes Königreich* dargelegt, dass „while the applicant has a history of committing minor offences, his criminal record is in fact less serious than that of the applicant in the Beldjoudi case, who had been sentenced to a term of 8 years imprisonment for aggravated theft and shorter than that of the applicant in the Moustaquim case who had a criminal record of a very large number of offences", EKMR, *Lamguindaz gegen Vereinigtes Königreich*, Serie A, Nr. 258-C, KB Ziff. 47.

[328] Wie sollte beispielsweise ein Fall beurteilt werden, in dem die von einer Entfernungsmassnahme betroffenen Ausländerinnen oder Ausländer in gleichem Masse wie Beljoudi straffällig geworden sind, die Straftaten jedoch als junge Erwachsene begangen haben (wie Moustaquim), bzw. ähnliche Straftaten wie Boughanemi begangen ha-

C. Verhältnismässigkeitsprüfung in einzelnen Fallkonstellationen 415

seiner dissenting opinion zum Entscheid *Boughanemi gegen Frankreich* denn auch festgehalten:

„This traditional approach has (...) obvious disadvantages. (...) it leads to a lack of legal certainty. National administrations and national courts are unable to predict whether expulsion of an integrated alien will be found acceptable or not. The majority's case-by-case approach is a lottery for national authorities and a source of embarrassment for the Court. A source of embarrassment since it obliges the Court to make well-nigh impossible comparisons between the merits of the case before it and those which it has already decided. It is - to say the least - far from easy to compare the cases of Moustaquim, Beldjoudi, Nasri and Boughanemi. Should one just make a comparison based on the number of convictions and the severity of sentences or should one also take into account personal circumstances? The majority has, obviously, opted for the latter approach and has felt able to make the comparison, but - with due respect - I cannot help feeling that the outcome is necessarily tainted with arbitrariness."[329]

2. Die Rechtsprechung des Schweizerischen Bundesgerichtes

Auch nach bundesgerichtlicher Praxis stellten ausländerrechtliche Massnahmen gegen Angehörige der zweiten Generation einen Eingriff in das Familienleben dar[330]. In *BGE 122 II 433 ff.* hat das Bundesgericht die für die Verhältnismässigkeitsprüfung zentralen Gesichtspunkte dargelegt[331]. Danach ist im Rahmen der Güterabwägung entscheidend, ob „besondere Umstände" den Eingriff als derart schwer erscheinen lassen, dass die privaten die öffentlichen Interessen in den Hintergrund zu drängen vermögen. Derartige „besondere Umstände" sind namentlich „*Gehörlosigkeit, besondere Abhängigkeit von den Angehörigen, nahe Angehörige mit Bürgerrecht des Aufenthaltsstaates, keine Kenntnis der Sprache des Heimatlandes, wesentliche Unterschiede in den Lebensbedingungen zwischen Aufenthalts- und Herkunfts-*

---

ben, jedoch wie Mehemi nie in ihrem Heimatland gewesen sind? In derartigen Fällen ist es für sämtliche betroffenen Parteien unmöglich, zu beurteilen, welchen Aspekten besonderes Gewicht zukommen wird.

[329] Dissenting opinion von Richter *Martens* im Urteil *Boughanemi gegen Frankreich*, Reports 1996-II, 593 ff., 613.

[330] Siehe vorne 293 ff.

[331] Dabei hat es zunächst dargelegt, dass die von Art. 8 EMRK geforderte Verhältnismässigkeitsprüfung „auch bei der Anwendung des massgeblichen schweizerischen Landesrechts beachtet werden [könne]. Insbesondere lassen sich die wesentlichen Gesichtspunkte in die Interessenabwägung nach Art. 11 Abs. 3 ANAG in Verbindung mit Art. 16 Abs. 3 ANAV einbeziehen", BGE 122 II 433, E. 3b bb, 442.

land"³³², d.h. insbesondere Gesichtspunkte wie die *Verbundenheit mit den gesellschaftlichen, sozialen und kulturellen Umständen des Herkunfts- und Aufenthaltsstaates* oder das Vorliegen *besonderer persönlicher Umstände*.

Die Ausweisung eines in der Schweiz geborenen italienischen Staatsangehörigen im Anschluss an seine Verurteilung u.a. wegen Mordes erachtete das Bundesgericht als auch im Rahmen von Art. 8 Abs. 2 EMRK verhältnismässig, obwohl sämtliche Familienangehörigen in der Schweiz lebten, keine familiären Beziehungen mehr zu Italien bestanden und auch sonst keine engen Bindungen zum Herkunftsland vorlagen. Da aber die Eltern des Beschwerdeführers in Norditalien ein Haus besassen und sich die Lebensbedingungen dort nicht wesentlich von denjenigen in der Schweiz unterscheiden, war die Ausweisung verhältnismässig. An diesem Schluss konnte auch die Tatsache, dass der Beschwerdeführer nach zwei Verkehrsunfällen psychatrischer Betreuung bedurfte, nichts ändern³³³. In zwei - zwar nicht unter dem Blickwinkel von Art. 8 EMRK beurteilten - Verwaltungsgerichtsbeschwerden hat das Bundesgericht ausgeführt, dass die Ausweisung von mit drei bzw. sieben Jahren im Rahmen des Familiennachzuges in die Schweiz eingereisten ausländischen Staatsangehörigen verhältnismässig sei, da sie in schwerer Weise straffällig geworden waren (Drogendelikte) und zudem nicht völlig in die schweizerische Gesellschaft integriert seien, bewegten sie sich doch hauptsächlich in Kreisen türkischer und kurdischer Emigranten. Dies relativiere die Bedeutung des Umstandes, dass die Betroffenen in der Schweiz aufgewachsen seien³³⁴.

Diese beiden Entscheide verdeutlichen, dass für das Bundesgericht „Integration" sehr nahe bei „Assimilation" liegt, geht es doch davon aus, dass sich das Ausmass der erfolgten Integration u.a. danach bestimmt, in welchen Kreisen sich die betreffenden Fremden bewegen, wo sie ihre Ferien verbringen und welche Sprache sie mit Freunden und Bekannten sprechen. Dabei verkennt es beispielsweise, dass - wie so-

---

³³² BGE 122 II 433, E.3b bb, 442.

³³³ BGE 122 II 433; vgl. den Sachverhalt vorne 293.

³³⁴ „Da im Rahmen der fremdenpolizeilichen Interessenabwägung dem Kriterium der Dauer der Anwesenheit erhebliche Bedeutung zukommt, ist es angezeigt, bei Ausländern, die in der Schweiz aufgewachsen sind, nur zurückhaltend von der Ausweisung Gebrauch zu machen. Beim Beschwerdeführer ist allerdings in Rechnung zu stellen, dass er keineswegs vollständig in die schweizerische Gesellschaft integriert ist. Wie aus dem obergerichtlichen Urteil hervorgeht, bewegt er sich hauptsächlich in Kreisen türkischer und kurdischer Emigranten. Die Ferien verbrachte er alle ein bis zwei Jahre, in der letzten Zeit jährlich, in der Türkei. Bis zu seiner Verhaftung hatte er eine Freundin in der Türkei, welche ihm regelmässig schrieb. Beziehungen bestehen auch zu einer dort wohnhaften Tante. Dass der Beschwerdeführer seine Muttersprache nicht mehr beherrschen würde, ist nicht glaubhaft, da er zumindest die ersten sechs Lebensjahre in der Türkei verbracht hatte, sein Vater nicht deutsch spricht und er überhaupt vorwiegend mit eigenen Landsleuten verkehrte", unpublizierter BGerE vom 21.10.1994 i.S. *Doymus* (2A.300/1992); vgl. ferner unpublizierten BGerE vom 21.10.1994 i.S. *Timocin* (2A.310/1992).

C. Verhältnismässigkeitsprüfung in einzelnen Fallkonstellationen 417

gar der EGMR im Fall *Nasri* betont hat[335] - Angehörige der zweiten Generation untereinander zunehmend nicht mehr die Sprache ihres Herkunftslandes sprechen. Auch kann die Feriendestination wohl kaum als relevanter Gesichtspunkt für die Integration in ein Land betrachtet werden, reisen doch heutzutage die meisten „Inländer" während ihrer Ferien ins Ausland ...

3. Die Rechtsprechung des österreichischen Verwaltungsgerichtshofes

Eine 1994 vom österreichischen Verwaltungsgerichtshof beurteilte Beschwerde betraf die Verhängung eines Aufenthaltsverbotes gegen einen in Österreich geborenen und immer dort wohnhaft gewesenen türkischen Staatsangehörigen. Im Anschluss an drei in relativ kurzer Folge begangene Straftaten - Raub, Körperverletzung sowie Drogendelikte - und seine Verurteilung zu insgesamt zweieinhalb Jahren Freiheitsstrafe verhängte die Sicherheitsdirektion des Bundeslandes Wien ein unbefristetes Aufenthaltsverbot gegen ihn. Der Verwaltungsgerichtshof bejahte zwar das Vorliegen eines Eingriffes in das Privat- und Familienleben, verneinte in der Folge indes - auch im Vergleich mit dem Fällen *Moustaquim* und *Beldjoudi* - die Unverhältnismässigkeit der Massnahme:

„Es entspricht der ständigen Rechtsprechung des Verwaltungsgerichtshofes, daß im Hinblick auf die besondere Gefährlichkeit der Suchtgiftkriminalität die Erlassung eines Aufenthaltsverbotes auch bei ansonsten völliger sozialer Integration des Fremden nicht rechtswidrig ist. Dies hat im vorliegenden Fall umso mehr zu gelten, als zur gerichtlichen Verurteilung des Beschwerdeführers nach den Suchtgiftgesetz noch weitere gewichtige Verurteilungen hinzutreten, denen eine hartnäckige Mißachtung fremden Eigentums sowie der körperlichen Integrität anderer Menschen durch den Beschwerdeführer zugrunde liegt. (...)

Der im vorliegenden Fall zu beurteilende Sachverhalt hebt sich vom Fall Moustaquim durch die Schwere der strafbaren Handlungen, insbesondere durch die Verurteilung wegen des Verbrechens des schweren Raubes und des Suchtgifthandels ab. Darüber hinaus lag zwischen der von Moustaquim zuletzt begangenen Straftat, derentwegen er verurteilt wurde, und der Ausweisungsverfügung ein relativ langer Zeitraum (drei Jahre).

Im Fall Beldjoudi wertete der EGMR als entscheidend, daß der (1950) in Frankreich geborene Fremde und seine Eltern bis 1. Jänner 1963 die französische Staatsbürgerschaft hatten. Er war seit über 20 Jahren mit einer Französin verheiratet. Der eheliche Wohnsitz war stets in Frankreich. Dazu kommt, daß in diesem Beschwerdefall die Ehefrau des Fremden Mitbeschwerdeführerin war und der EGMR primär auf ihre persönlichen Verhältnisse Bedacht nahm. Würde sie (die französische Staatsbürgerin) ihrem Gatten nach seiner Ausweisung folgen, müßte

---

[335] EGMR, *Nasri gegen Frankreich*, Serie A, Nr. 320-B, Ziff. 45.

sie sich im Ausland (vermutlich Algerien) niederlassen. Sie würde entwurzelt werden und hätte große Schwierigkeiten, sich anzupassen. Der EGMR erblickte darin eine Gefährdung der Ehe. Demgegenüber handelt es sich im vorliegenden Beschwerdefall um einen Fremden, der im Zeitpunkt der Erlassung des angefochtenen Bescheides erst 19 Jahre alt war und - da noch nicht verheiratet - sich in seinem Herkunftsland leichter eine neue Existenz aufbauen kann. Darüber hinaus kann der Beschwerdeführer aufgrund seiner bisherigen Straftaten nicht damit rechnen, jemals die österreichische Staatsbürgerschaft zu erlangen."[336]

Der Verwaltungsgerichtshof räumt, im Gegensatz zu den Konventionsorganen sowie zum Bundesgericht und dem Conseil d'État, Angehörigen der zweiten Generation keinen höheren Schutz vor aufenthaltsbeendenden Massnahmen ein, zumindest dann nicht, wenn diese in schwerwiegender Weise straffällig geworden sind. Im Lichte der bereits relativ engen Strassburger Rechtsprechung erscheint diese Praxis überaus restriktiv[337].

4. Die Rechtsprechung des französischen Conseil d'État

Im Rahmen der Beurteilung der Verhältnismässigkeit einer aufenthaltsbeendenden Massnahme gegen straffällig gewordene Ausländerinnen und Ausländer, die entweder bereits in Frankreich geboren sind oder seit frühester Kindheit dort leben, geht der Conseil d'État von der *Schwere* der begangenen *Straftat* aus, wobei er neben der *Höhe der ausgefällten Strafe* auch die *Natur der begangenen Straftat* berücksichtigt. In diesem Sinne misst er Handlungen gegen die sexuelle Integrität, Tötungs- oder Drogendelikten derart grosses Gewicht bei, dass nur aussergewöhnliche Umstände eine ausländerrechtliche Massnahme als unverhältnismässig erscheinen lassen. Weitere bei der Abwägung der sich gegenüberstehenden Interessen berücksichtigte Gesichtspunkte sind das Bestehen oder Fehlen von *Bindungen zum Heimatland*, das *Verhalten* nach der Entlassung aus dem Strafvollzug sowie Bestand und Intensität der familiären und privaten *Beziehungen zu Frankreich*.

Als unverhältnismässige Massnahme erachtete der Conseil d'État die Ausweisung eines in Frankreich geborenen algerischen Staatsangehörigen, da dieser keine Beziehungen mehr zu Algerien unterhielt, seine Eltern und Geschwister in Frankreich lebten, er zu deren Unterhalt beitrug und er nach der Verbüssung einer rund siebenjährigen Freiheitsstrafe wegen Einbrüchen und bewaffneten Raubes nicht rückfällig ge-

---

[336] Erkenntnis VwGH vom 14.4.1994, 93/18/0260.

[337] In diesem Zusammenhang ist jedoch auf die neuen Bestimmungen des FrG 1997 hinzuweisen, wonach Fremde, die von klein auf an in Österreich aufgewachsen sind, weder ausgewiesen (§ 35 Abs. 4 FrG 1997) noch mit einem Aufenthaltsverbot (§ 38 Abs. 1 Ziff. 4 FrG 1997) belegt werden dürfen; vgl. vorne 141 ff.

C. Verhältnismässigkeitsprüfung in einzelnen Fallkonstellationen 419

worden war[338]. Ebenso stellte auch die Ausweisung eines weiteren wegen qualifizierter Diebstähle verurteilten Algeriers eine, angesichts des Umstandes, dass er zum Unterhalt seiner in Frankreich lebenden Eltern und Geschwister beitrug und sich nach der Strafentlassung wohlverhalten hatte, unverhältnismässige Massnahme dar[339]. Demgegenüber bejahte der Conseil d'État die Verhältnismässigkeit der Ausweisung eines wegen Raubes zu einer sechsjährigen Freiheitsstrafe verurteilten marokkanischen Staatsangehörigen, obwohl seine Eltern und Geschwister in Frankreich wohnten, er keine Beziehungen zu Marokko aufrechterhalten hatte und er auch nicht rückfällig geworden war[340]. Ohne näher auf die persönlichen oder familiären Umstände einzugehen, erachtete der Conseil d'État die Ausweisung eines wegen Vergewaltigung zu einer fünfjährigen Freiheitsstrafe verurteilten algerischen Staatsangehörigen als verhältnismässig[341]. Die Aufrechterhaltung der Ausweisungsverfügung gegen einen in Frankreich geborenen, immer dort wohnhaft gewesenen und mit einer französischen Staatsangehörigen verheirateten Ausländer, der wegen Raubes und Mordversuches zu einer fünfzehnjährigen Freiheitsstrafe verurteilt worden war, stellte indes eine unverhältnismässige Massnahme dar[342]. Ebenso befand der Conseil d'État, dass die Ausweisung eines in Frankreich geborenen und mit einer französischen Staatsangehörigen verheirateten algerischen Staatsangehörigen unverhältnismässig sei, da dieser nicht rückfällig geworden sei und keinerlei Verbindungen zu Algerien mehr besitze[343]. Auch die Ausweisung eines in Frankreich geborenen Ausländers ohne jegliche familiäre Unterstützungspflichten im Anschluss an seine Verurteilung u.a. wegen Raubes stellte einen unverhältnismässigen Eingriff in das *Privat-* und *Familienleben* dar[344]. Eine im Anschluss an eine Verurteilung wegen Mordes ausgesprochene Ausweisung befand der Conseil d'État indes als verhältnismässig, obwohl der Betroffene bereits in Frankreich geboren war und Vater zweier Kinder französischer Staatsangehörigkeit ist[345]. Schliesslich bejahte der Conseil d'État im Fall *Soudani*, dass die Ausweisung eines in Frankreich - wo seine Eltern und Geschwister weiterhin leben - geborenen, tunesischen Staatsangehörigen einen unverhältnismässigen Eingriff in das *Privatleben* darstelle, obwohl dieser wegen Einbrüchen und Diebstählen strafrechtlich verurteilt worden war[346].

---

[338] CE, *Belgacem*, 19.4.1991, Rec. CE, 152 f.

[339] CE, *Serend*, 13.5.1992, Rec. CE, tab. 1040.

[340] CE, *Belrhalia*, 3.2.1992, Rec. CE, tab. 1041.

[341] CE, *Bouchelkia*, 23.6.1993, Rec. CE, tab. 829; auch der EGMR bejahte in seinem Urteil die Verhältnismässigkeit der Ausweisung des Beschwerdeführers, vgl. EGMR, *Bouchelkia gegen Frankreich*, Reports 1997-I, 47 ff., vorne 412.

[342] CE, *Benamar*, 10.6.1994, Rec. CE, tab. 988 f.

[343] CE, *Keddar*, 31.7.1996, Rec. CE, 327 f.

[344] CE, *Mohammedi*, 30.10.1996, Rec. CE, 418 f.

[345] CE, *Lahmar*, 21.2.1997, Dr. adm. 1997, No. 169.

[346] CE, *Soudani*, 19.3.1997, Dr. adm. 1997, No. 169.

Neben der Ausweisung von Angehörigen der zweiten Generation wegen einer strafrechtlichen Verurteilung kann das Privat- und Familienleben dieser Gruppe von Fremden auch durch weitere aufenthaltsbeendende Massnahmen beeinträchtigt werden. In *Préfet des Yvelines c/ Mlle Bali* hatte der Conseil d'État eine derartige Situation zu beurteilen. Eine im Alter von fünf Jahren im Rahmen des Familiennachzuges nach Frankreich eingereiste algerische Staatsangehörige hatte während rund 25 Jahren ununterbrochen in Frankreich gelebt. Nach zwei Aufenthalten in Algerien, von 1986 bis 1988 sowie 1989, kehrte sie illegal nach Frankreich, wo ihre Eltern und Geschwister weiterhin lebten, zurück und sollte in der Folge weggewiesen werden. In seinem Entscheid unterstrich der Conseil d'État, dass die Beschwerdeführerin *keinerlei Beziehungen zu Algerien* mehr unterhalte und ihre *Eltern und Geschwister in Frankreich* lebten bzw. die französische Staatsbürgerschaft besässen, woraus er folgerte, dass die Wegweisung unverhältnismässig sei[347].

VIII. Aufenthaltsbeendende Massnahmen gegen langjährig in einem Land ansässig gewesene Fremde

1. Die Rechtsprechung der Konventionsorgane

Im Rahmen der Abwägung der gegenläufigen Interessen bei aufenthaltsbeendenden Massnahmen gegen straffällig gewordene Ausländerinnen und Ausländer, die seit vielen Jahren in einem Konventionsstaat leben, kommt in der Praxis der Konventionsorgane der *Schwere* der begangenen *Straftat* zentrale Bedeutung zu. Je schwerer diese eingestuft wird, desto eher vermag das öffentliche Interesse die privaten Interessen zu verdrängen. Obwohl der langen Anwesenheitsdauer in einem Staat durchaus gewisse Beachtung geschenkt wird, betont die Rechtsprechung vor allem das Bestehen sozialer und familiärer Kontakte und Beziehungen zum Heimatland, haben die betroffenen Ausländerinnen und Ausländer doch in der Regel ihre Kindheit zumeist in ihrem Herkunftsland verbracht. In diesem Sinne hat der Gerichtshof denn auch ausgeführt, dass die Ausweisung eines elfjährig nach Belgien eingereisten marokkanischen Staatsangehörigen „was not so drastic as that which may result from the expulsion of applicants who were born in the host country or first went there as young children"[348]. Fremde, die seit vielen Jahren in einem Konventionsstaat leben, geniessen daher einen geringeren Schutz vor aufenthaltsbeendenden Massnahmen als Angehörige der zweiten Generation.

---

[347] CE, *Préfet des Yvelines c/ Mlle Bali*, 29.12.1993, Rec. CE, 382 f.

[348] EGMR, *C. gegen Belgien*, Reports 1996-III, 915 ff., Ziff. 34; vgl. ebenso EGMR, *Dalia gegen Frankreich*, Reports 1998-I, 76 ff., Ziff. 53.

C. Verhältnismässigkeitsprüfung in einzelnen Fallkonstellationen 421

Dies verdeutlicht einmal mehr, dass die höheren Anforderungen an die Zulässigkeit und Verhältnismässigkeit aufenthaltsbeendender Massnahmen gegen Angehörige der zweiten Generation im Grunde genommen im Schutz der gesellschaftlichen, sozialen und kulturellen Verbundenheit mit dem Aufenthaltsstaat gründen.

Verhältnismässig war die Ausweisung eines seit rund zwanzig Jahren in den Niederlanden lebenden uruguayanischen Staatsangehörigen, der einerseits wegen Drogendelikten zu einer zehnjährigen Freiheitsstrafe verurteilt worden und andererseits erst als Erwachsener eingereist war und dessen familiäre Bindungen einzig in den Beziehungen zu seinen erwachsenen Kindern sowie den Enkelkindern bestanden[349]. Für die Kommission war auch die Ausweisung einer algerischen Staatsangehörigen verhältnismässig, die ihre ersten achtzehn Lebensjahre in Algerien verbracht hatte und anschliessend rund zwanzig Jahre in Frankreich lebte, wo sie wegen Drogendelikten zu einer einjährigen Freiheitsstrafe verurteilt worden war und sich - nach einem knapp zweijährigen Aufenthalt in Algerien - nunmehr illegal in Frankreich aufhielt[350]. In der Folge erachtete auch der Gerichtshof die Aufrechterhaltung der Ausweisungsverfügung als verhältnismässig[351]. Bereits in einer früheren Beschwerde hatte die Kommission die Verhältnismässigkeit der Ausweisung eines marokkanischen Staatsangehörigen aus Belgien, wo er seit seinem elften Lebensjahr während rund 25 Jahren gelebt hatte, bejaht und ausgeführt, dass der Beschwerdeführer in Marokko eine marokkanische Staatsangehörige geheiratet habe, die Scheidung in Marokko ausgesprochen worden sei, das Sorgerecht über den Sohn nach marokkanischem Recht bestimmt wurde und er schliesslich auch nicht um seine Einbürgerung in Belgien ersucht habe. Da er zudem seine ersten gesellschaftlichen Kontakte in Marokko geknüpft hatte und dem achtjährigen Sohn die Ausreise nach Marokko möglich und zumutbar sei, komme den privaten Interessen angesichts der Schwere der begangenen Straftat (Drogenhandel, fünfjährige Gefängnisstrafe) kein überwiegendes Gewicht zu[352]. Diese Argumentation ist später auch vom Gerichtshof übernommen worden. Ferner bestätigte die Kommission die Ausweisung eines marokkanischen Staatsangehörigen als verhältnismässig, da dieser wegen bandenmässiger Vergewaltigung zu zwölf Jahren Gefängnis verurteilt worden war und ihm die Lebensumstände in seinem Herkunftsstaat nicht völlig fremd seien, sei er doch erst als Elfjähriger nach Frankreich gekommen und beherrsche auch die arabische Sprache[353]. Schliesslich befand die Kommission, dass auch die Ausweisung eines seit mehr als zwanzig Jahren in Frankreich wohnhaften tunesischen Staatsangehörigen angesichts der Schwere der begangenen Straftat (Drogendelikte, dreissig Monate Freiheitsent-

---

[349] B 28679/95, *Velazquez Gandara und Velazquez Rosano gegen die Niederlande*, unpublizierter KE vom 15.1.1997.
[350] EKMR, *Dalia gegen Frankreich*, Reports 1998-I, 96 ff., KB; zum Sachverhalt vorne 304.
[351] EGMR, *Dalia gegen Frankreich*, Reports 1998-I, 76 ff., Ziff. 55.
[352] EKMR, *C. gegen Belgien*, Reports 1996-III, 926 ff., KB Ziff. 45 ff.
[353] B 25439/94, *El Maziani gegen Frankreich*, DR 81-B, 142.

zug) und des Umstandes, dass der Beschwerdeführer erst im Alter von sechzehn Jahren sein Heimatland verlassen hatte[354], sowie die im Rahmen eines Strafverfahrens ausgesprochene Landesverweisung eines vor rund zwanzig Jahren im Alter von 27 Jahren eingereisten italienischen Staatsangehörigen[355] durchaus verhältnismässig seien.

2. Die Rechtsprechung des österreichischen Verwaltungsgerichtshofes

Fremdenrechtlich motivierte Eingriffe in das Privat- und Familienleben von Ausländerinnen und Ausländern, die bereits seit vielen Jahren in Österreich leben, werden hauptsächlich im Anschluss an eine strafrechtliche Verurteilung verfügt. Im Rahmen der Interessenabwägung kommt dabei der *Schwere* der verübten Straftat ausschlaggebende Bedeutung zu. Je schwerer diese einzustufen ist, bzw. je häufiger die Betroffenen straffällig geworden sind, desto eher wird das öffentliche Interesse an einer in das Privat- und Familienleben eingreifenden fremdenrechtlichen Massnahme die privaten Interessen in den Hintergrund drängen. Hervorzuheben ist indes, dass der Verwaltungsgerichtshof auch in dieser Fallkategorie seine äusserst restriktive und kaum mit der Rechtsprechung der Strassburger Organe zu vereinbarende Haltung fortführt und in aller Regel das Dringend-geboten-sein der fremdenrechtlichen Massnahme bejaht.

Als verhältnismässig hat der österreichische Verwaltungsgerichtshof die Verhängung eines zehnjährigen Aufenthaltsverbotes gegen eine seit rund zwanzig Jahren in Österreich mit ihrem Ehemann und den dort geborenen Kindern lebende jugoslawische Staatsangehörige bejaht, nachdem die Beschwerdeführerin wegen Eigentumsdelikten bzw. Körperverletzung fünfmal zu Geldstrafen sowie dreimal zu kürzeren Freiheitsstrafen (1 Monat bedingt, 14 Tage bedingt, 6 Wochen) verurteilt worden war[356].

Das öffentliche Interesse an der Durchsetzung des Fremdenrechtes kann nach konstanter Rechtsprechung des Verwaltungsgerichtshofes auch aufenthaltsbeendende Massnahmen gegen Ausländerinnen und Ausländer erfordern, die sich zwar bereits seit einigen Jahren in Österreich aufhalten, deren Anwesenheitsrecht indes abgelaufen ist und die daher über keinen gültigen Aufenthaltstitel mehr verfügen[357]. Als unverhältnismässig erachtet der Ver-

---

[354] B 22457/93, *Sebouai gegen Frankreich*, unpublizierter KE vom 12.10.1994.

[355] B 32809/96, *Renna gegen Frankreich*, KE vom 26.2.1997, RUDH 1997, 422 f.

[356] Erkenntnis VwGH vom 28.10.1993, 93/18/0491.

[357] Erkenntnis VwGH vom 13. Juni 1996, 96/18/0203; Erkenntnis VwGH vom 10. Dezember 1996, 95/19/0578; Erkenntnis VwGH vom 14.2.1997, 95/19/0371.

C. Verhältnismässigkeitsprüfung in einzelnen Fallkonstellationen 423

waltungsgerichtshof - in Anlehnung an die Rechtsprechung des Verfassungsgerichtshofes[358] - in derartigen Situationen jedoch das Beharren auf einer Antragstellung im Ausland bei verspäteter Einreichung des Verlängerungsantrages, wenn es sich bei den betroffenen Ausländerinnen und Ausländern um Fremde handelt, die sich seit vielen Jahren oder sogar seit ihrer Geburt rechtmässig in Österreich aufhielten und die Frist lediglich geringfügig versäumten[359].

IX. Aufenthaltsbeendende Massnahmen gegen Partner einer nichtehelichen Lebensgemeinschaft

1. Die Rechtsprechung der Europäischen Kommission für Menschenrechte

Aufenthaltsbeendende Massnahmen können auch einen Eingriff in das Familienleben nichtehelicher Lebensgemeinschaften darstellen[360]. Bei straffällig gewordenen Ausländerinnen und Ausländern verleiht die Kommission in diesen Fällen der *Schwere* der begangenen *Straftat* besonderes Gewicht. Demgegenüber hat sie im Rahmen der Prüfung der Verhältnismässigkeit einer Massnahme gegen nicht straffällig gewordene Ausländerinnen und Ausländer die Schwere des Eingriffes in das Familienleben vom *Wissen* um die

---

[358] „Nach Ansicht des Verfassungsgerichtshofes kommt in Fällen wie dem vorliegenden, in denen die Antragsteller sich seit vielen Jahren rechtmässig aufgrund einer Aufenthaltsbewilligung in Österreich aufgehalten haben, eine solche Analogie nicht mehr in Betracht. (...) In den hier zur Entscheidung stehenden Fällen würde eine Analogie zur Regel, dass der Antrag auf Erteilung einer Bewilligung vor der Einreise nach Österreich vom Ausland aus zu stellen ist, der Rechtsvorschrift nicht nur einen geradezu schikanösen Inhalt zumessen; es käme vielmehr ein solches Interpretationsergebnis auch mit Art. 8 EMRK in Widerspruch, da es im Sinne des Gesetzesvorbehaltes des Abs. 2 dieses Konventionsartikels - anders als in Missbrauchsfällen - keinesfalls als notwendig angesehen werden kann, um eines der dort genannten Ziele zu erreichen, dass Antragsteller, die sich jahre- bzw. jahrzehntelang, ja teilweise sogar seit der Geburt rechtmässig in Österreich aufgehalten haben, wegen einer relativ kurzen Versäumung einer Frist zur Ausreise aus dem Bundesgebiet gezwungen werden, nur damit sie einen Antrag auf Erteilung einer Aufenthaltsbewilligung vom Ausland stellen können", VfSlg 14148/1994; Erkenntnis VfGH vom 25.5.1997, B 2863/96; Erkenntnis VfGH vom 13.6.1997, B 676/96.

[359] Erkenntnis VwGH vom 29. Juni 1996, 95/18/0759; Erkenntnis VwGH vom 10. Dezember 1996, 95/19/0578.

[360] Siehe vorne 314 ff.

424   8. Kap.: Rechtfertigung eines Eingriffes

unsichere anwesenheitsrechtliche Stellung sowie von der *Zumutbarkeit der Ausreise* für die Partnerinnen und Partner abhängig gemacht.

Die Ausweisung zweier philippinischer Staatsangehörigen aus Finnland bedeutete zwar einen Eingriff in die nichtehelichen Partnerschaften, doch erachtete die Kommission diesen als verhältnismässig, da sich die Beschwerdeführer ihres prekären Anwesenheitsstatus bewusst gewesen waren und daher nicht erwarten durften, ihr Familienleben in Finnland fortführen zu können. Ferner war ihren Partnerinnen, ebenfalls philippinische Staatsangehörige, eine Ausreise in die Philippinen durchaus möglich und zumutbar[361]. Ebenso befand die Kommission, dass die Ausweisung eines uruguayanischen Staatsangehörigen aus den Niederlanden, wo er mit seiner Lebenspartnerin und dem gemeinsamen Kind wohnte, angesichts der Schwere der verübten Straftat eine verhältnismässige Massnahme darstelle, da er zudem Spanisch spreche und noch Verwandte in Uruguay habe[362].

2. Die Rechtsprechung des österreichischen Verwaltungsgerichtshofes

Fremdenrechtlich motivierte Beeinträchtigungen nichtehelicher Lebensgemeinschaften bedeuteten grundsätzlich Eingriffe in das Privatleben der von der Massnahme direkt Betroffenen. Derartige Eingriffe sind indes nach der Praxis des Verwaltungsgerichtshofes dann zulässig und verhältnismässig, wenn die betroffenen Ausländerinnen und Ausländer *in schwerwiegender Weise straffällig* geworden sind oder sich *illegal* im Bundesgebiet aufhalten. In beiden Situationen besitzt grundsätzlich das öffentliche Interesse an einer Entfernungsmassnahme Vorrang vor den privaten Interessen am weiteren Verbleib in Österreich.

Das massgebliche öffentliche Interesse an der Aufrechterhaltung eines geordneten Fremdenwesens wog schwerer als die privaten Interessen einer in Österreich mit einem österreichischen Staatsbürger lebenden Staatsangehörigen der Bundesrepublik Jugoslawien, da die Beschwerdeführerin während der letzten zwei Jahre ihrer insgesamt sechsjährigen Anwesenheit illegal im Inland aufgehalten hatte[363].

---

[361] B 25946/94 und 25947/94, *Sim und Ungson gegen Finnland*, unpublizierter KE vom 28.6.1995; vgl. vorne 315.

[362] B 28679/95, *Velazquez Rosano und Velazquez Gandara gegen die Niederlande*, unpublizierter KE vom 15.1.1997.

[363] Erkenntnis VwGH vom 27.6.1996, 95/18/1343; siehe ebenso Erkenntnis VwGH vom 14.11.1996, 96/18/0492.

C. Verhältnismässigkeitsprüfung in einzelnen Fallkonstellationen

3. Die Rechtsprechung des französischen Conseil d'État

Aufenthaltsbeendende Massnahmen gegen Partnerinnen oder Partner einer nichtehelichen Lebensgemeinschaft qualifiziert der Conseil d'État als Eingriff in das Familienleben, wenn die Lebenspartner zusammen wohnen oder gemeinsame Kinder haben[364]. Im Rahmen der Verhältnismässigkeitsprüfung berücksichtigt er je nach Fallkonstellation die *Bedeutung* des die Massnahme motivierenden *Zweckes*, die *Dauer und Art des bisherigen Aufenthaltes in Frankreich* sowie die *Auswirkungen* der Massnahme auf die Fortführung des Familienlebens.

In *Mme Naima Babas* stellte die Wegweisung der Beschwerdeführerin, die mit ihrem Lebenspartner und dem gemeinsamen Kind in Frankreich lebte, zwar einen Eingriff in das Familienleben dar, war nach Ansicht des Conseil d'État angesichts der Dauer und Illegalität des Aufenthaltes sowie der Auswirkungen der Massnahme aber verhältnismässig[365]. Ebenso bejahte der Conseil d'État - angesichts des Zweckes der Massnahme - die Verhältnismässigkeit der Zuweisung unterschiedlicher Aufenthaltsorte an Lebenspartner, deren Ausweisung nicht vollzogen werden konnte[366]. Schliesslich erachtete er auch die Ausweisung eines in nichtehelicher Lebensgemeinschaft lebenden Ausländers, dessen Partnerin schwanger war, trotz beabsichtigter Heirat als verhältnismässigen Eingriff, ohne indes den Grund für die Ausweisungsverfügung zu nennen[367].

Im Rahmen aufenthaltsbeendender Massnahmen gegen einen Partner einer nichtehelichen Lebensgemeinschaft ist schliesslich auf einen Entscheid des Tribunal Administratif Poitiers hinzuweisen. Ein zairischer Staatsangehöriger, der in nichtehelicher Lebensgemeinschaft mit einer sich zwar ebenfalls illegal in Frankreich aufhaltenden, indes aus medizinischen Gründen nicht wegweisbaren Ausländerin lebte, hatte geltend gemacht, seine Wegweisung bedeutete einen unverhältnismässigen Eingriff in das Familienleben. Das Gericht bejahte in der Folge die Unverhältnismässigkeit der Wegweisung und führte hierzu aus, es sei erwiesen, dass der Beschwerdeführer sich um seine Tochter kümmere, da seine Lebensgefährtin schwer krank sei und häufig hospitalisiert werden müsse. Weiter führte das Gericht aus, dass

„que la présence de M. Mabaya en France apparaît donc, pendant ces circonstances très particulières, comme la seule possibilité de maintenir entre lui, sa fille et

---

[364] Siehe vorne 318 ff.

[365] CE, *Mme Naima Babas*, 19.4.1991, Rec. CE, 162 f.; siehe auch die conclusions des commissaire du gouvernement *Abraham* in RFDA 1991, 497 ff.

[366] CE, *Kalibi*, 28.10.1994, Rec. CE, tab. 988; vgl. zu diesem Entscheid die Urteilsanmerkungen von *François Julien-Laferrière* in D. 1995, Somm. 177.

[367] CE, *Hadj Ahmed*, 9.10.1996, D. 1997, IR 6.

la mère de celle-ci avec laquelle l'intéressé vit maritalement, des liens familiaux dont il n'est pas établi qu'ils auraient été noués par pure opportunité; que dès lors, M. Mabaya est fondé à soutenir que les décisions attaquées, et notamment celle de le reconduire à la frontière, portent à son droit au respect de cette vie familiale (...) une atteinte disproportionnée aux buts en vue desquels elles ont été prises."[368]

---

[368] TA Poitiers, *Mabaya*, 8.1.1997, D. 1997, jur. 526.

Neuntes Kapitel

Zusammenfassung und Würdigung

A. Zusammenfassung der Rechtsprechung

Die Praxis des schweizerischen Bundesgerichtes, das *Eintreten* auf Beschwerden wegen Verletzung von Art. 8 EMRK in ausländerrechtlichen Sachverhalten von einem *gefestigten Aufenthaltsrecht* der in der Schweiz lebenden Familienangehörigen abhängig zu machen, schliesst eine grosse Zahl von Konstellationen vom Schutzbereich des Art. 8 EMRK aus[1]. Diese restriktive Haltung - die mit der Rechtsprechung der Konventionsorgane unvereinbar ist und zudem eine unzulässige immanente Schranke darstellt - findet weder in der Praxis der Konventionsorgane, noch der zuständigen österreichischen oder französischen Gerichtshöfe ein Gegenstück. Während Gerichtshof, Kommission und Conseil d'État die Berufung auf Art. 8 EMRK einzig und alleine vom Bestehen von Privatleben bzw. Familienleben abhängig machen, schränken die österreichischen Gerichtshöfe des öffentlichen Rechtes die Geltendmachung von Art. 8 EMRK insofern ein, als den von einer fremdenrechtlichen Massnahme indirekt betroffenen Familienangehörigen kein Beschwerderecht zukommt[2]. In der Anerkennung familiärer Beziehungen als Familienleben i.S. von Art. 8 EMRK entsprechen sich die Ansichten der verschiedenen Instanzen dagegen weitgehend. Einzige Ausnahme stellt wohl die Einordnung nichtehelicher Lebensgemeinschaften dar: während die österreichischen Gerichtshöfe des öffentlichen Rechtes nichteheliche Partnerschaften nicht als Familienleben anerkennen, werden diese Beziehungen in der Praxis der übrigen Instanzen u.U. durchaus vom Schutzbereich des Familienlebens erfasst. Da aber nach österreichischer Rechtsprechung ausländerrechtliche Massnahmen einen Eingriff in das Privatleben bedeuten können, führt diese Qualifikation zu keiner Benachteiligung nichtehelicher Lebensgemeinschaften gegenüber als Familienleben anerkannten Beziehungen.

Weitaus grössere Unterschiede bestehen in bezug auf die *Eingriffsfrage*. Während der Europäische Gerichtshof für Menschenrechte, die österreichi-

---

[1] Siehe hierzu vorne 188 ff.
[2] Vorne 200 f.

schen Gerichtshöfe des öffentlichen Rechtes sowie der Conseil d'État in aller Regel einen Eingriff immer dann bejahen, wenn Familienangehörige durch eine ausländerrechtliche Massnahme getrennt bzw. am Zusammenleben gehindert werden, setzen die Europäische Kommission für Menschenrechte und das schweizerische Bundesgericht in einer Vielzahl von Situationen für die Bejahung eines Eingriffes voraus, dass den Familienangehörigen eine Ausreise nicht zumutbar oder unmöglich ist. Im Gegensatz zu dieser restriktiven und dogmatisch fragwürdigen Vorgehensweise steht die, zumindest im Rahmen der Eingriffsfrage, liberale Praxis der österreichischen und französischen Instanzen. Hervorzuheben ist in diesem Zusammenhang insbesondere die Haltung der österreichischen Gerichte, die unumwunden bejahen, dass aufenthaltsbeendende Massnahmen die gesellschaftlichen Beziehungen beeinträchtigen und daher grundsätzlich auch einen Eingriff in das *Privatleben* bedeuten können. Diese Ansicht steht im Gegensatz zur Haltung der Kommission, die, wo immer möglich, versucht, den Schutzbereich des Familienlebens aus- bzw. zu überdehnen und es nach Möglichkeit vermeidet, zur Frage des Vorliegens eines Eingriffes in das Privatleben durch ausländerrechtliche Massnahmen Stellung nehmen zu müssen[3].

Nur geringe Unterschiede bestehen in der Rechtsprechung in bezug auf die zur Prüfung der Rechtfertigung und insbesondere der Verhältnismässigkeit eines Eingriffes herangezogenen Gesichtspunkte. Neben dem Charakter der familiären Beziehungen im Aufenthaltsstaat und der persönlichen und familiären Verbundenheit mit dem Herkunftsstaat kommt der Zumutbarkeit einer Ausreise für die übrigen Familienangehörigen eine zentrale Rolle im Rahmen der Güterabwägung zu. Dieser Umstand ist insofern interessant, als nach herrschender Ansicht der Anspruch auf Achtung des Familienlebens ein Individual- und kein Kollektivrecht darstellt[4]. Da eine Familie aber per definitionem aus mindestens zwei Personen bestehen muss, kann die Verhältnismässigkeit eines Eingriffes in das Familienleben nicht isoliert nur mit Blick auf die direkt betroffene oder beschwerdeführende Person untersucht werden. Vielmehr ist immer auch die Situation der übrigen Familienmitglieder zu berücksichtigen.

Grosse Bedeutung wird in der Praxis aller Gerichtsinstanzen sowohl der wirksamen Durchsetzung der nationalen Einwanderungspolitik als auch der Verteidigung von Ruhe und Ordnung beigemessen. In diesem Sinne vermögen im Rahmen der Güterabwägung die öffentlichen Interessen an der Ergreifung fremdenrechtlicher Massnahmen gegen illegal im betreffenden Land lebende Ausländerinnen und Ausländer bzw. gegen in schwerwiegen-

---

[3] Vgl. vorne 298 ff.

[4] *Palm-Risse*, 194; *Brötel*, Familienleben, 77 f.; *Meulders-Klein*, Vie privée, 774.

der Weise straffällig gewordene Fremde in der Mehrzahl der Fälle zu überwiegen. Insbesondere bei der Begehung von Drogendelikten oder von Delikten gegen die sexuelle Integrität erhält das öffentliche Interesse an der Massnahme in aller Regel derartiges Gewicht, dass nur besonders intensive familiäre und private Beziehungen den Eingriff als unverhältnismässig erscheinen lassen. Überaus restriktiv wirkt in diesem Zusammenhang die französische und österreichische Rechtsprechung, namentlich bei aufenthaltsbeendenden Massnahmen gegen Angehörige der zweiten Generation.

Die französische, österreichische und schweizerische Praxis unterscheiden sich ferner in der Reaktion der nationalen Behörden auf die der EMRK entspringenden Verpflichtungen. Während das schweizerische Bundesgericht davon ausgeht, dass in gewissen Situationen ein direkt aus Art. 8 EMRK abgeleiteter Anspruch auf Erteilung oder Verlängerung eines Aufenthaltstitels besteht, berücksichtigen die französischen und österreichischen Gerichte die Anforderungen aus Art. 8 EMRK im Rahmen der Anwendung der ausländerrechtlichen Bestimmungen; Art. 8 EMRK kommt hier nicht anspruchsbegründende, sondern vielmehr ermessensdeterminierende Bedeutung zu.

B. Würdigung der Rechtsprechung

Die ausländerrechtliche Rechtsprechung zu Art. 8 EMRK wird durch den Umstand geprägt, dass die Regelungen betreffend Einreise, Aufenthalt und Ausreise von Ausländerinnen und Ausländern grundsätzlich dem Bereich des *domaine réservé* der souveränen Staaten angehören[5]. Traditionellerweise gewährt das Ausländerrecht den zuständigen Behörden in zahlreichen Belangen einen bedeutenden Ermessensspielraum, dem durch die nationalen Gerichte nur in sehr zurückhaltender Weise menschenrechtliche Schranken gesetzt werden. Da das Strassburger Verfahren lediglich subsidiären Charakter aufweist - in erster Linie obliegt es den Vertragsstaaten, die wirksame Durchsetzung und Beachtung der durch die EMRK gewährten Rechte und Freiheiten sicherzustellen -, belassen auch die Konventionsorgane den Vertragsstaaten in ausländerrechtlichen Fragen einen weiten Beurteilungsspielraum und setzen daher grundsätzlich nicht ihre eigenen Einschätzungen und Beurteilungen an die Stelle derjenigen der nationalen Behörden. Das Konzept des Beurteilungsspielraumes dient somit der delikaten Aufgabe, die Souveränität der Vertragsstaaten in Einklang mit ihren Verpflichtungen aus der EMRK zu bringen[6]. Das Problem für den Gerichtshof ist dabei, wie Macdonald es tref-

---

[5] Hierzu vorne 54 ff.
[6] *Macdonald*, 83.

fend umschrieben hat, „how to remain true to its responsibility to develop a reasonably comprehensive set of review principles appropriate for application across the entire Convention, while at the same time recognizing the diversity of political, economic, cultural and social situations in the societies of the Contracting Parties"[7]. Die Belassung eines weiten Beurteilungsspielraumes in ausländerrechtlichen Fällen ermöglicht es, auf die Souveränität der Vertragsstaaten Rücksicht zu nehmen. Solange diesem Beurteilungsspielraum jedoch keine eindeutigen und klar erkennbaren Grenzen gesetzt sind, besteht die Gefahr, dass im Zuge einer sich verschärfenden Einwanderungs- und Ausländerpolitik der europäischen Staaten der Schutzbereich des Rechtes auf Achtung des Privat- und Familienlebens in ausländerrechtlichen Zusammenhängen verwässert wird, indem unter dem Druck der Berufung der Staaten auf ihre Souveränität eine zunehmend lockerere Kontrolle durch die Konventionsorgane erfolgt. In diesem Sinne wäre es gerade im Bereich des Ausländerrechtes nicht nur wünschenswert, sondern auch notwendig, den Beurteilungsspielraum der nationalen Behörden genauer abzustecken und ihm klare Leitlinien zugrunde zu legen.

Die Zurückhaltung der Gerichtsinstanzen, fremdenrechtliche Fälle im Lichte des durch Art. 8 EMRK garantierten Anspruches auf Achtung des Privat- und Familienlebens zu prüfen, äussert sich in einer Vielzahl unterschiedlicher Aspekte. In diesem Sinne beschränkt das schweizerische Bundesgericht die Geltendmachung von Art. 8 EMRK, indem es eine Berufung auf diese Bestimmung nur zulässt, falls in der Schweiz lebende Familienangehörige über ein *gefestigtes Aufenthaltsrecht* verfügen[8]. Ebenso gehen Kommission und Bundesgericht in zahlreichen Konstellationen davon aus, dass eine fremdenrechtliche Massnahme nur dann einen Eingriff in das Familienleben darstellt, wenn die Verlagerung des Familienlebens ins Ausland *unzumutbar* oder *unmöglich* ist[9]. Schliesslich bejahen zwar die österreichischen und französischen Gerichtsbehörden in aller Regel voraussetzungslos das Vorliegen eines Eingriffes in das Privat- oder Familienleben durch ausländerrechtliche Massnahmen, geben aber im Rahmen der Verhältnismässigkeitsprüfung den *öffentlichen Interessen* derart grosses Gewicht, dass die privaten Interessen nur in Ausnahmefällen und bei Vorliegen besonders enger Beziehungen zum Inland zu überwiegen vermögen.

Einen weiterer Faktor von Rechtsunsicherheit – insbesondere bei ausländerrechtlichen Massnahmen gegen integrierte Ausländerinnen und Ausländer

---

[7] *Macdonald*, 83.

[8] Hierzu die Kritik vorne 192 ff.

[9] Siehe zur Kritik dieses Vorgehens vorne 224 ff.

B. Würdigung

- stellt die von den Konventionsorganen vorgenommene *Einzelfallprüfung* dar. So hat der Gerichtshof beispielsweise im Urteil *Boughanemi gegen Frankreich* ausgeführt, seiner Ansicht nach seien „the circumstances of the present case (...) different from those in the cases of Moustaquim v. Belgium, Beljoudi v. France and Nasri v. France, which all concerned the deportation of aliens convicted of criminal offences and in which the Court found a violation"[10]. Ebenso hat die Kommission in ihrem Bericht in *Lamguindaz gegen Vereinigtes Königreich* dargelegt, dass „while the applicant has a history of committing minor offences, his criminal record is in fact less serious than that of the applicant in the Beldjoudi case, who had been sentenced to a term of 8 years imprisonment for aggravated theft and shorter than that of the applicant in the Moustaquim case who had a criminal record of a very large number of offences"[11]. Diese Zitate verdeutlichen, dass bei der Prüfung der Konventionskonformität aufenthaltsbeendender Massnahmen gegen integrierte Fremde die konkreten Umstände des Einzelfalles mit denjenigen früherer Entscheidungen verglichen werden, mithin also eine „vergleichende Einzelfallprüfung" vorgenommen wird. Hingegen ist es in der bisherigen Rechtsprechung unterlassen worden, eindeutige und klare Signale für einen für eine besondere Behandlung von Ausweisungfällen integrierter Ausländerinnen und Ausländer zu geben. Dies ist einerseits inkonsequent, da der erhöhte Schutz, der dieser Gruppe von Fremden zu Recht zuteil wird, bereits bei der Bejahung eines Eingriffes deutlich wird. Es ist anderseits aber auch höchst problematisch, weil diese Haltung einen Faktor augenfälliger Rechtsunsicherheit darstellt[12].

Ein erhöhter Schutz für integrierte Ausländerinnen und Ausländer vor aufenthaltsbeendenden Massnahmen kann aber nur dann tatsächlich wirksam sein, wenn der Praxis der Konventionsorgane klare Signale und eindeutige Hinweise zu entnehmen sind, unter welchen Umständen Entfernungsmassnahmen ausnahmsweise zulässig und konventionskonform sind. Der aktuellen Rechtsprechung können solche, einen wirksamen Schutz ermöglichende Leitlinien aber gerade nicht entnommen werden.

Das Fehlen von Leitlinien für die Güterabwägung schafft jedoch nicht nur bei aufenthaltsbeendenden Massnahmen gegen integrierte Ausländerinnen und Ausländer, sondern vielmehr in sämtlichen Konstellationen ein gerüttelt

---

[10] EGMR, *Boughanemi gegen Frankreich*, Reports 1996-II, 593 ff., Ziff. 44.

[11] EKMR, *Lamguindaz gegen Vereinigtes Königreich*, Serie A, Nr. 258-C, KB Ziff. 47.

[12] Siehe auch vorne 414 f.

Mass an Rechtsunsicherheit. Dass eine Ausweisung schwer straffällig gewordener Ausländerinnen oder Ausländer, die sich erst ein paar Monate im betreffenden Konventionsstaat aufgehalten haben, in der Regel wohl durchaus verhältnismässig sein wird, scheint ebenso unbestritten wie die grundsätzliche Unverhältnismässigkeit einer Nichtverlängerung der Anwesenheitsbewilligung aufgrund einer Geldbusse wegen Falschparkierens. Es handelt sich bei diesen Situationen jedoch um Fälle, die von ihrem Sachverhalt her „extrem" und daher klar sind. Die Rechtsunsicherheit erhöht sich jedoch beträchtlich, je weiter ein konkreter Fall von einem dieser beiden Pole abrückt. Für die zwischen den beiden Extremen liegenden Konstellationen verlangt daher das Postulat der Rechtssicherheit, dass Leitlinien und Schranken der Güterabwägung zumindest in groben Zügen erkennbar sind.

In der Mehrzahl der Fälle prüfen Kommission und Gerichtshof - wie im übrigen auch die nationalen Gerichtsinstanzen - die Konventionskonformität einer ausländerrechtlichen Massnahme unter dem Aspekt einer negativen Verpflichtung, d.h. eines Eingriffes. Eine geringe Zahl von Fällen wurde von den Konventionsorganen indes im Lichte des möglichen Bestehens einer positiven Verpflichtung der Staaten, zum Schutz des Familienlebens von Ausländerinnen und Ausländern gewisse Massnahmen zu ergreifen, geprüft. In konstanter Rechtsprechung weisen die Konventionsorgane in diesem Zusammenhang darauf hin, dass eine genaue Abgrenzung von positiven und negativen Verpflichtungen der Staaten nicht möglich, aber auch nicht notwendig sei, da die anwendbaren Grundsätze durchaus die gleichen seien[13]. Diese Feststellung ist zwar insofern zutreffend, als die im Rahmen der Prüfung einer positiven Verpflichtung zu untersuchenden Aspekte sich *inhaltlich* nicht von den bei der Eingriffs- und Rechtfertigungsprüfung herangezogenen Gesichtspunkten unterscheiden. *Formell* unterscheidet sich das jeweilige Prüfungsvorgehen jedoch in einem wesentlichen Aspekt; während bei der Prüfung einer negativen Verpflichtung zunächst die Beeinträchtigung einer geschützten Rechtsposition untersucht und erst danach die vom Staat zur Rechtfertigung vorgebrachten Gründe gegen die privaten Interessen abgewogen werden, wird bei einer positiven Verpflichtung die Frage nach dem Inhalt bzw. der Tragweite des Rechtes auf Achtung des Familienlebens im konkreten Fall geprüft, m.a.W. es wird untersucht, ob aufgrund der betroffenen privaten Interessen die öffentlichen Interessen im Einzelfall zurückzutreten haben oder nicht. Die öffentlichen Interessen, die eine angefochtene

---

[13] Vgl. beispielsweise die Ausführungen des EGMR in *Ahmut gegen die Niederlande*, Reports 1996-VI, 2017 ff., Ziff. 63; ebenso EGMR, *Gül gegen die Schweiz*, Reports 1996-I, 159 ff., Ziff. 38.

staatliche Entscheidung begründet haben, spielen in dieser Situation bereits bei der Feststellung des Inhaltes des Rechtes auf Familienleben im konkreten Fall eine gewichtige Rolle, während dieser Aspekt bei einer negativen Verpflichtung (sowie einem dogmatisch zutreffenden Vorgehen, d. h. bei Verzicht auf die Unzumutbarkeit bzw. Unmöglichkeit einer Ausreise als Eingriffsvoraussetzung) erst im Rahmen der Rechtfertigung, d.h. nachdem das Vorliegen eines Eingriffes in das Familienleben bejaht worden ist, bedeutsam wird. Die Stellung der betroffenen Ausländerinnen und Ausländer sowie ihrer Familienangehörigen ist daher bei der Prüfung einer positiven Verpflichtung wesentlich schwächer - und dies obwohl inhaltlich die gleichen Grundsätze wie bei einem Eingriff geprüft werden -, da die entgegenstehenden öffentlichen Interessen bereits im Rahmen der Frage, ob überhaupt der Schutzbereich des Familienlebens betroffen ist, einbezogen werden und nicht erst dann, wenn bereits ein Eingriff in die geschützte Position bejaht werden musste[14]. Es erscheint jedoch nicht gerechtfertigt, im Rahmen der Prüfung einer positiven Verpflichtung den Schutzbereich des Familienlebens derart einzuschränken, insbesondere eingedenk der Tatsache, dass weiterhin nicht restlos geklärt ist, wann eine positive bzw. negative Verpflichtung zu prüfen ist.

Fremdenrechtliche Massnahmen haben zudem unweigerlich Auswirkungen auf das *Privatleben* sowohl der direkt betroffenen Fremden als auch ihrer Familienangehörigen. So werden bei Nachzugsversagungen die in einem Konventionsstaat lebenden Familienangehörigen vor die Wahl gestellt, entweder ins Ausland zu ziehen, um ihr Familienleben fortzuführen, zugleich aber ihr im Inland bestehendes Privatleben i.S. der gesellschaftlichen und beruflichen Kontakte aufzugeben oder aber auf das familiäre Zusammenleben zu verzichten, um so die das Privatleben ausmachenden Beziehungen aufrechtzuerhalten. Aber auch aufenthaltsbeendende Massnahmen haben Auswirkungen auf die persönlichen Beziehungen; nicht nur werden die direkt betroffenen Fremden aus ihrem Lebensumfeld herausgerissen, sondern es wird auch das Privatleben von möglicherweise im betreffenden Staat lebenden Familienangehörigen beeinträchtigt. Diesen massiven Beeinträchtigungen des Privatlebens tragen die Konventionsorgane in ihrer Rechtsprechung nur selten Rechnung, in den allermeisten Fällen wird dieser Aspekt unberücksichtigt gelassen. Dies trifft auch auf die Rechtsprechung des Bundesgerichtes und des Conseil d'État zu. Einzig die österreichischen Gerichtshöfe des öffentlichen Rechtes haben bisher anerkannt, dass fremdenrechtliche Massnahmen auch einen Eingriff in das Privatleben darstellen können.

---

[14] Vgl. hierzu auch oben 9 ff.

Diese ablehnende Haltung der verschiedenen Instanzen verkennt nicht zuletzt auch die „*Auffangfunktion*"[15] des Rechtes auf Achtung des Privatlebens. Denn bei Fremden ohne Familienleben in einem Konventionsstaat, bei in einer gleichgeschlechtlichen Partnerschaft lebenden Ausländerinnen und Ausländern oder bei aufenthaltsbeendenden Massnahmen gegen eine ganze Familie ermöglicht einzig eine Berufung auf den Schutzbereich des Privatlebens eine Prüfung der Zulässigkeit und Verhältnismässigkeit der entsprechenden fremdenrechtlichen Massnahme.

---

[15] *Breitenmoser*, Rechtsprechung, 542.

Vierter Teil

Effektiver und wirksamer Schutz des Privat- und Familienlebens im Ausländerrecht - eine Utopie?

Im Entscheid *Soering* betonte der Europäische Gerichtshof für Menschenrechte, dass „Ziel und Zweck der Konvention als ein Instrument zum Schutz des Individuums verlangen (...), dass ihre Vorschriften als Schutzgarantien *wirksam und effektiv gestaltet, verstanden und angewandt werden*"[1]. Die EMRK garantiert zwar das Recht, in das Land, dessen Staatsangehörigkeit man besitzt, einzureisen sowie nicht daraus ausgewiesen zu werden[2], doch räumt sie kein allgemeines Recht auf Einreise und Verbleib in einem Konventionsstaat ein. Dass Ausländerrecht gehört ausserdem zum Bereich des *domaine réservé*, d.h. zu demjenigen Bereich, der den Staaten kraft ihrer Souveränität zur freien Regelung zusteht[3]. Gewiss verpflichten sich mit der Ratifikation der EMRK die Vertragsstaaten, allen Personen die in ihr garantierten Rechte und Freiheiten ohne Benachteiligung zu gewähren; sie haben somit auch einer gewissen Einschränkung der staatlichen Regelungsfreiheit im Ausländerrecht zugestimmt, sind sie doch gehalten, die sich aus dem Völkerrecht ergebenden Grundsätze bei der Ausübung der ihnen zustehenden Rechte zu beachten. Die Darstellung und Analyse der Entscheidpraxis zum Schutz des Privat- und Familienlebens in ausländerrechtlichen Sachverhalten hat jedoch zur Genüge die kleinmütige, betont souveränitätsfreundliche Haltung aller Instanzen aufgezeigt.

Mutet das Streben nach einem wirksamen und effektiven Schutzes des Privat- und Familienlebens im Ausländerrecht angesichts dieser Umstände nicht geradezu utopisch an? Da dies m.E. keineswegs der Fall ist, soll daher im vierten Teil der Versuch gewagt werden, Wege und Möglichkeiten einer den verschiedenen Interessen gerecht werdenden Lösung aufzuzeigen und mögliche Leitlinien der Entscheidfindung darzustellen (9. Kapitel). In einem abschliessenden Kapitel (10. Kapitel) sollen mögliche Überlegungen zur Beur-

---

[1] EGMR, *Soering gegen Vereingtes Königreich*, Serie A, Nr. 161, Ziff. 87, zitiert nach EuGRZ 1989, 318, eigene Hervorhebung.
[2] Art. 3 4. Zusatzprotokoll zur EMRK.
[3] Siehe vorne 53 ff.

teilung bestimmter Situationen dargelegt und schliesslich einige wenige Hinweise für die innerstaatliche Rechtpraxis gegeben werden.

Zehntes Kapitel

Gesichtspunkte eines effektiven Schutzes des Privat- und Familienlebens in einer Einwanderungsgesellschaft

A. Die Ausgangslage

Der Schutz des Privat- und Familienlebens bewegt sich bei ausländerrechtlichen Sachverhalten in einem spannungsgeladenen und durch antagonistische Interessen geprägten Umfeld. Bevor daher auf mögliche Gesichtspunkte eines effektiven und wirksamen Schutzes privater und familiärer Beziehungen im Fremdenrecht eingegangen werden soll, ist es sinnvoll, stichwortartig die Eckpfeiler des Rahmens abzustecken, in dem dieses Recht verwirklicht werden soll:

– Art. 8 EMRK garantiert zwar das Recht auf Achtung des Privat- und Familienlebens, gewährt aber kein allgemeines Recht auf Einreise und Verbleib in einem Staat.

– Das Ausländerrecht gehört zum Bereich des *domaine réservé* der Staaten, d.h. die Staaten sind kraft ihrer Souveränität befugt, frei Bestimmungen über Einreise, Aufenthalt und Ausreise von Ausländerinnen und Ausländern zu erlassen.

– Die Staaten unterliegen jedoch der Verpflichtung, die ihnen zustehenden Rechte und Freiheiten unter Beachtung der sich aus dem Völkerrecht ergebenden Grundsätze wahrzunehmen.

– Die EMRK ist ein lebendiges Instrument, das im Lichte der aktuellen gesellschaftlichen und rechtlichen Umstände ausgelegt und angewendet werden muss.

Diese letzte Feststellung, dass nämlich die EMRK kein statisches, sondern ein lebendiges Instrument darstellt, bildet denn auch den Ansatzpunkt für einen effektiven und tatsächlichen Schutz des Privat- und Familienlebens. Um diesen Schutz zu gewährleisten, ist sie daher *evolutiv* - d.h. die aktuellen gesellschaftlichen und rechtlichen Gegebenheiten berücksichtigend - auszulegen[4], denn - wie Malinverni zutreffend bemerkt -

„l'interprétation évolutive est (...) la seule qui soit appropriée s'agissant d'un traité destiné à s'appliquer à des problèmes de société qui, par leur nature même,

---

[4] Vgl. zum Begriff der evolutiven Auslegung vorne 22 Anm. 67.

A. Ausgangslage

sont en constante évolution et qui, dans plusieurs de ses dispositions, fait appel à des concepts généraux, tels que protection de l'ordre public ou sauvegarde de la morale".[5]

Evolutive Auslegung erfolgt hauptsächlich durch einen Vergleich der in den einzelnen Konventionsstaaten gültigen rechtlichen und gesellschaftlichen Regeln[6]. In diesem Sinne tragen die Konventionsorgane den gesellschaftlichen Entwicklungen sowie dem aktuellen Stand der Gesetzgebung und Rechtsprechung in den Vertragsstaaten Rechnung[7]. Sie berücksichtigen aber auch die allgemeinen völker- und menschenrechtlichen Entwicklungen[8], denn - wie der Gerichtshof in seinem Sachurteil im Fall *Loizidou* hervorhob - „the principles underlying the Convention cannot be interpreted and applied in a vacuum. Mindful of the Convention's special character as a human rights treaty, (...) [the Court] must also take into account any relevant rules of international law"[9]. In der Rechtsprechung wurden daher bereits Bestimmungen weiterer menschenrechtlicher Verträge[10], die Praxis anderer internationaler Menschenrechtsorgane[11] sowie rechtlich nicht bindende Erklärungen, Resolutionen etc.[12] herangezogen.

---

[5] *Malinverni*, Interprète, 407; ähnlich *Ganshof van der Meersch*, Caractère „autonome", 202.

[6] *Kastanas*, 313; *Arai*, 46.

[7] Vgl. z. B. EGMR, *Marckx gegen Belgien*, Serie A, Nr. 31, Ziff. 41; EGMR, *Rees gegen Vereinigtes Königreich*, Serie A, 106, Ziff. 37; B 28318/95, *Röösli gegen Deutschland*, DR 85-A, 149.

[8] *Lawson/Schermers*, 545.

[9] EGMR, *Loizidou gegen die Türkei (Sachurteil)*, Reports 1996-VI, 2216 ff., Ziff. 43. Obwohl der Gerichtshof diese Aussage in bezug auf seine Zuständigkeit machte, steht ausser Frage, dass diese Haltung allgemeine Gültigkeit besitzt.

[10] *Kastanas*, 189 und 315 ff.; *Cohen-Jonathan*, Rapports, 86 ff.; *Lawson/Schermers*, 544 f.; vgl. aus der Rechtsprechung statt vieler EGMR, *Groppera Radio AG et al. gegen die Schweiz*, Serie A, Nr. 173, Ziff. 61; EGMR, *Burghartz gegen die Schweiz*, Serie A, Nr. 280-B, Ziff. 24.

[11] *Kastanas*, 316; *Lawson/Schermers*, 545; EGMR, *Sigurjónsson gegen Island*, Serie A, Nr. 264, Ziff. 35; EGMR, *Akdivar et al. gegen Türkei*, Reports 1996-IV, 1192 ff., Ziff. 68.

[12] *Kastanas*, 316 f.; *Lawson/Schermers*, 544 f. In diesem Sinne berücksichtigten die Konventionsorgane bereits Empfehlungen der parlamentarischen Versammlung bzw. des Ministerkomitees des Europarates sowie Resolutionen der UNO; vgl. z. B. EGMR, *Irland gegen Vereinigtes Königreich*, Serie A, Nr. 25, Ziff. 167; EGMR, *Marckx gegen Belgien*, Serie A, Nr. 31, Ziff. 31; EGMR, *S. gegen die Schweiz*, Serie A, Nr. 220, Ziff. 48.

Freilich kann auch den Bemühungen um einen effektiven Schutz des Privat- und Familienlebens im Rahmen ausländerrechtlicher Sachverhalte nur dann Erfolg beschieden sein, wenn ein die aktuellen gesellschaftlichen und rechtlichen Gegebenheiten berücksichtigender Mittelweg zwischen den scheinbar unvereinbaren Polen der Menschenrechte einerseits und des zum Souveränitätsbereich der Staaten gehörenden Ausländerrechtes andererseits gefunden werden kann.

B. Gesellschaftspolitische Entwicklungen und ihre Bedeutung für einen effektiven Schutz des Privat- und Familienlebens in einer Einwanderungsgesellschaft

Die Schweiz ist heute - wie alle westeuropäischen Länder ein *Einwanderungsland*, die schweizerische Gesellschaft eine *Einwanderungsgesellschaft*. Historisch betrachtet war die Schweiz während Jahrhunderten, da zu arm, um all ihre Bewohner zu ernähren, ein traditionelles Auswanderungsland. Bis weit in die zweite Hälfte des 19. Jahrhunderts überwog die Auswanderung und erst mit dem langsam einsetzenden wirtschaftlichen Aufschwung erfuhr die negative Migrationsbilanz der Schweiz eine Umkehrung[13]. Die Einwanderung von Ausländerinnen und Ausländern bezweckte, die Nachfrage der Wirtschaft nach vielen und billigen *Arbeitskräften* zu befriedigen und so erstaunt es nicht weiter, dass das Ausländerrecht vollkommen im Dienst der wirtschaftlichen Bedürfnisse stand. Dies spiegelt sich nicht zuletzt im Charakter der mit dem Vollzug der ausländerrechtlichen Regelungen betrauten Ämter und Behörden wider: Ausländerrecht wird im Zusammenspiel von Fremden*polizei* und *Industrie-, Arbeits- und Gewerbe*behörden angewendet und vollzogen. Die Ausländerpolitik schliesslich beruhte auf der Konzeption eines zeitlich beschränkten Aufenthaltes in der Schweiz (*Rotationsprinzip*).

Das Erscheinungsbild der Migration hat in den vergangenen Jahrzehnten tiefgreifende Änderungen erfahren. Wie im Bericht der Arbeitsgruppe Integration der Expertenkommission Migration festgehalten wird, „hat sich die Art der Einwanderung gewandelt, die klassische Arbeitsmigration wurde abgelöst durch vielschichtige und verschiedenartige Wanderungsbewegungen"[14]. Migration erfasst heute nicht mehr vorwiegend Einzelpersonen während einer beschränkten Zeit, sondern betrifft ganze Familien und erfolgt häufig auf Dauer. Hinzu kommt, dass sich auch die schweizerische Gesellschaft gewandelt hat und bunter, vielfältiger und pluralistischer geworden ist.

---

[13] *Vuilleumier*, 15 und 42.

[14] *Arbeitsgruppe Integration*, 81.

B. Gesellschaftspolitische Entwicklungen 439

Schliesslich ist eine „zweite und dritte Generation, Kinder und Kindeskinder ursprünglicher Einwanderer, herangewachsen, die in der Schweiz geboren sind oder ihr Herkunftsland im frühen Kindesalter verlassen haben"[15]. Diese tiefgreifenden gesellschaftlichen Veränderungen können nicht ohne Auswirkungen auf die staatliche Politik bleiben.

I. Die Notwendigkeit einer konsequent verfolgten und aktiven Integrationspolitik

Lange Zeit schien es - da in der Schweiz lebende Ausländerinnen und Ausländer nach dem Konzept eines bloss vorübergehenden Aufenthaltes nach einiger Zeit wieder ausreisen sollten - nicht notwendig, Massnahmen zur gesellschaftlichen, strukturellen oder kulturellen Integration zu ergreifen[16]. Damit jedoch in einem gewandelten gesellschaftlichen Umfeld Menschen verschiedener kultureller Herkunft *miteinander* und nicht neben- oder gar gegeneinander leben, ist eine sachgerechte und entschlossene Integrationspolitik notwendig. Der Integration von Ausländerinnen und Ausländern kann aber nur dann Erfolg beschieden sein, wenn ein kohärentes Integrationskonzept besteht, eine wirkliche Integrations*politik* verfolgt wird und nicht nur punktuelle Integrations*massnahmen* ergriffen werden[17]. Eine solche Inte-

---

[15] *Arbeitsgruppe Integration*, 81.

[16] Der in dieser rein wirtschaftlich motivierten Sichtweise der Anwesenheit von Ausländerinnen und Ausländern enthaltene sozialpolitische Zündstoff (vgl. hierzu *Cattacin*, 71) führte anfangs der 70-er Jahre zum Entstehen gewisser integrationspolitischer Bestrebungen und zur Einsetzung einer „*Eidgenössischen Konsultativkommission für das Ausländerproblem*". Die 1977 eingereichte „Mitenand"-Initiative - welche die Ersetzung des bestehenden Art. 69ter BV durch eine neue Bestimmung vorsah, die u.a. die Menschenrechte, die soziale Sicherheit, den Familiennachzug, einen Anspruch auf Verlängerung einer Aufenthaltsbewiligung sowie die Schaffung gesetzlicher Massnahmen zur Förderung der Integraton von Ausländerinnen und Ausländern zu garantieren trachtete (vgl. für den Initiativtext die ablehnende Botschaft des Bundesrates in BBl 1979 III 605 ff.) - wurde zwar in der Volksabstimmung 1981 verworfen, läutete jedoch die definitive Wende der eidgenössischen Ausländerpolitik, weg von der Wahrnehmung der Anwesenheit von Ausländerinnen und Ausländern als rein wirtschaftlich begründet, hin zur Anerkennung der Notwendigkeit struktureller, sozialer und kultureller Integration in der Schweiz ein. In diesem Sinne hatte auch das in der Volksabstimmung ebenfalls abgelehnte neue Ausländergesetz in den Art. 42 bis 45 Bestimmungen zur Betreuung und gesellschaftlichen Eingliederung vorgesehen (siehe für den Text der Bestimmungen BBl 1981 I 579 f.; vgl. ebenso die Ausführungen in der *Botschaft Ausländergesetz*, 183 ff. sowie 219 ff.).

[17] „(...) es ist unerlässlich geworden, die wirtschaftliche, soziale und politische Integration der Ausländerinnen und Ausländer in der schweizerischen Gesellschaft *bewusst*

grationspolitik darf auch nicht ausschliesslich auf Ausländerinnen und Ausländer bezogene Massnahmen einschliessen; integrative Massnahmen müssen vielmehr auch die „einheimische" Bevölkerung einbeziehen, verlangt Integration doch sowohl von Migrantinnen und Migranten als auch „Einheimischen" Entgegenkommen, Flexibilität, Toleranz, Verständnis, gegenseitige Achtung und eine gewisse Anpassung der eigenen Verhaltensmuster, Sitten und Gebräuche[18]. In einer pluralistischen Gesellschaft müssen beide Seiten ihre eigene kulturelle Identität im grösstmöglichen Ausmass beibehalten können, als gemeinsame Basis jedoch gewisse Grundwerte - namentlich das staatliche Gewaltmonopol, die Gleichberechtigung, die demokratische Ordnung, die Unantastbarkeit des Lebens, die Religions- und Meinungsfreiheit sowie die Selbstbestimmung des Individuums - respektieren[19].

Integrationspolitik und Ausländerrecht sind untrennbar miteinander verbunden und bedingen sich gegenseitig. So wie in der Vergangenheit das Konzept eines bloss befristeten Verbleibes von Migrantinnen und Migranten der Ausländer- und (fehlenden) Integrationspolitik seinen Stempel aufgedrückt hat, müssen heute das gewandelte gesellschaftliche Umfeld und die Notwendigkeit einer konsequent verfolgten Integrationspolitik in der Ausgestaltung und Handhabung des Ausländerrechtes ihren Niederschlag finden. Diese Tatsache ist nicht zuletzt für den Schutz des Privat- und Familienlebens von zentraler Bedeutung. Der Familie kommt für die Integration vom Migrantinnen und Migranten eine zentrale Rolle zu. Zu Recht postuliert daher die Expertenkommission Migration, dass im Rahmen einer „neuen" Integrationspolitik, beim Entscheid über den Familiennachzug vermehrt den *integrationsfördernden Wirkungen des Familienlebens* Rechnung getragen werden sollte[20].

In diesem Zusammenhang sei auch auf die Familiennachzugsbestimmungen des neuen - die Integration von Ausländerinnen und Ausländer verfolgenden - österreichischen Fremdengesetzes verwiesen, wonach Familienangehörige auf Dauer in Österreich niedergelassener Fremder einen Rechtsanspruch auf Erteilung einer Erstniederlassungsbewilligung haben[21]. In den Erläuterungen zur Regierungsvorlage wird unter Hinweis auf Art. 8 EMRK zur Frage des Familiennachzuges auf Dauer niedergelassener Ausländerinnen und Ausländer ausgeführt, dass „Fremde, die nach

---

und aktiv zu gestalten", Werner Haug, Vom Einwanderungsland zur multikulturellen Gesellschaft - Grundlagen für eine schweizerische Migrationspolitik, Bundesamt für Statistik, Bern 1995, 25; eigene Hervorhebung.

[18] *Umrisse*, 6 und 9; *Arbeitsgruppe Integration*, 84.

[19] *Expertenkommission Migration*, 37; *Arbeitsgruppe Integration*, 85.

[20] *Expertenkommission Migration*, 42; *Arbeitsgruppe Integration*, 95.

[21] Siehe vorne 129 ff.

B. Gesellschaftspolitische Entwicklungen

Österreich kommen, um sich auf Dauer hier niederzulassen und in die Gemeinschaft zu integrieren, (...) den Anspruch auf Familiennachzug haben [sollen], also das Recht hier mit ihrer Familie zu leben"[22].

Der positive Aspekt des Familienlebens für die Integration ist aber auch bei aufenthaltsbeendenden Massnahmen im Anschluss an eine strafrechtliche Verurteilung zu berücksichtigen, vermag doch gerade das Leben in einer familiären Struktur und der Rückhalt der Familie die Resozialisierungschancen ganz wesentlich zu erhöhen.

II. Die Notwendigkeit einer an der gesellschaftlichen Realität orientierten Politik

Die Wahrnehmung staatlicher Aufgaben hat sich an der gesellschaftlichen Realität zu orientieren. Die Behörden haben sich daher in der Erfüllung der ihnen obliegenden Aufgaben - und dazu gehört auch die Sicherung von Ruhe und Ordnung sowie der Schutz der Gesellschaft vor Gewalt - von den Bedürfnissen, Ansprüchen und Anforderungen der Gesellschaft leiten zu lassen und eine sachgerechte Politik zu verfolgen.

In einer Gesellschaft, welche die Integration von Ausländerinnen und Ausländern anstrebt, damit Menschen verschiedenster kultureller Herkunft miteinander und nicht neben- oder gegeneinander leben, muss sich der Aufenthalt von Fremden nach gewisser Zeit *verfestigen* können, d.h. ihre Anwesenheit im Inland sollte sicher und grundsätzlich nicht entziehbar sein. Aufenthaltsbeendende Massnahmen wären in diesem Sinne daher nach einer langjährigen Anwesenheit nur noch dann verhältnismässig, wenn die Betroffenen eine tatsächliche und ernsthafte Gefahr für die Gesellschaft darstellen[23]. Dies wird in casu wohl nur dann der Fall sein, wenn rechtskräftig strafrechtlich verurteilte Ausländerinnen und Ausländer auch im Anschluss an die Strafverbüssung in ernsthafter Weise die öffentliche Sicherheit gefährden.

---

[22] Erläuterungen, in: *Jelinek/Szymanski*, 60.

[23] Diese Sichtweise hat bereits ihren Niederschlag sowohl im französischen als auch im neuen österreichischen Fremdenrecht gefunden; siehe vorne 141 f. (Österreich) und 164 f. (Frankreich). In den Erläuterungen zur Regierungsvorlage führte der österreichische Gesetzgeber denn auch aus, dieser Anspruch sei dahingehend zu verstehen, „dass Fremden, deren Aufenthalt in Österreich ein in die Zukunft und auf Integration gerichteter ist, aus bestimmten Gründen und nach bestimmter Zeit eine Niederlassungsbewilligung nicht mehr versagt werden kann. Diese Unzulässigkeit der Versagung dient der Rechtssicherheit der Fremden, dass sie in Österreich leben und bleiben dürfen, wenn sie durch lange Zeit hindurch bewiesen haben, sich in Österreich zu integrieren" (Erläuterungen, in: *Jelinek/Szymanski*, 85).

Eine besondere Stellung in der Gesellschaft eines Staates nehmen Angehörige der zweiten Generation ein. Seit Geburt oder frühester Kindheit leben sie in einem Staat, dessen Staatsangehörigkeit sie zwar nicht besitzen, mit dessen gesellschaftlichen, kulturellen und sprachlichen Lebensumständen sie aber vollkommen vertraut sind, haben sie doch dort ihr ganzes bewusstes Leben verbracht. Die Mehrzahl der Angehörigen der zweiten Generation fühlt sich denn auch im Aufenthaltsstaat und nicht im Heimatstaat verwurzelt, den sie meist nur von Ferienaufenthalten kennen und von dessen Gesellschaft sie oftmals als Ausländer empfunden und behandelt werden. Der Umstand, dass Angehörige der zweiten Generation zumeist ihre vorrangigen gesellschaftlichen und beruflichen Bindungen im Aufenthaltsstaat haben, in dessen Gesellschaft sie aufgewachsen und sozialisiert wurden, und im Falle einer erzwungenen Ausreise sich in ihrem Herkunftsland nur schwerlich eine neue Lebensbasis und ein soziales Netz aufbauen könnten, muss bei Entfernungsmassnahmen vorrangig berücksichtigt werden. Aufenthaltsbeendende Massnahmen gegen Angehörige der zweiten Generation sollten daher in einer Einwanderungsgesellschaft - wenn überhaupt - lediglich ergriffen werden, wenn die Betreffenden in schwerwiegendster Weise straffällig geworden sind und eine ernsthafte Gefahr für die Staatssicherheit oder die öffentliche Sicherheit darstellen.

In diesem Sinne wird die Ausweisung oder Verhängung eines Aufenthaltsverbotes gegen Ausländerinnen und Ausländer, die seit frühester Kindheit in Österreich gelebt haben, durch das Fremdengesetz 1997 ausgeschlossen[24]. Fremde, die spätestens seit ihrem sechsten Altersjahr ihren gewöhnlichen Aufenthalt in Frankreich haben, können nur ausgewiesen werden, wenn ihre Anwesenheit in Frankreich eine zwingende Notwendigkeit für die Staatssicherheit oder die öffentliche Sicherheit darstellt; eine bloss ernsthafte Gefährdung der öffentlichen Ordnung genügt nicht[25].

III. Dennoch: Der Staat als Garant von Ruhe und Ordnung

Obwohl oder gerade weil der Staat als Garant von Ruhe und Ordnung seine Aufgaben im Lichte der gesellschaftlichen Realität zu erfüllen hat, dürfen ihm Vorkehren und Massnahmen der Gefahrenabwehr und Migrationssteuerung nicht verwehrt werden. Denn eine aktive und auf die Integration von Migrantinnen und Migranten gerichtete Politik kann letztlich nur dann erfolgreich sein, wenn die *Bedingungen des Zusammenlebens in der Gesellschaft gewährleistet* werden und diese somit überhaupt in der Lage ist, den

---

[24] Vorne 140.
[25] Siehe hierzu vorne 163.

B. Gesellschaftspolitische Entwicklungen

fortwährenden Integrationsprozess zu verkraften. Der Staat muss darauf hinwirken, soziale Spannungen möglichst zu vermeiden bzw. zu vermindern.

Die Schaffung eines gesellschaftlichen Umfeldes, in dem Integration erfolgreich verwirklicht werden kann, impliziert u.a. eine *sachgerechte Zulassungspolitik*. Eine unbeschränkte Einwanderung ist selbst für eine Einwanderungsgesellschaft nicht verkraftbar und führt statt zur Integration zur Marginalisierung von Migrantinnen und Migranten, birgt die Gefahr von Slumbildungen mit ihren bekannten Nebenfolgen in sich und vermag fremdenfeindlichen Tendenzen Auftrieb zu verleihen. Erfahrungsgemäss nimmt in einer derart radikalisierten Gesellschaft auch die Bereitschaft zur friedlichen Lösung von Konflikten ab. Unter solchen Umständen ist eine Integration von Ausländerinnen und Ausländern kaum zu verwirklichen. Es ist deshalb für die Staaten als Garanten von Ruhe und Ordnung unumgänglich, die Einwanderung zu steuern und dabei auf die innerstaatlichen *sozialen, wirtschaftlichen und kulturellen Gegebenheiten* Bedacht zu nehmen. Diese Überlegungen vermögen grundsätzlich eine restriktive Zulassungspolitik zu rechtfertigen. In diesem Sinne kann es daher auch durchaus verhältnismässig sein, etwa den Nachzug von Familienangehörigen wegen Fehlens einer angemessenen Wohnung zu versagen.

Als Garant von Ruhe und Ordnung muss der Staat jedoch nicht nur im Rahmen der Zulassungspolitik handeln, sondern auch bei der *Gefahrenabwehr* im Innern, d.h. bei der Bekämpfung von Gewalt- und Straftaten tätig werden. Er muss in wirksamer Weise gegen Personen vorgehen können, deren Anwesenheit im Inland wegen ihres kriminellen Verhaltens die gesellschaftliche und staatliche Ordnung gefährdet und dadurch das friedliche Zusammenleben in der Gesellschaft bedroht. Aufenthaltsbeendende Massnahmen gegen Fremde, die in schwerwiegender Weise straffällig geworden sind, können somit selbst dann gerechtfertigt sein, wenn dadurch in engste private und familiäre Beziehungen eingegriffen wird.

Die Gewährleistung von Ruhe und Ordnung und der Schutz der Gesellschaft vor Gewalt gehören unbestreitbar zu den zentralsten staatlichen Aufgaben. Der Staat ist gehalten, mit allen *notwendigen* Mitteln die Bedingungen des Zusammenlebens der Gesellschaft zu sichern. Es kann daher nicht ernsthaft geleugnet werden, dass fremdenrechtliche Massnahmen, mit denen die Verteidigung von Ruhe und Ordnung bezweckt wird, in zahlreichen Situationen zur Erreichung dieses Zieles nicht nur geeignet und erforderlich, sondern auch verhältnismässig sind. Dies gilt selbst dann, wenn die entsprechenden Massnahmen in familiäre und private Bindungen eingreifen. Wenn in der Folge das Augenmerk eher auf die Erörterung der privaten Interessen gelegt werden soll, erfolgt dies keineswegs in der Absicht, die legitimen staatlichen Interessen zu negieren oder zu beschneiden, sondern nur, um

Wege und Möglichkeiten aufzuzeigen bzw. Anstösse zu geben, wie die Defizite der bisherigen Praxis - und diese liegen nun mal eher in der Art und Weise der Berücksichtigung der privaten und familiären denn in einer mangelnden Beachtung der öffentlichen Interessen - überwunden werden könnten.

C. Rechtliche Entwicklung und ihre Bedeutung für einen effektiven Schutz des Privat- und Familienlebens in einer Einwanderungsgesellschaft

Bemühungen um effektiven und wirksamen Schutz des Privat- und Familienlebens in einer Einwanderungsgesellschaft müssen aber auch den auf rechtlicher Ebene eingetretenen Veränderungen Rechnung tragen. Von grosser Bedeutung sind in diesem Zusammenhang insbesondere die völkerrechtlichen Entwicklungen. So rückt das 1989 verabschiedete, 1990 in Kraft getretene und mittlerweilen von 191 Staaten ratifizierte Übereinkommen über die Rechte des Kindes das *Kindeswohl* als Grundprinzip und Leitmotiv aller Massnahmen, die Kinder betreffen, in den Vordergrund. U.a. verpflichtet Art. 10 Abs. 1 KRK die Vertragsstaaten, Einreiseanträge zum Zwecke der Familienzusammenführung *„wohlwollend, human und beschleunigt"* zu behandeln und dabei das Kindeswohl vorrangig zu berücksichtigen[26]. Das Kindeswohl gilt es aber nicht nur in Nachzugsfällen, sondern auch bei aufenthaltsbeendenden Massnahmen, welche die Beziehungen zwischen Eltern und Kindern beeinträchtigen, vorrangig zu beachten.

In Zukunft könnte auch die eben erst begründete Rechtsprechung des Menschenrechtsausschusses bedeutsam werden, wonach Ausländerinnen und Ausländer ihren Aufenthaltsstaat u.U. als *eigenes Land* betrachten und sich auf das in Art. 12 Abs. 4 Pakt II statuierte Verbot willkürlicher Ausweisungen berufen können[27]. Wird diese Praxis bestätigt oder gar im Sinne der Sondervoten[28] ausgeweitet, wäre diese Bestimmung namentlich für Angehörige der zweiten Generation, sowie andere seit langer Zeit in einem Staat wohnhafte Fremde, Flüchtlinge oder Staatenlose ein grosser Gewinn.

Weiter ist zu berücksichtigen, dass der Institution Familie sowohl auf menschen- als auch verfassungsrechtlicher Ebene eine ungebrochen hohe Bedeutung beigemessen wird. So führt Art. 23 Abs. 1 Pakt II aus, dass „die

---

[26] Vgl. hierzu vorne 74 ff.
[27] Vorne 67 ff.
[28] Siehe vorne 69 f.

Familie die natürliche Kernzelle der Gesellschaft [ist] und (...) Anspruch auf Schutz durch Gesellschaft und Staat" hat[29]. Diese Bestimmung verpflichtet die Vertragsstaaten zur Ergreifung positiver familienfreundlicher bzw. familienbegünstigender Massnahmen[30]. Auch für die KRK ist der Schutz der familiären Beziehungen von Kindern ein zentrales Anliegen. In diesem Sinne wird programmatisch bereits in der Präambel hervorgehoben, dass „der Familie als Grundeinheit der Gesellschaft und natürlicher Umgebung für das Wachsen und Gedeihen aller ihrer Mitglieder, insbesondere der Kinder, der erforderliche Schutz und Beistand gewährt werden sollte, damit sie ihre Aufgaben innerhalb der Gemeinschaft voll erfüllen kann", und weiter, „dass das Kind zur vollen und harmonischen Entfaltung seiner Persönlichkeit in einer Familie und umgeben von Glück, Liebe und Verständnis aufwachsen sollte". Schliesslich führt Art. 34^{quinquies} BV aus, dass der Bund „in der Ausübung der ihm zustehenden Befugnisse (...) die Bedürfnisse der Familie" zu berücksichtigen habe. Damit wird deutlich, dass der Familie in der schweizerischen Rechtsordnung ein hoher Wert zugeschrieben wird. Obwohl kein verfassungsmässiges Recht bedeutet diese Bestimmung doch eine *allgemeine Handlungsmaxime*, welche „die gesetzgebenden und rechtsanwendenden Bundesbehörden beauftragt, die Institution der Familie möglichst zu schützen und zu fördern, also «familienfreundlich» zu handeln und zu entscheiden"[31].

D. Methodische Aspekte eines effektiven und wirksamen Schutzes des Privat- und Familienlebens

Die in der EMRK garantierten Rechte und Freiheiten können nur dann effektiv und wirksam sein, wenn sie nicht nur im Lichte der aktuellen gesellschaftlichen und rechtlichen Umstände interpretiert, sondern auch in methodisch und dogmatisch zutreffender Weise angewendet werden. In der Folge sei daher auf einige Aspekte hingewiesen, die für eine wirksame Verwirklichung der Garantien von Art. 8 EMRK berücksichtigt werden müssen.

---

[29] Entsprechende Bestimmungen finden sich ebenso in zahlreichen weiteren menschenrechtlichen Instrumenten; vgl. z. B. Art. 16 Abs. 3 AEMR, Art. 10 Abs. 1 Pakt I, Art. 17 Abs. 1 AMRK, Art. 16 ESC.
[30] *Achermann/Caroni/Kälin*, 222; *Palm-Risse*, 320 ff.; die gebotenen Massnahmen divergieren freilich aufgrund der in den Vertragsstaaten bestehenden unterschiedlichen gesellschaftlichen und kulturellen Werte und der verfügbaren finanziellen Mittel; vgl. hierzu auch M 35/1978, *Aumeeruddy-Cziffra und 19 andere maurizische Frauen gegen Mauritius*, Ziff. 9.2 (b) 2 (ii) 1.
[31] *G. Müller*, Verhältnis, 235; siehe ferner auch vorne 122 f.

I. Sachgerechte Zuordnung des Sachverhaltes

Ein effektiver und wirksamer Schutz des Privat- und Familienlebens in ausländerrechtlichen Fällen setzt die korrekte und sachgerechte Zuordnung des zu beurteilenden Sachverhaltes zum Schutzbereich des Privat- oder Familienlebens voraus. In praktisch allen von den Konventionsorganen bisher beurteilten fremdenrechtlichen Massnahmen war eine Verletzung des Rechtes auf Achtung des Familienlebens geltend gemacht worden. Dennoch kann und darf nicht übersehen werden, dass der Schutzbereich des Familienlebens nicht nach Belieben überdehnt werden sollte und in gewissen Situationen eine Anknüpfung an eine als Familienleben anerkannte Beziehung schlichtweg unmöglich ist. So ist es z. B. methodisch verfehlt, wenn der an sich durchaus sachgerechte erhöhte Schutz von Angehörigen der zweiten Generation an die Beziehungen zwischen Eltern und erwachsenen Kindern anknüpft, obwohl eigentlich die Verwurzelung des Betroffenen in Gesellschaft und Lebensumstände des Aufenthaltsstaates geschützt werden soll. Neben der Abstützung auf das falsche Schutzobjekt führt dieses Vorgehen auch dazu, dass diejenigen Angehörigen der zweiten Generation, die über keinerlei familiäre Beziehungen (mehr) im Aufenthaltsstaat verfügen - weil beispielsweise die Eltern in das Herkunftsland zurückgekehrt oder verstorben sind -, nicht in den Genuss dieses erhöhten Schutzes kämen. Eine derartige Ungleichbehandlung erscheint aber wohl kaum objektiv und sachlich gerechtfertigt. Zudem existieren Situationen, die nicht vom Schutzbereich des Familienlebens erfasst werden, weil die geltendgemachte Beziehung entweder nicht als Familienleben i.S. von Art. 8 Abs. 1 EMRK anerkannt wird (z. B. bei gleichgeschlechtlichen Partnerschaften), grundsätzlich zwar Familienleben vorliegen könnte, in casu aber die Beziehung nicht genügend eng ist oder nicht tatsächlich gelebt wird (z. B. aufgrund einer Trennung) oder das Familienleben i.S. eines Zusammenlebens der Familienangehörigen durch die Massnahme nicht beeinträchtigt wird (z. B. bei aufenthaltsbeendenden Massnahmen gegen alle Familienangehörige). Ebenso werden diejenigen Ausländerinnen und Ausländer nicht vom Schutzbereich des Familienlebens erfasst, deren familiäre Beziehung untergegangen ist, z. B. infolge einer Scheidung oder des Todes eines Angehörigen.

In derartigen Konstellationen können ausländerrechtliche Massnahmen aber zu einer schwerwiegenden Beeinträchtigung des Privatlebens führen, schützt dieses doch neben zwischenmenschlichen Beziehungen auch die Beziehungen zum sozialen und gesellschaftlichen Umfeld. In der bisherigen Rechtsprechung ist zwar wiederholt betont worden, dass fremdenrechtliche Massnahmen grundsätzlich auch in das Privatleben einzugreifen vermögen. Die vollständige und konsequente Umsetzung dieses Grundsatzes hat leider bis heute auf sich warten lassen[32].

D. Methodische Aspekte

Zwar anerkennen die Konventionsorgane etwa, dass aufenthaltsbeendende Massnahmen gegen Angehörige der zweiten Generation einen Eingriff in das Privat- *und* Familienleben darstellen. Der Beizug des Familienlebens ist in diesen Fällen aber, zumindest wenn die Betroffenen weder verheiratet sind noch minderjährige Kinder haben oder wegen besonderer Umstände von nahen Verwandten abhängig sind, dogmatisch verfehlt. Ferner wird in konstanter Rechtsprechung ausgeführt, dass ausländerrechtliche Massnahmen gegen alle Angehörigen einer Familie keinen Eingriff in das Familienleben darstellen, führe diese Massnahme ja nicht zur Trennung der Mitglieder der Familie. Nur ein einziger derartiger Fall ist bisher unter dem Gesichtspunkt einer möglichen Verletzung des Anspruches auf Achtung des Privatlebens geprüft worden[33], obwohl nicht abgestritten werden kann, dass gerade aufenthaltsbeendende Massnahmen gegen eine ganze Familie (oder Restfamilie) in einschneidender Weise in das Privatleben einzugreifen vermögen - wenn nämlich die Familie aufgrund eines langjährigen Aufenthaltes in die Gesellschaft des Aufenthaltsstaates integriert ist.

Soll auch das Recht auf Achtung des Privatlebens effektiv und wirksam sein und seine ausdrückliche Nennung in Art. 8 EMRK nicht nur ein sprachliches Füllsel bedeuten, ist vorbehaltlos anzuerkennen, dass fremdenrechtliche Massnahmen nicht nur in das Familienleben, sondern auch in das Privatleben einzugreifen vermögen. Diese Anerkennung verhindert nicht nur, dass der Schutzbereich des Familienlebens über Gebühr ausgeweitet und damit verwässert wird, sondern ermöglicht auch einen effektiven und wirksamen Schutz von Ausländerinnen und Ausländern, die - aus welchen Gründen auch immer - nicht das Recht auf Achtung des Familienlebens geltendmachen können.

II. Positive Verpflichtungen als „Eingriff" i. S. von Art. 8 Abs. 2 EMRK

Art. 8 Abs. 1 EMRK räumt einen Anspruch auf *Achtung* des Privat- und Familienlebens ein. In Lehre und Rechtsprechung ist heute unbestritten, dass die „*Achtung*" die Vertragsstaaten nicht lediglich verpflichtet, von Eingriffen in das Privat- und Familienleben abzusehen, sondern ihnen darüber hinaus

---

[32] Eine Ausnahme stellt in diesem Zusammenhang die Rechtsprechung der österreichischen Gerichtshöfe des öffentlichen Rechtes dar, welche aufenthaltsbeendende Massnahmen gegen Fremde, die seit einiger Zeit im Inland leben, durchaus als Eingriff in das Privatleben qualifiziert; vgl. vorne 308 ff.

[33] B 9478/81, *X. gegen die Bundesrepublik Deutschland*, DR 27, 243, vorne 298 f.

auch gewisse positive Verpflichtungen auferlegt[34]. Die Problematik des Umstandes, dass die Rechtsprechung bis heute als „Eingriffe" i.S. von Art. 8 Abs. 2 EMRK nur solche Beeinträchtigungen anerkennt, die auf aktivem staatlichen Tun gründen, ist bereits beleuchtet worden[35]. An dieser Stelle soll lediglich erneut angeregt werden, dass - da in der Strassburger Rechtsprechung keine klare Kriterien für die Abgrenzung zwischen negativen und positiven Verpflichtungen entwickelt worden sind und die Konventionsorgane selber betonen, die anwendbaren Prinzipien seien weitgehend die gleichen - sowohl aktive Beeinträchtigungen als auch staatliche Untätigkeit als „Eingriffe" zu betrachten und den Schranken von Art. 8 Abs. 2 EMRK zu unterwerfen sind. In diesem Sinne regte auch Wildhaber an, dass

> „(...) der Moment für eine Praxisänderung gekommen zu sein [scheint]. Auch in Fällen der positiven Handlungs- und Schutzpflichten der Staaten, oder mit anderen Worten der Nicht-Achtung des Rechtes (...), sollte die Rechtsgüterabwägung zwischen den Gemeinschafts- und Individualinteressen gemäss Art. 8 Abs. 2 EMRK vorgenommen werden. Genau gleich wie bei den negativen Eingriffsmassnahmen - aber unter Respektierung des relativ weiten Ermessensspielraumes der Vertragsstaaten - sollten das Vorhandensein einer gesetzlichen Grundlage, das Bestehen der vom belangten Staat angegebenen Rechtfertigungsgründe und deren Notwendigkeit oder Verhältnismässigkeit auch in den Fällen positiver Handlungs- oder Schutzpflichten gemäss Art. 8 Abs. 2 EMRK geprüft werden."[36]

Die Rechtsprechung von Kommission und Gerichtshof deutet darauf hin, dass die erstmalige Erteilung eines Aufenthaltstitels unter dem Aspekt einer positiven Verpflichtung bzw. Schutzpflicht geprüft wird, während Beeinträchtigungen des Familienlebens durch aufenthaltsbeendende Massnahmen als aktiver Eingriff qualifiziert werden. Diese Unterscheidung wird aber bei weitem nicht durchgehend und konsequent getroffen: während der Gerichtshof die Nichtbewilligung des Nachzuges minderjähriger Kinder oder Ehegatten unter dem Aspekt einer positiven Verpflichtung beurteilt[37], unterzog die Kommission derartige Beschwerden einer Eingriffsprüfung[38]. Je nach Blickwinkel wird also dieselbe fremdenrechtliche Massnahme als aktives Eingreifen in das geschützte Familienleben oder als Unterlassung, zum Schutz des Familienlebens tätig zu werden, gesehen[39].

---

[34] Siehe vorne 8 f.

[35] Vorne 10 f.

[36] *Wildhaber*, Rechtsprechung, 380 f.

[37] Siehe vorne 229 f. und 237 f.

[38] Vorne 227 ff. und 233 ff.

[39] So stellt sich beispielsweise die Nichtbewilligung des Nachzuges eines minderjährigen Kindes zu seinen Eltern als positive Verpflichtung dar, wenn der Sachverhalt un-

D. Methodische Aspekte

Da den - in ausländerrechtlichen Sachverhalten in aller Regel als gewichtig eingestuften - öffentlichen Interessen bei positiven Verpflichtungen bereits bei der Bestimmung des Schutzbereiches ausschlaggebende Bedeutung beigemessen wird, erscheint es äusserst fragwürdig und jedenfalls sachlich nicht gerechtfertigt, wenn mehr oder weniger willkürlich entschieden wird, ob ein konkreter Fall unter dem Aspekt einer positiven oder negativen Verpflichtung zu prüfen ist. In das Familienleben greifen nicht nur aufenthaltsbeendende Massnahmen, sondern ebenso Verweigerungen eines erstmaligen Aufenthaltstitels ein, wird doch in beiden Konstellationen das tatsächliche Zusammenleben der Familienangehörigen verunmöglicht. Dem Umstand, dass bei einer erstmaligen Erteilung eines Aufenthaltstitels eine mögliche Schutzpflicht des Staates in Frage steht, kann in genügender Weise im Rahmen der Verhältnismässigkeitsprüfung nach Art. 8 Abs. 2 EMRK Rechnung getragen werden: bei der Beurteilung der Schwere des „Eingriffes" in das Familienleben, bei der Gewichtung der staatlichen Interessen und - wie von Wildhaber zu Recht betont[40] - durch die Einräumung eines besonders weiten Beurteilungsspielraumes.

Die Gleichstellung negativer und positiver Verpflichtungen hat das schweizerische Bundesgericht anscheinend bereits vollzogen. In einem Auslieferungsentscheid bejahte es zunächst, dass Art. 8 Abs. 1 EMRK der Schweiz möglicherweise eine positive Verpflichtung auferlege, prüfte deren Bestehen in der Folge aber ausdrücklich aufgrund der Schrankenbestimmungen von Art. 8 Abs. 2 EMRK:

„Il découle des ces faits que (...) l'art. 8 ch. 1 CEDH engendre pour notre pays une obligation positive concrète: lui permettre autant que possible de poursuivre sa vie familiale, dans la mesure compatible avec l'exécution du solde de sa peine. (...)

L'ingérence liée à l'extradition est certes „prévue par la loi" (...). Il faut donc encore vérifier qu'une telle mesure apparaît „nécessaire", dans un société démocratique, à la sûreté publique ou à la défense de l'ordre, ou si elle n'apparaît pas au contraire disproportionnée compte tenu de la „protection des droits et libertés d'autrui" (...) au sens de l'art. 8 ch. 2 in fine CEDH."[41]

---

ter dem Gesichtspunkt betrachtet wird, ob der betreffende Staat nach Art. 8 EMRK verpflichtet sei, die Einreise und den Aufenthalt zu gestatten. Die gleiche Konstellation erscheint aber als aktive Beeinträchtigung, wenn sie aus dem Blickwinkel, dass der betreffende Staat mit der Bewilligungsversagung in das Familienleben eingegriffen hat, betrachtet wird.

[40] Vgl. das Zitat vorne 448.
[41] BGE 122 II 485, unpublizierte E. 3e aa und cc, abgedruckt in RUDH 1997, 438 f.

III. Das Vorliegen eines Eingriffes

Für die Abgrenzung zwischen einer blossen Beeinträchtigung und einem eigentlichen Eingriff in das Privat- und Familienleben ist vom Kriterium der Unzumutbarkeit bzw. Unmöglichkeit einer Ausreise abzusehen, da diese Voraussetzung nur bei ausländerrechtlichen Beeinträchtigungen verlangt wird, eine nicht zulässige implizite Beschränkung darstellt und nicht zuletzt auch dogmatisch verfehlt ist[42]. Ansatzpunkt für die Abgrenzung von ausländerrechtlichen Beeinträchtigungen, die keinen und solchen, die sehr wohl einen Eingriff in das Familienleben darstellen, könnte das Kriterium sein, ob ein Familienmitglied einen Aufenthaltstitel besitzt, der zu einem grundsätzlich verlängerbaren und nicht nur zu einem auf wenige Monate beschränkten Aufenthalt berechtigt. Dieses Kriterium darf jedoch nicht in starrer Weise angewendet werden, sondern muss vielmehr genügend flexibel gehandhabt werden, damit schutzwürdige aussergewöhnliche Situationen nicht an einer überspitzt formalistischen Eingriffsprüfung scheitern.

Bei ausländerrechtlich begründeten Beeinträchtigungen des Privatlebens ist je nach Situation entweder aufgrund des Bestehens naher, echter und tatsächlich gelebter Beziehungen (bei gleichgeschlechtlichen Lebensgemeinschaften) bzw. intensiver Kontakte zum Aufenthaltsstaat (bei Angehörigen der zweiten Generation sowie langjährig in einem Land wohnhaft gewesenen Fremden) das Vorliegen oder nicht eines Eingriffes zu beurteilen.

IV. Das Recht auf Achtung des Familienlebens - ein Individualrecht mit kollektivem Aspekt - Auswirkungen auf die Güterabwägung

Obwohl Art. 8 EMRK u.a. das Recht auf Achtung des Familienlebens gewährleistet, ist nicht die Familie als Gemeinschaft Rechtsträgerin, sondern das *einzelne Familienmitglied*. Dieses geniesst einen subjektiven Anspruch auf Achtung seiner familiären Beziehungen. Der in Art. 8 EMRK verankerte Schutz des Familienlebens stellt daher ein Individual- und kein Kollektivrecht dar[43]. Dennoch darf nicht unberücksichtigt bleiben, dass der Schutz des Familienlebens das Bestehen einer Familie voraussetzt. Obwohl zwar ein Individualrecht, weist dieses gewisse *kollektive Aspekte* auf: Die Situation einer Person, deren Familienleben beeinträchtigt wird, ist untrennbar mit derjenigen der Familie als Ganzes verbunden.

---

[42] Siehe vorne 223 ff.

[43] *Palm-Risse*, 194; *Meulders-Klein*, Vie privée, 774; *Brötel*, Familienleben, 77 f.; *Braconnier*, 529; *G. Müller*, Verhältnis, 236.

D. Methodische Aspekte

Diese Tatsache ist nicht zuletzt bei der Prüfung einer behaupteten Verletzung des Familienlebens von grösster Bedeutung. Die Situation eines beschwerdeführenden Familienmitgliedes darf sachgerechterweise nicht isoliert betrachtet werden. Ein Eingriff in das Familienleben bzw. dessen Rechtfertigung muss vielmehr immer auch im Lichte und unter Berücksichtigung der Situation der übrigen Familienangehörigen beurteilt werden.

Einschränkungen von Grund- und Menschenrechten sind nach herrschender Lehre und Rechtsprechung zulässig, wenn sie auf einer gesetzlichen Grundlage beruhen, einem überwiegenden öffentlichen Interesse entsprechen und verhältnismässig sind[44]. Dabei stehen sich beim „klassischen" Grundrechtseingriff die Interessen einer Einzelperson oder Gruppe an der uneingeschränkten Ausübung des entsprechenden Grundrechtes und die öffentlichen Interessen bzw. die entgegenstehenden Grundrechte eines Privaten, die mit der Einschränkung geschützt werden sollen, gegenüber[45]. Diese Sichtweise greift indes in zahlreichen Situationen zu kurz. So bietet sie keine sachgerechte Lösung in Fällen, in denen mehrere gegenläufige oder gleichgerichtete private Grundrechtsansprüche kollidieren und mit möglicherweise widersprechenden öffentlichen Interessen konfrontiert sind. In derartigen Konstellationen ermöglicht die „traditionelle Formel" keine adäquate und befriedigende Lösung[46].

Die klassische Gegenüberstellung privater und öffentlicher Interessen liegt auch der Güterabwägung bei ausländerrechtlich begründeten Eingriffen in das Familienleben zugrunde. So führt der Europäische Gerichtshof für Menschenrechte in konstanter Rechtsprechung aus, im Rahmen der Prüfung der Verhältnismässigkeit einer ausländerrechtlichen Massnahme sei zu untersuchen, ob ein ausgewogenes Gleichgewicht zwischen den betroffenen Interessen, nämlich dem Recht der beschwerdeführenden Person auf Achtung ihres Privat- und Familienlebens einerseits und den staatlichen Interessen anderer-

---

[44] Statt vieler vgl. *J.P. Müller*, Einleitung, Rz. 114; *J.P. Müller*, Elemente, 103; *Aubert*, Nachtrag Rz. 1765; aus der Rechtsprechung siehe z. B. BGE 119 Ia 178, E. 8a, 194; BGE 118 Ia 427, E. 7a, 439.

[45] *J.P. Müller*, Elemente, 119 ff.; *Aubert*, Nachtrag Rz. 1765.

[46] Zutreffend stellt *Morand* fest, dass „l'opposition bipolare entre une liberté et un intérêt public se rencontre de plus en plus rarement dans les jugements constitutionnels. On est le plus souvent en présence d'un faisceau d'intérêts protégés par les droits fondamentaux et d'intérêts publics répondant au développement des politiques publiques. Plusieurs droits fondamentaux et plusieurs intérêts publics se trouvent face à face", *Morand*, Méthodologie, 63.

seits, bestehe⁴⁷. In der bisherigen Rechtsprechung werden die Interessen und Rechte der von einer fremdenrechtlichen Massnahme indirekt betroffenen Familienangehörigen daher lediglich bei der Gewichtung der Schwere des Eingriffes in das Familienleben der direkt betroffenen Person *mitberücksichtigt*⁴⁸, fliessen jedoch nicht in gleichberechtigter Weise in die Güterabwägung und Verhältnismässigkeitsprüfung ein, obwohl - neben möglicherweise weiteren Konventionsrechten - nicht zuletzt auch ihr eigenes Recht auf Achtung des Familienlebens beeinträchtigt wird.

Eine effektive und wirksame Gewährleistung des Rechtes auf Achtung des Familienlebens würde indes voraussetzen, dass sämtlichen den konkreten Einzelfall betreffenden Aspekten und Gesichtspunkten im Rahmen einer *umfassenden Interessenabwägung* Rechnung getragen wird, denn, obwohl das Recht auf Achtung des Familienlebens als Individualrecht konzipiert ist, weist es aufgrund seines spezifischen Schutzobjektes kollektive Dimensionen auf. In diesem Sinne betonte das schweizerische Bundesgericht denn auch bei der Beurteilung einer Verwaltungsgerichtsbeschwerde gegen die Nichtverlängerung der Aufenthaltsbewilligung eines nicht sorgeberechtigten Vaters zu Recht, dass „la question de savoir si, dans un cas particulier, les autorités de police des étrangers sont tenues d'accorder une autorisation de séjour sur la base de l'art. 8 CEDH doit être résolue sur la base d'une *pesée de tous les intérêts publics et privés en présence*"⁴⁹.

---

⁴⁷ „Its task consists of ascertaining whether the deportation in issue struck a fair balance between the relevant interests, *namely* the *applicant's right* to respect for his private and family life, on the one hand, and the *prevention of disorder or crime*, on the other", statt vieler EGMR, *Boughanemi gegen Frankreich*, Reports 1996-II, 593 ff., Ziff. 42, eigene Hervorhebung.

⁴⁸ Siehe vorne 347 f.

⁴⁹ BGE 120 Ib 22, E. 4, 25, eigene Hervorhebung. Die Notwendigkeit einer umfassenden Interessenabwägung hat das Bundesgericht noch deutlicher in einem Entscheid über einen Eingriff in die Eigentumsfreiheit unterstrichen: „Zur Abklärung der Frage, ob die einem Eigentümer auferlegte Nutzungsbeschränkung mangels eines überwiegenden öffentlichen Interesses oder wegen Unverhältnismässigkeit gegen Art. 22ter BV verstosse, sind sämtliche für und gegen die angefochtene Zoneneinteilung sprechenden Argumente und Gesichtspunkte zu berücksichtigen und abzuwägen, unbekümmert darum, ob sie das Planungskonzept als solches oder nur die Grenzziehung in einem örtlich beschränkten Bereich betreffen. Nur aufgrund einer umfassenden Würdigung aller berührten privaten und öffentlichen Interessen lässt sich beantworten, ob der mit der angefochtenen Zoneneinteilung verbundene Eingriff in die Eigentumsfreiheit zulässig ist (...)", BGE 104 Ia 181, E. 2c bb, 184 f.

D. Methodische Aspekte

1. Gesichtspunkte der Interessenabwägung

Interessenabwägung stellt keine Methode der Rechtsfindung dar[50]. Interessenabwägung als Methode könnte auch gar nicht existieren, da - wie Druey zutreffend ausführt - „weder Interessen noch (...) ihre Schutzwürdigkeit (...) der quantifizierenden Erfassung und (...) quantitativen Gegenüberstellung zugänglich" sind[51]. Die Abwägung kollidierender Interessen kommt letztlich somit immer einem subjektiv-wertenden Entscheid gleich. Obwohl keine Methode können doch der Lehre - und in sehr beschränktem Ausmass auch der Rechtsprechung[52] und Gesetzgebung[53] - gewisse Verfahrensschritte für die Vornahme der Interessenabwägung entnommen werden. Danach sind zunächst alle betroffenen Interessen zu identifizieren; in einem zweiten Schritt müssen sie gewichtet und in einer letzten Phase gegeneinander abgewogen werden[54]. Trotz dieser möglichen Strukturierung wird der Prozess der Interessenabwägung aber nie einer mathematischen Operation gleichen, da zahlreiche Wertungen und Gewichtungen getroffen werden müssen, in die unweigerlich subjektive Gesichtspunkte einfliessen. Dennoch können dieser Vorgehensweise Anstösse für eine den heute zunehmend komplexeren Grundrechtsbeeinträchtigungen gerechter werdende Interessenabwägung entnommen werden. In diesem Sinne muss die Sichtweise der Güterabwägung als Gegenüberstellung zweier gegensätzlicher Interessen aufgegeben

---

[50] Eingehend hierzu *Druey*, 134 ff.; *Kälin*, Verfassungsgerichtsbarkeit, 47 ff.

[51] *Druey*, 148.

[52] Siehe z. B. BGE 116 Ib 228, E. 3b, 231: „Damit das Bauvorhaben des Beschwerdegegners bewilligt werden kann, dürfen ihm keine überwiegenden Interessen entgegenstehen. Dies ist aufgrund einer umfassenden Interessenabwägung zu prüfen, in die sowohl öffentliche als auch private Interessen einzubeziehen sind. Alle sich widerstreitenden Interessen müssen vollständig berücksichtigt und deren Gewichtung mit sachgerechten Erwägungen begründet werden. Lenkender Massstab der Interessenabwägung bilden hauptsächlich die Planungsziele und Planungsgrundsätze des Raumplanungsgesetzes"; ferner BGE 118 Ib 17, E. 3, 23.

[53] So bestimmt Art. 3 Abs. 1 der Verordnung über die Raumplanung vom 2. Oktober 1989 (RPV, SR 700.1): „Stehen den Behörden bei Erfüllung und Abstimmung raumwirksamer Aufgaben Handlungsspielräume zu, so wägen sie die Interessen gegeneinander ab, indem sie: a) die berührten Interessen ermitteln; b) diese Interessen beurteilen und dabei besonders die Vereinbarkeit mit der anzustrebenden räumlichen Entwicklung und die möglichen Auswirkungen berücksichtigen; c) diese Interessen aufgrund der Beurteilung im Entscheid möglichst umfassend berücksichtigen".

[54] *Kälin*, Verfassungsgerichtsbarkeit, 47; *Morand*, Méthodologie, 63; *Charles-Albert Morand*, Pesée d'intérêts et décisions complexes in: Morand, Charles-Albert (ed.), La pesée globale des intérêts - droit de l'environnement et de l'aménagement du territoire, Basel/Frankfurt a.M. 1996, 66 ff.

werden. Denn eine Grundrechtseinschränkung betrifft in aller Regel ein ganzes Bündel teils gleichgerichteter, teils kollidierender Interessen und eine gerechte Beurteilung kann daher nur erfolgen, wenn sämtliche betroffenen Interessen im Rahmen einer umfassenden Interessenabwägung berücksichtigt werden. Dies bedingt in einem ersten Schritt eine rein kognitive Identifizierung sämtlicher im Einzelfall betroffenen und zu berücksichtigenden rechtlich oder grundrechtlich geschützten Interessen. In einer weiteren Phase sind die einzelnen Interessen im Lichte der Umstände des Einzelfalles zu gewichten und erst in einem letzten Schritt ist zu prüfen, ob die verschiedenen Interessen in einem ausgewogenen Verhältnis zueinander stehen.

2. Folgerungen für die Prüfung der Verhältnismässigkeit ausländerrechtlicher Eingriffe in das Familienleben

Wie bereits ausgeführt kommt dem Recht auf Achtung des Familienlebens zwar individualrechtlicher Charakter zu, doch weist es auch gewisse kollektive Aspekte auf. Dieser Umstand ist besonders bei der Prüfung der Verhältnismässigkeit fremdenrechtlicher Massnahmen gegen ein Familienmitglied von grösster Bedeutung. Es ist offensichtlich, dass eine ausländerrechtliche Massnahme, die beispielsweise zur Trennung von Familienangehörigen führt, auch die Rechte der von der Massnahme indirekt Betroffenen beeinträchtigt. Das bisherige Vorgehen, die Interessen der übrigen Familienangehörigen lediglich bei der Gewichtung der Schwere des Eingriffes in das Familienleben des direkt Betroffenen mitzuberücksichtigen, greift eindeutig zu kurz. Eingriffe in das Familienleben gehören daher zu denjenigen Situationen, in denen die Notwendigkeit einer umfassenden Interessenabwägung besonders evident ist. Obwohl die Konventionskonformität eines Eingriffes in ein Individualrecht in Frage steht, ist bei der Interessenabwägung im Rahmen der Verhältnismässigkeitsprüfung den durch die EMRK ebenso geschützten Rechten und Freiheiten der übrigen Familienangehörigen in ebenbürtiger Weise Rechnung zu tragen. Dies impliziert aber auch, dass die Zumutbarkeit einer Ausreise für die übrigen Familienangehörigen nicht bereits bei der Eingriffsfrage gestellt und so die Prüfung der Verhältnismässigkeit umgangen wird.

E. Synthese: Umrisse eines sachgerechten Prüfungsprogrammes und Leitideen der Entscheidfindung

Damit ein effektiver und wirksamer Schutz des Privat- und Familienlebens erreicht werden kann, müssen die soeben umrissenen gesellschaftlichen und

E. Synthese 455

rechtlichen Entwicklungen sowie die methodischen Aspekte in ein sachgerechtes Entscheidfindungsverfahren einfliessen.

I. Prüfungsprogramm

Die Prüfung behaupteter Verletzungen der in Art. 8 EMRK geschützten Rechtsgüter erfolgt nach konstanter Rechtsprechung der Konventionsorgane in drei Schritten[55]. Es ist kein Grund ersichtlich, weshalb von diesem Prüfungsschema, das sich grundsätzlich bewährt hat, in ausländerrechtlichen Fällen abgerückt werden sollte. Der besonderen Sensibilität fremdenrechtlicher Sachverhalte kann auch im Rahmen dieses Prüfungsprogrammes in genügender Weise Rechnung getragen werden.

1. Ist ein Schutzbereich von Art. 8 EMRK betroffen?

In einem ersten Schritt ist zu prüfen, ob - und wenn ja - welcher Schutzbereich (Familienleben, Privatleben oder Privat- und Familienleben) von Art. 8 EMRK durch eine ausländerrechtliche Massnahme betroffen ist. Die Schutzbereiche des Privat- und des Familienlebens überschneiden sich zwar z.T., sind jedoch nicht identisch. Sollen die durch Art. 8 EMRK garantierten Rechte tatsächlich effektiv und wirksam sein, so darf einerseits der Schutzbereich des Familienlebens nicht über Gebühr ausgeweitet und dadurch verwässert, und andererseits muss in unmissverständlicher Weise anerkannt werden, dass fremdenrechtliche Massnahmen auch das Privatleben zu beeinträchtigen vermögen[56]. Nur so wird es möglich sein, einen zugleich sachgerechten und in einer Vielzahl von Fallkonstellationen wirksamen Schutz vor ungerechtfertigten fremdenrechtlichen Massnahmen zu erreichen.

Zu betonen ist, dass ausländerrechtliche Massnahmen nicht nur den Schutzbereich des Privat- oder Familienlebens zu beeinträchtigen vermögen, sondern durchaus auch weitere Konventionsrechte tangieren können. Abgesehen von Art. 3 EMRK - dem Verbot von Folter bzw. unmenschlicher oder

---

[55] Siehe vorne 11 f.

[56] So können beispielsweise Angehörige der zweiten Generation, die im Aufenthaltsland über keinerlei familiäre Beziehungen verfügen, einer fremdenrechtlichen Massnahme kaum das Recht auf Achtung des Familienlebens entgegenhalten. Ebenso kann meist nicht von einer Beeinträchtigung des Familienlebens gesprochen werden, wenn gegen eine ganze Familie ausländerrechtliche Massnahmen ergriffen werden. In beiden Situationen wird aber sehr wohl das Privatleben in schwerwiegendster Weise beeinträchtigt.

erniedrigender Behandlung und Strafe[57] - kann auch Art. 12 EMRK, das Recht auf Eheschliessung und Gründung einer Familie, durch eine fremdenrechtliche Massnahme beeinträchtigt werden[58].

2. Liegt ein Eingriff in den betroffenen Schutzbereich vor?

Obwohl das Kriterium der Unzumutbarkeit bzw. Unmöglichkeit einer Ausreise als Eingriffsvoraussetzung abzulehnen ist, bleibt die Tatsache, dass auch in ausländerrechtlichen Belangen nicht jede Beeinträchtigung des Familienlebens bereits einen Eingriff bedeutet. Die entsprechende Beeinträchtigung muss vielmehr eine gewisse *Mindestschwere* aufweisen. Wann überschreitet nun aber eine ausländerrechtliche Beeinträchtigung des Familienlebens die Schwelle von der blossen Beeinträchtigung zum Eingriff? Bei der Beantwortung dieser Frage muss einerseits dem Umstand Rechnung getragen werden, dass das Ausländerrecht zum *domaine réservé* der Staaten gehört und andererseits muss berücksichtigt werden, dass die EMRK kein generelles Recht auf Aufenthalt in einem bestimmten Staat gewährt. Obwohl die Vertragsstaaten gehalten sind, die sich aus der EMRK ergebenden Verpflichtungen bei der Ausübung der ihnen zustehenden Rechte zu beachten, darf dies nicht dahingehend ausgelegt werden, dass Art. 8 EMRK sie verpflichten würde, alle familiären Beziehungen, die eine irgendwie geartete Beziehung zu ihrem Territorium haben, zu achten. So kann kaum ernsthaft vertreten werden, dass etwa der Ausschluss des Familiennachzuges für Fremde, die für ein dreimonatiges Praktikum eingereist sind, einen Eingriff in ihr Familienleben darstellt. Ebenso wird *in der Regel* die Ausweisung von Ausländerinnen und Ausländern, die erst vor kurzem mit ihrer Familie eingereist sind und sich illegal im Inland aufhalten, nicht als Eingriff zu qualifizieren sein.

Ansatzpunkt für die Abgrenzung von ausländerrechtlichen Beeinträchtigungen, die keinen und solchen, die sehr wohl einen Eingriff in das Familienleben darstellen, könnte das Kriterium sein, ob ein Familienmitglied einen Aufenthaltstitel besitzt, der zu einem längerfristigen (d.h. mehr als gerade einige Monate) und grundsätzlich verlängerbaren Aufenthalt berechtigt. Ein solch formales Kriterium dürfte jedoch nicht in starrer Weise angewendet werden. Vielmehr muss die Abgrenzung zwischen einer blossen Beeinträchtigung und einem Eingriff durchlässig und flexibel sein, um in aussergewöhnlichen Situationen eine dem Einzelfall gerecht werdende, umfassende Beurteilung zu ermöglichen.

---

[57] Vgl. hierzu vorne 60 Anm. 1.
[58] Hierzu hinten 461.

E. Synthese

Als Eingriff i.S. von Art. 8 Abs. 2 EMRK ist schliesslich nicht nur eine Beeinträchtigung durch aktives staatliches Tun, sondern auch durch Unterlassung bzw. Untätigkeit zu betrachten[59].

3. Ist der Eingriff gerechtfertigt?

Eingriffe in das Privat- und Familienleben sind nach Art. 8 Abs. 2 EMRK zulässig, wenn sie gesetzlich vorgesehen und in einer demokratischen Gesellschaft zur Erreichung eines der abschliessend aufgeführten Zwecke notwendig sind.

Für die Zulässigkeit eines fremdenrechtlich begründeten Eingriffes in das Privat- und Familienleben kommt dem Gesichtspunkt der *Notwendigkeit der Massnahme in einer demokratischen Gesellschaft* in aller Regel *ausschlaggebende Bedeutung* zu. Die ergriffene Massnahme muss nicht nur zur Erreichung des Zieles *geeignet* und *erforderlich*, sondern auch *verhältnismässig* und mit den *Werten einer demokratischen Gesellschaft* - Toleranz, Pluralismus, Offenheit - vereinbar sein. Die Eignung und Erforderlichkeit des Eingriffes sind rein objektive Kriterien und meist unproblematisch. Demgegenüber stellt die Prüfung der Verhältnismässigkeit hohe Anforderungen. Wie dargelegt, genügt es in aller Regel nicht, die sich gegenüberstehenden privaten und öffentlichen Interessen abzuwägen. Gerade beim Recht auf Achtung des Familienlebens, das zwar ein Individualrecht darstellt, gleichzeitig aber kollektive Aspekte aufweist, ist im Rahmen einer *umfassenden Interessenabwägung* allen durch eine fremdenrechtliche Massnahme betroffenen Interessen Rechnung zu tragen[60]. Neben dem Interesse des von der Massnahme direkt betroffenen Familienangehörigen an einem Zusammenleben mit der Familie sind auch die Interessen der übrigen Familienangehörigen am Schutz ihres Familienlebens, ihrer sozialen und gesellschaftlichen Kontakte etc. einzubeziehen. Ferner sind alle öffentlichen Interessen an der in Frage stehenden Massnahme zu berücksichtigen. Zu beachten ist jedoch, dass zur Gewichtung der einzelnen Interessen keine „interessenfremden" Gesichtspunkte herangezogen werden sollten. M.a.W. sollte vermieden werden, die Schwere eines Eingriffes in das Familienleben der direkt betroffenen Person etwa nach der Zumutbarkeit einer Ausreise für die übrigen Familienangehörigen zu bestimmen.

---

[59] Siehe hierzu vorne 447 f.
[60] Hierzu vorne 454 f.

4. Das Diskriminierungsverbot von Art. 14 EMRK

Selbst wenn ein Eingriff mit den Schrankenbestimmungen von Art. 8 Abs. 2 EMRK vereinbar ist und daher keine Verletzung des Rechtes auf Achtung des Privat- und Familienlebens darstellt, kann daraus noch nicht gefolgert werden, dass die ausländerrechtliche Massnahme auch tatsächlich konventionskonform ist. An sich gerechtfertigte Eingriffe können nämlich das in Art. 14 EMRK verankerte Diskriminierungsverbot verletzen, wenn Personen, die sich in vergleichbarer Situation befinden, unterschiedlich behandelt werden und hierfür keine objektive und sachliche Rechtfertigung vorliegt[61]. Bestehen daher Hinweise für eine möglicherweise diskriminierende Ungleichbehandlung, ist im konkreten Einzelfall auch Art. 14 EMRK in Verbindung mit Art. 8 EMRK zu prüfen.

II. Leitideen der Entscheidfindung

Das soeben umrissene Prüfungsprogramm bezweckt lediglich die methodisch und dogmatisch korrekte Erfassung und Subsumption des Sachverhaltes sowie die Strukturierung der Urteilsfindung. Die Beurteilung eines konkreten Falles erfolgt im Rahmen eines Entscheidfindungsprozesses, dessen Ausgang nicht mit mathematischer Genauigkeit vorausgesagt werden kann. Subjektive Wertungen (Vorverständnis) der Richterinnen und Richter fliessen in die Entscheidung ebenso ein wie gesellschafts- und rechtspolitische Überlegungen. Bei der Beurteilung von ausländerrechtlichen, das Privat- oder Familienleben beeinträchtigenden Sachverhalten sollten daher die folgenden Elemente berücksichtigt und quasi als Leitlinien der Entscheidfindung verwendet werden:

– Die westeuropäischen Gesellschaften sind heute *Einwanderungsgesellschaften*. Diese - zumeist neuere - gesellschaftliche Realität verpflichtet die Staaten zu einer an den Bedürfnissen und Anforderungen einer Einwanderungsgesellschaft orientierten Ausübung der ihnen obliegenden Aufgaben. Der Schutz von Gesellschaft und Staat vor Bedrohungen gehört zwar weiterhin zu den zentralen Aufgaben der Behörden, doch ist diese Aufgabe in sachgerechter Weise zu erfüllen. Aufenthaltsbeendende Massnahmen gegen strafrechtlich verurteile Ausländerinnen und Ausländer, die zu dauerndem Aufenthalt zugelassen worden waren, sind daher nur dann zu ergreifen, wenn sie trotz Strafverbüssung eine erhebliche Gefahr für Staat oder Gesellschaft darstellen.

---

[61] Hinten 461 ff.

F. Weitere Konventionsgarantien 459

– Die Tatsache, dass die westeuropäischen Staaten heute Einwanderungsländer sind, verpflichtet diese ferner zur Verfolgung einer bewussten, aktiven und sachgerechten *Integrationspolitik*. Da Integrationspolitik und Ausländerrecht in enger Korrelation stehen und ferner der Familie im Rahmen des Integrationsprozesses eine zentrale Rolle zukommt, sind bei fremdenrechtlichen Massnahmen die integrationsfördernden Wirkungen des Familienlebens zu berücksichtigen.

– Der Familie kommt darüberhinaus ganz allgemein grosse Bedeutung zu. Zahlreiche innerstaatliche und menschenrechtliche Bestimmungen und Verlautbarungen verdeutlichen den hohen Wert, welcher der Institution Familie beigemessen wird, und verpflichten die Staaten, familienschützende und -fördernde Massnahmen zu ergreifen sowie den Bedürfnissen der Familien bei allen staatlichen Tätigkeiten weitestmöglichst Rechnung zu tragen.

– Bei allen Kinder betreffenden Massnahmen sind die Staaten aufgrund des nunmehr praktisch weltweit ratifizierten Übereinkommens über die Rechte des Kindes verpflichtet, das *Kindeswohl* im Sinne eines Grundprinzipes und Leitmotives von Entscheiden vorrangig zu berücksichtigen.

F. Exkurs: Weitere für den Schutz des Privat- und Familienlebens relevante Konventionsgarantien

Neben Art. 8 EMRK können in gewissen Situationen auch die in den Art. 12 und 14 EMRK verankerten Rechte und Freiheiten im Rahmen ausländerrechtlich begründeter Beeinträchtigungen des Privat- und Familienlebens betroffen sein. Es rechtfertigen sich daher einige Hinweise zu diesen Rechten.

I. Das Recht auf Eheschliessung und Gründung einer Familie in Art. 12 EMRK

Art. 12 EMRK statuiert das Recht, mit Erreichen des heiratsfähigen Alters eine Ehe einzugehen und eine Familie zu gründen und räumt damit ein subjektives Recht auf Eheschliessung und Familiengründung ein. Art. 12 EMRK liegt ein traditionelles europäisches Ehebild zugrunde: als Ehe i.S. dieser Bestimmung werden nur unter Einhaltung gewisser Formvorschriften eingegangene, monogame Beziehungen zwischen zwei Personen verschiedenen Geschlechts verstanden:

„In the Court's opinion, the right to marry guaranteed by Article 12 refers to the traditional marriage between persons of opposite biological sex. This appears also from the wording of the Article which makes it clear that Article 12 is mainly concerned to protect marriage as the basis of family."[62]

Nicht in den Schutzbereich fallen daher nichteheliche oder gleichgeschlechtliche[63] Beziehungen. Ferner auferlegt Art. 12 EMRK nach der bisherigen Rechtsprechung den Vertragsstaaten nicht die Verpflichtung, nach einer Geschlechtsumwandlung eine Eheschliessung zu gestatten[64].

Der andere durch Art. 12 EMRK garantierte Aspekt betrifft das Recht auf Gründung einer Familie. Dieses Recht schützt namentlich die Zeugung oder Adoption von Nachkommen[65]. Obwohl unbestritten ist, dass das Recht auf Gründung einer Familie in engem Zusammenhang mit dem Recht auf Eheschliessung steht, ist sein persönlicher Geltungsbereich ungewiss. So ist unklar, ob das Recht, eine Familie zu gründen, das Bestehen einer ehelichen Beziehung voraussetzt; trotz der gesellschaftlichen Veränderungen muss indes davon ausgegangen werden, dass wohl nur eheliche Gemeinschaften das durch Art. 12 EMRK gewährte Recht, eine Familie zu gründen, anrufen können[66].

Beide Aspekte von Art. 12 EMRK - sowohl das Recht auf Eheschliessung als auch auf Gründung einer Familie - schützen lediglich die *Eingehung* einer Ehe bzw. die *Gründung* einer Familie. Ist die Ehe erst einmal geschlossen

---

[62] EGMR, *Rees gegen Vereinigtes Königreich*, Serie A, Nr. 106, Ziff. 49; vgl. ferner EGMR, *Cossey gegen Vereinigtes Königreich*, Serie A, Nr. 184; *Palm-Risse*, 82 f.; *Frowein/Peukert*, 422; *Villiger*, Handbuch, Rz. 619; *Velu/Ergec*, 574; *Harris/O'Boyle/Warbrick*, 438 f.

[63] *Palm-Risse*, 83; *Villiger*, Handbuch, Rz. 619; *Harris/O'Boyle/Warbrick*, 439; *Velu/Ergec*, 574; kritisch hierzu *van Dijk/van Hoof*, 605 ff. sowie *van Dijk*, 198.

[64] EGMR, *Rees gegen Vereinigtes Königreich*, Serie A, Nr. 106; EGMR, *Cossey gegen Vereinigtes Königreich*, Serie A, Nr. 184; B 21830/93, *X., Y. und Z. gegen Vereinigtes Königreich*, unpublizierter KE vom 1.12.1994 (Zulässigkeitsentscheid im später vom Gerichtshof beurteilten Fall; die Beschwerde wurde von der Kommission in bezug auf Art. 12 EMRK für unzulässig erklärt); EGMR, *Horsham und Sheffield gegen Vereinigtes Königreich*, bei Fertigstellung des Manuskriptes noch nicht in der amtlichen Sammlung publizierter Entscheid vom 30. Juli 1998; *Harris/O'Boyle/Warbrick*, 438 f.; *Velu/Ergec*, 574.

[65] *Palm-Risse*, 136 ff.; *Villiger*, Handbuch, Rz. 622; *Velu/Ergec*, 576; *Harris/O'Boyle/Warbrick*, 440 f.; *Frowein/Peukert*, 424; *van Dijk/van Hoof*, 611.

[66] Eingehend hierzu *Palm-Risse*, 133 ff., sowie *van Dijk/van Hoof*, 613 f.; ferner *Villiger*, Handbuch, Rz. 622; *Frowein/Peukert*, 423 f.; *Velu/Ergec*, 576; *Harris/O'Boyle/Warbrick*, 442; *O'Donnell*, 145 f.

bzw. die Familie gegründet worden, wird das *Ehe-* bzw. *Familienleben* durch Art. 8 EMRK gegen ungerechtfertigte Eingriffe geschützt[67].

Art. 12 EMRK und ausländerrechtliche Massnahmen

Die in Art. 12 EMRK gewährleisteten Rechte können grundsätzlich auch durch ausländerrechtliche Massnahmen beeinträchtigt werden. So vermag etwa der Vollzug einer aufenthaltsbeendenden Massnahme kurz vor der Eheschliessung oder die Versagung einer Einreisebewilligung zur Eheschliessung das Recht auf Ehe zu beeinträchtigen. Der einzige derartige von der Kommission bisher beurteilte Fall betraf die Nichtverlängerung des Aufenthaltstitels eines indischen Staatsangehörigen, der geltendgemacht hatte, in Kürze heiraten zu wollen. Die Kommission erklärte die Beschwerde jedoch für unzulässig, da der Beschwerdeführer weder die Ernsthaftigkeit der Heiratsabsicht dargelegt, noch ausgeführt habe, warum eine Eheschliessung und die Führung des Ehelebens nicht auch im Ausland möglich sei[68]. Daraus kann gefolgert werden, dass fremdenrechtliche Massnahmen eine Verletzung von Art. 12 EMRK darzustellen vermögen, wenn sie bei Bestehen konkreter Heiratspläne ergriffen werden und damit der Eheschluss, weil eine Ausreise unzumutbar erscheint, praktisch verunmöglicht wird[69]. Art. 12 EMRK könnte ferner auch in Situationen, in denen im Ausland adoptierten oder zur Adoption einreisenden minderjährigen Kindern die Einreise versagt wird, bedeutsam sein, werden doch Adoptionen ebenfalls durch das Recht auf Gründung einer Familie erfasst.

II. Das Diskriminierungsverbot in Art. 14 EMRK

Die EMRK enthält kein allgemeines Gleichbehandlungsgebot, sondern lediglich ein unselbständiges, in seinem Geltungsbereich eingeschränktes Diskriminierungsverbot:

„Der Genuss der in der vorliegenden Konvention festgelegten Rechte und Freiheiten ist ohne Benachteiligung zu gewährleisten, die insbesondere im Geschlecht, in der Rasse, Hautfarbe, Sprache, Religion, in den politischen oder sonstigen An-

---

[67] *Palm-Risse*, 115 f.; *Villiger*, Handbuch, Rz. 622.

[68] B 7175/75, *X. gegen die Bundesrepublik Deutschland*, DR 6, 140; vgl. ferner den Entscheid des Conseil d'État *Préfet des Yvelines c/ Mlle El Azzouzi*, 10.11.1995, D. 1995, Somm. 106.

[69] Ebenso *Cholewinski*, Migrant Workers, 343; *van Dijk/van Hoof*, 614 f.; *Plender*, 235.

schauungen, in nationaler oder sozialer Herkunft, in der Zugehörigkeit zu einer nationalen Minderheit, im Vermögen, in der Geburt oder im sonstigen Status begründet ist."

Nach Art. 14 EMRK ist eine Diskriminierung nur im Zusammenhang mit der Anwendung bzw. Einschränkung der in der EMRK und in ihren Zusatzprotokollen niedergelegten Rechten und Freiheiten verboten, d.h. das Diskriminierungsverbot ist *akzessorisch*[70]. Da jedoch seine Anwendbarkeit nicht von der Feststellung der Verletzung einer Konventionsnorm abhängt, erlangt Art. 14 EMRK insofern *autonome* Bedeutung, als seine Verletzung immer dann geltendgemacht werden kann, wenn der betreffende Sachverhalt in den Schutzbereich von garantierten Rechten und Freiheiten fällt[71]. Dies ist insofern von grosser Bedeutung, als die Einschränkung eines gewährleisteten Rechtes für sich allein betrachtet durchaus konventionskonform sein, aber dennoch eine Verletzung des Diskriminierungsverbotes bedeuten kann, wenn sie in diskriminierender Weise erfolgt. Zutreffend hat Hoffmann-Remy ausgeführt, dass

„eine Grundrechtsbeschränkung (...) für sich betrachtet «in einer demokratischen Gesellschaft notwendig» sein und dennoch gegen den weiteren rechtsstaatlichen Grundsatz des Gebots der Gleichbehandlung verstoßen [kann]; in den Art. 8 -11 Abs. 2 ist ja nur die Frage angesprochen, ob *eine* konkrete Maßnahme *für sich betrachtet* demokratischen Grundsätzen entspricht. Bei dieser gewissermaßen «isolierten» Prüfung wird aber noch nicht berücksichtigt, ob sich ein Staat, der eine solche Maßnahme im öffentlichen Interesse für erforderlich hält, nicht deshalb dem Vorwurf der Diskriminierung aussetzt, weil er bei anderen Trägern wesentlich gleicher Interessen derartige Beschränkungen der Grundrechtsausübung nicht für geboten erachtet."[72]

---

[70] *Frowein/Peukert*, 438; *Partsch*, 572; *Villiger*, Handbuch, Rz. 631; *Harris/O'Boyle/Warbrick*, 463; *Velu/Ergec*, 112 f.; *Bossuyt*, 478; *Cohen-Jonathan*, Convention, 538.

[71] *Villiger*, Handbuch, Rz. 632; *Partsch*, 582 f.; *Matscher*, Diskriminierungsverbot, 631; *Frowein/Peukert*, 437; *Harris/O'Boyle/Warbrick*, 465 f.; *Velu/Ergec*, 114 ff.: *Bossuyt*, 479 ff.; *van Dijk/van Hoof*, 712 ff.; *Cohen-Jonathan*, Convention, 538 f.; vgl. aus der Rechtsprechung z. B. EGMR, *Abdulaziz, Cabales und Balkandali gegen Vereinigtes Königreich*, Serie A, Nr. 94 Ziff. 71; EGMR *Karlheinz Schmidt gegen Deutschland*, Serie A, Nr. 291-B, Ziff. 22; EGMR, *Gaygusuz gegen Österreich*, Reports 1996-IV, 1129 ff., Ziff. 36; EGMR, *Botta gegen Italien*, Reports 1998-I, 412 ff., Ziff. 39.

[72] *Hoffmann-Remy*, 46; vgl. ebenso *Brötel*, Familienleben, 111; *Matscher*, Diskriminierungsverbot, 632 f.; *Cholewinski*, Migrant Workers, 279; siehe ferner die Ausführungen der EKMR in B 2299/64, *Grandrath gegen die Bundesrepublik Deutschland*, YBECHR 10, 678: „The application of Article 14 does not only depend upon a previous finding of the Commission that a violation of another Article of the Convention already exists. In certain cases, Article 14 may be violated in a field dealt with by another Article of the Convention, although there is otherwise no violation of that Article. In the

F. Weitere Konventionsgarantien

Eingriffe in die durch Art. 8 EMRK geschützten Rechte können daher - selbst wenn sie den Schrankenvoraussetzungen von Art. 8 Abs. 2 EMRK entsprechen - aus der Optik des Diskriminierungsverbotes problematisch sein.

Nicht jede unterschiedliche Behandlung bei der Ausübung der garantierten Rechte und Freiheiten stellt indes eine verbotene Diskriminierung dar[73]. Von einer Diskriminierung kann vielmehr erst gesprochen werden, wenn aufgrund bestimmter Kriterien eine Differenzierung vergleichbarer Situationen[74] vorgenommen wird und hierfür *keine objektive und sachliche Rechtfertigung* besteht, d.h. der mit der Differenzierung verfolgte *Zweck* unzulässig ist oder die ergriffenen Mittel zur Erreichung des Zweckes nicht *verhältnismässig* sind[75]. Den Vertragsstaaten kommt jedoch auch in diesem Zusammenhang ein gewisser Beurteilungsspielraum zu, dessen Umfang sich nach den Umständen, dem Gegenstand und dessen Hintergrund bemisst[76]. Ausschlaggebend für die Anforderungen an die Rechtfertigung einer Massnahme ist letztlich das beigezogene Unterscheidungskriterium. So hat der Gerichtshof im Fall *Karlheinz Schmidt gegen Deutschland*, in dem es um die Pflicht zur Leistung von Feuerwehrdienst oder alternativen Bezahlung einer Ersatzab-

---

present case, it is necessary to refer to the limitative provisions contained in various Articles of the Convention. For example, in each of Articles 8 to 11, a certain right is guaranteed by paragraph (1), but the Contracting Parties are, under paragraph (2), allowed, subject to specific conditions, to restrict that right. When using this power to restrict a right guaranteed by the Convention, the Contracting Parties are bound by the provision of Article 14. Consequently, if a restriction which is in itself permissible under paragraph (2) of one of the above Articles, is imposed in a discriminatory manner, there would be a violation of Article 14 in conjunction with the other Article concerned".

[73] *Velu/Ergec*, 117; *Jacobs/White*, 286; *Harris/O'Boyle/Warbrick*, 463; *Frowein/Peukert*, 447; *Cohen-Jonathan*, Convention, 541.

[74] *Jacobs/White*, 290; *Frowein/Peukert*, 448 ff.; *Harris/O'Boyle/Warbrick*, 471 ff.; *Villiger*, Handbuch, Rz. 636; *Cohen-Jonathan*, Convention, 544; EGMR, *Lithgow et al. gegen Vereinigtes Königreich*, Serie A, Nr. 102, Ziff. 177.

[75] *Frowein/Peukert*, 447 und 452 ff.; *Velu/Ergec*, 120 ff.; *Partsch*, 590; *Jacobs/White*, 287; *van Dijk/van Hoof*, 722; *Villiger*, Handbuch, Rz. 637 f.; *Cohen-Jonathan*, Convention, 542; vgl. aus der Rechtsprechung z. B. EGMR, *Gaygusuz gegen Österreich*, Reports 1996-IV, 1129 ff., Ziff. 42: „According to the Court's case-law, a difference in treatment is discriminatory (...) if it «has no objective and reasonable justification», that is if it does not pursue a «legitimate aim» or if there is not a «reasonable relationship of proportionality between the means employed and the aim sought to be realised»".

[76] *Velu/Ergec*, 120; vgl. hierzu ferner *Jeroen Schokkenbroek*, The Prohibition of Discrimination in Article 14 of the Convention and the Margin of Appreciation, HRLJ 1998, 20 ff.

gabe nur für Männer ging, ausgeführt, dass „very weighty reasons would have to be put forward before the Court could regard a difference of treatment based exclusively on the ground of sex as compatible with the Convention"[77]. In gleicher Weise hat er im Urteil *Gaygusuz gegen Österreich* betont, dass auch eine ungleiche Behandlung aufgrund der Staatsangehörigkeit nur bei Vorliegen besonders gewichtiger Gründe mit den Bestimmungen der EMRK vereinbar sei[78].

Der Wortlaut von Art. 14 EMRK enthält, wie die Verwendung des Wortes „insbesondere" sowie das Unterscheidungskriterium des „sonstigen Status" verdeutlichen, keine abschliessende Aufzählung verpönter Unterscheidungskriterien[79]. Wie in den Diskriminierungsverboten anderer internationaler Menschenrechtsinstrumente auch[80], fehlt das Merkmal der *Staatsangehörigkeit* in der Aufzählung von Art. 14 EMRK; dieses kann aber unter dem Kriterium des „sonstigen Status" subsumiert werden[81].

---

[77] EGMR, *Karlheinz Schmidt gegen Deutschland*, Serie A, Nr. 291-B, Ziff. 24; vgl. auch EGMR, *Abdulaziz, Cabales und Balkandali gegen Vereinigtes Königreich*, Serie A, Nr. 94, Ziff. 78, sowie EGMR, *Van Raalte gegen die Niederlande*, Reports 1997-I, 179 ff., Ziff. 39.

[78] EGMR, *Gaygusuz gegen Österreich*, Reports 1996-IV, 1129 ff., Ziff. 42; der Fall betraf die Weigerung der österreichischen Behörden, dem türkischen Beschwerdeführer finanzielle Nothilfe nach seiner Aussteuerung zu leisten. Aufgrund der österreichischen Gesetzgebung konnte eine solche Nothilfe nur an österreichische Staatsangehörige ausgerichtet werden. Der Gerichtshof befand, dass eine Verletzung von Art. 14 i.V. mit Art. 1 des 1. Zusatzprotokolls EMRK vorliege, da die von den österreichischen Behörden vorgebrachten Gründe nicht überzeugend waren und die Ungleichbehandlung daher nicht auf objektiven und sachlichen Gründen beruhe.

[79] *Velu/Ergec*, 124; *Jacobs/White*, 288; *Harris/O'Boyle/Warbrick*, 463; *Frowein/Peukert*, 454; *Matscher*, Diskriminierungsverbot, 629; *Bossuyt*, 477; *van Dijk/van Hoof*, 730; *Villiger*, Handbuch, Rz. 633; *Cohen-Jonathan*, Convention, 540.

[80] Vgl. z. B. Art. 2 Abs. 2 Pakt I, Art. 2 Abs. 2 Pakt II, Art. 26 Pakt II, Art. 2 Abs. 2 KRK.

[81] Ebenso *Cholewinski*, Migrant Workers, 280. In diesem Sinne hat auch der Menschenrechtsausschuss in Mitteilung 196/1985, *Ibrahima Gueye et al. gegen Frankreich*, JB 1989, 189, Ziff. 9.4, die Staatsangehörigkeit ausdrücklich dem „sonstigen Status" zugeordnet.

F. Weitere Konventionsgarantien

Diskriminierungsverbot und ausländerrechtliche Massnahmen

Treffen die Konventionsstaaten Unterscheidungen zwischen eigenen und fremden Staatsangehörigen, so stellt dies nicht per se bereits eine verbotene Diskriminierung dar:

> „The Commission considers in a general way that the fact that the treatment accorded by a State to its own nationals differs from that which it accords to aliens cannot as such be regarded as discriminatory treatment."[82]

Sofern objektive und sachliche Gründe die Ungleichbehandlung zu rechtfertigen vermögen, ist diese zulässig und damit konventionskonform. Kommission und Gerichtshof haben in einigen Fällen die Konventionskonformität ausländerrechtlicher Massnahmen, die meist aufgrund der Staatsangehörigkeit zu Bevorzugungen bzw. Benachteilungen führten, auch unter dem Gesichtspunkt von Art. 14 EMRK untersucht:

Im Urteil *Abdulaziz, Cabales und Balkandali gegen Vereinigtes Königreich* kam der Gerichtshof zum Schluss, dass unterschiedliche Nachzugsbestimmungen für Ehemänner und Ehefrauen zwar einen zulässigen Zweck verfolgten (den Schutz des inländischen Arbeitsmarktes), jedoch nicht gerechtfertigt seien, da die von den britischen Behörden vorgebrachten Gründe - neu nach Grossbritannien einwandernde Ausländer würden eher Arbeit suchen als neu einwandernde Ausländerinnen und hätten daher grösseren Einfluss auf den Arbeitsmarkt - nicht gewichtig genug waren, um eine Ungleichbehandlung aufgrund des Geschlechtes zu rechtfertigen[83].

In *Moustaquim gegen Belgien* hatte der Beschwerdeführer geltend gemacht, dass er sowohl gegenüber straffällig gewordenen belgischen Jugendlichen, als auch straffällig gewordenen Jugendlichen, die zwar nicht die belgische Staatsangehörigkeit besassen, aber Angehörige eines EU-Landes seien, benachteiligt werde, da gegen diese keine entsprechenden aufenthaltsbeendenden Massnahmen ergriffen werden könnten. Der Gerichtshof führte aus, dass sich Moustaquim nicht in einer mit belgischen Jugendlichen vergleichbaren Situation befinde, da Staatsangehörige nicht aus dem eigenen Land ausgewiesen werden könnten; in bezug auf die Vorzugsbehandlung von Staatsangehörigen der übrigen EU-Länder befand er, dass diese auf einer objektiven und sachlichen Rechtfertigung beruhe, gehöre Belgien doch mit anderen Staaten einer besonderen Rechtsgemeinschaft an[84].

Die ausländerrechtliche Bevorzugung von Staatsangehörigen von EU-Staaten durch einen anderen EU-Mitgliedstaat hat der Gerichtshof auch im Fall *C. gegen Belgien* als objektiv und sachlich gerechtfertigt erachtet, „given that the member

---

[82] EKMR, *Moustaquim gegen Belgien*, Serie A, Nr. 194, KB Ziff. 68.

[83] EGMR, *Abdulaziz, Cabales und Balkandali gegen Vereinigtes Königreich*, Serie A, Nr. 94, Ziff. 78 ff.

[84] EGMR, *Moustaquim gegen Belgien*, Serie A, Nr. 193, Ziff. 49.

States of the European Union form a special legal order, which has, in addition, established its own citizenship"[85].

In Situationen, in denen minderjährige, noch anpassungsfähige Kinder, welche die Staatsangehörigkeit des betreffenden Staates besitzen, mit der Ausweisung oder Ausschaffung des sorgeberechtigten Elternteiles faktisch ebenfalls zur Ausreise verpflichtet werden, hat die Kommission das Vorliegen einer Diskriminierung unter Hinweis auf die Zulässigkeit des Zweckes, die Verhältnismässigkeit der Massnahme sowie den Beurteilungsspielraum der Staaten verneint:

„However, even assuming that the applicant can be said to be in a comparable position as regards other British minors who are in a different situation in respect of their parents (...) the Commission recalls that it has found the proposed measure to be compatible with the requirements of Article 8 of the Convention in respect of the implementation by the United Kingdom of its immigration policy. It recalls the fact that the applicant's mother was in breach of immigration regulations and that there are no obstacles preventing the applicant, who is of an adaptable age, from continuing her family and private life with her mother in Kenya. The Commission consequently finds that the proposed measure of deportation of the applicant's mother, which will probably require the applicant to accompany her, falls within the margin of appreciation enjoyed by the domestic authorities."[86]

Eine bevorzugte ausländerrechtliche Behandlung von Angehörigen derjenigen Staaten, mit denen ein Land besonders enge Beziehungen pflegt, beruht ebenfalls auf einem objektiven und sachlichen Grund und ist daher nicht diskriminierend[87].

Nicht als Diskriminierung, da objektiv und sachlich gerechtfertigt, erachtete die Kommission bei ausländerrechtlichen Fällen die Bevorzugung ehelicher und nichtehelicher Partnerschaften gegenüber gleichgeschlechtlichen Partnerschaften, da die entsprechenden Massnahmen den Zweck verfolgen, familiären Beziehungen besonderen Schutz zukommen zu lassen und die Privilegierung zur Erreichung dieses Zieles verhältnismässig sei[88].

Als objektiv und sachlich gerechtfertigt wurde von der Kommission die auf der Geburt beruhende Ungleichbehandlung im Rahmen des Nachzuges eines minderjäh-

---

[85] EGMR, *C. gegen Belgien*, Reports 1996-III, 915 ff., Ziff. 38.

[86] B 23938/94, *Sorabjee gegen Vereinigtes Königreich*, unpublizierter KE vom 23. Oktober 1995; B 24865/94, *Jaramillo gegen Vereinigtes Königreich*, unpublizierter KE vom 23.10.1995; B 28627/95, *Dabhi und Dabhi gegen Vereinigtes Königreich*, unpublizierter KE vom 17.1.1997.

[87] B 9088/80, *X. gegen Vereinigtes Königreich*, DR 28, 160 (betr. Bevorzugung von Staatsangehörigen von Commonwealth-Staaten); B 9285/81, *X. et al. gegen Vereinigtes Königreich*, DR 29, 205 (betr. Bevorzugung von Staatsangehörigen von Commonwealth-Staaten).

[88] B 16106/90, *B. gegen Vereinigtes Königreich*, DR 64, 278; B 14753/89, *M. und M. gegen Vereinigtes Königreich*, unpublizierter KE vom 9.10.1989.

F. Weitere Konventionsgarantien

rigen Kindes einer polygamen Beziehung bezeichnet, da die Bewilligungsversagung dem Schutz des wirtschaftlichen Wohles des Landes diente und in casu verhältnismässig war[89].

Wiederholt legte die Kommission schliesslich dar, dass im Rahmen ausländerrechtlicher Sachverhalte bereits die Ausländereigenschaft an sich einen objektiven und sachlichen Grund für eine Ungleichbehandlung darstelle: „(...) le statut d'étranger constitue en lui-même une justification objective et raisonnable du fait d'être soumis, dans le domaine de la législation en matière d'immigration, à un traitement différent de celui appliqué aux nationaux"[90]. Obwohl der Gerichtshof im Entscheid *Gaygusuz gegen Österreich* ausführte, dass „very weighty reasons would have to be put forward before the Court could regard a difference of treatment based exclusively on the ground of nationality as compatible with the Convention"[91], kann m.E. daraus nicht gefolgert werden, dass unterschiedliche Regelungen für Staatsangehörige und Fremde betreffend Einreise und Verbleib in einem Staat generell nur bei Vorliegen besonders gewichtiger Gründe - die nicht in der Ausländereigenschaft begründet liegen - gerechtfertigt werden könnten. Der Fall *Gaygusuz* betraf nämlich die Verweigerung von Notstandshilfe an einen damals seit vielen Jahren in Österreich lebenden türkischen Staatsangehörigen unter Hinweis auf die entsprechenden Bestimmungen, wonach nur Österreicherinnen und Österreichern diese Fürsorgeleistung gewährt werden konnte. Zu beurteilen war daher eine Ungleichbehandlung in einem von seinem Charakter her gänzlich vom Ausländerrecht unterschiedlichen Bereich.

---

[89] B 14501/89, *A. und A. gegen die Niederlande*, DR 72, 118; vgl. ferner B 19628/92, *Bibi gegen Vereinigtes Königreich*, unpublizierter KE vom 29.6.1992.

[90] B 267111/95, *Verde gegen Frankreich*, unpublizierter KE vom 28. Februar 1996; siehe ferner ebenso B 7729/76, *Agee gegen Vereinigtes Königreich*, DR 7, 164.

[91] EGMR, *Gaygusuz gegen Österreich*, Reports 1996-IV, 1129 ff., Ziff. 42.

Elftes Kapitel

Effektiver und wirksamer Schutz des Privat- und Familienlebens in einer Einwanderungsgesellschaft - keine Utopie

Nachdem im voranstehenden Kapitel die für einen effektiven und wirksamen Schutz des Privat- und Familienlebens zu berücksichtigenden Gesichtspunkte dargelegt wurden, soll in diesem abschliessenden Kapitel versucht werden, einzelne Situationen unter Zugrundelegung der abgeleiteten Grundsätze „idealtypisch" zu beurteilen. Daran schliessen sich einige kurze Bemerkungen zur innerstaatlichen Rechtspraxis an.

A. Einzelne Fallkonstellationen

I. Beeinträchtigung der Beziehung zwischen Ehegatten

Die Beziehung zwischen Ehegatten fällt, sobald die Ehe geschlossen worden ist, in den Schutzbereich von Art. 8 EMRK; dies gilt auch für im Ausland geschlossene Ehen, wenn sie zwar nicht mit den innerstaatlichen Regelungen des betreffenden Konventionsstaates vereinbar, jedoch nach den Bestimmungen des Staates, in dem sie geschlossen wurden, rechtsgültig sind[1]. Ausländerrechtliche Massnahmen gegen einen Ehepartner tangieren daher in aller Regel den Schutzbereich des *Familienlebens*.

Führt eine fremdenrechtliche Massnahme dazu, dass das Zusammenleben der Ehegatten aufgehoben oder verunmöglicht wird, so stellt dies meist eine schwerwiegende Beeinträchtigung eines elementaren Aspektes des Familienlebens dar und muss als *Eingriff* in das Familienleben betrachtet werden - ungeachtet der Tatsache, ob es um eine mögliche Schutzpflicht (Nachzug) oder eine negative Verpflichtung (aufenthaltsbeendende Massnahmen) geht.

Im Rahmen der Rechtfertigungsprüfung ist eine umfassende Interessen- und Verhältnismässigkeitsprüfung vorzunehmen. Dabei ist zunächst der persönlichen und familiären Situation *beider* Ehegatten Rechnung zu tragen. Von zentraler Bedeutung sind die konkreten Umstände des Einzelfalles: den

---

[1] Siehe vorne 173 ff.

privaten Interessen kommt grösseres Gewicht zu, wenn beide oder zumindest einer der Ehegatten bereits seit langer Zeit im betreffenden Vertragsstaat leben, intensive persönliche, berufliche oder familiäre Bindungen zu diesem pflegen etc.; geringeres Gewicht kommt ihnen zu, wenn etwa intensive familiäre oder persönliche Beziehungen zum Herkunftsland eines oder beider Ehegatten bestehen, die Ehe in Kenntnis der Gefahr, sie möglicherweise nicht im betreffenden Konventionsstaat leben zu können, geschlossen wurde oder eine soziale und wirtschaftliche Integration im Ausland durchaus möglich erscheint. Zu berücksichtigen sind aber auch die *staatlichen Interessen*. Bei Massnahmen gegen straffällig gewordene Ehepartner ist für die Gewichtung der staatlichen Interessen der Schwere sowie den Umständen der deliktischen Tätigkeit Rechnung zu tragen. Namentlich bei ausländerrechtlichen Delikten, z. B. bei illegaler Einreise oder illegalem Aufenthalt, ist zu prüfen, ob diese nicht in engem Zusammenhang mit der geltendgemachten familiären Beziehung zum anderen Ehepartner stehen[2]. In Nachzugsfällen ist zu berücksichtigen, ob gegen den um Einreise ersuchenden Ehepartner relevante Fernhaltegründe vorliegen. Bei der Entscheidfindung sollte die integrationsfördernde Wirkung der Familie bedacht und daher bei Nachzugsgesuchen von Ehepartnern zum dauernden Aufenthalt zugelassener Ausländerinnen und Ausländer der restriktiven Einreise- und Ausländerpolitik kein allzu grosses Gewicht beigemessen werden.

Die Eingehung einer Ehe und die damit verbundene Begründung von Familienleben wird durch Art. 12 EMRK geschützt. Verunmöglicht eine fremdenrechtliche Massnahme eine bereits konkret geplante Eheschliessung oder verzögert sie diese über Gebühr, verletzt dies u.U. Art. 12 EMRK[3].

II. Beeinträchtigung der Beziehung zwischen Eltern und minderjährigen Kindern

Ausländerrechtliche Massnahmen können die familiären Beziehungen zwischen Eltern und minderjährigen Kinder in verschiedenster Hinsicht beeinträchtigen: etwa durch eine Nachzugsversagung oder durch aufenthaltsbeendende Massnahmen gegen die Eltern. Allen Situationen ist jedoch gemeinsam, dass überragender Grundsatz bei der Beurteilung der Konventionskonformität einer solchen Massnahme das *Kindeswohl* darstellen muss.

---

[2] Vgl. in diesem Sinne z. B. BGE 122 II 1, E. 3b, 7 f.
[3] Siehe hierzu vorne 461.

1. Nachzug minderjähriger Kinder zu ihren Eltern bzw. zu einem Elternteil

Zwischen Eltern und Kindern besteht ipso iure Familienleben i.S. von Art. 8 EMRK; diese familiäre Beziehung geht nicht durch den Umstand unter, dass Eltern bzw. ein Elternteil und das minderjährige Kind in verschiedenen Ländern leben[4].

Art. 8 EMRK gewährleistet zwar kein generelles Recht auf Familiennachzug; verweigert jedoch ein Konventionsstaat einem minderjährigen Kind den Nachzug zu seinen Eltern oder seinem Elternteil, wird dadurch in aller Regel das Zusammenleben von Eltern und Kindern - zentraler Aspekt des Familienlebens[5] - verhindert bzw. ein regelmässiger Kontakt zwischen diesen erschwert, was zweifellos einen *Eingriff* in das Familienleben bedeutet.

Ausgangspunkt und Leitmotiv der Verhältnismässigkeitsprüfung muss das *Kindeswohl* bilden. Diesem entspricht es in aller Regel, dass Kinder im Kreise ihrer elterlichen Familie aufwachsen können. Die Nachzugsverweigerung gründet meist in einer restriktiven Einwanderungs- und Ausländerpolitik. Demgegenüber verpflichtet Art. 10 Abs. 1 KRK die Vertragsstaaten - und das sind heute immerhin 191 Länder - Einreiseanträge zum Zwecke der Familienzusammenführung *„wohlwollend, human und beschleunigt"* zu bearbeiten. Den staatlichen Interessen darf deshalb kein derart grosses Gewicht beigemessen werden, dass es die übrigen Interessen praktisch von vornherein in den Hintergrund zu drängen vermag. Vielmehr ist in jedem Einzelfall zu prüfen, ob eine ausländerrechtliche Massnahme mit dem Wohl des betroffenen Kindes vereinbar ist oder nicht.

Sind die *Eltern* auf Dauer in einem Konventionsstaat niedergelassen, ist eine Nachzugsversagung - zumindest wenn der Kontakt zwischen Eltern und Kind trotz der räumlichen Trennung aufrecht erhalten wurde - mit dem Kindeswohl nur schwerlich vereinbar, insbesondere wenn die integrativen Wirkungen des Nachzuges berücksichtigt werden; so sind es häufig gerade die

---

[4] Vorne 29 ff.

[5] „According to the Court's well established case-law, «the mutual enjoyment by parent and child of each other's company constitutes a fundamental element of family life» and domestic measures hindering such enjoyment amount to an interference with the right protected by Article 8", EGMR, *McMichael gegen Vereinigtes Königreich*, Serie A, Nr. 307-B, Ziff. 86; dieser Fall betraf zwar die Überführung eines Kindes in staatliche Obhut, doch bestehen keine stichhaltigen Gründe, weshalb diese Aussage nicht auch auf ausländerrechtliche Massnahmen eines Staates zutreffen sollte; vgl. in diesem Sinne auch die *dissenting opinion* der Richter *Martens* und *Russo* im Entscheid des EGMR *Gül gegen die Schweiz*, Reports 1996-I, 159 ff., 180.

Kinder, die eine Brücke zwischen ihren Eltern und der Gesellschaft des Aufenthaltsstaates zu schlagen vermögen.

Lebt lediglich ein *Elternteil* in einem Konventionsstaat, so sind die konkreten persönlichen und familiären Lebensumstände des Kindes an seinem bisherigen Aufenthaltsort zu berücksichtigen. Es darf jedoch nicht in grundsätzlicher Weise davon ausgegangen werden, dass das Kindeswohl einem Nachzug eher entgegenstehe, da das Kind aus seiner gewohnten und vertrauten Umgebung herausgerissen würde. Das Interesse an der Vereinigung mit dem anderen Elternteil kann je nach Situation sehr gross sein, wenn z. B. der bisher die Obhut ausübende Elternteil verstorben ist oder aus gesundheitlichen Gründen nicht mehr in der Lage ist, das Kind zu betreuen. Auch wenn weitere Verwandte in der Lage oder willens wären, die Pflege des Kindes zu übernehmen, bleibt die Tatsache, dass der in einem Konventionsstaat lebende Elternteil der nächste Verwandte ist. Ob eine Aufrechterhaltung der bisherigen Beziehungsintensität möglich wäre, sollte zumindest in diesen Situationen keine Rolle spielen.

*2. Aufenthaltsbeendende Massnahmen
gegen die Eltern oder den sorgeberechtigten Elternteil*

Eine völlig andere Sachlage stellt sich bei aufenthaltsbeendenden Massnahmen gegen die Eltern oder den sorgeberechtigten Elternteil. Hier wird das Kind zumindest faktisch ebenfalls zum Verlassen des Aufenthaltsstaates angehalten. Besonders problematisch ist dies bei Kindern, welche die Staatsangehörigkeit des Aufenthaltsstaates besitzen, oder wenn die Massnahme sich - bei getrennt lebenden Eltern - nur gegen den sorgeberechtigten Elternteil richtet, der andere Elternteil aber weiterhin im Aufenthaltsstaat lebt. Die Konventionskonformität einer aufenthaltsbeendenden Massnahme ist jedoch - zumindest unter dem Aspekt des Rechtes auf Achtung des Privatlebens - auch in Fällen, in denen beide Elternteile betroffen sind oder der nicht sorgeberechtigte Elternteil im Ausland lebt, zu prüfen.

Ein erzwungener Vollzug aufenthaltsbeendender Massnahmen gegen die Eltern bzw. den sorgeberechtigten Elternteil würde grundsätzlich zur Trennung von Eltern und Kindern führen, wenn das Kind über einen gültigen Aufenthaltstitel verfügt und daher eigentlich weiterhin im Konventionsstaat bleiben könnte. Deshalb sind diese Fallkonstellationen unter dem Aspekt eines *Eingriffes* in das Familienleben zu betrachten. Denn der Umstand, dass Eltern oder sorgeberechtigte Elternteile bei einer Ausreise ihre minderjährigen Kinder meist mitnehmen, stellt m.E. keinen Grund für die Verneinung eines Eingriffes in das Familienleben dar, verhindert doch einzig die Vernunft der Eltern in diesen Situationen eine Trennung der Familienangehörigen.

Auch in diesen Situationen ist bei der Rechtfertigungsprüfung dem Wohl des Kindes vorrangige Bedeutung beizumessen: Besitzen die Kinder die *Staatsangehörigkeit* des betreffenden Staates, führt die Ausweisung der Eltern faktisch zur Ausweisung eigener Staatsangehöriger. In derartigen Konstellationen darf das staatliche Interesse an einer wirkungsvollen Durchsetzung der Einwanderungspolitik nicht per se - unter Hinweis auf das noch anpassungsfähige Alter der Kinder - überwiegen. Eine Ausreise ist nicht nur für bereits eingeschulte und daher im sozialen Gefüge des Heimatlandes integrierte Kinder kaum mit dem Kindeswohl vereinbar. Auch für kleinere, grundsätzlich noch leicht veränderten Lebensumständen anpassungsfähige Kinder steht mit der faktischen Ausweisung viel mehr als nur gerade eine Umstellung der Lebenssituation und eine Anpassung an veränderte gesellschaftliche, sprachliche, kulturelle etc. Umstände auf dem Spiel. In der Mehrzahl der Fälle sind die Schul-, Ausbildungs- und Berufschancen, gelegentlich sogar die reinen Überlebenschancen, im Herkunftsstaat der Eltern bzw. des sorgeberechtigten Elternteiles wesentlich schlechter, oder entsprechende Möglichkeiten stehen dem Kind wegen fehlender finanzieller Mittel der Eltern oder weil es möglicherweise nicht die Staatsangehörigkeit des Herkunftsstaates der Eltern besitzt und daher z. B. von gewissen Ausbildungsangeboten ausgeschlossen ist, nicht offen. Eine spätere Rückkehr des Kindes in das Land, dessen Staatsangehörigkeit es besitzt, erscheint, nicht nur weil ihm die sozialen, kulturellen und sprachlichen Gegebenheiten seines Heimatlandes fremd sind, sondern auch, weil es keine vergleichbare Schul- oder Berufsbildung erhalten konnte, praktisch ausgeschlossen. Diese auch mit dem Kindeswohl kaum zu vereinbarende, unverhältnismässige Folgen der faktischen Ausweisung eigener Staatsangehöriger können - wenn überhaupt - höchstens dann gerechtfertigt sein, wenn die Eltern oder der betroffene Elternteil in schwerwiegendster Weise straffällig geworden sind *und* eine fortwährende gravierende Gefahr für Staat oder Gesellschaft bedeuten. Keinesfalls darf m.E. eine Verurteilung wegen ausländerrechtlicher Delikte genügen.

Auch wenn die von der faktischen Ausreiseverpflichtung betroffenen Kinder nicht die Staatsangehörigkeit des ausweisenden Staates besitzen, ist dem Kindeswohl im Rahmen der umfassenden Interessen- und Verhältnismässigkeitsprüfung vorrangige Bedeutung beizumessen. Gerade bei älteren, bereits eingeschulten Kindern kommt die Ausreise in einer Vielzahl von Fällen einer Entwurzelung gleich, haben sie doch bereits begonnen, sich in autonomer Weise in die gesellschaftlichen, kulturellen und sprachlichen Gegebenheiten des Aufenthaltsstaates zu integrieren. In diesen Situationen ist neben dem

Familienleben daher auch der Aspekt des Privatlebens zu berücksichtigen. Obwohl kaum bestritten werden kann, dass Kleinkindern bei einer Ausreise mit ihren Eltern oder dem sorgeberechtigten Elternteil die Anpassung an völlig veränderte Lebensumstände leichter fällt, darf auch in diesen Fällen nicht a priori auf die Verhältnismässigkeit der aufenthaltsbeendenden Massnahme geschlossen werden. Vielmehr ist auch hier den besonderen Umständen des jeweiligen Einzelfalles Rechnung zu tragen. So können z. B. neben gesundheitlichen Problemen, die spezialisierter medizinischer Betreuung bedürfen, auch die Verhältnisse im Herkunftsland eine Ausreise als schwer mit dem Kindeswohl vereinbar erscheinen lassen.

3. Aufenthaltsbeendende Massnahmen gegen den nicht sorgeberechtigten Elternteil

Aufenthaltsbeendende Massnahmen gegen einen nicht sorgeberechtigten Elternteil verpflichten die im Inland lebenden Kinder zwar nicht faktisch zur Ausreise, vermögen aber dennoch einschneidende Beeinträchtigungen der familiären Beziehungen herbeizuführen. Denn selbst wenn die Kinder und der betroffene Elternteil bisher nicht zusammengelebt haben, besteht zwischen ihnen grundsätzlich Familienleben[6].

Aufenthaltsbeendende Massnahmen gegen den nicht sorgeberechtigten Elternteil stellen einen *Eingriff* in das Familienleben dar, da der Anspruch auf Achtung des Familienlebens nicht nur das Zusammenleben der Familienangehörigen, sondern - wenn dieses nicht möglich ist - auch den *persönlichen Kontakt*[7] schützt. Genau dieser wird aber - falls bisher regelmässige Kontakte bestanden - durch eine aufenthaltsbeendende Massnahme gegen den nicht sorgeberechtigten Elternteil in aller Regel verunmöglicht oder zumindest stark erschwert und eingeschränkt.

Leitgedanke der Verhältnismässigkeitsprüfung ist auch in diesen Fallkonstellationen das Kindeswohl. Es ist kaum mit den Kindesinteressen vereinbar, wenn aufenthaltsbeendende Massnahmen wegen der Trennung oder Scheidung der Eltern ergriffen werden. Zu den psychischen Belastungen, die bereits die Trennung der Eltern mit sich bringt, würden sich - vorausgesetzt, dass eine regelmässige und enge Beziehung zwischen dem Kind und dem betroffenen Elternteil besteht - hier noch die Folgen eines in der Mehrzahl der Fälle meist unmöglich werdenden direkten Kontaktes mit dem nicht sorgeberechtigten Elternteil hinzugesellen. Die Schwere dieses Eingriffes in die

---

[6] Siehe vorne 31 f.
[7] Vorne 280.

familiäre Beziehung kann, zumindest wenn keine ausländer- oder strafrechtlichen Motive für eine aufenthaltsbeendende Massnahme sprechen, kaum durch das staatliche Interesse an einer restriktiven Ausländerpolitik dominiert werden. Wird eine aufenthaltsbeendende Massnahme verfügt, weil der betroffene Elternteil straffällig wurde, ist den begangenen Delikten Rechnung zu tragen, wobei den Umständen des Einzelfalles ausschlaggebende Bedeutung zukommt. Während eine Ausweisung wegen ausländerrechtlicher Delikte kaum mit Art. 8 EMRK vereinbar wäre, selbst wenn die Beziehung zwischen betroffenem Elternteil und Kind nicht besonders eng und intensiv ist, kann umgekehrt die Massnahme bei schwerer Straffälligkeit durchaus konventionskonform sein, auch wenn dadurch enge und intensive Bindungen beeinträchtigt werden.

4. Aufenthaltsbeendende Massnahmen gegen minderjährige Kinder[8]

Werden minderjährige Kinder ausgewiesen, deren Eltern oder zumindest Elternteil im betreffenden Konventionsstaat leben, so muss diese Beeinträchtigung des Familienlebens grundsätzlich als Eingriff qualifiziert werden. Zentraler Gesichtspunkt einer Prüfung der Konventionskonformität ist in diesen Fallkonstellationen erneut das Kindeswohl. Unter diesem Gesichtspunkt erscheinen aufenthaltsbeendende Massnahmen gegen Minderjährige in der überwiegenden Zahl der Fälle schwerlich mit dem Kindeswohl und den Bestimmungen der EMRK vereinbar. Es sind kaum Gründe vorstellbar, die dem staatlichen Interesse an der Ausreise der Kinder derart grosses Gewicht verleihen könnten, dass sie das Interesse des Kindes, wie bis anhin mit seinen Eltern im Inland und nicht alleine im Ausland zu leben, zu überwiegen vermögen. Darüber hinaus müsste eine Ausweisung selbst bei erheblich straffällig gewordenen Minderjährigen auch unter dem Aspekt der Resozialisierung als äusserst fragwürdig erscheinen.

---

[8] Hervorzuheben ist, dass von den drei in vorliegender Arbeit untersuchten Ländern, einzig Frankreich ein gesetzlich verankertes und absolutes Verbot aufenthaltsbeendender Massnahmen gegen minderjährige Ausländerinnen und Ausländer kennt (vorne 164). Bisher haben lediglich die österreichischen Gerichtshöfe des öffentlichen Rechtes Fälle aufenthaltsbeendender Massnahmen gegen Minderjährige unter dem Aspekt von Art. 8 EMRK geprüft (vorne 287).

A. Einzelne Fallkonstellationen

5. Einreise bzw. Nachzug im Ausland lebender Eltern/Elternteile zu ihren minderjährigen Kindern

Leben Eltern/Elternteile und ihre minderjährigen Kinder in verschiedenen Staaten und versagt der Aufenthaltsstaat der Kinder den Eltern bzw. einem Elternteil die Einreise und/oder den Aufenthalt, stellt dies grundsätzlich - wenn Kontakte zwischen Eltern/Elternteil und Kind bestehen - einen Eingriff in das Familienleben dar, denn die Massnahme verunmöglicht ein Zusammenleben oder zumindest einen regelmässigen, persönlichen Kontakt.

Auch in diesen Situationen ist dem Kindeswohl bei der Beurteilung der Verhältnismässigkeit vorrangige Bedeutung zu verleihen. Dabei ist - in Übereinstimmung mit Art. 10 Abs. 2 KRK[9] - davon auszugehen, dass Kinder grundsätzlich einen Anspruch zumindest auf regelmässigen persönlichen und unmittelbaren Kontakt mit beiden Elternteilen haben. In diesem Sinne erschiene die Weigerung eines Staates, einem im Ausland lebenden Elternteil die *Einreise für Besuchsaufenthalte* zu bewilligen, nur in aussergewöhnlichen Fällen, z. B. bei einer früheren äusserst schweren deliktischen Tätigkeit, mit Art. 8 EMRK vereinbar.

Es kann sich ferner aber auch die Frage stellen, ob die Weigerung eines Konventionsstaates, einem im Ausland lebenden Elternteil bzw. beiden Elternteilen, den Aufenthalt beim Kind zu bewilligen, unter Art. 8 Abs. 2 EMRK gerechtfertigt werden kann. Das Kindeswohl ist auch hier vorrangig zu beachten. Unabhängig vom Umstand, ob das Kind bei einem Elternteil, bei weiteren Verwandten oder sonstwo lebt, ist davon auszugehen, dass eine Ausreise seinen Interessen in der Mehrzahl der Fälle nicht entsprechen dürfte. Zudem kommt dem Anspruch eines Kindes, mit seinen Eltern zusammenzuleben oder zumindest regelmässige persönliche und unmittelbare Kontakte zu pflegen, grosses Gewicht zu. Dennoch sind wohl die Lebensumstände des Kindes im Aufenthaltsstaat für die Konventionskonformität einer Massnahme von entscheidender Bedeutung. Lebte das Kind mit einem Elternteil im Inland, ist dieser Elternteil aber verstorben oder nicht mehr in der Lage, die Betreuung zu übernehmen, und wird dem bisher im Ausland wohnhaften Elternteil der Nachzug verweigert, so scheint dies, wenn nicht besonders schwerwiegende Gründe (die Sicherung des wirtschaftlichen Wohles des Landes und die Durchsetzung einer restriktiven Einreisepolitik genügen jedenfalls nicht) die Bewilligungsversagung motivieren, kaum mit Art. 8 EMRK vereinbar. Sind die Eltern getrennt oder geschieden und lebt das Kind mit einem Elternteil im betreffenden Konventionsstaat, so ist aufgrund der besonderen Umstände - z. B. der tatsächlichen Möglichkeit regel-

---

[9] Hierzu vorne 74 f.

mässiger Besuche vom Ausland aus, der geographischen Distanz, der Intensität der Beziehungen zwischen dem im Ausland wohnhaften Elternteil und dem Kind, den Gründen für die Nachzugsverweigerung etc. - über die Konventionskonformität der staatlichen Weigerung zu entscheiden. Leben die Eltern zwar in verschiedenen Staaten, sind sie aber weder getrennt noch geschieden, so muss bei der Beurteilung der Nachzugsverweigerung neben den Interessen der Eltern am Zusammenleben auch den Interessen des Kindes Rechnung getragen werden. In diesen Situationen können - wenn ein tatsächliches Zusammenleben angetrebt und bezweckt wird - m.E. nur besonders gewichtige staatliche Gründe die Nichtbewilligung des Nachzuges als konventionskonform erscheinen lassen.

III. Aufenthaltsbeendende Massnahmen gegen Angehörige der zweiten Generation

Überragende Bedeutung kommt Art. 8 EMRK bei aufenthaltsbeendenden Massnahmen gegen Angehörige der zweiten Generation zu, da diese Bestimmung den in einem Konventionsstaat geborenen oder seit frühester Kindheit dort lebenden Ausländerinnen und Ausländern einen erhöhten Schutz vor Ausweisungen und Ausschaffungen gewährt. Wie bereits ausgeführt, ist dieser erhöhte Schutz zwar begrüssenswert und stellt eine gesellschaftspolitische Notwendigkeit dar, wird jedoch häufig mit dem falschen Schutzobjekt verknüpft[10]. Geschützt werden soll nicht primär die familiäre Beziehung zu Eltern und Geschwistern. Im Vordergrund steht vielmehr der Schutz der im Aufenthaltsland bestehenden sozialen und gesellschaftlichen Beziehungen, der Vertrautheit mit den Lebensumständen etc., d.h. der Rechtsgüter, die eigentlich durch das Recht auf Achtung des Privatlebens erfasst werden.

Viele Unklarheiten und Unsicherheiten würden aus dem Weg geräumt und ein wichtiges Zeichen für einen ernstgemeinten und effektiven Schutz gesetzt, wenn bei aufenthaltsbeendenden Massnahmen gegen Angehörige der zweiten Generation der Schutz des *Privatlebens* im Vordergrund stünde und nur subsidiär der Schutz des Familienlebens beigezogen würde. Dies wird umso deutlicher, wenn man bedenkt, dass bei weitem nicht alle Angehörigen der zweiten Generation über Familienleben im Aufenthaltsstaat verfügen, etwa weil die Eltern verstorben oder in ihr Herkunftsland zurückgekehrt sind, die Kinder aber im Aufenthaltsstaat zurückbleiben, da sie sich der dortigen Gesellschaft zugehörig betrachten.

---

[10] Siehe vorne 206 ff.

A. Einzelne Fallkonstellationen 477

Aufenthaltsbeendende Massnahmen gegen Angehörige der zweiten Generation stellen zweifelsohne eine *Eingriff* in das Privat- und allenfalls auch das Familienleben (wenn nämlich als Familienleben i.S. von Art. 8 EMRK anerkannte Beziehungen bestehen) dar, werden die Betroffenen doch verpflichtet, das Land, in dem sie ihr ganzes bisheriges Leben - oder zumindest den bewussten, für die Identitätsfindung entscheidenden Lebensabschnitt - verbracht haben, zu verlassen und sich in einer ihnen völlig unbekannten und fremden oder höchstens fragmentarisch bekannten Umgebung zurechtzufinden.

Der besonderen Lebenssituation von Angehörigen der zweiten Generation muss auch im Rahmen der Verhältnismässigkeitsprüfung Rechnung getragen werden.

Zu Recht führte daher die EKMR in konstanter Praxis aus, dass aufenthaltsbeendende Massnahmen gegen Angehörige der zweiten Generation einen derart schweren Eingriff bedeuten, dass sie nur bei Vorliegen aussergewöhnlicher Umstände als verhältnismässig erachtet werden können[11]. In der Folge wurde aber Gesichtspunkten wie der Kenntnis der Sprache des Herkunftslandes, dem Bestehen familiärer Kontakte zu Verwandten im Herkunftsland, der Vertrautheit mit den Lebensumständen des Herkunftslandes durch Ferienaufenthalte oder der Aufrechterhaltung gewisser Bräuche und Traditionen des Herkunftslandes überragende Bedeutung beigemessen. Folge dieser Sichtweise war, dass aufenthaltsbeendende Massnahmen meist nur bei Fehlen jeglicher Beziehungen zum Herkunftsstaat als unverhältnismässig erachtet wurden. Dabei wurde verkannt, dass heute nicht mehr eine Assimilation, sondern vielmehr die Integration von Ausländerinnen und Ausländern angestrebt wird. Die Aufrechterhaltung gewisser Kontakte zum Heimatland, z. B. im Rahmen von Ferienaufenthalten, die Kenntnis der heimatlichen Sprache sowie die Beibehaltung gewisser Traditionen und Gebräuche des Herkunftslandes dürfen im Lichte einer an den Werten einer pluralistischen, demokratischen und toleranten Gesellschaft orientierten Integrationspolitik nicht länger als Indizien für eine fehlende Integration beigezogen werden, sondern sind gegenteils als Aspekte eines bereichernden gesellschaftlichen Pluralismus zu begrüssen.

Ferner erscheint das traditionelle Konzept der Staatsangehörigkeit als rechtliches Band zwischen einem Individuum und einem Staat[12] bei Angehö-

---

[11] Hierzu vorne 409 ff.

[12] In Art. 2 Abs. 1 definiert die Europäische Konvention über die Staatsangehörigkeit vom 7.11.1997 Staatsangehörigkeit als „lien juridique entre une personne et un Etat" (französischer Text in RUDH 1997, 478 ff). In ähnlicher Weise hat auch der Interamerikanische Gerichtshof für Menschenrechte in seiner Advisory Opinion zur Revision des

rigen der zweiten Generation unzulänglich. In rechtlicher Hinsicht werden sie einem Staat zugerechnet, mit dem sie in Wirklichkeit nichts oder nur sehr wenig verbindet. Sie unterhalten dagegen ihre vorrangigen emotionellen und gesellschaftlichen Bindungen zu einem anderen Staat, ohne dass diese in einer entsprechenden rechtlichen Beziehung ihren Niederschlag fänden[13]. In diesem Auseinanderfallen von Realität und rechtlicher Anknüpfung liegt die ganze Problematik aufenthaltsbeendender Massnahmen gegen Angehörige der zweiten Generation: Da Art. 3 Abs. 1 des 4. Zusatzprotokolles zur EMRK nur Staatsangehörige vor Ausweisungen oder Ausschaffungen schützt, können Personen, welche zwar in tatsächlicher Hinsicht als dem betreffenden Staat angehörig erscheinen, in rechtlicher Hinsicht aber Ausländer sind, ausgewiesen werden. Im Rahmen einer evolutiven Auslegung sowohl von Art. 3 Abs. 1 des 4. Zusatzprotokolles zur EMRK als auch von Art. 8 EMRK sollten, unter Berücksichtigung sowohl der besonderen Stellung von Angehörigen der zweiten Generation als „de facto-Staatsangehörige" als auch der weiten Auslegung, die der Menschenrechtsausschuss dem in Art. 12 Abs. 4 Pakt II verankerten Verbot willkürlicher Ausweisung aus dem „eigenen Land" gegeben hat[14], jedenfalls Angehörige der zweiten Generation nur bei Vorliegen aussergewöhnlicher Umstände - wenn ihre weitere Anwesenheit die staatliche Sicherheit oder öffentliche Ordnung in schwerwiegendster Weise gefährdet - ausgewiesen werden können[15].

Staatsbürgerschaftsrechtes von Costa Rica ausgeführt, dass „nationality can be deemed to be the political and legal bond that links a person to a given state and binds him with ties of loyalty and fidelity, entitling him to diplomatic protection from that state", IACtHR, *Proposed Amendments to the Naturalization Provisions of the Constitution of Costa Rica*, Advisory Opinion OC-4/84 of January 19, 1984, Serie A, Nr. 4 (= HRLJ 1984, 161 ff), Ziff. 35.

[13] Siehe hierzu auch die Ausführungen von *de Salvia*, 20; *Cholewinski*, Hidden Agenda, 298 ff. sowie die *partly dissenting opinion* von Richter *Morenilla* in *Nasri gegen Frankreich*, Serie A, Nr. 320-B: „In the words of Article 12 § 4 of the International Covenant on Civil and Political Rights, their „own country" is that in which they were born or in which they grew up and which is theirs despite the difficulties of integration inherent in being of foreign origin or belonging to a different family culture. In any event, legal considerations or reliance on the traditional notion of State sovereignty cannot today serve as a basis for such treatment".

[14] Siehe vorne 67 ff.

[15] Treffend hat Richter *Martens* in seiner *concurring opinion* in *Beldjoudi gegen Frankreich* (Serie A, Nr. 234-A) ausgeführt: „Paragraph 1 of Article 3 of Protocol No. 4 to the Convention forbids the expulsion of nationals. In a Europe where a second generation of immigrants is already raising children (and where violent xenophobia is increasing to an alarming extent) it is high time to ask ourselves whether this ban should not apply equally to aliens who where born and bred in a member State or who have

A. Einzelne Fallkonstellationen

Schliesslich ist auch der Umstand zu berücksichtigen, dass seit Geburt oder frühester Kindheit im einem Staat lebende Ausländerinnen und Ausländer vom Aufenthaltsstaat und seiner Gesellschaft *sozialisiert* worden sind, haben sie doch sein Schulsystem durchlaufen und sind in seinem gesellschaftlichen Umfeld aufgewachsen. Wo der Staat dieser Verpflichtung nicht oder nur ungenügend nachgekommen ist, trägt er - und nicht der Herkunftsstaat, der auf die Sozialisierung keinerlei Einfluss hatte - die Verantwortung für allfällig asoziales Verhalten. Auch unter diesem Blickwinkel sollten Angehörige der zweiten Generation nur bei Vorliegen aussergewöhnlicher Umstände ausgewiesen werden können[16].

Aufenthaltsbeendende Massnahmen gegen in einem Staat geborene oder seit frühester Kindheit dort lebende Ausländerinnen und Ausländer sollten im Grunde eigentlich ausgeschlossen sein. Ausnahmen von diesem Grund-

---

otherwise, by virtue of long residence, become fully integrated there (and, conversely, become completely segregated from their country of origin). In my opinion, mere nationality does not constitute an objective and reasonable justification for the existence of a difference as regards the admissibility of expelling someone from what, in both cases, may be called his „own country". I therefore have no hesitation in answering the above question in the affirmative. I believe that an increasing number of member States of the Council of Europe accept the principle that such „integrated aliens" should be no more liable to expulsion than nationals, an exception being justified, if at all, only in very exceptional circumstances".

[16] Prägnant in diesem Sinne Richter *Morenilla* in seiner *partly dissenting opinion* in *Nasri gegen Frankreich* (Serie A, Nr. 320-B): „The deportation of such dangerous „non-nationals" may be expedient for a State which in this way rids itself of persons regarded as „undesirable", but it is cruel and inhuman and clearly discriminatory in relation to „nationals" who find themselves in such circumstances. A State which, for reasons of convenience, accepts immigrant workers and authorises their residence becomes responsible for the education and the social integration of the children of such immigrants as it is of the children of its „citizens". Where such social integration fails, and the result is antisocial or criminal behaviour, the State is also under a duty to make provisions for their social rehabilitation instead of sending them back to their country of origin, which has no responsibility for the behaviour in question and where the possibilities of rehabilitation in a foreign social environment are virtually non-existent. The treatment of offenders whether on the administrative or criminal level should not therefore differ according to the national origin of the parents in a way which - through deportation - makes the sanction more severe in a clearly discriminatory manner"; Vgl. in diesem Sinne auch die *dissenting opinion* von Richter *Morenilla* in *Boujlifa gegen Frankreich*, Reports 1997-VI, 2250 ff.; ferner die *concurring opinion* der Kommissionsmitglieder *Schermers* und *Gro Hillestad Thune* in *Beldjoudi gegen Frankreich*, Serie A, Nr. 234-A, sowie die *dissenting opinion* der Kommissionsmitglieder *Schermers* und *Martinez* in den Kommissionsberichten zu *El Boujaïdi gegen Frankreich*, Reports 1997-VI, 2002 sowie *Boujlifa gegen Frankreich*, Reports 1997-VI, 2269 ff.

satz können nur in aussergewöhnlichen Fällen bei schwerwiegender und ernsthafter Gefährdung von Gesellschaft oder Staat bestehen. In allen übrigen Fällen stellt die Ausweisung einen unverhältnismässigen Eingriff in das Privat- und möglicherweise auch in das Familienleben der Betroffenen dar.

IV. Beeinträchtigung nichtehelicher Partnerschaften durch ausländerrechtliche Massnahmen

Von grosser Bedeutung sind die Bestimmungen von Art. 8 EMRK für nichteheliche Partnerschaften, enthalten die innerstaatlichen Ausländerrechte doch meist keine Nachzugsbestimmungen bzw. gewähren nichtehelichen Partnerinnen und Partnern keinen besonderen Schutz vor aufenthaltsbeendenden Massnahmen.

Der Schutzbereich des Familienlebens erfasst grundsätzlich auch nichteheliche Partnerschaften[17]. Für den Entscheid, ob eine nichteheliche Beziehung Familienleben darstellt, darf m.E. nicht nicht allein auf Aspekte wie die Dauer der Beziehung, das Zusammenleben im gemeinsamen Haushalt oder gemeinsame Kinder abgestellt werden. Gerade in der heutigen Zeit, in der eine hohe Mobilität und Flexibilität verlangt wird, existieren zunehmend Fernbeziehungen („living together apart") und es muss daher Raum für die Anerkennung unkonventioneller, aber durchaus stabiler Beziehungen als Familienleben i.S. von Art. 8 EMRK bestehen. Falls eine ausländerrechtliche Massnahme die Beziehungen einer als Familienleben qualifizierten nichtehelichen Lebensgemeinschaft faktisch verunmöglicht, stellt dies daher grundsätzlich einen Eingriff dar.

Bei der Prüfung der Verhältnismässigkeit ist auch in diesen Situationen den Interessen aller betroffenen Personen Rechnung zu tragen. In diesem Sinne ist insbesondere auch möglicherweise bestehenden besonderen Abhängigkeits- oder Pflegebedürfnissen Beachtung zu schenken. Vorbildlich ist in diesem Zusammenhang der bereits erwähnte Entscheid des Tribunal Administratif von Poitiers im Fall *Mabaya*[18]. Im übrigen sei auf die Ausführungen zur Beeinträchtigung der Beziehungen zwischen Ehegatten verwiesen[19].

---

[17] Siehe vorne 27 f.
[18] Vorne 426.
[19] Vorne 468 f.

A. Einzelne Fallkonstellationen

V. Beeinträchtigung gleichgeschlechtlicher Partnerschaften durch ausländerrechtliche Massnahmen

Gleichgeschlechtliche Partnerschaften werden nach konstanter Rechtsprechung nicht vom Schutzbereich des Familien-, sondern von demjenigen des *Privatlebens* erfasst. Auf den Umstand, dass entgegen dieser Praxis zumindest registrierte gleichgeschlechtliche Lebensgemeinschaften, denen nach dem massgeblichen innerstaatlichen Recht die gleichen Rechtswirkungen wie einem Eheschluss zukommen, als Familienleben anerkannt werden sollten, ist bereits hingewiesen worden[20].

Ausser Frage steht, dass fremdenrechtliche Massnahmen gegen Partnerinnen oder Partner einer gleichgeschlechtlichen Beziehung diese beeinträchtigen. Daraus kann indes noch nicht gefolgert werden, dass jede derartige Massnahme automatisch auch einen Eingriff in das Schutzgut des Privatlebens darzustellen vermag. Vielmehr muss die Beeinträchtigung eine gewisse Schwere erreichen, um als Eingriff qualifiziert werden zu können. Im Gegensatz zur Rechtsprechung der Kommission[21] ist dabei jedoch nicht auf die Zumutbarkeit der Ausreise für den Partner bzw. die Partnerin abzustellen, sondern auf die Stabilität der betreffenden Beziehung. In Analogie zu den Voraussetzungen für das Bestehen von Familienleben i.S. von Art. 8 Abs. 1 EMRK ist hierfür das Vorliegen einer *nahen, echten und tatsächlich gelebten Beziehung* notwendig. Greift eine ausländerrechtliche Massnahme in eine aufgrund der gesamten Umstände als stabil zu erachtende gleichgeschlechtliche Beziehung ein, muss dies als *Eingriff* gewertet werden. Denn selbst wenn diese Partnerschaft nicht als Familienleben i.S. der EMRK anerkannt wird, stellt sie eine besonders intensive und enge, mit einer ehelichen oder nichtehelichen Lebensgemeinschaft durchaus vergleichbare, zwischenmenschliche Beziehung dar, in die mit einer fremdenrechtlichen Massnahmen zutiefst eingegriffen wird.

Im Rahmen der Rechtfertigungsprüfung sind - wie in allen anderen Situationen - die besonderen Umstände des zu beurteilenden Falles zu berücksichtigen. Dabei ist der Tatsache, dass in den meisten Staaten eine gleichgeschlechtliche Lebensgemeinschaft kein Nachzugsrecht begründet bzw. kein erhöhter Schutz vor aufenthaltsbeendenden Massnahmen für in gleichgeschlechtlicher Partnerschaft lebende Personen besteht, ebenso Rechnung zu tragen, wie dem Umstand, dass gleichgeschlechtliche Partner häufig gerade wegen ihrer sexuellen Neigung verfolgt oder gar diskriminiert werden.

---

[20] Siehe vorne 175 f.
[21] Vorne 309 ff.

VI. Aufenthaltsbeendende Massnahmen gegen langjährig in einem Land wohnhaft gewesene Fremde

Aufenthaltsbeendende Massnahmen gegen Ausländerinnen und Ausländer, welche seit vielen Jahren in einem Staat gelebt haben, beeinträchtigen zweifellos die durch das Recht auf Achtung des *Privatlebens* geschützten gesellschaftlichen und sozialen Kontakte.

Ob diese Massnahmen jedoch einem *Eingriff* in das Privatleben gleichkommen, hängt namentlich von der *Intensität* der Kontakte ab. Mit zunehmender Aufenthaltsdauer schreitet die Integration in die Gesellschaft des Aufenthaltsstaates voran und die gesellschaftlichen und sozialen Beziehungen verdichten sich zu einem engmaschigen Gefüge, das im allgemeinen Sprachgebrauch auch mit dem bildhaften Ausdruck „Verwurzelung" umschrieben wird. Auch wenn es nicht möglich ist, in absoluter und allgemeingültiger Weise anzugeben, ab welchem Zeitpunkt aufenthaltsbeendende Massnahmen als Eingriff in das Privatleben zu qualifizieren sind, ist davon auszugehen, dass Beeinträchtigungen der während eines langjährigen und gefestigten Aufenthaltes begründeten gesellschaftlichen Beziehungen grundsätzlich einen Eingriff in das Privatleben darstellen. Ein schematisches Vorgehen - etwa die Anerkennung eines Eingriffes erst nach mindestens fünfjährigem Aufenthalt - ist zu vermeiden, denn aufgrund besonderer Umstände kann bereits ein kurzer Aufenthalt besonders enge Beziehungen entstehen lassen, wie es umgekehrt auch denkbar ist, dass ausnahmsweise ein langjähriger Aufenthalt keine Verwurzelung herbeizuführen vermochte. Die Anerkennung, dass aufenthaltsbeendende Massnahmen einen Eingriff in das Privatleben darstellen können, ist insbesondere für jene Fälle von grösster Bedeutung, in denen die betroffenen Ausländerinnen und Ausländer keine vom Schutzbereich des Familienlebens erfassten Beziehungen geknüpft haben.

Bei der Prüfung der Verhältnismässigkeit einer aufenthaltsbeendenden Massnahme sind u.a. die Natur und Intensität der persönlichen Beziehungen zum Aufenthaltsstaat, die Aufenthaltsdauer, die Möglichkeit und Zumutbarkeit einer Ausreise sowie die Gründe für die Massnahme zu berücksichtigen. In diesem Sinne erschiene es unverhältnismässig, wenn seit Jahrzehnten in einem Staat wohnhafte Ausländerinnen und Ausländer ausgewiesen werden sollen, weil sie etwa die Frist zur Verlängerung ihres Aufenthaltstitels versäumt haben oder wegen kleinerer strafrechtlicher Delikte verurteilt wurden[22]. Auch in diesen Fallkonstellationen sollte eine Ausweisung gegen straf-

---

[22] Vgl. hierzu auch den von der französischen Tageszeitung „La Libération" vom 9./10.11.1996 geschilderten Fall. 1986, im Alter von sieben und vier Jahren, waren zwei zairische Geschwister nach dem Tode ihrer Eltern zu ihrem einzigen Verwandten, einem

A. Einzelne Fallkonstellationen

rechtlich verurteilte Fremde nur verfügt werden, wenn sie eine tatsächliche Gefahr für Staat oder Gesellschaft darstellen.

VII. Aufenthaltsbeendende Massnahmen gegen alle Familienangehörige

Bei aufenthaltsbeendenden Massnahmen gegen alle Angehörigen einer Familie wird in konstanter Rechtsprechung das Vorliegen eines Eingriffes in das Familienleben verneint und darauf verwiesen, dass die Massnahme ja nicht zu einer Trennung der Familienmitglieder führe. Zur Frage, ob eine derartige Massnahme aber nicht einen Eingriff in das Privatleben darstelle, hat die Rechtsprechung bisher zwar nicht in eindeutiger, tendenziell aber eher negativer Weise Stellung bezogen, obwohl gerade diesem Aspekt von Art. 8 EMRK erhebliche Bedeutung zukommen könnte.

In der Tat kann kaum bestritten werden, dass in Fällen, in denen aufenthaltsbeendende Massnahmen gegen alle Angehörigen einer Familie ergriffen werden, in der Regel nicht von einem Eingriff in das Familienleben gesprochen werden kann. Andererseits ist aber nicht zu übersehen, dass eine derartige Massnahme das *Privatleben* der einzelnen Familienmitglieder zutiefst zu erschüttern vermag und in vielen Fällen eindeutig die Mindestschwelle eines *Eingriffes* überschreitet. Dies kann namentlich bei einem langjährigen Aufenthalt und der damit verbundenen Integration in die Gesellschaft des betreffenden Staates der Fall sein.

Im Rahmen der Rechtfertigungsprüfung ist den *besonderen Umständen* - namentlich der Dauer und dem Charakter des Aufenthaltes - des konkreten Einzelfalles gebührend Rechnung zu tragen. Besonderes Augenmerk ist aber auch den *Motiven* für die aufenthaltsbeendende Massnahme zu schenken. In diesem Sinne erschiene es stossend, wenn die Aufenthaltstitel einer seit vielen Jahren in einem Land lebenden und vollkommen integrierten Familiengemeinschaft nicht verlängert werden, nur weil der Ehemann/Vater oder die Ehefrau/Mutter straffällig geworden ist und ausgewiesen werden soll. Ein derartiges Vorgehen käme einer Art Sippenhaftung gleich. Auch in jenen

---

in Frankreich lebenden Onkel, gezogen. Sie lebten sich rasch in Frankreich ein und besuchten erfolgreich die französischen Schulen. Anlässlich einer Schnupperlehre kamen plötzlich Zweifel am Alter des damals angeblich fünfzehnjährigen Knaben auf. Eine in der Folge veranlasste Knochenexpertise legte sein Alter auf achtzehn Jahre fest, was für den Betroffenen einschneidende Konsequenzen hatte. Die Erteilung eines Aufenthaltstitels wurde ihm versagt und nach einem erfolglosen Asylgesuch sollte er nach Zaire ausgeschafft werden, obwohl er seit nunmehr zwölf Jahren in Frankreich lebte, die einzigen Verwandten dort wohnten und seine jüngere Schwester in der Zwischenzeit die französische Staatsangehörigkeit erworben hatte.

Fällen, in denen sich Ehegatten trennen, woraufhin dem vor Jahren im Rahmen des Familiennachzuges eingereisten Ehepartner und den gemeinsamen Kindern der Aufenthaltstitel - unter Hinweis auf den nunmehr entfallenen Aufenthaltszweck - nicht verlängert werden soll, kann die aufenthaltsbeendende Massnahme kaum als in einer auf Integration ausgerichteten Einwanderungsgesellschaft notwendig, sachgerecht und verhältnismässig bezeichnet werden[23].

VIII. Ausländerrechtliche Beeinträchtigung der Beziehung zwischen weiteren Familienangehörigen

Familienleben i.S. von Art. 8 Abs. 1 EMRK erfasst nicht nur die familiären Beziehungen der Kernfamilie, sondern - vorausgesetzt, es besteht eine genügend nahe, echte und tatsächlich gelebte Beziehung - auch die Beziehungen des erweiterten Familienlebens[24]. Gerade in Fällen, in denen ausländerrechtliche Massnahmen dem erweiterten Familienleben angehörende Beziehungen beeinträchtigen, kommt Art. 8 EMRK erhebliche Bedeutung zu, gewähren doch die innerstaatlichen Ausländergesetze in der Regel nicht der Kernfamilie angehörenden Verwandten kein oder nur ein im Ermessen der zuständigen Behörden stehendes Nachzugsrecht. Ebenso sind diese Familienangehörigen meist nicht in besonderer Weise gegen aufenthaltsbeendende Massnahmen geschützt.

Wenn zwischen Verwandten enge, echte und tatsächlich gelebte familiäre Bande bestehen und ihre Beziehung damit in den Schutzbereich des Familienlebens fällt, können ausländerrechtliche Massnahmen, welche die Familienangehörigen trennen oder am Zusammenleben hindern, grundsätzlich Eingriffe darstellen.

Führt man sich die Situationen vor Augen, die diesen Fallkonstellationen meist zugrunde liegen, wird klar, dass die besonderen Umstände - die Ver-

---

[23] Dass es sich dabei leider nicht um frei erfundene Situationen handelt, belegen zahlreiche von der Tagespresse aufgegriffene Fälle. Siehe in diesem Sinne z. B. den von der schweizerischen Tageszeitung „Der Bund" vom 3.2.1998 geschilderten Fall einer türkischen Familie. Im Rahmen des Familiennachzuges waren vor rund sieben Jahren die Ehefrau sowie die fünf minderjährigen Kinder in die Schweiz eingereist und hatten sich sehr schnell und gut in die schweizerischen Lebensverhältnisse eingelebt. Nachdem der Vater seine älteste Tochter getötet hatte und sich seither in Haft befindet, erachtete die kantonale Fremdenpolizei den Aufenthaltszweck der übrigen Familienangehörigen als erloschen und versagte eine Verlängerung der Aufenthaltsbewilligung.

[24] Vgl. hierzu vorne 35.

wandten verbindet in der Regel eine ganz besondere, eine gewisse Abhängigkeit implizierende Beziehung - vorrangig zu berücksichtigen sind: Der Nachzug eines verwitweten oder kranken Elternteiles zu den in einem Konventionsstaat lebenden erwachsenen Kindern, die Erteilung eines Aufenthaltstitels an eine erwachsene Person, die z. B. wegen schwerwiegender gesundheitlicher Probleme von ihren Eltern oder anderen Verwandten abhängig ist, die Ergreifung aufenthaltsbeendender Massnahmen gegen pflegebedürftige Verwandte wegen illegalen Aufenthaltes etc. Diesen besonderen Umständen - insbesondere den Interessen der „abhängigen" Person - ist bei der Verhältnismässigkeitsprüfung grosse Bedeutung beizumessen. So sollte die Verweigerung des Nachzugs von Verwandten, welche die Pflege und Betreuung von im betreffenden Staat lebenden und von den dortigen medizinischen Einrichtungen abhängigen Familienangehörigen übernommen haben, nicht mit dem allgemeinen Hinweis auf eine restriktive Einwanderungspolitik gerechtfertigt werden dürfen. In einem derartigen Fall wiegen die Interessen der hilfsbedürftigen Person derart schwer, dass kaum Gründe für eine Nachzugsverweigerung vorstellbar sind. Dies muss in gleicher Weise bei aufenthaltsbeendenden Massnahmen gegen ihren Familienangehörigen Pflege und Betreuung erbringenden Ausländerinnen und Ausländern gelten. Ein Eingriff wird hier nach ausländerrechtlichen oder nicht besonders schwerwiegenden strafrechtlichen Verurteilungen nur schwerlich gerechtfertigt sein. Die Interessen der Betroffenen erscheinen in derartigen Fällen viel zu gewichtig, als dass das öffentliche Interesse sie in den Hintergrund zu drängen vermöchte.

B. Folgerungen für die innerstaatliche Rechtsprechung in Einwanderungs- und Ausweisungsfragen

Obwohl das Ausländerrecht zu jenen Rechtsbereichen gehört, die immer noch dem *domaine réservé* eines souveränen Staates zugerechnet werden, ist es nicht bar jeglicher Einflüsse völkerrechtlicher und menschenrechtlicher Bestimmungen. So erwachsen den Staaten z. B. im Umfang der von ihnen ratifizierten menschenrechtlichen Verträge Verpflichtungen, welche die ihnen grundsätzlich zukommende Regelungs- und Beurteilungsfreiheit auch in Bereichen des *domaine réservé* einschränken[25]. Eine solche Bestimmung stellt auch das durch Art. 8 EMRK gewährte Recht auf Achtung des Privat- und Familienlebens dar. Denn obwohl die EMRK kein Recht auf Einreise, Aufenthalt oder Verbleib in einem bestimmten Konventionsstaat statuiert, müssen die Vertragsstaaten bei Privat- und/oder Familienleben beeinträchti-

---

[25] Siehe vorne 54 ff.

genden fremdenrechtlichen Massnahmen den Anforderungen von Art. 8 EMRK Rechnung tragen.

Die Ausführungen zu den ausländerrechtlichen Regelungen der Schweiz, Österreichs und Frankreichs im zweiten Teil hat deutlich gezeigt, dass familiäre und private Interessen in Nachzugsfragen sowie bei aufenthaltsbeendenden Massnahmen zwar durchaus berücksichtigt werden, jedoch der persönliche Geltungsbereich dieser Bestimmungen stark eingeschränkt ist und zahlreiche Lebenssachverhalte nicht erfasst werden. Es ist indes offenkundig, dass die Art. 8 EMRK entspringenden Anforderungen in den Konventionsstaaten nicht ungehört verhallt sind, sondern auf innerstaatlicher Ebene aufgegriffen wurden. Dies hat dazu geführt, dass die Gerichte - und teilweise sogar die Gesetzgeber - zusehends auch bereit sind, Sachverhalte unter dem Gesichtspunkt von Art. 8 EMRK zu betrachten.

So begrüssens- und lobenswert diese Entwicklung auch ist, vermag sie nicht darüber hinwegzutäuschen, dass Art. 8 EMRK vielerorts aber als lästig eingestuft und daher in restriktiver Weise interpretiert und angewendet wird. Diese Haltung verkennt das grosse im Recht auf Achtung des Privat- und Familienleben liegende Potential gerade in ausländerrechtlichen Sachverhalten und verhindert einen effektiven und wirksamen Schutz der garantierten Rechtspositionen. In der Folge soll daher kurz dargestellt werden, wo ein effektiver und tatsächlicher Schutz des Privat- und Familienlebens im Ausländerrecht auf innerstaatlicher Ebene ansetzen könnte.

I. Schweiz

Die grosse Bedeutung, die Art. 8 EMRK im schweizerischen Ausländerrecht erlangt hat, ist nicht zuletzt an der Anerkennung durch das schweizerische Bundegericht ersichtlich, dass diese Konventionsbestimmung in gewissen Fällen einen *Anspruch auf Erteilung eines Aufenthaltstitels* einzuräumen vermag. Freilich schränkt es die Tragweite dieser Aussage gleich wieder ein und setzt für eine Berufung auf Art. 8 EMRK u.a. voraus, dass mindestens ein Familienmitglied über ein gefestigtes Anwesenheitsrecht in der Schweiz verfügen muss[26]. Damit reduziert das Bundesgericht die eigenständige Bedeutung von Art. 8 EMRK praktisch auf die Nachzugsbestimmungen von Art. 7 Abs. 1 und 17 Abs. 2 ANAG[27] und verkennt, dass das Recht auf Achtung des Privat- und Familienlebens gerade in Situationen, in denen das schweizerische Ausländerrecht keine oder nur eine unzureichende Regelung

---

[26] Vorne 188 ff.
[27] Siehe zum derart reduzierten Geltungsbereich vorne 196 f.

kennt, von essentieller Bedeutung sein könnte: z. B. für Ausländerinnen und Ausländer, die eine Aufenthaltsbewilligung besitzen (und keinen Anspruch auf deren Verlängerung haben) oder denen aus humanitären Gründen der Aufenthalt bewilligt worden ist, für vorläufig Aufgenommene, für in einer gleichgeschlechtlichen Partnerschaft lebende Ausländerinnen und Ausländer etc. Doch auch in Konstellationen, in denen Art. 8 EMRK quasi subsidiär eine Bestimmung des schweizerischen Ausländerrechtes „verstärkt", stutzt das Bundesgericht Art. 8 EMRK auf ein Minimum zurück und „integriert" beispielsweise bei aufenthaltsbeendenden Massnahmen gegen Angehörige der zweiten Generation die nach Art. 8 Abs. 2 EMRK notwendige Prüfung der Verhältnismässigkeit in die nach Art. 11 Abs. 3 ANAG und 16 Abs. 3 ANAV vorzunehmende Interessenabwägung[28]. Dabei werden aber relevante, nach Art. 8 EMRK zu berücksichtigende, Gesichtspunkte völlig ausser Acht gelassen.

1. Die Geltendmachung von Art. 8 EMRK: Verzicht auf die Eintretensvoraussetzung des gefestigten Anwesenheitsrechtes

Eine wirksame und effektive Durchsetzung des in Art. 8 EMRK eingeräumten Rechtes auf Achtung des Privat- und Familienlebens verlangt, dass die Berufung auf diese Bestimmung nicht ein gefestigtes Anwesenheitsrecht eines Familienangehörigen voraussetzt. Durch ausländerrechtliche Massnahmen kann nämlich das Familien- oder Privatleben beeinträchtigt werden, und zwar unabhängig davon, ob die Betroffenen über ein gefestigtes Aufenthaltsrecht verfügen oder nicht. Die Schweiz hat sich mit der Ratifikation der EMRK verpflichtet, *allen* ihrer Jurisdiktion unterstehenden Personen die gewährleisteten Rechte und Freiheiten einzuräumen, ungeachtet ihrer Staatsangehörigkeit oder des Charakters ihres Aufenthaltsrechtes. Die Beschränkung der effektiven Geltendmachung dieses Rechtes aufgrund der Instabilität des Aufenthaltsrechtes ist mit dieser Verpflichtung unvereinbar. Dies wird nicht zuletzt auch daran deutlich, dass die Konventionsorgane ohne weiteres Beschwerden an die Hand nehmen, obgleich das Bundesgericht zuvor die entsprechende Verwaltungsgerichtsbeschwerde zurückgewiesen hatte[29]. Es läge eigentlich im Interesse der Schweiz, wenn auch beim Fehlen eines gefestigten Aufenthaltsrechtes eines Familienmitgliedes auf eine Verwaltungsgerichtsbeschwerde eingetreten würde, denn dadurch erhielte das Bundesgericht die Möglichkeit, eine ausländerrechtliche Entscheidung auf ihre Konventionskonformität hin zu überprüfen. Falls Ausländerinnen und Ausländer

---

[28] BGE 122 II 433, E. 3b bb, 442; vorne 417 ff.
[29] So geschehen z. B. im Fall *Gül*, Reports 1996-I, 159 ff.; vgl. ferner vorne 193.

als Familienleben i.S. von Art. 8 EMRK anerkannte familiäre Beziehungen zur Schweiz unterhalten, muss daher das Bestehen eines - zumindest formellen - Anspruches auf Bewilligung des Aufenthaltes in der Schweiz i.S. von Art. 100 Abs. 1 lit. b Ziff. 3 OG bejaht werden. Der Charakter des Aufenthaltsrecht ist im Rahmen einer umfassenden Interessen- und Güterabwägung zu berücksichtigen.

2. Auch der Teilgehalt des Privatlebens vermag u.U. einen Anspruch auf Schutz einzuräumen

Fremdenrechtliche Massnahmen vermögen nicht nur die familiären, sondern auch die privaten und gesellschaftlichen Beziehungen erheblich zu beeinträchtigen. Das Bundesgericht hat dies zwar de facto anerkannt, führte aber praktisch im gleichen Atemzug aus, dass auch eine langjährige Anwesenheit in der Schweiz keine derart intensive Beziehung zu begründen vermöge, dass ein Anspruch auf Erteilung einer fremdenpolizeilichen Bewilligung entstünde[30]. Da die Einräumung eines Bewilligungsanspruches zudem auf einer Wertentscheidung zugunsten von Ehe und Familie beruhe und gleichgeschlechtliche Lebensgemeinschaften nicht vom Schutzbereich des Familienlebens erfasst werden, besteht kein aus dem Schutz des Privatlebens entspringender Anspruch auf Erteilung einer fremdenpolizeilichen Bewilligung für Partnerinnen und Partner gleichgeschlechtlicher Lebensgemeinschaften[31].

In das Privatleben kann durch ausländerrechtliche Massnahmen sehr wohl eingegriffen werden. Soll das Recht auf Achtung des Privatlebens daher effektiv und tatsächlich wirksam sein, ist anzuerkennen, dass auch aus diesem Teilgehalt von Art. 8 EMRK u.U. ein Anspruch auf Erteilung einer fremdenpolizeilichen Bewilligung (i.S. von Art. 100 Abs. 1 lit. b Ziff. 3 OG) entstehen kann. Dies ist einerseits bei stabilen, gleichgeschlechtlichen Partnerschaften, andererseits bei während eines langjährigen Aufenthaltes in der Schweiz geknüpften intensiven gesellschaftlichen, sozialen und emotionellen Beziehungen der Fall.

Ob eine gleichgeschlechtliche Lebensgemeinschaft als „stabil" bezeichnet werden kann, muss - in Analogie zur Anerkennung nichtehelicher Lebensgemeinschaften als Familienleben - aufgrund des Bestehens einer nahen, echten und tatsächlich gelebten Beziehung beurteilt werden.

---

[30] Vorne 304 ff.
[31] Siehe vorne 312 f.

B. Folgerungen für die Rechtsprechung

Damit ein mehrjähriger Aufenthalt einen Anspruch aufgrund des Schutzes des Privatlebens auszulösen vermag, muss ein engmaschiges, vielschichtiges und intensives Beziehungsnetz beeinträchtigt werden. Ob dies vorliegt, ist für jeden Einzelfall gesondert zu prüfen und darf nicht aufgrund starrer Kriterien (wie z. B. Mindestanzahl der Jahre, die in der Schweiz verbracht wurden) bestimmt werden.

3. Das Vorliegen eines Eingriffes in das Familienleben: Verzicht auf die Zumutbarkeitsprüfung als zusätzliche Eingriffsvoraussetzung

Wie die Europäische Kommission für Menschenrechte setzt auch das Bundesgericht in zahlreichen Situationen für die Bejahung eines Eingriffes voraus, dass es den in der Schweiz lebenden Familienangehörigen nicht zumutbar oder möglich sei, auszureisen und das Familienleben im Ausland fortzuführen. Zwar hat das schweizerische Bundesgericht im Laufe seiner Praxis zu Art. 8 EMRK ein eigentliches Prüfungsschema für die Zumutbarkeitsprüfung entwickelt[32], doch vermag dies nichts an der Tatsache zu ändern, dass ein ausländerrechtlich begründeter Eingriff in das Familienleben nicht von der Zumutbarkeit einer Ausreise für die Familienangehörigen abhängen darf. Neben dem Umstand, dass die Zumutbarkeit nur bei ausländerrechtlich begründeten Eingriffen in das Familienleben geprüft wird, stellt sie eine unzulässige immanente Schranke des Rechtes auf Achtung des Familienlebens dar[33]. Schliesslich ist es aus dogmatischer Sicht verfehlt, wenn bei der Frage, ob in den Schutzbereich eines Rechtes eingegriffen wurde, bereits Argumente beigezogen werden, die zur Prüfung der Rechtfertigung eines Eingriffes gehören[34]. Die Frage, ob den mitbetroffenen Familienangehörigen die Ausreise aus der Schweiz zumutbar oder möglich sei, ist im Rahmen einer umfassenden Interessen- und Verhältnismässigkeitsprüfung zu untersuchen.

Ansatzpunkt für die Abgrenzung von ausländerrechtlichen Beeinträchtigungen, die keinen und solchen, die sehr wohl einen Eingriff in das Familienleben darstellen, könnte das Kriterium sein, ob ein Familienmitglied einen Aufenthaltstitel besitzt, der zu einem grundsätzlich verlängerbaren und nicht nur zu einem auf wenige Monate beschränkten Aufenthalt in der Schweiz berechtigt, also etwa auch eine Aufenthaltsbewilligung oder eine vorläufige Aufnahme. Das Kriterium des Aufenthaltstitels darf jedoch nicht in starrer Weise angewendet werden, sondern muss vielmehr genügend flexibel ge-

---

[32] Vgl. vorne 216ff.
[33] Siehe hierzu vorne 225.
[34] Vorne 224 f.

handhabt werden, damit schutzwürdige aussergewöhnliche Situationen nicht an einer überspitzt formalistischen Eingriffsprüfung scheitern.

4. Die Rechtfertigungsprüfung: Umfassende Interessen- und Verhältnismässigkeitsprüfung unter Berücksichtigung der eingetretenen gesellschaftlichen Veränderungen

Das Recht auf Achtung des Privat- und Familienlebens kann nur dann effektiv und wirksam sein, wenn die Rechtfertigungsprüfung u.a. auf einer umfassenden Interessen- und Verhältnismässigkeitsprüfung beruht, in deren Rahmen sämtliche in casu betroffenen Interessen im Lichte der besonderen Umstände jedes Einzelfalles berücksichtigt werden. Dies bedeutet, dass nicht nur die Interessen der von einer ausländerrechtlichen Massnahme direkt Betroffenen zu berücksichtigen sind, sondern auch den Interessen der mitbetroffenen Familienangehörigen Rechnung zu tragen ist - und zwar nicht nur durch Prüfung der Zumutbarkeit und Möglichkeit ihrer Ausreise. In bezug auf die in den einzelnen Fallgruppen zu berücksichtigenden Gesichtspunkte und die Gewichtung des öffentlichen Interesses sei auf die obigen Ausführungen verwiesen[35]. Hervorzuheben sei an dieser Stelle lediglich erneut, dass die schweizerische Gesellschaft in den vergangenen Jahrzehnten tiefgreifende Änderungen erfahren hat und die Schweiz heute faktisch ein Einwanderungsland geworden ist. Den Anforderungen und Bedürfnissen einer Einwanderungsgesellschaft sowie den Herausforderungen einer umfassenden Integrationspolitik ist auch im Rahmen ausländerrechtlich motivierter Eingriffe in das Privat- und Familienleben Beachtung zu schenken. In diesem Sinne ist etwa bei Nachzugsentscheiden die integrationsfördernde Wirkung des Familienlebens zu berücksichtigen. Sodann ist zu beachten, dass der Familie als grundlegende gesellschaftliche Einheit in der Rechtsordnung sowohl durch menschenrechtliche Verträge als auch durch die schweizerische Bundesverfassung ein hoher Wert beigemessen wird. Schliesslich sei nochmals ausdrücklich unterstrichen, dass bei allen behördlichen Massnahmen, die Kinder betreffen, das *Kindeswohl* vorrangig zu berücksichtigen ist.

---

[35] Vorne 468 ff.

5. Der Dualismus zwischen fremdenpolizeilicher und strafrechtlicher Landesverweisung

Auf die Problematik des Nebeneinanders fremdenpolizeilicher und strafrechtlicher Ausweisung ist bereits hingewiesen worden[36]. Dieser häufig zu widersprüchlichen und stossenden Resultaten führende Dualismus kann de lege lata nur ungenügend gelöst werden[37]. Eine gewisse Verbesserung der unbefriedigenden Situation könnte aber dadurch erzielt werden, dass einerseits die Strafbehörden nur sehr zurückhaltend eine strafrechtliche Landesverweisung verfügen und andererseits im Rahmen der fremdenpolizeilichen Beurteilung eine umfassende, sämtliche Aspekte berücksichtigende Interessen- und Verhältnismässigkeitsprüfung erfolgt, welche nicht von vornherein implizit davon ausgeht, dass das öffentliche Interesse derart gewichtig sei, dass es grundsätzlich die privaten Interessen zu verdrängen vermöge.

II. Österreich und Frankreich

Im Gegensatz zur Praxis des schweizerischen Bundesgerichtes erscheint die Rechtsprechung der österreichischen und französischen Höchstgerichte auf den ersten Blick dogmatisch richtig. So wird beispielsweise darauf verzichtet, bei ausländerrechtlich motivierten Beeinträchtigungen des Familienlebens vor Bejahung eines Eingriffes die Unzumutbarkeit bzw. Unmöglichkeit einer Ausreise zu prüfen oder andere Eingriffsanforderungen aufzustellen. Dennoch scheint - wie der Analyse der Rechtsprechung entnommen werden kann - auch die französische und österreichische Praxis nicht vollkommen sachgerecht. Die Problematik liegt jedoch nicht bei der Eingriffsfrage, sondern vielmehr bei der Prüfung der Rechtfertigung und insbesondere bei der Gewichtung der verschiedenen Interessen. So wird beispielsweise den öffentlichen Interessen an der Durchsetzung der restriktiven Einwanderungspolitik sowie der Bekämpfung der Drogenkriminalität in beiden Ländern derart grosses Gewicht beigemessen, dass aufenthaltsbeendende Massnahmen in aller Regel quasi von vornherein als verhältnismässig gelten. Ansatzpunkt für einen echten, ernstgemeinten und effektiven Schutz des Privat- und Familienlebens in ausländerrechtlichen Belangen sollte daher sowohl in Österreich als auch in Frankreich eine umfassende und unvoreingenommene Interessenabwägung sein, in deren Rahmen sämtliche in casu betroffenen Interessen im Lichte der besonderen Umstände berücksichtigt und einander

---

[36] Vorne 117 f.

[37] De lege ferenda ist die ersatzlose Streichung der strafrechtlichen Landesverweisung anzustreben; vgl. *Zünd*, 87.

gegenübergestellt werden. Den öffentlichen Interessen darf nicht in gewissen Situationen ein derart überragendes Gewicht gegeben werden, dass es quasi a priori die privaten Interessen vom Tisch zu wischen vermag und diese daher - wenn überhaupt - nur summarisch betrachtet werden.

Die österreichischen Gerichtshöfe hatten bislang den besonderen Schutz vor aufenthaltsbeendenden Massnahmen, den die Konventionsorgane Angehörigen der zweiten Generation zukommen lassen, vollkommen ignoriert[38]. Mit dem Inkrafttreten des FrG 1997 und dem darin statuierten Verbot aufenthaltsbeendender Massnahmen gegen Ausländerinnen und Ausländer, die von Kind auf und langjährig in Österreich niedergelassen waren[39], scheint diesem Kritikpunkt durch den Gesetzgeber Rechnung getragen worden sein.

Während schliesslich in Österreich bereits anerkannt worden ist, dass ausländerrechtliche Massnahmen auch in das Privatleben eingreifen können, hat der Conseil d'État einen ersten zaghaften Schritt in diese Richtung erst jüngst in bezug auf Angehörige der zweiten Generation getan. Doch fremdenrechtliche Massnahmen vermögen nicht nur bei Angehörigen der zweiten Generation das Privatleben zu beeinträchtigen; in einer Vielzahl weiterer Situationen wird durch eine einreiseverweigernde oder aufenthaltsbeendende Massnahme in ganz massiver Weise in das Privatleben Betroffener eingegriffen. Hier besteht noch erhebliches Entwicklungspotential!

---

[38] Hierzu vorne 417 f.
[39] Siehe vorne 140 f.

Schlussbetrachtung

Untersucht man die Tragweite, die dem in Art. 8 EMRK garantierten Recht auf Achtung des Privat- und Familienlebens in ausländerrechtlichen Sachverhalten zukommt, wird man sich rasch des immensen Spannungsfeldes, in dem dieses Recht steht, bewusst: die menschenrechtlichen Anforderungen aus der EMRK - sowie auch weiteren, in vorliegender Studie nur am Rande gestreiften Menschenrechtsinstrumenten - prallen ungebremst mit dem der Souveränität entspringenden Grundsatz der Freiheit der Staaten zusammen, die Einreise, den Aufenthalt und Verbleib auf ihrem Territorium grundsätzlich frei zu regeln.

Obwohl Art. 8 EMRK bereits heute im Ausländerrecht eine grosse und bedeutende Rolle einnimmt - denn die innerstaatlichen Nachzugsregelungen und Bestimmungen zur Aufenthaltsbeendigung tragen familiären und persönlichen Interessen nur in eingeschränkter und lückenhafter Weise Rechnung -, zeigt die Rechtsprechung deutlich, dass das Recht auf Achtung des Privat- und Familienlebens in fremdenrechtlichen Fällen noch nicht in allen Punkten wirksam und effektiv interpretiert und angewendet wird. Ohne die Ergebnisse der Praxisanalyse erneut aufzunehmen, sei nur an die Prüfung der Zumutbarkeit als Eingriffsvoraussetzung durch die Kommission bzw. an die Anforderung eines gefestigten Aufenthaltsrechtes für die Geltendmachung von Art. 8 EMRK vor dem schweizerischen Bundesgericht erinnert.

Ein grosser Schritt hin zu einer tatsächlich effektiven und wirksamen Achtung des Privat- und Familienlebens auch im Ausländerrecht wäre bereits mit einer dogmatisch und methodisch korrekten, die seit dem Inkrafttreten der EMRK eingetretenen gesellschaftlichen und rechtlichen Veränderungen berücksichtigenden und sämtlichen betroffenen Interessen umfassend Rechnung tragenden Entscheidfindung innerstaatlicher und internationaler Instanzen getan.

Als Lebenssachverhalte weisen konkrete Fälle immer gewisse Eigenheiten und bestimmte Partikularitäten auf. Daher ist es auch nicht möglich, für einzelne Fallkonstellationen sozusagen einen Entscheidraster aufzustellen. Ziel der Ausführungen des vierten Teils ist vielmehr, Anstösse zu geben und Möglichkeiten einer sachgerechten und methodisch sauberen Beurteilung aufzuzeigen. Einzig für die Beurteilung der Konventionskonformität aufenthaltsbeendender Massnahmen gegen Angehörige der zweiten Generation - de facto Angehörige des Staates, in dem sie ihr ganzes bewusstes Leben verbracht haben - wurde der Versuch einer klaren Regelung gewagt.

Wer sich aus vorliegender Studie quasi „pfannenfertige" Lösungen für bestimmte Situationen erhoffte, wurde gewiss enttäuscht. Wer hingegen auf der Suche nach kreativen Wegen und Möglichkeiten einer mensch(enrecht)lichen Lösung von in das Privat- oder Familienleben eingreifenden ausländerrechtlichen Massnahmen ist, dem mögen vielleicht hier einige Anstösse gegeben worden sein.

Materialien

Botschaft betreffend den Beitritt der Schweiz zum Übereinkommen von 1989 über die Rechte des Kindes vom 29. Juni 1994, BBl 1994 V 1 ff. (zitiert als *Botschaft Kinderkonvention*)

Botschaft über eine neue Bundesverfassung vom 20. November 1996, BBl 1997 I 1 ff. (zitiert als *Botschaft Bundesverfassung* nach dem Sonderdruck)

Botschaft zum Ausländergesetz vom 19. Juni 1978, BBl 1978 II 169 ff. (zitiert als *Botschaft Ausländergesetz*)

Bundesamt für Justiz/Direktion für Völkerrecht, Das *Verhältnis zwischen Völkerrecht und Landesrecht* im Rahmen der schweizerischen Rechtsordnung, Gemeinsame Stellungnahme des Bundeamtes für Justiz und der Direktion für Völkerrecht vom 26. April 1989, VPB 53 (1989) Nr. 54, 393 ff.

Bundesamt für Statistik, Statistisches Jahrbuch der Schweiz 1998, Verlag Neue Zürcher Zeitung, Zürich 1997 (zitiert als *Statistisches Jahrbuch der Schweiz 1998*)

Eidgenössische Ausländerkommission (EKA), Umrisse zu einem Integrationskonzept, Bern 1996 (zitiert als *Umrisse*)

Expertenkommission Migration, Bericht der Arbeitsgruppe Integration, in: Ein neues Konzept der Migrationspolitik - Bericht der Expertenkommission Migration im Auftrag des Bundesrates, Materialienband, Bern 1997, 76 ff. (zitiert als *Arbeitsgruppe Integration*)

— Ein neues Konzept der Migrationspolitik - Bericht der Expertenkommission Migration im Auftrag des Bundesrates, Bern 1997 (zitiert als *Expertenkommission Migration*)

Genehmigung der Europäischen Sozialcharta, Bericht der Kommission für soziale Sicherheit und Gesundheit des Nationalrates vom 17. November 1995, BBl 1996 II 721 ff. (zitiert als *Bericht Sozialcharta*)

Weisungen zur Ausländergesetzgebung für die kantonalen Fremdenpolizeibehörden, Bundesamt für Ausländerfragen, Bern, Januar 1993 und Ergänzungslieferungen (zitiert als *Weisungen BFA*)

Literaturverzeichnis

Zwei oder mehr Werke des gleichen Autors werden mit einem im Literaturverzeichnis kursiv dargestellten Beiwort aus dem Titel zitiert. Weitere Literaturangaben finden sich in den Fussnoten.

Abraham, Ronny: L'applicabilité directe de la Convention devant la juridiction administrative, in: RUDH 1991, 275 ff.

Achermann, Alberto: Recht auf Einreise ins eigene Land und auf Verbleib im eigenen Land (Art. 12 Abs. 4 UNO-Pakt II), Urteilsanmerkung zu BGE 122 II 433ff und zum Entscheid des Menschenrechtsausschusses vom 1. November 1996 i.S. Charles E. Stewart, in: ASYL 1997, 63 ff.

Achermann, Alberto / *Caroni*, Martina / *Kälin*, Walter: Die Bedeutung des UNO-Paktes über bürgerliche und politische Rechte für das schweizerische Recht, in: Walter Kälin / Giorgio Malinverni / Manfred Nowak: Die Schweiz und die UNO-Menschenrechtspakte, 2. stark erweiterte Auflage, Basel u.a. 1997, 155 ff.

Achermann, Alberto / *Hausammann*, Christina: Handbuch des Asylrechts, 2. Auflage, Bern u.a. 1991

Alleweldt, Ralf: Schutz vor Abschiebung bei drohender Folter oder unmenschlicher oder erniedrigender Behandlung oder Strafe, Diss. Heidelberg 1995/96, Berlin u.a. 1996

Alston, Philip: Interpreting a Child's Right to Privacy in the UN Context: The influence of Regional Standards, in: Donna Gomien (Ed.), Broadening the Frontiers of Human Rights, Essays in Honour of Asbjørn Eide, Oslo 1993, 125 ff.

Anderfuhren-Wayne, Cynthia S.: Family Unity in Immigration and Refugee Matters: United States and European Approaches, in: IJRL 1996, 347 ff.

Arai, Yutaka: The Margin of Appreciation Doctrine in the Jurisprudence of Article 8 of the European Convention on Human Rights, in: NQHR 1998, 41 ff.

Aubert, Jean-François: Bundesstaatsrecht der Schweiz, Fassung von 1967, neu bearbeiteter Nachtrag bis 1990 (Band I) bzw. 1994 (Band II), Basel u.a. 1991/1995

Auer, Andreas: Le statut des étrangers et des réfugiés en Suisse, in: Dominique Turpin (Hrsg.), Immigrés et réfugiés dans les démocraties occidentales - défis et solutions, Aix-en-Provence u.a. 1990, 115 ff.

Berger, Vincent: Jurisprudence de la Cour européenne des droits de l'homme, 4e édition, Paris 1994

Berka, Walter: Das „eingriffsnahe Gesetz" und die grundrechtliche *Interessenabwägung*, in: Heinz Mayer (Hrsg.), Staatsrecht in Theorie und Praxis, Festschrift für Robert Walter zum 60. Geburtstag, Wien 1991, 37 ff.

— Die *Gesetzesvorbehalte* der Europäischen Menschenrechtskonvention, in: ÖZöRV 1986, 71 ff.

Bernhardt, Rudolf: *Anmerkungen* zur Rechtsfortbildung und Rechtsschöpfung durch internationale Gerichte, in: Konrad Ginther / Gerhard Hafner / Winfried Lang / Hans Peter Neuhold / Lilly Sucharipa-Behrmann (Hrsg.), Völkerrecht zwischen normativem Anspruch und politischer Realität, Festschrift für Karl Zemanek zum 65. Geburtstag, Berlin 1994, 11 ff.

— Die *Auslegung* völkerrechtlicher Verträge insbesondere in der neueren Rechtsprechung internationaler Gerichte, Köln u.a. 1963

— *Vertragsauslegung*, in: Ignaz Seidl-Hohenveldern (Hrsg.), Lexikon des Rechts - Völkerrecht, 2. Auflage, Neuwied u.a. 1992, 385 ff.

Boeles, Pieter: Fair Immigration Proceedings in Europe, The Hague u.a. 1997

Bolz, Urs: Rechtsschutz im Ausländer- und Asylrecht - eine rechtspolitische Untersuchung zum System des Rechtsschutzes im Bereiche von Einreise, Aufenthalt und Asyl, Diss. Bern 1990, Basel u.a. 1990

Bossuyt, Marc: Article 14, in: Louis-Edmond Pettiti / Emmanuel Decaux / Pierre-Henri Imbert (éd.), La Convention européenne des droits de l'homme, Commentaire article par article, Paris 1995, 475 ff.

Boucaud, Pascale: Migrant workers and their family - protection within the European Social Charter, Study compiled on the basis of the case law of the Committee of Independent Experts, Human Rights - Social Charter monographs No. 4, Strasbourg 1996

Braconnier, Stéphane: Note zum Entscheid des Tribunal Administratif de Poitiers vom 8. Januar 1997, in: D. 1997, jur. 526 ff.

Breitenmoser, Stephan: Das Recht auf Achtung des Privat- und Familienlebens in der Schweizer *Rechtsprechung* zum Ausländerrecht, in: EuGRZ 20 (1993), 537 ff.

— Der Schutz der *Privatsphäre* gemäss Art. 8 EMRK, Diss. Basel 1995, Basel u.a. 1986

Brems, Eva: The Margin of Appreciation Doctrine in the Case-Law of the European Court of Human Rights, in: ZaöRV 56 (1996), 240 ff.

Brötel, Achim: Der Anspruch auf Achtung des *Familienlebens*, Rechtsgrund und Grenzen staatlicher Einwirkungsmöglichkeiten in familiäre Rechtspositionen nach der Europäischen Konvention zum Schutze der Menschenrechte und Grundfreiheiten, dargestellt an ausgewählten Beispielen des deutschen Familienrechts, Diss. Heidelberg 1990/91, Baden-Baden 1991

— Die *Auslegung* völkerrechtlicher Verträge im Lichte der Wiener Vertragsrechtskonvention, in: Jura 1988, 343 ff.

Brownlie, Ian: Principles of Public International Law, 4th Edition, Oxford 1990

Buergenthal, Thomas / *Doehring*, Karl / *Maier*, Harold G. / *Kokott*, Juliane: Grundzüge des Völkerrechts, Heidelberg 1988

Cagianut, Francis: Die Bedeutung der Konvention zum Schutze der Menschenrechte und Grundfreiheiten für den Schweizer Richter, in: Yvo Hangartner / Stefan Trechsel (Hrsg.), Völkerrecht im Dienste des Menschen, Festschrift für Hans Haug, Bern u.a. 1986, 47 ff.

Carlier, Jean-Yves: Vers l'interdiction d'expulsion des étrangers intégrés?, in: RTDH 1993, 449 ff.

Carrillo-Salcedo, Juan Antonio: Article 1, in: Louis-Edmond Pettiti / Emmanuel Decaux / Pierre-Henri Imbert, La Convention européenne des droits de l'homme, Commentaire article par article, Paris 1995, 135 ff.

Cassia, Paul / *Saulnier*, Emanuelle: Le Conseil d'État et la Convention européenne des droits de l'homme, in: AJDA 1997, 411 ff.

Cattacin, Sandro: „Il federalismo integrativo" - Qualche considerazione sulle modalità di integrazione degli immigrati in Svizzera, in: Vittoria Cesari Lusso / Sandro Cattacin / Cristina Allemann-Ghionda (a cura di), i come ... identità, integrazione, interculturalità, Zürich 1996, 67 ff.

Ceschi, Ilaria: Adoption ausländischer Kinder in der Schweiz: Aufnahme, Vermittlung und Pflegeverhältnis, Diss. Zürich, Zürich 1996

Charvin, Robert / *Sueur*, Jean-Jacques: Droits de l'homme et libertés de la personne, 2e édition, Paris 1997

Cholewinski, Ryszard: *Migrant Workers* in International Human Rights Law - Their Protection in Countries of Employment, Oxford 1997

— Strasbourg's „*Hidden Agenda*"?: The Protection of Second-Generation Migrants from Expulsion under Article 8 of the European Convention on Human Rights, in: NQHR 1994, 287 ff.

— The *Protection* of the Right of Economic Migrants to Family Reunion in Europe, in: ICLQ 1994, 568 ff.

Clark, Tom / *Aiken*, Sharryn / *Jackman*, Barbara / *Matas*, David: International Human Rights Law and Legal Remedies in Expulsion: Progress and Some Remaining Problems with Special Reference to Canada, in: NQHR 1997, 429 ff.

Cohen-Jonathan, Gérard: La *Convention* européenne des droits de l'homme, Aix-en-Provence u.a. 1989

— Les *rapports* entre la Convention européenne des Droits de l'Homme et les autres traités conclus par les Etats Parties, in: Rick Lawson / Matthijs de Blois (Ed.), The Dynamics of the Protection of Human Rights in Europe, Essays in Honour of Henry G. Schermers, Volume III, Dordrecht u.a. 1994, 79 ff.

— *Respect* for Private and Family Life, in: Ronald St. J. Macdonald / Franz Matscher / Herbert Petzold (Ed.), The European System for the Protection of Human Rights, Dordrecht u.a. 1993, 405 ff.

Connelly, A.M.: Problems of interpretation of Article 8 of the European Convention on Human Rights, in: ICLQ 1986, 567 ff.

Corouge, Elise: Expulsion des étrangers et article 8 de la Convention européenne des droits de l'homme, in: RFDA 1997, 318 ff.

Coussirat-Coustère, Vincent: *Article 8* § 2, in: Louis-Edmond Pettiti / Emmanuel Decaux / Pierre-Henri Imbert, La Convention européenne des droits de l'homme, Commentaire article par article, Paris 1995, 323 ff.

— La *notion* de famille dans les jurisprudences de la Commission et de la Cour européennes des droits de l'Homme, in: Internationalisation des droits de l'Homme et évolution du droit de la famille, Actes des Journées d'Etudes des 15 et 16 décembre 1994 organisées par le Laboratoire d'études et de recherches appliquées au droit privé de l'Université de Lille II, Paris 1996, 45 ff.

Cvetic, Goran: Immigration Cases in Strasbourg: the Right to Familiy Life under Article 8 of the European Convention, in: ICLQ 1987, 647 ff.

Dahm, Georg / *Delbrück*, Jost / *Wolfrum*, Rüdiger: Völkerrecht, Band I/1 - Die Grundlagen; Die Völkerrechtssubjekte, 2. völlig neu bearbeitete Auflage, Berlin u.a. 1989

Davy, Ulrike: „Familienleben" und Familiennachzug, in: JRP 1996, 250 ff.

de Salvia, Michele: Nazionalità in senso formale e nazionalità in senso sostanziale nella convenzione europea dei diritti dell'uomo, in: Rivista internazionale dei diritti dell'uomo 1995, 9 ff.

Desportes, Frédéric / *Le Gunehec*, Francis: Le nouveau droit pénal, Tome 1, Droit pénal général, 2e édition, Paris 1996

Dicke, Detlev Christian: Art. 54 BV, in: Jean-François Aubert / Kurt Eichenberger / Jörg Paul Müller / René A. Rhinow / Dietrich Schindler (Hrsg.), Kommentar zur

Bundesverfassung der Schweizerischen Eidgenossenschaft vom 29. Mai 1874, Basel u.a. 1987 und spätere Nachlieferungen

Dictionnaire Permanent Droit des Étrangers: Stichworte „*ABC* du droit des étrangers", „*Carte de résident*", „*Carte de séjour temporaire*", „*Expulsion*", „*Interdiction du territoire*", „*Reconduite à la frontière*", „*Regroupement familial*", „*Ressortissants des États membres de la Communauté européenne*", „*Titre de séjour*" und „*Polygamie*", Editions Legislatives, Paris 1995 und spätere Nachlieferungen

Dipla, Haritini: La Convention des Nations Unies sur les droits des travailleurs migrants et de leur famille face à la réalité, in: Linos-Alexandre Sicilianos (éd.), Nouvelles formes de discrimination, Actes du séminaire international d'experts sur la prévention des discriminations à l'égard des immigrés, des réfugiés et des personnes appartenant à des minorités, organisé par l'UNESCO et la FMDH à Olympie (Grèce) les 13 et 14 mai 1994, Paris 1995, 35 ff.

Dollé, Sally: Refugees and Family Reunion of Immigrants: The Strasbourg Case Law, in: Proceedings of the Colloquy on «Human Rights without Frontiers», Strasbourg 30 November - 1 December 1989, DH-ED (89) 20, 13 ff.

Dorsch, Gabriele: Die Konvention der Vereinten Nationen über die Rechte des Kindes, Diss. München 1992, Berlin 1994

Druey, Jean Nicolas, Interessenabwägung - eine Methode?, in: Beiträge zur Methode des Rechts, St. Galler Festgabe zum Schweizerischen Juristentag 1981, Bern u.a. 1981, 131 ff.

Drzemczewski, Andrew: The Position of *Aliens* in Relation to the European Convention on Human Rights: A General Survey, in: Council of Europe - Directorate of Human Rights, Human Rights of Aliens in Europe, Proceedings of the Colloquy on „Human Rights of Aliens in Europe" in Funchal - Madeira (Portugal) 17-19 October 1993, Dordrecht u.a. 1995, 351 ff.

— The right to *respect* for private and family life, home and correspondence as guaranteed by article 8 of the European Convention on Human Rights, Human Rights files No. 7, Strasbourg 1984

Duffy, P.J.: The Protection of Privacy, Family Life and Other Rights under Article 8 of the European Convention on Human Rights, in: Yearbook of European Law 1982, 191 ff.

Dutoit, Bernhard: Droit international privé suisse: commentaire de la loi fédérale du 18 décembre 1987, 2ème édition revue et augmentée, Basel u.a. 1997

Engel, Christoph: Der *Ordnungsvorbehalt* in den Schranken der Europäischen Menschenrechtskonvention, in: SJIR 1989, 41 ff.

— Die *Schranken* der Schranken in der Europäischen Menschenrechtskonvention - Das Merkmal „notwendig in einer demokratischen Gesellschaft" in den Schrankenvorbehalten, das Diskriminierungsverbot und die „margin of appreciation", in: ÖZöRV 1986, 261 ff.

Enrich Mas, Montserrat: Article 12, in: Louis-Edmond Pettiti / Emmanuel Decaux / Pierre-Henri Imbert, La Convention européenne des droits de l'homme, Commentaire article par article, Paris 1995, 437 ff.

Eriksson, Maja Kirilova: Das Aufenthaltsrecht von Ausländern - Die Regelung der Einreise und des Aufenthalts von Ausländern nach geltendem Völkerrecht und dem Recht Schwedens, der Schweiz und der Bundesrepublik Deutschland, Diss. Uppsala 1984, Stockholm 1984

Ermacora, Felix: Grundriss der Menschenrechte in Österreich, Wien 1988

Evrigenis, Dimitrios: L'interaction entre la dimension internationale et la dimension nationale de la Convention européenne des Droits de l'Homme: Notions autonomes et effet direct, in: Rudolf Bernhardt / Wilhelm Karl Geck / Günther Jaenicke / Helmut Steinberger (Hrsg.), Völkerrecht als Rechtsordnung - Internationale Gerichtsbarkeit - Menschenrechte, Festschrift für Hermann Mosler, Berlin u.a. 1983, 193 ff.

Fabre-Alibert, Véronique: La notion de «société démocratique» dans la jurisprudence de la cour européenne des droits de l'homme, in: RTDH 1998, 465 ff.

Fahrenhorst, Irene: Familienrecht und Europäische Menschenrechtskonvention: Das Ehe- und Familienrecht der Bundesrepublik Deutschland und seine Vereinbarkeit mit der Europäischen Konvention zum Schutz der Menschenrechte und Grundfreiheiten, Paderborn u.a. 1994

Favoreu, Louis / *Philip*, Loïc: Les grandes décisions du Conseil constitutionnel, 8e édition, Paris 1995

Fourlanos, Gerassimos: Sovereignty and the Ingress of Aliens - With Special Focus on Family Unity and Refugee Law, Diss. Uppsala 1988, Stockholm 1986

Frowein, Jochen Abr.: Zur Rechtsstellung von Kindern ausländischer Arbeitnehmer in Europa, in: EuGRZ 1980, 147 ff.

Frowein, Jochen Abr. / *Peukert*, Wolfgang: Europäische MenschenRechtsKonvention, EMRK-Kommentar, 2. vollständig neu bearbeitete Auflage, Kehl u.a. 1996

Ganshof van der Meersch, Walter J.: Le *caractère autonome* des termes et la „marge d'appréciation" des gouvernements dans l'interprétation de la Convention européenne des Droits de l'Homme, in: Franz Matscher / Herbert Petzold (Ed.), Protecting Human Rights: The European Dimension, Studies in honour of Gérard J. Wiarda, Köln u.a. 1988, 201 ff.

— Réflexions sur les *restrictions* à l'exercice des droits de l'homme dans la jurisprudence de la Cour européenne de Strasbourg, in: Rudolf Bernhardt / Wilhelm Karl Geck / Günther Jaenicke / Helmut Steinberger (Hrsg.), Völkerrecht als Rechtsordnung - Internationale Gerichtsbarkeit - Menschenrechte, Festschrift für Hermann Mosler, Berlin u.a. 1983, 263 ff.

Gaudemet-Tallon, Hélène: La famille face au droit communautaire, in: Internationalisation des droits de l'Homme et évolution du droit de la famille, Actes des Journées d'Etudes des 15 et 16 décembre 1994 organisées par le Laboratoire d'études et de recherches appliquées au droit privé de l'Université de Lille II, Paris 1996, 85 ff.

Gauthier, Jean: Le délinquent étranger devant le juge pénal suisse, in: Les étrangers en Suisse, Recueil de travaux publié par la faculté de droit à l'occasion de l'assemblée de la Société Suisse des juristes à Lausanne, du 1er au 3 octobre 1982, Lausanne 1982, 281 ff.

Genevois, Bruno: Un statut constitutionnel pour les étrangers - A propos de la décision du Conseil constitutionnel n° 93-325 DC du 13 août 1993, in: RFDA 1993, 871 ff.

Gerber, Alexandra / *Métraux*, Béatrice: Le regroupement familial des réfugiés, requérants d'asile et des personnes admises provisoirement, in: Walter Kälin (éd.), Droit des réfugiés, Enseignement de 3e cycle de droit 1990, Fribourg 1991, 79 ff.

Golsong, Heribert: Die Bedeutung der Europäischen Menschenrechtskonvention für Europa, in: ZSR 116 (NF 94) 1975, 345 ff.

Gomien, Donna / *Harris*, David / *Zwaak*, Leo: Law and practice of the European Convention on Human Rights and the European Social Charter, Council of Europe, Strasbourg 1996

Grant, Philip: L'art. 8 CEDH, les étrangers et les voies de recours au Tribunal fédéral: entre innovation et cul-de-sac, in: AJP/PJA 1998, 269 ff.

Grisel, Etienne: Art. 44 BV, in: Jean-François Aubert / Kurt Eichenberger / Jörg Paul Müller / René A. Rhinow / Dietrich Schindler (Hrsg.), Kommentar zur Bundesverfassung der Schweizerischen Eidgenossenschaft vom 29. Mai 1874, Basel u.a. 1987 und spätere Nachlieferungen

Guimezanes, Nicole: L'*arrêt* de l'immigration en France? Commentaire de la loi n° 93-1027 du 24 août 1993 sur la maîtrise de l'immigration, in: JCP 1994, éd. G, I, 3728, 1 ff.

— Les étrangers et les récentes *réformes* du droit de l'immigration et de la nationalité, in: J.D.I. 1994, 59 ff.

— Réflexions sur l'*éloignement* des étrangers du territoire français, in: J.D.I. 1996, 69 ff.

Gutzwiller, Peter Max / *Baumgartner*, Urs L.: Schweizerisches Ausländerrecht, 2. Auflage, München u.a. 1997

Haefliger, Arthur: Die Europäische Menschenrechtskonvention und die Schweiz - Die Bedeutung der Konvention für die schweizerische Rechtspraxis, Bern 1993

Häfelin, Ulrich / *Müller*, Georg: Grundriss des Allgemeinen Verwaltungsrechts, 2. Auflage, Zürich 1993

Hailbronner, Kay: Die Einschränkung von Grundrechten in einer demokratischen Gesellschaft - Zu den Schrankenvorbehalten der Europäischen Menschenrechtskonvention, in: Rudolf Bernhardt / Wilhelm Karl Geck / Günther Jaenicke / Helmut Steinberger (Hrsg.), Völkerrecht als Rechtsordnung - Internationale Gerichtsbarkeit - Menschenrechte, Festschrift für Hermann Mosler, Berlin u.a. 1983, 359 ff.

Haller, Walter: Persönliche Freiheit, in: Jean-François Aubert / Kurt Eichenberger / Jörg Paul Müller / René A. Rhinow / Dietrich Schindler (Hrsg.), Kommentar zur Bundesverfassung der Schweizerischen Eidgenossenschaft vom 29. Mai 1874, Basel u.a. 1987 und spätere Nachlieferungen

Hannum, Hurst: The Right to Leave and Return in International Law and Practice, Dordrecht u.a. 1987

Harris, David / *O'Boyle*, Michael / *Warbrick*, Chris: Law of the European Convention on Human Rights, London u.a. 1995

Heger, Gerlinde: Die Familie im aktuellen Fremdenrecht, Diplomarbeit (unpubliziert) Universität Salzburg 1996

Hegetschweiler, Hans: Die Familienzusammenführung von vorläufig Aufgenommenen und anderen Personen, die kein Asyl und keine Aufenthaltsbewilligung in der Schweiz haben, in: ASYL 1989, 7 ff.

Hegnauer, Cyril: Grundriss des Kindesrechts und des übrigen Verwandschaftsrechts, 4. überarbeitete Auflage, Bern 1994

Henckaerts, Jean-Marie: Mass Expulsion in Modern International Law and Practice, The Hague u.a. 1995

Hetfleisch, Gerhard / *Petri*, Franko / *Wartha*, Sabine (Hrsg.): Das österreichische Ausländerrecht - Ein praktischer Wegweiser mit kritischen Betrachtungen, Wien 1995

Hickisch, Kurt / *Keplinger*, Rudolf: Handbuch zum Fremdengesetz - Das Fremdengesetz mit Erläuterungen, weiterführenden Hinweisen und einem umfassenden Überblick über die bis zum 31. Dezember 1994 ergangene Judikatur der Höchstgerichte, Wien 1996

Hoffmann-Remy, Ulrich: Die Möglichkeiten der Grundrechtseinschränkung nach den Art. 8-11 Abs. 2 der Europäischen Menschenrechtskonvention - Dargestellt anhand von Beispielsfällen aus der Rechtsprechung der Konventionsorgane und nationaler Gerichte, Berlin 1976

Hune, Shirley / *Niessen*, Jan: Ratifying the UN Migrant Workers Convention: Current Difficulties and Prospects, in: NQHR 1994, 393 ff.

— The First UN *Convention* on Migrant Workers, in: NQHR 1991, 130 ff.

Jaag, Tobias / *Müller*, Georg / *Saladin*, Peter / *Zimmerli*, Ulrich: Ausgewählte Gebiete des Bundesverwaltungsrechts, 2. überarbeitete Auflage, Basel u.a. 1997

Jacobs, Francis G.: The „limitation clauses" of the European Convention on Human Rights, in: Armand de Mestral / Suzanne Birks / Michael Bothe / Irwin Cotler / Dennis Klinck / André Morel (Hrsg.), The Limitation of Human Rights in Comparative Constitutional Law, Cowansville u.a. 1986, 21 ff.

Jacobs, Francis G. / *White*, Robin C.A.: The European Convention on Human Rights, 2nd Edition, Oxford 1996

Jacot-Guillarmod, Olivier: Les *liens familiaux* dans la jurisprudence de Strasbourg, in: Problèmes de droit de la famille, Recueil de travaux publié par la Faculté de droit et des sciences économiques de l'Université de Neuchâtel à l'occasion du congrès de la Société suisse des juristes, à Neuchâtel, du 11 au 13 septembre 1987, Neuchâtel 1987, 79 ff.

— Règles, méthodes et principes d'*interprétation* dans la jurisprudence de la Cour européenne des droits de l'homme, in: Louis-Edmond Pettiti / Emmanuel Decaux / Pierre-Henri Imbert (éd.), La Convention européenne des droits de l'homme, Commentaire article par article, Paris 1995, 41 ff.

Jagerskiold, Stig: The Freedom of Movement, in: Louis Henkin (Ed.), The International Bill of Rights - The Covenant on Civil and Political Rights, New York 1981, 166 ff.

Jault-Seseke, Fabienne: Le regroupement familial en droit comparé français et allemand, Paris 1996

Jelinek, Andrea / *Szymanski*, Wolf: Fremdengesetz 1997 mit Materialien und einer Textgegenüberstellung zum Fremdengesetz 1992 und zum Aufenthaltsgesetz, Wien 1997

Julien-Laferrière, François: Les étrangers ont-ils droit au respect de leur *vie familiale*? - L'article 8 de la Convention européenne de sauvegarde des droits de l'homme et des libertés fondamentales et le Conseil d'État, in: D. 1992, chron. 291 ff.

— *Note* zu den Entscheiden Belgacem und Mme Naima Babas des Conseil d'État, in: AJDA 1991, 551 ff.

Kälin, Walter: Das menschenrechtliche Verbot der *Rückschiebung* und seine Bedeutung für das Flüchtlingsrecht, in: ASYL 1997, 3 ff.

— Das Verfahren der *staatsrechtlichen Beschwerde*, 2. Auflage, Bern 1994

— Der *Geltungsgrund* des Grundsatzes „Völkerrecht bricht Landesrecht", in: Guido Jenny / Walter Kälin (Hrsg.), Die schweizerische Rechtsordnung in ihren internationalen Bezügen, Festgabe zum schweizerischen Juristentag 1988, ZBJV 124bis, Bern 1988, 45 ff.

— Die Europäische Menschenrechtskonvention als Faktor der europäischen *Integration*, in: Walter Haller / Alfred Kölz / Georg Müller / Daniel Thürer (Hrsg.), Im Dienst an der Gemeinschaft, Festschrift für Dietrich Schindler zum 65. Geburtstag, Basel u.a. 1989, 529 ff.

— Grundriss des *Asylverfahrens*, Basel u.a. 1990

— *Verfassungsgerichtsbarkeit* in der Demokratie - Funktionen der staatsrechtlichen Beschwerde, Bern 1987

Kälin, Walter / *Malinverni*, Giorgio / *Nowak*, Manfred: Die Schweiz und die UNO-Menschenrechtspakte, 2. stark erweiterte Auflage, Basel u.a. 1997

Kammermann, Hans: Der Familiennachzug der ausländischen Arbeitskräfte, Diss. Zürich, Zürich 1976

Kastanas, Elias: Unité et diversité: notions autonomes et marge d'appréciation des Etats dans la jurisprudence de la Cour européenne des droits de l'homme, Thèse Genève 1996, Bruxelles 1996

Kayser, Pierre: Le regroupement familial dans le droit communautaire, la Convention européenne des droits de l'homme et le droit interne français, in: JCP 1993, éd. G, I, 3679, 235 ff.

Kempees, Peter: A Systematic Guide to the Case-Law of the European Court of Human Rights, The Hague u.a. 1996

Kimminich, Otto: Einführung in das Völkerrecht, 6. überarbeitete und erweiterte Auflage, Tübingen u.a. 1997

Koller, Alfred: Die *Reneja-Praxis* des Bundesgerichts, Ein Rechtsprechungsbericht, in: ZBl 86 (1985), 513 ff.

— *Verwaltungsgerichtsbeschwerde* gegen die Verweigerung einer Aufenthaltsbewilligung, in: SJZ 1990, 353 ff.

Kölz, Alfred / *Häner*, Isabelle: Verwaltungsverfahren und Verwaltungsrechtspflege des Bundes - mit einem Grundriss der Vewaltungsrechtspflege des Kantons Zürich, Zürich 1993

Kölz, Alfred / *Kottusch*, Peter: Bundesrecht und kantonales Verwaltungsverfahren - Eine Problemübersicht, in: ZBl 79 (1978), 421 ff.

Kottusch, Peter: Das *Ermessen* der kantonalen Fremdenpolizei und seine Schranken, in: ZBl 91 (1990), 145 ff.

— Die Bestimmungen über die *Begrenzung* der Zahl der Ausländer, Rechtsgrundlagen - Zulassungsvorschriften für nichterwerbstätige Ausländer - Familiennachzug, in: SJZ 1988, 37 ff.

— Die *Niederlassungsbewilligung* gemäss Art. 6 ANAG - Eine Übersicht, in: ZBl 87 (1986), 513 ff.

— Zur rechtlichen Regelung des *Familiennachzugs* von Ausländern, in: ZBl 90 (1989), 329 ff.

Kreis, Georg / *Kury*, Patrick: Die schweizerischen Einbürgerungsnormen im Wandel der Zeit, Bern 1996

Krüger, Hans Christian / *Nørgaard*, Carl Age: The Right of Application, in: Ronald St. J. Macdonald / Franz Matscher / Herbert Petzold (Ed.), The European System for the Protection of Human Rights, Dordrecht u.a. 1993, 657 ff.

Labayle, Henri: L'*éloignement* des étrangers, in: RUDH 1991, 296 ff.

— Le droit de l'étranger à mener une *vie familiale* normale - lecture nationale et exigences européennes, in: RFDA 1993, 511 ff.

Labayle, Henri / *Sudre*, Frédéric: Droit administratif et Convention européenne des droits de l'homme, in: RFDA 1994, 1183 ff.

Lawson, Rick A. / *Schermers*, Henry G.: Leading Cases of the European Court of Human Rights, Compiled, edited and annotated by R.A. Lawson and H.G. Schermers, Nijmegen u.a. 1997

Lochak, Danièle: *Article 3* Protocole N° 4, in: Louis-Edmond Pettiti / Emmanuel Decaux / Pierre-Henri Imbert, La Convention européenne des droits de l'homme, Commentaire article par article, Paris 1995, 1053 ff.

— *Article 4* Protocole N° 4, in: Louis-Edmond Pettiti / Emmanuel Decaux / Pierre-Henri Imbert, La Convention européenne des droits de l'homme, Commentaire article par article, Paris 1995, 1057 ff.

Lücker-Babel, Marie-Françoise: Auslandsadoption und Kinderrechte - Was geschieht mit den Verstossenen?: Untersuchung von gescheiterten internationalen Adoptionsfällen in der Schweiz, Fribourg 1991

Lukasser, Georg: Das Menschenrecht auf Achtung des Privat- und Familienlebens (Art. 8 MRK), Dissertation (unpubliziert) Universität Innsbruck 1992

Macdonald, Ronald St. J.: The Margin of Appreciation, in: Ronald St. J. Macdonald / Franz Matscher / Herbert Petzold (Ed.), The European System for the Protection of Human Rights, Dordrecht u.a. 1993, 83 ff.

Macheret, Augustin: Vers une nouvelle législation sur les étrangers en Suisse, in: ZSR 118 (NF 96) 1977/I, 265 ff.

Madureira, Joao: Aliens' Admission to and Departure from National Territory: Case-Law of the Organs of the European Convention on Human Rights and the European Social Charter, in: Proceedings of the Colloquy on «Human Rights without Frontiers», Strasbourg 30 November - 1 December 1989, DH-ED (89) 20, 105 ff.

Mahon, Pascal: Art. 34^{quinquies} BV, in: Jean-François Aubert / Kurt Eichenberger / Jörg Paul Müller / René A. Rhinow / Dietrich Schindler (Hrsg.), Kommentar zur Bundesverfassung der Schweizerischen Eidgenossenschaft vom 29. Mai 1874, Basel u.a. 1987 und spätere Nachlieferungen

Mahoney, Paul: *Judicial activism* and judicial self-restraint in the European Court of Human Rights: Two sides of the same coin, in: HRLJ 1990, 57 ff.

— Marvellous richness of *diversity* or invidious cultural relativism?, in: HRLJ 1998, 1 ff.

Malinverni, Giorgio: *Art. 69ter BV*, in: Jean-François Aubert / Kurt Eichenberger / Jörg Paul Müller / René A. Rhinow / Dietrich Schindler (Hrsg.), Kommentar zur Bundesverfassung der Schweizerischen Eidgenossenschaft vom 29. Mai 1874, Basel u.a. 1987 und spätere Nachlieferungen

— *Art. 70 BV*, in: Jean-François Aubert / Kurt Eichenberger / Jörg Paul Müller / René A. Rhinow / Dietrich Schindler (Hrsg.), Kommentar zur Bundesverfassung der Schweizerischen Eidgenossenschaft vom 29. Mai 1874, Basel u.a. 1987 und spätere Nachlieferungen

— La Convention européenne des droits de l'homme et son *interprète* principal, in: Piermarco Zen-Ruffinen / Andreas Auer (éd.), De la Constitution, Etudes en l'Honneur de Jean-François Aubert, Basel u.a. 1996, 405 ff.

— Les *fonctions* des droits fondamentaux dans la jurisprudence de la Commission et de la Cour européennes des droits de l'homme, in: Walter Haller / Alfred Kölz / Georg Müller / Daniel Thürer (Hrsg.), Im Dienst an der Gemeinschaft, Festschrift für Dietrich Schindler zum 65. Geburtstag, Basel u.a. 1989, 539 ff.

Matscher, Franz: Betrachtungen über das *Diskriminierungsverbot* (Art. 14 EMRK) nach der neueren Praxis der Strassburger Instanzen, in: Ludwig Adamovich / Peter Pernthaler (Hrsg.), Auf dem Weg zur Menschenwürde und Gerechtigkeit, Festschrift für Hans R. Klecatsky, 2. Teilband, Wien 1980, 627 ff.

— Methods of *Interpretation* of the Convention, in: Ronald St. J. Macdonald / Franz Matscher / Herbert Petzold (Ed.), The European System for the Protection of Human Rights, Dordrecht/Boston/London 1993, 63 ff.

Merrills, J.G.: The development of international law by the European Court of Human Rights, 2nd Edition, Manchester 1993

Meulders-Klein, Marie-Thérèse: *Internationalisation* des droits de l'Homme et évolution du droit de la famille: un voyage sans destination?, in: Internationalisation des droits de l'Homme et évolution du droit de la famille, Actes des Journées d'Etudes des 15 et 16 décembre 1994 organisées par le Laboratoire d'études et de recherches appliquées au droit privé de l'Université de Lille II, Paris 1996, 179 ff.

— *Vie privée*, vie familiale et droits de l'homme, in: Revue internationale de droit comparé 1992, 767 ff.

Mock, Peter: *Convention européenne* des droits de l'homme, immigration et droit au respect de la vie familiale - Autour de l'arrêt de la Cour européenne des droits de l'homme du 19 février 1996 dans l'affaire Riza Gül contre Suisse, in: AJP/PJA 1996, 541 ff.

— *Mesures de police* des étrangers et respect de la vie privée et familiale, in: ZSR 134 (NF 112) 1993, 95 ff.

Möhr-Monn, Marco: Die Regelung des Familiennachzuges von Ausländern in der Praxis der Fremdenpolizei des Kantons Graubünden, in: ZGRG 1989, 130 ff.

Morand, Charles-Albert: Vers une méthodologie de la pesée des valeurs constitutionelles, in: Piermarco Zen-Ruffinen / Andreas Auer (éd.), De la Constitution, Etudes en l'Honneur de Jean-François Aubert, Basel u.a. 1996, 57 ff.

Morscher, Siegbert: Die Rechtsprechung des österreichischen Verfassungsgerichtshofes zum Fremdengesetz, in: EuGRZ 1997, 133 ff.

Moser, Hans Peter: Die Rechtsstellung des Ausländers in der Schweiz, in: ZSR 108 (NF 86) 1967/II, 325 ff.

Müller, Georg: *Art. 4 BV*, in: Jean-François Aubert / Kurt Eichenberger / Jörg Paul Müller / René A. Rhinow / Dietrich Schindler (Hrsg.), Kommentar zur Bundesverfassung der Schweizerischen Eidgenossenschaft vom 29. Mai 1874, Basel u.a. 1987 und spätere Nachlieferungen

— Zum *Verhältnis* von Verfassung, Familienpolitik und Familienrecht, in: Hans Michael Riemer / Hans Ulrich Walder / Peter Weimar (Hrsg.), Festschrift für Cyril Hegnauer zum 65. Geburtstag, Bern 1986, 231 ff.

Müller, Jörg Paul: Die *Anwendung* der Europäischen Menschenrechtskonvention in der Schweiz, in: ZSR 116 (NF 94) 1975, 373 ff.

— Die *Grundrechte* der schweizerischen Bundesverfassung, 2. Auflage, Bern 1991.

— *Einleitung* zu den Grundrechten, in: Jean-François Aubert / Kurt Eichenberger / Jörg Paul Müller / René A. Rhinow / Dietrich Schindler (Hrsg.), Kommentar zur Bundesverfassung der Schweizerischen Eidgenossenschaft vom 29. Mai 1874, Basel u.a. 1987 und spätere Nachlieferungen

— *Elemente* einer schweizerischen Grundrechtstheorie, Bern 1982

Muzak, Gerhard: Die Aufenthaltsberechtigung im österreichischen Fremdenrecht, Wien 1995

Nguyen Quoc, Dinh / *Daillier*, Patrick / *Pellet*, Alain, Droit International Public, 5e édition, Paris 1994

Niessen, Jan: Migrant Workers, in: Asbjørn Eide / Catarina Krause / Allan Rosas (Ed.), Economic, Social and Cultural Rights - A Textbook, Dordrecht u.a. 1995, 323 ff.

Nowak, Manfred: *Limitations* imposées aux droits de l'homme dans une société démocratique, in: RUDH 1992, 402 ff.

— U.N. Covenant on Civil and Political Rights, CCPR *Commentary*, Kehl u.a. 1993

O'Donnell, Katherine: Parent-Child Relationships within the European Convention, in: Nigel Lowe / Gillian Douglas (Ed.), Families Across Frontiers, The Hague u.a. 1996, 135 ff.

Öhlinger, Theo: Das Grundrechtsverständnis in Österreich - Entwicklungen bis 1982, in: Rudolf Machacek / Willibald P. Pahr / Gerhard Stadler (Hrsg.), Grund- und Menschenrechte in Österreich - 70 Jahre Republik; Grundlagen, Entwicklungen und internationale Verbindungen, Kehl u.a. 1991, Band I, 29 ff.

Ovey, Clare: The Margin of Appreciation and Article 8 of the Convention, in: HRLJ 1998, 10 ff.

Palm-Risse, Martina: Der völkerrechtliche Schutz von Ehe und Familie, Diss. Bonn 1989/90, Berlin 1990

Partsch, Karl Josef: Discrimination, in: Ronald St. J. Macdonald / Franz Matscher / Herbert Petzold (Ed.), The European System for the Protection of Human Rights, Dordrecht u.a. 1993, 571 ff.

Pellonpää, Matti: Expulsion in International Law - A Study in International Aliens Law and Human Rights with Special Reference to Finland, Diss. Helsinki, Helsinki 1984

Pernthaler, Peter / *Rath-Kathrein*, Irmgard: Der grundrechtliche Schutz von Ehe und Familie - Art. 8 und 12 EMRK, in: Rudolf Machacek / Williband P. Pahr / Gerhard Stadler (Hrsg.), Grund- und Menschenrechte in Österreich - 70 Jahre Republik;

Grundlagen, Entwicklungen und internationale Verbindungen, Kehl u.a. 1992, Band II, 245 ff.

Pfanner, Toni: Die Jahresaufenthaltsbewilligung des erwerbstätigen Ausländers - Voraussetzungen, Inhalt, Beendigung und Rechtsschutz, Diss. St. Gallen, St. Gallen 1984

Pillitu, Paola Anna: La tutela della famiglia naturale nella convenzione europea dei diritti dell'uomo, Rivista di diritto internazionale 1989, 793 ff.

Plender, Richard: International Migration Law, Revised 2nd Edition, Dordrecht u.a. 1988

Raess, Markus: Der Schutz vor Folter im Völkerrecht, Diss. Zürich 1988, Zürich 1989

Raess-Eichenberger, Susanne / *Raess-Eichenberger*, Markus (Hrsg.): Das aktuelle schweizerische Ausländerrecht, Zürich 1995 sowie Nachlieferungen

Reindel, Florian: Auslegung menschenrechtlicher Verträge am Beispiel der Spruchpraxis des UN-Menschenrechtsausschusses, des Europäischen und des Interamerikanischen Gerichtshofs für Menschenrechte, Diss. München, München 1995

Rhinow, René / *Koller*, Heinrich / *Kiss*, Christina: Öffentliches Prozessrecht und Justizverfassungsrecht des Bundes, Basel u.a. 1996

Rittstieg, Helmut / *Rowe*, Gerard C.: Einwanderung als gesellschaftliche Herausforderung - Inhalt und rechtliche Grundlagen einer neuen Politik, Baden-Baden 1992

Rolland, Patrice: L'interprétation de la Convention, in: RUDH 1991, 280 ff.

Roš, Mirko: Die unmittelbare Anwendbarkeit der Europäischen Menschenrechtskonvention - Ein Beitrag zur Lehre der self-executing treaties, Diss. Zürich, Zürich 1984

Rosenmayr, Stefan: Aufenthaltsverbot, Schubhaft und Abschiebung, in: ZfV 1988, 1 ff.

Russo, Carlo: Article 8 § 1, in: Louis-Edmond Pettiti / Emmanuel Decaux / Pierre-Henri Imbert (ed.), La Convention européenne des droits de l'homme, Commentaire article par article, Paris 1995, 305 ff.

Ruth, Max: Fremden-Polizeirecht der Schweiz, Zürich 1934

Saladin, Peter: Grundrechte im Wandel, Die Rechtsprechung des Schweizerischen Bundesgerichtes zu den Grundrechten in einer sich ändernden Umwelt, 3. Auflage, Bern 1982

Samuel, Lenia: Fundamental social rights: Case law of the European Social Charter, Council of Europe, Strasbourg 1997

Schäppi, Walter: Die Beendigung des Aufenthaltes der Ausländer in der Schweiz, in: ASYL 1995, 13 ff.

Scheer, Ralph: Der Ehegatten- und Familiennachzug von Ausländern - Eine Untersuchung zur Rechtslage nach Völkerrecht, nach Europarecht und nach ausgewählten nationalen Rechtsordnungen, Diss. Heidelberg 1992, Frankfurt u.a. 1994

Scheuner, Ulrich: Die Fortbildung der Grundrechte in internationalen Konventionen durch die Rechtsprechung - Zur Rechtsprechung des Europäischen Gerichtshofes für Menschenrechte, in: Ingo von Münch (Hrsg.), Staatsrecht - Völkerrecht - Europarecht, Festschrift für Hans-Jürgen Schlochauer zum 75. Geburtstag, Berlin u.a. 1981, 899 ff.

Schlegel, Walter: Die rechtliche Regelung des Familiennachzuges nach der Praxis der Fremdenpolizei des Kantons Graubünden (Art. 38 und 39 BVO), in: ZGRG 1995, 26 ff.

Schlette, Volker: Die verwaltungsgerichtliche Kontrolle von Ermessensakten in Frankreich - Eine Analyse der Rechtsprechung des Conseil d'État zu Inhalt und Umfang des pouvoir discrétionnaire der französischen Verwaltungsbehörden, unter besonderer Berücksichtigung der neueren Entwicklung, Diss. Göttingen 1990/91, Baden-Baden 1991

Schmid, Rolf: Die Rechtsstellung des ausländischen Saisonarbeiters in der Schweiz, Diss. Zürich, Zürich 1991

Schmidt, Michael / *Aigner*, Wolfgang / *Taucher*, Wolfgang / *Petrovic*, Gabriela: Fremdenrecht, Wien 1993

Siegenthaler, Paul: Völkerrecht und Landesrecht nach schweizerischer Rechtsordnung - Das Problem des Staatsvertragsrechts im Landesrecht, in: ZBJV 120 (1984), 201 ff.

Siehr, Kurt: Eherecht, in: Heinrich Honsell / Nedim Peter Vogt / Anton K. Schnyder (Hrsg.), Kommentar zum Schweizerischen Privatrecht - Internationales Privatrecht, Basel u.a. 1996, 306 ff.

Spescha, Marc: Abwehrmentalität und Defizite in der ausländerrechtlichen Bewilligungspraxis, in: AJP/PJA 1997, 479 ff.

Stein, Torsten / *Thomsen*, Sabine: The Status of the Member States' Nationals under the Law of the European Communities, in: Jochen Abr. Frowein / Torsten Stein (Hrsg.), Die Rechtsstellung von Ausländern nach staatlichem Recht und Völkerrecht, Berlin u.a. 1987, Teil II, 1775 ff.

Stoffel, Walter: Die völkerrechtlichen Gleichbehandlungspflichten der Schweiz gegenüber den Ausländern - Eine Untersuchung über die Bedeutung der Gleichbehandlungsklauseln in den Niederlassungsverträgen, Diss. Freiburg 1978, Zürich 1979

Storey, Hugo: The Right to Family Life and Immigration Case Law at Strasbourg, in: ICLQ 1990, 328 ff.

Strasser, François: Expulsion pénale: décisions récentes et interrogations anciennes, in: Walter Kälin (Hrsg.), Droit des réfugiés, Enseignement de 3e cycle de droit 1990, Fribourg 1991, 247 ff.

Stratenwerth, Günter: Schweizerisches Strafrecht - Allgemeiner Teil II: Strafen und Massnahmen, Bern 1989

Sudre, Frédéric: *Droit international* et européen des droits de l'homme, 3e édition revue et augmentée, Paris 1997

— Le *contrôle* des mesures d'expulsion et d'extradition par les organes de la convention européenne de sauvegarde des droits de l'homme, in: Dominique Turpin (éd.), Immigrés et réfugiés dans les démocraties occidentales - défis et solutions, Aix-en-Provence u.a. 1990, 253 ff.

— Les *„obligations positives"* dans la jurisprudence européenne des droits de l'homme, in: RTDH 1995, 363ff.

Sulger Büel, Peter: Vollzug von Fernhalte- und Entfernungsmassnahmen gegenüber Fremden nach dem Recht des Bundes und des Kantons Zürich, Diss. Zürich 1983, Bern u.a. 1984

Thürer, Daniel: Die *Rechtsstellung* des Ausländers in der Schweiz, in: Jochen Abr. Frowein / Torsten Stein (Hrsg.), Die Rechtsstellung von Ausländern nach staatlichem Recht und Völkerrecht, Berlin u.a. 1987, Band II, 1341 ff.

—*Familientrennung* durch Staatsgrenzen? Zur Stellung ausländischer und ausländisch-schweizerisch gemischter Familien im schweizerischen Ausländerrecht und Verfassungsrecht sowie im Völkerrecht, in: Hans-Michael Riemer / Hans Ulrich Walder / Peter Weimar (Hrsg.), Festschrift für Cyril Hegnauer zum 65. Geburtstag, Bern 1986, 573 ff.

Tomuschat, Christian: Das Recht auf die *Heimat* - Neue rechtliche Aspekte, in: Jürgen Jekewitz / Karl Heinz Klein / Jörg Detlef Kühne / Hans Petersmann / Rüdiger Wolfrum (Hrsg.), Des Menschen Recht zwischen Freiheit und Verantwortung, Festschrift für Karl Josef Partsch zum 75. Geburtstag, Berlin 1989, 183 ff.

— Der Schutz der *Familie* durch die Vereinten Nationen, in: AöR 100 (1975), 402 ff.

Traub, Kaspar: Familiennachzug im Ausländerrecht, Diss. Basel, Basel 1992

Trechsel, Stefan: *Landesbericht* Schweiz, in: Mireille Delmas-Marty (Ed.), The European Convention on Human Rights: International Protection versus National Restrictions, Dordrecht u.a. 1992, 241 ff.

— Schweizerisches Strafgesetzbuch - *Kurzkommentar*, 2. neubearbeitete Auflage, Zürich 1997

Turpin, Dominique: La *réforme* de la condition des étrangers par les lois des 24 août et 30 décembre 1993 et par la loi constitutionnelle du 25 novembre 1993, in: Revue critique de droit international privé 1994, 1 ff.

Van Bueren, Geraldine: The International Law on the Rights of the *Child*, Dordrecht u.a. 1995

— The International Protection of *Family* Members' Rights as the 21st Century Approaches, in: HRQ 1995, 732 ff.

van Dijk, Pieter: The Treatment of Homosexuals under the European Convention on Human Rights, in: Kees Waaldijk / Andrew Clapham (Ed.), Homosexuality: A European Community Issue, Essays on Lesbian and Gay Rights in European Law and Policy, Dordrecht u.a. 1993, 179 ff.

van Dijk, Pieter / *van Hoof*, Godefridus J.H.: Theory and Practice of the European Convention on Human Rights, 3rd edition, The Hague u.a. 1990

Velu, Jacques / *Ergec*, Rusen: La convention européenne des droits de l'homme, Bruxelles 1990

Verdross, Alfred / *Simma*, Bruno: Universelles Völkerrecht - Theorie und Praxis, 3. Auflage, Berlin 1984

Villiger, Mark E.: *Expulsion* and the right to respect for private and family life (Article 8 of the Convention) - an introduction to the Commission's case-law, in: Franz Matscher / Herbert Petzold (Hrsg.), Protecting Human Rights: The European Dimension, Studies in honour of Gérard J. Wiarda, Köln u.a. 1988, 657 ff.

— *Handbuch* der Europäischen Menschenrechtskonvention (EMRK), Zürich 1993

Volio, Fernando: Legal Personality, Privacy and the Family, in: Louis Henkin (Ed.), The International Bill of Rights - The Covenant on Civil and Political Rights, New York 1981, 185 ff.

Vuilleumier, Marc: Flüchtlinge und Immigranten in der Schweiz - Ein historischer Überblick, Zürich 1989

Walter, Robert / *Mayer*, Heinz: Grundriss des österreichischen Bundesverfassungsrechts, 8. Auflage, Wien 1996

Weber, Barbara Anna: Die Familie im Völkerrecht, Diss. Zürich 1985, Zürich 1986

Weil, Patrick: Pour une politique de l'immigration juste et efficace, Rapport au Premier Ministre, Paris 1997

Wiederin, Ewald: Aufenthaltsbeendende Massnahmen im Fremdenpolizeirecht - Eine rechtsdogmatische Untersuchung zur Zurückschiebung, Ausweisung und Abschiebung nach dem Fremdengesetz 1992, Wien 1993

Wildhaber, Luzius: Erfahrungen mit der Europäischen Menschenrechtskonvention, in: ZSR 120 (NF 98) 1979/II, 229 ff.

— Neue *Rechtsprechung* zu Art. 8 EMRK, in: Wechselspiel zwischen Innen und Aussen, Schweizer Landesrecht - Rechtsvergleichung - Völkerrecht, Basel u.a. 1996, 378 ff.

— *Sovereignty* and International Law, in: Ronald St. J. Macdonald / Douglas M. Johnston (Ed.), The Structure and Process of International Law: Essays in Legal Philosophy, Doctrine and Theory, Dordrecht u.a. 1983, 425 ff.

Wildhaber, Luzius / *Breitenmoser*, Stephan: Kommentar zu Art. 8 EMRK, in: Heribert Golsong / Wolfram Karl / Herbert Miehsler / Herbert Petzold / Kersten Rogge / Theo Vogler / Luzius Wildhaber, Internationaler Kommentar zur Europäischen Menschenrechtskonvention, Köln u.a. 1992

Wisard, Nicolas:, Les renvois et leur exécution en droit des étrangers et en droit d'asile, Diss. Genf 1997, Basel u.a. 1997

Wurzburger, Alain: La jurisprudence récente du Tribunal fédéral en matière de police des étrangers, in: RDAF 1997, 267 ff.

Yourow, Howard Charles: The Margin of Appreciation Doctrine in the Dynamics of European Human Rights Jurisprudence, The Hague u.a. 1996

Ziekow, Jan: Der gemeinschaftsrechtliche Status der Familienangehörigen von Wanderarbeitnehmern, in: DöV 44 (1991), 363 ff.

Zimmerli, Ulrich / *Kälin*, Walter / *Kiener*, Regina: Grundlagen des öffentlichen Verfahrensrechts, Bern 1997

Zimmermann, Peter: Der Grundsatz der Familieneinheit im Asylrecht der Bundesrepublik Deutschland und der Schweiz, Diss. Köln 1990, Berlin 1991

Zuleeg, Manfred: Europäische Sozialcharta und Familiennachzug, in: Klaus Barwig / Klaus Lörcher / Christoph Schumacher (Hrsg.), Familiennachzug von Ausländern auf dem Hintergrund völkerrechtlicher Verträge, Baden-Baden 1985, 53 ff.

Zünd, Andreas: Der Dualismus von strafrechtlicher Landesverweisung und fremdenpolizeilichen Massnahmen, in: ZBJV 1993, 73 ff.

Stichwortverzeichnis

§ 8 FrG 1997 (Österreich) 134 f.
§ 10 AsylG 1997 (Österreich) 132 f.
§ 20 FrG 1997 (Österreich) 129 ff.
§ 47 FrG 1997 (Österreich) 131 f.
§ 49 FrG 1997 (Österreich) 132

Abdil I. (BGE) 266, 396
Abdulaziz, Cabales und Balkandali gegen Vereinigtes Königreich 230 f., 347 f., 373, 375, 377 ff., 465
Abhängigkeitsverhältnis 184 f., 359
Abkommen zwischen der Schweiz und Italien von 1964 107 f.
Abwehrrecht 7
Achtung
- Abwehrrecht 7
- konzeptionelle Unterschiede 9 ff.
- positive Verpflichtung 8 f., 447 ff.
Adoptionspflegeverhältnis 103 ff.
Adoptivkinder s. Eltern-Kind Beziehungen
Agee gegen Vereinigtes Königreich 260
Ahmut gegen die Niederlande 238 f., 343, 349, 373, 374 f., 383 ff.
Art. 7 Abs. 1 ANAG (Schweiz) 95
Art. 7 AsylG (Schweiz) 98
Art. 12 EMRK s. Recht auf Ehe
Art. 12*bis* Ord. 1945 (Frankreich) 155, 158, 159
Art. 14 EMRK s. Diskriminierungsverbot
Art. 15 Ord. 1945 (Frankreich) 155 ff., 158
Art. 17 Abs. 2 ANAG (Schweiz) 91 ff., 95

Art. 29 Ord. 1945 (Frankreich) 150 ff.
Art. 38/39 BVO (Schweiz) 99 ff.
Aufenthaltsbeendende Massnahmen
- Frankreich, gesetzliche Regelung 159 ff.
- gegen Angehörige der zweiten Generation 288 ff., 408 ff., 476 ff.
- gegen Ehepartner 252 ff., 392 ff., 468 f.
- gegen Eltern/sorgeberechtige Elternteile 268 ff., 402ff., 469 ff.
- gegen eine ganze Familie 319 ff., 483 f.
- gegen langjährig in einem Staat wohnhaft gewesene Fremde 297 ff., 420 ff., 483 f.
- gegen minderjährige Kinder 287, 473
- gegen nahe Verwandte 322 ff., 484 f.
- gegen nicht sorgeberechtige Elternteile 280 ff., 405 ff., 473 f.
- gegen Partner einer gleichgeschlechtlichen Partnerschaft 309 ff., 423 ff., 481
- gegen Partner einer nichtehelichen Lebensgemeinschaft 314 ff., 480
- Österreich, gesetzliche Regelung 136 ff.
- Schweiz, gesetzliche Regelung 110 ff.
- s. auch Ausweisung, Aufenthaltsverbot, Heimschaffung, Wegweisung
Aufenthaltsverbot
- § 36 FrG 1997 (Österreich) 141 ff.
- Frankreich 166 f.
Aumeerruddy-Cziffra und 19 andere maurizische Frauen 64, 65
Ausländerrecht
- als domaine réservé 54 f.

- Bedeutung des Privat- und Familienlebens für das - 56 ff.
- Frankreich 145 ff.
- Österreich 125 ff.
- Schweiz 87 ff.

Auslegung
- autonome 21 f.
- evolutive 22, 436 f.

Ausweisung
- Art. 10 ANAG (Schweiz) 113 ff.
- Art. 23 ff. Ord. 1945 (Frankreich) 162 ff.
- Art. 55 StGB (Schweiz) 116 ff.
- Art. 70 BV (Schweiz) 118 f.
- § 33 FrG 1997 (Österreich) 138 f.
- § 34 FrG 1997 (Österreich) 139 f.
- § 35 FrG 1997 (Österreich) 140 f.

Beldjoudi gegen Frankreich 256 f., 352, 394, 401
Belgacem (Conseil d'État) 295 f.,
Berrehab gegen die Niederlande 282, 341, 354 f., 406
Beschwerderecht für indirekt betroffene Familienmitglieder 172, 200 ff.
Beurteilungsspielraum 9, 429 f.
- s. auch positive Verpflichtung
BGE 119 Ib 81 239 f.
BGE 122 II 433 293, 415 f.
Bouchelkia gegen Frankreich 290 f., 342, 412
Boughanemi gegen Frankreich 290, 411 f., 415
Boujlifa gegen Frankreich 290, 412 f.
Bulus gegen Schweden 323, 326

C. gegen Belgien 300, 303 f., 346, 420 f., 465 f.
Canepa gegen Kanada 66, 68 ff.
Choudry gegen Vereinigtes Königreich 255 f.
connections approach 213

Cruz Varas gegen Schweden 325 f.

Dalia gegen Frankreich 300, 304, 421
Determinierungspflicht 330 ff.
Diskriminierungsverbot
- Art. 14 EMRK 461 ff.
Djeroud gegen Frankreich 291
Dreshaj gegen Finnland 323, 325 f.

Ehe
- s. eheliche Lebensgemeinschaft
- s. Recht auf Ehe
eheliche Lebensgemeinschaft 26 f.
- aufenthaltsbeendende Massnahmen s. dort
- beabsichtigte 28 f.
- geschiedene Ehegatten 36, 186, 206
- im Ausland geschlossene 173 ff.
- Mehrfachehe s. dort
- Nachzug s. dort
Ehre s. Privatleben
eigenes Land s. Internationaler Pakt über bürgerliche und politische Rechte, Art. 12 Abs. 4
Einbürgerungsregelung 70 ff., s. auch Internationaler Pakt über bürgerliche und politische Rechte, Art. 12 Abs. 4
Eingriff 10, 210 ff.
- bei negativer Verpflichtung 11
- bei positiver Verpflichtung 10
- connections approach s. dort
- elsewhere approach s. dort
- Rechtfertigung s. dort
- relevante Beeinträchtigungen 222 f., 224
- Zumutbarkeit als Eingriffsvoraussetzung s. dort
Eingriffszwecke s. Rechtfertigung
Einreisebeschränkung 121
Einreisesperre 120 f.
Eintretensvoraussetzungen 171 ff.
- Bundesgericht 182 ff.

Stichwortverzeichnis

- Conseil d'État 203 ff.
- österreichische Gerichtshöfe 198 ff.

El Boujaïdi gegen Frankreich 290, 412
elsewhere approach 211 f., 264 f.
Eltern-Kind Beziehungen 29 ff.
- Adoptivkinder 32, 236 f., 243 f.
- aufenthaltsbeendende Massnahmen, s. dort
- erwachsene Kinder 33
- minderjährige Kinder 29 ff.
- Nachzugsfälle 234 ff., 245 ff., 248 f., 469 ff., 475 f.
- Pflegekinder 32 f.
- Stiefkinder 33
- zweite Generation s. dort

Enkelkinder s. Familienleben, erweitertes
Europäische Konvention über die rechtliche Stellung von Wanderarbeitnehmern 83 f.
Europäische Sozialcharta 79 f.
Europäische Union
- Familiennachzug 84 ff.

evolutive Interpretation 22 f.
expulsion s. Ausweisung

Familienbegriff
- der EMRK 24 ff.
- des Paktes über bürgerliche und politische Rechte 63 f.

Familienleben
- autonome Auslegung 21 ff.
- Eingriff 37 f.
- erweitertes 24 f., 34 f.
- geschützte Aspekte 36 ff.
- Kernfamilie 23 f.
- Rechtfertigung eines Eingriffs s. Rechtfertigung
- Schutzbereich 21 ff.

Familiennachzug s. Nachzug
Family Fadele gegen Vereinigtes Königreich 246

fremdenpolizeiliche Ausweisung s. Ausweisung, Art. 10 ANAG

gefestigtes Anwesenheitsrecht 188 ff., 487 f.
Gesetz, eingriffsnahes 331 ff.
gesetzliche Grundlage s. Rechtfertigung
gleichgeschlechtliche Beziehungen
- aufenthaltsbeendende Massnahmen s. dort
- Privatleben 20
- registrierte gleichgeschlechtliche Partnerschaften 175 f.

Grosseltern s. Familienleben, erweitertes
Gül gegen die Schweiz 193 f., 238, 240 f., 348, 349 f., 374 f., 376, 383 f.

Heimschaffung 119 f.

immanente Schranken 51, 226
Immissionen s. Privatleben
Integrationspolitik 439 ff.
interdiction du territoire s. Aufenthaltsverbot
Interessenabwägung, umfassende 452 ff., 490
Internationale Konvention zum Schutz der Rechte aller Wanderarbeitnehmer und ihrer Familienangehörigen 81 ff.
Internationaler Pakt über bürgerliche und politische Rechte 61 ff.
- Art. 12 Abs. 4 67 ff., 444
- Art. 17 und aufenthaltsbeendende Massnahmen 66
- Art. 17 und Familiennachzug 65 f.

Kinderrechtskonvention s. Übereinkommen über die Rechte des Kindes
körperliche Integrität s. Privatleben

Lamguindaz gegen Vereinigtes Königreich 291

M. et Mme Abdelmoula (Conseil d'État) 278 f., 322
margin of appreciation s. Beurteilungsspielraum
Marzini (Conseil d'État) 251,
Mehemi gegen Frankreich 290, 347, 412
Mehrfachehe 174 f.
- Diskriminierungsverbot 466 f.
- Nachzugsfälle 246, 389
Migration
- Wandel 438 f.
Mme Naima Babas (Conseil d'État) 278, 318 f., 404, 425
Moustaquim gegen Belgien 288 f, 352 f., 411, 465

Nachzug 91 ff., 227 ff.
- Frankreich, ausländerrechtliche Regelung 148 ff.
- Kinder 234 ff., 382 ff., 470 f.
- Österreich, ausländerrechtliche Regelung 127 ff.
- von Adoptivkindern 236 f., 243 ff.
- von Ehepartnern 227 ff., 378 ff., 468 f.
- von nahen Verwandten 245 ff., 389 ff., 484 f.
Name s. Privatleben
Nasri gegen Frankreich 289, 347, 411
Nasti (BGE) 249, 390 f.
negative Verpflichtung s. Abwehrrecht
nichteheliche Beziehungen
- aufenthaltsbeendende Massnahmen s. dort
- Bundesgericht 185
- Conseil d'État 205
- Familienleben 27 f.
- Privatleben 19
- österreichische Gerichtshöfe 199 f.

Nichten/Neffen s. Familienleben erweitertes
Niederlassungsverträge 109 f.
Notwendigkeit in einer demokratischen Gesellschaft 46 ff., 338 ff.
- Aspekte der Prüfung 338 ff.
- Aspekte der Verhältnismässigkeitsprüfung 338 ff., 356 ff., 365 ff., 369 ff.
- bei Individualrechten mit kollektivem Aspekt 450 ff.
- demokratische Gesellschaft 49 f.
- dringendes soziales Bedürfnis 47
- Verhältnismässigkeit 48 f.

Pflegekinder s. Eltern-Kind Beziehungen
Poku et al. gegen Vereinigtes Königreich 271 ff., 275 f., 354,
politische Ausweisung s. Ausweisung, Art. 70 BV
Polygamie s. Mehrfachehe
positive Verpflichtung 8 f.
- als „Eingriff" 447 ff
- Aspekte der Prüfung 371 ff.
- Bestand 9, 10, 52 ff.
- Beurteilungsspielraum 9
- Umfang 9
Préfet des Yvelines c/Mlle Bali 420
Privatleben
- Datenschutz 18
- Ehre/Würde 17
- gleichgeschlechtliche Beziehungen 19 f.
- im Ausländerrecht 178 f., 199 f., 297 ff., 446 f., 488 f.
- Immissionen/Umweltschutz 18 f.
- körperliche Integrität 15 f.
- Name 17
- psychische Integrität 15 f.
- Schutzbereich 13 ff.
- sexuelle Integrität 16

- Untersuchungs- und Überwachungsmassnahmen 17
- zwischenmenschliche Beziehungen 19 f.
Prüfungsprogramm 11 ff.
psychische Integrität s. Privatleben

Recht auf Ehe 459 ff.
Recht auf Gründung einer Familie 459 ff.
Rechtfertigung 38 ff.
- Determinierungspflicht s. dort
- gesetzliche Grundlage 39 ff., 329 ff.
- Notwendigkeit in einer demokratischen Gesellschaft s. dort
- Verhältnismässigkeit s. Notwendigkeit in einer demokratischen Gesellschaft
- zulässiger Eingriffszweck 42 ff., 334 ff.
- s. auch eingriffsnahes Gesetz, VfSlg 10737/1985, VfSlg 11455/1987
reconduite à la frontière s. Wegweisung
Reneja-Dittli (BGE) 96, 181 f., 214, 231 f., 257, 395

sexuelle Integrität s. Privatleben
Sim und Ungson gegen Finnland 315, 424
Soudani (Conseil d'État) 308, 419
Sozialcharta s. Europäische Sozialcharta
Staatsangehörigkeit
- Bedeutung bei Angehörigen der zweiten Generation 410 f., 477 f.
- Bedeutung bei aufenthaltsbeendenden Massnahmen 271 f., 274, 276 f., 472
Stewart gegen Kanada 66, 68 ff.
Stiefkinder s. Eltern-Kind Beziehungen

strafrechtliche Landesverweisung s. Ausweisung, Art. 55 StGB

Tanten/Onkel s. Familienleben, erweitertes
Touami ben Abdeslem (Conseil d'État) 203 f.

Übereinkommen über die Rechte des Kindes 73 ff.
- Familienzusammenführung 74 ff.
- Kindeswohl 74, 444
- Schutz der Privatsphäre 77 ff.
Umweltschutz s. Privatleben
Untersuchungs- und Überwachungsmassnahmen s. Privatleben

Vereinbarung zwischen der Schweiz und Liechtenstein von 1963 108
Verhältnismässigkeit s. Notwendigkeit in einer demokratischen Gesellschaft
Verordnung 1612/68 84 f.
VfSlg 10737/1985 330 f.
VfSlg 11455/1987 332

Wanderarbeitnehmerkonvention s. Internationale Konvention zum Schutz der Rechte aller Wanderarbeitnehmer und ihrer Familienangehörigen
Wegweisung
- Frankreich 161 f.
- Schweiz 119
Würde s. Privatleben

Zumutbarkeit als Aspekt der Verhältnismässigkeitsprüfung 347, 359 f.
Zumutbarkeit als Eingriffsvoraussetzung 210 f., 213 ff.
- anpassungsfähiges Alter 270 f., 276
- Bedeutung 216 f.

- bei aufenthaltsbeendenden Massnahmen gegen Eltern 269 ff., 276 f., 278 ff.
- bei aufenthaltsbeendenden Massnahmen gegen Ehepartner 252 ff., 256 ff., 260 ff.
- beim Nachzug von Ehepartnern 228 ff., 231 f.
- connections approach s. dort
- elsewhere approach s. dort
- Kriterien der Prüfung 218 ff.
- Kritik 224 ff.
- vorgezogene Güterabwägung 221 f.

zweite Generation
- aufenthaltsbeendende Massnahmen s. dort
- Familienleben 177 f.

Regina Weiß

Das Gesetz im Sinne der Europäischen Menschenrechtskonvention

Schriften zum Europäischen Recht, Band 24

166 S. 1996. DM 78,– / öS 609,– / sFr 78,–

ISBN 3-428-08625-2

Die Diskussionen um die Europäische Integration und den Bau des „Hauses Europa" sind aktueller denn je. Es geht um die Grenzen zwischen Souveränitätsverzicht und Nichteinmischungsprinzip, aber auch um das Rechtsstaats- und Demokratieverständnis in Europa. Ein Baustein im Prozeß der europäischen Einigung ist die 1953 in Kraft getretene „Konvention zum Schutze der Menschenrechte und Grundfreiheiten". Ihre Besonderheit besteht darin, daß die Signatarstaaten im Hinblick auf ihre geschichtliche und kulturelle Tradition ein großes Maß an Homogenität aufweisen. Dieser Umstand hat es ermöglicht, neben den positiven Gewährleistungen detaillierte Vorgaben für Grenzen und Beschränkungsbefugnisse der Freiheitsrechte aufzunehmen, anstatt sich mit einem ungenauen Generalvorbehalt zu begnügen. Die Vorgabe, daß nur „vom Gesetz vorgesehene" Einschränkungen konventionsmäßig sind, ist dabei eine der wichtigsten Variablen, um die Effektivität des Menschenrechtsschutzes und die Einbußen an Souveränität zu steuern. Setzt man die Anforderungen an ein Gesetz zugunsten der nationalen Selbstbestimmung niedrig an, so erleichtert das hoheitliche Eingriffe zu Lasten des Freiheitsbereichs des einzelnen, beeinträchtigt aber die Effektivität des Freiheitsschutzes einschließlich der Kontrollmöglichkeiten der Kommission und des Gerichtshofs für Menschenrechte. Stellt man dagegen hohe Anforderungen an das Gesetz, wird die Möglichkeit einschränkender Hoheitsakte zwar zugunsten des einzelnen zurückgedrängt, den Mitgliedstaaten aber möglicherweise ein (noch) nicht konsensfähiger europäischer Standard vorgegeben.

Duncker & Humblot · Berlin

Schriften zum Europäischen Recht

Herausgegeben von Siegfried Magiera und Detlef Merten

30 **Grundgesetz und Europarecht als Elemente Europäischen Verfassungsrechts.** Von A. Schmitt Glaeser. 283 S. 1996 ⟨3-428-08857-3⟩ DM 98,– / öS 715,– / sFr 89,–

31 **Der Schutz des Eigentums gemäß Art. 1 des Ersten Zusatzprotokolls zur Europäischen Menschenrechtskonvention.** Eine Analyse der Rechtsprechung der Straßburger Organe. Von K. Gelinsky. 213 S. 1996 ⟨3-428-08788-7⟩ DM 84,– / öS 613,– / sFr 76,–

32 **Grundrechtlicher Eigentumsschutz in der Europäischen Union.** Das Eigentumsgrundrecht in der Rechtsordnung der EU, in der EMRK und in den Verfassungen Deutschlands, Italiens und Irlands. Von O. Müller-Michaels. 241 S. 1997 ⟨3-428-08911-1⟩ DM 88,– / öS 642,– / sFr 80,–

33 **Die Stellung der Landesparlamente aus deutscher, österreichischer und spanischer Sicht.** Vorträge der Verwaltungswissenschaftlichen Arbeitstagung 1995 des Forschungsinstituts für öffentliche Verwaltung bei der Hochschule für Verwaltungswissenschaften Speyer. Hrsg. von D. Merten. 146 S. 1997 ⟨3-428-09035-7⟩ DM 78,– / öS 569,– / sFr 71,–

34 **Copyright Law, Urheberrecht und ihre Harmonisierung in der Europäischen Gemeinschaft.** Von den Anfängen bis ins Informationszeitalter. Von J. Ellins. 456 S. 1997 ⟨3-428-08992-8⟩ DM 118,– / öS 861,– / sFr 105,–

35 **Die Zukunft der Europäischen Union.** Integration, Koordination, Dezentralisierung. Tagungsbeiträge der 64. Staatswissenschaftlichen Fortbildungstagung der Hochschule für Verwaltungswissenschaften Speyer. Von S. Magiera und H. Siedentopf. 262 S. 1997 ⟨3-428-09055-1⟩ DM 94,– / öS 686,– / sFr 85,50

36 **Die Mitwirkungsrechte des Bundesrates und des Bundestages in Angelegenheiten der Europäischen Union gemäß Artikel 23 Abs. 2 bis 7 GG.** Von R. Lang. 402 S. 1997 ⟨3-428-08594-9⟩ DM 112,– / öS 818,– / sFr 99,50

37 **Die Auslegung, Kontrolle und Durchsetzung mitgliedstaatlicher Pflichten im Recht des Internationalen Währungsfonds und der Europäischen Gemeinschaft.** Von B. M. Steinhauer. 311 S. 1997 ⟨3-428-08858-1⟩ DM 98,– / öS 715,– / sFr 89,–

38 **Inländerdiskriminierung.** Von C. Hammerl. 242 S. 1997 ⟨3-428-08931-6⟩ DM 84,– / öS 613,– / sFr 76,–

39 **Der Vollzug von Gemeinschaftsrecht.** Formen und Grenzen eines effektiven Gemeinschaftsrechtsvollzugs und Überlegungen zu seiner Effektuierung. Von W. Pühs. 585 S. 1997 ⟨3-428-09029-2⟩ DM 138,– / öS 1.007,– / sFr 122,–

40 **Grundrechtsgeltung bei der Umsetzung europäischer Richtlinien in innerstaatliches Recht.** Von B. Rickert. 344 S. 1997 ⟨3-428-08867-0⟩ DM 96,– / öS 701,– / sFr 87,–

41 **Kommunale Selbstverwaltung in einer Europäischen Union.** Deutsche Gemeinden und spanische ‚municipios' im europäischen Integrationsprozeß. Von S. von Zimmermann-Wienhues. 420 S. 1997 ⟨3-428-09142-6⟩ DM 118,– / öS 861,– / sFr 105,–

42 **Die Einordnung des Gemeinschaftsrechts in die französische Rechtsordnung.** Von J. Gundel. 579 S. 1997 ⟨3-428-09061-6⟩ DM 128,– / öS 934,– / sFr 114,–

43 **Europarechtlicher Ordnungsrahmen für Umweltsubventionen.** Grundlagen, Bestand und Perspektiven. Von B. Wieberneit. 592 S. 1997 ⟨3-428-08856-5⟩ DM 136,– / öS 993,– / sFr 121,–